广州博物馆
建馆八十周年文集

【镇海楼论稿之二】

广州博物馆 编

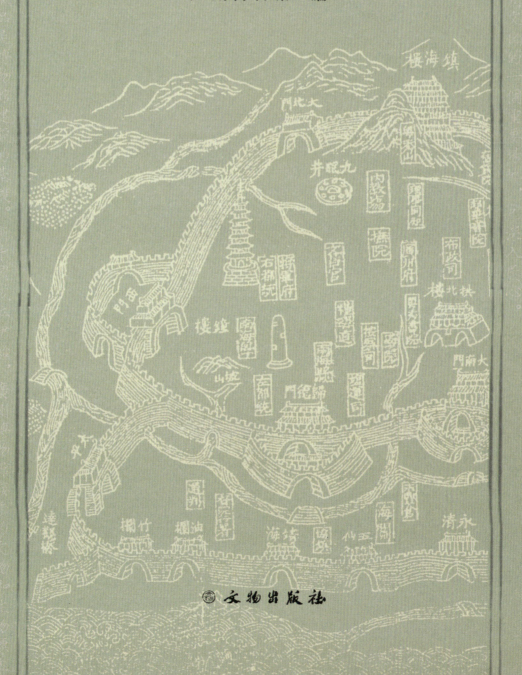

文物出版社

编委会

图一　澳门普济禅院真传大汕自画像

图一　十九世纪广州外销通草画之一（广州博物馆藏品，莫健超拍摄）

　　救火人员有统一的衣帽和腰带，从灯笼标记看，是十三行"水车公所"的组织成员。腰带不同颜色，可能是分工的标记。

图二　十九世纪广州外销通草画之二（广州博物馆藏品，莫健超拍摄）

　　灯笼上的"西山水车"可能是某个"水车公所"的名号。灯笼上还标明"担梯"、"瓦面督理"、"支烛"等分工。（笔者按：顺德大良旧有"西山"地名，画面上的"西山"是否该处，待考。）

图一 "泰子"金印

图二 "右夫人玺"金印

图三 雁首金带钩

图四 鎏金铜牌饰

图一 铜鎏金跪坐俑

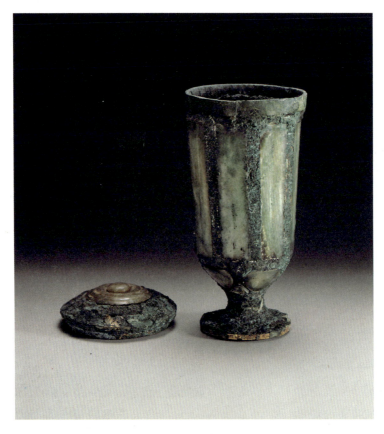

图二 鎏金铜框玉盖杯

图一 漆杯金座足

图二 承盘高足玉杯

图三 杏形金叶

图四 焊珠金泡

图一　盘龙镜

长19.1厘米，宽18.9厘米
1978年广西容县红卫路古井出土
广西壮族自治区博物馆藏

图二　盘龙镜

径27.4厘米
日本千石唯司藏

图三　云纹盘龙镜

径24厘米
1984年河南偃师杏园村唐开元26年
（738年）李景由墓
中国社会科学院考古研究所藏

图四　云纹盘龙镜

径16.1厘米
1973年广西灌阳县新街乡龙云村东古
岩出土
灌阳县文物管理所藏

图五　云纹盘龙镜

径18.8厘米
1979年江西九江市都昌县徐埠公社出土
江西九江市博物馆藏

图六　云纹盘龙镜

径16.2厘米
1973年江西九江市都昌县多堡公社出土
江西九江市博物馆藏

图一 云纹盘龙镜

径12.9厘米

陕西历史博物馆藏

图二 云纹盘龙镜

径22.5厘米

美国旧金山亚洲艺术馆藏

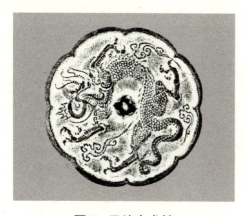

图三 云纹盘龙镜

径11.9厘米

三槐堂藏

图四 云纹盘龙镜

径31.12厘米

美国纳尔逊艺术陈列馆藏

图五 云纹盘龙镜（拓片）

径12.7厘米

北京故宫博物院藏

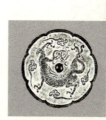

图六 云纹盘龙镜

径15.6厘米

上海博物馆藏

图一　云纹盘龙镜

江苏扬州出土

图二　云纹盘龙镜

径14.7厘米

《中国铜镜图典》图646

图三　云纹盘龙镜

径15厘米

湖南省博物馆藏

图四　云纹盘龙镜

径16.4厘米

息斋藏

图五　云纹盘龙镜

径12.6厘米

中国嘉德拍卖公司2005年5月15日拍卖

图六　云纹盘龙镜

径18.6厘米

中国嘉德拍卖公司2005年5月15日拍卖

图一 蜂蝶花卉云纹盘龙镜

径20.5厘米

河南洛阳北瑶唐墓出土

洛阳市博物馆藏

图二 蜂蝶花卉云纹盘龙镜

径17.85厘米

台北故宫博物院藏

图三 蜂蝶花卉云纹盘龙镜

《中国铜镜图典》图647

图四 蜂蝶花卉云纹盘龙镜

《中国铜镜图典》图648

图五 蜂蝶花卉云纹盘龙镜

《中国铜镜图典》图650

图六 "千秋"铭盘龙镜

径28厘米

1955年1月陕西西安唐墓出土

陕西省历史博物馆藏

图一 "千秋"铭盘龙镜

径20.9厘米
旅顺博物馆藏

图二 "千秋"铭盘龙镜

图三 照日菱花铭盘龙镜

径10.3厘米
湖南省博物馆藏

图四 双盘龙镜

《中国铜镜图典》图652

图五 双盘龙镜

湖南省博物馆藏

图六 仙人神兽禽鸟双盘龙镜

径22.3厘米
台北故宫博物院藏

图一　灵山八卦云纹
双盘龙镜

日本正仓院藏

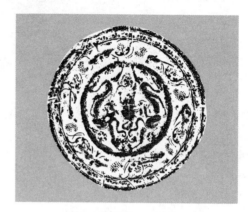

图二　葡萄纹双盘龙镜

《中国铜镜图典》图533

图三　四盘龙纹镜

径10.2厘米
河南偃师杏园村唐墓出土
中国社会科学院考古研究所藏

图四　十二盘龙纹镜

径20.5厘米
河南洛阳北瑶３号唐墓出土洛阳市博物馆藏

图一 十二盘龙纹镜

径16.8厘米 息斋藏

图二 螺钿盘龙镜

径22厘米
1957年河南三门峡市后川唐至德元年
（756年）唐墓出土 中国国家博物馆藏

图三 双鹊月宫盘龙镜

径15.3厘米
旅顺博物馆藏

目 录

● 中西文化交流

● 文物保护

●申遗工作

下篇：建馆篇

●盛德宣扬

广州博物馆建馆八十周年记

1929 年，广州市市立博物院在镇海楼成立，是我国最早成立的博物馆之一，也是华南地区首座博物馆，至今已届 80 年。

镇海楼初名"望海楼"，始建于明洪武十三年（1380 年），耸立于城北越秀山主峰东侧蟠龙岗上，高五层，呈塔楼形，俗称"五层楼"，有雄镇海疆之意，一直是广州老城的重要标志。1989 年 6 月被列为广东省文物保护单位。现立于楼前明代张岳《镇海楼记》和 1928 年黄节《重修镇海楼记》两碑，记述尤详。自清嘉庆十二年（1807 年）至 2002 年间，四次以"镇海层楼"、"越秀远眺"位列羊城八景。时至今日，广州博物馆与镇海楼成为展示广州文化的一个重要场地，已深入民心。

广州博物馆的 80 年历程可概分为三个不同的发展阶段。第一阶段从 1929 年至 1949 年共 21 年。前 9 年主要的大事有：一是国民政府决定在"革命策源地、总理诞降之乡"筹办博物馆，馆址设在镇海楼，于是将原木楼层改为钢筋混凝土，而周墙依旧。广州市市立博物院筹备委员会于 1928 年 11 月成立，聘丁衍镛、谢英伯、陆薪翘、费鸿年、辛树帜、司徒槐、顾颉刚、朱庭祐、罗原觉、何叙甫、胡毅生、左元华、陈焕镛、丁颖等 14 位文化人士为委员。其后谢英伯任院长。确立了"供专门学者之研究，养成学生事物之观察，奋兴人民文化进展之感想"兴社会教育为办院宗旨，以"美术、历史博物、自然科学"为博物院业务发展范围，这在当时是走在全国前列的。二是 1931 年广州首个民间考古研究组织——黄花考古学院在镇海楼成立，出版《考古学杂志》创刊号。三是"广州市第一次展览会"1933 年在越秀山举办，分设 10 个场馆，主会场的市政馆设在博物馆镇海楼，首次展出轰动一时的 1916 年东山龟岗南越木椁墓出土的铜器、陶器及刻字椁板。其后 8 年，日本侵华，广州沦陷，日军占驻镇海楼，馆址损毁严重，藏品散佚，博物院解散（1941~1945 年广州的汪伪政权于番禺学宫即今中山四路农民运动讲习所旧址处设立"广州市市立图书博物馆"）。抗战胜利后，1945 年 12 月成立广州市社会教育事业辅导委员会博物馆组，次年 3 月，恢复广州市市立博物馆，回迁镇海楼，胡肇椿任馆长。期间举办有"货币沿革"、"石湾古陶瓷"等展览。1949 年中因经费无着，机构撤消。

第二阶段，从中华人民共和国成立至 1978 年初的 28 年。这阶段主要大事有：一是广州市人民博物馆筹备处于 1950 年 9 月在镇海楼东邻仲元图书馆成立，胡根天任馆长，1951 年 3 月 1 日正式开馆。1952 年初，增加场馆，按照"三部"的内容筹建地志博物馆，在原仲元图书馆设自然资源之部，镇海楼为历史之部、接管原南越酒家大楼（今广州市人民防空指挥部）设社会主义建设之部。1954 年更名为广州博物馆。从 1952 年至 1965 年共举办历史、自然和社会主义建设等类题材的展览 20 余个。其间场馆又有更易：1957 年在原仲元图书馆辟建广州美术馆，直属市文化局，馆藏书画一并划拨；1965 年社会主义建设之部的场馆移交给市人防办。二是作为庆祝建国十周年纪念主题展览的"广州历史陈列"、"社会主义革命与建设展览"于 1959 年 10 月 1 日开幕，这是当时全国最早以地方历史为主题展示的地方博物馆之一。三是在楼西侧新建碑廊与炮座，1964年竣工，多年搜集来的一批具有重要历史价值的碑刻及鸦片战争前后本地铸造的铁炮和德国产的克虏伯大炮在此展示。四是文化大革命开始后，1966年10月广州博物馆与市属各文博单位合并为"广州市纪念馆博物馆革命委员会"，镇海楼关闭，五年后始恢复业务活动，在此举办"历代陶瓷藏品展览"，于1972年2月春节开幕，连日观众逾万，反响热烈。

第三阶段从1978年之后的31年。主要大事有：一是1979年底广州博物馆在镇海楼复馆，下辖三元里人民抗英斗争纪念馆、"三·二九"起义指挥部旧址纪念馆、六榕寺和五仙观（其后，1982年六榕寺移交给佛教协会；五仙观在1998年底移交越秀区人民政府在此成立越秀区博物馆）；2003年，广州美术馆场馆归属本馆，在此设"海贸遗珍——18~20世纪初广州外销艺术品"和"地球历史与生命演化"专题展览。二是停展12年后的"广州历史陈列"于1978年元旦在镇海楼复展；此后，这个基本陈列从1991到2007年间依循广州是岭南文化中心地、海上丝绸之路发祥地、中国民主革命策源地的历史发展特点，先后5次进行调整、修改、更新、充实，突显地方色彩，深受国内外观众欢迎。三是1983年与故宫博物院合办"清代宫廷钟表展"，1985年与湖北省博物馆合办"湖北战国曾侯乙墓出土文物展"，都在镇海楼展出，原"广州历史陈列"临时撤除；于是，在楼前东侧新建专题陈列厅，1986年落成，首展"馆藏捐献文物展览"。通过与海内外博物馆、相关文化机构的合作交流，近二十年来举办了各类专题或纪念性展览120余个，深受观众喜爱。2007年，把原办公区域改并为展览厅，展场面积扩大近倍。2008年12月开幕的"春暖我家"，是纪念改革开放30周年，反映广州人民衣、食、住、行等民生方面发生历史巨变的博物展览。馆藏品还在台湾、香港、澳门、辽宁、山西、江西、福建、北京、上海、等地区及日本、新加坡、法国等国家的文化机构展出。四是加强对镇海楼的保护和对馆容馆貌的优化整治：1987年修复镇海楼东西段170余米长的明清古城墙，1994年至2007年多次保护楼的墙体，1996年，在镇海楼广场南边改建成红砂岩石包墙，由是镇海楼更显庄肃雄伟。广州博物馆已成为接待国内外领导人、专家学者及广大民众认识广州悠久历史的重要场地。

文物藏品是博物馆建设的基础。新中国成立伊始，广州博物馆接手的文物和生物标本藏品很少，之后在社会各界友人的大力支持和人民政府的有力扶持下，馆藏文物日益丰富。中山大学容庚教授捐献的一批青铜器，其中有金文40字的栾书缶为春秋时期标准器（后上调中国历史博物馆）；新加坡华侨黄子静捐赠的古籍，有明代黄佐《广东通志》等珍本（后悉交省立中山图书馆）；美籍华裔杨添霭捐献的孙中山书赠杨仙逸"志在冲天"横幅；香港同胞邓又同捐赠其先祖邓华熙遗物；英国人伊凡·威廉斯捐赠广州外销通草水彩画等等。尤其是广州考古工作者自1953年以来在城市考古发掘中发现的大量文物，更为馆藏奠下坚实基础。

今天的博物馆不应仅是一个社会收集记忆之地，同时也要把握住博物馆的运行规律，主动融入社会，广泛吸纳社会力量参与，坚持以人为本，更新服务理念，使广州博物馆成为公众社会教育、文化休闲和旅游参观的理想场地。

2009年2月 广州博物馆立石

上 篇
史 论 篇

●岭南史论

五羊五仙与羊城穗城

麦英豪

　　五羊五仙是广州古代一个美丽而祥和的神话传说，羊城穗城的广州别称又是因五羊五仙故事而得名，五仙观则是这个古老传说的历史载体。在老广州人来说，对这一点确是"吾耳熟焉，故能详也"的。

一

　　在广州的史志文献中，有关五羊、五仙的传说最先见于晋人顾微的《广州记》："广州厅梁上画五羊，又作五谷囊，随羊悬之。"这个传说在早期（晋时）只有五羊悬五谷，到唐代才出现五仙人的。如唐李群玉（约813~860年）《登蒲涧寺后二岩》诗云："五仙骑五羊，何代降兹乡？"他对这个传说提出了始于何时的疑问。唐人高适（702~765年）的《送柴司户充刘卿判官之岭外》诗中有："海对羊城阔，山连象郡高"之句，这是"羊城"别称的最早出现。在五仙观现存最早碑刻中有宋政和四年（1114年）《重修五仙祠记》，对宋以前的五羊神话传说作了较全面的概述："广为南海郡治番禺之山，而城以五羊得名，所从来远。参考《南粤岭表记》并《图经》所载：初，有五仙人，手皆持五谷穗，一茎六出，乘羊而至。仙人之服与羊各异，色如五方，既遗穗与广人，仙忽升以去，羊留化为石。广人因即其地为祠以祀之，今祀地是也。然所传时代不一，或以为由汉赵佗时，或以为吴滕修时，或以为晋郭璞迁城时。说虽不一，要其大致则同。汉距今千三百余年，而吴、晋亦八、九百年，前此未之有改也"。清阮元《广东通志·金石略》及同治《番禺县志·古迹略》著录该碑全文。五仙五羊的神话大抵到北宋已完备了。

二

　　广州古称番禺，是国务院公布的第一批历史文化名城。广州具有两千多年的城建历史，所处地理位置优越，五羊传说更为这座历史名城增添魅力。这个传说从晋人记载的雏形到宋代已臻完备的发展历程来看，当是植根于本地区古代农业生产上发生某个重大事件，而且又与农牧业经济的发展有密切关联。这一点，史学家或会认同。中山大学徐俊鸣（已故著名史地学者）教授认为："当地人民为了纪念这些传播优良谷种的五位仙人，修建了一座五仙观。"徐教授是着眼于良种对广州的传播。查考文献记载并结合近五、六十年来岭南大地的考古发现来看，秦时统一岭南的五路大军就地留戍，守卫南疆，他们带来了中原的铁农具和先进的生产技术知识，与当地人共同开发岭南，这是岭南地区首次进入大开发的历史阶段。要知道，铁器的使用，使砍伐林莽、开垦荒地、兴修水利，深耕细作都得以较大规模的发展。对比先秦时期使用木、石工具进行"刀耕水耨"的原始耕作，真的是发生了翻天覆地的变化。但南下秦军带来的铁农具数量必然是有限的，坏了要更换，扩大生产要补充。据《史记》载，其时开发岭南的"金（铜）铁田器、马、牛、羊"还要仰给于中原。汉高祖刘邦死后，吕后执政 8 年，实施"别异蛮夷"政策，禁止上述的重要物质输入岭南，引起汉越交恶，赵佗亦以称帝抗衡。到汉文帝即位，派陆贾出使南越，南北关系才回复如前。近半个多世纪以来在今两广地区考古发现铁器较多的 8 处属于南越国时期的古墓葬、古遗址，据不完全统计有 660 件（号）之多，其中使用于农业和各种手工业生产的工具超过半数。由于铁器的推广使用，岭南较快的进入封建社会的农耕经济时代。对比在秦统一岭南之前，本地区仅有始兴的一处战国晚期遗址发现过铁斧、铁臿各一件，经学者研究认为是毗邻岭北的楚人传过来的，非当地所产。

秦统一岭南的五军是分五路挺进岭南的，为岭南的大开发揭开了首页。南下秦军"与越人杂处"，实现了汉越民族和文化的融合，这为以后两千多年历史的发展奠下基础。广州是岭南文化中心地，多元的岭南文化也在此孕育和发展。由此联系到《重修五仙祠记》所说，五羊传说"所以从远来"，"或以为由汉赵佗时"。我认为这说对了。因为这个神话传说中的五仙、五羊与谷穗同现，也许其寓意是当时南下的五路秦军，在南越王赵佗的统率之下，与当地越人共同开发岭南，使本地区的农牧业生产取得较快较大的发展；同时还把人们祈求生产发展、生活安定的寄望转化成为仙人祝愿广州人"永无饥荒"的颂祷。这样剖释或许才不失五羊神话的本意哩！

三

五仙观是广州市一处具有独特史地标记的历史文化遗产，独特之处主要有三：

其一：五仙观是有近 500 年历史的不可移动文物建筑，是一座有重要研究价值的物质文化遗产。自宋代开观以来，它供奉的不是儒、道、佛的圣人或教主，而是虚无缥缈的神仙。所以它同时又是五羊五仙神话传说的非物质文化遗产的历史载体。一身兼具物质性与非物质性，至为难得。

其二：五仙观是省级文物保护单位，其后殿在广州现存古代木构架建筑中是不可多得的明代原构。五仙观原有照壁、牌坊、头门、中殿、后殿，两侧有东、西斋、三元殿及廊庑等完整的布局，经几百年岁月沧桑，现仅存头门、后殿和东、西斋的部分建筑。后殿重檐歇山顶，其构架的梭形柱，有升起、侧脚、平梁、四椽栿造成月梁、驼峰、叉手、托脚，都是木构中的早期造法，脊檩还有"时大明嘉靖十六年龙集丁酉十一月二十一日丙申吉旦建"的刻字。既保留有早期的建筑风格，又具有地方特色。

其三：五仙观建于坡山半岛的坡山之巅，位置独特。宋时，五仙观在十贤坊（今省财厅附近），其后再经迁建，到明初迁于坡山之上，以后六百年再无易址了。

据地质学家研究，今广州老城区是由番山与坡山两个半岛形成的。在地质时期，今广州城区的大片地域是夹在西、北江三角洲与东江三角洲之间的一漏斗状的深水湾，称为溺谷湾。据徐俊鸣教授研究认为："数千年来，由于甘溪、流溪河、沙河以及西北两江的分支带来的泥沙，受到海潮的顶托，流缓沙沉，把这个海湾逐渐淤小，番山（东）与坡山（西）也由孤岛变成两个半岛。广州的前身番禺古城，首先就诞生在番山半岛之上，以后逐渐扩展到坡山半岛"。（参见《广州史话》）今天我们仍可见到，在两个半岛之间的教育路、吉祥路，地势仍稍低凹，古代甘溪的一支由此南入珠江，到唐时始成西湖。自 1975 年发现秦造船遗址，1995 年在城隍庙西南侧发现南越国御苑遗迹，其后又发现宫署、宫城的基址和番禺城的基址等，均为徐教授认定的番禺古城首先建于番山半岛，有了考古发现最早的史迹实证。坡山半岛的坡山南坡，在显露的原生红砂岩石上，有海蚀崖如脚印的凹穴，前人把它视为仙人飞升以去留下的"仙人拇迹"。晋代的"坡山古渡"大抵就在这里。在五仙观之后（北面）有岭南第一楼（又称禁钟楼），建于明洪武七年（1374 年），为广州四大崇楼（还有镇海楼、海山楼与拱北门城楼）中保存最为完整的一座。楼上悬挂一口重约 5 吨的青铜大钟，为广东现存明代最大的铜铸件。由是，坡山上有历史早期的"仙人拇印"，及晋有"坡山古渡"，至明又有这一观一楼为坡山巅上标志性的两座明代原构，至为难得。

千百年来，传承着五羊五仙故事的五仙古观，所弥漫的浓烈的广州历史文化气息，仿佛在向到来参观游览者，执着地诉说着世事的沧桑，传递着久远的信息，指望着人们朝向更美好的未来。

（作者单位：广州博物馆）

《澳门普济禅院真传大汕画像》新论

——兼论大汕传世人物画与"写真"

姜伯勤

一、"真传大汕画像"题跋首次公刊的意义

2002 年澳门《文化杂志》中文版第四十二期，发表了澳门普济禅院住持机修大师提供之《澳门普济禅院真传大汕自画像》[1]（彩版一：图一）。这是一幅精巧的小型珍品，全幅 35×25 厘米。此画之影像早在 1941 年于《广东文物》披露过[2]，其照片又见于 1959 年 11 月 5 日的《澳门日报》[3]。但是，此画天头百余字的题跋，却是首次公刊。

这一跋文对于认识普济禅院之大汕画作的收藏与分散，对于认识长寿寺大汕有关之书画向其下寺峡山寺的转移，以及 1929 年前后因这些画作于峡山寺发现而引起的一次研究高潮，及其在 1934 年顷的研究余波，都有重要意义。

此画天头题跋略云：

1、此石头陀肖像，在
2、濠镜　普济禅
3、院中二百余年
（中略二行）
6、□披发□□□头
7、陀更有白描罗汉
8、□□□《曾宾谷半
9、帆亭修禊图》□□
10、□□□黎［简］□□
11、《金刚经》一部。□藏
12、古寺，国变后移
13、度清远峡山寺。闻
14、物在也。戊辰闰月
15、□□□□□观
16、并记［印］［印］[4]

此题记写于戊辰年即 1928 年。8~9 行所记《曾宾谷半帆亭修禊图》，此图正好见于笔者 2008 年

于《广州文博》（壹）发表的《曾宾谷先生长寿寺后池修禊图初探》一文[5]。

从这一题记中，我们看到大汕身后二百年间，与大汕及长寿寺相关文物的几种去向：

——一种是一直收藏在澳门普济禅院中历二百年之久的作品，如所述大汕肖像。

——一种是自清光绪年间即自长寿寺流出民间的作品，如大汕白描罗汉图。

——一种是光绪三十一年（1905 年）毁长寿寺后转移到清远峡山寺的文物，这些文物在 1929 年前后为一批交通系官吏及民间画家等所关注。

石头陀肖像画上的题记，就概述了这三类流向。

现在我们再来讨论肖像画上的一条自上而下书记的题记，记云：

> 石濂汕太祖太老和尚法像　第七代法孙新活顶礼敬题

后有印章［畅］［澜］。[6]

考澳门普济禅院《西天东土历代祖师菩萨莲座》[7]（图二）上栏正中载有：

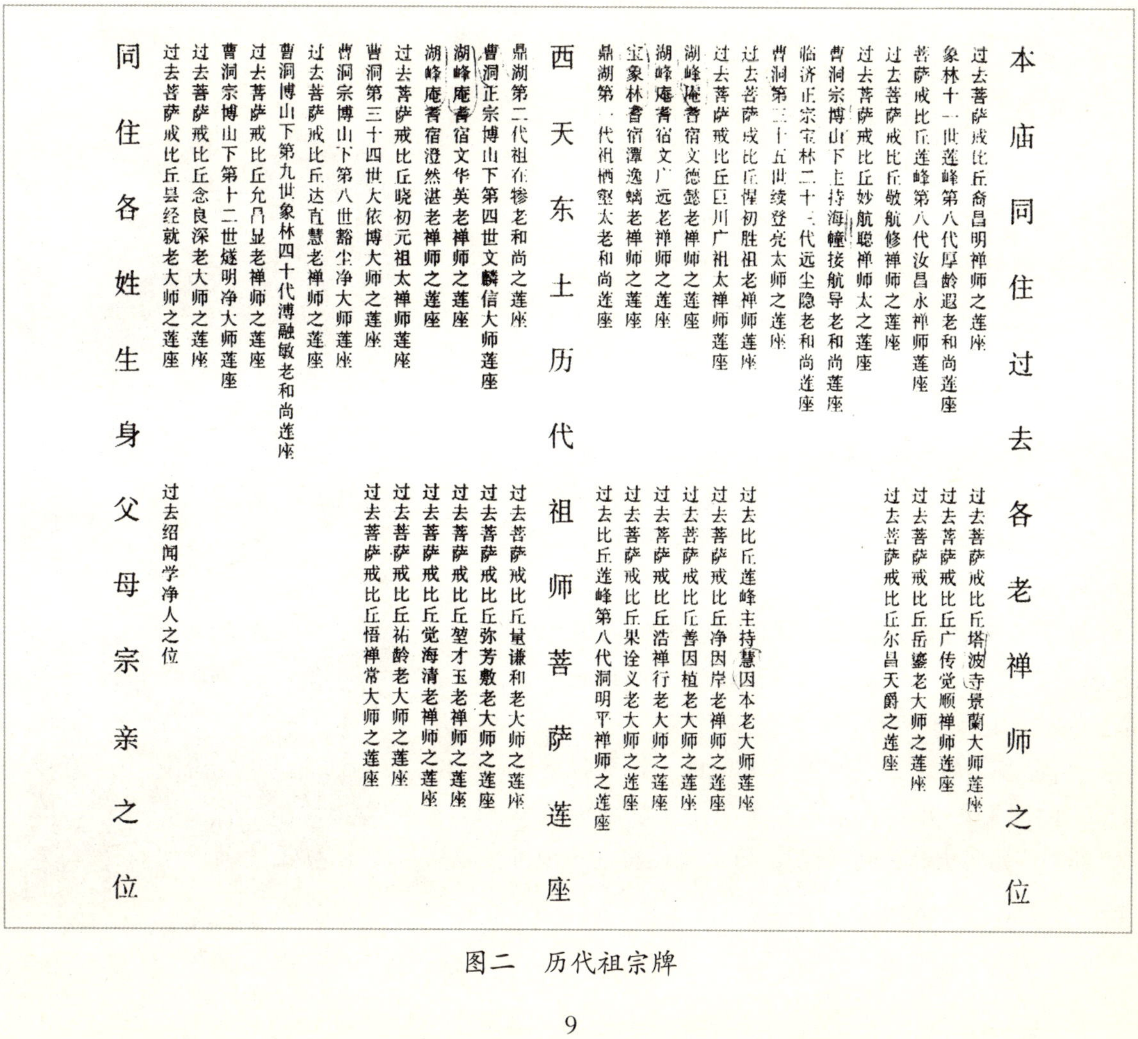
本庙同住过去各老禅师之位
过去菩萨戒比丘裔昌明禅师之莲座
象林十一世莲峰第八代厚龄遐老和尚莲座
菩萨戒比丘莲峰第八代汝昌永禅师莲座
过去菩萨戒比丘敬航修禅师之莲座
过去菩萨戒比丘妙航聪禅师太之莲座
曹洞宗博山下上持海幢接航导老和尚莲座
临济正宗宝林二十二代远尘隐老和尚莲座
曹洞第三十五世续登尧太师之莲座
过去菩萨戒比丘惺初胜祖老禅师莲座
过去菩萨戒比丘巨川广祖太禅师莲座
湖峰庵耆宿文德懿老禅师之莲座
湖峰庵耆宿文广远老禅师之莲座
宝象林耆宿潭逸螭老禅师之莲座
鼎湖第一代祖栖壑太老和尚莲座
过去菩萨戒比丘塔波寺景蘭大师莲座
过去菩萨戒比丘广传觉顺禅师莲座
过去菩萨戒比丘岳鎏老大师之莲座
过去菩萨戒比丘尔昌天爵之莲座
过去比丘莲峰主持慧因本老大师莲座
过去菩萨戒比丘净因岸老禅师之莲座
过去菩萨戒比丘善因植老大师之莲座
过去菩萨戒比丘浩禅行老大师之莲座
过去菩萨戒比丘果诠义老大师之莲座
过去比丘莲峰第八代洞明平禅师之莲座
西天东土历代祖师菩萨莲座
鼎湖第二代祖在惨老和尚之莲座
曹洞正宗博山下第四世文麟信大师莲座
湖峰庵耆宿文华英老禅师之莲座
湖峰庵耆宿澄然湛老禅师之莲座
过去菩萨戒比丘晓初元祖太禅师莲座
曹洞第三十四世大依博大师之莲座
曹洞宗博山下第八世豁尘净大师莲座
过去菩萨戒比丘达直慧老禅师之莲座
曹洞博山下第九世象林四十代溥融敏老和尚莲座
过去菩萨戒比丘允凡显老禅师之莲座
曹洞宗博山下第十二世燧明净大师莲座
过去菩萨戒比丘念良深老大师之莲座
过去菩萨戒比丘昙经就老大师之莲座
过去菩萨戒比丘量谦和老大师之莲座
过去菩萨戒比丘弥芳敷老大师之莲座
过去菩萨戒比丘堃才玉老禅师之莲座
过去菩萨戒比丘觉海清老禅师之莲座
过去菩萨戒比丘祐龄老大师之莲座
过去菩萨戒比丘悟禅常大师之莲座
过去绍闻学净人之位
同住各姓生身父母宗亲之位

图二　历代祖宗牌

洞宗第二十九世开建飞来 / 长寿石濂大汕太祖太老和尚。

中栏正中载有：

洞宗第三十五世重修庆寿 / 普济两寺主席畅澜活老和尚。

与前引肖像题记互证，得知此畅澜活，即畅澜新活，且知其在大汕以后之第七世时仍为长寿寺法师，除为普济寺主席外，又为庆寿寺主持。

又据谭世宝先生指出，普济禅院内有墓塔名普同塔，慧因《普同塔志》有云：

普济普同，本山自天启三年由循智祖师斥衣钵资购下……同治癸酉比丘畅澜重修之。[8]

考同治癸酉为同治十二年，即1878年，大汕卒于1705年，其死后173年，此肖像仍被普济禅院供奉。

此件肖像，据机修大师公刊时，谓为"澳门普济禅院真传大汕自画像"，1928年题记为"二百余年前"真迹，则当为1705年以前旧物。此像作头陀装，身着深色袈裟，右手执拂尘，坐于蒲团之上。

此肖像作正面像，清代丁皋著《传真心领》称之为"十分像"，即正面像。该书卷下有云："……各处细细审定阴阳，染明虚实，方能神似。"又云："七八九分（即七分面至九分面）渐近正面，其中有情事神气之上下……即用意以贯之。"[9] 参读《传真心领》，大汕写真符合传统写真之学的要求，而且更有创新。

今广州美术馆藏卢振寰先生1929年之摹本《大汕和尚自画像》（图三），拙著已详说[10]。据黄般若先生云，该画摹自峡山寺藏品，该画原件高约三尺、宽约二尺。

此外，还有"大汕画广州各大丛林的高僧像"，此册中亦有大汕自画像，与各件传世大汕自画像比较，本文所论此小型张，确属上乘之作。

笔者多年前曾于广州美术馆寓目《长寿院僧像册》，此即1937年顷黄般若先生于清远峡山寺所见"大汕画广州各大丛林高僧像"。下面我们将进一步讨论。

图三 遐菴藏大汕和尚自画像（卢振寰摹本）

大汕和尚自画像
遐菴藏

二、广州美术馆藏峡山寺旧藏高僧写真册

广州美术馆藏有《□绘长寿院僧像册》，此写真册有题记云：

1、峡山藏本，己未八月李印泉将军

2、出资为装，仍藏寺寮

3、□〔石〕禅老人书目□

此己未即民国八年（1919年）。拙稿《清代长寿寺园林雅集与广府文化及琴道——〈曾宾谷长寿寺后池修禊图〉初探》，记该卷子有题跋云：

1、是图藏峡山寺。己未秋日偕

2、李印泉将军同观，惜其虫蚀

3、已甚。印泉慨然出资，付工为

4、之重装，而仍畁僧寮珍袭

5、□守，是可记也。赵藩书于□

6、□交通部廧〔赵〕〔藩〕（印）[11]

两相比较，此僧像册与修禊图俱为1919年李印泉将军寓目并出资重装者。如下所述，两者之鉴赏者用印，也多有雷同。

　　笔者多年前得谢文勇先生助，得观此册，并以复印机复制一份。而若干年后，中山大学古文献研究室仇江先生又制作照像像片一份，见于2007年3月中山大学出版之《大汕和尚集》[12]。复印机制作本，轮廓线较明晰，而照像本调子较记实为细腻。以下所刊为复印本，读者可与万毅、杜霭华、仇江点校之《大汕和尚集》附图对照阅读，兹将各幅写真之拟题、尺幅及印章等过录，并初步稽考如下：

1、大汕像（25×21厘米）（图四）

峡山寺原藏高僧写真册之一，今为广州艺术博物院藏。

大汕老年写照，头有顶髻，手持麈尾，趺座，着明式宽袖袍服，有细腰带，坐于椭圆形蒲团之上。

依读者方向画面，右下角有"石禅寓目"印章，可知这些画幅上的印章乃"寓目"者的鉴赏用章。

图四　广州美术馆藏大汕像

考"石禅"一名，见于清远峡山寺旧藏《曾宾谷先生长寿寺后池修禊图》卷题跋中。题跋中有"滇南石禅老人赵藩灯下书"。则"石禅"为云南人，实名赵藩。从前揭图卷跋文中，得知这位赵藩1919年己未年，随李印泉将军同观该峡山寺藏品，因重新裱装后仍发回僧寮，则赵藩等应莅临清远峡山寺。前曾宾谷修禊图卷中，又有跋文记：

民国八年己未八月壬午，根源、雪铸、基守、□和、邓尔雅、赵藩暨子宗翰同观。

案《邓尔雅诗稿》中有《清远杂诗（自韶之清远登峡山寺道中）》[13]，所记当为1919年赴清远峡山寺事。

大汕画像读者方向左侧有一方"陆焕"印章。考陆焕一名亦见于前揭曾氏长寿寺修禊图题跋。题跋中有：

丙寅初秋信宜、陆焕、李卓云同观
［用印］

民国八年为1919年。此三人同观之鉴赏印章，多次见于其他各幅高僧写真图。

2、高僧写真立像（25.5×21厘米）（图五）

画面上，一高僧着袈裟，双手合十，企立蒲团中央。观者方向画面右边有二印章

陆焕之□（印）
李铨藻（印）

左侧有三印章：

李根源章（印）
马木之章（印）
顾堪所见金石书画（印）

从左侧之一闲章，可证这些图章都是鉴赏者所盖。而前揭陆焕是1916年秋的观赏者。

3、捧莲跌坐莲叶高僧像（25.5×21厘米）（图六）

一高僧有鬚，跌坐莲叶上。右手捧莲花，左手扶在膝上。

读者方向，右下有圆形章，中有"匡文"字样。左下侧印章为"李卓云"。如前揭，李卓云与陆焕同为1926年峡山寺藏画之观者。

4、两手持一莲花倚坐高僧像（25.5×21厘米）（图七）

右腿如跌袈状，左腿拖至地，半跏座，坐于莲花丛背景前。

读者方向右下有楕圆章，有"颂衡"字样。左下侧有圆印，有"匡文"字样。

12

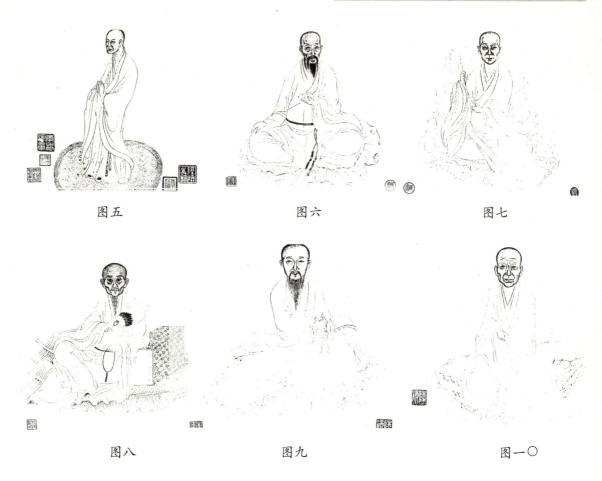

图五　　　　　　　　图六　　　　　　　　图七

图八　　　　　　　　图九　　　　　　　　图一〇

5、倚座高僧像（25.5×21厘米）（图八）

高僧有髻，右手执羽扇，左手执念珠，左手倚大型经书卷帙。坐于大型蕉叶之上。

观者方面左下有"陆焕"印章。

6、展卷高僧像（25.5×21厘米）（图九）

高僧有髻，两手展开经册，坐于竹叶之上。

观者方向右下侧有"陆焕"印章。

左下侧有"李卓云"印章

7、坐于山石前的高僧像（图一〇）

总上所见，今广州美术馆藏之所谓《长寿院僧册像》，似应据黄般若先生之定名《大汕画广州各大丛林高僧图》，因各件写真（图一一～一四）与首件大汕自画写真用笔及风格一致，遂可推定为大汕所作。

三、大汕罗汉图卷与李公麟白描传统

康熙十七年（1678年），石濂大汕被迁住长寿寺。二百年后，清朝末季，长寿寺经历了"自寺经年已亡乱，所藏石公手迹均已散佚"的过程。至"光绪三十一年乙巳（1905年）"，两广总督岑春煊亲手摧毁了长寿寺，岑氏"以寺产入丰，借寺僧毁学名，籍没之"[14]。

而早在 1905 年的二十年前，即光绪十一年乙酉（1885 年），大汕的罗汉图卷已流出长寿寺（图一五），而归著名藏家潘蘭史"珍弄"。"弄"收藏也。潘氏又请文士萧敻常题跋如下：（图一六）

1、国初释大汕，号石濂，于吾粤开长寿寺，著《离六堂
2、集》，尤工画。此罗汉卷，即其所作，盖深得李龙眠遗
3、法也。自寺经年已亡乱，所藏石公手迹，均已散佚。
4、而此卷向归，蘭史道兄珍弄，故得岿然独存。
5、吾知梧桐庭院中，必有吉祥云护之矣。
乙酉中秋萧敻常观并题〔萧印〕
〔□山〕（梁鼎芬之印）
〔梁于渭印〕[15]

案，跋文谓大汕画人物"盖深得李龙眠遗法也"。此李龙眠即宋代之卓越画家李公麟。

李公麟（1049~1106 年），宋人，字伯时，自号龙眠居士，舒州（今安徽舒城）人。元人汤垕《古今画鉴》云：

李伯时，宋人人物第一。专师吴生，照映前古者也。画马师韩干，不为著色，独用澄心堂纸。[16]

李公麟亦画罗汉。谢堃《书画所见录》卷一《李公麟》条有云：

龙眠白描画为宋室第一……其图画十八罗汉眉目衣摺，纹如铁线，神情生动。[17]

叶恭绰《矩园馀墨·序跋》第二辑《北宋李伯时画十六应真十六大幅跋》有云：

李伯时好画罗汉，然如此巨幅，尚未见过也。
此十六幅，纸洁如玉，墨鳞腾踔，信非龙眠莫辩。杭州西湖有乾隆石刻，又北京故宫有乾隆缂丝，均以此为底本，但均称为贯休作。贯休原本久已不全，乾隆时不知何所依据？似转不如此本之可信也。

图一一

图一二

图一三

图一四

图一五　罗汉图局部

此本有贾秋壑印章，或自杭州寺院流出，入于清宫。厥后，市肆得自前清内务府大臣继禄家。[18]

由于李公麟传世的真品并不多，所以上引的叶公绰前辈的意见，可备一说，但叶老对李公麟风格的理解，无疑是极具启发性的。

而大汕罗汉图中的高度艺术成就，又与大汕的白描功底分不开。

大汕罗汉图在继承李龙眠传统的同时，又有所创新。这种创新和时代的进展和大汕的良好绘画功底分不开。

汪兆镛先生在本图卷的两段跋文中，详论了大汕的艺术功力，其一指出：（图一七）

　　　　　[　　　斋（印）]　　[汪兆镛（印）]

1、右释大汕白描罗汉。大汕，字石濂，觉浪和尚
2、法嗣。本贯江苏，康熙间为广州长寿寺住
3、持。工诗，与屈、陈、梁三子往还。中原诸名流亦
4、多酬唱。于寺殿前浚池引珠江水，屈曲环
5、绕，建半帆亭、绘空轩、怀古楼。手植树石皆
6、异凡俗。新城王渔洋（士正）南来，赋诗称之。所
7、著《离六堂集》有《画对雪拥炉图寄石溪
8、和尚诗》。商丘宋牧仲（荦）有《从石公觅写洛神
9、图诗》。宜兴陈其年（维崧）有《石公作无女散花
10、图词》，是善画仕女山水。顾画迹流传极少，其
11、白描佛象，曩见长寿寺及澳门普济禅院
12、所藏两卷，叹为精绝。顷得此卷，笔致一
13、同真迹无疑。卷尾有梁文忠公（鼎芬）、梁杭雪
14、（于渭）印记，亦可珍。是老友潘兰史旧藏，后流
15、转外出。客夏过沪上，兰老谈及，犹追意，惘然
16、也。长寿寺卷，几失幸存。今徙置峡山。普济

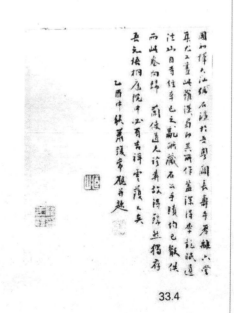

33.4

图一六　萧跋

15

17、禅院卷，久埋尘蠹，余发见，始属寺僧珍护。

18、复得其头陀小象，用西法摄影以传。今此卷

19、获归余斋，殆有墨缘，足与峡澳藏弃鼎立

20、矣。江阴缪艺风（荃孙）为《石濂事略》一篇，沿潘

21、次耕（耒）之说，诋之甚力，刻集旋悔，删去。海宁

22、查初白（慎行）长寿寺《谈石公旧事诗》："劫难逃

23、宿业"。仁和杭堇浦（世骏）《过离六堂伤石濂大

24、师诗》："纷纷志乘无公道，缔造缘何削此翁。"

25、汉军陈朗山（良玉）《半帆亭诗》："初地何常感发

26、兴，一番谣诼到南能"，皆深惜之也。重装卷子

27、因并纪之。

28、庚午腊八礼佛毕微尚居士兆镛跋时年七十

[汪兆镛印]

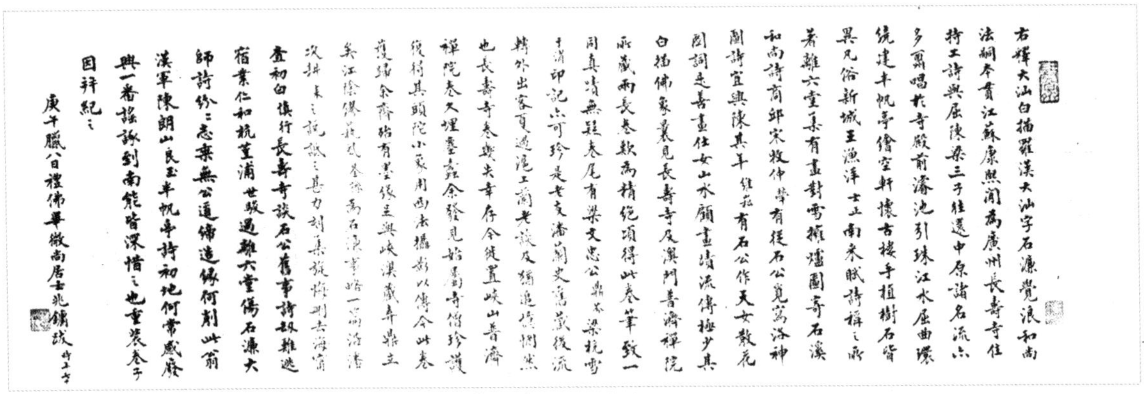

图一七　汪跋1

此庚午为1930年。四年后，重装此卷，汪兆镛先生又有题记云：（图一八）

1、此卷重装题记后，于友人许获见大汕《离六堂集》，卷首

2、有图三十三。一、遣魔。二、负薪。三、读书。四、供母。五、默契。六、

3、遇异。七、演洛。八、观象。九、说法。十、吟哦。十一、遨游。十二、访

4、道。十三、作画。十四、吹箫。十五、推卜。十六、钓鱼。十七、梦游。十

5、八、推集。十九、看云。二十、秣马。二十一、卖雨。二十二、浣花。二

6、十三、法起。二十四、卧病。二十五、出岭。二十六、论道。二十七、领队。

7、二十八、酌古。二十九、注书。三十、乐琴。三十一、制器。三十二、北行。

8、三十三、长啸。皆石头陀自貌也。与澳门禅院所藏

9、小象同，绘法极精。有魏和公（礼）、曾青藜（灿）、王楚塵

10、（世桢）、王孝杨（永誉）、徐电发（钬）、吴园次（锜）、高澹游（简）

11、高谔园（层云）、陶苦子（璜）、屈介子、陈独漉、梁药亭

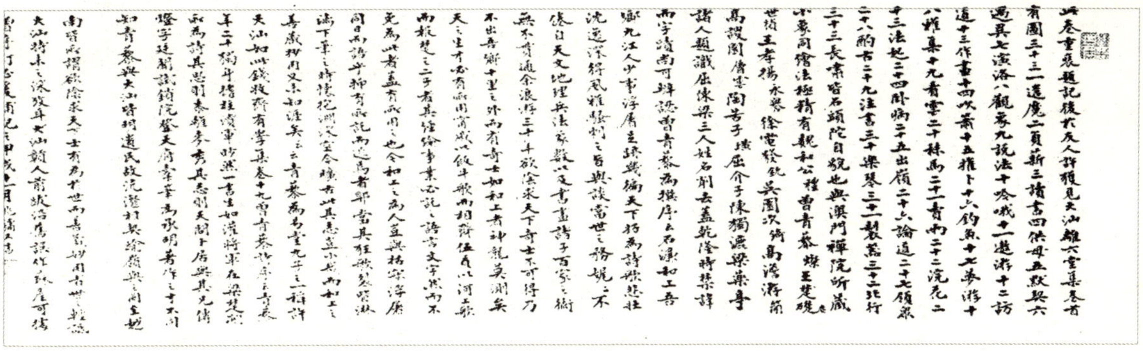

图一八　汪跋 2

12、诸人题识。屈、陈、梁三人姓名削去，盖乾隆时禁讳，

13、而字迹尚可辨认。曾青藜为撰序云：“石濂和上吾

14、乡九江人，少事浮屠，足迹几遍天下，好为诗歌，悲壮

15、沈逸，深得风雅骚刺之旨。与谈当世之务，娓娓不

16、倦。自天文、地理、兵法、象数、以及书画、诸子百家之术，

17、无不贯通。余浪游三十年，欲阴求天下奇士不可得，乃

18、不出吾乡十里之外，而有奇士如和上者，神龙莫测矣。

19、天之生才必有所用。甯戚以饭牛歌以相齐，伍员以河上歌

20、而报楚。之二子者，其经纶事业，必讬之语言文字，然而不

21、免为此者，盖有所用之也。今和上之为人，岂与枯寂浮屠

22、同日而语乎？抑有所讬而逃焉者耶？当其狂歌裂眦，淋

23、漓下笔之时，怀抱渊深，空今旷古，此其志岂小哉！而和上之

24、善藏妙用，又未知涯矣”云云。青藜为易堂九子之一，称许

25、大汕如此。钱牧斋《有学集》卷十九《曾青藜诗序》云，“青藜

26、年二十，独身搘柱溃军，眇然一书生，如灌将军在梁楚间。

27、所为诗，其思则黍离麦秀，其志则天问卜居。与其兄传

28、灯字廷闻，试锁院，登天府橐笔，为承明著作之才不同”。

29 知青藜与大汕，皆明遗民，故沆瀣相契，踰岭，与之同至越

30、南，皆所谓欲阴求天下士，有为于世而善藏妙用者。世之轻诋

31、大汕，特未之深考耳。大汕赣人，前跋沿旧，误作苏产，可据

32、曾序订正。爰补记之。甲戌十一月兆镛又书［印］。[19]

此甲戌为 1934 年。

四、后　论

从本文中我们可以得到两个重要认识，第一：把长寿寺、峡山寺、普济禅院的文物尤其是

传世绘画作为一组来研究，这是文物考古的一件有价值的工作。第二：从艺术史与美术考古的视角观察，普济禅院及其所藏大汕绘画具有决不可低估的价值。

1940 年编辑出版之《广东文物》一书中，卷八有简又文先生撰《广东文化之研究》，其第五部分为《广东绘画之史的窥测》，其"明末清初"一节，指出"释大汕之人物花鸟，亦足传世"。[20]本文谨以拙著《石濂大汕与澳门禅史》（1999 年）出版时未及见到及未及评论之史实，来进一步论证简又文先生的上述结论。论到大汕人物画何以谓之足以"传世"，本文只是作了初步解答。我坚信，随着时间推移和研究深入，大汕这位奇才必将为更多的人士所注意。

注释：

[1] 澳门《文化杂志》中文版第四十二期，澳门，2002 年。

[2]《广东文物》卷二，上海书店，1990 年影印本，页 54 图像二十。

[3] 章憎命《澳门掌故》三《普济禅院之历史研究》，《高僧轶事之轶闻·大汕和尚》，（32），《澳门日报》1959 年 11 月 5 日；（33），《澳门日报》1959 年 11 月 7 日。参见姜伯勤《石濂大汕与澳门禅史——清初岭南禅学史研究初编》，上海：学林出版社，1999 年，页 294。

[4] 同上。

[5] 姜伯勤《清代长寿寺园林雅集与广府文化及琴道——〈曾宾谷先生长寿寺后池修禊图〉初探》，《广州文博》壹，北京：文物出版社，2007 年。

[6] 参见上引拙著《石濂大汕与澳门禅史》书末图 57 插页。

[7] 谭世宝《澳门三大古禅院之历史源流新探》，《文化杂志》中文版第四十二期。

[8] 同上。

[9] 丁皋《传真心领》卷下，北京：人民美术出版社，1992 年，页 109。

[10] 参见注［6］引拙著，页 297~298。

[11] 同注［5］。

[12]［清］大汕和尚著，万毅、杜霭华、仇江点校《大汕和尚集》，广州：中山大学出版社，2007 年，页 534~543。

[13] 邓尔雅《清远杂诗·自韶之清远登峡山寺道中》，见《邓尔雅诗稿》，广州：广东人民出版社，2007 年，页 94。

[14]《曾宾谷先生长寿寺后池修禊图》所载伍铨萃题记，录文见注［5］所引拙文，《广州文博》（壹），页 28。

[15]《至乐楼藏明遗民书画》，香港中文大学文物馆丛书之十，1975 年，页 32。

[16] 汤垕《古今画鉴》，见黄宾虹、邓实编《美术丛书》第二册，第三辑，页 1398。

[17] 谢堃《书画所见录》，见《美术丛书》第四册，第十辑，页 2896。

[18] 叶恭绰《北宋李伯时画十六应真十六大幅跋》，原载《矩园余墨·序跋》第二辑，引自叶恭绰著、姜纬堂选编《遐庵小品》，北京：北京出版社，1998 年，页 243。

[19] 同注［15］。

[20] 简又文《广东文化研究》五《广东绘画之史的窥测》，《广东文物》卷八，上海：上海书店，1990 年影印，页 697。

（作者单位：中山大学历史系）

维新运动与民族尊严

——康有为的维新变法思想对中国社会建设的启迪

林家有

    戊戌维新运动是在帝国主义掀起瓜分中国的狂潮的背景下发生的一场爱国救亡和思想启蒙运动。康有为是爱国者和戊戌维新运动的策划者。对于戊戌维新运动和康有为都有纪念的理由。"纪念"就是回忆，就是追思，通过纪念找出历史事件和人物发生、发展和结果的原因，从而总结出若干对今天社会、国家和人类有益的经验和教训，是历史参与现实的重要表现。有人反对纪念史学，我认为反对太可不必，但纪念不是造神，必须实事求是，要理性地理解斯人斯事，反对感情用事。

    戊戌维新运动应该如何？康有为应该如何？这都是过去了的事，对待历史应该宽容、大度，当然也应该理性，一切随它去，历史自有公论。做改革的先行者，不易，做失败的先行者更难。对于先行者，我们需要历史地理解，更要以平常心去对待。历史就是历史，它不是现在，但因为过去不久的事总是与今天有某种关系。"以史为鉴"会使今人聪明起来，所以研究过去的人与事不是可有可无，而是人类文明史发展的一种重要的文化资源，任何文明的民族都必须万分重视对历史的研究和对文化的传承。

一

    1898 年 6 月 11 日（阴历四月二十三日）清朝光绪帝接受康有为为代表的维新派改革方案，下"明定国是"诏，宣布变法维新，迄于 9 月 21 日（阴历八月初六日），引用维新人士，颁布维新法令，推行新政，共一百零三天。史称"戊戌变法"，或云"百日维新"。这场运动，虽以慈禧后党发动政变，谭嗣同、杨锐、刘光第、林旭、杨深秀、康广仁被杀，康有为、梁启超出逃为结果，但它留下的思想遗产，以及对未来中国的社会发展，为中国的知识分子参与政治都提出许多思考的空间，对中国人的政治觉醒也起着巨大的深远的影响。

    1899 年 2 月，由于清政府多次向日本政府交涉，反对康有为留居日本进行政治活动，日本外务省劝令康有为离境，并赠与旅费让他赴加拿大。康临行时作诗一首，以表示实现自己政治理想的决心。

    诗云："凤靡鸾吪历几时？茫茫大地欲何之？华严国土吾能现，独腕神州有所思"[1]。

    诗中以凤鸾之死喻六君子殉难，时间未久，今又被迫离开日本，诗中表现出康有为对着茫茫大海，百感交集，找不到出路的苦闷心情。此后康有为虽在外组织保皇势力，企图通过内外力量逼迫慈禧释放光绪帝，由光绪复辟再起，做着维新改革旧梦。请求清帝国"维新"，进行自上而下的体制内改革，在 19 世纪初已经出现于中国。这"不是洪亮吉或龚自珍的个人愿望，而是那时代的学者们蓄积已久的群体信念的集中表达。"[2]但诚如人们所说,旧梦当中,会"有甜梦,又有苦梦;有好梦,又有恶梦;有吉梦,又有噩梦;有奇梦,又有妖梦;有夜梦,又有白日梦",可谓形形色色,五花八门。然而,梦想不能成真,但梦还得做,"梦想的中国"是一个永恒的主题,她将由一代接着一代的中国人继续做下去[3]。维新梦做了110年,今年又是维新旧梦的发起者,康有为诞辰150周年。这些年来,哪些梦已经实现了,哪些梦还没有实现,原因是什么?这些都是我们当今应该重新进行思考的重要问题。

李泽厚先生说:"康有为是中国近代史上最具创造性的伟大思想家"。"他理想很高,但在现实中则走逐步改良、非常稳健的路。""当然,话说回来,康在戊戌时又仍然急了一点,应该步子更慢一些,不能只抓住一个皇帝,该设法争取更多的权贵","光绪如果更能干一些,像彼得大帝那样,情况就会大不同,改革就可能成功"。[4]

现在的问题,不是改良好,还是革命好的问题,而是研究历史事件和人物,应该坚持什么样的标准的问题,关于对评价历史人物的标准问题的争论并不自今日始,早就存在过,但看来并没有取得共识。对于评价历史事件和人物可以从不同角度去探讨去认识,但人是复杂的,思想也是会经常变化的,所以我同意以"现实的社会和政治标准"去衡量历史上的人的观点。[5]辜鸿铭曾称康有为和他的信徒们为"头脑发热的狂徒"的"过激派"。他指责这些"过激派",是由那些聪明的、头脑发热的年轻人组成。这些人自称是爱国主义者,其实浮躁、贪图名利,野心勃勃,既没有治事经验,又缺乏判别能力。"他们要求连根带枝一块的改革和飞速的进步,毫不顾及可能会遇到的困难,甚至于连毁灭帝国也在所不惜。他们愚蠢地想象,由此便可以轻而易举地获至西方民族那般的富强和繁荣。这就是康有为及其党徒的那一派。"[6]这样的评论和指责康有为维新派是一个甘愿为"君子去死,为皇太后"去死的人的感情流露,因为他太过保守可以不去管它。但当代学者钱穆先生亦形容康有为是一位"主张变法之极端激昂"、"戊戌出亡,辛亥归国,而其思想乃以极端守旧闻"之人。他说,由于康有为"领袖欲至高,自信力至强",所以,他认为昔日者皆守旧,则提倡维新,"今已一世尚维新",他"又督之返旧,而一以孔子为标帜",弄到世人无所适从。[7]

康有为属于什么派?有说康有为,在戊戌维新时期是激进派,在辛亥革命后则是保守派。总之,康有为在晚年亦自认,他不是一贯正确者,过去的一些看法由于未能深思熟虑而欠周。他说人有时感情用事,设想不能周到,缺点、错误都难免。不管康有为激进也好,保守也好,他都是借理想、热情和勇气,成为替传统中国开拓进步之路的先锋。梁启超说:"康南海果如何之人物乎?吾以为之政治家,不如谓之教育家,谓之实行者,不如谓之理想者;一言以蔽之,则先生者,先时之人物也。""先生为进步主义之人,夫人而知之。虽然彼又富于保守质之人也,爱质最重,恋旧最切。""其外貌似急进派,其精神实渐进派也。"[8]其实,就今人而言,康有为属于什么派并不重要,重要的是他为什么由一位知识人士能发动一场影响中国的戊戌维新运动,他发动这场运动的真正目的是什么?由于许多历史因素导致戊戌维新运动的惨败,它为今天的中国社会改革和建设带来一些什么有益的启迪,这都是一个有意义的课题。萧公权先生说:"作为一个'不设防'的人,康氏自有其缺点和错误,他并不是圣人。他的努力失败,不能说是英雄。虽一度颇受人注目,但情况迅速即转变。历史总是以现实的社会和政治标准衡量人。一个先知的预见不能成为事实，便得不到掌声。但是在思想的领域内，现实的裁判并不很相关。康有为的改革与乌托邦思想毕竟对中国思想史有重要贡献。"[9]萧先生这个话，说得好，我们评价历史人物往往是过于追求功利，成王败寇的观念在学人中有意无意地都存在着，因此对于以失败为终结的历史人物，往往得不到合理的评判。

1918年1月，胡适写了一篇《归国杂感》讲了一些关于康有为的话，他说："我说我的《归园杂感》，提起笔来，便写了三四千字。说的都是些很可能悲观的话。但是我却并不是悲观的人。我以为这二十年来中国并不是完全没有进步，不过惰性太大，向前三步又退回两步，所以到如今还是这个样子。我这回回家寻出了一部叶德辉的《翼教丛编》，读了一遍，才知道这二十年的中国实在已经有了许多大进步。不到二十年前，那些老先生们，如叶德辉、王益吾之流，出了死力去驳康有为，所以这书叫做《翼教丛编》。我们今日也痛骂康有为。但二十年前的中国，骂康有为太新；二十年后的中国，却骂康有为太旧。如今康有为没有皇帝可保了，很可以做一部《翼教续编》来骂陈独秀了。这两部'翼教'的书的不同之处，便是中国二十年来的进步了。"[10]

谩骂史学不应继续存在。当今的社会要求我们每一个人都应理性地待人，也要理性地对待历史，谩骂只能加深和延续仇恨，不足于解决任何问题。历史可能会重演，也可能不重演，所以，今人和今日去研究历史问题和历史人物，蒋梦麟先生则提醒我们"应从大处着眼，制度、文化，以及商业等偶然之事虽然能改变历史，但我们决不能就偶然之事来作定论，因偶然之事的发生，亦有其历史性的。所以我们做事应有广博的知识，接受历史的教训，这样才能有所警惕，有所作为。"[11]蒋梦麟先生这个话有其道理，应该成为我们研究戊戌维新运动及评价康有为的指导性意见。

二

有人问，没有康有为维新运动会不会发生？这个问题不好回答，但没有康有为，维新运动不会这样急迫地发生，这是可以肯定的。那么，康有为为什么要发动维新运动？维新运动为什么又以失败告终？它的失败给中国带来什么影响？对于这些问题，虽然过去说者不少，但分歧很大，仍有思考的空间。

康有为的弟子台湾的蒋贵麟先生说过："老师南海先生著作等身，其学术思想，言论行事，于清室之兴亡，民国之盛衰，关系甚大。凡所言行，虽是非功罪，见仁见智，容或不同，然其动机之为'救中国'，以中国为至上，非以清室为至上，则始终一贯，盖由其欲改清室国号为中华一事，而可以确证无疑也。"[12]蒋先生在这里指出，康有为的所有言行的动机都是为"救中国"，他是"以中国为至上，非以清室为至上"，这个看法应该说是对的，但不完全正确。因为康有为上书言事，力陈变法主张是为了救中国是千真万确的，但也是为了救清朝，正因为他不愿意看到清廷垮台才提醒清帝下诏变法以强中国。指出这一点非常重要，因为明了这一点，自然也就明白了康有为发动戊戌维新运动的根本目标。"甲午战后，先生忧国家之险危，领导变法革新运动。定国是、请立宪、开国会、改官制、广言路、废科举、兴学校、设报馆、奖创新、练新军，冀能将政治、经济、社会、教育全盘革新"，都是"为中国创一新局"[13]，都是为了富国、养民，以求社会的稳定和发展。梁启超在《戊戌政变记》中也谈到康有为上书变法的缘由。他说：

> 吾国四千余年大梦之唤醒，实自甲午战败割台湾偿二百兆以后始也。我皇上赫然发愤，排群议，冒疑难，以实行变法自强之策，实自失胶州、旅顺、大连湾、威海卫以后始也。自光绪十四年，康有为以布衣伏阙上书，陈外国相逼，中国危险之状；并发俄人蚕食东方之阴谋，称道日本变法致强之故事，请厘革积弊，修明内政，取法泰西，实行改革。当时举京师之人，咸以康为病狂，大臣阻格，不为代达。康乃归广东开塾讲学，以实学教授弟子。及乙未之役，复至京师，将有所陈，适和议甫就，乃上万言书，力陈变法之不可缓，谓宜乘和议既定，国耻方新之时，下哀痛之诏，作士民之气，则转败为功，重建国基，亦自易易。[14]

可见，康有为上书变法完全是出自于帝国主义的侵略和清廷的割地赔款的刺激，为了救国与民族的尊严，他勇敢地站出来上书陈述救国的办法。这完全是出自于爱国主义的情怀，就这点而言，他的确是"以中国为至上，非以清室为至上"。但是他爱国也爱清廷，他不可能将爱国与爱清朝区割开来，这正是他的局限，也是维新运动失败的重要原因。康有为具有炽热的救国热情，但也不能忽略了他效忠清王朝，留恋旧制度的一面。他痛恨清廷官吏无能招致了那么多外患，但他也没有也不敢出一言要清帝下台或提请清帝下诏要腐败无能的官员全体下课。所以他只能是上书请求清帝实行官制的改革，进行体制内的某些革新，不能就此号召人民起来实行体制外的革命。体制内的革新不是不可以，但掌握政权一方必须是进步的，能代表广大民众利益，为民众谋福祉，为国家真正谋富强的爱国者，要腐朽的反动的落后势力进行自我改革，只能是修补式的有限的革新，目的只是为了稳定政局，延长统治。

从光绪十四年九月（1888年）至光绪二十四年正月（1898年）康有为共七次上清帝书。光绪十四（戊子）年十月，康有为31岁，"懔国热险危，以诸生诣京师伏阙上书"[15]。在上清帝第一书中，康有为说："自祖父，也受国恩，区区之私，常怀报称。窃见方今外夷交迫，自琉球灭、安南失、缅甸亡，羽翼尽剪，将及腹心。比者日谋高丽，而伺吉林于东；英启藏卫，而窥川滇于西；俄筑铁路于北，而迫盛京；法煽乱民于南，以取滇粤；乱匪□江楚河陇间，将乱于内。"[16]外患内忧，促使康有为上书清帝，建议变成法、通下情、慎左右。但由于无人代递，不得上达，但康有为为了民族的尊严，提倡变法的主张则为世人所知。

光绪二十一年四月（1895年），康有为在上清帝第二书（即公车上书）中，又说："窃闻与日本议和，有割奉天沿边及台湾一省，补兵饷二万万两，及通商苏杭，听机器洋货流行内地，免其厘税等款，此外尚有献俘迁民之说；阅上海新报，天下震动，南举国廷诤，都人惶骇。"[17] 在这里更表现出康有为对国家、民族的严重关注，为了民族的尊严，请求皇上下诏鼓民气，勉励国人，同雪国耻；下诏严惩甲午战役的将帅使臣疆吏，以肃纪纲；下诏求才以应非常之变。在上清帝第三书中，康有为再次请求皇上及时变法，富国、养民、救士、练兵、求人才而慎左右，通下情而图自强。他说："夫以中国二万里之地，四万万之民，比于日本，过之十倍，而为小夷慢侮，侵削若封羊缚豕，坐受剥削，耻既甚矣，现亦难解"。[18] 从上清帝第四书开始，康有为便根据他"目击国耻，忧愚愤盈"的情况，请求皇上"及时发愤，革旧图新"。他说："窃自马江败后，法人据越南，职于此时隐忧时事，妄有条陈，发俄日之谋，指朝鲜之患，以为若不及时图治，数年之后，四邻交逼，不能立国。已而东师大辱，遂有割台赔款之事。于是外国蔑视，海内离心，职忧愤迫切，谬陈大计，及时变法，图保疆圉，妄谓及今为之，犹可补牢。如再徘徊迟款，苟且度日，因循守旧，坐失事机，则外患内讧，间不容发，迟之期月，事变之患，旦夕可致，后欲悔改，不可收拾。"[19] 康有为上清帝第三书，深深地打动了光绪的心灵，引起了强烈的共鸣，直至二年之后，百日维新期间，光绪帝仍念念不忘康有为这次上书，可见此书对光绪帝影响之深。[20]

由此可见，甲午战败《马关条约》的签订，刺激了康有为等维新志士的强国御侮志气。康有为在战后的三次上书表明了维新派维新变法思想的形成，也说明由于民族危机的深重，极大地加速了中华民族的觉醒，使维新救亡的思潮勃兴，并成为国人尤其是士大夫请求变法图强的愿望。康有为接二连三地向清廷呈递条陈，力图劝说清帝接受他弃旧图新强国变法主张，还反映了当时中国社会具有爱国维新士大夫们的要求，一时使康有为成为舆论的中心和时代的精英。然而，也因此使康有为成为保守派攻击的焦点。总之，历史就这样将康有为由文人学士推上政治的前台，成为维新变法运动的头面人物。从此他也无路可走，进则为王，败则为寇。康有为起初也很自信，时出狂言，但他不明白政治斗争的无情和残酷，以及改革的复杂性。

诚如茅海建所说："康有为的言论多有夸张自扬之处"[21]，1898 年这是清朝外交史上的大灾年。康有为想得过于简单，其实当时德国、俄国、法国、英国先后强租胶州湾、旅顺、大连、广州湾（今广东湛江）、新界、威海卫。清朝迫于压力，向日本、法国发出照会，表示福建、云南、广西不割让他国，承认日本，法国的特殊利益。可是由此又引起英国、俄国、德国等列强的强烈不满，并抛开清朝，开始相互商量其在中国的利益划分。[22] 就是在这种情况下，康有为发出"急宜及时发愤，革旧图新"[23]，"变法而强，守旧而亡"，"能变则全，不变则亡，全变则强，不变仍亡"[24] 的呼声。在《上清帝第六书》中，康有为则着重分析了"大地忽通，万国竞长"的国际局势，认为中国如果不奋起变法，就难以摆脱落后闭塞、任人欺凌的处境，也"难以避免倾刻覆亡的命运。"[25] 从康有为有关变法的原因及其主张看，他的上书全面地反映了当时民族危机的情况，以及对中国前途的深切关怀，尤其是反映了中国当时多数士大夫所关注的国家前途和民族命运这个根本。所以康氏能在士大夫中起到激励爱国热情和凝聚的作用。康有为的变法主张，尽管遭到守旧派的阻挠和反对，但他仍然得到国人某种程度的支持，他的维新变法也有一定的群众基础，但"戊戌变法运动是中华民族与帝国主义矛盾激化的产物"[26]。它促使了中国知识分子和中华民族的觉醒，然而作为一场爱国救亡和弃旧图新的社会改革运动，仅有知识分子的呼喊是不够的，没有广大的人民群众的参与，在牵涉到政治、经济利益再分配时，成功的可能性是不存在的，康氏认识不到这一层意思，但这场维新的历史意义，以及积累起来的关于社会改革方面的经验和教训则是深远和巨大的。

三

康有为是时代的先驱，维新运动的代表性人物。然而，作为民族主义者或国家主义者，康有为自有他思想的强光点，但也有其局限。他企图以西方为主要模式以求中国政治、经济，以及文化学术思想的改变，使传统中国进入近代世界的改革主张，自有其进步性，但其遇到的反对和阻格的势力也很强大，所以康有为努力推行的戊戌维新运动最终还是失败了。对于戊戌维新运动的失败原因说法不一，有说是因为这场运动"不能和不敢摧毁封建制度"、"对帝国主义存在幻想"。[27]也有说："维新运动的失败是必然的。失败的主要原因，不在于某个历史人物的个人因素，也不在于自上而下的改良方式，而在于经济基础的制约，在于民族资产阶级的幼稚弱小，在于敌我力量的悬殊。"[28]也有说："康氏仰赖清帝以及士大夫官僚来医治他所诊断出的中国政治病，他必然要失望。"[29]也有说："戊戌变法失败的原因，表面上仿佛就是光绪帝和康有为斗不过西太后的法宝，问题的关键全在帝与太后的权势消长上面。后来幻想和平改革的人回忆此事，都只痛恨西太后，说当时若没有西太后掣肘，光绪帝一定可做日本的明治天皇，变法可以成功，不致有后来排满革命的大风潮，中国就早已进于富强的地位了。""其实光绪帝和康有为的失败，决不是西太后个人有制服他们的能力；问题的关键，也不全在帝与太后的权势消长上面。约略言之，可分三层，除了西太后不肯放弃权势的一层以外，还有两层大原因。第一，因为康有为的维新学说亵渎了圣典，触犯了大部分经生文人的众怒。……第二，因为变法的进行，要打破许多人的固有饭碗和得饭碗的机会。"为上面所述那些复杂原因，所以"戊戌变法的失败是必然不可避的，并不是偶然的。[30]也有说：戊戌变法的失败是由于康有为挑起经学纷争之无益，"全变战略之失宜，躁进举措造成。[31]弄清楚戊戌变法失败的原因非常重要，因为只有这样才能总结历史经验和教训，才能正确地吸取对今天中国社会改革和建设有益的启迪。

戊戌维新时期的康有为，有人说他过于激进，但更多的人则批评他过于保守。激进与保守是两种截然不同的评判标准，一般都是效忠清王朝的保守士大夫和官吏说康氏激进，指斥他的变法主张是过分偏离传统，他的改革主张和行动是未能深思熟虑的冒险行为，比如辜鸿铭就称康有为和他的信徒为"极端派"。然而，孙中山为代表的革命派则称康有为和他的信徒是清廷的保皇派，指斥康氏是在为维护清朝的统治，取新而不废旧的极端保守派（或称改良派）。所以还原历史的确很重要，但要真正做到还原历史非常的不容易，但不管你如何评价康有为，他在戊戌维新期间的言与行都给我们带来许多思考的空间。

其一，康有为变法要把中国带向何方？

戊戌维新变法是光绪颁行"明定国是"诏作为标志进入实际变法运行阶段，但是变法的方略则是在"明定国是"诏颁行第5天，即6月16日，光绪帝召见康有为时才确定下来的，所以变法的军师是康有为。然而，从康有为为清帝的七次上书中，康有为强调要"尽变"，"全变"。所谓"尽变"、"全变"，就是"既知守旧之致祸败，则非尽变旧法与之维新不能自强"；"少变而不全变，举其一而不改其二，连类并败，必至无功"。[32]但究竟康有为通过变法要把中国带向何方？康有为公开反对辛亥革命，反对孙中山中国要快变的主张，他批评和诋毁民国，以及极力呼吁"保存国粹"。可见，康有为具有保守性的一面，但他并不复古，他反对将中国带回古代，更反对将经学作为中国不变的教条。从康有为在戊戌维新前上清帝书及其他有关他的政论去看，他致力于重整清帝国体制及社会的改造，表现了"他对中国前途的深切关怀"[33]，对中国社会混乱的忧虑，所以康有为改革中国社会的手段是提倡渐进，反对激进，但从他提倡变法的理由和主张看，他又是一个冒险的激进主义者。企图将中国由君主专制改变为君民共主的立宪国家，故"当时举京师之人，咸以康有为病狂"。[34]

在康有为七次上清帝书中，他所陈述的变法原因一次比一次激进，一次比一次急迫，他一再强调，变法则强，不变法则亡，及时变法则强，不及时变法则亡。变什么法？康有为主张"变成法"改革政治制度，"通下情"，开放言论，"慎左右"，罢黜腐败官僚，登用人才；以及练兵强天下，惩治腐败，另选将才，富国、养民、教士、还要废八股、广译书、开学校、定报律、废漕运、建铁路，以及立行宪法，以庶政与国民共享等等。康氏所言甚为激越，并切中时弊，但为什么又会遭到多方面人士的反对呢？这是因为改革的本质都是一种利益的调整和重新分配，是对现存社会秩序的破坏，尤其主张改革国家政治制度，变君主专制为君主立宪，原清政府的官员会面对怎么样的命运，多数人都在忧虑和恐惧，所以当改革向深入发展时，对旧制度的触动就越大，危及旧势力的既得利益就越多，因而斗争也就越激烈。作为士大夫本是改革的支持者，但因康氏主张废科举又使许多希望通过科举制度升迁的士大夫失去了希望，科举废除后又没有能力使游离于社会之外的士大夫找到出路。所以，清廷中既得利益者对于康有为的变法改革自然会反对，许多士大夫阶层，也不支持康有为的变法。而广大的农工商阶层还没有弄清楚康有为的变法对它们究竟会带来什么，维新运动便被慈禧的后党镇压失败。所以，舆论不足，理论准备不到位，组织发动欠缺，失去多数人的支持是康有为维新变法失败的主要原因。可见，得不到广大民众拥护和支持的改革都不可能取得成功。[35]

由此可见，戊戌维新运动失败给我们最大的启示是任何社会改革都是一次利用的调整和再分配，利益的问题不仅是观念的问题，也是某人或某种势力在社会中的政治经济的利益均衡问题。面对这种情况各种势力都需要妥协，没有妥协改革就寸步难行，但改革者往往都是处于劣势、弱势，强势政府的保守势力一般都不愿意妥协，结果只有你死我活。在这种情况下，广大民众在改革中是否得到改革带来的好处，则是关系改革成败的根本所在。所以，当今的社会改革和建设应以人为本，以改善人民的生活质量，提高人民的生活水平作为中心，只有解决国家与民众之间的利益均衡，社会才能和谐、政治才会稳定，改革才能顺利进行。

其二，社会改革必须以解放思想为先。

戊戌维新运动是一场思想解放运动，这是毫无疑义的。康有为撰写的《新学伪经考》、《孔子改制考》，目的都是破除守旧的思想，树立孔子改制的变法理论，指明变法图强的光明前景。薛福成的《变法》、王韬的《变法自强》、梁启超的《论不变法之害》、谭嗣同的《君主之祸》，以及严复先后发表《论世变之亟》、《原强》、《救亡决论》等文，对于维新思潮的兴起都起到鼓荡的作用。[36]可是，上述文章能够阅读的人甚少，在读者中产生多大的共鸣，实在不好说。甲午战后，康有为的上清帝书，以及密呈皇上的禀告，除《公车上书》（上清帝第二书），有16省603名士大夫签名外，其余的都与士大夫们关系不大。为什么会有那么多士大夫在《公车上书》签名，多是出自于他们的民族自尊，有愧于中国败于日本，中日《马关条约》十一款的耻辱，激发了他们的爱国激情。他们都是为"安危大计"而上书"行大赏罚，迁都练兵，变通新法，以塞和款，而拒外夷，保疆土而延国命"[37]。真正同意康有为要求清帝改革官制，仿效日本明治维新实行君民共治国家的人究竟有多少，实在是未知数。

1895年8月（光绪二十一年七月初）维新派在北京成立强学会，又名译书局，也叫强学书局或强学局，发行《万国公报》（后改为《中外纪闻》），开始传播变法思想，可是半年后，（1896年1月）即为清廷封禁。1896年1月康有为在上海创办《强学报》（五日刊），鼓吹设会办报，力言科举制度的积弊，阐述变法当知本原，主张开设议院"以通下情"。但张之洞恐获罪清廷，当月即下令封禁，只出版3期就收场。

由此可知，维新派要变法，但真正了解变法的原因和本意的人很少。在这种情况下，匆忙发动维新运动，慈禧太后起初是否支持维新变法暂不去管它，但当这场运动真正威胁到清廷的命运，要与清政府维护的封建专制统治较劲时，不仅清朝的保守官僚反对，就是一些原先表示同情和支持维新变法的官史如翁同龢、奕诉等人也会为自己留后路发生动摇。多数赞同维新的士大夫更是抱观望的态度。这样一场思想解放运动可说是有头无尾，表面看来似有声势，但实质上未能形成改革的强势，舆论准备不充分和发动面狭小，市民阶层以下多数民众，对于这次改革不知所以然，这样的维新运动要民众支持也很难。所以，慈禧敢于镇压维新派。维新运动给中国留下的精神遗产是失败的严重教训。这笔遗产由孙中山为代表的革命派继承，但是他们也犯同样的错误舆论不充分，后果同样严重。可见，凡是涉及到社会重大的政治、经济、文化改革的大事，思想必须领先，舆论准备必须充分，只有人民大众了解改革的原因和真相，形成一种强势，改革才能顺利进行，在进行过程中又能调整各方关系，保持国家和民众的利益协调，才会得到广大民众的支持。凡是人民大多数不支持不拥护的改革都不能成功。社会改革，尤其是政治改革都是动摇根本的行为，广大民众的态度是检验改革正确与错误的试金石，民众不理解不支持的改革不能进行，凡是人民大众支持和拥护的改革都必须坚决地进行。这是戊戌维新运动给我们一个重大的有益的启示。

三、社会改革必须以国家民众的利益为依归。

戊戌维新运动是由于中法战争、中日战争中国蒙羞被激发起来的爱国运动。康有为等维新派只从法国、日本，尤其是日本维新富国强兵打败中国来说明它们的胜利，没有强调它们的侵略本质，所以他只强调中国要向日本学习改变中国贫弱落后一面，没有也不敢号召人民团结起来抵抗侵略，发愤图强的另一面，这是一种片面的说词和误导。光绪二十一年（1895年）中日《马关条约》和议成，康有为大搜日本群书，"乃得见日本自明治元年至二十四年维新之法，考其变政之次第，鉴其行事之得失，去其弊误，取其精华，阅三年而译成《日本变政考》一书。凡中国变法之曲折条理，自官制、财政、教育、宪法、律例、陆海军、改元、迁都、农、工、商、矿各事，各在按语上，说明发挥，以示变法之非难为，自谓若采行之，可十年而定霸国也。"康有为辑《俄彼得变政记》，也只是说彼得大帝微服作隶学工于荷、英，遍历各国，不耻师学，以及力求改革秕政，发愤自强，而俄率为大地霸国，以证变法致强的正确。[38]这样去寻找中国战败于日本的原因，作为劝告皇帝立志变法自强无可非议，但是变法不是简单的要还是不要的问题，关键在于如何变，变什么才能有利于社会，有利于国家，有利于人民。其实任何一个国家的改革都有其自己历史的渊源。日本自1868年明治政府成立前，跟中国不同，它虽有最高统治者天皇，但实权掌握在幕府首领征夷大将军手中。幕府之下全国有260多个藩，各藩的统治者"大名"受幕府"大将军"控制，负担幕府规定的各种政治、经济和军事义务，但在自己的领地上，拥有财政、军事、司法和行政的一切权力。在幕藩体制下，日本实际上处于一种封建的割据状态。1868 年，一批下级武士发动政变推翻了幕府统治，重新拥立天皇为国家元首，由此开始了著名的明治维新。新政府破除了过去存在的封建割据状态，形成了中央集权的统一国家，为资本主义的发展奠定了基础，实行"内治优先"发展的政策。[39] 中国的情况完全不同，中国是衰弱的封建统一国家。中国的问题在当时不是废除封建割据，而是发展经济，振兴中华，实现强国富民的政策。维新时期的中国不可能像日本明治维新那样学习西方发展资本主义，而是实行一些弥补性的政策来稳定政局，维护封建君主制度。所以，在日本天皇是国家统一的象征，日本不可以没有天皇，但在中国皇权就是专制，在中国要发展资本主义就不能保留皇帝。所以，在当时的中国实行"君主立宪"，它不可能突破过去中国几千年形成的专制体制，废除封建等级观念，以及改变政体自上而下的管理人的系统，因此君主立宪不可能突破中国政治上的"体用"分离。就此看来，康有为在维新时期的政治意向是通过保存皇权的前提下有限度地进行政治体制的改革，借以稳定社会，然后进行经济、文化各方面的改革。其实，当时中国社会改革的问题非常复杂，中央要集权，地方督抚要分权，立宪派要民主要自由，而老百姓则要求民生解决生存问题。从康有为为代表的维新派以君主立宪作为政治改革的中心的维新变法来看，虽然它不是设立议会，实行民权，但它的变化也会影响满族和阁员的地位，必然会碰到各种政治势力较劲的焦点，动一毛牵动全身。从广大民众来说，它关心的重点是民生问题，政治改革能否给它们带来实实在在的、看得到的利益和好处，是它们关注的重点，否则你说得再多改革的大道理，它们也不会发生兴趣，更加不会主动起来支持所谓的改革。虽然，康有为在《上清帝第二书》（公车上书）中，他将"恤穷"与务农、劝工、惠商并列作为救国的四大要政，提出救国必须从"扶贫济弱"开始，他坚信只有国民走出"穷弱"，国家才能变得强大起来[40] 第一次接触到了近代中国民众的根本问题，体现了康有为意识到民生问题重要性的认识，但他始终没有像孙中山那样将"民族、民权、民生"三民主义有机地紧密结合起来，将解决国家独立，社会民主与国民的民生幸福的生计问题作为改革社会的中心议题，把爱国、革命，以及主张社会进步的各种人团结起来，获取广泛的支持。康有为还没有向民众宣传让民众了解其改革的本旨和中心内容，就急着要光绪下诏维新变法，这样的变法，当权的保守派不以为然，广大的民众也只是在看热闹没有发生共鸣。所以，康有为的戊戌维新不是以民众的利益为依归，单从呼请清政府救亡图存着眼强调维新变法，势必将国民的爱国主义热情引向保大清的歧路，到头来只能让民众失望，让爱国革命的人士抓住维新派这个弱点掀起攻击维新派的大潮，从而又扰乱了民众的思维和转向支持革命。这也是维新变法运动给我们当今社会改革和建设提供一条极为重要的经验教训。

注释：

[1] 陈永正编注《康有为诗文选》，广州：广东人民出版社，1983 年 6 月，页 183。

[2] 据朱维铮先生说："百日维新"过后一年，康有为在国外纪念在政变中殉难的亡友，做了一首七言绝句，悲叹"维新旧梦已成烟"。这七个字，可说很精炼地概括了清帝国的"自改革"从梦想到幻灭的百年历程。

参见朱维铮、龙应台编著《维新旧梦录：戊戌前百年中国的"自改革"运动》，北京：生活·读书·新知三联书店，2000年10月，页22、页31。

［3］刘仰东编《梦想的中国》，北京：西苑出版社，1998年5月，页1~2。

［4］李泽厚、刘再复对话录《告别革命——回望二十世纪中国》，香港天地图书有限公司，1996年，页137~140。

［5］［美］萧公权著，汪荣祖译《近代中国与新世界：康有为变法与大同思想研究》，南京：江苏人民出版社，1997年4月，页31。

［6］辜鸿铭《总督衙门论文集：一个中国人对于义和团运动和欧洲文明的看法》，黄兴涛等译《辜鸿铭文集》上，海口：海南出版社，1996年8月，页21~22。

［7］钱穆著《中国近三百年学术史》下册，北京：中华书局，1986年5月，页679、709。

［8］梁启超《康有为传》，中国近代史资料丛刊《戊戌变法》（四），上海：上海人民出版社，2000年6月，页36~37。

［9］［美］萧公权著，汪荣祖译《近代中国与新世界：康有为变法与大同思想研究》，南京：江苏人民出版社，1997年4月，页31~32。

［10］叶德辉（1864~1927年），湖南湘潭人。光绪进士。授吏部主事。1897年（光绪二十三年）梁启超主讲的时务学堂于长沙，弘扬康有为改制之说，推崇康的《长兴学记》。叶德辉撰《輶轩今语评》、《长兴学记驳义》，逐一批驳，斥常州今文经学为"野学"，骂康有为是"乱民"，梁启超为"波士"。声言断不可以康有为搅乱时政，使四境闻鸡犬之不安。又与王先谦等同呈巡抚陈宝箴文，诬梁启超等人阴行邪说，要求整顿学堂，屏斥"异学"，以端教术。1910年叶氏被清政府削籍，1912年后他常离湘出游。1927年被杀。胡适《归国杂感》，见止庵选编《胡适论社会》，合肥：安徽教育出版社，2007年10月版，页1~7。

［11］蒋梦麟《历史的使命》，原刊台北《自由中国》6卷3期（1952年2月）；参见明立志等编《蒋梦麟》，北京：中国青年出版社，2001年5月，页165。

［12］蒋贵麟《"万木草堂遗稿"与"遗稿外编"印行前记》，原载《万木草堂遗稿》，台北成文出版社，1978年印行；参见李名方辑《蒋贵麟文存》，香港文化教育出版有限公司，2001年2月，页57。

［13］蒋贵麟《辑印'康南海先生遗著汇刊'序》，参见《蒋贵麟文存》，页56。

［14］梁启超《戊戌政变记》，中国近代史资料丛刊《戊戌变法》（一），上海：上海人民出版社，2000年6月，页249。

［15］蒋贵麟《康南海先生遗著提要——为南海先生逝世五十周年而作》，原载台湾《再生》杂志，第7卷3~6月号（1977年）。

［16］康有为《上清帝第一书》，中国近代史资料丛刊《戊戌变法》（二），上海：上海人民出版社，2000年6月，页123。

［17］康有为《上清帝第二书》（即公车上书），中国近代史资料丛刊《戊戌变法》（二），页131。

［18］康有为《上清帝第三书》，中国近代史资料丛刊《戊戌变法》（二），页167~168。

［19］康有为《上清帝第五书》，中国近代史资料丛刊《戊戌变法》（二），页188~189。有关康有为"乙未丁酉间康有为变法条陈"史实的考订，可参阅孔祥吉著《戊戌维新运动新探》，长沙：湖南人民出版社，1988年8月，页1~40。

［20］孔祥吉《＜上清帝第三书＞进呈本的发现及意义》，《戊戌维新运动新探》，页41~51。

［21］茅海建著《戊戌变法史事考》，北京：生活、读书、新知三联书店，2005年1月，页21。

［22］同上书，页461。

［23］康有为《上清帝第五书》，中国近代史资料丛刊（戊戌变法）（二），页 188。

［24］康有为《上清帝第六书》，中国近代史资料丛刊《戊戌变法》（二），页 197。

［25］康有为《上清帝第六书》，全文见中国近代史资料丛刊《戊戌变法》（二），页 197~202。有关康有为"统筹全局尽变旧法"的内容，可参见孔祥吉著：《康有为变法奏议研究》，辽宁人民出版社，1988 年 7 月，页 167~182。

［26］汤志钧著《康有为与戊戌变法》，北京：中华书局，1984 年 10 月，页 244。

［27］汤志钧著《戊戌变法史》，北京：人民出版社，1984 年 11 月，页 424~437。

［28］王杕著《维新运动》，上海：上海人民出版社，1986 年 8 月，页 385。

［29］［美］萧公权著，汪荣祖译《近代中国与新世界：康有为变法与大同思想研究》，南京：江苏人民出版社，1997 年 4 月，页 201。

［30］李剑农著《中国近百年政治史》，上海：复旦大学出版社，2002 年 9 月，页 167~170。

［31］李双璧《戊戌变法失败原因的再认识》，王晓秋主编《戊戌维新与近代中国的改革—戊戌维新一百周年国际学术讨论会论文集》，北京：社会科学文献出版社，2000 年 5 月，页 26~37。

［32］《康有为自编年谱》，中国近代史资料丛刊《戊戌变法》（四），页 145。

［33］［美］萧公权著、汪荣祖译《近代中国与新世界：康有为变法与大同思想研究》，南京：江苏人民出版社，1997 年 4 月，页 168。

［34］梁启超《戊戌政变记》，中国近代史资料丛刊《戊戌变法》（一），页 249。

［35］林家有《评康有为由上而下体制内的渐进革新思想》，王晓秋主编《戊戌维新与近代中国的改革——戊戌维新一百周年国际学术讨论会论文集》，北京：社会科学文献出版社，2000 年 5 月，页 496~508。

［36］参见朱维铮、龙应台编著《维新旧梦录：戊戌前百年中国的'自改革'运动》，北京：生活·读书·新知三联书店，2000 年 10 月，页 141、150、206、222。

［37］康有为《上清帝第二书》，中国近代史资料丛刊《戊戌变法》（二），页 131。关于康有为在戊子丁酉戊戌年间的奏章，可参见孔祥吉编著《康有为变法奏章辑考》一书，北京：北京图书馆出版社，2008 年 3 月。

［38］蒋贵麟《康南海先生遗著提要—为南海先生逝世五十周年而作》，台湾《再生》杂志，第 7 卷，1977 年 3~6 月号；又见《蒋贵麟文存》，香港文化教育出版有限公司，2001 年 2 月，页 30。

［39］参见朱荫贵《国家干预经济与中日近代化》，北京：东方出版社，1994 年 12 月，页 9~10。关于日本明治维新的情况，可参见［加拿大］诺曼·赫伯特（E. H. Noman）著，姚曾廙译《日本维新史》，长春：吉林出版集团有限责任公司，2008 年 4 月。

［40］王处辉主编《中国社会思想史》，北京：中国人民大学出版社，2002 年 6 月，页 598。

（作者单位：中山大学历史学系）

广东的"水车"和"水车公所"及其文化价值

陈忠烈

笔者长期在广东农村从事田野考察研究工作，经过三十年的改革开放，现在虽然已经见不到昔日旧农村的景观，但我仍不时检拾到一些历史的遗珍。2007年正月十五应邀参观顺德龙江沙田文化节，笔者跟随"菩萨行街"的巡游队伍经过世埠南福坊，见南福大街有一间"水车公所"。这是民国初年两层高青砖洋房，如今已经很苍老了，但仍看得出当年是很时髦的建筑，这原是世埠南福坊富商黄盛财的店铺，捐赠出来作为"水车公所"，至今尚保存完好（图一）。

图一 龙江镇世埠南福大街 12 号石刻铭文：
黄盛财送出南福三丫路铺壹座作水车公所 民国十一年十六日立

这是一处民间消防组织的遗址。目前国内外幸存的同类遗址已不多见，为了解说它的文化价值，必须对广东的消防历史作些回顾。

火灾是严重威胁生命财产安全的灾难，广东民间给了它一个可怖的别名——"无牙老虎"。中国城镇发展较早，人口稠密，自古以来从都城到地方城镇均有防火法规和火灾应对设施。例如北宋都城汴梁，每坊巷三百步许就有巡捕房一所，驻兵五人，巡察地方火警等事；还在高处建"望火楼"，楼上有专人了望，楼下屯兵百余人，有大小桶、洒子、斧锯、梯子、火叉、绳索等救火工具；如有火警报告，都城驻军立即扑救（宋代孟元老《东京梦华录》）。乡村也利用本土资源和传统的基层自治机制对付火灾。中国消防对人类文明进步有过重大贡献，消防史料是研究社会变迁发展的珍贵资料。

岭南开发较晚，古代消防史料稀缺。随着岭南经济开发和社会进步，消防制度和设备亦渐趋完善。我们到珠江三角洲考察，仍可发现古代消防的一些蛛丝蚂迹。珠江三角洲乡村多聚族而居，各村的大宗祠前面总有一个"门口塘"，以壮一村风水。"门口塘"还有实用价值，既可养鱼，增加"祖宗尝业"的收入，又可阻隔盗匪、巩固本村的防卫，还可贮存"太平水"，以备火警。村中有"老更"，负责守夜打更，兼检察火烛。一些乡镇墟场的乡规民约，也以防火为首务。例如南海县九江墟在乾隆年间就制定了一套相当严密的防火制度和扑救措施，规定各街各社平日置备长勾、水桶、灯笼、水缸、水筒等救火器具（清代《重建合墟公所碑记》）。不过当时消防器具的效率比较低，例如用于射水的"水筒"还是传统的唧筒，以竹竿或金属制成，放在水桶中，以手推压唧筒活塞，把水唧出来，出水量和射程都难敷救助。

乾隆以来，珠江三角洲心腹地带的顺德、南海、番禺等地经济社会发展达到鼎盛，兼得外洋风气之先，消防制度和设施大有改观，在全国起了率先示范的作用。近代珠江三角洲乡镇从西洋引进了喷水的机器"水车"——手压式水泵。

最先使用喷水机器救火的是德国。1518 年，德国金属工匠安特尼布拉特纳受莫格斯堡市的委托，制造了世界上第一辆消防车，是装上轮子的手压式大型水泵。广州博物馆收藏了一部"真庆宫"（可能是某道观）用过的消防车，木制的车体，下有四轮，车中间是水泵，有水枪同水泵接驳。人站在两侧用手压水泵的杠杆，高压水柱就从水枪射出来。（图二～六）这种机器的雏形就是上述的西洋消防车。其工作效率绝非旧式的"水筒"可比。广东人给这种机器起了一个很形象的名字——"水车"，水枪又叫"喉笔"。

广州博物馆收藏的"水车"和"水枪"

图二 宣统三年真庆宫置的"水车"   图三 "水车"的侧面

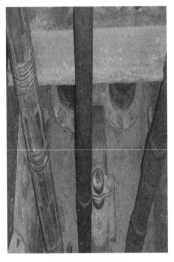

图四 "水枪"　　　　　　　图五 "水枪" 的商标　　　　　图六 "水枪" 上的广告铭文

　　从历史文献记载看来，最先引进西洋 "水车" 的是佛山。明清时期佛山是 "天下四大镇" 之一。五方杂处，人烟稠密，工商业发达，铸铁、陶瓷、纺织和纸品加工等行业，特别容易招惹火神光顾。例如纸业和爆竹业最集中的福禄大街，就是火灾频仍之地。清嘉庆十二年（1809年）福禄大街一次大火烧了百多间店铺，佛山商民当年就通过省城广州的洋行引进了西洋 "水车"，设置在佛山的十五个街坊和会馆（清代《佛山忠义乡志》）。今天只有在博物馆才能见到这种 "水车"。

　　管理 "水车" 和负责消防的民间组织叫 "水车公所"。据后人约略统计，佛山曾经有二十多处 "水车公所"，分布在镇内各街（广东省政协库存文史资料《解放前佛山的火灾和消防》）。改革开放以来，佛山城市改造进展神速，现在各区的 "水车公所" 旧建筑已经难觅踪迹。顺德龙江世埠的 "水车公所" 还能完整保留下来，实在难得。

　　乾隆年间，广州有独口贸易的特惠，珠江三角洲蚕丝生产获得飞速发展的机遇。鸦片战争后，随着外贸口岸的开放，顺德各地 "废稻树桑"，大兴基塘农业和制丝业，社会财富累积更快，顺德有 "广东小银行" 之称。尤其是 "两龙"（龙江、龙山）地区，更是富甲粤中，"丝偈"（丝厂）和各行手工业、商业遍布乡镇。防火是社会稳定和经济发展的保障，"两龙" 地区民间的消防组织和消防设备也与时俱进，既积极发挥地方乡镇自治的传统社会功能，又配合新式消防设备的引进，建立起同当地经济社会发展相适应的消防组织。

　　两龙地区最初用的是老式的 "水车"，当时这种 "水车" 还没有接驳帆布水龙的进水口，水泵装在一只大木柜里，要不断以人工挑水倒进木柜，"水车" 两旁有人压水泵的杠杆，把柜里的水喷射出来，所以这种 "水车" 又叫 "水柜"。据龙江父老回忆，这种 "水柜" 是广州濠畔街生产。分大号柜（每边各8人压杆）、二号柜（每边各4人压杆）、三号柜（每边各2人压杆。前图一 "真庆宫" 的水车就是三号柜）。大号柜的喷射力最强，要两人才能持稳水枪，水枪口径只有一粒豆大，射出的水柱可以把单砖墙击穿。沙田五社有五台 "水柜"，西华社的是一号柜，要两条大麻绳才拖得动。坦西的五埠（方亭、水埗、清河、沙洲、东官），每埠一台，共有五台，其中有一个"水车公所"原设在张氏的九世祠。龙江的"水车"在何时、何地引进，还有待考证。笔者先介绍在当地考察民间消防组织——"水车公所"的情况。

旧时龙江的"水车公所"大多以传统的坊社街道为组织，有一街（或社）自组，有数条小街联组，也有由行业或店家自组的。前述黄盛财送出的"水车公所"就属于龙江沙田五社之一的田心社南福坊。"水车公所"消防人员的组成，是公所消防管辖地段各店铺负责推举一人，每人配一顶竹制的安全帽、一条布腰带。布腰带编有记号，以便查核，所以又叫"号带"。

龙江各"水车公所"人员有明确分工。主要分工有"传锣报警"、"拆寮工"、"挽水"、"揿柜"、"水笔"、"藤牌手"、"支烛"、"瓦面督理"等专门人员。

传锣报警。是发生火灾时负责打锣报警的人，如果管辖地段发生火灾，要飞跑鸣锣，一边跑一边叫喊某处失火。打锣人跑到下一地段，该地段的报警人接着鸣锣报警跑到下一地段。如果某地段不传锣，要追究传锣人的责任，按例规处罚（一般是罚钱）。各处"水车公所"的人听到锣声，都要去各自的"水车公所"集中，取工具和牵出"水车"，陆续奔赴火场，不许规避。

拆寮工。多由平日从事拆屋工作的建筑工人充任，在火场专门负责爬房拆屋，先上屋顶，用铁搭掀开瓦面，看清火场情况。有时为了截断火路，还要拆除靠近火场的建筑物。

挽水。用水桶到河涌提水倒入水柜的人，多由晒莨工人充任。因为旧日龙江多薯莨纱绸晒制业，晒莨工人习惯提水作业，体力较强。旧式的"水车"没有抽水龙头，车体是个装水的大木柜，挽水工人把水倒进水槽，经槽流进水柜，再出力压水泵把水射出去。

揿柜。是揿压水泵杠杆的人，这是最消耗体力的工作，多由龙江的苦力工人充任。

水笔。是持水枪的人，马步要扎得稳，通常是两人共持一支水枪。

藤牌手。每个水柜配有两面藤造的大盾牌，由两个藤牌手举着，用来遮护持水枪的人，以防被火灼伤。

支烛（或灯笼）。如果在黑夜出动，有专人打灯笼为号及照明。

瓦面督理。这是在火场负责指挥的人。火警时，此人持哨子站在屋瓦面，居高临下监控全场。如果他发现风向有变，火头威胁到"水车"和救火人员的安全，就吹哨子。地面有一人持锣，听到哨音，立即打锣。在水柜边有一人持鼓，听到锣声，就打鼓。揿柜的人听到鼓声，马上停止揿压水泵，以便紧急转移位置，避开风头火势。队伍重新调整好位置后，再依次吹哨、打锣、打鼓，揿柜的人重新起动水泵。

还有后勤人员，在救火时到龙江的饼店去收取饼食糕点，担运到火场，任由救火的人取食。旧时最受欢迎的是龙江饼店的光苏大饼（一种面粉做的白糖大饼）。

熄火以后，失火地段的店铺或住户要马上派人跑到各主要路口，通报从各处奔赴火场的"水车公所"救火队和"水车"不必再来。在火场的"水车公所"负责人在现场回收参与救火人的腰带，如果按腰带编号查出没有到场救火的人，要处罚。失火地段的店铺或住户要给每台到场的"水车"送上一只烧猪酬谢；如果是穷苦人家，可以出槟榔、烟酒酬谢。另外，还要在"水车"的杠杆支轴系上一条红布带，以表庆功。

入冬以后，风高物燥，各"水车公所"要做好防火工作，地方上也要加强防范。每年的农历十月初一中午，龙江各"水车公所"都要到河涌岸边进行冬防检验，看"水车"有无零件损坏、"水柜"有无漏水。检验后，要把"水柜"注满水保养起来，以防干裂。从当天晚上七点开始，"防火宣传"也动作起来，各街坊的老更手持两枝约一尺长的竹子，沿平时的更路巡行，沿途高呼"谨慎火烛，冷灰压热灰!"然后两竹互打三下，告诫民众提高警觉。

据父老忆述，龙江祥平街"水车公所"的人员组织得最好，分工细、"水柜"也好。

"水车"设备先进，"水车公所"组织新颖，消防效率高，在珠江三角洲很快普及。势大财雄的人士也自置水车和消防队，并且成为身份和财势的象征。鸦片战争前，广州十三行的行商已有自己的救火机，并"配备了很好的人员，操作得很好"。当时富甲天下的行商伍秉鉴有五台从英国进口的极好的救火机。1836年十三行一场大火烧掉上百家店铺，他的商行全靠这些新式设备和消防人员幸免于难（[美]亨特《旧中国杂记》）。当时的外国人对广东的民间消防组织及其效率十分赞赏，广州画商投其所好，以"水车"和"水车公所"为素材绘制图画，通过洋商销售到外国。广州博物馆收藏了两幅十九世纪广州外销通草水彩画，使我们今天还能一睹当年广东"水车"和"水车公所"的风采（彩版二：图一、二）。

旧时龙江有些"丝偈"（丝厂）和大商家，为保身家性命，自己也置有"水柜"和救火队。例如龙江的顺隆炭行就有一台三号柜，救火队伍由本商行的工人组成。

晚清，京城的高官也从广州购置"水车"，保家护院。首都博物馆藏有一台据说原是某王府专用的"水车"。这台"水车"有"粤东广平安造"的商标，可能是京官在广州的订货。这是每边两人揿压的三号"水车"，但比通常的同号"水车"形制硕大、结实。全车以铜皮包裹，雕花装饰，庄严典雅，有如工艺品（图七）。它不但是救火的机器，平时摆在府上，还可以"做势"——张扬一下王爷的身份。

图七 首都博物馆收藏的"粤东广平安造"的"水车"
（广州博物馆程存洁拍摄提供）

明清以来，珠江三角洲随着本土经济高速发展，其实力也开始向周边辐射。当时的"广帮"是中国最具实力的工商集团之一，包括了广州帮、潮州帮和客家帮。"广帮"中之佼佼者是以广州府十多个县组结而成的广州帮，在地缘上相当于今天的珠江三角洲心腹地带，其中心市场

图八 越南胡志明市（西贡）的穗城会馆

是广州、佛山等地。顺德名人龙廷槐作过统计，嘉庆年间（1796~1820年）广州、佛山、石湾三镇客商，顺德人占3/10，新会、番禺等县及外省人共占2/10，南海人占1/10（清代龙廷槐《敬学轩文集》），可见顺德人又是"广帮"工商集团之翘楚。"广帮"的工商业主无远弗届，行踪遍及当时所知的"天下"。他们不但把先进的生产技术和管理模式带到新开发地区，"水车"和"水车公所"也伴随他们的足迹传播开来，其中自然少不了顺德人的推助。他们在所到之处都建立工商业会馆。粤北南雄市河边街的广州会馆始建年代不详。乾隆年间，该会馆大修，正殿的大石柱是顺德京果海味行的商人捐赠（有铭文为证）。据南雄故老传说，这石柱是顺德商人用船从家乡运来的，可见当年顺德商人的底气。会馆濒临北江的支流凌江，江边设有会馆的专用码头，沿河的河边街两旁原有很多广府商人的店铺。多年前，笔者在会馆码头旁边发现了光绪年间会馆建立的"水车公所"。这是广东现存规模最大的会馆，还专门配置了码头和"水车公所"，这种格局在国内外都是罕见的。笔者曾寄望于南雄有关部门保护广州会馆的完整格局，不料去年初重访故地，只见河边街被装扮得很"整齐"、"美观"，一色"现代化"，广州会馆的专用码头和"水车公所"已经荡然无存。文物竟遭"建设性破坏"，令人扼腕深叹！

前年笔者赴越南考察，见胡志明市（西贡）有穗城会馆（图八）。从会馆碑记看，会馆虽名"穗城"，实则"广帮"所建，是广州府十多个县商民会聚之所，其中不少顺德人。咸丰九年（1859年）顺德人罗淳衍还撰写了《重修穗城会馆碑记》。由于西贡"广帮商民旅居贸易，络绎不绝"，烟户稠密，时有火警。光绪年间，穗城会馆从广东省城购回了"机汽（器）水车"，在消防上起了大作用。会馆有光绪戊戌（1898年）《倡建机汽水车碑记》以志其事（图九）。

华侨在越，人事多故，胡志明市穗城会馆的"水车"和消防组织难以幸存，只保存了一些水枪。穗城会馆重光之后，广府旅越华侨特地在会馆的大堂辟出一角专柜，把当年从祖国购置的水枪展示出来，供游人参观，足见华侨多么珍重故乡在消防事业上的优良传统和创造（图一〇）。比照之下，现时那些破坏文物来"打造政绩"的人，宁无愧乎！

现存的"水车"和"水车公所"对研究广东新兴工业发展史也很有作用。珠江三角洲工商人士眼界广阔，对新兴事物反应敏锐。明清时期，珠江三角洲的能工巧匠对西方钟表、机械、

盖自□□开埠以来，我广帮商民旅居贸易，络绎不绝，今则烟户稠密，偶尔回禄，时有所闻，是以会馆向设天地两车。有事互相援救，所谓有备乃能无患。不知事属创始，运用器具犹费踌躇。即有告警，似未能大施灌溉之功，深恐杯水不能救车薪之火也。凡我同人目睹情形，难安寤寐。兹复集众公议，倡建机汽水车，欲补前之不足。唯需用浩繁，尚劳筹画。我会馆留积无多。事果举行，速底于成。复倡议设立会份之法。每份认银二十大员。务宜输将踊跃，奈所筹之款仍属不敷。力捐助，集腋成裘。所认会份随由会馆如数清还，以昭公允。此不过借他山幸成美举。然自创立机汽水车之后，间有不戒于火，尚不致延蔓殆甚。凡我商民经营此地者，莫不额首称颂焉。是为序。（下略）

光绪岁次戊戌孟冬中澣谷旦

图九 穗城会馆光绪戊戌《倡建机汽水车碑记》及碑记正文

天文和光学等仪器，从维妙维肖的仿造到技术吸收和自主创新的能力令西方国家大为惊讶。早在鸦片战争前，佛山商民就引进了西洋新式"水车"。鸦片战争后，珠江三角洲的工匠已经能制造新式的"水车"和"水枪"并且发展起相应的民营制造业。明中叶以来广东工商业迅速发展，省城广州城区逐渐向南、向西拓地扩展，广州城南更形成大片的"新城"。新兴的工商业区和与

发和怡

老铺在粤东省城
精制巧造水龙水枪
铜铁白铁钢炮塔横楣
专钮铁钢杂货发客
贵客光顾请认招牌
白米街南向开张

图一〇 越南胡志明市穗城会馆的"水枪"展柜和"水枪"上的广告铭文

之伴生的豪华消费区便都集中到新城和西城。广州人耳熟能详的城南濠畔街当时"番夷辐辏"、"天下商贾聚焉",挥霍"过于秦淮数倍"。从现存的"水车"、"水枪"的商标和广告来看,此类机械制造业也集中在当时广州的新城和西城。例如:龙江使用的"水车"生产地濠畔街、图五"诚昌号"所在的天成路(明清时的天平街)、图六"长和号"所在的安澜街、图一〇"怡和发号"所在的白米街(明清时的白米巷),都分别在新城和西城。在广州新城和西城的旧地名中,还有十三行、新旧豆栏、油栏、桨栏、杉木栏、竹栏、咸虾栏、果栏、菜栏、鸡栏、麦栏(按粤语称商品批发地为"栏")、白糖街、卖麻街、海味街、打铜街、象牙巷、板箱巷、谷埠、米埠等以及专门接待外国客商的怀远驿,可见当时工商业的繁荣(历史地名资料据清代黄佛颐《广州城坊志》)。目前对广州"水车"和"水枪"生产的情况所知甚少,但可肯定在新城和西城已经形成了生产基地。近代机器工业在此开张,想必为古老的广州平添了一番新鲜气象。从一些广告铭文来看,估计当时有通用形的"水车"和"水枪"的批量化生产,也有各地"水车公所"和私家的专门订货,例如图九那台豪华形"水车"就是照应私家身份的订货。据广州博物馆程存洁馆长所见,在江西偏远的乡村祠堂,也装备有旧时广州出产的"水车"。

随着西方近代工业技术的引进和中国"洋务"的滥觞,珠江三角洲南海、顺德等地的缫丝业率先应用蒸汽机。据龙江父老忆述,那时"国产"的蒸汽机在燃烧技术上也有本土化的创新,利用珠江三角洲农村大量的木糠、谷壳、柴草、木炭、榄核(乌榄核仁加工业的下脚料)为燃料。"水车"也用上了蒸汽机动力,取代了"**捡柜**"的角色,消防效率大为提高。民间给这种"水车"冠以一个时髦的名字"机器水车"。清光绪中佛山开始敷设地下的或架空的消防水管及消防咙喉。如有火警,蒸汽发动的"机器水车"直接从汾江抽水,开喉灌救。"水车公所"的管理模式又因应时势作出调整,在消防区内按各铺户的租额抽收管理费和设备养护费。农历十月后进入火警"冬防"的旧传统沿承下来,入冬以后"水车公所"开动的蒸汽机昼夜不停,以备不虞。

父老回忆,龙江没有用过蒸汽发动的"机器水车",但龙江的"丝偈"曾经用过新式"水车"。新式"水车"以帆布水龙直接从河涌或水井中抽水,不必专人辛辛苦苦地"挽水"入水柜,龙江民间称之为"救火机"。新中国成立后,"水车公所"的民间消防组织没有了,但直到上世纪六十年代,龙江主要的消防设备还是"水车"、水龙、太平桶。龙江镇内原有四台"水车",三台是旧式的"水柜"(分别是一、二、三号柜),又从歇业的丝厂回收了一台新式"水车"。龙江镇内添置了300~500米长的帆布水龙,同新式"水车"配套。六十年代"水车"等消防设备分发到各单位,供销社、竹器社、农械厂、化工厂各一台。后来消防设备又集中保管,龙江镇内原有的四台"水车"都集中到龙江市场(龙江桥脚)的消防室。上世纪五十年代以来,龙江消防体制变动频繁,但每年十月"消防大检查"的历史传统却继承下来。到七十年代中,龙江有了消防队和消防车,龙江消防事业进入了现代化时代。原有的"水柜"、"水车"、"水枪"先后拆卖无存,只余下世埠的"水车公所"还执着地挺立在龙江的故土上,无言地诉说着龙江昔日的历史。笔者问了几个在"水车公所"旁边观看"菩萨行街"的少男少女:"'水车公所'是什么?",他们都摇摇头答曰:"唔知道。"作为史学工作者的我也唯有摇摇头,苦笑一声。

　　龙江世埠"水车公所"带引出来的其实是一段珠江三角洲的经济社会发展史。珠江三角洲基层农村的消防制度充分利用了本土的各种传统文化资源和乡村自治机制，同当地农村社会和谐共存、协调发展，在漫长的历史进程中，依靠民众积极性和较低成本成功捍卫了地方的繁荣和社会的安宁。龙江世埠"水车公所"是不可多得的乡土人文遗产。"夕阳无限好，只是近黄昏"，在现代化建设大潮中，"水车公所"之类的历史建筑不可能全都保存下来，但我满怀希望龙江世埠的"水车公所"和残留在广东各地的"水车"能够申报为文物，或者同"沙田文化节"等非物质文化资源"打包"演绎，得到应有的保护，让广东人时时感触到故乡文明积淀的厚重，使游人过其下者俱得历史的启迪，便是无量功德！

2008 年 3 月　草于羊城东濠书舍

（作者单位：广东省社会科学院）

● 考古与文物

广州地区出土的汉代金器

麦英豪

金、银、铜、铁、锡这五色的金属，今天人们称之为"五金"。黄金是贵重金属，它的排位居五金之首。可是，到五金商店是买不到黄金制品的。这是因为人们日常生活中，常把五金用为金属或铜铁等制品的统称了，金，在我国的先秦文献中，常指的是铜[1]，还有把青铜称为美金，铁称为恶金的[2]。秦汉以后，黄金（金）、白金（银）、赤金有了比较清楚的界限[3]。考古发现的金制品，以1976年甘肃省玉门火烧沟遗址的墓葬中出土的金耳环、金鼻环为早，距今约四千年，相当于夏代[4]，大概是目前已知年代最早的出土金饰品了。到商代，在商墓中常有金饰品发现，尤其令人注目的是，广汉三星堆祭祀坑出土的包金面罩和长142厘米的包金杖[5]，年代相当商代后期。其后，有湖北的曾侯乙墓出土的金盏、金漏勺、带盖金杯等，其造型与纹饰可谓精美绝伦[6]。岭南地区在先秦时期，虽有青铜器的铸造，但不会有黄金制品。赵佗建立南越国，已是西汉早期，这期间考古发现的金器、金饰物品，则以南越国第二代王墓出土的，在品类和数量方面，都是最多的，而且就本地区来说，年代也算是较早的了。南越灭后，广州的两汉墓，金器的出土就十分的罕见。

黄金色泽艳丽，且质软易于制作，但产量少，属于贵重金属，就算是一朝天子，一国君王，或富如以蜡代薪，作锦步障五十里的石崇，在他们生活所用的金属器具中不见得都用黄金制作，这既不可能也是没有必要的。由于黄金具有耀眼的色泽，所谓金光灿灿，金碧辉煌，而价值又高昂，遂有用于装饰的鎏金、贴金等制品出现，虽无真金的质量，但亦显豪华。

广州地区考古发现的两汉金器，有真金的和鎏金的仿金器物，本文从其使用功能分为器用、装饰与货币三类，择要概述如下。

一、器用类 有玺印、服饰与铸像、鎏金器具、
错金银器具和镶金器具五种

1、玺印 广州汉墓用金印（包括鎏金的）随葬的仅见于南越王墓。该墓出土玺印共23枚，其中金印有3枚、鎏金铜印3枚。"文帝行玺"金印 长3.1、宽3、台高0.6、通钮高1.18厘米，重148.5克（金的成分已分析，见下表）。方形，龙钮，印面有田字格，阴刻"文帝行玺"四字篆文二字划纹道很深，沟壁光平，沟底有鳞片状刀痕，是铸后用利凿加工所留。龙钮，曲体如S形，三趾，龙头伸向一角，鳞爪是铸后刻凿的（图一，1）。此印出土时位于墓主身穿玉

衣的上胸部，与二枚无字玉印同放在一个小漆盒内（仅存部分漆皮）。这枚金印有两方面特别重要价值。首先，它是墓主贴身随葬的一件权力象征的信物，与《汉书·南粤传》（三主）"婴齐嗣立，即藏其先武帝文帝玺"印证，可以确认墓主就是第二代南越王。这座墓属于南越国后期，它的绝对年代也可得确认了。自1953年以来在广州地区（包括原南越辖境的广西地区）已发现的南越国时期遗址与墓葬，在早晚的年代分期上就有了标尺。其次，这枚金玺根据印钮印泥遗痕和碰撞划伤的疤痕，可以判；定其为实用器。今出土有"文帝行玺"，传世有"皇帝信玺"的封泥，[7]再印证《汉书·霍光传》"受皇帝信玺、行玺大行前，就次发玺不封"的记载，表明汉初皇帝有三玺之说不疑[8]。中国第一枚皇帝玺肇始于秦始皇，后为汉高祖刘邦所得，成为汉朝的传国玺，到三国（或说唐）时，这枚皇帝就失传不见了。西汉十一座帝陵都未曾发掘，所以这枚"文帝行玺"金印，虽属僭制，但汉承秦制，南越仿效汉朝的政治建制，认为"文帝行玺"是仿效秦汉帝而自铸造的，似无疑问。

"泰子"金印　长2.6宽2.4、台高0.5、通钮1.5厘米，重工业74.7克（金的成分已分析，见下表）。方形、龟钮，印文"泰子"二字篆文，有边栏和竖界。印面光平如镜，文道较深，沟槽底有鳞片状痕，印钮龟背上有由点线组成的鳞状纹，这是先铸造后凿的留痕（图一，2，又见彩版三：图一）。此印与一枚"泰子"玉印同出于玉衣的胸臆间。古泰与太通，即太子。这两枚太子印是墓主贴身的随葬物，当然是墓主生前所拥有。那么，这墓的主人就是赵佗的太子了。但史、汉《南越（粤）传》载：赵佗"至建元四年（前137年）卒。佗孙胡为南越王。"显然又不是由赵佗之子继位的。这是怎么回事？赵佗在位67年，寿过百岁，其子早逝，继位的是他的次孙。因为，在汉文帝元年（前179年）时，赵佗对汉使陆贾说："老夫处越四十九年（应为三十九之误），于今抱孙焉。"假定这年是赵佗第一次"抱孙"，到他去世时已相隔有43年了，再加上第二代南越王在位时间，不少于16年，相加起来这位长孙起码有60多岁了。根据墓主的遗骸鉴定，死者为男性，年龄35~45岁。因此，赵佗的继位者不可能是长孙，而应是次孙。那么，这两枚"泰子"印，是墓主生前自用的印信，还是其父辈的遗物？看来，两种可能都存在，因为立孙为太子，古有先例[9]，若从南越三主婴齐在操办其艾（这墓主主人）丧事时"即藏其先武帝、文帝玺"的情况来看，婴齐是把其祖父辈的遗物也一起瘗藏了，也是有可能的。

"右夫人玺"金印，长、宽2.15、印台高0.5，通高1.5厘米，重65克。方形，龟钮，铸后加刻凿，印文"右夫人玺"四字篆文（图一，3，又见彩版三：图二），还有"赵蓝"象牙印一枚与之同出。南越王墓主室之左是个东侧室，这里埋葬从殉的四位夫人，右夫人居首，金印，称玺。同出的"赵蓝"牙章，应是她的私印，是越女从夫姓。

"左夫人印"、"泰夫人印"、"口夫人印"同出于东侧室，均为鎏金钢印。长、宽2.4、印台高0.6，通高1.厘米，三印大小略有微差。龟钮，印文均四字，篆文，刻凿工整，有边栏和十字界格，其中以"左夫人印"的鎏金保存最好，其余二枚有腐蚀、损伤。古泰与大通，泰夫人即大夫人，位居左夫人之后（图一，4~6）。

汉代的官印，是为官者职位的凭证，离职或去世后要移交或上缴的，不得用来随葬，只能用明器代替。长沙马王堆二号"利苍"墓出土的"长沙丞相"、"轪侯之印"二枚鎏金龟钮铜印，同属明器[10]，就是明证。广州两汉墓（南越王墓除外）出土的印章，只见私印，连明器的官印也无发现。南越王墓出土7枚官印（另一枚"景巷令印"为龟钮铜印），都是实用物，"文帝行玺"虽不是南越的传国玺，其余6枚同属内廷官印，都用于随葬，这是特例。

2、服饰与铸像主要举述带钩、牌饰和铜俑3种。作为服饰的牌饰，仅出于南越国时期的墓，年代的断限清楚。鎏金铜俑只见于个别南越墓中。带钩，在广州的两汉墓都有发现，南越王墓出土带钩共36件之多，主要是铜钩（有部分是鎏金的），次为玉钩，金钩仅见3件，造型各异，分述如下。

雁首金带钩 通高1.9、钮扣径2.3厘米，重29.3克。出于南越王墓西耳室。钩首雁形，回首，长喙突出体外，双翅膀合敛，眼睛用细线勾勒。钩身下面突出圆帽，内空。钩扣呈园饼形，中有突柱，短圆，末端有叉口，插入钩身的圆帽中，稍加锤击，叉口分开，把圆饼形的钩扣固定住，但又可转动（图二，1，又见彩版三：图三）。

金钩扣玉龙佩 出于南越王墓玉衣头顶之前，钩长5.9，最宽处2.6厘米，重100克。这是一件很奇特的佩饰，一个虎头的金钩，咬住一条玉龙的尾巴，骤看好像是一幅龙虎相斗－的场景。金钩，铸成，表面打磨光洁，器背有部分未打磨。钩首和钩尾都呈虎头形，钩尾的虎头双眉上扬，额顶刻铸"王"字，腹部横穿一个长方銎孔（图二，2）。玉龙原已断为二，出土时上半分离，但尾部尚套在銎孔内。玉龙的断口两边各钻有3个小孔。说明在玉龙折断之后，又特制这个金钩，先把龙的尾部套入，再用丝线联缀复原。无疑，这是主人最心爱的一件佩饰。

鸭首金钩 出于北郊惠州坟场第1182号的南越晚期墓中。体扁长，钩首如鸭嘴，圆钮有柱。钩体背面突起成两级，中间又形成凹槽形（图二，3）。钮径2、通长8.2厘米，重83.1克。

鎏金铜带钩 这类鎏金的铜钩多为长约4厘米短体的挂物用钩，在广州的两汉墓中都有发现，但以南越王墓出土的为多，保存亦好。例如该墓出土的4件鎏金龟首带钩，钩首呈龟头形，回首，双眼突显，隆起的背甲饰回字形图纹。亦有呈鸭头形的（图二，4~5）。

鎏金铜牌饰 大小有差，长7.7~10）宽3.8~5厘米。平面均为长方矩形，四周边框饰穗状纹样。中间分有镂空动纹与嵌蓝色的平板.玻璃两种。前者发现8对（南越王墓出土5对），牌饰中间的纹样均镂空，纹样为两羊互相盘错或一龙二龟相盘绕。嵌平板玻璃的有11对，全部出自南越王墓中（图三，1~3，又见彩版三：图四），这类兽纹牌饰最早产生于北方游牧民族地区[11]，今在广州出土，应是秦平南越时由南下秦军带来的遗物。嵌平板玻璃的牌饰，为南越国少府的工匠独创，在别地所无。

鎏金铜女俑 通高24.5厘米。1956年出于广州动物园第1175号南越国后期的一座大型木椁墓，其位置是在棺具的足部。墓中还有"辛偃"、"臣偃"玉印同出。俑为女像，身着长服，两手按腹前，跪坐。头发中分于后，结扎为长髻，通体鎏金，因锈蚀多已剥落（彩版四：图一）。秦始皇统一六国后，收天下之兵，铸金人十二，立于成阳，就是把收缴来的青铜武器，改铸成十二个大铜人，因此，这对铜俑亦可视为金俑的。

3、**鎏金器具** 主要有水器的鋗、匜，酒器的壶、温酒樽、卮、杯及车马饰的伞柄箍，盖弓冒等。

鎏金铜匜 在广州两汉墓中，仅出于南越国时期的墓，以后未见。南越王墓出土的 13 件铜匜，分有大小两种，大的 4 件，腹部两侧贴附铺首衔环。小的 9 件，均鎏金，去锈后金黄锃亮（图四，1）。匜，在古代盥洗时是舀水的用具，晋公子重耳"奉匜沃盥，既而挥之"[12] 的匜就是这种器具。

鎏金铜鋗 口径 20.8、高 7.5 厘米（以南越王墓出土的为例）。在广州的两汉墓中都有发现，但在西汉中期到东汉期间的多已改用陶制。鋗，是一个窄唇沿圜底的盆。南越王墓出土的 9 件铜鋗，通体内外鎏金。有趣的是其中有两件的底部，都有用未经鎏金的铜片修补破口，铜片周边用铆钉固牢（图四，2）。反过来观察破口参差不齐，是摔破了然后修补的，同墓出土的铜盆也有这个情形。当然，南越初期生产、生活需要的铜铁制品主要仰给中原，吕后时实行"别异蛮夷"政策，禁止向南越输出铜铁[13]，确实卡了赵佗的脖子，但到第二代南越王去世之时，已解禁六十多年了，这些破补的铜器还放入墓中随葬，反映出当日的岭南铜铁等生产、生活所必需的金属物资还是十分缺乏的。

鎏金铜温酒樽 两汉墓中都有发现，外表鎏金，但以陶制的为多见。这种直筒形附三个短足带盖的盛酒器，腹径在 20 厘米左右（图五，1~2）。宋代以来都把它误称作奁。1962 年山西右县出土的一件铜温酒樽，有西汉成帝河平三年（前 26 年）的纪年及自名温酒樽的刻铭，由此得以正名[14]。温酒是一种美酒的名称，长沙马王堆一号汉墓的遣册中有"温酒二资"的简文[15]，温即醖，酿也。温酒可能是经多次重酿的好酒。南越王墓不见温酒樽，大概已由随葬的 9 个贮酒大铜提筒取代了。

鎏金铜壶 出土的铜壶多已破碎，鎏金的亦仅见存一些斑痕。南越王墓出土的一件，是保存最好的，盖亦破了。高 29、口径 11、腹径 20 厘米。壶内装枣，同墓出的几个较小铜壶亦装有枣。2004 年在南越宫署遗址的一口渗井中出土一批木简，有几枚简文记录了枣的产量，其中第 068 号简的简文为："壶枣一木第九十四实九百八十六枚"（图六）[16]。反映出南越王室对枣的重视。壶是贮酒器具，今人亦以枣泡酒，谓可补血养颜。看来，岭南之人嗜补酒，其来古远。

鎏金铜框镶玉卮 卮属酒具，其器形与大小和今天人们日用的漱口盅相类。战国时期以漆卮为主，到汉代还有鎏金铜卮（图五，3），但以陶卮为常见。南越王墓出土的这件镶玉卮，口径 8.6、通高 14 厘米。在一个铸出的鎏金铜框中，嵌入 9 块长条形雕有谷纹的玉片组合成器身，一块圆玉片嵌入器底，再嵌入玉的錾耳，盖子是木胎髹漆的，上面分嵌三个弯月形玉饰（图七）。这件酒器，要由漆木工、金工、铸工、琢玉工等多工种分工制作而成，既为用器，又是一件珍稀的工艺精品。汉高祖九年，未央宫成，"高祖奉玉卮，起为太上皇寿"[17] 力。可见，玉卮是天子所用，因而在考古发掘中亦难得见。奇怪的是，这件玉卮没有放入墓主的棺椁内，而是放在该墓从殉 5 位仆役的西侧室，在其中一位约 40 岁左右中年女仆役的身旁，同出的还有铜镜、铜熏炉、陶熏炉、玉环、玉璜和玉印（无字），表明这位女性在墓主的心目中不同一般。

鎏金铜框玉盖杯 出南越王棺椁"头箱"中。造型颇具现代感，上广下敛，喇叭形足，带盖。在鎏金铜框中嵌入玉片，分上下两截，上部的 8 片，长条形，下面 5 片为心形，盖面嵌入整块的螺纹青玉，其工艺特色与上述的玉卮无异。口径 7.2、高 14 厘米（彩版四：图二）。

鎏金车马饰件 在广州汉墓中,南越国时期的大型墓常有发现,到西汉中期以后的墓,偶有零星的出土。在南越王墓西耳室有两个竹筒装着车马饰件,其中的伞柄箍,盖弓冒、当卢等全是铜胎的鎏金器。

4、错金银器具 从考古发现和传世的实物来看,用黄金加工的错金工艺,比鎏金和镶嵌的金工艺要晚出。原为容庚先生藏的晋栾书缶有错金铭文48字[18],属春秋中期,为目前所见最早的实例。南越王墓出土的错金银器为广州汉墓首见,主要有:

错金铭文铜虎节 长19、最高11.6,胎厚1.2厘米,铜胎(含锡40%强),铸成。蹲踞虎形,正面有错金"王命:车徒"五字,镶贴27片弯叶形金箔的斑纹,背面有33片,眼耳用细金片勾出,头部共有金箔10片(图八)。这是1946年在长沙发现错金铭文铜龙节后[19],考古发掘首次出土的虎节。

错金银带托铜镜 由镜面与背托粘合成,又称为复合镜,直径28.5厘米。背托铸出成凹形托盘(含铜40.43,铅56.55%),用胶漆将镜面(含铜60.42,锡31.20%)套合固牢,镜背错金、银、红铜并嵌绿松石组成复杂图案,9枚鎏金的乳钉,分布有序,成了构图的基点。镜面含锡高,光洁坚硬,反光性强,但容易脆裂;镜背含铅高,质软,不易破碎,而且铸出图案的纹槽规整,利于错嵌。这种镜面刚坚镜背柔软,两相胶合的错金银铜镜,目前仅见二面。

错金银铁矛、铜镦 矛为铁质,有鞘套合,锈蚀不能分开,后端连接错金银图案的铜筒,筒内尚存有积竹柲的朽余。通长27.3厘米。柲末的铜镦呈圆筒形,直径2.6、长14.1厘米,镦的表面布满错金、银的流云纹图案,装饰华丽(图九)。错金银的兵器,在广州汉墓中,此为首见。

5、镶金器具 在器物的着眼处或关键部位用黄金镶嵌,以突显装饰效果,同时又是器件的一个组成部分,这种镶金的器具,在南越王墓中出土多件,如:

金釦牙卮 卮为圆筒形,其上口、底座、盖唇以及一个连舌环形鎏都是用黄金铸制成的,盖面的象牙平板上分立3个环形钩尾的立钮也用黄金制作,总重量154.63克(含金成分已分析,见下表)。卮身是一个象牙筒,嵌在上口的金釦(直径6.3厘米)和金底座(直径6.45厘米)当中,牙筒厚约3、残高5.8厘米,外表针刻线画,为4只独角兽,两只为一组,相背向,兽体上填染朱色和蓝色的分隔色块。盖面的牙板上亦有针刻图纹,当中是一个蒂形纹,盖里用单线刻画一凤纹,与长沙战国墓出土帛画上的凤纹相似(图一〇)。这件金釦牙卮为汉代考古发掘出土文物中首见。鉴于卮身的底座没有嵌上象牙板,是空的,应为一件特种手工艺的观赏品,而不是作为实用的器具。出土时装在一个鎏金铜釦的漆卮内(漆卮朽,余下漆皮)。卮身的牙筒与盖面的牙板都已松散,但针刻画的填色鲜明。

金座漆杯 杯身为髹漆苎棘胎,已朽,仅存残片。金座足的断面呈椭圆形,圈足,上部有八个锯齿形尖锋突起,以托杯体。座足高6.4厘米,重130克(图一一,1,又见彩版五:图一)含金成分已分析,见下表。1986年在东山农林下路第3号南越木椁墓出土有4件椭圆身的木胎漆杯,形与此同(资料未发表)。

承盘高足玉杯 出土时位于南越王棺椁的前头。全器由青玉高足杯、玉杯托架(三条金头银身的龙共衔着一个花瓣形的杯托)、铜承盘的三个部分组合成,通高17厘米。玉杯托架的结构较复杂，三条龙的金龙头和银身，互出榫卯套合，银质的龙体下端又与一个扁圆形的铜圈的三个鋬套固合，再将花瓣形的玉杯托套入三龙的口中，组合成一座玉杯悬空的托架，平置于下面的铜盘平沿上面，铜盘中还放有一个木垫。玉杯与托架是可以分离的（图一一，2，又见彩版五：图二）。这件由金、银、铜、玉、木五种材质精工制作而成的器具，当有其特殊用途。联系到墓中出土一批五色药石（当时认为是长生不死药），有可能与秦皇汉武迷信方士，求仙人得不死药，服食求长生有关，如果推断不误，这是一件年代最早的，唯一的"承露盘"了[21]。

二、装饰类 有装饰品和器物上的附饰两种

1、饰物 有指环和串珠上的金珠、金球。

金指环 在广州两汉墓发现的金指环，有2001年在市区恒福路银行疗养院第21号西汉中晚期墓出土的指环为早，东汉的砖室墓因多已被盗，仅个别墓有幸存。可分为四型：

Ⅰ型 环体扁圆，平素无纹。1953年东郊龙生岗第43号东汉墓出土3枚，直径1.8厘米，其成分经过分析，含金量不高。见下表。

Ⅱ型 环体扁圆，平素，有菱形或椭圆形环面。

Ⅲ型 环体扁圆，平素，环面突起如一扁圆钮。

Ⅳ型 环体内平外圆，平素，环面突起如半球形，当中凹入如圆臼，内嵌一红色宝石，已碎。

金珠 分有扁圆形、菱形如算珠的，有长圆如纺锤状的，都与玛瑙、琉璃、珊瑚、玉石等质料的珠饰组合成串珠。

金球 仅发现2颗，同为十二面菱形的镂空焊珠金球。以龙生岗第43号东汉墓出土的一颗制作为精，每面正中都是一个圆形穿孔，每角都焊接突起的圆珠四颗。经分析，其成分为纯金。

金珰 广州东汉墓出土的耳珰有玉、玛瑙、琉璃的，以后者多见，金珰仅出于，残砖墓。圆形细腰，如喇叭筒形，用金箔制成，仅残存下半段。珰，古代为妇女耳饰，又称珥[22]，也有叫填的。

2、附饰 附加在器件上的金饰物，有漆器和衣物，许多都已残碎不全。

金羊 南越王棺椁的"头箱"内有个长方形宝盝顶的漆奁，内放卜甲。奁盖顶用4只小金羊作装饰，羊的造型作伏地翘首回望的姿态，四蹄伸开，卷尾，稚态撩人。羊体长1.3厘米，总重2.5克。

杏形金叶 共8片，出于南越王玉衣头罩上面的颏目，作为装饰物，叶片是用金箔锤鍱成形的，其图样很特别，为两个卷角的羊头相背，叶片的上下和左右两边都有一对小圆孔，用丝线联缀在颏目的织上，河北满城中山王墓也有相同的金叶片发现（图一二，又见彩版五：图三）。这种杏形金片与上述的鎏金铜牌饰的性质一样，同是北方草原地区游牧民族文化的遗物。叶片高4.6、宽4.4厘米，重2—1~3.03克不等，含金成分参见分析表。

焊珠金泡 玉匣和珠襦在汉代是皇帝和诸侯王死后最高规格的殓服。玉匣即玉衣，有金缕、银缕、铜缕，还有丝缕的四种，在20世纪50年代以来的考古发掘中，这四种玉衣都有发现。珠襦，就是饰有各种珠宝的上身短衣，在考古发掘中还未见有出土完整的实物例证。在南越垂瓣鼻葬的.的.丝缕玉衣中，有大量蓝色琉璃小珠，散落成片，有的已腐，不可胜数，应为珠襦。在珠襦上发现有由金、银、铜、琉璃等饰物组合成菱形的图案（图一三，1，又见彩版五：图四），每组图案的饰物有焊珠金花泡4、鎏金铜泡1、蓝色琉璃贝4、银泡6，共15枚构成。从多组图案的排列可以看出珠襦上有3条带饰。这些饰物中以焊珠金花泡最珍稀，工艺最精湛。共32枚，因其年代属西汉早期，又是国内考古发掘中发现最早的一批焊珠实物。焊珠金花泡直径1.1厘米，在圆泡上焊接9组堆珠纹、绞索纹的图案，泡的边沿也焊接绞索纹的绳边，在20倍的显微镜下，可以清晰地看到焊点。泡里焊有一条横梁，这是用来缝缀在织物上的，此外，在西耳室发现的5枚，东侧室的右夫人棺位置上亦发现2枚，但焊珠图案稍异（图一三，2）。

焊珠金片 东郊龙生岗第43号墓的左棺被盗，仅存一颗长8厘米的截子玛璃珠和一些漆器残片。但在残漆片上发现有两小片金片，如一串葡萄状的串珠，还有流线状的地纹，工艺精微至极。这种焊珠金饰工艺最早始见于西亚地区。近年，在我国的合浦、长沙、扬州等地东汉墓都有发现，但以广州南越王墓出土的为早。同属舶来品，当与秦汉以来南海的海路通.商往来有关联。

三、货币类 有鎏金半两钱和鎏金的金饼两种

鎏金半两铜钱 1995年发掘南越国"蕃池"——大型石构水池，在斜坡池壁的石板面及池底都发现有秦汉年间的铜半两钱，多为八铢半两，但有几枚鎏金的四铢半两，十分罕见。秦汉年间没有用黄金铸半两钱，鎏金的半两钱也不作为流通的货币用，应是作赏赐用的。

鎏金铜饼 这是仿金饼的明器，专为随葬而制，出于广州南郊广州造纸厂第3030号西汉晚期木椁墓，位在棺内足部与铜五铢钱共存。圆饼形，中间凹入，底不平，鎏金，直径6.9厘米。

黄金是贵重金属，它不同于铜、铁等金属与人们日常的生产、生活息息相关，因而，在考古发掘中是十分罕见的（窖藏除外）。广州的汉代考古，出土黄金制品是少之又小的。虽然南越王墓是个例外，然而，从该墓出土器物中的黄金与货币总量来看，比之与其同时期的中山靖王刘胜及其妻窦绾墓，差异极大。刘胜墓随葬小金饼40枚（总重719.4克），铜钱2317枚。其妻窦绾墓随葬小金饼29枚（总重438.15克），铜钱1891枚[24]，但在南越王墓中，金饼不见（鎏金明器也无），连一枚铜半两钱也没有。为什么如此悬殊？这是不能用操办其丧事之人忘记放入来解释的。因为广州发现的南越国时期墓，也绝少发现有钱币随葬。例如，1961年之前，我们在郊区发掘南越时期的墓182座，只有6墓出铜半两钱，少的仅出1枚，最多的有20枚，连长沙等地汉墓中常有出土的泥钱（冥币）也无发现。这个现象绝非偶然，它从一个侧面反映了南越王国在岭南存在近一个世纪之久，境内的商品生产和商品交易极不发达，连与中原地区的关市贸易恐怕也是以物易物的方式进行。在这方面还可以从广州发掘的南越遗址与墓葬中，终南越之世，都未见有一枚五铢铜钱发现，这又是一个很特殊的现象。因为，汉武帝元狩四年始铸

器号	测试部位	Au（金）%	Au（银）%	Cu（铜）%	Fe（铁）%	合计
D79（文帝行玺）	前侧面	98.52	0.93	0.19	0.37	100.1
	右侧面	98.19	1.17	0.30	0.34	100
	右侧面	68.15	/	/	31.85	100
D81（泰子）	前侧面	98.18	1.33	0.40	0.09	100
	右侧面	98.18	1.42	0.31	0.09	100
D160 杏形金叶		99.45	0.01	0.24		99.6
C151-3 金牙厄	錾侧面 I	93.91	6.09			100
	錾侧面 II	98.34	1.66			100
C102 鸭首金钩	钩面	100				100
C136 金座漆杯	座面 I	87.73	12.27			100
	座面 II	88.41	115.59			100
龙生岗 M43 指环	环面 I	86.05	13.95			100
	环面 II	87.73	18.27			100
	环里 I	79.25	20.75			100
	环里 II	69.13	30.87			100

五铢，禁行半两钱。过了 8 年之后，南越才被汉武帝所灭，按理当时随着与中原大地关市贸易往来，中原的五铢钱早已流布到南越境内的商品交易中来。

话又说回来了，上述的一些现象，还要从当时的历史背景来考察。南越国的建立是在先秦时期越人尚处于刀耕火种这样的原始农牧业经济基础上发展起来的，南越立国 93 年，其中有 70%多的时间由赵佗掌政，他在国中推行尊重越人风习，倡导汉越人民通婚，对越人的首领委任王国高官等民族和谐政策，加上秦时南下的五路秦军留戍，与当地越人"杂处"，经过近一个世纪之久，在汉越人民共同努力开发之下，岭南地区的经济生活、社会进步都是飞跃式的发展，这一点就从整个岭南地区近半个世纪以来，在先秦时期的和南越国时期的考古发现都得到充分的证明。再如南越王墓中出土的一些金饰品，以及鎏金错金等器物，虽然不能认为都'是南越所制，有的可能是前代的遗留，或从中原带入，但是"文帝行玺"、"泰子"、"右夫人玺"的金印，应是当时当地所铸，这是绝无疑问的。至于南越灭后，金器和金饰品在两汉的考古中更为罕见，这是由于本地区的政治地位转变所带来的必然结果。南越时的蕃禺（今广州）是王国都城，为国王与高官贵胄共聚之所，其后转为郡县，掌政者充其量只是郡守县令的级别而已。要知道，本文上述介绍的真金带钩、鎏金铜俑等，无一不是从南越国高级官吏的大墓中出土的。

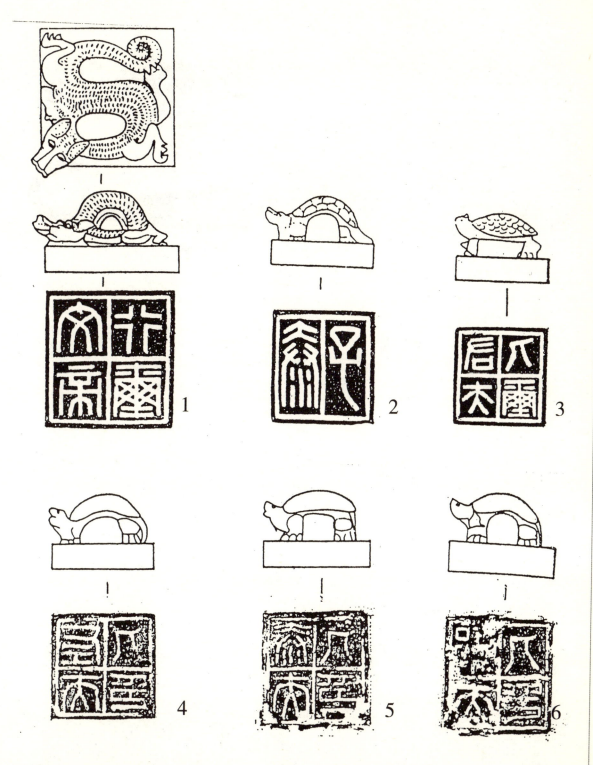

图一　玺印印文拓本　1.文帝行玺　2.泰子　3.右夫人玺　4.左夫人印　5.泰夫人印　6.□夫人印

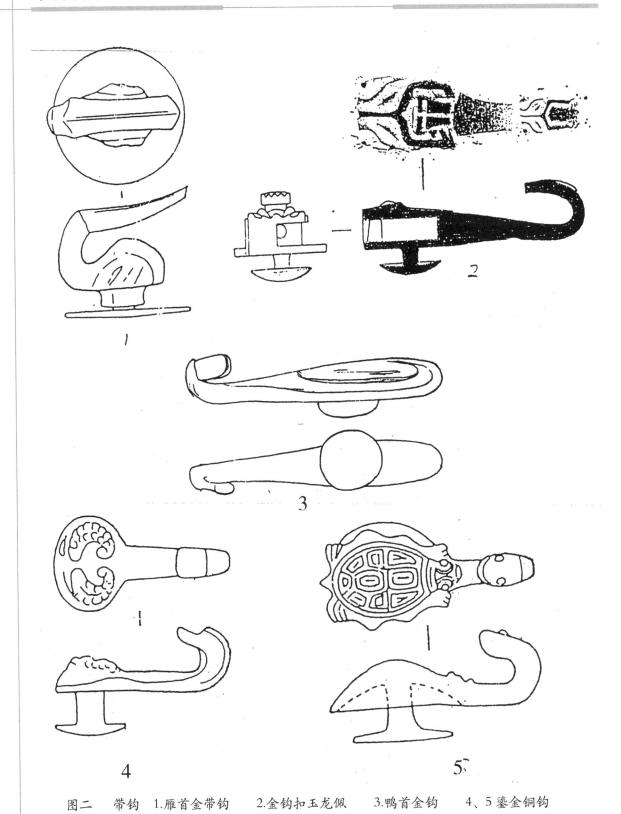

图二　带钩　1.雁首金带钩　　2.金钩扣玉龙佩　　3.鸭首金钩　　4、5 鎏金铜钩

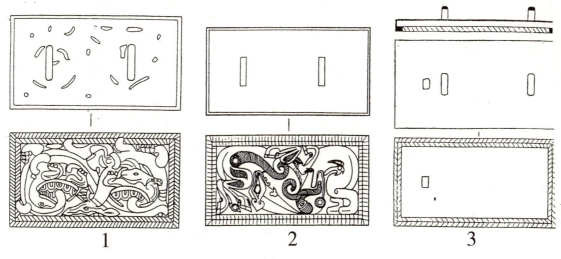

图三　鎏金牌饰　1.龙龟纹牌饰　2.羊纹牌饰　3.嵌平板琉璃版饰

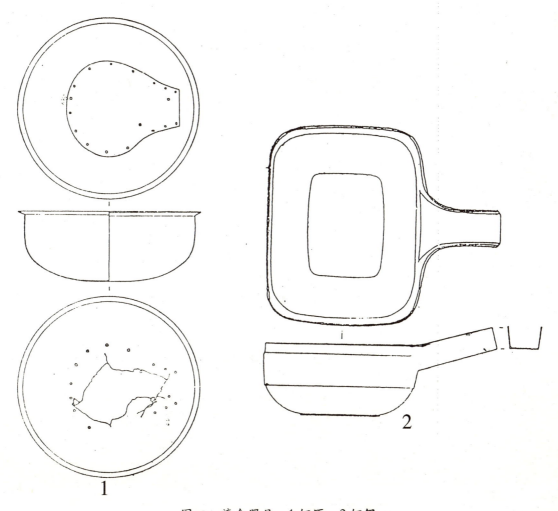

图四　鎏金器具　1.铜匜　2.铜鐍

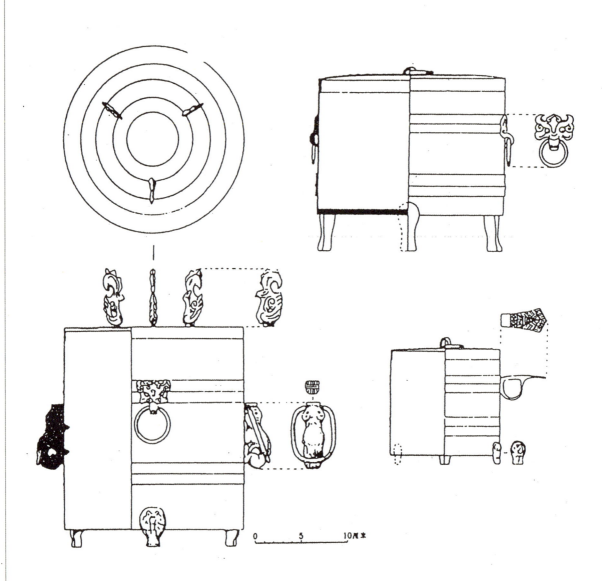

图五　鎏金器具　1.2 铜温酒樽　3.铜卮

073　　　068　　　084　　　091

图六　南越国木简

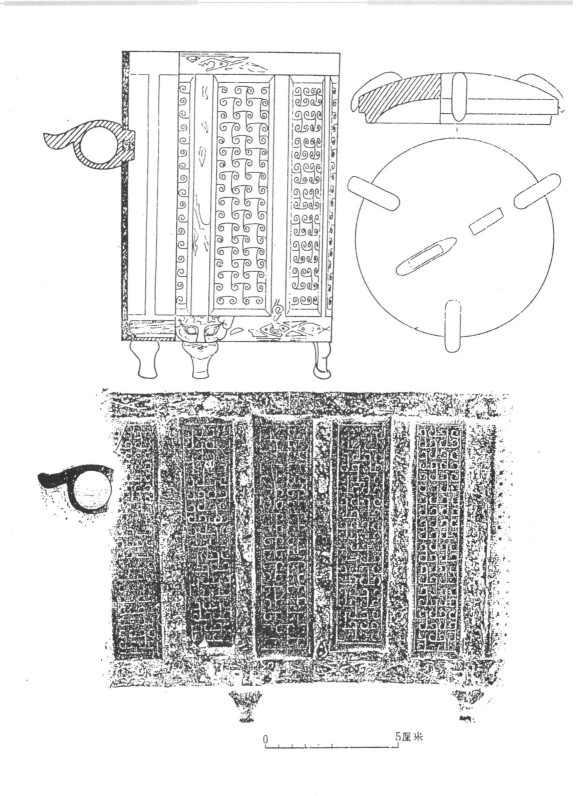

图七　鎏金铜框镶玉卮

0   5厘米

图八　错金铭文铜虎节拓本

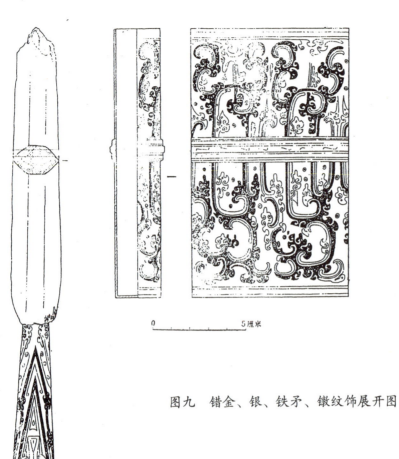

图九 错金、银、铁矛、镦纹饰展开图

图一〇 金钘牙厄针刻画展开图

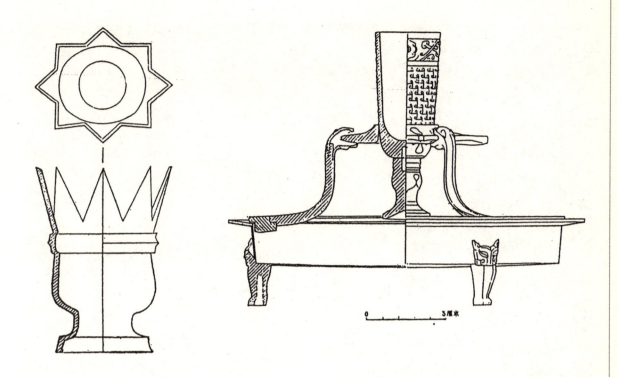

图一一　镶金器具　1.金座漆杯　2.承盘高足玉杯

图一二　杏形金叶（右图为中山靖王刘胜墓出土）

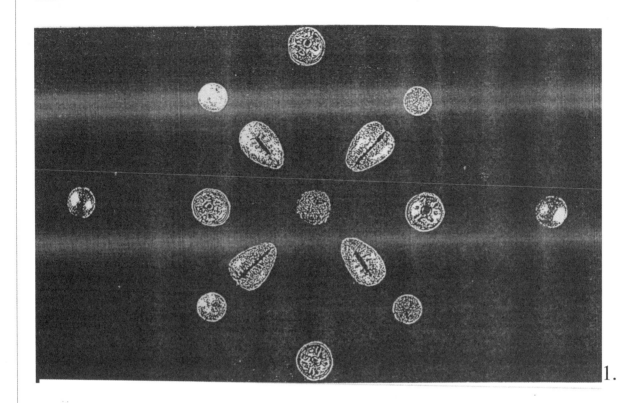

1.

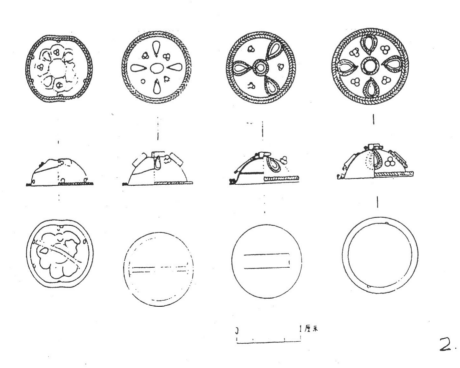

2.

图一三　焊珠金饰　1.珠襦带饰组合图案　2.焊珠金泡

注释

[1]《书·舜典》"金作赎刑"孔传："金，黄金。"孔颖达疏："此传黄金，《吕刑》黄铁，皆是今之铜也。"

[2]《国语·齐语》："美金以铸剑戟，试诸狗马；恶金以铸夷、斤、斸，试诸壤土。"

[3]《史记·平准书》："金有三等，黄会为上，白金为中，赤金为下。"裴骃集解引《汉书音义》："白金银也，赤金，丹阳铜也。"

[4]甘肃省博物馆《甘肃省文物考古工作三十年》，《文物考古工作三十年》（1949~1979），北京：文物出版社 1981 年，页 143 年。

[5]陈德安等《三星堆》，成都：四川人民出版社，1998 年；日本东京国立博物馆《中国国宝展》（图版 57、64），2000 年。

[6]湖北省博物馆《曾侯乙墓》上册彩版一七、一八，北京：文物出版社，1989 年，页 390~399。

[7]参阅《古封泥集成》第二卷 22，上海书店出版社，1994 年。

[8]《汉书·霍光传》："受皇帝信玺、行玺大行前，就次发玺不封。"孟康曰："汉初有三玺，天子之玺自佩，行玺、信玺在符节台。"

[9]《史记·秦本纪》："四十八年，文公太子卒，赐谥为净公，净公之子为太子，是文公孙也，五十年，文公卒，葬西山，净公子立，是为宁公。"

[10]《长沙马王堆二、三号墓发掘简报》、《文物》1974 年 7 期。

[11]在宁夏、内蒙古的秦汉时期墓中常有牌饰出土，作革带饰物用，参见《考古学报》1988 年 3 期页 352。

[12]《左传·僖公二十三年》："乃送（晋公子重耳）诸秦，秦伯纳五人，怀嬴与焉，奉匜沃盟，既而挥之，怒曰："秦晋匹也，何以卑我！公子惧，降服而囚。"杨伯峻注："匜音移，'古人洗手洗面之具，用以盛水，古人洗盥，二人持匜，灌水于洗盥者之手以洗之，下有盘，以盛盥讫之水。"

[13]《汉书·南粤传》："高后自临用事……别异蛮夷，出令同 '毋予蛮夷外粤金铁田器，马牛羊即予，予牡，毋予牝'。"

[14]郭勇《山西省右玉县出土的西汉铜器》、《文物》1963 年 11 期。

[15]参阅《长沙马王堆一号汉墓》上册，页 139、141。

[16]《南越国宫署遗址出土木简》，《羊城考古发现与研究》，北京：文物出版社，2005 年。

[17]《史记·高祖本纪》。

[18]容庚、张维持《殷周青铜器通论》（二六）缶类，页 61；参见《中国文物报》传世珍品录·错金栾书缶，1991 年 4 月 7 日。

[19]流火《铜龙节》，《文物》1960 年第 8、9 期。

[20]另一面是 1963 年山东临淄齐国故城出土，图案与此同，直径 29.8 厘米。参见《中国文物精华》第 85 图，北京：文物出版社，1993 年。

[21]秦皇汉武都迷信求神仙取得长生不老药。南越二主约死于汉元狩元年（前 122 年），7 年之后，汉武帝在长安的建章宫"又作柏梁铜柱，承露仙人掌之"（《汉书·郊祀志上》）颜师古注："《三辅故事》云：建章宫承露盘高二十丈，大七围，以铜为之，上有仙人掌承露，和玉屑饮之。"

[22]《后汉书·舆服志下》："珥，耳珰垂珠也。"

[23]《满城汉墓发掘报告》上册，北京：文物出版社，1980 年，页 117。

[24]《满城汉墓发掘报告》上册，北京：文物出版社，1980 年。

（作者单位：广州博物馆）

唐代盘龙镜

傅举有

　　上个世纪五十年代至六十年代，我在中山大学读本科和隋唐史研究生时，中山大学著名隋唐史教授陈寅恪老师为本科生开了一门《元白诗证史》的选修课，我记不起由于什么原因，没有选修这门功课，后悔了一辈子。近几年，我尝试学习寅恪老师的治学方法，以诗证物，撰写了此文，不正之处，请专家学者和广大读者批评指正。

一、唐诗说"盘龙镜"

　　大唐帝国是千年前屹立于世界文明之巅的东方大国，政治开明，对外交流频繁，经济空前繁荣，各种手工业更是生机勃勃。在这种民富国强的环境里，铜镜工艺进入了一个欣欣向荣、百花齐放的高度繁荣时代，已有千多年悠久历史的盘龙镜，也发展到了它的顶峰，把盘龙艺术推向了极致，成为了唐代铜镜"百花"中最鲜艳的一朵。

　　唐诗中，有许多说到盘龙镜和赞美盘龙镜的诗，如：

> 美人赠此盘龙之宝镜，烛我金缕之罗衣。
> 时将红袖拂明月，为惜普照之余辉。
> 　　　　——李白《代美人愁镜》[1]

> 月昃鸣珂动，花连绣户春。
> 盘龙玉台镜，唯待画眉人。
> 　　　　——王昌龄《朝来曲》[2]

> 锦绣堆中卧初起，芙蓉面上粉犹残。
> 台前也欲梳云鬓，只怕盘龙手捻难。
> 　　　　——施肩吾《冬词》[3]

> 屈曲屏风绕象床，菶菶翠帐缀香囊。
> 玉台龙镜洞彻光，金炉沉烟酷烈芳。
> 　　　　——王琚《美女篇》[4]

> 妾有盘龙镜，清光常昼发。

自从生尘埃，有若雾中月。

————孟浩然《同张明府清镜叹》[5]

二、扬州贡盘龙镜

据文献记载，盘龙镜在盛唐时处于特别尊贵的地位。当时全国著名的制镜中心扬州，每年都要向朝廷进贡青铜镜。《新唐书·地理志》记载："扬州广陵郡……贡青铜镜"。《旧唐书·韦坚传》也有这方面的记载[6]。扬州向朝廷进贡的青铜镜，主要是青铜盘龙镜。《异闻录》记载："天宝三载五月十五日，扬州进水心镜一面，纵横九寸，青莹耀日，背有盘龙，势如生动。元（玄）宗览而异之。进镜官扬州参军李守泰曰：'铸镜时有一老人，自称姓龙名护，须发皓白，眉如丝，垂耳至肩，衣白衫。有小童随，年十岁，衣黑衣，龙护呼为元冥，以五月朔忽来，神采有异，人莫之识。谓镜匠吕晖曰：老人家住，近闻少年铸镜，暂来寓目。老人解造真龙，欲为少年制之，颇将惬于帝意。遂令元冥入炉，开局闭户牖，不令人到。经三日三夜，门户洞开，吕晖等二十人于院内搜觅，失龙护及元冥所在。镜炉前获素书一纸，文字小隶，云：镜龙长三尺四寸五分，法三才，象四气，禀五行也；纵横九寸，类九州分野，镜鼻如明月珠焉……。吕晖等遂移镜炉置船中，以五月五日午时乃于扬子江铸之。……兴造之际，左右江水忽高三十余尺，如雪山浮江，又闻龙吟，如笙簧之声，达于数十里。稽诸古老，自铸镜以来未有如斯之异也。'"[7]

《全唐诗》卷864有龙护的《铸镜歌》：

> 盘龙盘龙，隐于镜中。
>
> 分野有象，变化无穷。
>
> 兴云吐雾，行雨生风。
>
> 上清仙子，来献圣聪。

《全唐诗》编者收录此诗时，附有说明："天宝三载，扬州进水心镜，纵横九寸，背有盘龙，势如生动。七载，秦中大旱，叶法善用镜龙祈雨，云从之出，甘霖大霈。初铸镜时，有人自称龙护，同一小童名玄冥至炉所。经三日，失之。于炉前获素书一纸，并一歌。移炉于扬子江心，五月五日午时铸成焉。"[8]

《全唐诗》卷427白居易的《百炼镜》亦说及扬州铸盘龙贡镜之事：

> 百炼镜，百炼镜。
>
> 范非常规，日辰处所灵且祇。
>
> 江心波上舟中铸，五月五日日午时。
>
> 琼粉金膏磨莹已，化为一片秋潭水。
>
> 镜成将献蓬莱宫，扬州长吏手自封。
>
> 人间臣妾不合照，背有九五飞天龙。

人人呼为天子镜，我有一言闻太宗。

太宗常以人为镜，鉴古鉴今不鉴人。

四海安危居掌内，百王治乱悬心中。

乃知天子别有镜，不是扬州百炼铜。[9]

白居易是不赞成花大量人力物力，铸造高级盘龙水心镜，贡献给朝廷的，所以就写了这首讽喻诗。

三、皇帝颁"盘龙"，群臣献"盘龙"

扬州所铸盘龙镜贡献朝廷后，已不仅仅是宫廷生活用品，而且还被作为赏赐和馈赠的礼物使用。文献记载，玄宗皇帝李隆基，每年在他八月初五生日这一天，都会大摆宴席庆祝。《全唐文》卷22玄宗《千秋节宴群臣制》说："朕生于中秋厥日惟五，遂为佳节"。这一天庆祝的一个重要内容，就是群臣献甘露寿酒，并以特制的铜镜作为祝寿或互赠的礼物。据《玉海》记载："旧纪开元十八年丁亥，上御花萼楼，以千秋百官献贺，赐四品以上金镜、珠囊、缣綵"。又载："开元十八年八月癸亥，以诞日燕花萼楼，百僚表请以每年八月五日为千秋节，王公已下献金镜及承露囊。"皇帝"赐四品以上金镜"，主要是扬州进贡的盘龙镜。唐代诗人席豫写有一首《奉和敕赐公主镜》：

令节颁龙镜，仙辉下凤台。

含灵万象入，写照百花开。

色与皇明散，光随圣泽来。

妍媸冰鉴里，从此愧非才。[10]

席豫是开元天宝人，《全唐诗》有小传，开元中掌制诰，天宝初，改尚书左丞，检校礼部尚书。他这首歌颂玄宗赏赐盘龙镜的诗，玄宗大加赞赏，诏曰："诗人之首出，作者之冠冕也。"[11]"王公已下"贡献给皇帝的铜镜，也多是盘龙镜。《全唐文》卷385独孤及《为独孤中丞天长节进镜表》："谨遣某乙进上件二镜，献陛下，……陛下时乘驭天骄飞龙于国步。臣故以金龙献镜，以表圣德。"关于群臣千秋节献镜，后面"千秋节盘龙镜"一节，还有详述，这里就不多谈了。

玄宗赏赐给百官的盘龙镜，一般均铸有"千秋"铭文，正如玄宗的《千秋节赐群臣镜》所写：

铸得千秋镜，光生百炼金。

分将赐群后，遇象见清心。

台上冰华澈，窗中月影临。

更衔长绶带，留意感人深。[12]

丞相张说也写了一首《奉和圣制赐王公千秋镜应制》：

> 宝镜颁神节，凝规写圣情。
> 千秋题作字，长寿带为名。
> 月向天边下，花从日里生。
> 不承悬象意，谁辨照心明。[13]

玄宗皇帝千秋节赐镜和群臣献镜的举动，在社会上引起了很大的反响，民间纷纷效仿，也在这一天互赠铜镜，并由此成为新俗。玄宗《千秋节宴》诗有："兰殿千秋节，称名万寿觞……献遗成新俗，朝仪入旧章。月衔花绶镜，露锥彩丝囊"[14]之句。"献遗成新俗"，就是指千秋节铸镜互赠成了一种新风俗。如当时有咏赠镜的唐诗云：

> 月样团圆冰样清，好将香阁伴闲身。
> 青鸾不用羞孤影，开匣当如见故人。[15]

"青鸾"是指接受赠镜的人，睹物思人，开匣就会想起赠镜的人。

于是，中国又多了一个节日——千秋金鉴节。这是一个铜镜的节日，中国历史上唐代以前没有过，唐代以后也不再有的铜镜节。

四、盘龙镜的衰落

盘龙镜在玄宗皇帝李隆基的盛唐时期，红红火火了一阵子，但是，物盛必衰，唐天宝十四年（公元755年），"安史之乱"爆发了，"渔阳鼙鼓动地来，惊破霓裳羽衣曲。九重城阙烟尘生，千乘万骑西南行"。连年的战争，使经济遭到很大的破坏，国家财政入不敷出，人民生活困苦不堪，作为和平时期繁华标志之一的铜镜极品——盘龙水心镜，其生产进入了困境。到了德宗贞元十四年（798年）六月，皇帝终于下诏，罢扬州每年贡盘龙镜。[16]此后，盘龙镜一落千丈，走向了衰落。1995年12月，陕西省西安市文物保护考古所在西安市东郊，发掘了唐末僖宗乾符三年（876年）曹氏墓，墓中出土了一件盘龙镜，直径仅8.9厘米，盘龙纹饰非常草率，毫无美感，和盛唐盘龙镜相比，有天壤之别！[17]

五、今日之唐代盘龙镜

赞美盘龙镜的唐代诗人和皇帝，已逝去千年，但盘龙镜却保留到了今天，只是经过千年漫长的岁月，它们变得"苍老"了许多。今天斑驳陆离的唐代盘龙镜，使人们的思绪跨越千年时空，仿佛看到了李白、孟浩然、白居易、王昌龄、张说、姚合、杜牧、鲍溶、赵瑕、李益等诗人以及玄宗皇帝，在挥笔书写，吟唱歌颂盘龙镜诗篇的动人情景。"唐人不见今时镜，今镜曾经照唐人"，人们发出了这样的叹息。

据不完全统计，通过考古发掘的或无意中出土的唐代盘龙镜（简称龙镜），大约不到一百面，其中大部分是盛唐作品。现分门别类，将有代表性的镜子，作简要介绍。

1、单纯的盘龙镜

镜体多为葵花形、菱花形，也有圆形、四方委角形（亚字形）的。一巨龙绕钮而盘，除此之外，再无别的纹饰，简洁明快，主题鲜明。

1978 年广西容县红卫路古井出土一面，亚字形，圆钮。一巨龙绕钮而盘，龙头在左，面向镜面，张口含钮，作吞珠状。咏镜唐诗有"绣带共寻龙口出"之句[18]。"绣带"即穿系于钮的绶带，乍看，好像绶带是从"龙口出"来的样子（此镜绣带已失）。龙头双枝角向后飘举，细长曲颈，身躯作 C 形盘曲，四肢伸展，肢端三利爪，一后肢与尾缠绕。背鳍、腹甲、鳞片、肘毛均刻画细密。雄健的身躯占满整个镜背，神态轩昂。此镜除龙纹外，再无别的纹饰。素平缘。镜长 19.1 厘米，宽 18.9 厘米，缘厚 0.35 厘米。广西壮族自治区博物馆藏（彩版六：图一）。

日本千石唯司收藏一面，直径 27.4 厘米。镜体为八瓣葵花形，圆钮，镜背纹饰只有一条浅浮雕盘龙。龙头向右，双角分枝，尖长，向后飘举，双目炯炯有神；口大张，长舌弹出口外，舌头稍向上卷，龙体向右旋转呈圆形，四足健壮，肢端有三利爪，勾曲有力，尾与一后肢纠缠。通体错甲镂鳞，刻画精细。盘龙形象非常雄伟，飞跃盘旋，栩栩如生（彩版六：图二）。

2、云纹盘龙镜

镜的图纹是由龙和流云构成，除此外，没有别的纹饰，所以又叫云龙镜。

据古代文献记载，龙和云是分不开的。《淮南子》说："龙举而景云属。"《易》曰："云从龙，风从虎"。《汉书》说："龙竢风云而后**昇**"。龙只有借助云气，才能发挥巨大的力量，威武神明，所以，唐诗有："帝道云龙合，民心草木春"[19]之句。现存的盘龙镜中，以云纹盘龙镜最多。

1984 年，中国社会科学院考古研究所河南第二工作队在河南偃师杏园村发掘一座开元二十六年（738 年）下葬的唐墓，墓中出土一面云纹盘龙镜。镜作八瓣葵花形，直径 24 厘米。图案为一巨龙，盘绕于镜钮之周围，即咏镜唐诗所描述的："蛟龙盘鼻护金波"[20]，鼻说的是镜钮。龙身的各个部位，背鳍、腹甲、腿爪、头、角、嘴、牙、舌、眼、髭、髯、肘毛等都有精细刻画。龙口大张，长舌弹卷出口外，充满了活力。龙枝角尖长上挑，四腿有三趾利爪，刚劲有力，肘毛匀密，体态华美，富丽堂皇，一派盛唐气势。在龙身周围空间，衬流云五朵。整个画面宛如一条巨龙在空中飞动（彩版六：图三）。墓主人蒲州猗氏县令李景由，开元二十六年下葬。镜银白色，制作极其精美，直径达 24 厘米，是盛唐产品无疑，但是否为玄宗皇帝千秋节所赐百官之盘龙镜，则无法确定。

1973 年广西灌阳县新街乡龙云村东古岩出土一面，八瓣葵花形，直径 16.1 厘米。平顶小圆钮，纹饰由绕钮盘龙和四朵流云组成（彩版六：图四）。

此种云纹盘龙镜，国内外博物馆、艺术馆、美术馆、文物收藏机构和私人均有收藏，现列表如下（彩版六～八，彩版一一：图六）：

现存云纹盘龙镜登记表（不完全统计）

序号	镜形	直径（厘米）	纹饰	收藏单位	出土地点	图号	附注
1	葵	24	一龙，云4朵	中国社会科学院考古研究所	1984年河南偃师杏园村开元二十六年李景由墓出土	三	彩版六
2	葵	16.1	一龙，云4朵	广西灌阳县文物管理所	1973年灌阳县新街乡龙云村东古岩出土	四	彩版六
3	葵	18.8	一龙，云4朵	江西九江市博物馆	1979年江西九江市都昌县徐埠公社出土	五	彩版六
4	葵	16.2	一龙，云4朵	江西九江市博物馆	1973年江西九江市都昌县多堡公社出土	六	彩版六
5	葵	12.9	一龙，云4朵	陕西历史博物馆		一	彩版七
6	葵	22.5	一龙，云8朵	美国旧金山亚洲艺术馆		二	彩版七
7	葵	11.9	一龙，云3朵	三槐堂		三	彩版七
8	葵	31.12	一龙，云7朵	美国纳尔逊艺术陈列馆		四	彩版七
9	葵	12.7	一龙，云4朵	北京故宫博物院		五	彩版七
10	葵	15.6	一龙，云4朵	上海博物馆藏		六	彩版七
11	葵		一龙，云5朵		江苏扬州出土	一	彩版八
12	葵	14.7	一龙，云4朵			二	彩版八
13	圆	22	一龙，云7朵	中国国家博物馆	1957年河南三门峡市后川唐墓出土	二	彩版一二
14	葵	15	一龙，云4朵	湖南省博物馆		三	彩版八
15	葵	16.4	一龙，云4朵	息斋		四	彩版八
16	圆	12.6	一龙，云4朵			五	彩版八
17	葵	18.6	一龙，云4朵			六	彩版八

3、蜂蝶花卉云纹盘龙镜

此种盘龙镜的特点是：一圈凸棱将镜背分为内外两区，内区是主题纹饰盘龙和流云，外区是花卉、蜂蝶、云纹等辅助纹饰。河南洛阳北瑶出土一面，八瓣葵花形，直径20.5厘米。圆钮，龙背绕钮而盘。龙首向右高高扬起，双枝角向后翘起，口衔宝珠，龙尾向上卷曲。龙周围有五朵流云。外区镜缘饰花卉、蜂蝶和流云（彩版九：图一）。台北故宫博物院藏一面，八瓣菱花形，直径20.5厘米。半球形钮，钮外盘绕一高浮雕龙，龙头在右，面向镜钮，口大张衔钮。唐代诗人姚合《咏镜》诗："铸为明镜绝尘埃，翡翠窗前挂玉台。绣带共寻龙口出，菱花争向匣中开。"[21] 描述的正是这种盘龙衔钮的菱花镜（彩版九：图二）。

此外，《中国铜镜图典》收录多面（彩版九：图三、四、五）。

4、"千秋"铭盘龙镜

"千秋"铭盘龙镜不同于一般的镜铜：在特殊的历史条件下诞生，在特殊的历史环境中使用，产生和使用的时间都非常短暂。

（1）"千秋"铭盘龙镜诞生的社会背景

唐朝从公元618年建国后，经过一百多年的蓬勃发展，到唐玄宗开元年间（公元713~741年）达到全盛时期。杜甫《忆昔》诗：

> 忆昔开元全盛日，小邑犹藏万家室。
> 稻米流脂粟米白，公私仓廪俱丰实。
> 九州道路无豺虎，远行不劳吉日出。
> 齐纨鲁缟车班班，男耕女桑不相失。
> 宫中圣人奏云门，天下朋友皆胶漆。
> 百余年间未灾变，叔孙礼乐萧何律。[22]

在这个歌舞升平、繁华似锦的年代里，作为国家最高元首的玄宗皇帝，心里是多么欢畅！《全唐诗》白居易《长恨歌》序："开元中，泰阶平，四海无事，明皇在位岁久，倦于旰食宵衣，政无小大，始委于右丞相。深居游宴，以声色自误。"[23]他为了不辜负这美好的时光，决定每年要大摆宴席来庆祝自己的生日，开元十七年（公元729年），丞相张说上表《请八月五日为千秋节表并敕旨》说："上万岁寿酒，王公戚里，进金镜绶带"。八月五日是玄宗的生日，国家规定这一天为"千秋节"，要举行隆重的庆祝，百官要上万岁寿酒，皇亲国戚和百官要向皇帝献金镜。金镜是什么样的镜子呢？有人认为"此类镜至少十余种。"[24]实际上，主要是龙纹镜。为什么这样说呢？大约从秦始皇开始，龙就成为了皇帝的象征。秦是祖龙的，有一首很著名的唐诗，章碣的《焚书坑》："竹帛烟销帝业虚，关河空锁祖龙居。坑灰未冷山东乱，刘项原来不读书。"[25]司马迁《史记·秦始皇本纪》："三十六年……言曰：'今年祖龙死'。注引苏林曰："祖，始也，龙，人君像，谓始皇也"。东汉应劭曰："龙，君之像。"《史记》和《汉书》记载，汉代开国皇帝刘邦"母媪尝息大泽之陂，梦与神遇。是时雷电晦冥，父太公往视，则见交龙于上。已而有娠，遂产高祖。"[26]开创了皇帝龙种之说。从此，龙与皇帝就一体化了。"龙颜"、"龙体"成了描写皇帝形象的专有名词。皇帝的衣服叫"龙袍"，座位叫"龙床"等等。所以，在玄宗皇帝生日那天，献上一面铸有龙纹和"千秋万岁"祝寿词的镜子，是最适合不过的了。

（2）"千秋"铭镜的使用范围

"千秋"铭盘龙镜仅限于百官在"千秋节"作献给皇帝之礼品用。每年只有一次。白居易的《百炼镜》诗说得很明白："人间臣妾不合照，背有九五飞天龙，人人呼为天子镜。"[27]所以，除皇帝赏赐给四品以上的高官以外，民间是不会有此种镜子的。

（3）"千秋"铭镜生产和使用的时间是非常短暂的

"千秋"铭镜的生产和使用，应是始于开元十七年（公元729年）丞相张说上表《请八月五日为千秋节表并敕旨》之后。到天宝十四年（公元755年）"安史之乱"爆发，玄宗带领妻儿百官逃出京城去蜀（今四川），"千秋节"的祝寿活动也就停止了，"千秋"铭盘龙镜也不再生产和进献了。所以，"千秋"铭盘龙镜只生产了二十六年，这是中国铜镜史上生产年限最短的铜镜了。

由于"千秋"铭铜镜使用的范围很小，生产的时间又只有短短的二十多年，所以此种镜子，在当时就非常稀少，能够保存至今天的，可以说是凤毛麟角了。目前我们仅仅发现很少的几面，其中两面出土于唐代京城长安（今西安市）唐墓。镜子均作八瓣葵花形，一圈凸棱将镜背分为内外两区。内区是主题纹饰云龙纹，外区铸有秀美的"千秋万岁"四字（彩版九：图六）或"千秋"二字（彩版一〇：图一、二）铭文，以及含绶的鸾鸟、折枝花、方胜、云纹等。"千秋"铭文和含绶鸾鸟，就是唐明皇李隆基在《千秋节赐群臣镜》诗中所说的"铸得千秋镜，光生百炼金"、"更衔长绶带，留意感人深。"[28]以及唐开元时丞相张说在《奉和圣制赐王公千秋镜应制》诗中所说："千秋题作字，长寿带为名"[29]所描写的纹饰。因绶与寿同音，所以唐明皇说"更衔长绶带，留意感人深"。丞相张说就干脆把"长绶带"说成"长寿带"。镜子都是大型的，西安唐墓出土，一面直径28厘米（彩版九：图六），另一面26.1厘米；此外，辽宁旅顺博物馆还藏有一面，直径20.9厘米（彩版一〇：图一），也是少有的大镜，镜此铸造精良，质地极佳，虽经千年岁月淬炼，依然光洁可鉴。玄宗皇帝说，这种镜子不是普通的青铜，而是用"百炼金"制成的。玄宗《千秋节赐群臣镜》有"铸得千秋镜，光生百炼金"之句。据唐代诗文记载，这种镜子新做成献给皇帝时，"晶莹耀日"，镜面像"一片秋潭水"[30]。在纹饰方面，更是极其精美。作为主题纹饰的盘龙，君主的象征，精美绝伦。雕刻的龙是静的，但看去却有力量，有速度，好像一条跃入苍穹的巨龙在缭绕的云气中飞腾。像唐代诗人描述的那样："兴云吐雾，行雨生风。"[31]唐代的铸镜艺术大师们，把他们的创作灵感发挥得真是淋漓尽致了，把数千年的铜镜艺术推向了巅峰！"千秋"盘龙镜不仅是浇铸精良，工艺精绝的生活实用品，更是构思奇特，造诣极高的艺术品。

5、"照日菱花"盘龙镜

目前仅发现一面，镜圆形，直径10.3厘米。圆钮，圆钮座。镜背一龙绕镜钮而盘，龙周围饰漫卷的流云。外区铸楷书铭文一圈："照日菱花出，临池满月生，官看巾帽整，妾映点妆成。"镜缘锯齿纹。锯齿纹边饰是东汉六朝铜镜常用的纹饰，所以朝代应属唐代早期，孔祥星《隋唐铜镜的类型与分期》把此种"照日"镜，定为"武德～高宗"时期的镜子[32]（彩版一〇：图三）。

6、双盘龙镜

半个多世纪以来，唐代墓葬、遗址发掘不少，出土了数量可观的单龙镜（盘龙镜），而没有发现过双龙镜。但是我们不能因此就作出唐代没有双龙镜的结论，因为有歌咏双龙镜的唐诗。如唐代诗人张说的《咏镜》：

> 宝镜如明月，出自秦宫样。
> 隐起双蟠龙，衔珠俨相向。
> 常恐君不察，匣中委清量。
> 积翳掩菱花，虚心蔽尘状。
> 倘蒙罗袖拂，光生玉台上。[33]

《咏镜》中不但明明白白地说是"双蟠龙"镜,而且还有非常具体的描述:"衔珠俨相向",即两盘龙衔珠相对;"积翳掩菱花",是说这面双龙镜是菱花形的。张说是盛唐时人,《全唐诗》有小传:"开元初,进中书令、封燕国公⋯⋯后为集贤院学士、尚书左丞相",[34]是著名诗人,《全唐诗》卷五有他的诗。他的《咏镜》诗说明,至少在盛唐时期有过双龙盘镜。

著名铜镜专家孔祥星著的《中国铜镜图典》收录了一面唐代双龙镜(彩版一〇:图四),在说明中指出:"是目前发现唯一一面以双龙为主题纹饰的唐双龙镜"。[35]但据我所知,不只一面,至少有四面唐双龙镜。

一面是湖南省博物馆收藏的。镜形为八瓣葵花形,圆钮,无钮座。钮左右有升龙各一条。龙首在钮上升相对。细颈盘曲,枝角后举,龙口张开,前肢一上扬,一后摆,一后肢与尾盘缠。两龙周围,有朵朵祥云(彩版一〇:五)。

一面由台北故宫博物院收藏。镜作八瓣菱花形,直径22.3厘米。圆钮。主题纹饰是一双高浮雕的盘龙。二龙隔钮相对。龙张口,双枝角后仰,细颈盘曲,尾与一后肢盘缠。龙纹四周有仙人乘狻猊、天马、凤鸟、仙鹤以及花草等。边缘有浮雕的飞天、鸾凤衔绶等纹饰(彩版一〇:图六)。

一面是《海外中国文化珍宝探秘书系》之一的韩昇《正仓院》收录的。书中说,日本正仓院"北仓收藏的盘龙背八角镜,中央龟钮,左右盘龙,于上方空中相会,下方为神仙,飞龙在天,完全是中国的艺术形式"[36]。镜子为八瓣葵花形,是唐镜常见的造型;主题纹饰双龙:龙首细曲颈,双枝角后举,张口舞爪,四肢伸张,肢端三利爪,后肢一曲一伸,伸直的后肢与尾纠结,龙体饰繁密麟纹;辅助纹饰为流云、灵山、八卦、龟钮等,都是典型的中国纹饰。此镜的整体造型和纹饰,与中国唐墓出土的龙纹镜相同。镜子铸造精良,应是盛唐产品。盛唐时期中日交流频繁,此镜应是这时传入日本的葵花形双龙盘镜。(彩版一一:图一)

还有一面,是《中国铜镜图典》收录的《双龙葡萄镜》[37]。镜圆形,伏兽钮。一圈凸棱将镜背分为内外两区。内区是主题纹饰双盘龙,它占据画面中心,并占据画面的大部分。外区是一狭长的纹饰圈带,飞鹊和葡萄纹相间排列,他们是作为附属纹饰,点缀于镜边缘的。(彩版一一:图二)

7、四盘龙镜

河南偃师杏园村第2503号唐墓出土一面。镜子作八瓣葵花形,直径10.2厘米。圆钮,用十字几何纹图案将镜背分隔成四瓣,每瓣内各饰一口衔珠的盘龙一条,左右对称。其龙纹与一般唐代龙纹不同,是剪影式、图案式的,基本上继承了六朝的传统。外区一圈宽带纹,带内饰珠纹,宽素镜缘。(彩版一一:图三)这种镜仅仅发现一面。

8、十二盘龙镜

镜圆形,半圆钮,钮外用两圈凸弦纹将镜背分为三区,用剔地线雕法,依次装饰成连锁缠绕的绳纹、蟠螭纹和蟠龙纹。主纹上均雕有精细的云雷纹。第三区为主题纹饰区,有十二盘龙形成对称的画面。此类盘龙镜曾经被误作战国时期的蟠龙镜。误判的原因,是它具有战国时期蟠龙镜的设计形式和融入战国时期常用的绳纹和云雷纹。但是,仔细观察和深入研究,就能发现它与战国的蟠龙镜有明显的不同:(一)此镜是以剔地线雕即平雕的技法制作,这正是唐镜的特点。（二）战国镜的云雷纹是作为地位衬托主题纹饰龙纹之用，龙纹本身并未饰以云雷纹；唐镜无地纹，主纹之分，云雷纹只不过是龙体上的装饰而已。（三）在目前发掘过的数千座战国墓中，未出土过此种龙纹镜，相反，它却在唐墓中多次出土。

十二盘龙镜目前已发现三面：河南洛阳北瑶3号唐墓出土了一面，径20.5厘米（彩版一一：图四）；息斋收藏一面，直径16.8厘米（彩版一二：图一）；2005年中国嘉德拍卖公司拍卖一面，直径16.9厘米。

9、特种工艺盘龙镜

（1）螺钿盘龙镜

1957年河南三门峡市后川唐至德元年（公元756年）墓出土一面螺钿盘龙镜，圆形，直径22厘米。镜背用白色螺钿镶嵌一条盘旋于云气中的巨龙。龙体用28片厚螺钿拼嵌而成，3朵飘云由7片螺钿拼成。龙的鳞、角、嘴、鼻、鬃、爪以及飘云，都有精细毛雕。龙体健壮，盘旋飞腾于蓝天，体现了盛唐雄风（彩版一一：图六）。

（2）银背鎏金双盘龙双凤镜

《全唐文》卷385独孤及《为独孤中丞天长进镜表》："谨遣某乙进上件二镜……陛下时乘驭天骋飞龙于国步，臣故以金龙饰镜，以表圣德。"这是两面以黄金龙装饰的镜子，但不知镜背之金龙是用何种方法制成的？但银背鎏金的盘龙镜则有实物发现。如日本千石唯司收藏一面，镜为八瓣菱花形，直径21.2厘米，主题纹饰为二盘龙和二凤，辅助纹饰有折枝花、流云，以细珠纹为地。其制作工艺是利用白银延展性能极好的性能，将白银捶打成薄片，然后放在预制的模子内，压印成突起的盘龙、凤和其它纹饰，经过錾刻、鎏金，制成镜背，嵌入镜面而形成的。

上述九类均是以盘龙为主题纹饰的镜子。唐代还有一些镜子，虽有盘龙，但不是作为主题纹饰出现，如比较常见的双鹊月宫盘龙镜（彩版一一：图六）等。

注释：

[1]李白《代美人愁镜》诗二首之二，载《全唐诗》卷一百八十四，郑州：中州古籍出版社，1996年，页1032。

[2]王昌龄《朝来曲》，载《全唐诗》卷一百四十三，郑州：中州古籍出版社，1996年，页785。

[3]施肩吾《冬词》，载《全唐诗》卷四百九十四，郑州：中州古籍出版社，1996年，页3073。

[4]王琚《美女篇》，载《全唐诗》卷九十八，郑州：中州古籍出版社，1996年，页577。

[5]孟浩然《同张明府清镜叹》，载《全唐诗》卷一百五十九，郑州：中州古籍出版社，1996年，页887。

[6]《旧唐书·韦坚传》：天宝二年（公元743年），水陆转运使韦坚，"其船皆署牌表之，若广陵郡船，即于栿背上堆积广陵所出锦、镜"。

[7]《古今图书集成》"考工典"卷二二八"镜部"。

[8]《全唐诗》卷八百六十四，郑州：中州古籍出版社，1996年，页5265。

[9]白居易《百炼镜》，载《全唐诗》卷四百二十七，郑州：中州古籍出版社，1996年，页2569。

[10]《全唐诗》卷一百一十一，郑州：中州古籍出版社，1996年，页621。

[11]同上。

[12]明皇帝《千秋节赐群臣镜》，载《全唐诗》卷三，郑州：中州古籍出版社，1996年，页17。

［13］张说《奉和圣制赐王公千秋镜应制》，载《全唐诗》卷八十七，郑州：中州古籍出版社，1996 年，页 514。

［14］明皇帝《千秋节宴》，载《全唐诗》卷三，郑州：中州古籍出版社，1996 年，页 20。

［15］唐镜铭诗。

［16］《旧唐书·德宗纪》。

［17］王自力《西安唐代曹氏墓及出土的狮形香囊》，载《文物》2002 年第 12 期，页 67："铜镜 1 件，圆形龙纹镜，桥形钮已残。镜背铸一盘曲状张牙舞爪的龙。直径 8.9 厘米。"页 71 图九铜镜拓片。墓主曹氏唐乾符三年（公元 875 年）埋葬，为晚唐墓。

［18］姚合《咏镜》："铸为明镜绝尘埃，翡翠窗钱挂玉台。绣带共寻龙口出，菱花争向匣中开。"见《全唐诗》卷五百二，郑州：中州古籍出版社，1996 年，页 3121。

［19］黄损《读史》，载《全唐诗》卷七百三十四，郑州：中州古籍出版社，1996 年，页 4540。

［20］鲍溶《古鉴》，载《全唐诗》卷四百八十六，郑州：中州古籍出版社，1996 年，页 3028。

［21］《全唐诗》卷五百二，郑州：中州古籍出版社，1996 年，页 3121。

［22］《全唐诗》卷二百二十，郑州：中州古籍出版社，1996 年，页 1267。

［23］《全唐诗》卷四百三十五，郑州：中州古籍出版社，1996 年，页 2632。

［24］王纲怀编著《三槐堂藏镜》："向皇帝献金镜是千秋节上一项重要的活动，孙克让认为：'此类镜至少有十余种'。"北京：文物出版社，2004 年 12 月，页 197。

［25］《全唐诗》卷六百六十九，郑州：中州古籍出版社，1996 年，页 4153。

［26］班固《汉书·高帝纪》。

［27］《全唐诗》卷四百二十七，郑州：中州古籍出版社，1996 年，页 2569。

［28］《全唐诗》卷三，郑州：中州古籍出版社，1996 年，页 17。

［29］《全唐诗》卷八十七，郑州：中州古籍出版社，1996 年，页 514。

［30］白居易《百炼镜》，载《全唐诗》卷四百二十七，郑州：中州古籍出版社，1996 年，页 2569。

［31］龙护老人《铸镜歌》，载《全唐诗》卷八百六十四，郑州：中州古籍出版社，1996 年，页 5265。

［32］孔祥星《隋唐铜镜的类型与分期》，载中国考古学会编辑《中国考古学会第一次年会论文集》，北京：文物出版社，1982 年 12 月，页 385。

［33］《全唐诗》卷八十六，郑州：中州古籍出版社，1996 年，页 511。

［34］《全唐诗》卷八十五，郑州：中州古籍出版社，1996 年，页 501。

［35］孔祥星《中国铜镜图典》，北京：文物出版社，1992 年，页 652。

［36］韩昇《正仓院》，上海：上海人民出版社，2007 年，页 97。

［37］孔祥星《中国铜镜图典》，北京：文物出版社，1992 年，页 533。

（作者单位：湖南省博物馆）

南汉三方铭文砖考

陈鸿钧

今有南汉白龙纪年款砖铭拓片两方及大有纪年款砖铭拓片一方，字迹清晰，来源有据。南汉国小祚短，残石片瓦，亦足可珍，兹试考释之，以资参考。

一

白龙元年三月十四日，故靖海将军陈公之墓。

此砖隶字阴刻，见图一，拓本见诸民国初广州兢美美术会《岭南金石拓本》（书藏中山图书馆），收藏者号"宝汉剑斋"，其前言云：

本斋主人素嗜金石，久欲集岭南金石拓本而不可得。兹因年来辟地日众，出土日多，故不惜重资，广为收纳，庶可补翁学士《粤东金石志》之缺，特精拓而陆续成集……。宣统二年四月，宝汉剑斋记。[1]

则拓本出自清末。清咸丰间下塘民李月樵撅土得南汉大宝五年（962年）"马氏二十四娘买地券"，后以"宝汉"名其茶寮。此名"宝汉剑斋"者或与此有涉。

"白龙元年三月十四日"，白龙，为南汉高祖刘龑年号，据载，改元于乾亨九年（925年）十二月，见宋《五国故事》（不著撰人，《说郛》一百卷本）：

乾亨……九年八月，白虹入其伪三清殿中，颇忧畏。有词臣王宏欲说岩，乃以白虹为白龙见，上赋以贺之。岩大悦，乃改元"白龙"，更名"龑"，又改"龑"为"龑"。[2]

司马光以改元之月系于是年十二月，见《资治通鉴》卷二百七十四"后唐纪三"庄宗同光三年（925年）条：

十二月……有白龙见于汉宫，汉主改元"白龙"，更名"龑"。[3]

清代梁廷枏《南汉书》从司马光说（见卷三"高祖纪一"）。吴兰修以为非，见其著《南汉纪》卷二：

图一

69

（乾亨）九年……八月，白虹入三清殿……乃改元白龙。《五国故事》

［考异］：本白虹见，王宏上赋，遂以为白龙耳。……《通鉴》在十二月，非虹见之时。且以梁嵩举白龙元年进士证之，非十二月改元明矣。[4]

吴氏以为梁嵩以白龙元年举进士，若以是年十二月方改元，则何能开科取士？故以八月见虹，依次改元、举进士方为合宜。《旧五代史》、《新五代史》以改元白龙在乾亨九年，然未系月。

今按，是砖阳文为"白龙元年三月十四日"，若依吴氏说，改元在乾亨九年八月后，则白龙元年断无"三月十四日"，且墓砖为时人时语，无追改之可能，此其一；若至翌年方有"三月十四日"之谓，则又非"白龙元年"，而当为"白龙二年"，此其二。且一年两号，史家必详载以前之月日，何况墓砖，见清代顾炎武《日知录》卷二十二"史书一年两号条"：

古时人主改元，并从下诏之日为始，未尝追改以前之月日也。《魏志三·少帝纪》，上书"嘉平六年十月庚寅"，下书"正元元年十月壬辰"；《吴志三·嗣主传》，上书"太平三年十月己卯"，下书"永安元年十月壬午"；《晋书·武帝纪》，上书"魏咸熙三年十一月"，下书"泰始元年十二月景寅"……若此之类，并是据实而书。至司马温公作《通鉴》，患其芬错，乃创新例，必取末后一号冠诸春正月之前，当时已有讥之者。[5]

然南汉刻是砖者居于前，而司马光著书创例于后，则时人所刻无待创例而改至明。且南汉偏隅，史家追书，或有遗讹，如高祖登基后，改元乾亨，史载在后梁贞明三年（917年）八月（《资治通鉴》卷二百七十、《旧五代史》卷一三六、《南汉书》卷二、《南汉纪》卷二），然据今藏广州博物馆之《后梁吴存锷墓志铭》，则知诸籍均误，改元系月当在梁贞明三年十一月一日[6]。据此可推知，南汉诸事系年月日，诸籍未可全信，以后人追录，其年月当无及时人之正。

准此，南汉高祖改元"白龙"，其年月当在乾亨九年三月十四日之前。至其月日之确者，尚俟出土之物以证之。

"故靖海将军陈公"，未见史载，俟考。

二

（白）龙元年日上国□□□□

此白龙元年砖款拓片见2002年北京文物出版社出版的《中国砖铭》上编《唐五代砖铭》，阴刻"（白）龙元年日上国□□□□"，其中"（白）龙元年"四字清晰可辨，馀下漶漫莫识（图二）。

"白龙"系南汉高祖刘龑年号，得三年（925~928年），籍载因见

图二

"白龙"或"白虹"现于南汉王宫而得此年号,如《新五代史》南汉世家:

(乾亨)九年,白龙见现宫三清殿,改元"白龙",又更名龑,以应龙见之祥。有胡僧言,谶书"灭刘氏者,龑也。"龑乃采《周易》"飞龙在天"之义为"龑"字,音俨,以名焉。[7]

另又见宋《五国故事》(明·陶宗仪编《说郛》一百卷本卷六十五,不署撰人):

(乾亨)九年八月,白虹如其伪三清殿中,颇忧畏。有词臣王宏欲说岩,乃以白虹为《白龙见上赋》以贺之,岩大悦,乃改元"白龙"。

于此殿所见者,或作"白龙",或作"白虹",其宫、殿有称在大南路北仙湖街,见近人黄佛颐《广州城坊志》卷二"仙湖街条":

高祖龑乾亨八年,作南宫。王保定献《南宫七奇赋》以美之。宫在仙湖,其前为药洲。九年八月,白虹入三清殿。《欧史》作"白龙"见南宫三清殿。汉主忧畏,中外震惧。会词臣王宏以为白龙见,上赋以贺之。汉主悦,及改元"白龙",又更名龑,以应龙见之祥。吴兰修《南汉纪》。

古药洲地连南苑,即南汉白龙见南苑者是也。《羊城古钞》

宋转运使司署,在航海门仙湖街。开宝六年,广南平,其后置转运使;嘉祐中,始定置司署,改伪汉南宫为之。按此即今九曜坊之督学署。《阮通志》[9]

九曜坊,位今教育路。今人曾昭璇亦谓"南宫在今九曜坊,即今教育局职工学校地"[10]
(《广州历史地理》下篇第一章第三节·南汉宫殿),然无指确处。今其东南处西湖路有龙藏街,旧有谓此地为南汉宫殿处,揆之"白龙见南宫三清殿"语,殆与此有涉。

此白龙元年款砖未明采自何处,且后数字模糊不辨,度之可能为吉祥语,镌于其上。

三

大有十□

在今广州中山四路北侧南越国公苑遗址内,于其1号宫殿主殿基址考古发掘出大有年款残瓦一件,上阴刻"大有十"三字(见图三),其瓦之形制、尺寸均不明。

按:瓦文"大有十"下所缺之字当为一数字或"年"字。"大有"是南汉高祖刘龑年号(928~942年),存十五年。史载刘龑于后唐天成三年(928年)改元"大有"。见《新五代史·南汉世家》:

(白龙)四年,……以《周易》筮之,遇"大有",遂赦境内,改元曰"大有"。[11]

图三

刘龑卒于大有十五年（942年），故"大有十□（年）"必是大有十年至十五年中之一年，即在928至942年之间。准此，则1号宫殿主殿之建造时间上限不超过928年，当在928至942年这五年之间或之后建设。

清海节度使刘隐于唐末即修筑"新南城"，使广州城区面积大为扩展。南汉建立后，改广州为兴王府，大兴土木，在城内外兴建了一大批宫殿园林，使广州江北区大部分连成一片。北部子城，为宫殿园林区，是南汉政权中枢所在；南部为商业区；西部为城外商业游览区。

南汉之宫殿"凡数百，不可悉数"[12]，大多建筑在兴王府子城内，部分建于南宫及城外。南汉诸帝，均尚奢华，宫殿数量堪称五代十国之最，史载刘龑建昭阳殿，"以金为仰阳，银为地面，檐楹榱桷亦皆饰之以银，殿下设水渠，浸以珍珠，又瑳水晶琥珀为日月，列于东西二楼之上。"[13]又于大有十三年（940）"作南薰殿，柱皆通透，刻镂础石，各置炉燃香。"[14]、大有十五年（942）"作秀华诸宫，皆极瑰丽。"[15]

关于南汉兴王府宫殿遗迹，近年来在广州考古发掘中多有发现，尤以今中山四路北侧"南越国公苑遗址"内为集中，此"大有十□（年）"残瓦之出土，则更一步确证该地为南汉王宫所在地。

注释：

［1］［清］宝汉剑斋辑《岭南金石拓本》，宣统二年（1910年）广州兢美美术会刊行。

［2］［宋］佚名《五国故事》，转引郑学檬《五代十国史研究》，上海：上海人民出版社，1991年。

［3］［宋］司马光编撰、柯继民注释《资治通鉴》卷二百七十四《后唐纪三》"庄宗同光三年（925年）条"，哈尔滨：黑龙江人民出版社，2002年，页2228。

［4］［清］吴兰修《南汉纪》卷二。

［5］［清］顾炎武《日知录》卷二十二"史书一年两号"。

［6］见程存洁《新发现的后梁吴存锷墓志考释》，文载《文物》1994年第8期。

［7］《新五代史》卷六十五"南汉世家"，北京：中华书局，1974年，页811。

［8］［宋］《五国故事》，转引郑学檬《五代十国史研究》，上海：上海人民出版社，1991年。

［9］［民国］黄佛颐纂、仇江等点注《广州城坊志》卷二"仙湖街"，广州：广东人民出版社，1994年，页254。

［10］曾昭璇《广州历史地理》第一章第三节"南汉宫殿"，广州：广东人民出版社，1991年，页260。

［11］《新五代史》卷六十五《南汉世家》，北京：中华书局，1974年，页811。

［12］《新五代史》卷六十五《南汉世家》，北京：中华书局，1974年，页813。

［13］［宋］佚名《五国故事》卷下"伪汉彭城"。

［14］［15］［清］梁廷枏著、林梓宗校点《南汉书》卷三"本纪·高祖纪"，广州：广东人民出版社，1981年，页13。

（作者单位：广州博物馆）

关于广州元代延祐浮箭漏的几个问题

华同旭

漏刻是中国古代最重要的计时仪器之一。我国现在还保存有西汉以来的十多件（套）漏刻，广州元代延祐浮箭漏就是其中比较完整的一套。

延祐浮箭漏制作于元仁宗延祐三年（公元 1316 年）十二月十六日，"凡四壶，分四层。第一上水壶，以建初尺度之，口围九尺六寸六分，径二尺六寸，底围六尺八寸五分，高二尺五寸五分。第二壶口围七尺五寸九分，径二尺二寸，底围六尺八寸五分，高二尺五寸五分。第三壶口围六尺三寸，径一尺九寸一分，底围四尺八寸二分，高二尺四寸五分。第四箭壶，口围四尺四寸五分，径一尺三寸八分，底围同高三尺六寸。皆有盖。上三壶底隅皆有孔以滴水，铜箟承之，以次相注滴入箭壶。昼漏卯初一刻上水，夜漏酉初一刻上水。水加一刻则箭浮一刻，水与壶平而昼夜箭尽。"[1]（图一）播水三壶自上而下又依次称为日、月、星壶。日壶之侧铸有作头（工匠）、监制官员姓名及制作时间（图二）。漏刻原置广州拱北楼。[2] 清咸丰丁巳年（公元 1857 年），拱北楼火灾，漏刻为人携去，移置它所。庚申（公元 1860 年），两广总督劳崇光悬赏购得之。月壶略有损坏，其盖与日、星两壶盖均补铸，并于月壶上铸"大清咸丰十年冬月吉日，两广总督劳崇光重修"字样。置于抚署退思轩。清同治甲子（公元 1864 年）重建拱北楼，复置原处，一直使用到本世纪初。原物从广州博物馆上调到中国历史博物馆（现国家博物馆），现在广州博物馆展示的是复制件。元代广州延祐浮箭漏各壶的尺寸见表一。其中一元尺按 30.72 厘米折算。[3]

表一　元代广州延祐浮箭漏诸壶尺寸

壶　名	口围(尺)(厘米)	径(尺)(厘米)	底围(尺)(厘米)	高(尺)(厘米)
日　壶	9.66~296.76	2.6~79.87	7.8~239.62	3.3~101.38
月　壶	75.9~233.16	2.2~67.58	6.85~210.43	2.55~78.34
星　壶	6.3~193.54	1.91~58.68	4.82~148.07	2.45~75.26
箭　壶	4.45~136.70	1.38~42.39	3.6~110.59	3.6~110.59

由于延祐浮箭漏只有日、月、星三只播水壶，没有废水壶，故通常认为它是属于多级补偿式浮箭漏。但自从宋代燕肃发明平水壶以后，中国官方的漏刻均采用它而成为标准形式，似乎没有理由倒退。1983 年 9 月，薄树人先生和笔者去中国历史博物馆考查该漏，发现在星壶左侧上部有一直径约 0.8 厘米的圆孔，它应当是用于平水的漫流漏孔。以前的文献均未述及。清吴寿祺《拱北楼刻漏歌》中有"范铜旁窍如漏卮"的诗句，但此处的"旁窍"，当指日、月、星三壶下部的出流管，而不是漫流孔。[4] 按惯例，星壶正是平水壶，因此，星壶漫流孔的发现，证明了

图一　延祐浮箭漏

延祐浮箭漏是属于漫流平水补偿混合型浮箭漏。

延祐浮箭漏的器型也很令人关注。元代以前，中国漏刻的器型中主要有两种，一是上下直径相等的圆筒形，如现存的西汉兴平铜漏、西汉满城铜漏、西汉千章铜漏和西汉巨野铜漏，又如宋代薛尚功《历代钟鼎彝器款识法帖》中所著录的汉"丞相府漏壶"，均属于这种器型。王振铎先生论证了这种器型的铜漏"是从匜演变来的"。[5]这种上下直径相等的圆筒型的铜漏大约一直沿用到魏晋南北朝。如晋代孙绰在描述多级补偿型浮箭漏的《漏刻铭》中说，"累筒三阶"；殷夔《漏刻法》云："为器三重，圆皆径尺"。[6]都是指这种器型的漏刻。

另一种器型的漏刻始自梁天监初年祖暅所制的漏刻。梁天监六年（公元507年），梁武帝萧衍以旧漏乖舛，乃敕员外郎祖暅治之。是年十月十六日，漏成进御，太子中舍人陆倕奉梁武帝之命作《新刻漏铭》以记其事。"金筒方员（圆）之制，飞流吐

图二　延祐浮箭漏日壶铭文

纳之规，变律改经，一皆惩革。" "爰究爰度，时惟我皇。方壶外次，圆流内袭。" [7] "金"，指漏壶，形方；"筒"，指流管，形圆。所谓"新漏刻"的"新"字，首先就是指"金筒方员（圆）之制"，即漏壶外形的改变。其次是指"飞流吐纳之规"即上、下两只漏壶出流与承接方式的改变。这些改变，可能与梁初"礼乐制度多所创革" [8] 的情况有关。古人认为，天道圆，地道方；圆者动，方者静。 [9] 漏壶方圆之制，或是由此而来：漏壶形方，以取壶内水位稳静不变之意；流管形圆，以示管中之水流动不息之象。"梁代祖暅出新意"，"壶方筒圆地天似"。 [10] 一动一静，一方一圆，既合古代天地理论体系，又合古人方圆美学思想，故此，这一形式被后世沿袭下来。唐、宋时期的官漏（除秤漏外），无论是吕才漏刻、燕肃莲花漏、沈括浮漏、王普漏刻、韩仲通漏刻等等，播水壶都是彩这种方形的器型。

但是延祐浮箭漏与上述两种中国传统漏刻的器型都不同，它的日、月、星三只播水壶，均做成平截头圆锥体。有趣的是，尽管延祐浮箭漏三只播水壶与中国传统漏刻的器型不同，它却与古代埃及漏壶的外形很相似（图三），它也是平截头圆锥体。考虑到元代中外交流的情况，延祐浮箭漏是否受到西方的影响，是很值得探讨的。

由于几经损坏和修补，现存元延祐浮箭漏有些地方已不是当初原状了。但是，由于文献的缺乏，人们对这些修补的具体情况不甚清楚。最使人感兴趣也最使人感到迷惑的地方，就是该漏刻出水口处的流管。与中国古代传统漏刻流管出水口处的"玉虬吐漏水"、"金龙口吐水"、"银龙口中吐出"、"灵虬吐注"等等样式不同，现存元延祐浮箭漏出水口处的流管是现代日常用的"水龙头"。众所周知，"水龙头"是可以调节流量大小的。因此，人们对此非常感兴趣，也非常迷惑，究竟这些"水龙头"是原来就有的？还是后来修补换上的？如果是原来就有的，显然又涉及到"水龙头"的发明问题了。如果是后来修补换上的，又是什么时候、在什么地方、为什么修补换上的？由于没有文献依据，长期以来，研究者对这一问题只能存疑。

前几年，广州博物馆陈坚红女士在研究工作中，先后发现了一批民国期间有关延祐浮箭漏的档案材料，其中对延祐浮箭漏的维修记载甚详。 [11] 这些珍贵档案材料的发现，解决了上述的疑难问题。

这批档案材料主要由两部分组成，一是民国二十五年（公元 1936 年）五月的广州市政府《较正铜壶滴漏办法》案卷； [12] 二是民国三十六年至三十七年（公元 1947 至 1948 年）《广州市立博物馆卅六年度临时设备购置费支付预算书》等， [13] 见图四和图五。

据这批档案材料记载，1936 年四月，时任广州市市长的刘纪文要市自来水总工程师金肇祖"将古物之铜壶滴漏（即元祐浮箭

图三　古代埃及漏壶

漏，下同）施以研究，并设法改成自动式，无须每日人工添水卸水之烦。"[14] 四月八日，金肇祖向刘纪文报告，"已将该事加以讨论试验，并拟出办法一份及图样等，一并呈请核阅。"五月七日，当时的广州市工务局局长文树声向刘纪文报告，对金肇祖的报告"详加审核"，"计呈缴意见书一纸，草图一张"等。金肇祖于五月十五日又对文树声的报告提出意见。工务局的审核意见中曾提议在箭壶上侧凿一洞，以便排水。对此，金肇祖提出反对意见，"改善古物以保全古物之完整为原则，似不宜将古物随意凿孔打洞，是以本人原设计书即一本此原则。今审查意见提议将古物洞凿一孔，鄙意似不谓然。"五月二十七日，刘纪文指令工务局，采用了金肇祖的意见，"应准交该局参酌实地试验，如试有未妥，可随时改良，期于完善。令将金总工程师签呈抄发，仰该局即便参酌妥办具报。"此为上世纪三十年代第一次研究修复元延祐浮箭漏事情的大致经过。

据五月七日的审查意见，"先将全套铜缸滴水咀加以修理，将脱落之咀焊回。"可知当时元延祐铜漏的漏嘴（出水管）均已损坏，需要修理。

抗日战争时期，当时广州市市立博物院谢英伯院长于民国二十七年（公元1938年）"将重要陈列品移存"。抗日战争胜利以后，到了1947年12月，当时的广州市教育局局长祝秀侠根据市立博物馆申请修理、陈列元延祐铜漏所需经费一事专向欧阳市长呈报，欧阳市长批复"照拨。

图四　广州市政府《较正铜壶滴漏办法》案卷

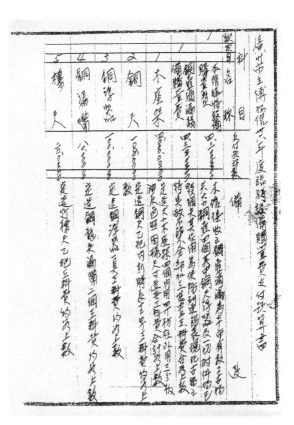

图五　《广州市立博物馆卅六年度临时设备购置费支付预算书》

并饬从速修复、陈列。"据市立博物馆民国三十六年（公元 1947 年）12 月 23 日呈报给祝秀侠的博宗字第三二六号文，"查本馆所藏陈列品，有须特别装置以陈列之者，如所藏铜壶滴漏一项，为铜壶四具，其陈列必须依原装置办法，装置梯级座四座，自上而下以承之，注水其内，方能显示此古物之特点。本馆原计划于上年度教育复员费第二次奉核准之一百五拾万元预算中购备装置。惟以该款示奉拨给，故迄无从装设。兹为使此为观众所极感兴趣之陈列品，能更显示其特点起见，拟仍依原计划加以特别装置，设置级座，并修复各壶龙头、浮器、标尺（注：着重号为引者所加），计按时价值，估值共需国币四百三十万元。理合将应加特别装置理由连同预算分配表七份及估价单三份、图说一份，呈请察核，并请转呈市府准予如数拨发。"又据《广州市立博物馆卅六年度临时设备购置费支付预算书》第四项目，"定造铜龙头漏嘴二个"。由此可知，现存的元延祐浮箭漏，曾于 1936 年和 1947 年两次修理过，其流管出水口处的水嘴即"水龙头"，就是在那时修补换上的。

注释：

［1］《广州府志》卷一百三。

［2］《广东通志》卷二一四。

［3］吴承洛《中国度量衡史》，上海：商务印书馆，1957 年 5 月重印第一版，页 54。

［4］华同旭《中国漏刻》，合肥：安徽科学技术出版社，1991 年 2 月第一版，页 112~113。

［5］王振铎《西汉计时器"铜漏"的发现及其有关问题》，《中国历史博物馆馆刊》1980 年第 2 期。

［6］［唐］徐坚《初学记》（下），北京：京华出版社，2000 年 5 月第一版，页 327。

［7］［梁］陆倕《新刻漏铭》，《文选》卷五十六。

［8］［唐］姚思廉《梁书·陆倕传》。

［9］《大戴礼记·曾子·天圆》。

［10］［清］沈廷芳《拱北楼待漏歌》，《广州府志》卷五十。

［11］陈坚红女士不仅向笔者介绍了她的发现，还将这批珍贵的档案材料部分复制惠赠，供笔者研究使用；广州市档案局李涿成先生、卢国桐先生也给笔者许多帮助，帮助查找、复印有关档案材料，在此一并深深表示感谢！

［12］广州市政府《较正铜壶滴漏办法》案卷，广州市档案馆全宗号：4~01，案卷号：570。

［13］广州市博物馆《卅六年度临时设备购置费支付预算书》，广州市档案馆全宗号：4~02，案卷号：1245。

［14］以下引文，均引自上述档案材料，不再一一注明。

（作者单位：广州市教育局）

再续“笔下忧国情”

——解读张祥河给潘仕成的信

叶笑苹

在风景秀丽的广州博物馆美术馆展区，依山而建的碑廊镶嵌着清代后期潘仕成的海山仙馆石刻。沿着一块块碑刻慢慢欣赏，“尺素遗芬”部分的第十五、十六版，是张祥河写给潘仕成的信，细读内容，第十五版与鸦片战争初期的广州有关，第十六版是一般的礼尚问候。清代后期，张祥河是个不显眼的人物，他“优于文事，治尚安静，不扰民，言者劾其性耽诗酒”。[1]这里有幸地保存了他的两封信，使我们多了一份了解他的资料。因馆藏有张祥河的字画“岳阳晚眺图”，在上一期的《镇海楼论稿》中，笔者发表了拙文《眼底风云意，笔下忧国情——“岳阳晚眺图”解读》，第十五版自然引起笔者的注意，把它们互相对照不难发现，“岳阳晚眺图”中的忧国之情是这封信的延续，此信揭示了鸦片战争初期，统治集团当中正直官员的爱国情怀，他们担心国家安危，但却无法力挽狂澜，唯有在字里行间表露真实的思想感情，现再次解读他们笔下的忧国之情。

一

第十五版的信中写道：“……弟楚北事竣，乃蒙恩留抚湖南，文字生活，忽理案牍，甚为惶恐，可想而知。兼之军书络绎，筹画不易，又与粤省毗连，尤为深念。而督、抚两处，并无一俟□来，但叠奉廷寄催促发兵。昨得旨有攻沙角之事，可恨已极，究竟不知羊城如何？若稍不足制其命，则烟匪蜂起，何以御之？弟生平过虑，然恐事终不妙。林（林则徐）邓（邓廷桢）不知又作何计？恐仓卒中未能详细指示我。兹派委员张嘉谟前往羊城，暗中探听，即属其到尊处借榻数日，望将现在情形一一语之，不必久留，以省盼望。或伊缺资谷，乞即贷付。乐昌、郴州相去甚近，弟初到时以为广东事宜防制耳，殊不然今日情形久在弟意中，而诸公都不知，一到急时又当束手，唯唤奈何而已。子鹤但知承旨，都不知外间事，况他人乎？弟弃农部之腴

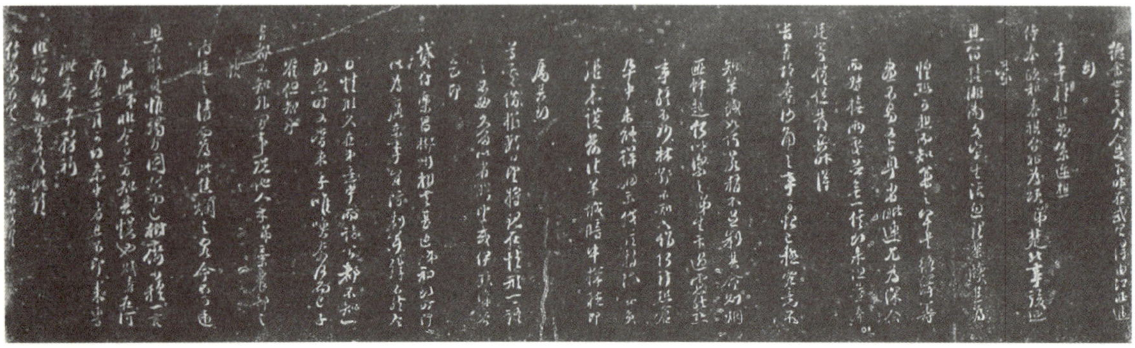

内廷之清，而为此焦烂之客，命不可违，恩不敢负，惟竭力图报而已。树斋（黄爵滋）、少穆（林则徐）一言至此，弟非今日方知其愕也。贱眷在河南者二月可到……"

信中虽无落款日期，但从提到的"攻陷沙角之事"、林则徐、邓廷桢、黄爵滋、"催促发兵"、"贱眷在河南者二月可到"等字句分析，应写于1841年初。此时，在湖北办完事停留于湖南的张祥河，在处理公务中，连接朝廷催促发兵到广东的指示，又得知沙角炮台被攻陷的消息，深感事态严重，因广州是前沿阵地，湖南紧靠广东，更加挂念。在通讯不如今天这么发达的当时，忧心忡忡的张祥河关心时局的发展，派人送信到广州与潘仕成联系，急于打听沙角炮台失陷后广州的情况，很想知道林则徐、邓廷桢有何应对的措施，希望潘仕成能详细告之，同时在信中流露出焦虑、无奈的心情和对黄爵滋、林则徐的一些误解。

1841年的上半年，中国近代史上很多事件都发生在以广州为中心的珠江沿岸和出海水域。

战争初期，因战事紧急，兵不足用，在大角沙角之役打响之前，道光帝命湖南、贵州、四川调兵前往广州，其中湖广总督裕泰等遵旨从湖南调兵一千支援；1月27日当沙角、大角炮台失守的消息传到京城，道光帝感到失尽"天朝皇威"，马上下令宣战，再从各省抽出部分兵力到广州和英军作战，其中，湖南于1月31日发兵五百，[2]所以，这封从湖南带来的信中有"叠奉廷寄催促发兵"之句。

虎门是广州滨海要塞，虎门的第一道防线是大角、沙角炮台，第二道防线有威远、靖远、镇远等炮台，第三道防线是大虎山炮台。1841年1月7日，侵华英舰向沙角炮台开炮，炮台守军在陈连昇父子的带领下英勇还击，使得英军不能靠近，遂由汉奸带路，绕过炮台从后山登陆，包围炮台，从高处向炮台射击。原先林则徐和关天培在沙角设守军两千人，挖掘战壕添置大炮，后山也有把守的官军，但被琦善裁撤，致使后防空虚，只留六百官兵守炮台。我军守将在前后受敌，没有援兵，弹尽粮绝的情况下，英勇抗敌殉国。陈连昇父子为国献身的壮举受到人们广泛的赞誉，陈连昇生前的座骑黄骠马被掠至香港，侵略者"饲之不食，近则蹄击，跨则堕摇"、"刀砍不从"、"以至忍饿骨立"，绝食而死。这匹忠于主人的烈马被广为传播，成为忠于国家的象征，人们把它的故事刻成"节马图"石刻，用以教育后人。[3]攻打大角炮台的英舰击中炮台火药库，摧毁防御工事，几百名士兵登陆后，从后山向前山进攻，与英舰前后夹击炮台，守将黎志安负伤，眼见敌人来势汹汹，命令把大炮推入水中，弃台突围，半天之内沙角、大角炮台被攻陷。

"昨得旨有攻沙角之事，可恨已极，究竟不知羊城如何？"沙角、大角炮台失守后广州的形势一天比一天危急，英军继续迫使琦善接受英方提出的占据沙角、开放口岸、不许对英军作备战行动等条件。害怕战事扩大的琦善在莲花山上宴请英军，继续谈判。2月26日，英军攻陷虎门第二道防线，关天培等四百名将士壮烈殉国。琦善的投降政策使很多官兵丧失了战斗意志，第三道防线的守军不战而溃，英军长驱直入，趁势打到广州城郊。广州城"铺尽罢市，家尽闭户，城箱内外，迁徙搬运，道路填塞，担夫索重赏，船户获厚利，街衢里巷，各设壮勇防守，画号之声连宵达旦"。[4]广州近郊乌涌（现名文冲）是守卫广州的前哨关卡，乌涌河东通虎门接大海，西接黄埔港直达广州，派驻乌涌的有湖南署提督祥福的九百名湖南兵、梧州协副将周坊的三百梧州协兵、加上广东兵七百人。由于祥福2月22日到达，修筑被裁撤的工事，还未就绪，2月27日，英军向炮台开炮，在不利的条件下清兵且战且退，祥福"率众敌忾，忠贞大节"。[5]英军攻陷乌涌炮台，占领瀼州炮台。3月18日英军一路扑向广州城，击破了东、西、西安、西固、海珠各个护城炮台，占领商馆，广州暴露在英舰的炮火下，英舰向城内开放飞炮、火箭数十，"省城震恐，城内外男女四散逃生，漫山遍野，是夜霖雨，道路无所凄止，死伤散失，不可胜数，数百年来，生民涂炭，莫此为胜"[6]。5月25日英军占领了广州城北的制高点，兵临城下，清军一万多人全部退到城内，慌成一团，士兵撬门而入民间空舍，三五成群，夹杂散处，将领不知手下的确切住址，遇有号召，摇动小旗沿街呼唤，败兵互相殴斗，全无纪律，城内一片混乱。英军在四方炮台居高临下炮轰广州城，城内房屋被炸起火，延烧数小时，又在城外烧杀抢掠，四郊一片大火，烧毁房屋无数，广州岌岌可危。5月27日被吓破胆的投降派出城签订《广州和约》，清军撤出广州城，赔偿英军"赎城费"六百万元。与只会投降的腐败官员不同，英国的侵略行径早已激起人民的怒火，三元里人民进行了英勇的抗英斗争，大长人民的志气，大灭侵略者的威风，写下了近代中国人民民族斗争光辉的一页。

对于鸦片烟贩，张祥河在信中提到："若稍不足制其命，则烟匪蜂起，何以御之"显然，张祥河没有处于斗争前沿的林则徐、邓廷桢那样清醒，还未认识到很多英国的大烟贩已不再是商人，而是侵略者。很多鸦片烟贩通过罪恶的鸦片贸易发了横财，有的当上了"议员"，有的得到了"爵士"头衔，风闻林则徐要到广州查办烟案后，纷纷远避风头，携带收集到的中国军事情报逃回伦敦，与英国工商界打成一片，制造反华谣言，要求英国政府出兵，发动侵华战争，用武力从中国勒索赔款，弥补损失，并拟好须准备的战船和士兵的数量等方案。以后英国发动战争的策略，提出五口通商，赔偿烟价等，多按这些计划进行。身为英国商务监督的义律，实际上是维护鸦片烟贩利益的政治代表，阴谋地借林则徐处理不法鸦片烟贩的问题，扩大成中、英冲突，为日后发动侵略战争制造借口。虎门销烟时，他以英国女王和政府的名义唆使英、美烟贩交出各自掌管的鸦片，声称烟价由英国政府偿付，使鸦片纠纷成为两国政府之间的问题，还庇护被缉拿的烟贩颠地连夜潜逃，幸被我方饬拿。种种迹象表明英国政府是公然支持非法的私贩鸦片。沙角失守后，琦善准许英军在香港岛或尖沙咀一处"寄寓"，以换回沙角，义律却单方面发表公告，狡称琦善同意把香港岛和港口割让给英国，为了造成事实，1月21日，在没有任何条约根据的情况下，义律令在大角、沙角的英船开往香港，1月26日英军迫不及待地侵入香港，琦善默认英军占领香港的事实，从尖沙嘴撤出中国守军。战争初期，义律是英方在中国方面的总司令。就是这个侵略华急先锋，英政府还嫌他进攻中国的态度不够强硬，1841年4月把他调到美洲，另换他人。由于清朝政府采用"抚"的策略，不但没有抗御这些猖獗的烟贩的办法，甚至连香港也丢失了，处处被动挨打求和。继琦善之后的湖南提督杨芳用妇女便盆、纸扎草人之类的迷信方法抗英，荒唐怪诞，又以棉絮浸泡桐油放在筏上顺水贴烧英舰，结果一触即败，省河两岸的防守据点全部丧失，他不顾清政府禁止与英通商的严令，乞求停战，按英方的要求，签订了《停战贸易协定》，在英舰的保护下，鸦片走私船云集黄埔，广东水师虽说负有缉私之责，但闻英胆颤，无心查禁鸦片，鸦片又在横流。

张祥河在信中提到："林（林则徐）邓（邓廷桢）不知又作何计？"此时林则徐、邓廷桢已被革职，仍留在羊城，听候查问，在这种情况下，他们纵有良计，亦难以实施。当大角、沙角炮台失守的噩耗传来，林则徐难以坐视，担心大角、沙角失守会直接影响到广州城的安危，和邓廷桢各人写好一份禀，派人送到琦善的督署，请求面商，琦善忙于求和，答复"无话商量"[7]。当知道关天培派人请求琦善增兵虎门第二道防线，琦善只答应"密添二百"时[8]，林则徐痛斥琦善"倒行逆施，懈军心，颓士气，壮贼胆，蔑国威，此次大败，皆伊所卖"[9]。林则徐、邓廷桢被道光帝复命协理夷务后，积极协助广东巡抚怡良筹防，提出布防和发动群众保卫广州的计划，为广东防务贡献力量。林则徐又组织爱国官绅与琦善的求和作斗争。当琦善私让香港消息传出后，为维护领土的完整，怡良向清廷揭发，林则徐也把实情告诉爱国粤绅梁廷枏，发动绅民抗争，集会要求当局驱逐占领香港的英军；东莞士绅邓淳也召开大会，联名上书，还向琦善请愿，要求发兵抵制。琦善言压诸绅，诸君与之辩论；香港绅民联名控诸抚院，要求巡抚怡良揭发琦善的卖国行为。知道真相后道光帝把琦善革职押京。这是英军侵港后的第一次反占领、反割让的斗争，充分表现出林则徐与投降派斗争的精神。

当杨芳用"压胜具"御敌时，无兵无权的林则徐并未消极观望，他"在南岸福潮会馆议募泉、漳乡勇，督催壮勇，共五百六十人，即在永清门内之东西列队"[10]，准备和侵略者决一死战，与广州共存亡。

奕山到任时，英军已云集省河。林则徐根据自己与英人交涉过程中的经验和认识，建议奕山摆脱被动局面，把守要道，整顿水师，装备器械，探悉敌情，发动民众，主动出击。但奕山不理睬，反而诬蔑反抗的民众是无赖之徒，提出防民甚于防寇，放纵兵杀民，摧残抗英力量，为英军侵略扫清道路。又把战争视为儿戏，在未做好充分的战前准备，幻想一战幸胜，邀功请赏，于5月21晚在白天鹅水域盲目出击，遭英军猛烈反攻，包围广州城，被迫签订《广州和约》。此时林则徐已离开这个书写他个人历史最辉煌的地方——广州，被派去浙江协助防务工作。

信中写道"一到急时又当束手，唯唤奈何而已。"林则徐是坚决的禁烟主战派，被撤职前，林则徐、邓廷桢对鸦片烟贩有所防范，在军事上也采取一些战备措施，堵截鸦片走私和防止英舰、武装商船的挑衅，在虎门外海面设置木排铁链横截水路要道，又购西洋大炮，添置炮台、大炮，招募渔民、蛋户训练，令水陆官军加强操练。沿着广州的乌涌河岸兴建了类似长城的土墙壁垒，在乌涌南岸筑"土炮台"，预防"虎门有失，为第二重防御计也"[11]。林则徐防御广东沿海的措施，连张祥河也认为可以御敌，"弟初到时以为广东事宜防制耳"。但琦善面对武装到牙齿的侵略者，不是积极备战，而是把希望寄托在与英军讨价还价的谈判上，一反林则徐所为，不顾国家安全、民族利益，裁减水师三份之二，遣散所募舵工、水勇，撤除珠江各处水底暗桩，听任英军派小艇测探内河水道，以为这样就"可得夷欢心"[12]。清军装备本来就落后，还要裁撤战备设施，缺乏与敌对抗的资本，杨芳、奕山之流继承琦善的"事业"，畏敌如虎，军心涣散，当与英军接火，何止是"一到急时又当束手"那么简单，而是以失败告终，虽有部分爱国官兵和广大群众拼死抵抗，无奈大势已去，无力回天。真是令人扼腕长叹，唯叹奈何。

英国进行可耻的鸦片走私贸易，中国严厉禁烟完全是正当的，对于战争的爆发，张祥河也和很多封建官吏一样，没有看清战争的实质，埋怨是林则徐、黄爵滋"一言至此"，也预料到"一言至此"后的恶果。其实这场战争是不可避免的，当时英国发生了资产阶级生产过剩的危机，急于寻找新的市场，中国成了他们的目标之一，就算没有林则徐、黄爵滋的禁烟运动，英国也会找另一种借口迟早发动侵略战争。

对于一直以来英国侵略者不达目的绝不停战，道光帝举棋不定的局面，张祥河看在眼里，"恐事终不妙"，果然不出所料，沙角失守，战争升级，"殊不然今日情形久在弟意中，而诸公都不知"，可能平时同僚间很多人不愿公开交流对此看法，所以他以为别人没预料到今天的结果，只有他才意料到，同时又隐约流露出对道光帝的采取"抚"的政策不满，唯有私下与潘仕成诉说。他又不敢得罪皇帝，在"命不可违，恩不敢负"的封建忠君思想影响下，唯有跟着皇帝的风向标"竭力图报"，宁愿放弃厚禄清闲的官位，也要实实在在地为皇帝做个"焦烂之客"。同样是忠君，在皇权至上的社会中，林则徐超出了狭隘的范围，他置个人荣禄祸福于度外，宁愿遭受诽谤、撤职，也不放弃反侵略的斗争。对道光帝的指责，林则徐委婉地据理力争，多次上书，为筹办海防出谋划策，可惜都被一一驳回。在投降派对侵略者屈服退让，不惜牺牲国家的主权和领土换取暂时苟安的逆境中，林则徐始终以国家民族的利益为重，没有因遭受打击诽谤而放松筹防工作和对投降派的斗争，甚至做好被诬蔑至死的准备：到时写信给督察院，即使被至之死地，也要说个明白，让后世有记载。[13]

此信是张祥河真情实感的写照，在中国沦入半封建半殖民地社会之初，民族矛盾上升，仇恨、无奈、屈辱、希望……，种种情感交织在一起，张祥河的民族感情油然而生。"昨得旨有攻沙角之事，可恨已极。"一个"恨"字凝聚着张祥河鲜明的爱憎，对付猖狂的烟贩，他希望用强有力的手段"制其命"，断绝鸦片在中国的市场。但受历史的局限，在面临资本主义侵略的新问题上，缺乏对侵略者本质的认识，以为是林则徐禁烟言行挑起战争，即使道光帝采用"抚"的策略，也要竭力图报，隐藏着无奈的心情。张祥河代表了当时一批封建官僚的倾向，他们心情矛盾，担忧国家安危，又怕受到打击排挤罢官，明哲保身，战事受到挫折时唯有长叹，屈辱于人，不像林则徐那样坚决勇敢，把清朝统治和国家存亡统一起来，在民族危机的形势下，顺应人民反对侵略的潮流，以维护清朝统治、国家生存和民族利益为前提，不失民族气节，忠君不媚外，与侵略者斗争到底。

二

十五年过后，即 1856 年年底，贪得无厌的侵略者不满足已得到的利益，发动第二次鸦片战争。英军打击的第一个目标是广州。十月，英军突入省河，占领沿江炮台，连续十多天内炮击广州城，企图占领广州，城内外民众死伤极多，民居被轰毁无数，投降派不抵抗，部分爱国官兵和广大群众奋起反抗，形成拉锯战。29 日英军攻破城墙缺口，一度攻入内城，纵火焚烧靖海门、油栏门以及督署附近的大批民房，抢劫总督衙门，清朝官吏东躲西藏，因英军没有实力占领广州，当晚被迫撤出广州；12 月初再度攻城，东莞乡勇极力堵御二时之久，伤毙敌兵数十名，英军撤回；12 月中旬，广州乡勇烧毁十三行，拔掉侵略者在陆上的据点，迫使他们全部逃回船上。侵略者强占广州的贪欲未能实现，暂时退居，等待援军，伺机再次发动大规模的进攻。

面对连年的战争、国无宁日的局面，好酒善诗画的张祥河渴望社会安定祥和，十分向往天水茫茫、草肥鱼美、渔民捕鱼忙的丰收景象，借洞庭湖安适宁静的湖光山色，再次抒发他期望

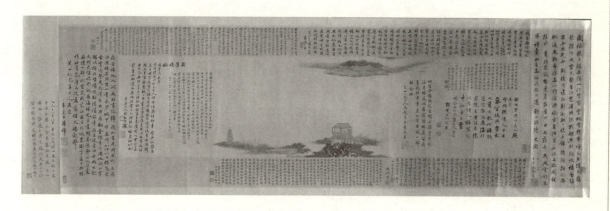

国事安宁的忧国情怀，绘了"岳阳晚眺图"。这是一幅款题很多的图画，令人眼花缭乱。款题是中国传统画的组成部分，款即款识，包括作者和授受人的姓名、别号、称谓、写作时间等；题即题词，包括作品名称、诗词、记事等。在完成作品后或装裱后，通常有作者或亲朋好友题字在画心或裱的位置上，字里行间有叙述书画的创作过程，有对书画的赞赏，有借景抒情，有考证作者的生平传略，有研讨作者的流派风格等。款题承载了与图画戚戚相关的信息，把画作构成一个有机的整体，使人们加深对图画的认识。在书画鉴定中，款题是辅助的依据。这幅画的款题是借景抒情的居多，在画心的左边有张祥河的题字："大鸿胪笑山（即王发桂）仁兄大偕张惕斋侍御，奉命典试岭南，是年因军务甫定，补行乡试使，旋取道巴陵，望岳阳楼，振衣长啸，极凭眺之乐。曩余曾两度遣发洞庭，炎夏待西北风，舟行三百里，一时称快，兹写长卷，觉楚天云水苍□茫，青草湖边白鱼歧畔，常令人神往，银鳊举纲，时也。法华山人张祥河识"，最后盖方形朱文章"诗龄"、"法华山人"。

　　王发桂（？~1870年），直隶（今河北）清苑人，字小山、笑山。道光十六年（1836年）进士，授礼部主事、充军机章京、鸿胪侍卿，1853年任御史，1858年上书保荐李续宾、左宗棠等，弹劾两广总督黄宗汉、广东巡抚柏贵，因以柏贵为首的广东政府已成为侵略者的傀儡政权。1856年底，王发桂与张惕斋奉命来广州主持三年一度的乡试，事毕北上，途径洞庭湖，凭眺岳阳楼。此画完成后的第五年，王发桂请李文田题词，字写在下方裱的位置上："岳阳晚眺图者，吾师小山（即王发桂）先生纪游之所制也，先生以咸丰丙辰（1856年）主试吾粤比试，事讫，而夷匪扰粤省，今复不可问矣。此图作于丙辰岁末，今阅五载，先生出此图以命，文田因披卷省识，重为感叹……。"

　　关于此图的作者，在《镇海楼论稿》（一）中，笔者根据李文田的"吾师小山先生纪游之所制也"之句，和所有款题都是写给王发桂的现象，误认为是王发桂。两年前，经广东省文物鉴定站单晓英、李遇春老师鉴定，认为是张祥河绘图，王发桂拥有。据他们分析，张祥河题词中的"岳阳"与画面标题"岳阳"的字迹一样，款题的墨汁又与绘图的墨汁相近，在画心中，张祥河印章的颜色与其他款题者的颜色属同一时期，也就是说，张祥河的画作与款题是同步的。一般而言，相隔的时间越后，越没机会题在画心上，张祥河的款题应早于李文田。虽然没有落款时间，但李文田的款题有明确的作画时间，因而可确定这幅画的创作时间。同时指出，"吾师小山先生纪游之所制也"的"制"字，可解释为绘图或装裱成卷等，容易混淆人的视线，造成误会，要把两篇款题和图画对照分析，方知作者是谁。中肯之言纠正了我的错误，在此特表感谢！

注释：

[1] 《清史稿·列传》卷第二百八十，北京：中华书局，1977 年 7 月，页 12162。

[2] 茅海建《天朝的崩溃》，北京：三联书店，1995 年 4 月，页 82~83。

[3] 此石刻现是广州博物馆的一级藏品。

[4] 中国近代史资料丛刊《鸦片战争·〈广东军务记〉》第三册，神州国光社，1954 年 10 月，页 30。

[5] 广州博物馆碑廊石刻《增建祥镇军祠置祀田碑记》。

[6] 中国近代史资料丛刊《鸦片战争·〈英夷入粤记略〉》第三册，神州国光社，1954 年 10 月，页 5。

[7] 中国近代史资料丛刊《鸦片战争·〈林少穆先生家信摘录〉》第二册，神州国光社，1954 年 10 月，页 564。

[8] 中国近代史资料丛刊《鸦片战争·〈林少穆先生家信摘录〉》第二册，神州国光社，1954 年 10 月，页 564。

[9] 中国近代史资料丛刊《鸦片战争·〈林少穆先生家信摘录〉》第二册，神州国光社，1954 年 10 月，页 565。

[10] 中国近代史资料丛刊《鸦片战争·〈林则徐日记〉》第二册，神州国光社，1954 年 10 月，页 63。

[11] 中国近代史资料丛刊《鸦片战争·梁廷枏〈夷氛闻记〉》第六册，神州国光社，1954 年 10 月，页 32。

[12] 中国近代史资料丛刊：《鸦片战争·〈夷艘入寇记〉》第六册，神州国光社，1954 年 10 月，页 114。

[13] 中国近代史资料丛刊《鸦片战争·〈林少穆先生家信摘录〉》第二册，神州国光社，1954 年 10 月，页 565。

（作者单位：广州博物馆）

晚清广州"潮州八邑会馆"碑文考释

程存洁

现坐落在广州长堤真光中学内的潮州八邑会馆，创建于清光绪二年（1876 年），其后座和前座分别在 1954 年和 1964 年被改建为校舍；会馆头门前的一对石狮，也被移置广州起义烈士陵园东门侧[1]。1912 年 5 月上旬，潮州旅省同乡会举行的孙中山先生欢迎会就是在潮州八邑会馆举行。孙中山先生在欢迎会上发表了重要演说，提出："惟鄙人今日对于我潮州诸父老昆弟深有希望者，即能有责任心，而不可生倚赖性。人人对于国家社会，当视为我个人与组织而成。凡国家社会之事，即我分内事。有时凡有益于国家社会之事，即牺牲一己之利益，为之而不惜，然后国家社会乃能日臻于进步。"[2]长期以来，有关广州潮州八邑会馆的创建时间、会馆的范围、建筑布局和构造等问题均含糊不清，本文对此试作探究。此外，有关清代广州会馆的发展情况，本文亦作粗略介绍。

一、碑文录文

2005 年下半年，广州市文物管理委员会向广州博物馆调拨了一批石碑，其中，有两块是反映广州潮州八邑会馆创建历史的碑文，一块是反映潮州八邑会馆全景分布线刻图——"潮州八邑会馆天盘全图"青石碑，另一块是"创建潮州八邑会馆捐赀姓字芳名"青石碑。这两块碑文为人们了解广州潮州八邑会馆的范围、建筑布局和结构等提供了重要的历史依据，至为重要。

第一块碑文为"创建潮州八邑会馆捐赀姓字芳名"。碑高 185 厘米，宽 77 厘米。碑文内容如下（图一）：

弈世流芳

创建潮州□邑会馆捐赀姓字芳名/

林音利号捐二川银壹百元　新荣源号捐二川银壹百元　陈义和行捐二川银壹百元　沈义合行捐二川银壹百元　萧成美行捐二〇银壹百元/李远声捐二川银壹百元　锦源号捐二川银壹百元　郑育德堂捐二川银壹百元　陈利和行捐二川银壹百元　郑瑞兴号捐二〇银壹百元/沈圣举捐二川银壹百元　怡盛丰捐二川银壹百元　郑光裕堂捐二川银壹百元　吴敬合行捐二川银壹百元　郑启记号捐二〇银壹百元/陈文丑捐二川银壹百元　郑逊斋捐二川银壹百元　郑丰泰号捐二川银壹百元　沈义发行捐二川银壹百元　李年丰捐二〇银壹百元/黄仪祥捐二川银壹百元　陈源兴号捐二川银壹百元　郑耀合当捐二川银壹百元　李广顺行捐二川银壹百元　吴同丰行捐二〇银壹百元/黄礼仁捐二川银壹百元　王和记行捐二川银壹百元　郑锦盛号捐二川银壹百元　黄成发行捐二川银壹百元　李兴盛利捐二〇银壹百元/吴信美号捐二川银壹百元　陈开合号捐二川银壹百元

萧顺利号捐二‖银壹百元　萃春行捐二‖银壹百元　李顺胜行捐二〇银壹百元/许锦昌号捐二‖银壹百元　陈富珍号捐二‖银壹百元　连泰丰号捐二‖银壹百元　恒裕行捐二‖银壹百元　陈两合行捐二〇银壹百元/林琴利号捐二‖银壹百元　陈道生堂捐二‖银壹百元　朱都巡捐二‖银壹百元　翁定合号捐二〇银壹百元　陈学利号捐二〇银壹百元/池长兴号捐二‖银壹百元　永万成栈捐二‖银壹百元　许顺源捐二‖银壹百元　李朝金捐二〇银壹百元　萧通泉行捐二〇银壹百元/林敬余堂捐二‖银壹百元　黄和合号捐二‖银壹百元　林舜山捐二‖银壹百元　黄昇合号捐二〇银壹百元　林振兴顺捐二〇银壹百元/李少溪捐二‖银壹百元　许成茂号捐二‖银壹百元　姚隆顺捐二‖银壹百元　陈仁泰号捐二〇银壹百元　李乾兴号捐二〇银壹百元/陈书合捐二‖银壹百元　蔡顺源号捐二〇银壹百元　陈协成捐二‖银壹百元　罗雍素捐二〇银壹百元　萧永德隆捐二〇银壹百元/林英俊捐二‖银壹百元　佘振盛号捐二‖银壹百元　方孟伸捐二‖银壹百元　林占发捐二〇银壹百元　洪成合号捐二‖银壹百元/许广发行捐二‖银壹百元　张壬发号捐二‖银壹百元　方华阳捐二‖银壹百元　黄时显捐二〇银壹百元　姚协丰行捐二〇银壹百元/周祥发号捐二‖银壹百元　黄坤丰号捐二‖银壹百元　方宣教捐二‖银壹百元　集和号捐二〇银壹百元　杨广裕源捐二〇银壹百元/许万记号捐二‖银壹百元　刘良合号捐二‖银壹百元　林肇基捐二‖银壹百元　和合号捐二〇银壹百元　陈广裕源捐二〇银壹百元/纪万记号捐二‖银壹百元　林两合号捐二‖银壹百元　陈顺丰行捐二‖银壹百元　林永思堂捐二‖银壹百元　黄广裕源捐二〇银壹百元/永顺隆号捐二‖银壹百元　吴潮利号捐二‖银壹百元　以上玖拾贰号共捐实银陆仟伍百陆拾五两正/

　　光绪二年岁次丙子春三月吉日勒石/

　　据碑文记载，广州潮洲八邑会馆创建于光绪二年（1876 年），在这次创建中，共有 92 家商行、堂号和个人捐实银 6565 两正。这里值得注意的是，92 家商行、堂号和个人当中，每一位所捐银数均为二‖或二〇银壹百元，表明大家的地位是平等的。承蒙香港中文大学历史系丁新豹博士厚爱，将他收集到的 1948 年 11 月 12 日印行《潮洲八邑会馆聚和堂产业整理报告书》拍成照片惠赠于我。这份《报告书》共有 19 页，另有封面 1 页，内容包括六个部分：弁言、整理概述、处理委员会工作报告、整理结果、"潮洲八邑会馆聚和堂管有：河南福潮庙前原有铺屋及空地被拆为鱼市场旧址略图"和省港双方协定原文。在詹朝阳撰写的《弁言》里记载道："有清末叶乡先达方军门照轩先生等于广州市倡建潮州八邑会馆，以为旅省乡人聚会之所，为维持久远增进福利计，购置尝业至多，所有铺屋田园详细管理章则，勒诸王贞珉，树之馆内，迄今七十余年，遵守弗替，诉合无间。"在《整理概述》中又记载："广州市潮洲八邑会馆为前清末叶乡先达丁中丞雨生、方军门照轩、卓军门杰士暨省港巨商所倡建者，经之营之，历时五载，始告完成，并置尝业，订立章程，以垂久远，迄今七十余年。"可知，广州潮州八邑会馆是由丁雨生、方照轩、卓杰士暨省港巨商等倡建的，修建目的是为旅省乡人聚会之所。从《弁言》《整理概述》记录的"迄今七十余年"推算，上述碑文所记广州潮洲八邑会馆创建于光绪二年（1876 年）是可信的。

　　第二块碑文为"潮州八邑会馆天盘全图"，碑高 188 厘米，宽 83.5 厘米，厚 5 厘米。碑文主体内容是为由端州（今肇庆）人马浚泉绘制线刻的潮州八邑会馆天盘图，绘刻的是潮州八邑会馆平面示意图，同时碑文的右上角刻有 6 行文字及标题 1 行，详细地介绍了会馆的方位（图二）。

潮州八邑会馆天盘全图

本会馆坐壬向丙，兼子午三分，缝针丁亥丁巳，坐危宿十一／度，中向张宿十三度，末后进天井放乙□，挨亢宿六七度，／直流出二进前檐过堂，然后会归于□位。二进天井放庚／水，挨毕宿七八度，由庚位再转过左旋，然后会归于巽位，／首进天堂放坤水，挨井宿五六度，由后檐水出到头门外，右／旋过堂，然后会归坤位，入海。端州马浚泉绘刻。／

虽然该块碑文没有写明绘刻的具体时间，但从第一块碑文刻写时间，我们可以推测应为同一时间即光绪二年（1876 年）刻石。从上面的论述中我们可以判断传统说法"潮州八邑会馆始建于同治十三年（1874）"[3] 有误。

从前引《天盘全图》可以看出，会馆背靠清代广州城新城墙，面向珠江；珠江南岸为河南，沿江边建有房屋，以榕树相间。会馆东南角、珠江上为海珠岛，岛上种满榕树，建有海珠炮台及房屋，还绘刻有一艘汽艇正在炮台前经过。这些为我们了解当年海珠炮台的形制提供了生动形象的图像资料。

从《天盘全图》还可了解会馆的总体构造。会馆布局几为长方形，以中轴线上的建筑为主体建筑，进深三进。中轴线上的建筑，从南往北分别是：珠江北岸边三座四柱冲天式牌坊、头门、拜亭、天后殿、戏台及南珠殿（二帝殿）。头门前辟有宽阔的庭院，头门面宽三间，西间为库房，东间为帐房，头门大门上刻有"潮州八邑会馆"横匾，右左两侧分别刻有一对门联："湄岛毓祥沧瀛锡福，金山敦谊珠海荐馨"。头门、天后殿为锅耳封火山墙，南珠堂为硬山顶封火山墙。从该图我们看出，现存广州真光中学内修复后的小礼堂（即天后殿）为硬山顶封火山墙的形制是不符合历史原貌的。

会馆东、西两边以厅、廊、房围合，每座单体建筑又以青云巷隔开。东边的建筑从南往北有：化（华）光庙、景橡祠、聚和堂（长生、禄位庵）、东闸、住居、房、东廊厅、东客厅及东廊，西边的建筑从南往北有：石头马头、住居、西闸、住居、房、西廊厅、小厨房、西客厅、小南厅、西廊、西办房、大厨房。会馆西边靠石公祠，即祀清康熙三十五年任广东总督石琳的祠堂。会馆里还有两口水井，位于会馆的西边和西北角，即小厨房和大厨房的北边。小厕所则设在会馆的东南角，显示当时人很懂得讲究卫生。

据历史记载，广州"每岁九月华光神诞"。[4] 华光是民间传说中的南帝，是掌管火之神，因此，忌火的戏行艺人均奉华光大帝为祖师并视作保护神，以祈福消灾。而会馆里的戏台为四角亭，坐北向南。这些为我们了解晚清广州戏台的构造及戏行艺人的祭祀活动提供了生动的图像资料。

我们在 1934 年 2 月广州市政府编辑、培英印务局印制的《广州指南》一书第五章"公共事业·会馆一览表"里看到广州长堤还有"潮州八钦（笔者按：应为当年印刷错误，应为'邑'

字）会馆"，到 1948 年 10 月天南出版社出版的《广州大观》第六编"广州的社团·会馆一览"里，依然看到广州长堤有"朝（笔者按：应为当年印刷错误，是为'潮'字）州会馆"，表明广州潮洲八邑会馆一直活动到 20 世纪 40 年代末。当我们今天重访此地时，依然能感受到当年会馆的一些历史气息：东边的华光庙道、西边的石公祠巷，均以街巷之名保存了当年的历史韵味，而石公祠巷东边的一栋栋古建筑的墙上，随处可见刻"潮州聚和堂尝业"、"潮州聚和堂墙界"等字的麻石。那么"潮州聚和堂尝业"又该如何解释？

二、"潮州聚和堂尝业"试释

在广州石公祠巷东边一栋栋古建筑的墙上，随处可见刻"潮州聚和堂尝业"、"潮州聚和堂墙界"等字的麻石。时过境迁，广州潮洲八邑会馆"潮州聚和堂尝业"却不为人所知，所幸的是，在上述 1948 年 11 月 12 日印行的《潮洲八邑会馆聚和堂产业整理报告书》中详细地记录了潮洲八邑会馆聚和堂产业整理情况和潮州聚和堂尝业的分布及出租情况。该份报告书中《整理概述》一节有如下记载：

顾自抗战军兴以后，广州沦陷，管理失常。复员后，留省同乡佥以潮州八邑会馆聚和堂产业有整理之必要，乃于民国卅五年十月间由八邑旅穗各界仕绅在会馆举行大会，推林光耀、萧锡三、罗培友、徐树屏、张竞生、黄锡雄、方棣棠为主席团，议决组织潮州八邑会馆聚和堂产业整理委员会，公选徐树屏、萧锡三、林光耀、陈玉潜、詹朝阳、方德明、张凌云、陈述经、黄荣、罗培友、柯式予、沈合群、孙家哲、方展程、黄精灵、张竞生、方剑秋、方棣棠、郑守仁、郑国智等廿一人为整理委员，并推举詹朝阳、陈述经、孙家哲、萧锡三、林光耀五同乡为常务委员，聘刘侯武、萧吉珊、方瑞麟、陈述、陈勉吾、陈绍贤、吴逸志、陈子昭、林子丰、陈庸斋、林厚德、马泽民、翁照垣、周志刚、李孔德、陈孝廉等为顾问，邝国智为律师，进行整理，而港方值理引用馆章，提出异议，停止进行。嗣经香港潮州商会会长马泽民先生等来省疏解，订立条约五项，并为加强整理起见，增加港方乾泰隆、荣丰隆、振南行、万裕发、丰昌顺、利丰亨、永丰祥、隆兴栈、振大兴、富珍斋等十一家为整理委员，连省城所推出者共三十二人，后常务委员等为迅赴事功计，乃将处理组改为处理委员会，推林光耀、罗培友为正副主任委员，黄步高、蔡义轫、黄友德为处理委员，负责进行处理。嗣林光耀先生辞职，推黄步高继之，仍积极进行。未及一月，港方值理复托邝律师于卅六年十一月十九日在广州市大光报登紧急通告，有所声明，于是省港纠纷复起，幸同乡贤达方书彪、方泽群、潘骏、郑守仁、萧锡三诸先生赴港调解，双方误会遂告冰释，于卅六年十二月十八日重新订定合作管理原则七项，双方签字后，由双方律师撤销控诉，并通知佃户依照整理委员会决定办法交租，自是以后省港双方融洽，港方并推派全权代表许观之来省共同进行。卅七年元月十八日召开整理委员会议，改组处理委员会，乃推黄步高、林任民、许观之三人为常务委员，罗培友、蔡义轫、郑守仁、许国荃、潘骏、张凌云为委员，协力进行，至本年六月底处理工作结束，并将整理结果统计列表报告整委会。在卷计自开始整理至于处理结束，费时十八阅月。

通过上述调查整理，1948年广州潮洲八邑会馆"聚和堂"有如下尝业并出租：

尝业：长堤356号，租户：昌华汽水公司；尝业：长堤352号，租户：宝华；

尝业：长堤350号，租户：七妙斋；尝业：长堤350号，租户：宝记；

尝业：长堤346号，租户：大芳；尝业：长堤346号，租户：三民学旅；

尝业：上横街1号，租户：黄芳谷；尝业：上横街2号，租户：陈良士；

尝业：石公祠直街8号，租户：叶春光；尝业：石公祠直街17号，租户：陈少棠；

尝业：义安里1号，租户：霍黄氏；尝业：义安里2号，租户：张高洁英；

尝业：义安里3号，租户：郑事源；尝业：义安里4号，租户：方国华；

尝业：义安里5号，租户：何苏；尝业：义安里6号，租户：汤南；

尝业：义安里7号，租户：周炳；尝业：义安里8号，租户：张华生；

尝业：义安里9号，租户：沈杨氏；尝业：义安里10号，租户：潘盛之；

尝业：义安里11号，租户：刘泽；尝业：义安里12号，租户：胡珠；

尝业：义安里13号，租户：陈柏林；尝业：义安里14号，租户：何德；

尝业：义安里15号，租户：欧阳略；尝业：义安里16号，租户：黄章；

尝业：义安祠道1号，租户：周修仁；尝业：义安祠道2号，租户：张嫣养；

尝业：义安祠道3号，租户：杨维汉；尝业：义安祠道4号，租户：赵昌；

尝业：义安祠道6号，租户：周永裕；尝业：义安祠道8号，租户：张昌福；

尝业：义安祠道10号，租户：刘六；尝业：盐亭西街11号，租户：朱寿屏；

尝业：盐亭西街15号，租户：永隆兴；尝业：盐亭西街19号，租户：益泰隆；

尝业：盐亭西街22号，租户：广济安；尝业：水月宫后街，租户：蔡锦记；

尝业：迎珠街44号，租户：伍海记；尝业：濠畔街386号，租户：孔金芳；

尝业：濠畔街388号，租户：温蔚；尝业：大德路429号，租户：伦启煜；

尝业：同号后进，租户：黄孔初；尝业：河南霖田庙二号，租户：赵金；

尝业：佛山庆宁路5号，租户：准绳公司；尝业：佛山庆宁路7号，租户：余礼平；

尝业：佛山庆宁路9号，租户：梁聪；

尝业：大东门外金鸡塘（计菜地3.3亩及鱼池一口约9分），租户：黄卿；

尝业：沙河清水塘八邑义山（全山面积267亩，耕地约27亩），租户：丁顺金；

尝业：河南南华东路鱼市场（原有房共廿五间及空地一片，现拆改建为鱼市场，正待交涉领回中）。

可以想像，当年广州潮州八邑会馆的规模比较大，其尝业比较多。

三、清代以来广州会馆发展情况

自明清以来，广州社会经济得到了长足的发展，尤其是 1757 年清政府规定广州为全国唯一通商口岸以来，广州的经济更是进入了封建时代的繁荣鼎盛时期，前来广州做生意和从事各种行业的外地人日益增多，与此同时，以地域和行业为主的各类会馆应运而生，会馆的数量不断增加。如 1934 年 2 月广州市政府编辑、培英印务局印制的《广州指南》一书第五章"公共事业·会馆一览表"记载，当年的广州共有 18 家会馆，如有：

全粤武溪书院董事会（惠福路）、钦廉会馆（南关二马路）、湄州会馆（下九甫）、云南会馆（大新街元锡巷）、肇庆会馆（南关大马路）、杭嘉湖会馆（德宣街粤秀街）、金陵会馆（濠畔街）、福属会馆（大塘街六七号）、樟州会馆（晏公街）、潮州八钦会馆（长堤）、惠州会馆（粤秀南路）、云浮会馆（七株路）、新安会馆（濠畔街）、四川会馆（清水濠）、西湖会馆（清水濠）、嘉属会馆（五仙门外）、宁波会馆（桨栏街）、增城会馆（景庆街三号）

到 1948 年 10 月，根据天南出版社出版的廖淑伦主编《广州大观》第六编"广州的社团·会馆一览"里记载，广州的会馆数上升到 24 家，她们是：

云南会馆（一德路）、四川会馆（清水濠）、湖南会馆（海珠南路）、广西会馆（大德西路）、四湖会馆（清水濠）、福建会馆（三府前）、江西会馆（卖麻街一〇〇号）、杭嘉湖会馆（粤秀街）、宁波会馆（桨栏路一一〇号）、金陵会馆（濠畔街）、上杭会馆（第八甫水脚）、朝州会馆（长堤爱群侧）、罗阳会馆（南堤七六号）、惠州会馆（越秀南路）、高州会馆（万福路一五四号）、樟州会馆（晏公街）、湄州会馆（下九路）、钦廉会馆（南堤二马路）、鹤山会馆（上九路）、云浮会馆（七株榕四号）、四会会馆（十六甫东街二号）、和平会馆（珠光路和平桥）、增城会馆（景庆街三号）、新安会馆（濠畔街）。

这些会馆主要是分布在广州城南靠近珠江边。由于清代以来广州的货物运输主要是走水路，交通工具主要是轮船，因而广州的会馆主要是设在商业繁荣的广州城南靠近珠江边一带。

从前引"潮州八邑会馆天盘全图"来看，会馆里的设施十分齐全，俨然一个大家庭，这里既备有日常生活所需的厨房、客房、卫生间等设施，又备有供娱乐祭祀等用的戏台、华光庙、景橡祠、聚和堂（长生、禄位庵）等场所。因资料匮乏，我们无法清楚广州"潮州八邑会馆"建立初期的运作情况及其功能，但我们从广州其它会馆的材料中可以推断出当年广州会馆的一些基本功能。首先，会馆是同行之间和身居他乡来自同一地域的人们为了联络感情的一处精神园地。比如广州的梨园会馆，据我馆所藏清乾隆五十六年（1791 年）立《重建梨园会馆碑记》记载：

自（乾隆）五十四年十月各班众等始议增建楼阁奉祀华光圣母、北斗星君，又建武帝正殿，使我等梨园同人入庙知义，羊城永聚手足之情；履殿思忠，珠海长盟腹心之谊。至五十五年四月杯卜兴工，增建楼台殿阁，画栋雕梁，神威愈肃，庙貌增辉。工料估值计费千金，非一木可能支也。公议缘首萧臣选、李云山、鲁国聘、程声远、黄联芳、程赞同持部沿签，各班众信随愿乐助，至五十六年三月告竣。

其次，会馆里有严格的管理制度，是同行同乡互助的场所，"一人有难，八方支援"。比如广州的财神会，据我馆所藏清道光三年（1823年）七月财神会众等住持僧循圣仝立《财神会碑记》记载：

天下世间，无不藉神为主。神安则人乐，人以财为生也。本会馆原有福德财神，历年已久，凡在同行，无不沾恩护福，叨庇平安。今于道光四年，焕然新之。凡各项用费，会中诸友，踊跃签题，各解悭囊，多寡不吝，共成美举，亦曰神力默助，以免后吝。神人共庆，福有攸归。是以立碑，永垂不朽。是为序。

——议但有本行朋友来粤，若搭那班，限半月上会。见十扣问，班主实问。

——议但有本行红白喜事，送花银众公议。再者，本行有年老身衰，不能做班，□议。

——议以五年为上，或归家远近不一，本会再议以为路费。

——议本会之银，以四季头人管理，倘有失误，头人是问。

——议本会之银，以照典行息，倘有私图利息，查出重罚。

——议但有人借银会，齐□友，方可借出，若无到齐，不得私借。

——议本会不得借银，倘有私借，查出重罚。

——议银府交大师管理，锁匙头人管理。

又如长庚会，据我馆藏清道光十七年（1837年）立《长庚会碑记》记载：

长庚会重整规条开列于左：

——议长庚会人接班以一年为期，如班主开发不用，其工银照一年算足。如自己未满辞班，其工银亦照一年倍还，方许搭别班，倘不遵班规，恣意妄为，邀至上公议。

——议新来场面做班者，上会底银二员，身工银一月交清，方许进班。

——议新来八音做班者，上会银四员，酒席银十元。

——议自此之后，新收徒弟上会底银二员，身工银一个月。

——议会内年老之人，实不能做班者，投会上议过确实，即帮盘费银四员。如再来做班，照新上会例。

——议倘有孤贫身故无靠者，会上帮银四员，所故之人，恐有遗下衣箱银钱杂物，无亲人可领，报知会内，众人点明登记号部，以待亲人到领。倘系孤人，即将此项交会馆主持收贮，以为挂扫香灯之费。

再次，会馆为了发展好，还积极进行筹款，或置办产业出租。如广州的福建会馆，据我馆所藏《福建会馆建置祀业碑记》记载：

一、道光十五年当官承买区姓入官铺屋一间，坐在省城油栏门外迎祥街，坐南向北，深五大进，头二三进，阔十五桁，第四进阔十三桁，第五进阔十二行，价银壹千捌佰两，给照存据，现批与昆兴号开张京菓海味店生理，每年租银壹百柒拾肆两正。/

一、道光十五年当官承买区姓入官铺屋一间，坐在省城油栏门外迎祥街，坐南向北，深二进，阔俱十一桁，价银肆百捌拾两，给照存据，现批与阜隆号开张海味店生/理，每年租银柒拾两正。/

一、道光十五年当官承买区姓入官铺屋一间，坐在省城油栏门外迎祥街，坐南向北，深一进半，阔俱十三桁，价银叁百陆拾两，给照存据，现批与恒和号开张银店生理，每年租银陆拾两正。/

一、道光二十四年买受潘昆山铺一间，坐在省城西门外第七甫中约，坐东向西，深五大进，阔一七桁，前后通街，左右以墙心为界，红白正契三纸，价银壹千贰百五十/五两，现批与二和堂开张药材店生理，每年租银壹百两正。/

一、道光二十四年买受朱赵氏铺一间，坐在省城太平门外第八甫，坐东向西，深三大进，阔十九桁，前至官街，后至墙心，左为忠兴店，右至贞昌店，俱以墙心为界，红白/正契共四纸，价银玖百两，现批与同顺号花轿店生理，每年租银柒拾两正。/

一、道光二十四年买受曾致用铺一间，坐落省城太平门外桨栏街中约，坐南向北，深二大进，阔廿一桁，前至官街，后至墙心，左至协和店，右至文和店，俱以墙心为界，/红白正契二纸，价银壹千叁百五拾两，现批与泰源号开张燕窝店生理，每年租银柒两正。/

一、道光二十五年买受吕肇基房屋一间，坐在新城内元锡巷丹桂坊尾，坐北向南，深二进半，阔十九桁，前至本会馆后门，左至罗宅墙心，右至本会馆，后至杨宅墙心/为界，红白正契三纸，价银肆百肆拾两正，此屋因侵入本会馆东北隅，故与承买以俟起盖完正。/

一、道光二十年买受李启祥铺面地一段，坐在新城内广粮厅街，坐南向北，排钱尺深三尺，阔一丈二尺三寸，价银壹百贰拾两，此铺与本会馆轿厅对门，因街道狭窄，/未便舆马往来，是以向买将铺面撤入三尺，以宽街道。/

以上柒间并地壹段，共价银陆千柒百零五两正，岁收租银伍百肆拾肆两正，后有扩充，续载于左：/

道光三十年买受何贤翰铺一间，坐在太平门内状元坊，坐南向北，深五大进，头二进，阔俱十五桁，头进二进，带小楼二座，三四进，阔俱二十七桁，第四进阔十三桁，第四进阔十三桁，第五进阔十二行，价银壹千捌/百两，给照存据，现批与昆兴号开张京菓海味店生理，每年租银壹百柒拾肆两正。/

从前引广州潮州八邑会馆"聚和堂"尝业出租情况，也可见广州潮州八邑会馆通过出租尝业来维持会馆的运转和发展。

通过对以上广州现存两方"潮州八邑会馆"碑文的考释，使我们看到广州因经济发达，吸引了全国各地和各行业的人前来广州从业，而会馆的兴建，正是他们寻找归宿、寻找帮助、人数增多的表现。会馆成为同乡同行之间互助互爱、增进友谊、化解矛盾、增强社会凝聚力的一处精神家园。

注释：

[1] 广州市文化局等编《广州文物志》，广州：广州出版社，2000年12月，页127。

[2]《孙中山全集》第二卷（1912），北京：中华书局，1982年7月，页361~362。

[3] 广州市文化局等编《广州文物志》，广州：广州出版社，2000年12月，页127。

[4] 黄佛颐撰，钟文点校《广州城坊志》，广州：暨南大学出版社，1994年12月，页113。

（本课题为广州市社会科学界联合会第八次资助社会科学研究项目）

（作者单位：广州博物馆）

图一

图二

广州博物馆藏孙中山手书"志在冲天"横幅考略

李民涌

　　广州博物馆藏有孙中山手书"志在冲天"横幅（图一），然而，在查阅该藏品档案时，由于史料稀缺，藏品档案只有简单的捐赠者，捐赠时间和文物尺寸、藏品外状的记载，其他档案信息都没有录入，甚至连定为国家一级文物的理由都没有。下文就拟对该件文物的流传经过、孙中山何时何地撰写，手书的原因、手书者和接受者的关系做初步考证，并论证其文物价值，同时对档案记载的捐赠者和捐赠时间提出笔者的理解，以期弥补该文物藏品档案的不足。

　　孙中山手书"志在冲天"横幅，纵46厘米，横143厘米，宣纸。孙中山题书"志在冲天"，上款为"仙逸飞行家属"，楷书，落款"孙文"，并钤"孙文"印章。据该文物藏品档案和《广州文物志》记载，此孙中山手书"志在冲天"横幅是1981年10月10日由杨添霭捐赠。[1]经过查阅相关档案资料可知，这件珍贵文物由杨仙逸烈士之子杨添霭（美籍华人）保存，1981年10月10日广东举行纪念辛亥革命70周年活动时，杨添霭把它捐赠给广东纪念辛亥革命70周年筹备委员会，"在充满热烈气氛的宴会上杨仙逸烈士的儿子杨添霭将珍藏几十年的孙中山先生亲笔写给他父亲的'志在冲天'匾幅，赠送给省纪念辛亥革命70周年筹委会"[2]，中共广东省委第一书记、省纪念辛亥革命70周年筹委会主任任仲夷、广东省省长刘田夫"代表省纪念辛亥革命70周年筹备委员会接受杨仙逸烈士的儿子杨添霭赠送革命文物"[3]，会后，筹委会把此文物转交给广州博物馆收藏，"10月13日，（广东）省纪念辛亥革命70周年筹委会接收华侨杨添霭先生藏孙中山手书'志在冲天'匾幅后移交我馆收藏"[4]。从博物馆藏品入藏途径来说，其文物捐赠者应是"广东省纪念辛亥革命70周年筹备委员会"，而不是"杨添霭"[5]，因为杨添霭是把该文物"赠送给省纪念辛亥革命70周年筹委会"而不是广州博物馆。其捐赠时间也应是1981年10月13日。

　　孙中山何时何地撰写此横幅和为何撰写，由于该横幅落款没有年款和书写地，该件文物的时代背景便模糊不清，文博界对其详情更是少有提及，《广州文物志》也只是简单介绍其尺寸、

图一　孙中山手书"志在冲天"横幅

外观和"孙中山为表彰杨仙逸功绩，书此横幅相赠"[6]等简单信息，对其它相关资料也没有提及。笔者初步考证认为，此横幅应是1922年初孙中山为表彰杨仙逸赴美成功筹资购买了10架飞机并运回国内，在广州撰写和赠送给杨仙逸的。

杨仙逸是我国近代航空发展的一位重要人物，被孙中山先生誉为"革命空军之父"。1917年，杨仙逸从美国回来后，即参加第一次护法战争，任革命空军队长。护法运动失败后，他又随孙中山到上海助理军机。1919年，援闽粤军急需人才之际，孙中山更是致函杨仙逸，希望能相助发展航空队伍，"足下对于飞机学问，研究素深，务望力展所长，羽翼粤军，树功前敌。"并告"今南北和议，虽继续开会，而政局风云变更靡定，援闽粤军，关系于本党之前途者甚巨，得足下相助为理，定能日有起色也"[7]。杨仙逸随奉孙中山命令到福建漳州组建援闽粤军飞机队，任总指挥。1920年，援闽粤军回师广东后，杨仙逸深感空军急须补充飞机，在征得孙中山同意后，杨仙逸再度前往美洲动员华侨支持祖国航空建设。他说服父亲，倾尽所有家产和叔父的部分资财，购买飞机4架。由于他积极提倡捐机运动，并且躬身力行，倾家购机，各地华侨深受感动，踊跃捐赠。这次美洲之行，共募集飞机10架詹尼飞机和一批航空器材。1922年初，杨仙逸带着这批飞机返回广州。"孙中山对杨仙逸此行卓著成绩，极为称赞，亲笔题写'志在冲天'，并誉杨仙逸为'革命空军之父'"。[8]

广州是孙中山护法运动的大本营[9]和革命根据地，正如孙中山1922年8月在上海所说，"十三年以前，我们都是用广州做革命的起点，广州是革命党的发源地，是很光荣的，我们想再造民国，还要这个有光荣的地方做起点，好比做新屋一样，须选定一个好屋基，广州市就是我们创造新民国的好屋基。"[10]由此可见广州在孙中山心目中的重要地位。辛亥革命失败后，孙中山先后两次在广州建立政权，进行护法革命活动。1920年援闽粤军回师平定广州后，11月28日孙中山重返广州，以广州为基地开展革命活动，1921年5月5日，就任中华民国非常大总统，设总统府于观音山麓，在内政外交上推行三民主义，并于8月统一两广。此后，孙中山便积极准备北伐，1922年初这段时间，他主要在广州、韶关等地开展革命活动，年初，杨仙逸带着从美国筹购的飞机返回广州，从时间和地点来推测，孙中山应是在广州亲笔题写"志在冲天"并赠送给杨仙逸的。

孙中山手书"志在冲天"横幅是广州博物馆藏国家一级文物，然而由于各种原因，其藏品档案对其定级理由没有记载，笔者认为该件文物有以下文物价值：

首先，它是孙中山航空救国的实物佐证。

孙中山是中国民主革命的先行者，作为一位领导时代潮流的伟大历史人物，孙中山从抗御外敌、复兴中华的大业出发，积极倡导航空救国，发展近代军事航空，并以此作为建军和立国的重要组成部分，为之奔走呼号，苦心经营，创办航空业，培养人才，组建航空队伍。孙中山先生积数年研究心得，拟写《建国计划》一书，希望革命成功之后中国经过大规模的建设，能走上富强的道路。然而后来由于局势动荡，这个计划始终未能实施。1921年，孙中山旧念重提，在7月8日在给廖仲恺的一封长信中，谈到自己已拟定了《国防计划》这部书稿的目录，以便广泛征求意见。其中关于航空建设的就达9项，具体为：建设新的航空港；制定航空建设计划；举行全国空军攻防战术演习；向列强定制飞机，以便进行仿制；聘请外国航空教练来华，训练空军；使空军建制标准化；发展航空制造工业；训练一支立于不败之地的空军；研究列强在远东地区空军力量与中国防空的关系。这个计划里，有关航空事业的战略研究、人才培养、飞机制造、机场设施、空军建设、国家安全等一系列问题均涉及到了。在列出了纲目之后，孙中山先生还自信地说："予鉴察世界大势及本国国情，而中国欲为世界一等大强国，及免重受各国兵力侵略，则须努力实行扩张军备建设也。若国民与政府一心一德实行之，则中国富强，如反掌之易也。"[11] 可见孙中山希望利用航空救国的决心、毅力和手段。在实际工作中，孙中山也是极为重视航空建设，他亲笔题写了"航空救国"鼓励中国人设计制造飞机[12]，1923 年 8 月 10 日，孙中山"先生偕同夫人宋庆龄、顾问宋子文、秘书那文、陈友仁、副官马湘、霍恒，特派委员马伯麟、化学师黄骚由帅府乘船至广州大沙头航空局"[13] 视察，时隔几天后，8 月 17 日"再往大沙头航空局视察"[14]。而广州博物馆藏孙中山手书"志在冲天"横幅正是孙中山航空救国理念的实物佐证。

其次，它是华侨支援祖籍国、支持孙中山革命和中国近代航空艰难发展的见证物。

孙中山曾感慨的说过"华侨是革命之母"。华侨华人虽身在他乡，但心系家乡，情系祖籍国，积极支持孙中山革命，"华侨是国内武装起义的积极参与者"[15] 和"革命经费的踊跃捐输者"[16]。孙中山倡导和在广州实践的航空救国理念，绝大部分得益于华侨在经费、技术、人才、设备上的鼎力相助。1915 年 10 月 1 日，孙中山为获得华侨经济上的支持，委任吴铁城为檀香山筹饷局局长。[17] 1916 年，孙中山委任国民党驻美洲总支部部长林森培养训练国民党空军人才。杨仙逸做为一名归侨，就和当地华侨积极赞助，协助林森倡办"中国国民党空军学校"。该学校设在纽约拔夫罗市寇狄斯飞行学校内，学员有张惠长、陈庆云等 20 人，训练方式采用美国式的空军军事训练，学制一年。该批学生 1917 年毕业，领有美国航空俱乐部颁发的飞行证书。他们在美国组成了"中国国民党飞行队"，后来，在杨仙逸率领下一起回国，积极参与我国的航空建设。1920 年，杨仙逸回到檀香山，在征得他父亲同意后，动用家产招纳一班有志于航空事业的青年，送入美国航空专门学校学习飞机驾驶课程。学员共 30 人，主要有林伟成、黄光锐、杨官宇、陈卓霖、周宝衡、胡锦雄、吴顾之、李逢煊、邓亮、邓佐治、林安等，他们于 1922 年毕业后都回国追随孙中山革命。这两批学生都热心中国的航空建设，后来成为空军的栋梁。

孙中山虽然倡导"航空救国"，但由于革命政府财政支绌，这一愿望难以实现，但他积极利用海外力量，策动华侨捐资购买飞机，筹办空军。1916 年，杨仙逸受命到美国游说华侨认购飞机。1922 年杨仙逸到美洲募购飞机，华侨又积极响应，捐献了 10 架詹尼飞机和一批航空器材。

1917 年，在美国寇狄斯飞行学校毕业的首届学员张惠长、陈庆云、谭南方、吴东华、叶少毅、陈乾、李光辉等人组成了飞机队，由杨仙逸率领，携机回到广州，参加护法战争。1918 年，杨仙逸与蔡司渡、陈应权等人倡议招股成立了"图强飞机有限公司"，该公司成立时暂设在美国三藩市，目标是筹款 5 万美元，先购飞机 2 架运回中国表演，最终"使吾国军界营业界并开一新纪元"[18]。由此可见，广州博物馆藏孙中山手书"志在冲天"横幅刚好是华侨支援祖籍国、支持孙中山革命的这一系列事件的印证物。

第三，它是杨仙逸致力近代航空发展、追随孙中山革命的印证物。

　　杨仙逸原籍广东香山县（中山市）北台村，出生于美国檀香山，早年就读于纽约箶弥时大学航空科，学习飞机制造与驾驶，领有美国航空俱乐部颁发的飞行证书。他从小敬慕同籍伟人孙中山，素仰其"航空救国"学说。1910年，杨仙逸在夏威夷加入中国同盟会，此后，他返回祖国追随孙中山，毕生实践孙中山的"航空救国"理想，全心扑在空军建设上，培养航空人才，两度受孙中山命令赴美培养航空人才，筹购飞机，参加革命战争，对我国早期航空建设做出了重大的贡献，为革命空军的发展作出了不可磨灭的贡献，是一位杰出的航空先驱。

　　杨仙逸在其航空生涯中，除积极培养航空人才，两度受孙中山命令赴美培养航空人才，筹资购买飞机支援孙中山外，还积极受命于孙中山，建设航空地勤业务和参加革命战争。为尽快发展空军，孙中山指示杨仙逸在广州大沙头开辟水陆机场，并任命其为飞机队队长。1922年12月6日，孙中山组建航空局，任命杨仙逸为航空局长，[19] 兼任广东飞机制造厂厂长。此外，杨仙逸还不断完善航空的配套建设，在航空局设立工务科，专门负责飞机及航空武器等装备的修理保养，任命周宝衡为科长，陈秀为工务主任，组成革命空军最早的地勤保障部门。1923年4月3日，孙中山还对杨仙逸所提的"建设工场以利航空事业"和"向安南购机2架"的呈件做出批示，"所请各节，均属可行，应与照准"，但飞机站暂缓设置。[20] 杨仙逸除提倡捐机运动外，还积极研究，自己制造飞机。他聘请美籍飞机工程师 WILD 与机械工程师 COLWELL 两人为技术人员。1923年6月，杨仙逸与技术人员一起设计制造了以宋庆龄学名命名的中国第一架军用飞机"乐士文"号，并在大沙头飞机场试航。同时，杨仙逸还经常向孙中山报告发展空军的建议和计划。

　　杨仙逸不仅为建立和发展航空力量作出重大贡献，而且积极参加孙中山领导的革命战争，在战争中发挥空军的作用，在实战中发展壮大空军。在援闽战役，杨仙逸抽派4架飞机组成粤军飞机队，前往助战，在战场上发挥较大的作用。[21] 1920年，陈炯明奉命率军回粤讨伐桂系军阀，在征讨军阀莫荣新的战斗中，杨仙逸任总指挥，飞机队在广东省上空散发传单，号召驱逐桂系军阀。9月16日晚，正好是中秋节之夜，杨仙逸与张惠长驾驶水上飞机从虎门珠江河面起飞，轰炸广州观音山督军公署，这是广州最早的一次空袭。当时桂军惊恐，连夜撤离广州，退到三水。

　　1922年，陈炯明叛变孙中山，炮轰总统府。1923年1月，在挞伐陈炯明战斗中，杨仙逸又率飞机队参加讨伐。4月16日，驻扎石井的桂军总司令沈鸿英与北方政府勾结，突然举兵叛乱，因事出仓角，广东革命政府一时未能调动陆军平叛，立即命令杨仙逸指挥空军征讨。杨仙逸与陈庆云等架机先轰炸叛军司令部，然后轮番向叛军各部轰炸和扫射，沈部行动受阻，军心动摇，革命政府乘机集结部队平叛，沈鸿英星夜离粤退走广西，革命政府转危为安。

　　就在革命空军不断壮大，航空力量逐步增强时，杨仙逸却因公殉难。1923年9月20日，他与鱼雷局长谢铁良、长洲要塞司令苏从山等前往博罗梅湖白沙滩检查水雷改装炸弹之事，途中因电船意外爆炸，全船人员殉难。[22] 中国早期航空家，被孙中山誉为"革命空军之父"的杨仙逸为革命、为航空建设事业献出了宝贵的生命。为表扬杨仙逸对革命空军所做的杰出贡献，孙中山追赠杨仙逸为陆军中将，并下令以其遇难日9月20日为"空军纪念节"，以资纪念。由于杨仙逸所处年代动荡不安，其所从事的革命活动见证物存世稀少，因此，该横幅是杨仙逸致力近代航空发展、追随孙中山革命的最好直接印证物。

注释：

［1］广州博物馆一级藏品（孙中山手书"志在冲天"横幅）档案。

［2］《刘田夫设宴招待海外和港澳知名人士》，《南方日报》1981年10月11日第1版。

［3］《刘田夫设宴招待海外和港澳知名人士》，《南方日报》1981年10月11日第1版。

［4］《广州博物馆大事记（1929~2006）》。

［5］广州博物馆一级藏品（孙中山手书"志在冲天"横幅）档案。

［6］《广州文物志》，广州：广州人民出版社，2000年，页352。

［7］陈锡祺主编《孙中山年谱长编》（下册），北京：中华书局，1991年，页1170。

［8］孟赤兵、李周书编著《神鹰凌空——中国航空史话》，北京：北京航空大学出版社，2003年，页35。

［9］杨万秀、钟卓安主编《广州简史》，广州：广东人民出版社，1996年，页412。

［10］《孙中山选集》，北京：人民出版社，1981年，页574。

［11］《孙中山年谱长编》（下册），页1364。

［12］孟赤兵、李周书编著《神鹰凌空——中国航空史话》，北京：北京航空大学出版社，2003年，页33。

［13］陈锡祺主编《孙中山年谱长编》（下册），北京：中华书局，1991年，页1665。

［14］《孙中山年谱长编》（下册），页1674。

［15］杨万秀、钟卓安主编《广州简史》，广州：广东人民出版社，1996年，页363。

［16］《广州简史》，页364。

［17］《孙中山年谱长编》（上册），页958。

［18］广东革命历史博物馆藏《图强飞机有限公司章程》。

［19］《孙中山年谱长编》（下册），页1532。

［20］《孙中山年谱长编》（下册），页1605。

［21］《民国空军的航迹》，《江苏文史资料》第46辑，1992年12月。

［22］《孙中山年谱长编》（下册），页1692。

（作者单位：广州博物馆）

生存困境、转型与探索

——从《广东革命历史文件汇集》分析四一五至广州起义时期中共广东党组织及工人运动状况

周 军

中国共产党自成立之日起便积极发展工人力量、组织工人运动。工人运动很快就显示出强大力量，尤其在国共合作时期的广东。但1927年四一五清党事件后，广东共产党组织经历了一段前所未有的艰难的时期，其所领导的工人运动也陷入了前所未有的困境。

《广东革命历史文件汇集》分甲、乙种，是中央档案馆和广东省档案馆收藏的第一、二次国内革命战争时期的广东党史资料汇编，完整地收录了中共中央与广东省委以及省委与各地党组织之间的通讯文函、通告文件，是研究这一时期广东党史的重要材料。本文拟以《广东革命历史文件汇集》中的文献材料为基础，从生存困境、策略转变和工作方法的探索三个方面，对四一五清党后的中共广东党组织及其领导的广州工人运动情况进行梳理和分析。

一、清党前共产党领导下的工人运动的基本情况

大革命时期，在国共合作的背景下，中国共产党领导的工农运动轰轰烈烈地开展起来，广东党组织的力量也迅速壮大，广州工人的影响达到了前所未有的程度。至1926年2月，广州工会总数超过150个，其中120多个隶属中共领导下的工人代表协会，有组织的工人190000多人，其中有150000多人属于工人代表协会，占广州有组织的工人数四分之三，国民党控制的机器工会和广州总工会分别只有不到20000和27000人，其控制的工会也分别只有6和30个。[1]

中共在广东工会运动中取得的巨大成就，与当时掌权的国民党左派的支持是分不开的。而且，当时的国民党中央农民部、工人部的大部分领导人均为中共党员，任何工会的成立都须经过他们的批准，于是新成立的工会加入工人代表协会便更为普遍。中共广东区委在相关报告中直言"工人代表协会不是由于我们工作的结果而成立起来的，而是靠我们的政治力量而存在的"。[2]

然而，广州工会的中共党组织基础还比较薄弱，到1926年夏中共领导下的15万工人中，仅有300名党员，因此，中共广东区委在1926年夏《广州工会运动情况的报告》中曾指出："如果有一天发生政局变动，这些工会就会马上解散。"[3]另外，这一时期的广州工会运动存在较大的盲目性，这一方面表现为工会多而分散，常常发生各工会之间纠纷，武装冲突也时有发生；另一方面，由于缺乏组织性，工会罢工频繁，工人经济要求过高，以致经常与商界等其他社会力量发生对抗、冲突，在广州社会上引起了种种忧虑与动荡。

二、四一五之后中共领导下工会和工人运动的困境

（一）四一五清党后广州工会和工人运动的基本状况

1927 年 4 月 15 日，继蒋介石在上海发动四一二反革命政变以后，以李济深、古应芬、李福林、钱大钧等人为首的国民党广东当局，在广州亦发动政变实施清党。从 15 日凌晨 2 时起广州全市戒严，政变军警解除了黄埔军校和省港罢工委员会纠察队的武装，包围、搜查中华全国总工会广州办事处、省港罢工委员会、铁路工会、海员工会、农民协会、中山大学等 200 多个机关、团体和学校，捕杀了共产党员、工人积极分子 2000 多人，史称"四一五事件"。国民党的四一五清党，使中共在广东的组织遭受到建党以来最大的一次打击，中共领导下的工会组织和工人运动也遭受到严重的挫折，"工会被反动军警及工贼捣乱四十三间"，[4] 广州工人代表会、广东运输工会等革命工会先后遭封闭、解散和改组。中共党组织以及党领导下的工会被迫转入"地下"。

这一时期，许多工会成员被捕，工会组织陷于停顿状态。如海员工会组织，"广州六月二十九日，广州政府第一次清党，捕去二百余人（工人），海员亦十余人被捕，二百余人中同志（共产党员）若干"，以致工会的工作实际上已经无法开展下去。[5] 为达到解散和改组革命工会的目的，国民党广东当局采取了各种手段，如"驱逐罢工工友到黄埔荒岛"、"逮捕工人，撕毁罢工工人证章，不发罢工津贴，禁止集会结社"，[6] 革命工会力量遂急剧萎缩。

与此同时，国民党广东当局利用广东总工会、机器工会和革命工人联合会等反动工会组织，成立"改组委员会"，到处没收革命工会财物，并占据工会会址。四一五清党后不久，由于机器工会强占火柴厂工会，汽水工会、汽车工会、火柴厂等工会组织联合罢工，当局强令"机器工会派人做工"，致使"大多数火柴工人失业"。[7] 为达到瓦解和削弱工人代表会的力量，在当局的支持下，机器工会常常"强指工会职员为共产党，施用体育队（机器工会的工人武装），到工人工作的地方吸收会员强迫入会"。1927 年 5 月 26 日，国民党委派的"广州工人代表会改组委员会"召集各工会代表会议，广州工人代表会联合 50 多个工会代表与"改组委员"进行针锋相对地斗争，被"改组委员"指责为"共产党"，派出体育队强迫工人加入反动工会，组织"警备队"镇压工人。[8] 6 月 24 日，在海员工会大会上，为使其提名的香港分会代表通过，改组委员会"令保安队维持会场秩序时，三数十人上子弹、上刺刀，向工友示威"，并将反对的海员工人逮捕。[9]

革命工人联合会在大革命时期原为国民党左翼团体，但随着形势的不断变化，他们开始"与军阀势力相妥协"，并力图通过"与军事力量相妥协来加强自己的实力"。[10] 四一五清党后，革命工人联合会四处对曾处于共产党领导下的工会进行攻击和吞并，工人代表会中"动摇的职员多数投到革命工人联合会去"，其间，因与广东总工会争夺广州工人代表会下属各工会产生矛盾，甚至演变成公开的冲突。[11] 1927 年 9 月，张发奎在汪精卫的支持下率部回粤，11 月 17 日发动驱赶桂系李济深、黄绍竑的广州政变，控制广州。在这期间，为争取中共的力量对抗桂系、稳定广州局势，张发奎以"左派"的面目出现，"颇欲实行对工人的欺骗政策，如要筹

80万给罢工工人，如打电话给总工会、机器工会等，意在以欺骗手段取得工人的拥护"[12]。革命工人联合会成为其控制广州工农运动的重要工具，力量也更得到了空前的扩张。

在国民党广东当局的支持下，一些反动资本家亦趁机煽动中小商人，宣布大革命时期与工会签订的保障工人权利的各种协约无效，任意延长工时，降低工资，随便解雇和开除工人的情况经常发生。仅1927年4月底，"东家方面推翻条件，不断的来，计此时被改组工会有四十三间，被推翻条件三十一间"。[13]

至1927年7月，广东中共党组织能发动的仅剩下"海员、同德、手车夫等之工人与金属业产业工人，且机关尽失"[14]。广州起义爆发前夕，国民党控制的与中共领导的工会及工人力量的对比已经发生了很大的转变。据罗登贤、黄平于1928年1月关于广州暴动前后情况的谈话可以看出，起义前夕国民党广东当局控制的广东总工会所属工会已达100多个，同期地下的广州工人代表会所属工会仅为60多个，而且这些工会中有不少已经没有共产党员在内；从召集工农群众的力量来看，机器工会、广东总工会及所属各工头控制工人数为1万人左右，处于地下党地位的广东党组织将近2万。但这仅仅是以处于秘密状态下的广州工人代表会所属的工会人数来统计，不能代表广东党组织的号召力。以省港大罢工工人的情况为例，罢工工人领取津贴的人数将近5万，但实际在广州的不过3万余人，到11月25日省港罢工委员会解散后，留在广州的只剩不到一万，其中近一半成为有牌照的小贩，另一半失业留省找工，广东党组织实际能召集的人数只有解散后的罢工工人纠察队二三百人而已。整个广州起义能发动的群众"不过三四千人，其中手车夫为最多，能达千人"[15]，广东党组织能直接控制的实际只有广州工人赤卫队三四千人。[16]在广东省委给中央另一份报告中分析指出，广州起义前广州产业工人"一半属于我们，一半属机器工会；机器工会原有一万余人，但自强夺了其他工会，约有二万三千人"，比较起来这个数字是比较实际的。[17]因此，1928年初中共广东省委在报告中指出"暴动前，指导机关的确曾以极大的力量发动群众的斗争和罢工，但完全不能起来"。[18]中共广东省委在1927年12月11日给中央的报告中也承认，如要发动广州工人起来总同盟罢工，只有"海员、油业、手车夫等是有把握的"。[19]

（二）经费缺乏及其带来的困扰

1928年9月3日，中共广东省委致信中共中央回顾四一五以来的工作时指出"在这个资本主义社会里，无产阶级革命过程中，真是非钱不行"[20]。经费是开展工人运动的重要基础，大革命时期广东省中共党组织开展工人运动的经费来源主要有：左派控制下的国民革命政府拨款、中共中央的津贴和工会自己的收入。

在国共合作时期，由于得到了左派控制下的国民革命政府的支持，中共广东区委开展工人运动经费很大程度上依赖国民政府的拨款。北伐军胜利到达武汉后，国民党广东当局却在后方不断掀起反共逆流，一再发出限制工人活动的"布告"、"决议"，但这时国民革命政府中的左派仍能在财政上给予支持，"左派宋子文在财政上尚按月照付30万"，[21]作为省港罢工津贴。国民党在广东清党反共后，由于国共合作的政权在武汉还存在，中共广东特委仍能得到在武汉的国民党中央的拨款。1927年7月6日，中共广东特委致信中共中央，仍请"促国民党中央农民部、工人部赶紧拨给广东农民运动费和职工补助费"。[22]

工会收入主要包括会员每月缴纳的会费以及工厂主所出的公共福利费和商业费，四一五清党前中共领导的广州工会大部分财政状况都很好。1927年夏，中共广东区委在《广州工会运动的报告》中提及，在广州工会中甚至出现了"把建立工会作为致富的捷径"的情况，由广东中共党组织领导的油料业工会"总计有六万美元的基金"，"该工会的领导人每月的月薪达二百二十美元，而他还花费掉几千美元的公共资金"[23]。在这一时期，在广东共产党组织的领导下，工会自身的收入已足够开支。在四一五清党后，一方面工厂主和商人不断推翻原来与工会签订的协议，一方面中共控制的工人代表会已被迫解散转入地下，而且"机关尽失"，其下属各工会也多被机器工会、广东总工会以及革命工人联合会吞并，因此，这项经费来源也基本断绝，就连省港罢工委员会存储在广东银行的活动基金，也被改组委员"利用政治势力下令广东银行将此款封了两万元不能提起"。[24]

在这两项经费来源相继失去后，中共中央的津贴成为广东党组织开展工人运动的主要的经费来源。而中共中央的津贴又不十分可靠，这主要反映在两个问题上：一是中央的津贴与省委的预算需要有相当的差距；二是中央的拨款经常拖延。1927年7月，中共广东省委预算每月需12000元，其中"职工罢工活动费"、"宣传费"、"救济费"就达5000元，而中央津贴仅2300元，而且至当月广东省委已3月未获中央津贴，只能"向俄国同志请求补助，但据复经济困难，无力帮助"。[25]到1927年11月广州起义前夕，中央将广东省委津贴减至1200元，而省委预算需要13500元，仅广州一项就需4500元。[26]因此，广东省委常常陷入"一文都无"的状况。在这一时期，中共广东省委与中共中央的通信联系中，催促经费成为一个常见的内容。1927年11月22日，张太雷致信中央请"中央决定职工运动预算，并即汇下党费"[27]。1927年11月29日，广州起义已迫在眉睫，张太雷在给中央的信中，仍在促请中央解决有关经费，并指出"各县津贴虽已停止，但为工作起见，所必要者请兄（中共中央）等酌商情形发给"[28]。12月8日，广东省委又再次向去信，催促中共中央"火速将十一、十二月党费及职工费速寄来"。[29]

由于经济紧张，中共广东省委甚至曾一度通过借贷等方式来维持工作。1927年7月6日，中共广东特委在给中央的信中指出"事变来已三月，此三月中（中共广东特委）专恃借债"。[30] 1927年9月22日，中共广东省委发布通告，专条要求各基层党组织"筹款是一件非常重要之事，对富绅须用各种可能方法硬□筹"。[31]中共广东省委决定津贴各地的款项，也经常"只有一纸虚文，但他们尽量的向农友借，所以因钱的问题便发生了很多不好的现象"[32]。而更基层的党组织，催促经费甚至成了一项重要工作，因此中共广东省委在《1927年十一月份各地报告的统计及批评》中专门批评各县市党组织"不可因有时要领经费，便敷衍作一报告来"。[33]

经费的日趋紧张，对广东和广州党组织开展工人运动带了很大的困扰，无论是宣传、交通与情报传递都受到很大的影响，这也导致各项工作难以顺利开展。以交通问题为例，1927年11月22日，张太雷在给中央的信中指出，由于经费紧张的关系，粤港之间的交通"交通处规定办法来回坐小轮，要五、六天，要改进，请中央无论如何多给十元坐邮船，再往来派人要经济，不要一点不甚重要的文件，就派一人"[34]。更重要的是，由于经费匮乏，广东、广州党组织对工人的组织、发动、训练和武装等各项工作受到严重影响，至广州起义爆发时，工人的武器

"炸弹只有约 20 个，手枪 15 支" [35]，"由钢铁工会定做了刺刀约五六百把"，工人赤卫队军事技术训练亦无法正常开展。[36]

三、中共中央的决策变化及对广东的影响

四一五事件发生之时，国共合作的国民革命政府在武汉还继续存在，因此在发生清党事件后的一段时间内，受共产国际的指导，中共仍坚持国共合作的政策，采取联合汪精卫等国民党左派和坚持不退出国民党的策略。1927 年 6 月 26 日，苏联总顾问鲍罗廷在中共中央政治局会议上明确表示：莫斯科不希望中国共产党"不退出政府和共产党" [37]。7 月 15 日，汪精卫在武汉召开国民党中央"分共"会议，正式与中国共产党决裂。鉴于国民党的一系列背叛国共合作的行为，中共中央一方面认识到"在国民党中央除孙夫人及于右任、彭泽民、陈友仁、邓演达等数人外，余均实行反动"，[38] 国民党左派已无力量进行反击。另一方面，根据共产国际有关中国共产党不退出国民党的指示，认为国共合作仍为中国革命所必须，要"留在国民党内工作"，实行复兴左派国民党的政策，[39] 其核心内容有两点：一是退出武汉政府但不退出国民党，"要与国民党的左派联合，与他的下层群众，与他的劳动群众的党员，与他的下层的组织联合"；[40] 二是联合工农在国民党的旗帜下准备开展武装斗争。这一政策在八七会议上得到进一步确认。但随着革命形势的逐渐明朗，无论共产国际还是中共中央都认识到"中央以前复兴左派国民党的估计不能实现"。9 月 19 日，中共中央政治局召开会议，决定放弃"左派国民党"旗帜，提出建立苏维埃的口号。10 月 24 日，中共中央发出通告，提出"今后革命的任务，应当明显的确定是要创工农贫民的革命独裁的政权——苏维埃的政权。国民党已经死灭，他的旗帜最多不过是'蒋介石第三'的旗帜。" [41]

在这一时期，中共广东党组织与中央决策的变化基本保持了一致。四一五清党后，中共广东省委主要针对李济深等国民党政客、新军阀行径开展针锋相对的斗争。工农运动中主要打出"打倒李济深"、"打倒新军阀"、"打倒背叛孙中山三大革命政策的反革命派"等以反对国民党右派为内容的口号。1927 年 6 月 15 日，中共广东特委发布通告，明确将"打倒蒋李，拥护武汉"作为农民秘密组织的宗旨。[42] 另一方面，极力配合中央的联合国民党左派的决策，提高拥护以汪精卫为首的武汉国民党中央的声调。1927 年 7 月 6 日，中共广东特致中央常委信中谈到对粤局的具体政策，其中重要的一条就是"提高反李（济深）宣传，同时希望中央令张发奎部工作同志造成反李（济深）空气"，同时积极开展活动以"给武汉政局以较好的影响。" [43]

七一五事变后，中共广东省委明显加大了反对汪精卫的宣传力度，明确要求各地党组织"反汪、反蒋的宣传要扩大" [44]。在当时广东省委的有关文件中"打倒蒋、汪及西山会议派等反革命派"等口号开始频繁出现，将蒋介石、汪精卫、李济深等一起作为被打倒对象，但在这个过程中始终没有全面否定国民党，而是要求各地联合左派重建革命的国民党，"使国民党成为一真正革命的党"，"尽可能使国民党民权化" [45]。为便于各地党组织开展工作，中共广东省委于 1927 年 8 月下发《关于暴动后各县市工作大纲》，辟专节讨论"国民党工作"，对"左派"进行了明确地定义："实际拥护土地革命进行者为左派"，并要求"工农尽量加入国民党" [46]。

9月19日中共广东省委发布通告，在痛斥汪精卫背叛革命行经的同时，又强调"决不因国民党反动派领袖之妥协而停止奋斗"，而应将工作重心转移到"唤起而有组织之革命群众"[47]。但到9月下旬，随着共产国际和中共中央对"复兴左派国民党"政策开始产生疑虑，中共广东省委在宣传上也发生了变化，开始要求各基层党组织对工农群众进行"苏维埃"的宣传，但同时仍坚持要将广东暴动"组织于革命的左派国民党之旗帜之下"，并指出"国民党在城市小资产阶级乃至一部分工人群众之中，已建立有一种革命的威信"，"我们不可将此国民党送诸于革命叛徒之手"，因此"苏维埃只限于宣传其意义，而不提组织苏维埃的口号。"[48]由于联合左派的需要，这一时期的中共广东党组织领导工人进行经济斗争总体比较克制，只是"尽可能改良工人生活条件，不没收工厂作坊"[49]。

从1927年10月中旬起，根据中共中央的新的决策，中共广东省委的斗争策略发生了重大转变，开始从联合左派转变到全面打倒国民党反动统治上来，公开打出共产党的旗帜，加紧广东暴动和广州起义的部署，并在广州工农群众中扩大苏维埃的宣传。1927年10月15日，张太雷在南方局和广东省委联系会议上的报告中，指出"目前工作方针，与前大不相同"，"以前还是用国民党旗帜去号召，以后便不要了，要改用红旗"，"以前只限于宣传苏维埃，以后便要真正建设工农兵代表会"[50]。同日，中共广东省委发布通告，宣布"国民革命军名义立即废除"，认为国民党现在已经完全成为军阀的玩具，要求"各地工农立即用种种方法，扩大本地政治的或经济的斗争"[51]。11月19日，中共广东省委发布《关于反抗军阀战争宣言》，号召全省工人、农民和士兵"打翻国民党军阀反动统治，建立工农兵代表会的政权"，提出了"打倒国民党的反动政权！"、"工农兵联合起来消灭军阀的战争"、"建立工农兵政权"等口号[52]。相应地，中共广东省委在领导工农群众的开展经济斗争时，也改变了以往对小地主和中、小资产阶级比较温和的态度，要求工人群众"与反动工会工贼奋斗，不应丝毫退让"[53]，并坚决"没收资本家财产"[54]，"以前五十亩以下土地不没收的，……以后便一切地主（小地主在内）的土地都要一概没收"[55]。

四、广东党组织的发展及工运方法的探索

1927年四一五清党事件后，无论是广东共产党组织还是其领导的工人运动，都经历了一段前所未有的艰难时期。与大革命时期相比，所处的政治环境和生存条件发生了根本性的变化，为在白色恐怖中求得生存，广东共产党组织应对时局，在党组织的发展与组织工人运动的方法上不断地进行摸索、修正和调整。从这个意思上讲，这又是广东党组织的一个重要转型时期。

（一）因时制宜，实行党组织的工农化

四一五后，广东共产党组织遭受到惨痛打击，大批党员遭到逮捕或杀害，党组织遭到破坏。仅9月上旬，广州共产党组织就连续有六七个秘密机关被国民党破获，50多名同志被捕。8、9月间，惨遭国民党枪毙的同志达七八十人。[56]尤其是一大批工人运动领袖的遇害，更使广东党组织内的工农运动力量被极大削弱。同时，由于早期党组织不很严密，指导机构亦多并不健全，致使在当时广东党组织内"投机妥协消极反动的也不乏人"[57]。因此，发展工农党员，充

实和扩大党组织的指导力量显得十分迫切。

1927 年 9 月，中共广东省委发出"应注意党的发展的通告"指出，自四月十五日广州政变以来，"我们的同志死的死，囚的囚，逃亡消极，力量损失甚巨，若不积极补充，实不能领导新的工作"，要求各地党组织"恢复充实并扩大本党的指导力量"，尤其要工农分子中发展党员。[58]此后，省委又多次要求各地党部"注意党的发展，特别是在工农军中"，要注重"提携工农同志加入党的各种委员会指导机关"。[59]

出于迫切发展党的组织的需要，广东党组织因时制宜，适时地改变正常情况下发展党员的要求和程序，将革命斗争最需要的"勇敢"这一品质作为发展党员最重要的标准。在 1927 年 8 月，中共广东省委"关于暴动后各县市工作大纲"就提出"尽量吸收在此次暴动中勇敢的工农及知识分子"[60]。1927 年 9 月中共广东省委发布的"应注意党的发展的通告"中，省委明确提出省港罢工工人维持队、广州工人自救团中的勇敢分子，"虽未填写志愿书加入本党"，"只要他们真能勇敢奋斗牺牲，并热烈拥护农工利益的分子，可以无条件吸收他们入党"[61]。这一时期，虽然广东党组织将"勇敢"作为入党的主要标准，但还是存在"热烈拥护农工利益"的阶级觉悟、政治觉悟等要求，而且在广东省委下发给各地的通告中，在要求各地党组织尽力发展党员的同时，还一再强调"严密党组织，执行铁的纪律"[62]，"要忠实的、坚决的、不妥协的将一切党的投机妥协消极反动分子"逐一清除出共产党的队伍，否则"我们的党就不配称为组织严密和有铁的纪律"。[63]

但随着形势不断恶化和和筹备广州起义的迫切需要，广东党组织在发展党员的问题上，对纪律、政治觉悟的要求也不得不逐渐放开。1927 年 10 月 28 日广东省委下发的《关于农民运动工作大纲》中，明确提出要"无条件的吸收勇敢的农民分子……不应诸多畏缩而不敢接纳那些英勇奋斗之分子。"[64]1927 年 11 月 3 日广州铁路工人示威活动发动后，中共广东省委立即提出"在工人群众高呼加入 C.P.口号的底下，我们必当尽量吸收其勇敢之分子"。[65]

在发展党员的方式上，注重集中发展，尤其是在某些革命倾向强烈的行业，或经历过某次工人运动后。广东省委多次要求各地党部将"工农中之勇敢活动分子全数加入党"，"勇敢之工农分子无条件大批介绍入来"[66]。在广州，就有"油业工人常有全体加入共产党"[67]，或者"以职业单位，那几个同职业而又接近的就成为一个组织"[68]的情况。

客观地讲，由于降低入党标准，甚至出现批量入党的情况，导致党员阶级觉悟参差不齐。这也使得广州一般市民对共产党产生了一些消极看法，广州起义爆发后，有些市民甚至认为"共产党抛下了红领带和我们一样，挂起又来捣乱"[69]。但在当时的环境下，一方面广东党组织要快速地发展党员，壮大指导力量，也只能通过这种方法来实现，就增加党员人数来看，也的确取到了很好的效果。清党前，广州党员也只有 2000 人，而到 1927 年 10 月底 11 初，广州市党员数仍然能保持到 1000 人，[70]实属不易；另一方面，由于当时广东共产党组织的主要任务是筹备广州起义，而"勇敢"确是武装起义所最需要的品质，从效果来看，这些工农党员在之后的广州起义中大多都发挥了重要的作用。

（二）领导工人斗争方式的转变

四一五事变后，在国民党广东当局的白色恐怖统治下，广东共产党组织处于一个极其恶劣的政治环境中，面临着前所未有的的挑战，尤其在广州。在这种状况下，广东党组织及其领导的工会为了生存，在经历了最初的退让和混乱之后，迅速对国民党背叛革命的行径做出反应，一方面在省港罢工委员会和广州市各工会中重新整顿和发展斗争队伍，领导广州工人开展经济斗争和反工会改组委员会、反恶东发御用工会的斗争，如"旅业工会打工贼"、"秤尺工会打东家公会"等；另一方面，由于转入地下的广州共产党组织，在国民党清党的打击下，已不允许公开，也无力进行公开的大规模的斗争，只好采取一些非常规的手段，如暗杀、破坏活动、杀恶东、打工贼，以显示出反抗的力量，破坏国民党在广州的统治。1927年6月15日，中共广东特委发布通告，明确提出"我们斗争的策略，毫无疑问，应该不断地实行革命的恐怖，使资产阶级政权不能稳定"[71]。9月14日，中共广东省委指示潮梅暴委"恐怖工作现在仍须小规模做"，要采取各种手段"不断进行扰乱敌人统治的一切工作"，"偶尔来一个炸弹亦是必要的，敌人决不会因我们一声不响即认为共产党已经跑了而不加压迫的"，并指出在广州方面也已经安排黄平等同志"领导工人做争取政治自由运动，及组织广州市三条铁路上之恐怖工作"[72]。除此之外，将国民党军阀、国民党右派领导人及反动工会头目列入开展恐怖工作的对象，并先后对李济深多次袭击。[73]同时，积极组织开展"暗杀开除工人的恶东"、"烧开除工人之商店"的斗争，在省港罢工委员会遭解散当日，"（广州市）时起骚乱，放炸弹，放火烧宿舍"，是晚十处起火，烧铺210余间。"[74]

从客观现实上来讲，在这个非常时期，广东党组织采取这种斗争方式有其必要性、必然性，对于提高革命群众的革命热情，提高党组织和工人群众的士气，破坏广东国民党当局的统治，起到了关键性作用，但同时衍生出来的弊端也开始在革命斗争过程中显示出来，作为一种有组织的恐怖活动，一方面容易导致当时党组织和工会组织专注于恐怖工作，而忽视了更努力地扩大更广泛的职工运动。在1927年12月5日，中共广东省委给中央的信中，谈到"省委的决议，虽然（广州）市委已经接受，惟实际行动还未能有什么工作，只得扩大经济斗争做宣传，占据、恢复工会，打工贼等运动"；[75]另一方面，这些方式容易在工人群众中造成一种投机气氛和极端情绪，使工人忽视群众斗争行动而变成依赖个人的恐怖政策，将职工运动简单化。这也导致广州起义爆发后，工人群众"不喜欢到前线与敌军对垒，而喜欢三三五五去搜屋，击杀反革命"，"并火烧去反动派住宅及商店，据报道百余家店"，将没收和占领反动工会作为起义的重点。[76]尤其重要的是，由于事前安排不周密，这些活动往往带来国民党广东当局更严厉的反扑，导致秘密机关暴露，给党组织和工会造成更大的困扰。

另外，由这些斗争方式衍生出来的口号问题，也需要提上一笔。革命口号是党组织进行革命宣传的重要工具，在党组织开展工会和工人运动中发挥了重要作用，尤其是对于提升革命群众的士气起到了关键性的作用。但少数的口号，如"暗杀开除工人的恶东"、"烧开除工人之商店"、"恢复罢工工人原有权利"等，固然在发动特定人群过程中发挥了重要作用，但同时也给广州工人运动和广州起义的筹备带来一些消极影响，尤其是"对反动派工会整个攻击，因此他们的群众不能同情我们，而反动派仍能利用此点，以欺骗群众，巩固地位"。同时，这一类口号还容易造成其他工会工人的恐慌，"一般机器工友谓共产党本无可反对，惟恐共党及工代会保持，打破机器工友饭碗，又谓苏维埃没有机器工友"，[77]因此站到了广州起义的对立面。而

"烧开除工人之商店"这类口号，则表现了当时广州党组织一种无可奈何，只考虑到杀一儆百的效果，而没有顾及到烧毁商店将带来更多的失业，引起更大范围的失业恐慌，因此也将失去更多工人群众的同情。广州起义爆发后，其他工人群众不能起到更大的作用，"他们不仅不反对，而且同情政府"[78]，这或多或少与这都有些关系。

随着时局的变化和这些弊端的不断暴露，广东党组织适时地对斗争方式做出调整，将工作重心转移到广州起义的筹备上来，明令各基层党组织"停止有组织的成为一种政策的恐怖行动，免至工人群众与得力同志之全力集中于恐怖工作，以为这是唯一无二之办法，而忽略了领导工人政治的行动"[79]，"工农如果发生无组织的焚烧、抢劫或杀戮，应以同情的态度引导其归于有组织的行为"[80]。1927 年 10 月 15 日，中共中央南方局和中共广东省委召开联席会议，正式确立了以"组织扩大之职工运动委员"、"恢复与发展工会运动"、"提高工人经济斗争"、"组织训练工人武装"为主要内容的工人运动重要原则，[81]有组织地领导工人进行"以推翻反动政权"为目的的经济、政治和军事斗争，这主要表现在以下几个方面：一、加大对工人群众的宣传，"使工人群众了解夺取政权是他们目前唯一的出路，并鼓动他们有夺取政权的勇气与决心"[82]，并专门"拟就各种口号，扩大宣传"[83]。二、发展工人之政治、经济斗争。根据中共广东省委的要求，广州市委先后于 10 月 14 日和 11 月 4 日组织海员罢工和铁路工人大罢工。12 月 1 日，中共广东省委又发布紧急通告，指示"广州市同志应即全体动员"，"立即准备一个全广州市的总罢工"[84]。三、组织和训练广州工人赤卫队。这里尤其要提起的一点是，这一时期广东党组织尤其注意在失业工人发展力量，在省港罢工纠察队解散后，迅速将"无工作者，均设法留在广州加入赤卫队，共约二百七八十人"，[85]以失业的省港罢工工人赤卫队为主体的广州工人赤卫队成为由广东党组织的掌握的最重要的工人武装力量。

总体而言，四一五清党后至广州起义爆发，是广东共产党组织自建党以来经历的最为艰难的一个时期。这种艰难不仅仅在于国民党广东当局的白色恐怖统治，更重要的是，刚经历大革命高潮的年轻的中国共产党，在政治环境发生根本性变化的情况下，如何迅速适应并对其斗争策略和方法进行调整，探索在白色恐怖的政治环境下进行革命斗争的道路。值得庆幸的是，在经历了初期的挫折和混乱后，顽强不屈的中国共产党人不断应因时局对革命策略进行调整，实现了从"联合国民党左派"向独立领导工农运动的重要转变，并针对客观环境变化，在革命实践中对党组织的发展和工人运动的斗争方式不断修正，这充分显示了中国共产党面对艰难环境的强大生命力、逆境中求发展的昂扬斗志和不断自我完善发展的强大能力。

注释：

[1] 中央档案馆、广东省档案馆合编《广东革命历史文件汇编》甲 6，1982 年，页 325。

[2] 同上，页 345。

[3] 同上，页 346。

[4] 中央档案馆、广东省档案馆合编《广东革命历史文件汇编》甲 33，1982 年，页 222。

[5] 中央档案馆、广东省档案馆合编《广东革命历史文件汇编》甲 7，1982 年，页 14。

[6] 同上，页 8。

[7] 中央档案馆、广东省档案馆合编《广东革命历史文件汇编》甲 33，1982 年，页 225。

［8］同上，页224。

［9］中央档案馆、广东省档案馆合编《广东革命历史文件汇编》甲7，1982年，页12。

［10］中央档案馆、广东省档案馆合编《广东革命历史文件汇编》乙二，1982年，页4。

［11］中央档案馆、广东省档案馆合编《广东革命历史文件汇编》甲33，1982年，页223~226。

［12］中共中央党史资料征集委员会、中共广东省委党史资料征集委员会、广东革命历史博物馆合编《广州起义》，北京：中共党史资料出版社，1988年5月，页61。

［13］中央档案馆、广东省档案馆合编《广东革命历史文件汇编》甲7，1982年，页12，页223。

［14］同上，页6~7。

［15］中央档案馆、广东省档案馆合编《广东革命历史文件汇编》乙二，1982年，页65~71。

［16］同上，页66。

［17］中央档案馆、广东省档案馆合编《广东革命历史文件汇编》甲13，1982年，页454。

［18］中央档案馆、广东省档案馆合编《广东革命历史文件汇编》甲8，1982年，页98。

［19］中央档案馆、广东省档案馆合编《广东革命历史文件汇编》甲7，1982年，页189。

［20］中央档案馆、广东省档案馆合编《广东革命历史文件汇编》乙二，1982年，页163。

［21］中央档案馆、广东省档案馆合编《广东革命历史文件汇编》甲6，1982年，页357。

［22］中央档案馆、广东省档案馆合编《广东革命历史文件汇编》甲7，1982年，页18。

［23］中央档案馆、广东省档案馆合编《广东革命历史文件汇编》甲6，1982年，页357。

［24］中央档案馆、广东省档案馆合编《广东革命历史文件汇编》甲7，1982年，页8。

［25］同上，页17。

［26］广东省档案馆、中共广东省委党史研究室编《广东区党团研究史料》，广州：广东人民出版社，1986年第1版，页55。

［27］中共中央党史资料征集委员会、中共广东省委党史资料征集委员会、广东革命历史博物馆合编《广州起义》，北京：中共党史资料出版社，1988年5月，页83。

［28］同上，页94。

［29］同上，页109。

［30］中央档案馆、广东省档案馆合编《广东革命历史文件汇编》甲7，1982年，页17。

［31］同上，页56。

［32］中央档案馆、广东省档案馆合编《广东革命历史文件汇编》乙二，1982年，页163。

［33］中央档案馆、广东省档案馆合编《广东革命历史文件汇编》甲7，1982年，页183。

［34］中共中央党史资料征集委员会、中共广东省委党史资料征集委员会、广东革命历史博物馆合编《广州起义》，北京：中共党史资料出版社，1988年5月，页83。

［35］中央档案馆、广东省档案馆合编《广东革命历史文件汇编》甲33，1982年，页236。

［36］中央档案馆、广东省档案馆合编《广东革命历史文件汇编》乙二，1982年，页71。

［37］中共中央党史研究室第一研究部译《联共（布）、共产国际和中国革命运动（1926~1927）》（下），北京：北京图书馆出版社，1988年，页370。

［38］中央档案馆编《中共中央文件选集》第3册，中共中央党校出版社1989年版，页224。

［39］同上，页369。

［40］《中央通讯》第1期。

［41］《中央通讯》第7期。

［42］中央档案馆，广东省档案馆合编《广东革命历史文件汇编》乙二，1982年，页2。

［43］同上，页21。

［44］同上，页37。

［45］同上，页61。

［46］同上，页31。

［47］同上，页52。

［48］同上，页61。

［49］同上，页32。

［50］同上，页81。

［51］中共中央党史资料征集委员会、中共广东省委党史资料征集委员会、广东革命历史博物馆合编《广州起义》，北京：中共党史资料出版社，1988年5月，页66。

［52］中央档案馆，广东省档案馆合编《广东革命历史文件汇编》乙二，1982年，页31–35。

［53］中央档案馆，广东省档案馆合编《广东革命历史文件汇编》甲7，1982年，页122。

［54］同上，页190。

［55］同上，页81。

［56］同上，页35。

［57］同上，页44。

［58］同上，页45。

［59］同上，页56。

［60］中共中央党史资料征集委员会、中共广东省委党史资料征集委员会、广东革命历史博物馆合编《广州起义》，北京：中共党史资料出版社，1988年5月，页34。

［61］中央档案馆、广东省档案馆合编《广东革命历史文件汇编》甲7，1982年，页46。

［62］同上，页32。

［63］同上，页45。

［64］同上，页114。

［65］同上，页128。

［66］同上，页143。

［67］中央档案馆、广东省档案馆合编《广东革命历史文件汇编》甲10，1982年，页189。

［68］中央档案馆、广东省档案馆合编《广东革命历史文件汇编》甲25，1982年，页62。

［69］中央档案馆、广东省档案馆合编《广东革命历史文件汇编》甲7，1982年，页233。

［70］中央档案馆、广东省档案馆合编《广东革命历史文件汇编》甲33，1982年，页59。

［71］中央档案馆、广东省档案馆合编《广东革命历史文件汇编》甲7，1982年，页2。

［72］同上，页244。

［73］中央档案馆、广东省档案馆合编《广东革命历史文件汇编》甲33，1982年，页225。

［74］同上，页232。

［75］中共中央党史资料征集委员会、中共广东省委党史资料征集委员会、广东革命历史博物馆合编《广州起义》，北京：中共党史资料出版社，1988年5月，页101。

［76］中央档案馆、广东省档案馆合编《广东革命历史文件汇编》甲7，1982年，页225。

［77］中央档案馆、广东省档案馆合编《广东革命历史文件汇编》甲25，1982年，页4。

［78］中央档案馆、广东省档案馆合编《广东革命历史文件汇编》甲7，1982年，页82。

［79］同上，页122。

［80］同上，页91。

［81］同上，页121。

［82］同上，页166。

［83］同上，页154。

［84］同上，页166。

［85］中央档案馆、广东省档案馆合编《广东革命历史文件汇编》甲8，1982年，页71。

（作者单位：广东革命历史博物馆）

● 中西文化交流

唐代法律视野下的广州蕃商及其活动

宋 平

唐代对外贸易繁荣，外来商旅众多，相关之研究素来为学界所重视；尤其海上丝绸之路成为热点之后，研究者更众，来华路线、外贸货品、贸易规模、收税方式等为诸多论文论著津津乐道。早在 20 世纪初，日本学者便开始了关于唐代海外贸易及市舶机构、外国商人等问题的研究，石桥五郎的《唐宋时代的中国沿海贸易及贸易港》（见《史学杂志》12：8、9、11，1901年）、中村久四郎的《唐代的广东》（见《史学杂志》28：3、4、5、6，1927年）、桑原骘藏的《唐宋贸易港研究》（中译本，商务印书馆，1935年）、《隋唐时代西域归化人考》（《内藤博士还历纪念支那学论丛》，1926年）和《蒲寿庚考》（中译本，中华书局，1954年）等开拓了对外贸易的研究；中国学者研究此领域较早的有：岑仲勉《自波斯湾至东非中部的唐人航线》（《东方杂志》14：18，1915年）、《唐代最南最大商港比景》（《东方杂志》40：20，1944年），陶希圣《唐代处理商客及蕃客遗产的法令》（《食货》4：9，1936年）、韩振华《唐代南海贸易志》（《福建文化》2：3，1942年）等，这些研究成果开创了中国对外贸易研究的方法、也涉及外国商人来华以致"归化"的情况，至今仍具有很高的参考价值。20 世纪八九十年代研究外贸的成果大量涌现，蔡鸿生、张泽咸、黄约瑟、林悟殊等学者关于中外交流的研究具有指导性的意义，开创了海上中西文化交流研究的新局面。就"蕃商"、"蕃客"和广州对外交流的研究成果而言，主要有林萌《关于唐五代市舶机构问题的探讨》（《海交史研究》1982.4）、赖存理《唐代"住唐"阿拉伯、波斯商人的待遇和生活》（《史学月刊》1988.2）、范邦谨《唐代蕃坊考略》（《历史研究》1990.4）、王杰《唐市舶使人选补正》（《中国史研究》1993.4）、李庆新《论唐代广州的对外贸易》（《中国史研究》1992.4）、田廷柱《唐代外国人来华留居考述》（《社会科学战线》1993.1）等等。

本文拟在前述学者的研究基础上，通过研究唐代涉外法律，特别是与岭南地区对外交往贸易相关的法令，以期从法律的视野考察广州蕃商及其活动，进而探究唐代涉外法律与广州蕃商及其活动之间的关系，力求"见物见人"，避免孤立考证，尝试在文中沟通史料中法律制度与人。

唐代广州是全国最大的对外贸易口岸，蕃商纷至沓来。波斯、大食商人聚居广州等沿海地区是唐代外贸的最大特点，尤其到唐中后期，波斯、大食商人主导了广州的对外贸易。在史料记载中，贾耽的"南海通海夷道"已详述了广州到大食之间的海上交通路线和航程，[1] 杜环（杜佑族子）玄宗天宝十年随高仙芝西征，被大食俘虏；代宗宝应初才乘商船从大食回广州[2]。可见唐代时，广州的蕃商来自从波斯湾到广州海路上各个地区，除地缘近的暹罗、天竺等今东南亚、南亚外，波斯和大食的商人人数最多。张星烺《中西交通史料汇编》（第二册）"唐宋之海外贸易及大食、波斯商人考"认为："就地理上而言，长安、扬州（又名广陵、江都）、广州、洪州数处胡人最多，大概皆以营商而来。而此数地名，大半见于唐时阿拉伯书中。……广州即阿拉伯人之康府（Khanfu 即广府二字之转音），又曰兴克兰（Sin-kalan），或曰兴阿（Sin-ul-Sin）也。广州者，海舶登岸之处。洪州者（今之南昌）过路之处也。唐时，广州之波斯阿拉伯商人，北上扬州逐者，必取道大庾岭，再沿赣江而下，顺长江而再至扬州也。"[3]日本学者荒川正晴主张："到了 8 世纪后期，波斯和大食商人似乎与粟特商人分别主导着不同的地区贸易，主要进行着南海地域的贸易。根据妹尾达彦的《胡人买宝谭》的分析研究，可知在这些外国商人的买宝故事中，其商人主要是波斯和大食商人，又其发生的地理背景是长安、扬州、洪州、常州、广州等都市，这些城市都位于长安到南中国海之间的交通线上，是当时主要的商业通路。波斯、大食商人的活动舞台基本上是在长安、洛阳以南的运河沿岸都市和沿海大都市为中心的地域进行着贸易。"[4]而且，这些在广州的蕃商人数众多，来源广泛，宗教信仰亦多样，《中国印度见闻录》记载在黄巢起义军攻破广州城市后，杀害寄居在城内的外国商人达十二万之多，其中包括伊斯兰教徒、犹太教徒、基督教徒、拜火教徒等[5]。

如此众多来自各地的蕃商聚居广州贸易，甚至以广州为据点，深入到沿海和长江三角洲地区进行贸易，得益于唐代开放的政策，也出于唐代管理蕃商的法律制度比较健全，使蕃商来华贸易有良好的法律保障。

唐初的法律文本《唐律疏议》就已经就外国人在中国的冲突做了规范，《名例律》"化外人"条被学界普遍认为是唐朝对外法律的基本原则："诸化外人，同类自相犯者，各依本俗法；异类相犯者，以法律论。【疏】议曰'化外人'，谓蕃夷之国，别立君长者，各有风俗，制法不同。其有同类自相范者，须问本国之制，依其俗法断之。异类相犯者，若高丽之与百济相犯之类，皆以国家法律，论定刑名。"[6]即对来中国的外国人之间产生冲突时，双方为同一国家则以本国法律论断，双方为不同国家的人则以中国法律论断。这条法律从一个侧面说明在唐初即有相当不少来自不同地区的外国人在中国居住，需以法律来规范其冲突。

而随着广州对外贸易的日益繁荣，来华商人日益增多，专门针对广州或岭南地区蕃商及其外贸活动而发布的敕令亦出现。高宗"定夷舶市物例敕"："南中有诸国舶，宜令所司每年四月以前，预支应需市物，委本道长史，舶到十日内，依数交付价值，市了任百姓交易。其官市物送少府监，简择进内。"[7]宫廷把所需的物品列出来，交给广州等地区的长史去外国商船中购买，再由少府监选择精品交入皇宫，经官府购买后，蕃舶其余货品则任由百姓参与贸易。文宗太和八年（834 年）敕云："南海蕃舶，本以慕化而来，固在皆以仁恩，使其感悦。如闻比年长吏，多务征求，嗟怨之声，达于殊俗，况朕方宝勤俭，喜爱遐探，深意远人未安，率税犹重，思有矜恤，以示绥怀，其岭南、福建及扬州蕃客，宜委节度观使常加存问，除舶脚、收市、进举外，任其来往通流，自为交易，不得重加率税。"[8]此敕令肯定蕃舶来华之意义，要求岭南、福建、扬州等地的地方官员关怀蕃客，除舶脚、收市、进举三种税收外，不得增加税率，鼓励蕃客流通交易。究其原因，除了统治阶层对外国奇珍异品的追求以外，是唐中后期来自广州等沿海地区对外贸易的税收在朝廷的赋税中占了越来越重要的位置，统治者更加重视广州的蕃商和外贸。如玄宗时宰相张九龄在《开大庾岭记》称赞广州的海外贸易满足府库之用，通过大庾岭商道又赡江淮之用："海外诸国，日以通商，齿革羽毛之殷，鱼盐蜃蛤之利，上足备府库之用，下足以赡江淮之求。"[9]

广州专门管理蕃商与对外贸易的市舶使在开元初年也已经设立，兼具为皇室采购珍异、征收商税等职能。[10] 广州还在城西划立专门供外国商人居住的"蕃坊"，设立了专门负责解决蕃商纠纷的外国"蕃长"，则使蕃商更加愿意来广州进行贸易和居住。《中国印度见闻录》记载："商人苏莱曼（Solaiman）提到，在商人云集之地广州，中国官长委任一个穆斯林，授权他解决这个地区各穆斯林之间的纠纷；这是按照中国君主的特殊旨意办的。每逢节日，总是他带领全体穆斯林作祷告，宣讲教义，并为穆斯林的苏丹祈祷。此人行使职权，做出的一切判决，并未引起伊拉克商人的任何异议。"[11] 广州蕃坊规模庞大，居住的外国商人众多，成为唐代广州对外贸易繁荣，蕃商来华聚居的力证。广州蕃坊的繁荣甚至一直延续到宋代，宋代朱彧也这样记载："广州蕃坊，海外诸国人聚居。置蕃长一人，管勾蕃坊公事。专切招邀蕃商人。贡用，蕃官为之。内袍履笏如华人。蕃人有罪，指广州鞫实，送蕃坊行遣。缚之木梯上，以藤杖挞之。……广州蕃坊见蕃人赌象棋，并无车马之制，只以象牙犀角沈檀香数块于棋局上两两相移，亦自有节度胜败。予以戏事，未尝问也。余在广州，尝因犒设，蕃人大集府中，蕃长引一三佛齐人来，云善诵孔明王经。"[12]

正是因为唐代开放的对外政策和涉外法律的健全，才使来华蕃商络绎不绝。从另一个角度来研究唐初期和中后期的涉外法律，我们也会发现随着外国来华使者和商人的增多，对外贸易商税在政府的财政中占有越来越重要的地位，唐代法律对对外贸易的管制愈加放松，尤其对东南沿海对外贸易发达而且外患少、对统治威胁小的地区。二者之间存在一个良性的互动。

下面将从唐代法律的视野，对广州蕃商进行的商业贸易、朝贡、居住和置产、婚姻以及在华诉讼等活动进行分析，探究唐代法律和蕃商活动之间的联系。

一、正常商业贸易

唐代中后期来广州的阿拉伯商人这样描述外国商人在广州的商业贸易活动："他们使用铜钱贸易。他们有着其他国王所有的那样的国库。但除他们外，没有别的国王占有铜币，因为这是他们的国币。他们拥有黄金、白银、珍珠、锦缎和丝绸。尽管这一切极为丰富，但仅仅是商品，而铜钱则是货币。人们给他们贩来象牙、香料、铜锭、海贝（乌龟贝壳）以及前面提到的犀牛。他们用犀角制造腰带。他们有精美的陶器，其中陶碗晶莹得如同玻璃一样：尽管是陶碗，但隔着碗可以看得见碗里的水。海员从海上来到他们的国土，中国人便把商品存入货栈，保管六个月，直到最后一船海商到达为止。他们提取十分之三的货物，把其余十分之七交还商人。这是政府所需的物品，用最高的价格现钱购买，这一点是没有差错的。每一曼那（mana）的樟脑买五十个'法库'（fakkouj），一法库合一千个铜钱。这种樟脑，如果不是政府去购买，而是自由买卖，便只有这个价格的一半。"[13] 这则史料记述了唐代与蕃商交易时使用的货币、商品品种、交易形式等，让我们清晰地了解蕃商在广州的贸易情况：交易主要使用铜币，也有外国人带来金银币，出口的货品主要有锦缎、丝绸、瓷器（陶碗）等，进口的货品主要有象牙、香料、铜锭、海贝（乌龟贝壳）、犀牛、樟脑等，而交易则是集中蕃舶后统一进行、政府先购买货物的十分之三后再到市场进行贸易。中国记载广州蕃商交易之史料亦繁多，通典、新旧唐书等毋庸详引，仅唐人笔记中的记载就读之可观了。《唐大和尚东征传》描绘了8世纪中期在广州海湾中停泊商船的盛况，"江中有婆罗门、波斯、昆仑等舶，不知其数，并载香药、珍宝，积载如山。"[14] 这两则史料可以说明唐代广州对外贸易之盛况，另外在广州考古发现的众多来自印度、波斯湾等的物品，以及在海上丝绸之路海底考古和沿岸考古发现的中国钱币、瓷器、丝绸等物品亦足以证明当时海上贸易之繁荣，然此非本文关注之重点，故不详述。

但在唐初，因为边患未息，对外贸易尚受严格的控制。《唐律疏议·卫禁律》的关市部分中，也有具体关于对外贸易的详细规定，内容涉及私下到西边、北边诸关及缘边诸州贸易，将禁兵器与化外人，与化外人婚姻，蕃客入朝等。"齎禁物私度关"条：

诸齎禁物私度关者，坐赃论；赃轻者，从私造、私有法。若私家之物，禁约不合度关而私度者，减三等。【疏】议曰："依关市令：'锦、绫、罗、縠、紬、绵、绢、丝、布、牦牛尾、真珠、金、银、铁，并不得度西边、北边诸关及至缘边诸州易。'从锦、绫以下，并是私家应有。若度西边、北边诸关计赃减坐赃罪三等。其私家不应有，虽未度关，亦没官；若已度关及越度被人纠获，三分其物，二分赏捉人，一分入官。"[15]

又"越度缘边关塞"条：

诸越度缘边关塞者，徒二年。共化外人私相交易，若取与者，一尺徒二年半，三匹加一等，十五匹加役流；【疏】议曰："缘边关塞，以隔华、夷。其有越度此关塞者，得徒二年。以马越度，准上条'减人二等'，合徒一年。余畜又减二等，杖九十。但以缘边关塞，越罪故重。若从关门私度人、畜，各与余关罪同。若共化外蕃人私相交易，谓市买博易，或取蕃人之物及将物与蕃人，计赃一尺徒二年半，三匹加一等，十五匹加役流。"私与禁兵器者，绞；……。未入、未成者，各减三等。即因使私有交易者，准盗论。[16]

此两条以例举的方式规定禁止出关贸易的物品，包括锦、绫、罗、縠、紬、绵、绢、丝、布、牦牛尾、真珠、金、银、铁，禁止私给兵器，禁止私下交易，违犯者刑罚很重。《唐令拾遗·关市令》则是这样规定的："四［开元二十五年］诸锦、绫、罗、縠、紬、绵、绢、丝、布、牦牛尾、真珠、金、银、铁，并不得度西边、北边诸关及至缘边诸州易。"[17]

关于唐代贸易物品的限制，张泽咸等学者研究已深，勿需多论。但值得注意的是，孟彦超新近根据天一阁藏明钞本宋天圣令对唐令进行的复原，岭南的贸易比西边、北边诸关有较宽松的规定：

诸锦、绫、罗、縠、绣、织成、紬、丝绢、丝布、牦牛尾、真珠、金、银、铁，并不得与诸蕃互市及将入蕃，绫（？）不在禁限。所禁之物，亦不得将度西边、北边诸关及至缘边诸州兴易。其锦、绣、织成，亦不得将过岭外。金银不得将过越巂道。如有缘身衣服，不在禁例。其西边、北边诸关外户口须作衣服者，申牒官司，计其口数斟量，听于内地市取，仍牒关勘过。[18]

即除锦、绣、织成外，上述其他物品可以到岭南交易。推测其原因，则与广州外贸繁荣有相当之关系。另外，在唐朝，铜钱流入岭南实际是受到限制的，而岭南地区作为六朝至隋唐金银主要的生产地和供应地，则在一定程度上成为岭南对外贸易的流通货币，担当了流通手段和价值尺度的功能。[19]

综合唐前期法律对外贸易的相关规定，主要的要点有二：一是禁止私下贸易，蕃商来华一般需要经过官府检校物品、确定价格后才能在制定地点，以指定的方式进行贸易；二是禁止蕃商购买武器、锦绫等部分物品。

然研究者应注意的是，法律也是一个动态的变化过程，而不是静止的。《唐律疏议》是唐前期的法律文件，在对外关系上以西北、东北为重，我们仔细研究唐中期及以后的相关法律文件，就会发现随着外国来华使者和商人的增多，唐代法律对对外贸易的管制愈加放松，尤其是东南沿海对外贸易发达而且外患较少的地区。代宗时王虔休《进岭南王馆市舶使院图表》这样描述广州的蕃商交易情况："存今年波斯、古逻本二舶，顺风而至，亦云诸蕃君长，远慕望风，宝舶荐臻，倍于恒数。臣奉宣化临而存之，除供进物之外，并任蕃商列肆而市，交通夷夏，富庶于人，公私之间，一无所阙。[20]即在官府挑选上供朝廷的物品之后，蕃商可以"列肆而市"，自由买卖了。前引《唐文拾遗》卷一《高宗：定夷舶市物例敕》"南中有诸国舶，宜令所司，每年四月以前，预支应需市物，委本道长使，舶到十日内，依数交付价值，市了任百姓交易。其官市物送少府监，简择进内。"[21]同样规定在官府购买朝廷所需物品后，可以让蕃商与百姓自由贸易。文宗太和八年上谕还鼓励蕃商来华贸易，要求地方官吏加以存问，并给予自由流通、到其他地区贸易的权利。在禁物方面，广州的出口限制似乎也并不严格执行唐令中所规定，慧超《往五天竺传残卷》"波斯"条记载："（波斯国）常于西海泛舶入南海，……亦泛舶汉地，直至广州取绫绢丝绸之类。"[22]从蕃商来广州常购买绫绢丝绸之类的物品可见广州物品出口限制并不像西北边境那样严格。

二、朝贡以及朝贡名义下的贸易

在唐代，外国贡使往往可以得到唐朝政府的接待、供给粮食等，在收税上可以得到优惠，另外也可以从朝廷中得到赐物而不受禁止贸易的物品之限，所以，蕃商充当贡使也是常见的事情。美国学者谢弗在《唐代的外来文明》一书中即指出："但是平常的使臣大多都是普通政客、国王的近亲、高僧大德，或者干脆就是有商人充任。"[23]《中国印度见闻录》记载一位巴士拉城的人，乘船来到广州后，起了要去京城见皇帝的念头，"于是，他从广府启程，历时两个月，来到胡姆丹（指长安）。他在皇宫门前等候多日，迭次上书求见，声称他是阿拉伯先知的亲族。过了不久，皇帝吩咐给他安顿住房，满足他提出的必需用品。同时，皇帝又给派驻广府理事的地方长官，下了一道诏书，叫他到外商中去查访，以弄清这个自称是阿拉伯先知亲族的人的来历。广府的地方长官回禀说，他的血统是可靠的。因此，皇帝准他（谒见），还钦赐了许多金钱。后来他带着这些钱财返回了伊拉克。"[24]

在唐代的一些法律文件中，对蕃使的供给也是明确而具体的，根据不同国家、不同地区的来使而供给数目不等的粮料。武则天证圣元年九月五日敕：

> 蕃国使入朝，其粮料各分等第给，南天竺、北天竺、波斯、大食等国使，宜给六个月粮；尸利佛誓、真腊、诃陵等国使，给五个月粮；林邑国使，给三个月粮。[25]

又圣历三年三月六日敕：

> 东至高丽国，南至真腊国，西至波斯吐蕃，及监昆都督府，北至契丹突厥靺鞨，并为入蕃，以外为绝域，其使应给料，各依式。[26]

可见在武则天时期乃至更早，唐代的就有式专门详细规定蕃国贡使粮料，根据使者来源国的远近不同给予多少不等的粮料。

孟彦超根据宋天圣令复原的关市令有两条关于蕃商和蕃使的，《唐关市令复原清本》第10条："诸蕃客初入朝，本发遣州给过所。所有一物以上，关司共蕃客官人具录申所司；入一关以后，更不须检。若无关处，初经州县亦准此。"第12条："诸禁物不得将出关。若蕃客入朝别敕赐者，连写正敕，牒关勘过。"[27] 这些是给蕃使在关津检查上的便利和禁物放行的特殊优待。获得这些优惠，进而在贸易得到便利，也是蕃商充当贡使的重要原因。

但唐对蕃使的人数和所带物品是有限制的，《新唐书》卷48《百官志·鸿胪寺》载："海外诸蕃朝贺进贡使有下从，留其半于境；由海路朝者，广州择首领一人、左右二人入朝。"即对广州进贡的外国使团，只允许使者一人和随从二人入京。《全唐文》玄宗"诸蕃使次第入朝敕"："诸蕃使都府管羁縻州，其数极广，每州遣使朝集，颇成劳扰，应须朝贺，委当蕃都督与上佐及管内刺史，自相通融，明为次第，每年一蕃，令一人如朝，给左右不得过二人，仍各分颁诸州，贡物于都府点检，一时录奏。"[28] 此条敕对地方官员入朝和蕃使进贡都做了限制，以减少花费，另外对进贡的物品也要求留在当地都督府，只是抄录物品名单上奏。

三、置产和居住

在唐代前期，不少突厥、铁勒、契丹等部落由于内乱流亡和战争被俘到了唐境内，因此，安置"化外人"为唐代法律所重视。统治者出于户口增长带来的税收和对感化蕃人的优越意识，鼓励蕃人"投化"，在法律上给予了许多优惠，如在田地宽松的地方安置、按照蕃人的物产纳税、减轻甚至免去一定年限的赋税等：

《唐令拾遗·户令》"十九、没落外蕃人化外人附贯安置"条：

十九［开元二十五年］诸没落外蕃得还，及化外人归朝者，所在州镇给衣裳，具状送省奏闻。化外人于宽乡附贯安置，落蕃人依旧贯；无旧贯，任于近亲附贯。[29]

《唐令拾遗·赋役令》"六、蕃胡内附税钱输羊"条：

六［武德］［开元七年］诸蕃胡内附者，亦定为九等，四等已上为上户，七等已上为次户，八等已下为下户。上户丁税钱十文，次户五文，下户免之。附经二年者，上户丁输羊二口，次户一口，下三户一口（无羊之处，准白羊估折纳轻货，若有征行，令自备鞍马，过三十日已上者，免当年输羊）。[30]

《唐令拾遗·赋役令》"十二、边远诸州输课役"条：

十二［开元二十五年］诸边远诸州有夷獠杂类之所，应输课役者，随事斟量，不必同之华夏。[31]

《唐令拾遗·赋役令》"十六、没落外蕃得还给复"条：

十六［开元二十五年］诸没落外蕃得还者，一年以上复三年，二年以上复四年，三年以上复五年，外蕃人投化者复十年。[32]

《唐令拾遗·赋役令》"十七、夷狄新附户贯给复"条：

十七［开元七年］夷狄新招慰，附户贯者，复三年。[33]

从上引几条唐令可见，唐代法律规定对外蕃人来华附户有在宽乡安置、免除数年的赋税等优惠措施，这对少数民族和外国人来华定居具有重要的意义。

许多外国人来华居住，和中国人通婚好几代后，相貌都已和中国人一样了。《朝野佥载》卷5记载："广平宋察娶同郡游昌女。察先代胡人也，归汉三世矣。忽生一子，深目而高鼻，疑其非嗣，将不举。须臾赤草生一白驹，察悟曰：'我家先有白马，种绝已二十年，今又复生，吾曾祖貌胡，今此子复其生也。'遂养之。故曰'白马活胡儿'此其谓也。"[34]

广州是一个蕃商集中之地，既有中外商人杂处，也有蕃商集中居住的情况。在广州的城西，许多波斯，大食蕃商居住在一起，号称"蕃坊"，还建造了伊斯兰教堂"怀圣寺"。[35] 史料中也有许多关于广州蕃商和中国人杂居在一起的记载。《旧唐书》卷一五一《王锷传》记载"广人与夷人杂处，地征薄而丛求于川市。"[36]《太平广记》卷三四《神仙类·崔炜传奇》讲述崔炜在一穴中得到宝珠，去波斯村出售，一波斯老商人认为是大食国的"阳燧珠"，出钱十万缗购买而去。[37] 其故事虽玄怪不可信，但透露出一个重要的信息，就是波斯商人在广州已聚集居住，形成村落。又《旧唐书》卷一七七《卢钧传》认为广州的蕃商和中国人杂居一起造成混乱"先是土人与蛮獠杂居，婚娶相通，吏或挠之，相诱为乱。钧至立法，俾华蛮异处，婚娶不通，蛮人不得立田宅。由是徼外肃清，而不相犯。"[38] 则说明蕃商在广州开始是与中国人杂居的，并且可以买田地、房子，官吏试图干扰时还多人集中起来对抗。后来卢钧把华人和夷人分开居住，禁止通婚，以避免二者之间的纠纷。

众多的史料表明，广州的蕃商既有聚居成外国人村庄的，也有和中国人杂居的；同时购买田地和住宅，逐渐融入到中国人当中，又在一定程度上维持本国本民族一些习俗和和宗教信仰。流传至今的广州怀圣寺等遗迹记录着唐代蕃商在广州居住、生活、宗教活动的种种痕迹。

四、蕃商与中国人的婚姻

《唐律疏议》是禁止中国人与"化外人"私下通婚的，《卫禁律》"越度缘边关塞"条："……共为婚姻者，流二千里。未入、未成者，各减三等。即因使私有交易者，准盗论。【疏】议曰：'……未成者，谓婚姻未成，减流三等，得徒二年。因使者，谓因公使入蕃，蕃人因使入国。……若私与禁兵器及为婚姻，律无别文，得罪并同'越度'、'私与禁兵器'、'共为婚姻'之罪。又，准别格：'诸蕃人所娶得汉妇女为妻妾，并不得将还蕃内。'……私作婚姻，同上法。如是蕃人入朝听住之者，得娶妻妾，若将还蕃内，以违敕科之。"[39] 实际上，来华蕃人如此之多，娶汉女子为妻妾的人还是常见的，所以法律要求不得带回蕃乡。贞观二年六月十六日敕："诸蕃使人所娶得汉妇女为妾者，并不得还远蕃。"[40] 这条敕说明法律实际上允许蕃使在中国娶妾，但是严禁他们带回本国或本地。更具有意义的一则史料是在《宋刑统》卷8"越州县镇戍城及官府廨垣"条中保存下来的唐格："又准别格：'诸蕃人所娶得汉妇女为妻妾，并不得将还蕃内。'"[41] 唐代的格是把皇帝的制敕编结成册，作为长期有效的法典。[42]《宋刑统》所引此条格是否就是由前引贞观二年敕编制而来尚不清楚，但说明禁止蕃人带中国妇女回国在太宗以后都是有效的法律。前引《旧唐书》卷一七七《卢钧传》也记载了卢钧为广州刺史后禁止蕃人与中国人通婚以避免矛盾纠纷的事情，则间接说明广州蕃商与中国人通婚的情况较多，甚至引起中国人与外国人的冲突。

而对于蕃人女子嫁给汉人，法律没有禁止。曾有这样一则例子："李约尝江行，与一商胡舟楫相次，商胡病，固邀与约相见，以二女托之，皆异色也，又遗一大珠，约悉唯唯。及商胡死，财宝数万，约皆籍送官，而以二女求配。始验商胡时，自以夜光含之，人莫知也。后死胡亲属来理资财，约请官司发掘验之，夜光在焉。其密行有如此者。"[43] 李约被蕃商托女儿及财产，将她们嫁给汉人，财产交给官府。外国女子在华为妾为舞女者更是常见，"胡旋女"还曾是长安酒肆的宠儿。陆岩梦有诗《桂州筵上赠胡女子》云："自道风流不可攀，却堪蹙额更颓颜。眼睛深似湘江水，鼻孔高于华岳山。舞态固难居掌上，歌声应不绕梁间。孟阳死后欲千载，犹有佳人觅往还。"[44]

五、蕃商人死葬及财产继承

海上丝绸之路绵延数万里，以唐时的航海技术，蕃商往往要经过长达数月甚至经年的海上航行才能到达广州，死后财产如何继承也是一个比较棘手的问题。《唐律疏议》并没有条文规范商人死后的财产继承问题，但经过爬梳相关之史料，发现《宋刑统》中存在一则唐代的《主客式》和两节敕文，对蕃商的死亡埋葬和财产继承有明确的规定，具有重要的研究价值。

《宋刑统》卷18引唐"残害死尸"条引唐《主客式》：

【准】主客式：诸蕃客及蕃使入宿卫子弟，欲依乡法烧葬者，听。缘葬所须，亦官给。[45]

另《宋刑统》卷18"死商钱物"条引唐敕令：

【准】主客式：诸商旅身死，勘问无家人亲属者，所有财物，随便纳官，仍具状申省。在后有识认勘当，灼然是其父兄子弟等，依数却酬还。【准】唐大和五年二月十三日敕节文：死商钱物等，其死商有父母、嫡妻及男，或亲兄弟、在室姊妹、在室女、亲侄男，见相随者，便任收管财物。如死商父母、妻儿等不相随，如后亲属将本贯文牒来收认，委专知官切加根寻，实是至亲，责保讫，任分付取领，状入案申省。【准】唐大和八年八月二十三日敕节文：当司应州、郡死商，及波斯、蕃客资财货物等，谨具条流如后：一、死商客及外界人身死，应有资财货物等，检勘从前敕旨。内有父母、嫡妻、男、亲侄男、在室女，并合给付。如有在室姊妹，三分内给一分。如无上件亲族，所有钱物等，并合官收。二、死波斯及诸蕃人资财货物等，伏请依诸商客例，如有父母、嫡妻、男女、亲女、亲兄弟元相随，并请给还。如无上件至亲，所有钱物等并请官收，更不牒本贯追勘亲族。[46]

综合上两条史料，唐代法律对蕃商在华死亡和财产继承的规定要点有二：一是蕃商死后可以根据本国的风俗埋葬；二是蕃商的遗产继承参考中国商人的规定，遗产由同行亲属继承，如没有同行亲属，则没入官府。但有区别的是中国商人还要送文到商人的籍贯去寻找亲属，并根据亲属的不同而给予不同的财产分量，而蕃商则不寻找。

史书中记载的相关实际案例并不多，《资治通鉴》卷194"（贞观八年）春，正月，癸未，突厥颉利可汗卒。命国人从其俗，焚尸而葬之。"是按照蕃人习俗埋葬的例子。另有前引唐时韦绚著的笔记小说《刘宾客嘉话录》中，李约受蕃商遗托，财产送官府的故事。在这个故事中，李约是按照中国的习惯将胡商土葬，以致在一定时间后，仍能发棺将含在胡商口中的夜明珠取出交还其亲属。

广州作为蕃商的集中之地，蕃商死后的财产继承是常见之事。韩愈在《正议大夫尚书左丞孔公墓志铭》记载："（元和）十二年，自国子祭酒拜御史大夫、岭南节度等使。约以取足境内诸州，负钱至二百万，悉放不收；蕃舶之至，泊步有下碇之税，始至，有阅货之燕，犀珠磊落，贿及仆隶，公皆罢之；绝海之商，有死于吾地者，官藏其货，满三月，无妻子之请者，尽没有之。公曰：'海道以年计往复，何月之拘？苟有验者，悉推与之，无算远近。'厚守宰俸而严其法。"[47] 从这段史料可见唐代对来华商人死后的财产采取先由官府保存，三个月后无亲属（妻、子）认领则没为官有；孔戣为岭南节度使后改为取消官府保存时限，只要有亲属认领则归还财物。但值得注意的是，这只是某一段时期的政策还是后来一直实行的惯例呢？需进一步综合有关史料进行考察。

六、蕃商的在华诉讼

蕃商在华诉讼常见的问题是因不熟悉中国法律而进口或带出违禁物品，前引唐令中有对外贸易物品的诸多禁令，广州虽比西北诸缘边关有更多放松，但至少进口奢侈品不允许杂民间贩卖和禁止铜钱、武器等出口得到严格的执行。李肇所著的《唐国史补》卷下记载："南海舶，外国船也。每岁至安南、广州。师子国舶最大，梯而上下数丈皆积宝货。至则本道奏报，郡邑为之喧闹。有蕃长为主领。市舶使籍其名物，纳舶脚，禁珍异，蕃商有以欺诈入牢狱者。"[48] 来华出售宝石和药材等奢侈品能够让蕃商获得高额利润，因此做假也比较多，谢弗在《唐代的外来文明》中指出："确实正像在广州的一位波斯僧发现的那样，甚至出售假造的奢侈品和掺假的货物也是一个有利可图的行业。虽然这样做很可能会使从事进口的商人身陷囹圄，但是如果碰巧不被发现的话，他还是大大有利可图的。"[49] 陈明的《"胡商辄自夸"：中古胡商的药材贸易与作伪》一文还专门对唐宋时期的药材作伪现象作了专题研究。[50]

而蕃商在广州之诉讼过程则是很值得研究的问题。正如前文所指，学界普遍认为《唐律疏议·名例律》中的"化外人相犯"条是外国人在华诉讼的基本原则，即同国人相犯用本国法，不同国的人相犯用中国法。广州的蕃坊专门设立了解决外国人纠纷的"蕃长"，用本国法律来解决蕃商之间的诉讼问题。学界此项研究成果颇多，普遍认为蕃坊内的"蕃长"对广州蕃商具备一定的诉讼管辖权力。[51] 宋人朱彧在《萍洲可谈》中记载的广州蕃坊诉讼惯例，基本上反映了唐代的情况："广州蕃坊，海外诸国人聚居。置蕃长一人，管勾蕃坊公事。专切招邀蕃商人。贡用，蕃官为之。内袍履笏如华人。蕃人有罪，指广州鞠实，送蕃坊行遣。缚之木梯上，以藤杖挞之。……"[52] 综合《中国印度见闻录》及《伊本·白图泰游记》之相关记载，可以肯定，广州蕃坊以蕃商（唐中期以后通常穆斯林来担任）为蕃长，解决他们之间的纠纷，并带领宗教活动等。然而蕃长可管辖的基本上是一些蕃商之间的民事诉讼和轻微刑事诉讼，而关系到官府重大利益的商业税务、重大刑事诉讼则管辖权仍在广州的市舶使和都督手中。[53]

广州蕃商也直接面对着市舶使和广州都督的管理，让市舶使检查货物、挑选物品、上缴税收等。蕃商与官吏产生冲突的情况也时有发生，最严重的是武则天光宅元年的蕃商刺杀广州都督路元叡事件，《资治通鉴》卷二百三："（光宅元年）秋，七月，戊午，广州都督路元叡为昆仑（胡三省注：去交趾海行三百余日）所杀。元叡阉懦，僚属恣横。有商舶至，僚属侵渔不已，商胡诉于元叡；元叡索枷，欲系治之。群胡怒，有昆仑袖剑直登听事，杀元叡及左右十余人而去，无敢近者，登舟入海，追之不及。"蕃商在广州因为官吏的侵渔而告到都督路元叡那里，但路元叡处理不当，以致蕃商杀之而去。在蕃商带来的巨大财富下，管理广州官吏贪污层出不穷，以致唐人都感慨："时谓自开元后四十年，治广有清节者，宋璟、李朝隐、（卢）奂三人而已。"[54]

另外《中国印度见闻录》还记载了一位呼罗珊商人与担任市舶使的宦官在交易上产生冲突，上京城告状的故事。

有一个原籍是呼罗珊（Khurasan）的人，来伊拉克采购了大批货物，运到中国去卖。此人是一个吝啬而又贪婪的商人，因此他和皇帝的宦官发生了一场纠纷。这个宦官是派去广府——阿拉伯商人荟萃之地——为皇帝选购舶来品的（官吏）。而且，他又是皇帝臣仆中最有权势的一个人，皇帝的珍宝财物都由他管理。有一次，在象牙和另外一些货品的交易上，他跟那个商人发生了争执。商人拒不出卖，因而双方的冲突愈演愈烈，宦官竟采取强制手段，把商人带来的好货拿走了。在他看来他和商人之间的这桩事，是微不足道的，所以根本就不把它放在心上。可是，那商人并不罢休。为了澄清这个问题，他悄悄地从广府启程，花了两个多月光景，来到了皇帝的京城胡姆丹。……

在皇宫，翻译向他询问案情，他就把他同宦官怎样发生争执，宦官又怎样强行夺走他的货物，都一一报告了。

这个商人上京告御状的消息，很快就传遍广府，闹到满城风雨了。皇帝下令把这个呼罗珊商人押进监狱，满足他饮食上的一切要求。同时，又授命宰相写信给皇帝派驻广府的地方官，责令查明这个呼罗珊商人所控告的实情。此外，对右翼部队首长、左翼部队首长、中央部队首长，也下了同样的命令。……这三军首长也（给部下）写了信，（叫他们调查）。据他们获得的情报，已经可以说明呼罗珊商人的上诉是合理的。同时，回禀皇帝的奏疏，也陆续从各个方面送来。于是，皇帝召回了那个宦官。他一回到宫内，皇帝就把他的财产没收了，把他管理宝物的职务也革去了。然后，皇帝说道：

"你简直该当死罪。你教我落到去召见一个（吝啬的）商人的地步。他从我国（西部）边境的呼罗珊，到阿拉伯，然后从那里经过印度各国，来到中国。他是来我国寻求恩惠的。可是，你却希望他回去的时候，向各地的人说：'我在中国遭到无情的虐待，财产也给强占去了。'

不过，姑念你往日为我效力之劳，免你一死。但你不能再去活人中间理事了，现派你去管亡人的事吧！"

末了，遵照皇帝的旨意，把这个宦官留在皇陵当了看守。[55]

日本学者桑原骘藏在《蒲寿庚考》引用这则史料认为："历代虽然允许越诉，但一般来说，越诉于外商多有不便和不利之处，能使之实现者，较为罕见，因中国官吏乘外商的弱点，诸多刁难。"[56]因为路途之遥远、越诉之困难，实际上广州蕃商到京城上诉的情况还是少见的。他们更多的是在广州本地解决纠纷，官吏敲诈勒索时，则少来广州贸易；官吏清廉时，便多来广州贸易。《旧唐书》卷一三一《李勉传》便这样描述："（大历）四年，除广州刺史，兼岭南节度观察使。……前后西域舶泛海至者岁才四五，勉性廉洁，舶来都不检阅，故末年至者四十余。"[57]

蔡鸿生先生在《中外交通史上的胡商与蕃客》一文中指出："中外交通史必须避免两种倾向：第一，见路不见人；第二，见人不见物。贩卖的商品，出土的文物，研究其造型固然重要，更重要的是研究其功能，只有注意到功能，才可通向人，通过物来认识人。"[58]同样，我们在研究制度时，也需要落实到人身上。制度由人所创，为人而设，以往研究广州对外贸易的成果较少注意法律与蕃商之间关系。在政治平稳的大背景下，法律的鼓励与否与蕃商来华贸易有密切的联系，前引广州不同都督、刺史与市舶司执行不同的对外贸易法律，即有很快引起来广州贸易的外商多少的变化，由此可见一斑。正如《中国印度见闻录》里所说："跟现在不一样（按：指黄巢起义以后，唐朝统治瓦解，各地藩镇割据，法制大坏），往时中国在行政上的卓著成效，实在令人惊叹。其中的一个事例，就是法制，中国人打心底尊重法制。裁判官是经过遴选的，他们必须通晓法律知识；讲老实话；在任何场合都能主持正义；对有权有势的人，不偏袒姑息，不睁一只眼，闭一只眼，而是始终把握他们的事实；对平民百姓的金钱和他们手中的任何财物，要廉洁不苟；总而言之，要选拔在这些方面使中国人感到没有任何疑虑的人物。"[59]

注释：

[1]［宋］欧阳修、宋祁撰《新唐书·地理七下》，北京：中华书局，1975年，页1153~1154。

[2]［唐］杜佑《通典》卷191，北京：中华书局，1988年，页5199："族子环随镇西节度使高仙芝西征，天宝十载至西海，宝应初，因商贾船舶自广州而回，著《经行记》。"

[3]张星烺《中西交通史料汇编》（第二册）"唐宋之海外贸易及大食、波斯商人考"，北京：中华书局，1977年，页285。

[4]［日］荒川正晴著《唐代粟特商人与汉族商人》，载于《法国汉学》丛书编·辑委员会编《粟特人在中国——历史、考古、语言的新探索》，北京：中华书局，2005年，页103。

[5]穆根来、汶江、黄倬汉译《中国印度见闻录》卷二，北京：中华书局，2001年，页96："广府居民起来抵抗黄巢，他便把他们困在城内，攻打了好些时日。这个事件发生在回历264年。最后，他终于取得胜利，攻破城池，屠杀居民。据熟悉中国情形的人说，不计罹难的中国人在内，仅寄居城中经商的伊斯兰教徒、犹太教徒、基督教徒、拜火教徒，就总共有十二万人被他杀害了。这四种宗教徒的死亡人数所以能知道得这样确凿，那是因为中国人按他们的人（头）课税的缘故。"

[6]［唐］长孙无忌等撰；刘俊文点校《唐律疏议》，北京：中华书局，1983年，页133。

[7]［清］陆心源《唐文拾遗》卷1，上海：上海古籍出版社，1990年，页4。

[8]《全唐文》卷75《文宗太和八年（834）上谕》，上海：上海古籍出版社，1990年。

[9]《全唐文》卷291，北京：中华书局，1983年，页2950。

[10]唐代市舶使之研究，学界素重视，近年来即有宁志新的《试论唐代市舶使的职能及其任职特点》（《中国社会经济史研究》，1996年第1期）、《唐代市舶制度若干问题研究》（《中国社会经济史研究》，1997年第1期），黎虎的《唐代市舶使与市舶管理》（《历史研究》1998年第3期），王川的《论市舶太监在唐代岭南之产生》（《中山大学学报·社会科学版》2000年第2期），陈明光、靳小龙《论唐代广州的海外贸易、市舶制度与财政》（《中国经济史研究2005年第1期》）等，读者可参考阅读。

122

［11］穆根来、汶江、黄倬汉译《中国印度见闻录》卷二，北京：中华书局，2001年，页7。

［12］［宋］朱彧《萍洲可谈》（四库本）卷二，上海：上海古籍出版社，1987年，页292。

［13］穆根来、汶江、黄倬汉译《中国印度见闻录》卷一，北京：中华书局，2001年，页15。

［14］真人开元著《唐大和尚东征传》（汪向荣校注），北京：中华书局，1979年，页74。

［15］［唐］长孙无忌等撰，刘俊文点校《唐律疏议》，北京：中华书局，1983年，页176~177。

［16］［唐］长孙无忌等撰，刘俊文点校《唐律疏议》，北京：中华书局，1983年，页177。

［17］［日］仁井田陞撰，粟劲、霍存福等译《唐令拾遗》，长春：长春人民出版社，1989年，页643。

［18］孟彦超著《唐关市令复原研究》，载于天一阁博物馆、中国社会科学院历史研究所天圣令整理课题组编《天一阁藏明钞本天圣令（附唐令复原研究）》，北京：中华书局，2006年，页539。

［19］见王承文《晋唐时代岭南地区金银的生产和流通——以敦煌所藏唐天宝初年地志残卷为中心》，《唐研究》第十三卷，北京：北京大学出版社，2007年。

［20］《全唐文》卷515，上海：上海古籍出版社，页2318。

［21］［清］陆心源《唐文拾遗》卷1，上海：上海古籍出版社，1990年，页4。

［22］［唐］慧超《往五天竺传残卷》"波斯"条，北京：中华书局，2000年，页101。

［23］（美）谢弗著，吴玉贵译《唐代的外来文明》，北京：中国社会科学出版社，1995年，页44。

［24］穆根来、汶江、黄倬汉译《中国印度见闻录》卷二，北京：中华书局，2001年，页102~103。

［25］《唐会要》，北京：中华书局，1955年，页1798。

［26］同注25。

［27］孟彦宏《唐关市令复原研究》，载于天一阁博物馆、中国社会科学院历史研究所天圣令整理课题组主编《天一阁藏明钞本天圣令校证（附唐令复原研究）》，北京：中华书局，2006年，页539。

［28］《唐文拾遗》卷2，上海：上海古籍出版社，1990年，页8。

［29］（日）仁井田陞撰，粟劲、霍存福等译《唐令拾遗》，长春：长春人民出版社，1989年，页146~147。

［30］同注17，页600~601。

［31］同注17，页608。此条又见于《通典·食货·赋税下》"诸边远诸州有夷獠杂类之所，应输课役者，随事斟量，不必同之华夏。"

［32］同注17，页610。

［33］同注17，页611。

［34］［唐］张鷟《朝野佥载》卷5，出于《唐五代笔记小说大观》，上海：上海古籍出版社，2000年，页69。

［35］研究广州蕃坊的成果比较多，见马佩文《蕃坊趣考》（开放时代，1985年02期）、方舟《蕃坊》（国际贸易，1985年08期）、廖失珂《蕃坊与蕃长制度初探》（南洋问题研究，1991年04期）、刘莉《试论唐宋时期的蕃坊》（中央民族大学学报（哲学社会科学版）1999年06期）等。

［36］《旧唐书》卷一五一《王锷传》，北京：中华书局，1975年，页4060。

［37］原文为［唐］裴铏著《传奇》，《太平广记》卷34《神仙类·崔炜传奇》收录，又见于《唐五代笔记小说大观》，上海：上海古籍出版社，2000年，页1092~1096。

［38］《旧唐书》卷一七七《卢钧传》，北京：中华书局，1975年，页4592。

［39］［唐］长孙无忌等撰，刘俊文点校《唐律疏议》，北京：中华书局，1983年，页177。

［40］《唐会要》卷100，北京：中华书局，1955年，页1796。

［41］薛梅卿点校《宋刑统》，北京：法律出版社，1999年，页159。

［42］《唐六典》卷6"尚书刑部"："凡格二十有四篇。以尚书省诸曹为之目，共为七卷。其曹之常务但留本司者，别为留司格一卷。盖编录当时制敕，永为法则，以为故事。"北京：中华书局，1992年，页185。

［43］［唐］韦绚著，阳羡生校点《刘宾客嘉话录》，收录于《唐五代笔记小说大观》，上海：上海古籍出版社，2000年，页801。

［44］《全唐诗》卷870。

［45］薛梅卿点校《宋刑统》，北京：法律出版社，1999年，页327。式是唐代重要的法律形式，主要内容是百官各部门办事的规程，《唐六典》卷六云："式以轨物程事"。

［46］薛梅卿点校《宋刑统》，北京：法律出版社，1999年，页223~224。

［47］《全唐文》卷五六三《韩愈：正议大夫尚书左丞孔公墓志铭》。

［48］［唐］李肇《唐国史补》卷下，收于《唐五代笔记小说大观》，上海：上海古籍出版社，2000年，页199。

［49］［美］谢弗著、吴玉贵译《唐代的外来文明》，北京：中国社会科学出版社，1995年，页42。

［50］陈明著《"胡商辄自夸"：中古胡商的药材贸易与作伪》，《历史研究》2007年04期。

［51］邱树森的《唐宋"蕃坊"与"法外治权"》（宁夏社会科学，2001年05期）是一篇从"蕃坊"的蕃长治理模式来研究唐宋时期"法外治权"的文章，提出了蕃长只是具有管辖民事诉讼和轻微刑事诉讼的观点。

［52］［宋］朱彧《萍洲可谈》（四库本）卷二，上海：上海古籍出版社，1987年，页290。

［53］同注51。

［54］《新唐书》卷139《卢奂传》，北京：中华书局，1975年，页4418。

［55］穆根来、汶江、黄倬汉译《中国印度见闻录》卷二，北京：中华书局，页115~117

［56］桑原骘藏著，陈裕菁译《蒲寿庚考》，北京：中华书局，1954年，页159。

［57］《旧唐书》卷·三一《李勉传》，北京：中华书局，1975年，页3635。

［58］蔡鸿生《中外交通史上的胡商与蕃客》，载于陈春生主编《学理与方法——蔡鸿生教授执教中山大学五十周年纪念文集》，香港：博士苑出版社，2007年，页18。

［59］穆根来、汶江、黄倬汉译《中国印度见闻录》卷二，北京：中华书局，2001年，页117。

（作者单位：广州博物馆）

史籍所见唐宋时期往来广州的海舶与舶主

曾玲玲

中国之有市舶制度，始于唐代。[1]《旧唐书》卷八《玄宗本纪》云："(开元二年)十二月乙丑，封皇子嗣真为鄫王，嗣初为鄂王，嗣玄为鄄王。时右威卫中郎将周庆立为安南市舶使，与波斯僧广造奇巧，将以进内。"说明至迟在唐开元二年（714年）已有专门管理海外贸易的官员市舶使，广州也是最早由中央政府派遣市舶使的对外贸易口岸。

随着海外贸易的繁荣，宋代率先在广州设立专门管理海外贸易的机构市舶司，随后又在明州、杭州、泉州等地设立市舶司。据北宋毕仲衍《中书备对》对神宗熙宁十年（1077年）市舶贸易的记载：

三州市舶司（所收）乳香三十五万四千四百四十九斤。其内明州所收惟四千七百三十九斤，杭州所收惟六百三十七斤，而广州所收者则有三十四万八千六百七十三斤。是虽三处置司，实只广州最盛也。

上述记载说明，北宋初年广州市舶贸易繁盛，在全国市舶收入中所占份量极其重要。有关唐宋时期广州海外贸易情况，正史及笔记小说均有论及。前辈学者非常关注市舶制度史研究，例如市舶使与市舶太监、市舶司的管理、广州与泉州市舶贸易的比较研究等；也有关注市舶贸易带来的外来文化传播，如广州蕃坊的建立及其管理、中古时期海路入华的蕃客、伊斯兰教海路传播等等。而蔡鸿生先生的《唐代广州的市舶宴》一文独辟蹊径，通过数则记载唐代广州市舶官员举办市舶宴的史料，深入探究了其中所折射的中外文化交流内涵，为研究者拓宽了思路和视野。[2]本文在吸收借鉴前贤研究成果的基础上，重点考察唐宋时期广州市舶贸易中最重要的交通工具海舶与典型群体海舶舶主，通过对相关史料的分析研究，管中窥豹，初探唐宋时期广州海路贸易的基本情况。

一、海 舶

中古时期的交通并非如今日便利，崇山峻岭、浩渺重洋，成为了人们之间交往活动的层层障碍。然而"利之所趋，无所不至"，正是贸易活动最先开辟了一条条通道，逐渐使世界连接起来。在唐宋时期闻名于世的陆上丝绸之路与海上丝绸之路上，分别有一种最具代表性的交通工具，那就是陆路的骆驼和海路的船舶。今天的人们对曾经活跃在陆上丝绸之路的骆驼并不陌生，因为我们可以从考古发现的众多唐三彩骆驼中领略它们的神韵。它们或是背负货物蹒跚前行，或是有几位吹弹胡乐的胡人乐伎骑坐其上，无论何种造型，这些唐三彩骆驼总是透露着来自大漠的风韵和西域文化的气息。那么海路的船舶又是怎样的呢？

海舶一般指中国古代航海而来的外国商船，在唐宋时期的文献中一般用"蕃舶"、"蛮舶"代称。"市舶"之意就是通过商船进行的贸易活动，这种贸易活动是在中央朝廷监管下进行的。宋人朱彧曾于元符二年（1099 年）至崇宁元年（1102 年）随父朱服游宦广州，他在《萍洲可谈》一书中详细记载了外国商船来广州进行贸易的情况：

> 既至（广州），泊船市舶亭下，五洲巡检司差兵监视，谓之"编栏"。凡舶至，帅漕与市舶监官莅阅其货而征之，谓之"抽解"，以十分为率，真珠龙脑凡细色抽一分，瑇瑁苏木凡尘色抽三分，抽外官市各有差，然后商人得为已物。象牙重及三十斤并乳香，抽外尽官市，盖榷货也。商人有象牙稍大者，必截为三斤以下，规免官市。凡官市价微，又准他货与之，多折阅，故商人病之。舶至未经抽解，敢私取物货者，虽一毫皆没其余货，科罪有差，故商人莫敢犯。[3]

商船到达港口，先由帅臣或漕使与市舶监官根据商品种类按不同税率征收"抽解"，相当于今天的关税；"抽外官市各有差"，即在征收关税后，朝廷和地方先以官价收购一部分商品，如象牙重达三十斤以上和乳香都要以官价被朝廷收购，"榷货"就是指王朝规定必须专买专卖的商品。经过"抽解"和"官市"以后剩下的货物商人才可以自行处理，即与本地商人自由买卖。由于官市价格低廉，又允许朝廷用其他商品兑换奢侈进口商品，商人几无利可取，所以商人想方设法逃避官市，例如把象牙截短至三斤以下。但是律法规定如果躲避"抽解"私自买卖货物，那么全船货物都要被没收，必定血本无归，所以各国商船不敢以身试法，主动缴纳关税。

唐初，监管岭南的官员都是从朝廷选调至南方的重臣，他们对海外贸易的认识和了解需要一个漫长的过程，甚至于起初他们对与海相关的事物都是一知半解，唐元和十五年（820）韩愈撰写的《南海神广利王庙碑》有如下记载：

> 天宝中，天子以为古爵莫贵于公侯，故海岳之祀，牺帛之数，仿而依之，所以致崇极之意也。由是册尊南海神为广利王，祝号祭式，与次俱升。因其故庙，易而新之，今在广州治之东南，海道八十里，扶胥之口，黄木之湾。常以立夏气至，命广州刺史行事祠下，事讫驿闻。而刺史常节度五岭诸军，仍观察其郡邑，于南方事无所不统，地大以远，故常选用重人。既贵而富，且不习海事，又当祀时，海常多大风，将往，皆忧戚；既进，观顾怖悸。故常以疾为解，而委事于其副，其来已久。[4]

碑文记述了唐初朝廷册尊南海神庙为广利王以示崇敬，并命广州刺史每年立夏代为祭拜，与天子祭祀其他海岳山川之意并无区别。可是天宝至元和年间（742-820）掌管岭南军政大权的刺史虽位高权重，身份尊崇，但不了解海事，又不习惯沿海地区海风凌厉的气候和当地民俗，因此常以患病为借口，将天子交付的祭祀海神重任托付其副将。

那么唐宋年间往来广州的海舶主要来自哪些国家？这些商船又是怎样的呢？虽然近年来水下考古陆续发现了一些唐宋时期的沉船，[5]这些沉船经过长年累月的海水浸泡，已经支离破碎，难再复原。所幸史料记载了一些海舶的情况，为我们提供了宝贵的信息。例如唐朝天宝年间，鉴真和尚东渡日本求法，路过广州，曾见到珠江上壮观的景象：

> 江中有婆罗门、波斯、昆仑等舶，不知其数；并载香药、珍宝，积载如山。其舶深六、七丈。师子国、大石国、骨唐国、白蛮、赤蛮等往来居［住］，种类极多。[6]

据汪向荣校注，鉴真和尚所指之婆罗门即今印度一带，波斯即今伊朗，昆仑则是马来半岛、印度尼西亚等东南亚国家；师子国特指斯里兰卡，大石国即大食国，泛指七世纪兴起的阿拉伯帝国，至于骨唐国、白蛮、赤蛮则不知其所指。[7]据唐贞元年间（785~804年）鸿胪寺卿贾耽所撰《皇华四达记》对"广州通海夷道"的记载，八世纪中叶开辟了一条从广州起航至波斯湾、红海，直到东非沿岸、欧洲的亚、非、欧远洋航线，这条当时世界上最长的航线将广州与30多个国家和地区连接起来。[8]各国商船络绎不绝抵达广州港，海外奇珍异宝云集于此，进出口贸易空前繁荣。

笔者不禁思索，当时的人们如何辨别如此众多的外国船只呢？是根据船上悬挂的国旗和文字吗？然而对于这些汉人非常陌生的图案和文字，要辨明确实不易。笔者认为很可能是依据各国船只独特的外观和造型，此外就是通过耳濡目染的直观传播方式，如唐人李肇描绘师子国舶靠岸时的情形：

> 南海舶，外国船也。每岁至安南、广州。师子国舶最大，梯而上下数丈皆积宝货。至则本道奏报，郡邑为之喧闹。有蕃长为主领。市舶使籍其名物，纳舶脚，禁珍异，蕃商有以欺诈入牢狱者。舶发之后，海路必养白鸽为信.舶没，则鸽虽数千里，亦能归也。[9]

这则史料为我们提供了重要的信息，每年抵达安南、广州的外国商船中，师子国船（即锡兰国）体量堪称第一，船分几层，满载货物。最关键的是每当师子国船靠岸的时候，就有本道官员奏报"师子国船来啦"，于是城内居民沿岸围观，无人不晓，这便是师子国船为人熟知的原因。此外，师子国船队还以蕃长为首领，是有组织的商船。船上往往饲养信鸽，即使遭遇海难也可以让信鸽为故乡的亲人捎去音信。

除了以国别区分船舶外，唐人还以船载量为标准分出三个级别的海船：

> 唐始置市舶使，以岭南帅臣监领之。设市区，令蛮夷来贡者为市，稍收利入官。凡舟之来最大者为独樯舶，能载一千婆阑（胡人以三百斤为一婆阑）。次曰牛头舶，比独樯得三分之一。又次曰三木舶，曰料河舶，递得三之一。[10]

当时最大的独樯舶载重量达300吨，牛头舶能载100吨，最小的三木舶也能运载30余吨，说明中世纪西方造船技术已达到相当高的水平。《萍洲可谈》还记录了唐宋时期船舶出海的详细情况：

海舶大者数百人，小者百余人。以巨商为纲首、副纲首，杂事市舶司给朱记，许用笞治其徒。有死亡者籍其财。商人言，船大人众则敢往。海外多盗贼，且掠非诣其国者。如诣占城，或失路误入真腊，则尽没其舶货。缚此人卖之，云尔本不来此间。[11]

中古时代航海技术虽然有所发展，但是海上航行受天气、地形和海盗威胁，危机四伏，所以人们往往结伴出海，巨舶成为首选。船只无论大小，都有百人以上，推选其中的巨商为纲首、副纲首，负责在旅途中组织同船的人共同抵御海盗和恶劣天气，代为处理靠岸事宜。这种海路贸易结伴同行的方式与陆路的商队有相似之处，由于陆路交通要跨越千山万水，途经沙漠、雪山等险境，还要抵御强盗，所以商人们也结成商队同行，当中也有商队首领。不过海上航行依靠的是船只，危险性更大，如果遇到海难则全船人难逃厄运，上船后除非靠岸就不能弃船而去，所以海上贸易对交通工具的依赖性更大。

由于海路贸易的繁荣和造船技术的发展，宋代航海技术取得突飞猛进的发展。如《萍洲可谈》记载："舟师识地理，夜则观星，昼则观日，阴晦观指南针，或以十丈绳钩，取海底泥嗅之，便知所至。"[12]舟师已经能够利用天文、地理常识判断方位，而指南针的发明与运用更是宋代航海史的标志性事件，提高了海上航行的安全性。此外，《萍洲可谈》还记述了船上货物的摆放情况："舶船深阔各数十丈，商人分占贮货，人得数尺许，下以贮物，夜卧其上。货多陶器，大小相套，无少隙地。"[13]这段生动的文字为我们再现了海上货物运输和航海生活的情景，而"货多陶器，大小相套，无少隙地"十二字堪称古代瓷器运输的最早文字记载。

在中古时期来华的众多海舶中，大食舶与波斯舶即阿拉伯商船是最为引人注目的。广州等沿海口岸与波斯的海上交通在很早以前就已经开通了，1984年广东省遂溪县边湾村发现的一批南朝窖藏金银器中带有粟特文的萨珊银器和20枚萨珊银币，被认为是五世纪波斯商舶来到南中国海沿岸的重要物证。[14]唐宋时代则是阿拉伯世界与中国关系史上的重要阶段，据统计，大食蕃客频繁来贡，唐代共朝贡26次，宋代朝贡达49次。[15]而且有许多阿拉伯海商移居中国，对蕃汉文化交流、伊斯兰教入华、民族融合做出重大贡献。这些入华的海商除部分循陆上丝绸之路抵达长安外，绝大部分是乘坐海舶经海路抵达广州或泉州的，由此可见来华阿拉伯商船数量之多。在中国与阿拉伯国家的贸易史上，苏哈尔港曾发挥了重要的作用。公元8世纪中叶，勿巡国（即《诸蕃志》的瓮蛮，也就是今天的阿曼）著名的航海家欧贝德驾驶一艘双桅三帆木船从苏哈尔港启航，一路惊涛骇浪，依靠风力航行整整两年时间才抵达广州，为中国带来亚麻、毛毯、金属制品以及阿曼特产乳香，拓展了阿拉伯帝国和唐朝的海上贸易航道。苏哈尔因在当时中阿海上贸易的突出地位而被阿拉伯地理学家称为"通往中国的门户"。上世纪80年代，阿曼政府按历史文献记载，仿造了一艘当年从苏哈尔航行到广州的大木船，并将其命名为"苏哈尔"号。该船长22米，高3米，按照古代阿拉伯远洋商船的结构和式样建造，全船不用一根铁钉，船板用椰棕搓成的绳子连接起来，缝隙间涂以树胶，以防渗透。1980年11月，"苏哈尔"号从马斯喀特港出发，沿着古代阿拉伯航海家开辟的航线，不用现代航海仪器，靠观察日月星辰测定航向，历时7个半月，航行9500公里，于次年7月抵达广州。访穗期间，"苏哈尔"号船员参观了唐宋时期伊斯兰教从海路入华的见证物怀圣寺和光塔，并将一大一小两艘"苏哈尔"号模型馈赠广州博物馆，让羊城市民可以一睹中世纪阿拉伯远洋商船的风采。

二、舶　主

如上所述，中世纪的海上世界通过一艘艘海舶连接起来，陆地之间不再遥不可及，物种得以交流，文化互相传播。蔡鸿生先生曾提示："中外交通史须避免两个倾向：第一，见路不见人；第二，见物不见人。贩卖的商品，出土的文物，研究其造型固然重要，更重要的是研究其功能，只有注意到功能，才可通向人，通过物来认识人。"[16]上文重点考察唐宋时期来华海舶的国别与特征，讨论其作为海路贸易重要交通工具的作用。下文将选择唐宋时期抵达广州的外国商人中一类特殊的群体——舶主进行研究，通过解读史料分析唐宋时期舶主的主要国别、贸易活动与文化行为，探讨其在唐宋广州市舶贸易中的特殊地位。

首先我们区分几个专有名词：蕃客、舶主、纲首。"蕃客"泛指唐宋时期来华贸易的外国商人，有时也特指来华的阿拉伯商人。[17]"舶主"一词字面意思并无国别、民族之分，泛指外国船主。荣新江教授认为唐宋文献中出现"舶主"特指从海路入华的波斯商人的用法，因为这些海路入华的波斯商人携带外国奇珍入贡的行为与陆路波斯商人的行为极为相似，这些陆路波斯商人被称为"萨保"，而海路波斯商人则用"舶主"指称。[18]笔者将根据搜索到的唐宋史料，对荣教授以上观点作进一步探讨。"纲首"即从同船航行的商人中推选出的财力雄厚、德高望重的首领，此人不一定是舶主，但必须有统帅的能力，指引随船人员排除万难抵达目的地。

唐宋史料对舶主的记载是零散的，以下将重点讨论几则可确定为舶主身份的人物史料。如《全唐诗》卷四零七元稹《和乐天送客游岭南二十韵（次用本韵）》云：

> 贡兼蛟女绢，俗重语儿巾。舶主腰藏宝，黄家砦起尘。

其中"舶主腰藏宝"句注称"南方呼波斯为舶主。胡人异宝，多自怀藏，以避强丐"，荣新江先生指出，义净到广州后也是"与波斯舶主期会南行"，说明唐人把波斯看作是海上而来的商船"舶主"的代称。[19]细看元稹全诗并未提及波斯海商，但注中指明唐时岭南有将波斯海商称为"舶主"的习惯，原因在于波斯胡人多携带宝物来华，又多为巨商，故与舶主的一般特征很相似。宋人周去非《岭外代答》记载：

> 诸蕃国之富盛多宝货者，莫如大食国，其次阇婆国，其次三佛齐国，其次乃诸国耳。[20]

此处大食国应是泛指阿拉伯国家，包括当时的大食、波斯、勿巡等国。阿拉伯商人多巨富，如前所述，他们又是唐宋时期从海路抵达广州的人数最多、最引人瞩目的人群，因此将"舶主"之名冠以阿拉伯海商头上，也是符合史实的。

接下来我们看看几位舶主的事例。《宋史》卷四百九十《大食国》记载：

大食舶主臣蒲希密上言，众星垂象，回拱于北辰；百谷疏源，委输于东海。属有道之柔远，罄无外以宅心。伏惟皇帝陛下德合二仪，明齐七政，任宥万国，光被四夷。赓歌洽《击壤》之民，重译走奉珍之贡。臣顾惟殊俗，景慕中区，早倾向日之心，颇忧朝天之愿。昨在本国，曾得广州蕃长寄书诏谕，令入京贡奉，盛称皇帝圣德，布宽大之泽，诏下广南，宠绥蕃商，阜通远物。臣遂乘海舶，爱率土毛，涉历龙王之宫，瞻望天帝之境，庶遵玄化，以慰宿心。今则虽届无羊之城，犹赊双凤之阙。自念衰老，病不能兴，遐想金门，心目俱断。今遇李亚勿来贡，谨备蕃锦药物附以上献。臣希密凡进象牙五十株，乳香千八百斤，宾铁七百斤，红丝吉贝一段，五色杂花蕃锦四段，越诺二段，都爹一琉璃瓶，无名异一块，蔷薇水百瓶。

如上所述，蒲希密早在李亚勿来华之前受广州蕃长召唤，携带方物来华进贡。之后他寓居广州多年，待大食国贡使李亚勿入贡之际，他虽然年老多病不能入朝拜见，仍托李亚勿带蕃锦药物进贡。上文列举了贡品种类及数量，其中象牙、乳香是当时海路贸易的奢侈品，充分显示了舶主蒲希密财力之雄厚。

蒲希密此次进贡后不久，其子蒲押陀离也以舶主身份来到广州，《宋史》卷四百九十《大食国》记载如下：

至道元年，其国舶主蒲押陀离赍希密来献白龙脑一百两，腽肭脐五十对，龙盐一银合，眼药二十小琉璃瓶，白沙糖三琉璃瓮，千年枣、舶上五味子各六琉璃瓶，舶上褊桃一琉璃瓶，蔷薇水二十琉璃瓶，乳香山子一坐，蕃锦二段，驼毛褥面三段，白越诺三段。引对于崇政殿，译者代奏云："父蒲希密因缘射利，泛舶至广州，今五稔未归。母令臣远来寻访，昉至广州见之，具言前岁蒙皇帝圣恩降敕书，赐以法锦袍、紫绫缠头，间涂金银凤瓶一对，绫绢二十四。今令臣奉章来谢，以方物致贡。"

蒲押陀离所献物品同样价值不菲，可以想见他的进贡同样令太宗皇帝印象深刻。蒲希密父子分别以舶主身份循海路来华，代表大食国国王向北宋皇帝进贡方物，既表示了大食国对北宋王朝的友好，也显示了大食国强大的经济实力。当然，在行使外交礼节之后，他们便在广州开展贸易活动，尤以香料贸易获利甚丰。

除蒲希密父子外，大食国多次进贡，"大中祥符元年十月，车驾东封，舶主陁婆离上言愿执方物赴泰山，从之。又舶主李亚勿遣使麻勿来献玉圭。并优赐器币、袍带，并赐国王银饰绳床、水罐、器械、旗帜、鞍勒马等"。[21]陈法军认为陁婆离即陁婆离·蒲含沙，原名为杜米亚特·阿卜·哈桑（Dimietta AbuHasan），《宋史》及《宋会要》记载陁婆离多次以舶主身份亲自或遣使进贡，先后两次参加宋真宗德封祀大典，在东封时还被授予"归德将军"的称号。[22]而另一位舶主李亚勿曾以大食国贡使身份来华，此次又以舶主身份遣使来献，似乎有些扑朔迷离。其实正如蔡鸿生先生所言，中古时期胡商多冒充贡使来华，识别的关键就是有无带"贡表"。[23]李亚勿本是一名海商，无论他以贡使还是舶主的身份来华，进贡多少方物，最终目的仍是牟取经济利益。

上列几位舶主均来自阿拉伯国家，莫非舶主之名由大食、波斯国船主独享？洪适《盘洲文集》卷三一《师吴堂记》云：

> 岭以南，广为一都会。大贾自占城、真腊、三佛齐、婆涉海而至，岁数十柁，凡西南群夷之珍，犀象珠香流离之属，禹不能名。[24]

中古时期东南亚国家虽政权交替频繁，但由于身处南海贸易的枢纽地带，海外贸易非常兴盛，尤其是占城、真腊、三佛齐、阇婆等国商船纷纷来广州贸易，随船而来的珍宝异物也非常引人瞩目。鉴真和尚在广州所见昆仑舶即是来自东南亚的海舶。这些海舶的舶主有无在历代史籍中留下一些记载呢？笔者目前尚未搜索到有以舶主身份在史籍中出现的东南亚舶主，但是广州现存珍贵的《重修天庆观记》碑有如下记载：

> 治平中，有三佛齐地主，都首领地华伽罗遣亲人至罗罗押舶至此，见斯观瓦解，遗塞芜没。时与蕃中一亲人回见地主，具说其事，于是欣然有向道崇起之心。至四年，再发思离少文诣广府，始构大门建。[25]

碑文记载了北宋治平年间（1064~1067年）三佛齐国王地华伽罗派至罗罗到广州贸易，至罗罗见天庆观破败待修，托人禀告地华伽罗，随后地华伽罗派思离少文到广州重修天庆观的过程。该碑文被视为北宋时期中国与三佛齐交往历史的重要史料，也是两国文化交流的重要物证。戴裔煊先生在《宋代三佛齐重修天庆观碑记考释》一文中详细考证了至罗罗在广州的一系列活动，为后世揭示了三佛齐商人重修天庆观的历史意义。[26]熙宁二年（1069）由地华伽罗自愿出资重修的天庆观大殿完工，次年地华伽罗派人请庐山道士罗盈之主持天庆观，并捐资十万缗买田充作资产；熙宁十年（1077）地华伽罗再次遣至罗罗、南卑邕打、麻图华罗等27人贡犀牙、乳香、蔷薇水、木香、丁香等物，并以真珠、龙脑撒殿，至罗罗还表示愿出资四十万缗修复天庆观三清殿；后来宋朝授地华伽罗为保顺慕化大将军，至罗罗为怀华将军，南卑邕打、麻图华罗为保顺郎将，并答赐钱八万一千八百缗，银五万二千两。[27]由此可见至罗罗在三佛齐重修天庆观事件中所起的重要作用，他受命于三佛齐首领地华伽罗，两次来广州开展贸易和文化活动，最后还被授予"怀华将军"称号，与大食国蒲希密父子的功绩可相提并论。然而碑记只称其押舶至广州，既不称其为"贡使"，也未使用"舶主"之名，或许正如荣新江教授所推测的，"舶主"为唐宋时期专属于阿拉伯海商的中文词汇。

三、结　语

上述史料仅为我们提供了唐宋时期往来广州的海舶舶主典型个案，从中无法窥见来华舶主的全貌，但仍提供了重要的历史信息，可归纳为几下几点：

1、唐宋史籍所见的舶主以来自大食国、波斯国的阿拉伯海商为主，尽管仍有许多其他国家的海商以船主的身份率舶抵达广州，但是暂未发现中文文献以"舶主"之名称呼他们。这与阿拉伯海商称霸唐宋时期南海贸易的史实是相吻合的，他们是这一历史时期南海海域最活跃、最有影响力的外国海商。

2、舶主均为富商，不仅财力雄厚，在本国亦有很高的社会地位。因为舶主能够召集本国海商到海外拓展贸易，繁荣本国经济，"舶主"的称谓更多地代表一种特殊的身份。

3、如前所述，唐宋时期海外诸国政权交替频繁，舶主常借朝贡之名来华经商，当中也有舶主受命于本国国王或首领以贡使身份来华朝贡。无论其是否携带贡表，他们都曾代表本国国王或首领向唐宋朝廷进贡方物以示友好，以朝贡之举赢得唐宋王朝"怀远柔人"的礼遇，从而确保中国与阿拉伯国家海路贸易长期平稳的发展。

注释：

［1］［明］顾炎武《天下郡国利病书》卷一百二十载《海外诸番入贡互市》载"唐始置市舶使，以岭南帅臣监领之"。

［2］该文收入蔡鸿生著《中外交流史事考述》一书，河南：大象出版社，2007年，页208~214。

［3］［宋］朱彧撰，李伟国点校《萍洲可谈》卷二，收入《唐宋史料笔记》，北京：中华书局，2007年，页132。

［4］转引自《海上丝绸之路·广州文化遗产》之文献辑要卷，北京：文物出版社，2008年，页130。

［5］如广东阳江海域发现的"南海一号"宋代沉船，印尼爪哇海域打捞的印坦沉船（唐代）和"黑石号"沉船（9世纪中晚期）。

［6］［日］真人元开著，汪向荣校注《唐大和上东征传》，收入《中外交通史籍丛刊》，北京：中华书局，2000年，页74。

［7］同上，75页。

［8］见［宋］欧阳修等撰《新唐书》卷四三下，北京：中华书局，1975年校注本，页1153~1154。

［9］［唐］李肇《唐国史补》卷下，上海：上海古典文学出版社，1957年，页63。

［10］［明］顾炎武《天下郡国病利书》卷一百二十《海外诸番入贡互市》。

［11］［宋］朱彧《萍洲可谈》卷二，收入《历代史料笔记丛刊》，北京：中华书局，2007年，页133。

［12］同注11。

［13］同注11。

［14］详参姜伯勤《广州与海上丝绸之路上的伊兰人：论遂溪的考古新发现》，载广东省社会科学院编《广州与海上丝绸之路》，1991年，页21~33。

［15］引自甘正猛《唐宋时代大食蕃客礼俗考略》，载《广州与海洋文明》，广州：中山大学出版社，1997年，页6。

［16］蔡鸿生先生最早于2005年5月9日为广州市文博研修班学员开设《中外交通史上的胡商与蕃客》讲座时提出此观点，后将讲稿修订后收入《学理与方法——蔡鸿生教授执教中山大学五十周年纪念文集》，详参《中外交通史上的胡商与蕃客》一文，香港：博士苑出版社，2007年，页14~18。

［17］前辈学者极为重视对入华蕃客的研究，其中最有代表性的是日本学者桑原骘藏的《蒲寿庚考》与戴裔煊先生的《宋代三佛齐重修广州天庆观碑记考释》。陈学军在前人研究基础上，撰有专文《宋代广州的蕃姓海

商》，对寓居广州的阿拉伯海商展开了系统研究与论述，详见《广州与海洋文明》一书，页49~126。

［18］详见荣新江《波斯与中国：两种文化在唐朝的交融》，载刘东主编《中国学术》第12辑，北京：商务印书馆，2002年，页56~76。

［19］同注18。

［20］［宋］周去非《岭外代答》（中国风土志丛刊）卷三《航海外夷》，扬州：广陵书社，2003年，页102~104。

［21］《宋史》卷四百九十《大食国》，北京：中华书局，1977年，页121。

［22］详见陈学军《宋代广州的蕃姓海商》一文，《广州与海洋文明》，页67~68。

［23］详见蔡鸿生《中外交通史上的胡商与蕃客》，页15~16。

［24］［宋］洪适《盘洲文集》（四库本）卷三一《师吴堂记》，上海：上海古籍出版社，1987年，页457。

［25］《重修天庆观记》（北宋元丰二年），冼剑民、陈鸿钧编《广州碑刻集》，广州：广东高等教育出版社，2006年，页264。

［26］详见戴裔煊《宋代三佛齐重修广州天庆观碑记考释》，广州：《学术研究》1962年第2期，页63~76。

［27］引自陈学军《宋代广州的蕃姓海商》一文，《广州与海洋文明》，页79。

（作者单位：广州博物馆）

广州十三行行商与澳门莲峰庙

程存洁

鸦片战争前，尤其是广州作为清朝唯一对外通商口岸时期，澳门作为广州的外港，发挥着重要的作用。清政府规定，每年冬季，所有洋人都必须离开广州，回到澳门居住。因此，广州与澳门两地的关系十分密切。行商多有在澳门经营者，并且西洋船只在进入黄埔港前，照例要停泊澳门，因此澳门对于行商来说有着特别重要的意义。有关二者的关系，梁嘉彬先生作了开创性的研究工作。[1]其后，中山大学章文钦教授又作《清代广州十三行与澳门》一文，[2]详细地阐述了二者之间的关系。本文拟在前人研究基础上，进一步揭示清代广州十三行行商与澳门莲峰庙二者间的关系，从另一个侧面反映广州十三行行商与澳门之关系。

莲峰庙地处澳门关闸与澳门街之间，莲花山的北麓，创建时期称"慈护宫"，后又有"天妃庙"之称；因其地近关闸，又有"关闸庙"之名；至清嘉庆年间，香山知县许乃来始改称今名"莲峰庙"。历代又有相传，莲峰庙创建于明朝。但庙内现存碑刻记载，莲峰庙创建于清朝雍正元年（1723 年），其后历代又有多次维修。碑刻记载，维修时间有乾隆十七年（1752 年）、乾隆二十六年（1761 年）、嘉庆六年（1801 年）、光绪元年（1875 年）等。经过多次维修后，莲峰庙遂成今日规模，并成为澳门三大庙宇之一，建筑面积居三庙之首。

本庙由于地理位置优越，又是阖澳祀奉观音、天后、关帝、仓圣、沮圣、医灵、神农、金花、痘母之所，为澳门神祇最多的庙宇，故具有官庙性质，清朝官员前往澳门多驻跸此庙；本庙又由于地处海内外商旅百姓往来澳门和大陆必经之地，成为他们聚会议事之地，所以其地位重要，影响广泛。莲峰庙维修时，广州十三行行商积极参与，捐钱助金。莲峰庙内所藏清代嘉庆六年（1801 年）重修碑记批露了广州十三行行商捐钱参与莲峰庙维修工程一事。

莲峰庙内所藏清代嘉庆六年（1801）重修碑记共刻有四块碑文。第一块为《重修莲峰庙题名碑记》。碑青石质，高 203.5 厘米，宽 84 厘米，共 22 行，每行末尾均以 / 为标识。石碑上刻有钤印三方，一为阴刻"何昶之印"，一为阳刻"鸿文"。碑文内容如下（图一）：

重修莲峰庙题名碑记

昶少时游瀚星卢夫子门，得读所作莲峰庙碑记，知其地为山海之胜，亟欲一至，以快游观，未暇也。吾师语昶：邑东南百里，重岚叠巘，岿然秀出为凤皇山；蜒蜿曲折，趋南一路为莲根；二十里/为莲花，即濠镜澳也。将至里许，攒矗一峰，横截海中，奇秀甲于诸峰，曰莲蓬山。比拱凤皇，群山拥卫如儿孙，如狮象献奇呈怪，骇目惊心。庙处莲蓬中，插天之石、拔地之树，嶙峋蚴蟉，盘踞门外，赫然/濯然，不可仰视。韩昌黎所云众远而独为宗，其神必灵者，殆是之谓欤？又言昌黎谓清淑之气盛而不过，玺璮扶舆，磅礴郁积，水土之生，神气之感，必有忠信才德之人生其间。盖忠信者神明之所依，/而涉海者之所凭也。是岂独此都人幸，抑亦为诸番幸。助国家之化，节风雨之平，于神明卜之，亦于此都人卜之，盛气所钟，彬彬乎以忠信之本发，才德之华将骎骎乎日上也。昶志吾师言，以／为他日游左验。今春承司马丁公延昶主凤山书院讲席，书院胎息凤皇，门临澳海，左则莲根路也。暇与诸同学仰止莲蓬，山川人物，果如吾师昔之所言。晋谒神庙，天后殿居前，中为／观音殿，后文昌阁，左关帝庙，右仁寿殿，堂皇而深，壮丽而固，瑰伟绝特，较前倍之。妥神灵而肃观瞻，于是至矣。吾师碑文屹然殿侧，迴环朗诵，恍如昨日，裵裵不忍去。首事崔世等以重修碑／文属昶。惟庙创于雍正初，部郎罗君记之；继修而记为吾师；再而孝廉杜君，兹又属于昶。屈指吾师时五十余年矣，昶亦老矣。辞不获命，即以闻于师者次第忆述之，此外无能为役矣。谨志。／

原任江西广信府铅山县知县署德安南康崇义县事壬子科江西乡试同考官丁酉科举人榄溪何昶薰沐拜撰，／辛酉科举人赵允菁盥手拜书。／署理广东香山协镇都督前待卫府加三级纪录四次榄溪何士祥，／署理广州澳门海防军民府加四级纪录四次满州三多，／特调香山县知县前知海丰县事加十四级纪录八次癸卯科举人仁和许乃来，／署仁化县知县香山县县丞加三级纪录二次武进吴兆晋，／署香山县县丞加三级纪录二次黔南王峤，／管理粤海关澳门总口税务加三级纪录二次满州赏纳哈，／澳门海防军民府左部总司樊安邦，／香山协镇左营总司冯昌盛。／南湾税口、妈阁税口、

图一

马头税口、关闸税口。/

值事：崔世泽李致远锺恒昌黄永清容大振合兴号梁文迥冯敦源元吉号梁大任二全号

赵漱六梁东源天合号梁士琼栈号叶崇本德聚号仁昌号陈明馨昌源号等仝重修勒诸石。/住持僧智海仝立。/

嘉庆六年岁次辛酉季冬吉旦芳名立石。/

第二块碑文为《重修莲峰庙喜认碑记》。青石质，碑高204厘米，碑宽80.5厘米。碑文内容如下（图二）：

重修莲峰庙喜认碑记

今将信官绅耆商士喜认各殿器物列后，计开：

各殿列圣神像装金，谢嘉梧；

各殿大铜香炉六座，冯绥宗；

天后殿：

头门金字大木扁一幅，香山县正堂许印乃来；头门金字木长联一对，香山县正堂许印乃来；庙前大旗杆壹对，叶琼辉；神龛一座，上架行众信重修；铜八宝执事一堂，扬芳堂；铁聚宝大炉亭一座，省城允升号；大锡香案全副，合兴号；雕龙全金木桌围一张，梁绍景；紫檀雕花玻璃长明灯一座，谢嘉梧；紫檀玻璃大宫灯二对，胜记号；大玻璃灵芝长明灯一座，省城兴记；花红羽纱顾绣大彩一堂，梁士琦；金地青字木长联一对，陈成富；后柱金地青字木长联一对，水兴美坊众信；呀嘛顾绣三蓝花神帐一堂，麦本富；大锡香炉一座，蔡振堂；头门花红羽纱大彩一条，陈明馨；左拱门黑地金字木联併额，汇源号；右

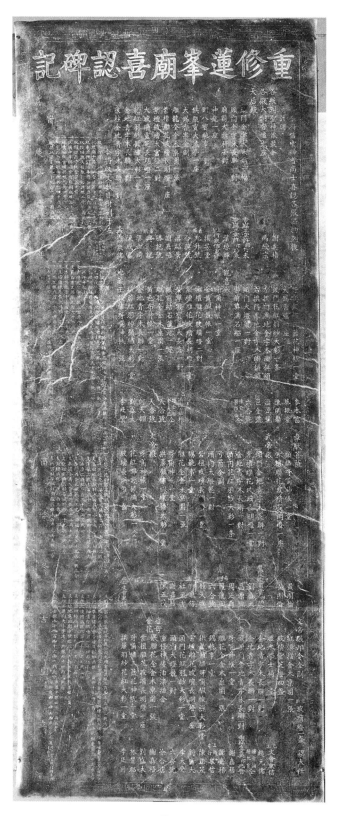

图二

拱门黑地金字木联併额，巨全号；头门大灯笼一对，六合号；案前奠酒石船一座，陈亚九、谢绍伦仝。

观音殿：

呀嚽神帐一堂、金黄缎龙帐一堂、紫檀雕花玻璃灯二对、紫檀雕花玻璃长明灯一堂、黄哗叽宝盖大长旛一对，已上俱谢嘉梧；殿前结石莲池一座，锺士超、李大临仝；雕花全金木桌围一张，天合号；黄色布神帐一堂，天合号；金地青字木长联一对，何大翎；拱簷红羽纱顾绣大彩一堂，刘盛大。

地藏王顾绣呀嚽神帐一张，李廷贤。

韦驮菩萨：

顾绣呀嚽神帐一堂，黄明伦；紫檀雕花玻璃长明灯一座，黄明伦。

武帝殿：

头门金地青字木长联一对，粤海关委员赏印纳哈；紫檀雕花玻璃长明灯一堂，刘盛大；金地青字木长联一对，昌源号；头门花红羽纱大彩一条，周廷鼎；弓箭全副，南湾口厐龙田；头门大灯笼一对，六合号；紫檀玻璃长明灯一盏，锺天牧；锡执事一堂，三街布行众信；雕花全金木桌围一张，杜元吉；呀嚽神帐一堂，谢嘉梧；拱簷顾绣缎线褴大彩一堂，陈正茂。

文帝殿：

呀嚽神帐一堂、花红哗叽顾绣大彩一堂、玻璃长明灯一盏，已上文会众信。

文帝殿印令全副　客厅玻璃灯一盏，梁大任；红漆描金木桌围一张、玻璃灵芝灯四盏、枥木学士椅一堂，已上文会众信；金地青字木长联一对，赵元儒；金地青字木长联一对，锺士澜、赵允育仝。

仁寿殿头门金地青字木长联一对，香山县左堂吴印兆晋；呀嚽神帐一堂，谢嘉梧；雕花全金木桌围一张，谢嘉梧；锡执事一堂，三街布行众信；拱簷顾绣呀嚽缎线褴大彩一堂，陈正茂；紫檀雕花玻璃长明灯一座，刘盛大；头门花红羽纱大彩一堂，李大受；头门大灯笼一对，六合号；重修神楼油漆描金，涂合店。

痘母金花殿雕花全金木桌围一张，谢嘉梧；紫檀雕花玻璃长明灯一座，刘盛大；呀嚽绣三蓝花神帐一堂，林赞昭；拱簷羽纱花红大彩一堂，李廷用。

今将收支数目附列于左：

一、收各行店　神担捐抽银五千九百四十七两七钱五分，欠平头银八十九两二钱二分；

一、收众商士签题工金银一千九百四十九两弍钱三分，欠平头银二十三两四钱；

一、收东源押丁巳、戊午二年揭抽头息银六十七两六钱三分五厘；

一、收投回进火台凳什物共银二十一两五钱；

一、收锺恒昌中伙金银五大员；

一、收庚申年供满会尚存剩租银三十六两弍钱七分；

一、收卖烂铁宝炉共银九两四钱一分；

一、收辛酉年铺租田租共银四十六两八钱正；

一、支甲寅乙卯丙辰三年各度代收抽头银金共银四十五两正另办斋酒银一十一两弍钱；

一、支乙卯戊午二年两次修庙砖灰木料连工共银三十六两六钱一分；

一、支乙卯攻新桥匪类连承地费及各项使用共银五十九两七钱二分；

戊午年起支：

一、支青砖连水脚共银三百零八两六钱六分；

一、支买石连工共银九百九十七两六钱二分；

一、支木料共银壹千壹百零三两九钱八分；

一、支瓦阶砖绿瓦鳌鱼共银三百六十八两四钱一分；

一、支泥水工银六百八十六两六钱七分；

一、支木匠工银七百六十五两四钱四分连修旧扁联工银五十七两二钱在内；

一、支散工连砌石基挑泥修路种树共银七百八十四两式钱八分；

一、支煤炭蚝壳柴草及买灰共银三百三十六两式钱二分；

一、支乌烟纸筋颜料木油共银壹百七十三两四钱一分；

一、支蓬厂工银壹百六十三两四钱四分连进火在内；

一、支油漆工料银二百三十五两五钱四分；

一、支各行禡祭及做节开工完工神福共银七十九两一钱三分；

一、支办酒办斋及会酒共银五十二两七钱一分；

一、支驳艇载砖木料各项共银一十九两五钱五分；

一、支上梁共银二十一两三钱正；

一、支铁器铁线铁钉铜线共银壹百零九两五钱一分；

一、支竹木器禾草慕统各物连公所支理食用共银三百七十五两三钱六分；

一、支各殿敕令印式连架武帝殿神龛门官龛窗搞横眉金花灯笼铜锣大鼓大旗椅桌等项共银一百七十一两九钱四分；

一、支遊镇在省赁亭宇各项及船脚共银一百四十二两一钱九分另中伙饼食银六十两零五钱；

一、支结彩紬赁灯银壹百一十四两八钱六分；

一、支进火使用共银六百一十八两七钱三分；

一、支复修梁楮灰料工银九十三两六钱正；

一、支新桥地还回郑宅价银三十五两另入呈及差银三员；

一、支碑石连刊大小字连工共银七十四两三钱正。

旨总共收得实银七千九百六十九两五钱七分；总共支去银七千九百二十六两一钱五分，另溢平银四十八两五钱，实剩银九十一两五钱二分九厘，将来砌左右头门街石支数另列。

嘉庆六年岁次辛酉季冬吉旦立石。/

第三块碑文为《重修莲□庙题名碑记》。青石质，碑高196厘米，碑宽82.5厘米。碑文内容如下（图三）：

重修莲峰庙题名碑记

绅耆商士喜助工金芳名开列：

东源押工金银壹百大员正，肉行连元堂工金银八十员加题银六大员，锺恒昌工金银七十员，江门永裕堂工金银六十员，修船行工金银五十六员加题银四大员，裁缝行工金银五十二大员，赵漱六工金银五十员、省城广利行工金银五十员、谢嘉梧工金银五十员、鱼行连茂堂工金银五十员，加题银四大员，坭水行工金银五十员，加题银八大员、省城同文行工金银三十两，省城达成行工金银三十两，省城会隆行工金银三十两，欧阳光义工金银四十员、锺士超工金银三十员、上架行工金银三十员，加题银九大员、油画行工金银三十员、番鞋行工金银三十员、省城伍惇庸工金银二十员、杜元号工金银二十员、吉大乡工金银二十员、益茂号工金银二十员、天合号工金银二十员、黄明伦工金银二十员、陈成富工金银二十员、林宽厚工金银十五员、元吉号工金银十五员、涂合号工金银十五员、义合号引水众信工金银十五员、赵元仪工金银十两、胡正馨工金银十两、梁永兴工金银十两、宋大魁工金银十两、韦霭阶工金银十两、福昌号工金银十三员、德聚号工金银十二员、合和号工金银十二员、郑文胜工金银十二员、张辅邦工金银十一员、黄埔义和号工金银十一员、邱陶号工金银十一员、崔世泽工金银十员、容大振工金银十员、黄永清工金银十员、冯敦源工金银十员、陈明馨工金银十员、王毓瑞工金银十员、刘盛大工金银十员、泗益号工金银十员、义号工金银十员、两源号工金银十员、省城金盛号工金银十员、曾朝礼工金银十员、蔡义云工金银十员、昌源号工金

图三

银十员、又经号工金银十员、何兆官工金银十员、宋殿辉工金银十员、黄文泰工金银十员、郑玉屏工金银十员、郭叶忠工金银十员、就成号办馆工金银十大员、江门沈顺兴工金银十员、黄埔胡元龙工金银九员、黄埔恒丰号工金银九员、省城胜记号工金银八员、黄埔祐兴号工金银七员、同利号工金银七员、黄埔义兴号工金银七员、义和号工金银七员、黄埔利兴号工金银七员、黄埔会兴号工金银七员、黄埔永兴号工金银七员、黄埔冯永广工金银六员、锦成号工金银六员、悦利号工金银六员、龙江宝章号工金银六员、龙江会章号工金银六员、盐埠李昌绪工金银五员、李大馨工金银五员、罗豫盛工金银五员、省城诚隆号工金银五员、省城中兴号工金银五员、省城广兴号工金银五员、黄埔罗昌海工金银五员、黄埔恒兴号工金银五员、黄埔泰兴号工金银五员、黄埔遂丰号工金银五员、黄埔益丰号工金银五员、黄埔福兴号工金银五员、龙江锦章号工金银五员、龙江悦纶号工金银五员、省城奇兴号工金银五员、省城联和号工金银五员、省城胜和号工金银五员、省城公和号工金银五员、省城馨昌号工金银五员、省城万胜号工金银五员、省城德源号工金银五员、省城美南号工金银五员、省城同合号工金银五员、石歧三盛号工金银五员、陈都相工金银五员、梁余庆堂工金银五员、蔡长发工金银五员、吴朝达工金银五员、林芳锡工金银五员、潮盛号工金银五员、广盛号工金银五员、宽和号工金银五员、两聚号工金银五员、陈后光工金银五员、广泽堂工金银五员、鲍瞻贵工金银五员、省城昌利号工金银五员、省城泗兴号工金银五员、省城广茂栈工金银五员、黄埔唐和号工金银五员、番邑凌锡贵工金银五员、鹤邑温恩养工金银五员、新邑许遐运工金银五员、江门同益号工金银五员、周廷弼工金银五员、梁仲安工金银五员、李阜源工金银五员、郑长埙工金银五员、何楚聚工金银五员、何连会工金银五员、陈亚金工金银五员、刘德昌工金银五员、徐德成工金银五员、胡辉海工金银四员、梁兰启工金银四员、黄世振工金银四员、蔡宽偶工金银四员、许中伦工金银四员，加题银五员、鲍连枝工金银四员、诚昌号工金银四员、益隆号工金银四员、林灿云工金银四员、聚源号工金银四员、福合号工金银四员、万生堂工金银四员、王义华工金银四员、徐志圣工金银四员、何昌阶工金银四员、卢敦攸工金银四员、蔡超兰工金银四员、瑞兴号工金银四员、梁全益工金银四员、石湾奇玉号工金银四员、沙头汇源号工金银四员、省城同泰号工金银四员、省城广盛号工金银四员、省城恒利号工金银四员、新邑胡大经工金银四员、龙江巨全号工金银四员、李合兴工金银四员、省城冯九如工金银四员、沙尾白趀棚宝合工金银四员、王兴合工金银四员、黄焕发工金银四员、苏华琏工金银四员、黄元章工金银四员、文锡和工金银四员、悦德号工金银四员、利就渡工金银四员、梁万升工金银四员、梁万华工金银四员、黄上达工金银四员、苏赞广工金银四员、何亚四工金银四员、春和堂工金银三员半、梁文迥工金银三员、义协号工金银三员、怡成号工金银三员、蔡桓方工金银三员、陆满源工金银三员、福兴号工金银三员、黄炳照工金银三员、曾连高工金银三员、吴逢源工金银三员、遂成号工金银三员、严建达工金银三员、刘祖爵工金银三员、区世荣工金银三员、容达俊工金银三员、悦泰号工金银三员、区悦盛工金银三员、黄晏家工金银三员、广福堂工金银三员、百和堂工金银三员、佛山邓俊工金银三员、佛山聚隆号工金银三员、佛山名材号工金银三员、佛山潘义盛工金银三员、龙江大隆号工金银三员、陈村天裕号工金银三员、江门万合号工金银三员、石歧利益号工金银三员、省城张儒号工金银三员、沙头泗源号工金银三员、省城同兴号工金银三员、香山广义号工金银三员、遂源号工金银三员、合利号工金银三员、梁国锡工金银三员、谢上贤工金银三员、张兴六工金银三员、李宏衍工金银三员、西成号工金银三员、茂和号工金银三员、天宝号工金银三员、谢伦高工金银三员、何宾华工金银三员、复合号工金银三员、永合号工金银三员、昌合号工金银三员、端合号工金银三员、三合号工金银三员、合兴灰炉工金银三员、卢英朋工金银三员、李芳荣工金银三员、黄品清工金银三员、罗元聪工金银三员、黄文畅工金银三员、黄朝工金银三员、陈叶瑞工金银三员、两顺渡工金银三员、何天聚工金银三员、黄上达工金银三员、陈亚长工金银三员、宝华号工金银二员半、保元堂工金银二员半、冯明庚工金银二员另银一钱八分、懋珍号工金银二员、悦源号工金银二员、结盛号工金银二员、杨德君工金银二员、张士伟工金银二员、黄焕章工金银二员、韩得号工金银二员、庞龙田工金银二员、成合号工金银二员、义合炉工金银二员、陈彩玉工金银二员、林康吉工金银二员、大昌号工金银二员、新和号工金银二员、南昌号工金银二员、从盛号工金银二员、梁明裔工金银二员、鲍永德工金银二员、张志泰工金银二员、程界黄泰光工金银二员、黄利业工金银二员、吴集昌工金银二员、常合号工金银二员、蚨茂号工金银二员、东盛号工金银二员、梁悠远工金银二员、蔡宽仁工金银二员、冯大宁工金银二员、振德号工金银二员、悦成号工金银二员、同心居工金银二员、许懋赞工金银二员、黄本达工金银二员、林育蕃工金银二员、宝合号工金银二员、成合号工金银二员、聚合号工金银二员、胜合号工金银二员、泰源号工金银二员、吴永顺工金银二员、韦东聆工金银二员、邓天池工金银二员、邱定山工金银二员、翁衍启工金银二员、蔡长清工金银二员、林应成工金银二员、谢奇瑞工金银二员、利和号工金银二员、王直贤工金银二员、王直豪工金银二员、隆生号工金银二员、常丰号工金银二员、陈文中工金银二员、宝昌号工金银二员、吴允今工金银二员、汤昌基工金银二员、天好堂工金银二员、裕隆号工金银二员、香山同发号工金银二员、香山顺利号工金银二员、石歧广茂号工金银二员、石歧俊盛号工金银二员、大良位育号工金银二员、江门和盛号工金银二员、六合号工金银二员、林赞昭工金银二员、曹衡珍工金银二员、易士显工金银二员、省城昌盛号工金银二员、李合成工金银二员、鹤邑温照号工金银二员、孟活时工金银二员、毛胜举工金银二员、吴纶昌工金银二员、曾学仁工金银二员、吴义臣工金银二员、江门和丰号工金银二员、江门盈昌号工金银二员、陈奕盛工金银二员、江门丰盛号工金银二员、省城陈文号工金银二员、合昌号工金银二员、省城恒昌号工金银二员、龙江绪章号工金银二员、江门洪胜号工金银二员、以和号工金银二员、省城和源号工金银二员、江门昌利号工金银二员、何英鹏工金银二员、陈兴茂工金银二员、省城三合号工金银二员、新邑王嵩万工金银二员、番邑屈汝翰工金银二员、番邑凌相勋工金银二员、吴华璪工金银二员、张兴在工金银二员、锺荷薪工金银二员、省城一六渡陈工金银二员、省城三八渡洪工金银二员、佛山一六渡徐工金银二员、佛山四九渡工金银二员、刘万高工金银二员、沙头渡周和工金银二员、省城悦昌号工金银二员、崑南渡工金银二员、卢文晃工金银二员、天利号工金银一员半、万合号工金银一员半、恒合号工金银一员半、新和摆街工金银一员半、杨厚超工金银一员半，何在饶工金银一员半、汤锡鸿工金银一员半、阜兴号工金银一员半、巧兴号工金银一员半、杰华号工金银一员半、德珍号工金银一员半、陈文德工金银一员半、李开宏工金银一员半、吴始华工金银一员半、江门永隆号工金银一员半、江门江玉号工金银一员半、香山大益号工金银一员半、

141

李就利工金银一员半、崑合号工金银一员半、南益炉工金银一员半、泰长号工金银一员半、林成芳工金银一员半、润华号工金银九钱正、东盛号工金银八钱三分、宝和号工金银八钱二分、碧华号工金银一员、英华号工金银一员、丽珍号工金银一员、巧成号工金银一员、宏丰号工金银一员、和珍号工金银一员、成聚号工金银一员、泰茂号工金银一员、利益号工金银一员、徐亮廷工金银一员、李琳焕工金银一员、麦振绶工金银一员、李廷俊工金银一员、何宾萼工金银一员、张成修工金银一员、郑凤集工金银一员、郑怀魁工金银一员、郑厚德工金银一员、吴泽培工金银一员、何绍财工金银一员、容焕达工金银一员、黄玉龙工金银一员、戴捷魁工金银一员、萧起鹏工金银一员、义合号工金银一员、摆街聚合号工金银一员、摆街悦合号工金银一员、岳礼邦工金银一员、余增义工金银一员、张连生工金银一员、陈亚辛工金银一员、谢耀号工金银一员、罗昌富工金银一员、张宗茂工金银一员、陈学敏工金银一员、大成号工金银一员、悦源号工金银一员、茂利号工金银一员、复茂号工金银一员、荣合号工金银一员、古隆号工金银一员、郭宁远工金银一员、方日华工金银一员、怡益号工金银一员、广兴号工金银一员、梁亚三工金银一员、昆昌号工金银一员、全兴号工金银一员、元记号工金银一员、曾明珍工金银一员、冯广澜工金银一员、广成号工金银一员、瑞成号工金银一员、香山泗源号工金银一员、石湾何永昌工金银一员、石湾就盛号工金银一员、佛山劳柱国工金银一员、佛山珩丰号工金银一员、邦成号工金银一员、联兴号工金银一员、慎记号工金银一员、徐仓翰工金银一员、徐辉翰工金银一员、佛山联合号工金银一员、东莞潘庆利工金银一员、佛山骅记号工金银一员、省城胜隆号工金银一员、江门恒吉号工金银一员、沙头广丰号工金银一员、苏万利工金银一员、梁李合工金银一员、陈学德工金银一员、吴亚韬工金银一员、吴亚四工金银一员、省城元昌号工金银一员、梁汝宁工金银一员、江门怡顺号工金银一员、卢毓敬工金银一员、省城陈显锡工金银一员、合新号工金银一员、李朝升工金银一员、何在敬工金银一员、何在朝工金银一员、恒德号工金银一员、黄如顺工金银一员、李耀登工金银一员、何藏胜工金银一员、朱泽广工金银一员、卢文晃工金银一员、林良进工金银一员、屈汝肖工金银一员、廖显合工金银一员、王煜佳工金银一员、锺其昌工金银一员、张成发工金银一员、梁四兴工金银一员、苏辉龙工金银一员、会华号工金银一员、洁和号工金银一员、顺和号工金银一员、义益号工金银一员、东利号工金银一员、万盛号工金银一员、黄灿工金银一员、毛亚祝工金银一员、林胜号工金银一员、毓敬号工金银一员、黄耀忠工金银一员、两合号工金银半员、黄湛生工金银半员、杨厚培工金银半员、张亚灿工金银半员、黄进邦工金银半员、陈绍佳工金银半员、史文玑工金银半员、林启贤工金银半员、吴集臣工金银半员、苏士光工金银半员、黄肇宗工金银半员、高焕彬工金银半员、谢绍登工金银半员、柯仪凤工金银半员、黄辅清工金银半员、徐德光工金银半员、梁廷璋工金银半员、蔡泽仁工金银半员、孟琼宗工金银半员、张成凤工金银半员、蔡溢邦工金银半员、甘上俊工金银半员、李昌麟工金银半员、李德茂工金银半员、苏士宏工金银半员、陈际匡工金银半员、陈绍英工金银半员、锺秀松工金银半员、冯景鹏工金银半员、苏江号工金银半员、钱瑞章工金银半员、严碧明工金银半员、蔡亚斗工金银半员、巨兴号工金银半员、黄佳朝工金银半员、何浩科工金银半员、陈泽周工金银半员、黄亚七工金银半员、苏士忠工金银半员、黄熙龙工金银半员、孔从光工金银半员、翁宗璟工金银半员、何亚相工金银半员、黄畅茂工金银半员、苏佐谦工金银半员、刘咏坚工金银半员、郑裔澄工金银半员、林英杰工金银半员、陈德元工金银半员、徐应台工金银半员、联兴号工金银半员、明合号摆街工金银半员、和记号摆街工金银半员、曾凤仁工金银半员、陈玉声工金银半员、张启安工金银半员、王作华工金银半员、黎友盛工金银半员、李亚颖工金银半员、关钦赐工金银半员、古仲达工金银半员、廖锦寿工金银半员、温春星工金银半员、张玉寿工金银半员、锺秀伯工金银半员、林庆猷工金银半员、锺廷辉工金银半员、饶传伯工金银半员、郑廷瑄工金银半员、郑廷轩工金银半员、杨绍初工金银半员、谢清高工金银半员、黄嘉璇工金银半员、陈万余工金银半员、锺圣鸣工金银半员、李殿癸工金银半员、李如云工金银半员、李福兴工金银半员、李天生工金银半员、余增益工金银半员、黄仕显工金银半员、吴合臣工金银半员、张绍璘工金银半员、张三快工金银半员、林亚福工金银半员、李昌明工金银半员、黄显声工金银五员、信氏助工金开列：锺门刘氏工金银三大员、锺门张氏工金银二大员、锺门郭氏工金银三大员、锺门李氏工金银二大员、冯门郑氏工金银二大员、赵门杨氏工金银二大员、李门陈氏工金银二大员、李门王氏工金银二大员、锺门林氏工金银一大员、梁门赵氏工金银一大员、赵门宋氏工金银一大员、邓门陆氏工金银一大员、梁门汪氏工金银一大员、李门黄氏工金银一大员、黄门唐氏工金银一大员、林门杨氏工金银一大员、林门杨氏工金银一大员。

嘉庆六年岁次辛酉季冬吉旦立石。

第四块碑文为《重修莲峰庙捐抽碑记》。青石质，碑高198厘米，碑宽81.5厘米。碑文内容如下（图四）：

重修莲峰庙捐抽碑记
各行商客捐抽银两芳名开列：

合兴号捐抽银三百九十二两零五分、另抽海参担银四百七十两零二厘，协栈号捐抽银五百一十七两二钱三分四厘、同茂号捐抽银五百一十两零八钱六分、米行众信捐抽银四百八十大员、将铺一间作价顶出、实收得银四百三十大员，义经号捐抽银壹百九十六两九钱七分三厘，合和号捐抽银五十六两四钱六分七厘、另各号抽檀香担银壹百四十七两九钱五分，省城奇兴号捐抽银壹百五十二两五钱八分，杜元号捐抽银九十两零八钱正，天合号捐抽银八十九两一钱正，福和号捐抽银九十五两六钱四分，高信号捐抽银八十六两二钱三分，德聚号捐抽银八十两零四钱四分，恒源号捐抽银七十五两五钱八分，南泉号捐抽银六十七两八钱五分，源隆号捐抽银六十七两一钱正，陆瑞号捐抽银六十四两七钱一分，诚合号捐抽银六十一两五钱正，会昌号捐抽银五十八两八钱二分，源茂号捐抽银五十八两五钱二分，红毛办就成号捐抽银五十七两六钱正，会和号捐抽银五十两零七钱四分，泰昌号捐抽银四十八两八钱六分，泉吉号捐抽银四十七两七钱六分，诚昌号捐抽银四十五两二钱二分，德昌号捐抽银四十三两五钱九分，元昌号捐抽银四十二两四钱八分，泗聚号捐抽银三十六两四钱二分，联吉号捐抽银三十三两二钱五分，利隆号捐抽银三十二两八钱四分，恒昌号捐抽银三十二两七钱五分，吕宋办长利号捐抽银三十二两四钱正，天然号捐抽银三十一两二钱五分，胜和号捐抽银三十一两一钱五分，大益号捐抽银三十

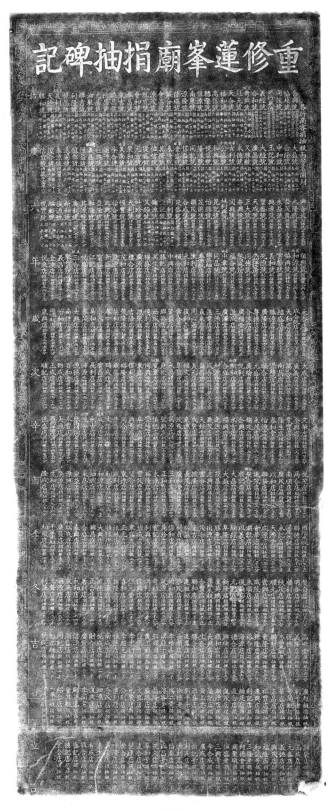

图四

两零八钱五分，合隆号捐抽银五十两零二钱四分，中和号捐抽银二十九两二钱五分，玉记号捐抽银二十八两五钱六分，大经号捐抽银二十八两四钱三分，广昌号捐抽银二十八两三钱九分，又胜号捐抽银二十七两九钱九分，永德号捐抽银二十七两七钱一分，省城吉利号捐抽银二十六两二钱正，嚷办公盛号捐抽银二十五两二钱正，和兴号捐抽银二十三两八钱四分，悦昌号捐抽银二十三两五钱六分，隆顺号捐抽银二十三两五钱四分，同记号捐抽银二十一两五钱正，信益号捐抽银二十两零七钱五分，省城金盛号捐抽银二十两零五钱七分，泰隆号捐抽银二十两零三钱二分，万隆号捐抽银一十九两八钱三分，位信号捐抽银一十九两七钱正，从盛号捐抽银一十九两二钱九分，元吉号捐抽银一十九两二钱一分，聚和号捐抽银一十九两一钱四分，省城美南号捐抽银一十八两七钱正，涂合号捐抽银一十八两五钱八分，遂源号捐抽银一十八两五钱二分，巨兴号捐抽银一十七两六钱二分，嚷办义昌号捐抽银一十七两二钱八分，恒益号捐抽银一十七两二钱四分，恒泰号捐抽银一十七两零八分，遂兰号捐抽银一十六两九钱八分，泰源号捐抽银一十六两八钱正，复合号捐抽银一十六两一钱四分，信丰号捐抽银一十六两零六分，兴合号捐抽银一十五两五钱八分，永隆号捐抽银一十五两五钱三分，益茂号捐抽银一十五两二钱二分，永益号捐抽银一十四两八钱六分，兴源号捐抽银一十四两八钱正，丰盛号捐抽银一十四两八钱正，天成号捐抽银一十四两七钱正，正大号捐抽银一十四两四钱正，存兴号捐抽银一十四两四钱正，闰兴号捐抽银一十四两四钱正，林利兴号捐抽银一十三两九钱七分，昆记号捐抽银一十三两八钱正，怡胜号捐抽银一十三两二钱正，茂兰号捐抽银一十三两零四分，联茂号捐抽银一十三两零八分，合成号捐抽银一十二两五钱四分，茂盛号捐抽银一十一两五钱一分，同利号捐抽银一十一两四钱八分，源记号捐抽银一十一两三钱七分，锦源号捐抽银一十一两三钱四分，又经号捐抽银一十一两二钱四分，叶珍号捐抽银一十两零六钱一分，天利号捐抽银一十两零四钱一分，恒丰号捐抽银一十两零二钱五分，怡合号捐抽银一十两零一钱一分，兴兴号捐抽银九两六钱六分，益隆号捐抽银九两五钱一分，和隆号捐抽银九两一钱九分，其源号捐抽银九两一钱五分，广利号捐抽银九两零三分，新和号捐抽银八两九钱六分，复源号捐抽银八两八钱三分，纶彰号捐抽银八两八钱三分，悦丰号捐抽银八两七钱九分，顺兴号捐抽银八两七钱八分，省城和源号捐抽银八两七钱七分，协兴号捐抽银八两六钱四分，云馨号捐抽银八两五钱六分，义和号捐抽银八两二钱二分，冼源号捐抽银八两零八分，永和洋货店捐抽银七两九钱二分，同德号捐抽银七两八钱二分，聚源苏抗店捐抽银七两三钱九分，福合号捐抽银七两一钱七分，省城中章号捐抽银七两零九分，同昌号捐抽银六两九钱四分，锦昌紬店捐抽银六两八钱三分，泰源纮店捐抽银六两八钱二分，陈利店捐抽银六两八钱正，永和店捐抽银六两六钱六分，恒合店捐抽银六两六钱五分，中兴店捐抽银六两五钱八分，省城胜记店捐抽银六两四钱八分，万生堂捐抽银六两三钱三分，福盛店捐抽银六两二钱七分，广源店捐抽银六两一钱四分，礼合店捐抽银五两九钱六分，茂和店捐抽银五两九钱三分，益源店捐抽银五两七钱九分，新盛店捐抽银五两七钱七分，宝盛店捐抽银五两三钱七分，江记店捐抽银五两五钱三分，悦盛店捐抽银五两五钱三分，果艇三合店捐抽银五两四钱六分，聚合炭店捐抽银五两三钱正，义昌店捐抽银五两三钱三分，全凌店捐抽银五两二钱四分，悦来店捐抽银五两二钱正，永合店捐抽银四两九钱正，成合纮店捐抽银四两八钱五分，天和店捐抽银四两八钱二分，结盛店捐抽银四两七钱七分，胜源店捐抽银四两六钱九分，广隆店捐抽银四两六钱八分，粤德店捐抽银四两六钱七分，合源店捐抽银四两五钱七分，广福堂捐抽银四两四钱正，遂成店捐抽银四两三钱二分，广泽堂捐抽银四两二钱七分，三源店捐抽银四两一钱正，遂意店捐抽银三两九钱九分，东来店捐抽银三两九钱三分，同心居捐抽银三两九钱正，复和办捐抽银三两七钱七分，常合店捐抽银三两七钱二分，聚益店捐抽银三两六钱五分，联昌店捐抽银三两六钱三分，西成店捐抽银三两六钱正，德利店捐抽银三两五钱九分，振聚店捐抽银三两五钱四分，吉隆店捐抽银三两三钱八分，聚隆店捐抽银三两三钱二分，荣和店捐抽银三两三钱二分，春生堂捐抽银三两三钱一分，合昌店捐抽银三两二钱九分，易和店捐抽银三两二钱六分，泰茂店捐抽银三两二钱二分，太兴店捐抽银三两一钱九分，南信店捐抽银三两一钱二分，怡和店捐抽银三两一钱一分，源顺利店捐抽银三两零六分，泉兴店捐抽银三两零四分，大成店捐抽银三两零四分，广义店捐抽银二两九钱五分，万合店捐抽银二两九钱五分，南昌店捐抽银二两九钱三分，悦合苏抗店捐抽银二两九钱正，顺合店捐抽银二两八钱八分，元盛店捐抽银二两八钱八分，广纶店捐抽银二两八钱八分，悦利店捐抽银二两八钱七分，摆街新和店捐抽银二两八钱六分，合盛店捐抽银二两八钱正，材源店捐抽银二两六钱七分，成合店捐抽银二两六钱二分，益昌店捐抽银二两五钱七分，美元店捐抽银七两二钱，锦文店捐抽银二两五钱正，阜盛店捐抽银二两四钱七分，永昌店捐抽银二两四钱三分，应松店捐抽银二两四钱二分，江龙宝章店捐抽银二两四钱一分，同兴店捐抽银二两四钱正，东盛店捐抽银二两三钱八分，信利店捐抽银二两三钱五分，裕隆店捐抽银二两三钱三分，炽盛店捐抽银二两二钱正，瑞成店捐抽银二两二钱四分，宝昌店捐抽银二两二钱正，长利店捐抽银二两一钱八分，沛源店捐抽银二两一钱八分，源德店捐抽银二两一钱八分，百和堂捐抽银二两一钱七分，锦成店捐抽银二两一钱六分，玉成店捐抽银二两一钱六分，顺记店捐抽银二两一钱六分，文华店捐抽银二两一钱四分，全兴店捐抽银二两一钱四分，常丰店捐抽银二两一钱二分，隆生店捐抽银二两零九分，春和堂捐抽银二两零三分，怡源店捐抽银二两零二分，永茂店捐抽银一两九钱八分，锦茂店捐抽银一两九钱七分，合兴店捐抽银一两九钱二分，永吉店捐抽银一两八钱九分，福兴店捐抽银一两八钱八分，逢源店捐抽银一两八钱七分，义茂店捐抽银一两八钱三分，天好堂捐抽银一两八钱一分，成聚店捐抽银一两七钱七分，来源店捐抽银一两七钱六分，茂茂店捐抽银一两七钱二分，万源店捐抽银一两七钱一分，聚兴店捐抽银一两六钱七分，慎记店捐抽银一两六钱七分，成合箍桶店捐抽银一两六钱二分，阜兴店捐抽银一两六钱一分，兴焉店捐抽银一两六钱一分，同合店捐抽银一两五钱九分，普昌店捐抽银一两五钱八分，文隆店捐抽银一两五钱二分，果艇成合店捐抽银一两四钱八分，永吉店捐抽银一两四钱八分，摆街悦合店捐抽银一两四钱六分，益昌麵饱店捐抽银一两四钱五分，永丰店捐抽银一两四钱四分，大源店捐抽银一两四钱四分，义昌洋酒店捐抽银一两四钱四分，德盛店捐抽银一两四钱四分，悦茂店捐抽银一两四钱四分，两合店捐抽银一两四钱二分，南顺店捐抽银一两三钱六分，广茂店捐抽银一两三钱四分，以和店捐抽银一两三钱三分，联发店捐抽银一两三钱一分，振茂店捐抽银一两三钱一分，摆街聚合店捐抽银一两三钱一分，顺记店捐抽银一两二钱七分，大昌店捐抽银一两二钱五分，大益店捐抽银一两二钱二分，茂昌店捐抽银一两二钱一分，志兴店捐抽银一两一钱八分，富合店捐抽银一两一钱七分，振隆店捐抽银一两一钱五分，长茂店捐抽银一两一钱五分，广和堂捐抽银一两一钱四分，三和店捐抽银一两一钱四分，正和店捐抽银一两一钱二分，永源店捐抽银一两一钱二分，裕隆店捐抽银一两零八分，丰茂店捐抽银一两零七分，贤合店捐抽银一两零五分，泉源店捐抽银一两零三分，成利店捐抽银一两零三分，利盛店捐抽银一两正，和源店捐抽银一两正，泗成店捐抽银九钱九分，永昌店又捐抽银九钱八分，泉益店捐抽银九钱八分，源兴店捐抽银九钱七分，聚源店捐抽银九钱七分，生和店捐抽银九钱六分，隆成店捐抽银九钱二分，雍陌米艇捐抽银九钱正，联德店捐抽银九钱一分，涌尾米艇捐抽银九钱正，永记店捐抽银九钱正，天济堂捐抽银八钱七分，成源店捐抽银八钱二分，会华店捐抽银八钱二分，潮就店捐抽银八钱一分，以义店捐抽银八钱一分，经经店捐抽银七钱八分，阜隆店捐抽银七钱七分，胜意店捐抽银七钱三分，闿源店捐抽银七钱三分，茂合店捐抽银七钱三分，逢吉店捐抽银七钱二分，裕药店捐抽银七钱二分，利贞店捐抽银七钱二分，信和店捐抽银七钱二分，丽珍店捐抽银七钱二分，宝记店捐抽银七钱二分，利兴店捐抽银七钱二分，怡成店捐抽银七钱二分，泉盛店捐抽银七钱二分，正元店捐抽银六钱九分，汪林店捐抽银六钱七分，顺豫店捐抽银六钱四分，大兴店捐抽银六钱三分，锦昌店捐抽银六钱正，合盛店捐抽银五钱六分，泰兴店捐抽银五钱七分，摆街瑞成店捐抽银五钱七分，广益店捐抽银五钱六分，平岚米艇捐抽银五钱正，和聚店捐抽银四钱八分，赞合店捐抽银四钱八分，明合店捐抽银四钱七分，顺利店捐抽银四钱七分，蚨茂店捐抽银四钱六分，顺元店捐抽银四钱五分，鸢兴店捐抽银四钱五分，成茂店捐抽银四钱五分，永顺店捐抽银四钱五分，复益店捐抽银四钱三分，元记店捐抽银四钱四分，新隆店捐抽银四钱二分，卢英鹏捐抽银四钱正，亚苏米艇捐抽银四钱正，合丰店捐抽银四钱正，联和店捐抽银四钱正，连祖船捐抽银四钱正，荣茂店捐抽银三钱八分，同和店捐抽银三钱六分，泉源店捐抽银三钱六分，奇彩店捐抽银三钱六分，洪利店捐抽银三钱八分，信兴店捐抽银三钱六分，保元堂捐抽银三钱六分，喜和店捐抽银三钱八分，兴隆店捐抽银三钱六分，源源店捐抽银三钱六分，振德店捐抽银三钱五分，正合店捐抽银三钱四分，苍利店捐抽银三钱三分，利和店捐抽银三钱二分，泉来店捐抽银三钱二分，汇源店捐抽银三钱二分，元声店捐抽银三钱二分，利益店捐抽银三钱二分，品草堂捐抽银三钱一分，义隆店捐抽银三钱一分，悦德店捐抽银三钱一分，永昌米艇捐抽银三钱正，联新店捐抽银二钱九分，贵隆店捐抽银三钱正，穗隆店捐抽银二钱八分，裕合店捐抽银二钱七分，海源店捐抽银二钱六分，德合店捐抽银二钱五分，兴顺店捐抽银二钱五分，顺和店捐抽银二钱四分，长兴店捐抽银二钱二分，生合店捐抽银二钱二分，胜合店捐抽银二钱二分，连凤店捐抽银二钱一分，长顺店捐抽银二钱一分，李积喜捐抽银二钱，梁亚十捐抽银二钱，郭显满捐抽银二钱，黄上兴捐抽银二钱，亚保哥捐抽银二钱，李宏衍捐抽银二钱，李昭元捐抽银二钱，恒德店捐抽银二钱，南成店捐抽银二钱，悦成店捐抽银二钱，财合店捐抽银二钱，广丰店捐抽银二钱，信源店捐抽银二钱，潮盛店捐抽银二钱，同记店捐抽银二钱，怡江艇捐抽银二钱，悦成店捐抽银二钱，广超艇捐抽银二钱，刘号老捐抽银二钱，帝简艇捐抽银二钱，华盛店捐抽银二钱，正昌店捐抽银二钱，裕丰店捐抽银二钱，连兴店捐抽银二钱，利记店捐抽银二钱，新茂店捐抽银二钱，通合店捐抽银二钱，复茂店捐抽银二钱，潮源店捐抽银二钱，隆记店捐抽银二钱，黄上志捐抽银二钱，源盛店捐抽银二钱，郭平升捐抽银二钱，徐德老捐抽银二钱，扬二哥捐抽银二钱，得喜老捐抽银二钱，昌隆店捐抽银二钱，广胜店捐抽银二钱，文盛店捐抽银二钱，永聚店捐抽银二钱，公利店捐抽银二钱，达利店捐抽银二钱，合茂店捐抽银二钱，泗源店捐抽银二钱，复兴店捐抽银二钱，李简老捐抽银二钱，邝集逸捐抽银二钱，会其艇捐抽银二钱，绍合店捐抽银二钱，大墺米艇捐抽银二钱，介涌米艇捐抽银二钱，调聚店捐抽银二钱，西成店捐抽银二钱，元盛店捐抽银二钱，义德店捐抽银二钱，兴茂店捐抽银二钱，福隆店捐抽银二钱，和记号捐抽银二钱，三隆老捐抽银二钱，何德会捐抽银二钱，周聚敬捐抽银二钱，恒盛老捐抽银二钱，三兴号捐抽银二钱，李合成捐抽银二钱，广成店捐抽银二钱，怡记号捐抽银二钱，利遂店捐抽银二钱，源利店捐抽银二钱，怡泰店捐抽银二钱，五昌号捐抽银二钱，冼文信捐抽银二钱，阜和号捐抽银二钱，远合店捐抽银二钱，悦源店捐抽银二钱，荣合店捐抽银二钱，叶隆店捐抽银二钱，泉隆店捐抽银二钱，连生店捐抽银二钱，有成店捐抽银二钱，敬合店捐抽银二钱，盛记店捐抽银二钱，德记店捐抽银二钱，宏合店捐抽银二钱。

嘉庆六年岁次辛酉季冬吉旦立石

上引四块碑文详细地记录了嘉庆六年莲峰庙的重修情况。这次重修是莲峰庙一次大规模的重修工程，是莲峰庙创建以来规模最大、社会各阶层人士参与最多的一次重修工程。这次重修既采用信官绅耆商士喜认莲峰庙各殿器物的捐认形式，又采用工金银的捐款形式。既有官府官员参与，又有社会各绅士行商店主参与，还有外商买办参与。官府官员有署理广东香山协镇都督前侍卫府加三级纪录四次榄溪何士祥、署理广州澳门海防军民府加四级纪录四次满州三多、特调香山县知县前知海丰县事加十四级纪录八次癸卯科举人仁和许乃来、署仁化县知县香山县县丞加三级纪录二次武进吴兆晋、署香山县县丞加三级纪录二次黔南王峤、管理粤海关澳门总税口税务加三级纪录二次满州赏纳哈、澳门海防军民府左部总司樊安邦、香山协镇左营总司冯昌盛、南湾税口、妈阁税口、马头税口、关闸税口等等。珠江三角洲一带踊跃捐款的绅耆商士和各行商客有：江门的永裕堂、同益号、万合号、和盛号、和丰号、盈昌号、丰盛号、洪胜号、昌利号、永隆号、江玉号、恒吉号、怡顺号，龙江的宝章号、会章号、锦章号、悦纶号、巨全号、大隆号、绪章号，鹤邑的温照号，石歧的三盛号、利益号、广茂号、俊盛号，石湾的奇玉号、就盛号，佛山的聚隆号、名材号、珩丰号、联合号、铧记号，陈村的天裕号，沙头的泗源号、广丰号，大良的位育号，香山的广义号、同发号、顺利号、大益号、泗源号，摆街的聚合号、悦合号，黄埔的义和号、义合号、恒丰号、祐兴号、义兴号、利兴号、会兴号、永兴号、恒兴号、泰兴号、遂丰号、益丰号、福兴号、唐和号，省城的金盛号、胜记号、诚隆号、中兴号、广兴号、奇兴号、联和号、胜和号、公和号、馨昌号、万盛号、德源号、美南号、同合号、昌利号、泗兴号、广茂栈、同泰号、广盛号、恒利号、张儒号、同兴号、昌盛号、陈文号、恒昌号、和源号、三合号、悦昌号、元昌号、吉利号、中章号等等。澳门本地的绅耆商士和各行商客也积极捐款。这次重修共收得实银七千九百六十九两五钱七分，总共支去银七千九百二十六两一钱五分，另溢平银四十八两五钱，实剩银九十一两五钱二分九厘。碑文还为我们提供了这次重修时使用的一些具体材料，如修庙使用的青砖连水脚、瓦阶砖、绿瓦、鳌鱼、煤炭、蚝壳、柴草、灰、乌烟纸筋、颜料、木油、油漆、铁器、铁线、铁钉、铜线、竹木器、禾草、复修梁灰料等砖灰木料铁器。

前引第一块碑文记载："惟庙创于雍正初，步郎罗君记之。"这是指莲峰庙所藏《鼎建记事碑》。该碑立于雍正元年仲秋谷旦，为诰授朝议大夫户部河南清吏司郎中加三级罗复晋撰写。碑高163厘米，宽76厘米，青石质，上有"罗复晋"、"荔山"等印五方，共有21行。步郎罗君在碑文中详细地叙述了海外贸易的发展与中华礼乐文明是莲峰庙兴建的直接原因：

五岭之南皆濒大海，而澳门尤为南交极塞。明万历间彝人叩准庐居，聚其族类，载货与海外诸番往来，遂以其地为聚货之乡。而中华旅客亦以其地为聚货之乡。然由陆而来，踰岭度山，路纡而阻险；由海而至，巨浪滔天，洪涛荡日，非有神相，不敢鼓枻而行。侧闻载货之舟，当风波震作，辄有祥云覆盖，赤火驻桅，其舟遂定。卜者谓祥云为观音降神，赤火为天后显圣，以二圣为群生大母，其于舟人急遽，犹孩赤之，其拯而救之也固宜。独澳为彝人所居，未有庙坛以隆祀事，居者行者恒歉于心。岁在壬寅，澳中诸君数十辈偶集于入澳之莲蓬山，览其奇胜，谋建庙于侧，以为二圣香火。因筮得吉，复得勷事者若而人。遂丕基裂石，石随斧开，聚木取材，材随海至，人心欢协，时事顺适，不日告成。其外为天后殿，其内为观音殿，其后为无祀坛，其左为社为客堂为僧舍，统曰慈护宫。予告假南还，偶游其地，与澳中诸亲友登莲蓬之顶，东望扶桑，西瞰瑶池，银波碧浪，万里澄空，而南海孤屿，所谓罗万山、横琴山、零丁、鼓角、牛角、飞沙，森森罗列，如髻如螺。庙旁则怪石峋嶙，如龙翔，如凤舞，如屏列千寻，如席铺十亩，千形万像，不可名状，俯而睇之，芦花钓艇，与江凫出没于波心。近而听之，断岸渔歌，与羌笛游扬于水面。青洲烟树隐含出塞，雄关锦石烟村间接。望洋古寺，深叹其地擅山川之胜，其神必萃天地之灵，况澳中人物日蕃，土风日上，春秋俎豆集彼都，人士济济跄跄，将使衣冠礼乐大变其毛衣披发之风，其于圣天子休明之化，未尝无补焉。

由于莲峰庙的兴建有着开化本地风气之作用，所以它的兴建从一开始就得到了官府的大力支持，粤海关也给予了资助。莲峰庙雍正元年兴建之初，广州督粮分府兼摄香山县事李焞、香山协左营关闸汛总司刘发、护理香山协副府事左营都司钱寿、粤海关管理澳门税务事周镇等分别题银。此后莲峰庙历次维修中，官府和粤海关都给予了大力支持。

　　值得一提的是第三块碑文《重修莲□庙题名碑记》和第四块碑文《重修莲峰庙捐抽碑记》。第四块碑文记载了红毛办就成号捐抽银五十七两六钱正、吕宋办长利号捐抽银三十二两四钱正、嚅办公盛号捐抽银二十五两二钱正、嚅办义昌号捐抽银一十七两二钱八分，红毛是指英吉利，吕宋是指今菲律宾，嚅是指哪国，尚待考证。第三块碑文提到广州十三行行商捐银修建莲峰庙一事，碑文提到"广利行工金银五十员"、"同文行工金银三十两"、"达成行工金银三十两"、"会隆行工金银三十两"。据梁嘉彬《广东十三行考》一书考证，嘉庆六年广利行行商为卢观恒，同文行行商为潘致祥，达成行行商为倪秉发，会隆行行商为郑崇谦。《广东十三行考》一书又引《粤海关志》所记嘉庆五年洋行行名及其排列：（一）同文，（二）广利，（三）怡和，（四）义成，（五）东生，（六）达成，（七）会隆，（八）丽泉。[3] 可见，向莲峰庙捐款的广州行商均为当年重要行商，其中，同文行和广利行为嘉庆年间广州四大行商之首，同文行为总商。值得注意的是，虽然碑文显示嘉庆六年广州四位行商向莲峰庙所捐款额并不多，但是这一年对广州十三行商来说是极为不平凡的一年。这一年"华北风雨为灾，洪水泛滥，上谕各省大吏集捐赈恤，粤海关藉此对各行商大施勒索，而对于 Puankhequa Ⅱ 则尤尽高压之能事，以 Puankhequa Ⅱ 之富有，除令在各商公捐款项二十五万两内认捐五万两外，复勒令其独捐五十万两。Puankhequa Ⅱ 与家属会商后，愿捐输十万两，但海关监督犹以为未足，其后且奏劾之。"[4] Puankhequa Ⅱ 即是同文行行商潘致祥。此外，此时达成行行商倪秉发和会隆行行商郑崇谦经营不顺畅，"1801 年前后，郑崇谦的会隆行已经无以为继。……苟延残喘至 1810 年，终告破产。倪秉发的达成行也同时破产。"[5] 可见，在面临重重困难的情况下，广州行商依然向莲峰庙捐款，虽然款数不多，但意义重大。这与莲峰庙的地位十分重要有关。莲峰庙从创建之日起就是一所多神祭祀的庙宇，既祭祀观音，又祭祀天后。而天后被奉为航海贸易的保护神，自然成为行商们礼拜的神祇。值得注意的是，嘉庆六年广州十三行各行商捐金银数中，广利行捐款数最多，这表明嘉庆六年这一年洋行行商排名发生了变化，广利行从第二名跃居第一名，排在同文行之前，成为行商总商。

　　由上可知，省城十三行行商、珠江三角洲及澳门本土商人店主和外国商人均捐资参与莲峰庙的重修工程，表明莲峰庙神祇的影响力不仅仅局限于本土本省，还及于海外商人。

注释：

［1］梁嘉彬著《广东十三行考》，广州：广东人民出版社，1999 年 12 月。

［2］《澳门杂志》1999 年 4 月第 9 期。

［3］《广东十三行考》，页 298。

［4］《广东十三行考》，页 262~263。

［5］周湘著《广州外洋行商人》，广州：广东人民出版社，2002 年 12 月，页 71。

（作者单位：广州博物馆）

瓷器中的西方艺术

——清代外销瓷的风格转变及原因

罗玮娜

中国瓷器历史悠久，"含蓄而淡雅，高贵且温润"，这种独具中国特色的物品被世界人民所喜爱，在与外国的贸易往来和文化交流中往往扮演着重要角色。在西方人的眼中，瓷器代表了中国，也代表了深厚的中华文化，为中国赢得了"瓷器之国"的盛誉。

世界认识瓷器，可以说是从中国古代外销瓷器开始。瓷器的外销，大致有以下三种情况：一是各朝代君王对来华的外国使者、使团的赏赐和馈赠；二是通过商品贸易形式，经由陆路、海路运往外国；三是由外商来中国收购、订购、订造等形式销往国外。自晚唐开始，品种繁多的中国陶瓷作为商品，被输往诸国进行贸易。此后，中国瓷器越来越受到国外人士的喜爱，大量瓷器被销往东南亚以及欧美等国，成为喜好东方文明的皇室贵族和富有商贾的收藏品或各阶层民众的日常生活器皿。

随着时间的流逝，外销瓷在造型、装饰图案、纹饰、风格等方面都发生着变化，从最开始的粗瓷、青瓷、青白瓷，到后来的青花瓷、广彩瓷器，瓷器的样式不断更新，显现出当时社会所偏爱的风格潮流。不同于以往各个朝代的外销瓷，清代外销瓷在传统的中国瓷器中融入西方艺术风格，无论从器物造型、颜色格调，还是图案纹饰、工艺手法，都体现着中西文化的交融，令西方人士为之惊叹，不惜千里迢迢，远赴重洋，来到中国竞相购买。这时期的外销瓷，将中国陶瓷国际贸易的发展推向了高峰。

一、清代以前外销瓷器的概况

近百年来，在东南亚和欧美等国的海域或遗址，发现或发掘出不少中国瓷器的残存。可以确定的是，从隋唐开始，已有越州窑的青瓷、邢窑和定窑的白瓷，以及长沙窑的瓷器，随着对外交通和贸易的发展，运往亚洲和非洲等地区。

到了宋代，社会稳定，间隔数十年之久的陶瓷贸易再次兴盛，大量瓷器经海路销往国外。宋代出口的瓷器，主要是江西景德镇、吉州窑，浙江龙泉窑，福建沿海地区的德化窑，以及广州西村窑、番禺沙边窑的产品。例如1952年发现的广州西村窑，产品分为粗瓷和精瓷两类，其产品在我国的西沙群岛及东南亚地区均有发现，菲律宾、印尼等地还有不少传世，可推定此窑场是我国北宋年间外销瓷器的重要产地。[1]

元代时，北方虽然受到战争的严重摧残，但南方的瓷窑如景德镇、龙泉窑却有较大的发展。品种有青瓷、青白瓷及元后期的青花瓷。产地主要是东南沿海地区。

明代曾一度实行海禁，对外贸易受到一定影响。但瓷器的出口并没有停止。明代外销瓷的输出有以下几种途径：政府的对外馈赠、进贡国使团的回程贸易、郑和大规模的远航贸易和民间的海外贸易。中国瓷器不仅继续畅销亚洲各国，而且开始进入欧洲市场。出口的瓷器，既有官窑的产品，也有民窑的产品，不仅有明代最流行的青花瓷，还有釉上彩瓷。这些瓷器分别出自景德镇的细瓷或闽、粤沿海地区一般的日用瓷。

从以上各个朝代的外销瓷器贸易概况可以看出，包括清代前期在内，瓷器的外销一般是各朝代使团的馈赠或经由陆路、海路进行商品贸易，瓷器的种类和样式都是当时中国本地社会流行的品种和器形，可谓是纯中国式的，极少有根据外商的需要而订造的出口瓷器。

二、清代外销瓷器的风格转变

清代，对外输出的瓷器仍以青花瓷居多。特别是雍正在位期间，"制造大量的青花瓷器以供外销……在欧洲富裕和中等之家被视为珍宝，而且极大地刺激了欧洲瓷器和炻器的装饰的发展"。[2] 此外，还有五彩瓷、粉彩瓷等种类的外销瓷。

在青花瓷大行其道的同时，另一种与其风格迥然不同的外销瓷正悄然萌发，逐渐为西方买家所喜爱，随着帆船到达大洋彼岸，进入西方皇室和民众的生活当中，成为日常生活用具，甚至是供亲朋好友欣赏的艺术品。十七世纪后期，法国国王路易十四曾命宰相马札兰创立"中国公司"，在广东订烧带有法国甲胄、军徽和纹章图案的瓷器，从而掀起了订购热潮。这就是当时根据欧洲商人的要求和需要制作的"订烧瓷"，由中国工匠按照欧洲的用具器形、纹饰、图案彩绘烧制而成。经过生产技术的革新、器形用途的改变和装饰风格的西化，广州彩瓷以及景德镇生产的珐琅彩瓷成为清代外销瓷的主要品类。由于目前国内清代外销瓷的数量极少，因此借助中外文献和图录资料，并结合实物观察，阐释该时期外销瓷的风格转变。

（一）生产技术的革新

18 世纪上半叶，随着画珐琅技术的传入，广州、景德镇的制瓷业在其影响下，萌生出新的制瓷工艺手法。黑彩珐琅是珐琅彩瓷中一个的类别，这种技法源于德国，普遍应用于欧洲彩陶和玻璃器皿的一种珐琅装饰。1730 年开始在景德镇烧制，又称"墨彩"，其特点是以纤细的灰黑线条勾勒，是摹仿欧洲镌刻版画和蚀刻画的成功范例。[3]

广彩的别称是"广州织金彩瓷"，始于清康熙年间，至今已有 300 多年的历史。当时广州工匠借西方传入的"金胎烧珐琅"技法，用进口珐琅材料，创制出"铜胎烧珐琅"，又把这种方法用在白瓷胎上，成为著名的珐琅彩，这是广州彩瓷的萌芽。

18 世纪初，广彩开始仿照中国缎锦纹样作瓷器装饰，此技法称为"织地"。后用金水织地，发展为"织金地"，且普遍用于各种瓷器，成为广彩花色的一种基础，形成了广彩"织金彩瓷"的特点。所谓织金彩瓷，就是在各种白胎瓷器的釉上绘上金色花纹图案，仿佛锦缎上绣以色彩绚丽高雅华贵的万缕金丝，然后用低温焙烧而成。自从用乳金作底色后，色彩更加灿烂艳丽，织金满地，金碧辉煌，逐渐形成了广彩"堆金积玉"的独特风格。后来广彩还利用各种颜色和金色进行钩、描、织、填，并用乳金作底色，这样色彩就更加灿烂艳丽，广彩的风格经过多代师傅的改创，终于在乾隆以后慢慢形成，广彩产地与海外交通便利，早期便从国外引进了一些新的颜料，而且它用金彩比较多，色彩对比强烈，适合欧洲人的审美情趣。

（二）器形和器物用途的西化

为适应西方民众的日常生活习惯，清代外销瓷大多仿照西方银制、锡制或铜制的器皿造型，器形逐渐西化。根据《中国出口瓷器》[4]、《海贸遗珍——18~20世纪初广州外销艺术品》[5]、《中国国家博物馆馆藏文物研究丛书·瓷器卷（清代）》[6]里的图录资料以及广州博物馆与瑞典哥德堡西方古董公司合办的《中瑞陶瓷贸易遗珍》展览图录，清代外销瓷的器形主要有以下变化：

1、日常生活用具器形与欧洲民众生活习惯息息相关，如西方人的用餐、饮茶、喝咖啡、宴会、宗教、日常生活等，除了我们熟知的盘、碟、罐、圆盒和传统的饮茶用具外，清代外销瓷较之以往各朝代，还出现以下新的器形：

盛食器、餐具类：

①汤盘、酱汁器、浆果碗甜品碟、盛菜碟及滤网、果盘、大碗（盛潘趣酒，一种用酒、果汁和牛奶调和而成的饮料）、镂空三足盘（适合盛草莓等水果，使用时足下再垫一只盘，便于接水，仿英国Worchester公司的产品）、铲形碟（多用于盛贝壳类海鲜食物）等。

②储存容器类：

芥末罐、茶叶罐、糖碗、盛盐器、调味瓶、盖罐（封闭性的容器，一般带有塞子，用于加热或冲泡茶、咖啡，造型仿自欧洲的费恩斯瓷，饰釉上金彩和釉下蓝彩）等。

③酒具类：

酒壶/倒流壶（造型类似中东国家的盛酒器，壶身为梨形）、酒杯、酒壶、凹口碗边大碗（用于冷却酒杯）、长身酒杯、啤酒/苹果酒杯等。

④咖啡具类：

奶壶、乳脂罐、咖啡杯、咖啡壶、咖啡罐、巧克力壶等。

⑤生活用品类：

剃须盘（盘边有月牙形缺口，底有孔可穿绳，使用时便于挂在颈上）、怀表架、烛台、烟灰缸、夜壶（广州博物馆收藏有欧洲女性在教堂做礼拜时用的夜壶，原应有盖，造型是法国人Beurdelay设计的，因而夜壶的名称也用她的名字命名）、婴儿浴盆等。

⑥宗教用品类：

军持，是梵语"kundikā"的音译，译作"军持"或"君持"，意思是"瓶，水瓶也"，为佛教僧侣用以饮水或净手的用具。造型为喇叭口、折腹，在肩腹之间安上一个丰肥的乳房状流，壶口和注口都有盖，以保持卫生；壶的腹部和流的底部均圆广，而瓶口和注口较狭小，不易倾覆液体，便于携带。

⑦其他类：

加热盘、角状杯、挂墙装饰雕塑、潘趣长柄勺等。

2、出现用于装饰陈列的艺术品。如西洋男女跳舞人、西方人物雕像、圣诞老人、圣母、天使等人物雕塑和狗、鹦鹉等动物雕塑，还有大量的装饰用瓷板。《中瑞陶瓷贸易遗珍》展曾展出一批瓷制小狗雕塑。

（三）纹饰图案的西化

这时期的外销瓷，除器形仿照西方银器外，在花纹装饰方面，有纹饰图案西化的特点。其中最突出的，就是在瓷器上绘画有"纹章"标识。这里所谓的"纹章"，是指欧州诸国的贵族、显赫家族、军团、都市、公司、团体等的特殊标志。它是一种按照特定规则构成的彩色标志，专属于个人、家族或团体的识别物。纹章起源于12世纪的战场，当时主要是为了从远处可以识别因身上穿戴着锁子甲风帽（直到下巴）和头盔护鼻而遮住了面部、变得难以辨认的骑士们。从13世纪起，无论是贵族还是平民，只要遵守纹章术的规则，任何人都可以拥有和使用纹章。至今，它被视为识别个人、军队、机关团体和公司企业的世袭或继承性标记来使用。清代，欧洲商人把纹章图案画在图纸上，漂洋过海，带到中国，请中国工匠把这种特殊标志烧在瓷器上。于是，这种"纹章瓷"成为了我国古代外销瓷中最受欢迎的一种。纹章的图案多半占据画面的中心地位。早期的纹章较大，周围花纹也较宽。从十八世纪晚期起，纹章变小了，周转的花饰也随之变得狭小。纹章瓷在外销瓷中的比重虽然不大，但却是最为精美的。1974年英国出版的《中国纹章瓷》以及2003年出版的《中国纹章瓷》卷二[7]中，共收录纹章瓷近四千件。清代寂园叟在《陶雅》一书中对一件康熙青花大盘曾有如此描述："盘中画皇冕微章，旁有两翼之狮狗，分攀于其上。载有腊丁古文，阳历年月。"

此外，清代外销瓷的图案题材还涉及当时西方社会生活的多个方面，如希腊及古罗马的神话传说、基督故事、名画甚至股票买卖等等。广州博物馆收藏的外销瓷中，就有描绘耶稣受难、美国独立战争人物、洋妇休憩、洋妇游庭院、美利坚共和国鹰旗等纹饰图案的外销瓷器。

三、清代外销瓷风格转变的原因

（一）国际新航线的进一步开辟

过去，陆上丝绸之路的通道一直为中亚和西亚的阿拉伯国家所垄断，到十五世纪中期，新兴的奥斯曼土耳其帝国控制了东西方之间的传统贸易商路，欧洲人与东方的贸易继续受到阻挠和盘剥。欧洲各国迫切开辟新航路，直接连通东方的中国。十六世纪，葡萄牙积极寻找新航路，成功绕过非洲好望角后，多个西欧国家掀起"东来中国"的热潮，海上强国西班牙、荷兰、英国等国的商船相继抵达中国东南沿海，南中国海成为西欧各国经济实力的竞争之地，争夺对华贸易的最大利益。自1715年英国东印度公司的商馆正式在广州开设后，荷兰、法国、比利时、普鲁士、奥地利、丹麦等国纷纷在广州设立商馆，以此为据点进行贸易。中国外销瓷的销售对象开始从亚洲转向西欧国家。

18至19世纪相继开辟了从美国、俄罗斯和大洋洲到广州的航线。自此，连接全球的航海贸易网络逐渐形成。

（二）欧洲人的日常生活习惯

瓷器在出口贸易中备受欢迎，与欧洲人的喝茶习惯息息相关。17世纪，西欧开始接受茶叶。特别是1680年，荷兰医生邦迪高提出喝茶能治百病的论点，欧洲开始风行饮用中国茶；到18

世纪，饮茶在欧洲成为了时尚。因当时只有中国种植茶叶，欧洲各国开始争相到中国大量采购茶叶。由于茶叶重量轻且占地方，装在返航的货船中，船经不起风浪极易倾覆。而瓷器较重，一般被用作压舱货，帮助船只抵御海洋上的大风大浪。而且瓷器的阻水性较好，将它堆放在舱底，再堆放茶叶、丝绸、棉花等不能浸泡的商品，是比较理想的舱储形式。因此，采购瓷器几乎是每艘西方商船计划的一部分。与此同时，欧洲对中国瓷器的需求更为旺盛，为适应欧洲人饮茶对茶具的需要，中国瓷器开始大规模输往欧洲。

17世纪末18世纪初，欧洲人发现使用的铁木餐具极易生锈朽毁，且不易清洗，而瓷器既漂亮又易于清洗保存。于是，大量日用生活瓷受到了欧美各阶层人士的喜爱。

（三）欧洲"中国热"的兴起

16世纪后，大批传教士纷纷前往中国，他们带回的各种报告引起了欧洲对中国的巨大兴趣。在众多传教士当中，利玛窦成为当时向欧洲知识界介绍中国文化的重要人物。他的《利玛窦日记》第一次向欧洲全面介绍了中国的道德和宗教思想。正是他的倡导和努力，来华传教士们把中国的哲学、宗教、科学、技术、艺术等介绍到欧洲，对18世纪的欧洲产生巨大影响。当时的中国正处于康乾盛世，而欧洲仍处于教派纷争和战乱的苦痛中。当前往中国的传教士们将一幅幅美好的中国图景呈现在人们面前时，立即引来整个欧洲的无比惊羡。结果在17世纪末至18世纪末的100年间，在欧洲掀起了前所未有的"中国热"。而在法国兴起的"洛可可运动"，更是推动瓷器在欧洲的普及。

中国精美的外销瓷，自然受到欧洲人的热捧。他们把日用瓷器挂在墙壁和天花板，或置放在橱柜展示，作为室内陈设和装饰，以美化建筑的内部空间。后来还成为炫耀财富的手段，欧洲许多建筑物的墙壁、天花板用瓷板镶嵌，并借助瓷器特有的光和镜子的反光相配合，在室内造成一种错综变幻的光影效果。

四、结　语

作为中国后期瓷器发展变化的一个缩影，清代外销瓷的风格转变，集中体现了17世纪至19世纪晚期东西方艺术的融合和精华，反映了昔日海外贸易的繁荣与辉煌，也是清代中西贸易往来和文化交流的历史见证。这种曾被遗忘在历史角落的外销艺术品，随着文化交往的加深，势必得到学界更多的关注。

注释：

［1］广州市地方志编纂委员会《广州市志》卷十六，广州：广州出版社，1999年9月，页501。

［2］转引自［英］哈里·加纳著《东方的青花瓷器》，上海：上海人民美术出版社，1992年7月，页52。

［3］这种装饰风格的瓷器可参见香港艺术馆《珠江风貌：澳门、广州及香港》，香港：香港市政局首次编印，1996年，页147图版。

［4］Thomas V. Litzenburg, Jr.所著 *Chinese Export Porcelain, in the Reeves Center Collection at Washington and Lee University*，共收录281件（套）十六世纪晚期至十九世纪中国出口瓷器的图录及文字资料。

［5］广州博物馆编《海贸遗珍——18~20世纪初广州外销艺术品》，上海：上海古籍出版社，2005年12月。

［6］中国国家博物馆编《中国国家博物馆馆藏文物研究丛书·瓷器卷（清代）》，上海：上海古籍出版社，2007年7月。

［7］David Sanctuary Howard，*Chinese Armorial Porcelain* Volume II，Heirloom & Howard Limited，London 2003。

（作者单位：广州博物馆）

"广州英语"的产生及其影响

——中英语言沟通探究

程子啸 指导老师：杜宏安 李霓施 彭瑞琳

"2008 北京奥运会向'洋泾浜英语'发出最后通牒。"一则新闻消息引起了我们的关注。随着奥运会的日益临近，北京京城的大街小巷正在展开一场全方位的公共场所英文标识"改造战"。原因是在语言的大舞台上充当"幽默"角色的洋泾浜英语在国际上大出洋相。如：给你点颜色看看，说成"Give you some colour see see"、"how are you? how old are you?"被说成"怎么是你，怎么老是你?"等等。甚至有部分导向不正确，如"中华民族园"曾被译作"种族主义者公园"（Racist Park)；"残疾人专用厕所"被译成了有贬义色彩的"变形人厕所"（Deformed Man Toilet)。而作为洋泾浜英语（Pidgin English）的本质是两种或两种以上不同文化和不同语言相遇时各方为了进行交际而特意创造出来的语言变体，让人学起来尽可能方便、简单，是多种语言混杂而成的交际工具。姚公鹤先生在《上海闲话》一书中是这样对洋泾浜英语下定义的：洋泾浜话者，用英文之音，而以中国文法出之也。在"洋泾浜英语改造战"事件的背后引起我深思的是：英语怎样传入中国，并在中国发展起来？

根据我们对相关语言文字发展的资料记载的调查，发现英语传入中国最早的地方不是上海，而是广州口岸。广州当地人在与来访中国的西方人做买卖打交道的过程中，创造并形成了一种被西方人称之为"广州英语"。不仅广州的商人、店员、水手学习这种语言，来华的西方人也使用这种语言来与广州当地人进行交流，而且在广州出现了一种以翻译为职业的专职的翻译员——"通事"。对这种语言的研究，长期被忽视。目前学术界已开始重视，现有的研究成果主要有：1994 年，章文钦先生《广东葡语和广东英语初探》一文对"广东葡语"和"广东英语"的情况作了简略的介绍[1]；1998 年，周振鹤先生《红毛番话索解》一文对广州英语的词汇书《红毛番话》产生的背景进行了概略的论述，着重尝试为 400 个左右的广州英语词汇找出相应的英文单词[2]；2001 年，吴义雄先生《"广州英语"与 19 世纪中叶以前的中西交往》一文分析了广州英语产生的历史背景、起源、作用及其衰落的原因[3]；2004 年，周振鹤先生《大英图书馆所藏＜红毛通用番话＞诠释》一文指出"广州及其附近一带是中国最早接触到英语的地方，是中国洋泾浜英语的摇篮，所以早期的洋泾浜英语教材全是用粤方言来为英语语词注音的"[4]；2006 年，周毅《近代中西交往中的语言问题的研究——作为文化现象的洋泾滨英语》一文对洋泾滨英语作了详细介绍。[5]

这些研究成果的一个共同观点是，认为"广州英语"发展到 19 世纪中叶，逐渐被上海兴起的"洋泾浜英语"所取代，渐渐退出了历史舞台。本文在前人研究的基础上，根据我们收集到的有关材料，认为"广州英语"不仅没有退出历史舞台，而且一直影响到 20 世初，在香港和海外华侨中被广泛应用。于是，我们对"广州英语"产生的历史背景、内容、特点及其影响作了初步探究。

一、"广州英语"产生的历史背景

已有的研究成果认为，"广州英语"的发源地和早期的主要使用地都是广州。这是与广州的特殊历史地位密切相关。两千多年以来，广州一直是祖国著名的南方贸易大港。大量的考古资料已充分证明，早在秦汉时期，广州已与海外有频繁的交往，并开辟了官方贸易航线。其后，随着中古时期陆上丝路渐趋阻绝后，原有的海上丝路逐渐繁荣起来。尤其是到乾隆 22 年（公元 1757 年）广州被定为清朝唯一对外通商口岸之后，广州的对外贸易进入了全盛时期，所有来华外国商船均只得停泊在广州口岸外的黄埔古港，由当地货艇将外国商船上的货物及外国人运往广州城外的十三行商馆，贸易季节过后，这些来华外国人均需离开广州口岸，返回澳门过冬。与此同时，西方世界为了打开通向中国的商路，1600 年成立了英国东印度公司，两年后荷兰东印度公司成立，到 18 世纪中后期，英国、荷兰、法兰西、丹麦、瑞典、澳大利亚、西班牙、美国等国相继在广州建立了"商馆"。从 18 世纪起，中西贸易的主角是英国人。他们远度重洋到东方寻求市场，首站是广州。在相当长的一段时间里，广州人接触最多的外国人是说英语的西方人。正是在这样的特殊历史背景下，广州人在与英语语言人群的接触、交流、贸易、由手势、动作、口音、口态等到相互了解、认可达到互相明白，逐渐形成了一种独特的英语语言，用以交流。这种在广州形成并广泛被运用的语言就是"广州英语"，对后世中国人学习英语起着先驱的作用，也是英语传入中国后首次在中国出现的一种中式英语。

根据美国人马士编纂的《东印度公司对华贸易编年史》的有关材料，可知广州英语出现在 1715 年前后。[6] 虽然我还不清楚当时广州英语的具体内容，但是从现有的史料来看，广州英语脱胎于"澳门葡语"。因为澳门葡语的出现比广州英语要早，在 18 世纪英国人成为中西方贸易主角之前，占据澳门的葡萄牙人在中西关系中扮演了举足轻重的角色，渴望在这种关系中寻求生计的中国人，发明了用以沟通交往的澳门葡语。这种澳门葡语对后来的广州英语产生了重要的影响。美国人亨特对二者间的关系作了说明：

（广州英语）在英国人出现在广州很久之前已有它的根源。这可以在其中找到一些葡萄牙语和印度语的混合来证明，后者的来源可能是由那些最初经过印度的西方来客传来的。英国人在一百多年以后才到来，他们语言中的一些词汇逐渐被吸收进去，增加到使葡萄牙语消失，葡语便只限在他们的殖民地澳门使用。后来英国最终成了最主要的贸易者，这种语言便成了著名的"广东英语"。[7]

可见，广州英语直接从澳门葡语中吸收了不少词汇。

二、"广州英语"的具体内容及特征

　　"广州英语"是广州口岸在早期对外交往中产生的一种语言，正如美国人亨特所指出的，广州英语"无疑是中国人的一种发明"。那么，这种语言到底是怎样的一种语言，有何特征？

　　1、"广州英语"的具体内容

　　我现在很难看到 18 世纪初的广州英语读物，目前仅能读到的最早读物是 19 世纪 30 年代刻印于广州的《红毛通用番话》。这本读物现广州孙中山文献馆有复印本，为省城璧经堂本。这本读物只有八页。全书共分为"生意数目门"、"人物俗语门"、"言语通用门"、"食物杂用门"等四类，收集了这种语言的词共有 372 个。其中，名词的数量最多，占三分之一以上，涉及贸易物品和日常生活的各个方面，特别是"人物俗语门"和"食物杂用门"，基本上是由名词构成的。其次是数词，"生意数目门"收录了 59 个，包括常用数字从一到三十和各种计量单位如斤、两、丈、尺、张等。再次是一些常用动词以及交易中常用的买卖用语。形容词很少，且多与生意有关。副词、介词则基本上没有。还收录了一些常用的短语。这本册子的体例是由互相对应的两组组成的，左边的一组刻印的是汉字，右边对应刻印的是该汉字的英语广州话注音，比如左边刻印的是汉字"一"，相对应的右边则是刻印着英语 one 的广州话注音"温"字；左边刻印的是汉字"水手"，相对应的右边则是刻印着英语 sail man 的广州话注音"些利文"字。由此我了解到，广州英语是指广州人发明的一种用广州方言来给对应的英语注音，目的是便于不熟悉由 26 个英文字母组成英语的那些本地人易于学习和掌握英语，以便与来华的外国人做生意。可以说，这本小册子通俗易懂。人们只要稍作努力，即可掌握一定的英语词汇，与外国人做买卖。我们注意到，美国人亨特在广州期间（1826~1844 年）在广州商馆附近购买了一本叫《鬼话》的小册子，这本小册子就是广州英语词汇书，也类似于上面所描述的《红毛通用番话》。这表明广州英语词汇书在广州商馆区十分流行。用广州话为英语注音是广州英语的一个方面。

　　广州英语的另一个方面是一种按照汉语的特征和习惯来表达英语，没有人称、数、格、时态、语态等的变化，所有的"单词"基本上只有一种形态，以致于当年前来广州的美国人亨特在听到这种语言后形容它是一种"没有句法、也没有逻辑联系的语言"。[8]这种语言的表达方式，我们在 19 世纪广州外销通草水彩画中有关"圣诞贺卡"和"新年贺卡"题材里看到印有"广州英语"的英文句子。我根据其内容，以规范的英语进行翻译，内容对比如下：

通草水彩画	广州英语	中文译文	规范英语译法
	Littee Jackee Horner, Sittee inside corner, Chow chow Klisimas pie, He puttee one thumb, And pulo out ome plumb, And Talkee"Number one boy blong my!"	小男孩，吹号角者，坐在角落里。极好的圣诞饼呦。他伸出一只大拇指，拿出一把铅锤，说："第一属于我这个男孩"。	Little Jack Horner, sat in a corner, Eating his Christmas pie, He stuck in his thumb and pulled out a plum, And said "What a good boy am I!"

	Too muchee long time, no have see, Olo flends acloss the sea, One littee chit my sendee you, Talk melly klisimas and New Year too	好长时间没有相见了，海外的老朋友，我送给您一个小的问候，也问候圣诞和新年。（注：这里的 my 是 I 的误用。）	I haven't met you for a long time, My old friend oversea, I give you one little wish, Merry Christmas and happy new year.
	CHIN Chin Mississy, chin chin Chilo too. Melly Melly Klisimas, my catchee for you.	请请，小姐；又请请，小朋友；玛丽，玛丽，圣诞节，我送给您祝福。（注：这里的 my 是 I 的误用。） Miss	Miss, please, Child, please. Merry Christmas, I give you my wish.
	MAKEE Sing Song, plentee fun, Ev'ly time New Year come, I to you my chin chin send, New Year gleeting to my flend.	唱歌，开心，每当新年来临之际，我送给您我的请请，把新年的祝福送给我的朋友。	Sing a song, having fun, When New year comes, I give you my wish, new year greeting to my friend.

这些广州英语的句子读起来的确令人费解，好在当年来访过广州的美国人卫三畏（S.S. William）曾经指出，在广州英语中，在一些以 t、ch、k 等结尾的单词后面，增加某种尾音，如 want 发成 wantchee，catch 发成 catchee，make 发成 makee，send 发成 sendee，等等。[9]这样就使我们很容易理解了上述英文中 Littee、jackee、sittee、puttee、talkee、muchee、sendee、catchee、makee、plentee 等单词，它们均属卫三畏所指的情况。这些英文句子当中，有些是严重偏离了英语句子结构，如 Too muchee long time，no have see 等，还有些是主语宾语不分，如 Number one boy blong my 中的 my 应写宾语 me，再有些英文单词就是直接来自广州话，如 chin chin 就是"请请"二字的直接英译，Chow chow 是广州口语，用意很广，既指很好的意思，又指一般般的意思。

2、"广州英语"的特点

从广州英语的起源，我了解到广州英语产生于中外商贸互动的需要，脱胎于广州葡语，它必定带有粤语、葡语、英语等痕迹。广州英语作为一种语言传播的变体，是广州人的一种创新，因此它具有明显的混合性、地方性、口语性和非规范性。

（1）混合性和地区性

在语音上，对照英语里最常见的48个发音音素（见英语音素表），我发现有部分音素是广州的粤语中不存在的，如：/v/ /ɸ/ /ð/等，还有一些卷舌音。因此在广州英语中，会出现一种情况：以其它相近的音素代替粤语里原来没有的发音，这样就严重扭曲了英语的读音。例如将英文数字1-10的单词念成"温（one）、都（two）、地

英语音素表

/iː/	/ɪ/	/ɜː/	/ə/	/ɔː/	/ɒ/
/uː/	/ʊ/	/ɑː/	/ʌ/	/æ/	/e/
/eɪ/	/aɪ/	/ɔɪ/	/aʊ/	/əʊ/	/ɪə/	/eə/	/ʊə/
/p/	/b/	/t/	/d/	/k/	/g/	/s/	/z/
/ʃ/	/ʒ/	/tʃ/	/dʒ/	/f/	/v/	/θ/	/ð/
/ts/	/dz/	/tr/	/dr/	/h/	/r/
/l/	/m/	/n/	/ŋ/	/j/	/w/

160

理（three）、科（four）、辉（five）、昔士（six）、心（seven）、噎（eight）、坭（nine）、颠（ten），January 的粤语汉字注音是"占玉华利"、December 的粤语汉字注音是"地心罢"。甚至有部分单词是很有粤方言特色的，如：fail（失败）的注音是"肥佬"、baby（婴儿）的注音是"啤啤"，boss（上司）的注音是"波士"。

在词汇上，有许多新的词汇在中外文化、语言的碰撞中产生，如汉语的"请"（qing），在广州英语中读作 Chinchin，其用法与中文的相似，Chinchin you take care for my（意思是"请多多关照"），Chinchin joss（意思是"敬神"），Chinchin 还可以用来打招呼，类似英语里的 Hello 或 Hi 的用法。另外，一些广州地区特有的词语，就以音译或意译的方式进入广州英语的词汇中，其中有的也渐渐被接受或成为英语的一部分。如 Foreign Hong（洋行）中的 Hong 是汉字"行"的粤语发音，Tanka boat（"疍家船"或"小渡船"）Tanka 是古代汉语"疍家"的粤语发音，意思是"船民的居处"。

上述例子，我们可以看出英语为适应广州本土的粤语的语言系统而有重大的改变，同时体现了广州英语的混合性和地区性的特点。

（2）非规范性和口语性

广州英语是在特定的历史条件下，中外商贸活动的基础上产生的，是广州人与外国人做"生意"的一种交际工具。因此它主要是一种口头俗语，不是规范的语言系统。广州英语主要的使用人群是"生意人"，大部分是文盲或半文盲的人，他们常用口授或注音的方法，只重视听说而不进行读写，因为对他们而言，能用"广州英语"与外国人沟通就意味着他们掌握了与外国人打交道的钥匙，就能跟外国人做"生意"。使用广州英语的另一类人群就是到广州做"生意"的外国人，他们的目的只是为了在听说上达意，便于商贸。因此，广州英语具有非规范性和口语性。

以上我仅仅是举部分例子来说明广州英语的情况，从中我们不难看出，广州英语虽有其局限性，但其所起的作用也是显而易见的，影响是深远的。

三、"广州英语"对世界的影响

1、"广州英语"以不同的形式存在和发展，方便特定人群使用。

有学者指出，到 1874 年，"广州英语"结束了它作为中西民间交往通用语言的历史，正式让位于上海的洋泾浜英语。[10] 而根据我们所掌握的史料，看到"广州英语"不仅没有彻底退出历史舞台，反而在不断地自我完善，并在华南和东南沿海地区的作用日益突出，影响及于上海、香港和海外华人区。

鸦片战争后广州英语的词汇书，现在存世的不多。我手头收集有一本编辑于丁亥年（即公元 1887 年）仲夏、书名为《杂字撮最》（The Classified List of Miscelaneous Important Terms）的广州英语字典。"杂字撮最"四字为黄槐森题。黄槐森，字植庭，香山（今广东中山）人。同治二年（公元 1863 年）进士，翰林院编修，迁御史。官至广西巡抚。间作花卉，尤善画蝶。在这本字典里又附有光绪壬寅年（即公元 1902 年）仲秋邝翰光撰写的序言，名为《新增粤音序》，序言写道：

> 粤自海禁宏开，英文之尚也久矣，故英文书籍著作者不下千百家。第太简则意稍欠明，太繁则词厌锁。先君蓉阶所著《华英字典》一书，历蒙中西人士推许，适宜争先快睹。其中杂字一类，初时注以粤音，使阅者了然于心，即可了然于口，后又恐人之囿于方言也。粤音阙如而不载，盖以上哲者望人，不以中材者勉世也。乃各埠士商，均以为不如其初，遂有美初犹憾之叹。今者思迪前光，故将此书杂字类，并英语类，概增粤音，以补先君所未备。英语字音，其响亮者用大字，其沉细者用小字，旁加圈点，刮目相看。知所起即知所止，聊为学英语习英文之捷径云尔。

邝翰光，广东番禺人，教化学，为邮传部上海高等实业学堂教员。他在序言中写明这部杂字撮最是在先君所著《华英字典》的基础上增定的，并且明确指出是用粤语来注音的。可见这部编写于19世纪末20世纪初的华英字典不仅是广州人编写，而且是用粤语来注音的。

这部字典共分"博物之理"、"中国文武官职类"、"衣物类"、"华式船艇类"等111类，其中前7类为天文博物等类的中英文对应名词，其后的各类均由汉字名词、对应的英文名词及粤语注音组成，比如"渔人"，对应的英文词写作"Fisherman"，粤语注音是"非沙文"。这本字典所收词汇非常丰富。

19世纪上半叶，"广州英语"成为中国人和外国人之间的共同语言，不仅处于社会下层的人士学习和使用广州英语，而且清朝政府中一些高级官员也对广州英语有兴趣。如林则徐，在当时情况下了解英语知识，就是借助了广州英语。

此外，广州英语对上海使用的英语也产生了影响。如1882年上海美华书馆铜板印刷的《英华字典》（*English and Chinese Dictionary*）里就有受广州方言影响的影子。如Girl解释为"女仔"，等等。

广州英语在美国旧金山华人区中也很流行，直到20世纪初，广州英语词汇书还不断地被翻刻、翻印，成为华人学习英语的工具书。

广州英语还在香港流行通用。我收集了一本1949年香港书业公会印行的黄履卿编著《英语指南》，成为香港居民学习英语的工具书。该书序言指出，《英语指南》一书为初学英语之捷径"，"出版以来，大受各界称许"。这部字典共分"英文数目类"、"月份类"、"天文类"、"耶稣教问答类"、"去税关问答类"等111类，各类均由汉字名词、对应的英文名词及粤语注音组成，比如"九"，对应的英文词写作"Nine"，粤语注音是"奶"；"地球"，对应的英文词写作"Globe"，粤语注音是"告笠"。这本字典所收词汇非常丰富。

2、地区化的"广州英语"既丰富了英语的词汇，也丰富了中文的词汇。

这种"广州英语"还起到了一种桥梁作用。它丰富了英文的词汇和内容。随着中西方经济文化交流的开展，广州地区特有的一些水果名称、地方名称、方言等丰富了英语的词汇。如岭南佳果荔枝、龙眼、芒菓、黄皮等的英文名称分别来自粤语的音译Lichee, Lungngan, Mongo, Whampe，广州的花地、白鹅潭等的英文名称也是分别来自粤语的音译Fati, Pakhotam。珠江三角洲一带农田水利盛行"基围",这一名词的粤语音译 Levee 被英语吸收,成为现代汉语"堤、大堤"的英文单词。正是在这个时期,英文大量吸收了一些以前英文中没有而只有中国才有的名词,并一直保留了下来。同时,"广式英语"也丰富了中文的词汇。例如中文"士多"来源于英文单词 Store 的粤音,"沙发"来源于英文单词 Sofa 的粤音。这些词汇在汉语中一直使用至今。这种语言的互动方式使中西方语言词汇中你中有我,我中有你;使中西方的文化交流更加深入和融洽;这是当时"广州英语"的最大贡献,在语言传播的过程中,值得人们研究和进一步推行。

3、"广州英语"的学习模式,是民间学习其它外语口语的一种早期特殊方法,具有普遍性。

今天,虽然"广州英语"已退出了历史舞台,人们学习英语的方法已相当科学,但是历史上"广州英语"的学习模式,揭示了人们学习异国语言最初期的发展轨迹。当一种语言初传异地时,人们为了达到沟通和了解,往往是按当地的方言来理解和注音。这种学习方式就是广州英语产生的方式。因此,认识广州英语的形成发展轨迹,就是想揭示语言传播的一种普遍规律。

由此可见,广州英语是英语传入我国后最早被我国人民所发明的一种交流语言,它的形成和发展与其他事物一样,都经历了不断完善和成熟的过程。广州英语对中西方经济文化交流产生过十分重要的影响。我们探讨广州英语的形成和发展历程,不仅仅是为了揭示这段被人们遗忘的历史,更重要的是为了揭示广州在历史上是中西方文化交流的一个国际中心。

注释:

[1]《岭峤春秋——岭南文化论集》(一),北京:中国大百科全书出版社,1994 年。

[2]《广东社会科学》1998 年第 4 期。

[3]《近代史研究》2001 年第 3 期。

[4]《中外关系史:新史料与新问题》,北京:科学出版社,2004 年 1 月。

[5]周毅《近代中西交往中的语言问题的研究——作为文化现象的洋泾滨英语》,成都:四川大学出版社,2006 年 12 月第一版。

[6][美]马士著,区宗华等译校《东印度公司对华贸易编年史》第 1、2 卷合订本,广州:中山大学出版社,1991 年,页 66。

[7][美]亨特著,冯树铁等译校《广东番鬼录》,广州:广东人民出版社,1993 年,页 45。

[8][美]亨特著,冯树铁等译校《广东番鬼录》,广州:广东人民出版社,1993 年,页 44。

[9]S.S. William, Jargon Spoken at Canton, *Chinese Repository*, Vol. 4, pp.434~435.

[10]吴义雄《"广州英语"与 19 世纪中叶以前的中西交往》,载《近代史研究》2001 年第 3 期,页 191。

(本文为 2008 年度第 23 届广东省青少年科技创新大赛三等奖获奖论文)

(作者单位:广东实验中学)

关于广州历史与文化的西方学术著作

［美］范岱克

西方学者对广州的研究已有四百年，成果非常丰富，从目击者的个人记述到对城市及其周边地区不同方面生活的彻底研究。因为在条约港口开埠之前，中西之间的大多数相互作用都以广州为渠道，所以这个城市在外国人眼中，往往是主要的，有时甚至是唯一的中国文化的代表。在广州的这种长期东西方交流互动，留下了大量的历史文献，这些文献由很多种语言写成，记录着这个城市和邻近地区的某些方面的历史。由于这个城市的魅力和能提供给研究人员大量的材料，并且凭借着许多新的研究成果和每年都在出版的研究著作，广州继续吸引着西方学者的注意。这些研究在内容上是多样的，但基本上可分为三类：侧重于人，侧重于地点，或侧重于实物。当然，有些研究覆盖了以上三类，所以这些研究的内容并没有严格的划分，我只是用一个简单的方法来组织它们，以便能够更好地欣赏它们对这个城市的历史和文化所作的贡献。

一、侧重于人：民族、种族和公司研究

民族、种族和公司的研究在研究广州的西方著作中占据了最大的比重。这主要是因为在许多国家和文字中，关于这些问题可用的历史文献资料非常多。大东印度公司创造和保存的记录数量非常庞大，实际上，他们有内部的规章规定了要求员工负责保存和记录的信息类型。到广州做贸易的美国人不属于一个大公司，他们由数十个小型私人企业家组成。他们的记录和那些欧洲公司的相比，并不全面，但却包含了他们与中国相互影响的极好细节。有的外国人也在日记、期刊和回忆录中描述他们在广州旅行和居住的情况。总的来说，这些文献的数量是巨大的，由一个深不可测的数据量组成，而这些文献一直是许多西方出版物的资料来源。

由于这些记录目前分别保存在各个国家的档案馆里，并以这些国家的书面语言写成，所以大部分早期的研究往往是由生活在这些国家的学者完成。同时，早期的研究也往往注重于他们本国的人民，如法国人研究在广州的法国人，英国人研究在广州的英国人，荷兰人研究在广州的荷兰人，等等。而那些与这些团体无关的人则被忽略了，如中国人和其他在中国的外国人。尽管早期的研究范围狭隘，但这些民族的研究为我们了解港口及其运作提供了很多良好的细节资料。

现在有很多关于欧美与中国贸易的历史研究，而目前正在进行的许多新的研究，则是关于十八和十九世纪在中国生活过的个人。在过去的 10 年里，学术界重新燃起了对中印和中澳的历史渊源的兴趣。已经有一些关于在中国的亚美尼亚人，穆斯林和帕西贸易商人的研究完成了，而西方学者则在继续努力，研究中澳之间的联系及其相互作用。随着中国在全球商业和政治中的地位变得更加重要，西方学者对这些历史上交流互动的兴趣，并没有随着时间的推移而削弱，

反而在近几年有所加强。[1]

这些相互作用大多数都与贸易有关，所以除了展示不同种族的商业情况，西方学者对于再现这些中西商家之间的商业运作也显示出极大的兴趣。这种好奇心引发了一系列正在进行的关于十三行和行商人的研究。法国学者，亨利科迪尔（Henri Cordier），是研究广州中国商人的第一人，随后是梁嘉彬的著作《广东十三行考》，美国学者安怀特（Ann White）于 1967 年使这项研究更进一步，随后是台湾学者陈国栋和香港学者 W.E. Cheong 分别在 1990 和 1997 年所作的研究。从那以后，几个广州的学者，其中包括黄启臣，章文钦和其他一些学者，他们的研究使这项工作更进一步。而关于广州商家新历史的研究，目前正由一位在澳门的美国学者（也就是本人）在进行，其他美国学者目前也正在关注这个问题，所以不久我们就会有几个用英文写成的关于广州商人家庭的新历史。[2]

二、着重于地点：区域和城市研究

早在几百年前，西方的学者就对广州做出了描述。大部分早期的出版物是手抄本，其中最好的一些是由 16 至 18 世纪来到中国的传教士撰写的。天主教传教士杜哈尔德（Du Halde）和勒龚特（Le Comte）撰写了他们 17 世纪末 18 世纪初在中国游历的经历，这些描述为之后的很多研究打下了基础。19 世纪西方学者对广州历史和文化的研究成果尤其丰富，关于政府和社会的各个方面的研究有几十项。这些出版物中，有一些侧重于中国的对外贸易，以及广州与内地商品供应者和市场之间的商业交往；另一些则侧重对由广州扮演主要角色的中国文化的叙述。

这些出版物包括威廉姆·亨特（William Hunter）的《旧中国杂记》（*Bits of Old China*）和《Fankwae 在广东》（*The 'Fankwae' at Canton*），约翰·格雷（John Gray）和格雷夫人（Mrs. Gray）在他们的著作中描述了他们在广州的见闻，J.A 特纳（J.A. Turner）的著作中记载了大量他在这个城市的经历。这些著作是研究 19 世纪广州生活状况最好的资料。虽然这些记述明显带有西方人的很多偏见和误解，但由于包含了丰富的细节和描述，他们仍是非常有价值的资料。这些西方的出版物中提到了中国的资料中所没有的关于城市生活和社会风貌的许多方面。

早期对于东印度公司和广州对外贸易的研究引发了人们对于理解这个城市如何作为一个整体的单位来操作的兴趣，之后几个关于港口的研究相继产生。路易斯·德米格尼（Louis Dermigny）是首位尝试用地理学方法来研究这段历史的西方学者。他的《广州贸易》首次将贸易的各个方面，包括公司、商品、管理等等集合到一起进行研究。德米格尼（Dermigny）的著作首次将广州港放到世界背景下，作为整个国际化的网络和市场中的重要组成部分来研究。

迪利普·巴苏（Dilip Basu）于 1975 年在他的毕业论文中将广州比喻成加尔各答。而 1986 年乔治·布莱恩·苏萨（George Bryan Souza）在随后的研究中将澳门在广州商贸活动中的角色考虑了进来，这一关于澳门的研究在 Do Vale（1997）和 Guimarães（2000）的研究中得以延续。陈伯坚（Chen Bojian）和黄启臣（Huang Qichen）则在 1995 年将从远古时代至上世纪九十年代的广州以及澳门的贸易史合编成了三卷。这些研究又在加勒特（Garret）2002 年关于城市概况的研究和范岱克（Van Dyke）在 2005 年关于港口的交互作用以及广州同东南亚间的贸易联系的研究中得以延续。总而言之，这些研究体现了广州在区域性以及世界性贸易中的重大影响。

近几年来，此区域的社会史成为了很多学者研究的主要方向，研究领域也逐渐拓展到珠江三角洲和整个中国南方。珍妮丝·斯德卡德（Janice Stockard）1989 年关于婚姻状况和经济策略之间相互影响的研究，大卫·福尔（David Faure）1990~2007 年间关于家族和家谱的研究，罗伯特·马克斯（Robert Marks）对中国南方经济与环境的调查研究，Göran Aijmer 和 Virgil Ho 2000 年关于粤语系社会的研究，以及斯蒂芬·迈尔斯（Steven Miles）2006 年关于身份和社会流动性的考察都只是西方世界将广州放在一个更广阔的背景下进行研究的一小部分而已。联系其他许许多多的研究，会发现它们表现的中国南方的社会和文化是极为复杂和多样的。而在大多数这些研究中，广州作为文化的统一中心，发源中心以及集散中心的重要地位被凸显出来。而在西方，每一年都有学者在编写关于广州历史的新的论文，文章和书籍。

三、侧重于实物：商品和历史文物

要想了解广州的经济是如何运作的，先了解主要商品担当的角色是至关重要的，如茶叶、丝绸和瓷器。要想解释那些源自广州而如今在世界各地的博物馆里的成千上万的历史文物的意义、功能和重要性，我们需要知道这些产品是如何生产和分配的以及这么做的原因。这种要了解个别商品具体特点的需求和愿望，促使许多西方学者开始研究和撰写中国的产品。

这些研究中，有些是学者为学术界撰写的，有些是为了使西方广大市民对陈列在博物馆里的中国文物有所了解而写的。由于受众目标的混合，对商品的研究范围可以从非常深入的学术研究变化到只是简单的概括一个产品的生产、功能和艺术价值。西方学者对茶叶、丝绸和瓷器的研究已经非常广泛。梅窝梅窝（Mui and Mui）和罗伯特·盖德拉（Robert Gardella）对茶叶贸易的研究，以及莉莲李（Lillian Li）对丝绸行业的研究把这些领域提升到了一个更高的高度。正如可以预料的那样，大多数这些研究并没有具体着眼于广州，但在这些叙述中，这个城市作为这些产品的集散地发挥着核心的作用。

那些更具艺术性的商品，如瓷器、漆器、象牙、绘画、扇子等物品，已经有非常多的研究。这些产品有的是在广州生产的，其他人只是在那里购买了它们，但所有这些都是这个城市历史的一部分。许多这些出版物以展览目录的形式被博物馆、拍卖行和私人收藏家搜集在一起。这一类型的出版物在分析的深度上变化很大，有一些非常详细和深入，而其他则只是简单的视觉引导，用来帮助观众理解收藏的展品。那些关于广州的街道、建筑物和景观的出口油画，以及后来的照片对历史来说特别重要，因为它们记录了城市的结构和发展。但也有许多画的内容是关于商品的生产过程，如茶叶，丝绸和瓷器。西方对这些画的很多分析研究对我们了解广州经济和消费文化以及城市环境的改变非常重要。[3]

鸦片是受到西方极大关注的又一件商品。因为鸦片是广州贸易崩溃和随之而来的战争的中心，第二次世界大战后的作者都渴望了解它的影响。事实上，许多关于鸦片的早期研究往往是商品史和军事史的结合。科利斯（Collis）在他的著作《外国泥》（Foreign Mud）里第一次对这种药物进行了深入的研究，随后维理（Waley）、比钦（Beeching）、维克曼（Wakemen）、卓奇

（Trocki）和其他很多人也开始进行这种研究。今天，鸦片仍然是西方学者的主要兴趣中的一个话题，对它的讨论已经扩大到包括全球消费在内的大背景下。每年都有关于鸦片贸易的新的研究发表，而广州常常在这些讨论中占据很大的一部分。[4]

四、结　论

关于广州的外语著作的数量非常庞大。从十六世纪西方与中国最初开始接触，中西之间的大多数互动都以广州为渠道，因此，这个城市就成了外国人了解中国和中国文化的主要窗口。今天，广州以每年都在出版的新的研究继续吸引着西方学者的注意。西方的资料，除了香港和澳门，对于了解广州的历史和文化，也许比对了解中国的其他任何城市的历史和文化都更加重要，正是因为广州与外国人的长期交流。由于在许多国家用多种语言写成的大量关于广州的历史文献现在都可用，所以在未来，我们将继续看到许多利用这些丰富多样的资料所做的新研究。西方和中国学者都已经认识到广泛的历史材料，能使历史学家为城市的一些部分重建一个高度清晰的过去。正因为西方的这些大量文献资料可用，西方学者对广州历史文化的描写，为通往中华帝国的过去提供了一个重要的窗口，这是其他任何资料都不能做到的。

注释：

[1] 以下是部分列表。美国与广州的贸易：Morison（1921），Dulles（1930），Dermigny（1964），Goldstein（1978），Christman（1984），Lee（1984），Grant（1988），Dudden（1992），Downs（1997）；澳门与广州的贸易：Souza（1986），Guimarāes（1996），Do Vale（1997）；西班牙与广州的贸易：Chaunu（1960），Souza（1986）；丹麦与广州的贸易：Larsen（1932），Glamann（1960），Rasch and Sveistrup（1948），Bro-Jørgensen and Rasch（1969），Gøbel（1978），Diller（1999）；荷兰与广州的贸易：Van der Kemp（1919），Mansvelt（1922），Du Hullu（1923），Glamann（1958），Jörg（1982），Bruijn and Gaastra（1987，1993）；英国与广州的贸易：Eames（1909），Morse（1926），Pritchard（1936），Costin（1937），Greenberg（1951），Dermigny（1964），Chaudhuri（1978），Ch'en（1990），Cheong（1997），Le Pichon（1998）；法国与广州的贸易：Madrolle（1901），Sottas（1905），Cordier（1908），Conan（1942），Dermigny（1964），Manning（1996），Cheong（1997）；弗拉芒与广州的贸易：Degryse（1974），Parmentier（1996）；普鲁士与广州的贸易：Cordier（1920）；瑞典与广州的贸易：Hellstenius（1860），Nyström（1883），Olán（1920），Lind（1923），Hammar（1931），Kjellberg（1974），Koninckx（1980），Johansson, ed.（1992）；亚美尼亚人在广州：Smith and Van Dyke（2003，2004）；穆斯林在广州：Smith and Van Dyke（2004）；和帕西人在广州：Guo（2001，2003），Smith（2004），Thampi（2004），Saksena（2004）.

[2] 主要研究广州行商人的学者，包括 Cordier（1902），Liang（1932），White（1967），Ch'en（1990），Cheong（1997），Huang and Pang（2001），Van Dyke（2004~2005）.

[3] 以下是西方外文著作中集中研究商品的部分清单。瓷器：Jörg（1982），Howard（1994）；丝绸：Li（1981），Stockard（1992）；茶叶：Fortune（1852-7），Chaudhuri（1978），Mui and Mui（1984），Ch'en（1989），Gardella（1994），Liu（2007）；包括以上所列商品，加上漆器，出口画等：Bro-Jørgensen and Rasch（1969），Lee（1984），Wirgin（1998），Martyn Gregory（1982-2007），Conner（1986~1996）.

[4] 以下是写过鸦片和鸦片战争的部分作者名单：Collis（1946），Waley（1958），Dermigny（1964），Fay（1975），Beeching（1975），Wakeman（1978），Downs（1997），Trocki（1999），Brook and Wakabayashi（2000）.

Western Scholarship and Publications on Guangzhou's History and Culture

by Paul A. Van Dyke

Since the establishment of Macao in 1557, Guangzhou has captivated enormous interest in the west. For hundreds of years the city was the window through which westerners formed their ideas about China and what it meant to be Chinese. Not surprisingly, this curiosity led to many studies being written by western scholars on different aspects of Guangzhou's long history and culture. These publications are very diverse in their contents, but generally fall into three basic categories: focus on people, focus on places, or focus on things. Some studies, of course, overlap all three categories so they are not strict divisions, but rather a simple way to group them to better appreciate their contribution to the city's history and culture.

Focus on People: National, Ethnic and Company Studies

National, Ethnic and Company studies make up the largest volume of western literature on Guangzhou. This is primarily a result of the enormous body of historical materials available on these subjects, in many countries and languages. The large East India Companies were prodigious at creating and preserving records, and actually had internal regulations mandating the type of information that was to be kept and recorded by employees. Americans who came to Guangzhou to trade were not part of a large company, but rather made up of dozens of small private entrepreneurs. Their records are not as comprehensive as those of the European companies, but nonetheless contain excellent details of their interactions with China. Individual foreigners also wrote diaries, journals, and memoirs of their travels and residences in Guangzhou. Together, this literature is enormous, comprising an unfathomable amount of data, which have been the source of information for many western publications.

Because these records are now held in archives in the respective countries, and written in those languages, most of the early studies tended to be done by scholars living in those places. Early studies also tended to focus on their people, such as the French writing about the French in Guangzhou, English about the English, Dutch about the Dutch, and so on. Chinese and other foreigners in China who did not interact with those groups were left out. Despite their narrow focus, these ethnic oriented studies provide much good detail about the port and how it operated.

There are now many histories that have been written of the European and American trade with China, and many new studies are presently being done on individuals who spent time in China in the eighteenth and nineteenth centuries. In the past ten years, there has been much renewed interest in Sino-Indian and Sino-Australian historical connections as well. Several studies have been done on Armenian, Muslim, and Parsee traders in China, and western scholars continued to work on the Sino-Australian connections and interactions. Rather than diminish over time, interest in these historical interactions have been growing in recent years, as China becomes more important in global commerce and politics. [1]

Most of these interactions involved trade so in addition to showing the commerce of each of these ethnic groups, there has been considerable interest among western scholars to reconstruct the business operations of the Chinese merchant houses with whom they traded. This curiosity has led to a series of studies being done on the *Shisan hang* （十三行） and the *Hong* merchants （行商）. The French scholar, Henri Cordier, was one of the first to write on the Chinese merchants in Guangzhou, which was followed by the famous study by Liang Jiabin, *Guangdong Shisan Hang Kao* （广东十三行考）. The American scholar Ann White （1967） advanced the research, which was followed by the research of Taiwan scholar Ch'en Kuo-tung （1990） and Hong Kong scholar W.E. Cheong （1997）. Since then several Guangzhou scholars, including Huang Qichen, Zhang Wenqin and others, have advanced the work. New histories of the Guangzhou merchants are now being written by an American scholar in Macao （me）, and other scholars in the United States are presently researching this topic, so we will soon have several new histories of the Guangzhou merchant families all of which is written in English. [2]

Focus on Places: Regional and Urban Studies

Western Scholars have been writing descriptive narratives of Guangzhou for hundreds of years. Most of the early publications were written, and some of the best come from missionaries who visited the city in sixteenth to eighteenth centuries. Catholic missionaries Du Halde and Le Comte wrote descriptions of their travels through China in the late seventeenth and early eighteenth centuries, which became the foundations for many later studies that followed. The nineteenth century was exceptionally productive for research on Guangzhou history and culture, with dozens of studies done by westerners on all aspects of government and society. Some of these publications focused specifically on China's foreign trade, and Guangzhou's commercial interactions with inland suppliers and markets, whereas others focused on Chinese culture with Guangzhou playing a major role in the narratives.

These publications include William Hunter's, *Bits of Old China* and *The 'Fankwae' at Canton*, John Gray and Mrs. Gray's books describing their walks through Guangzhou, and J.A. Turner's very informative books on his experiences in the city. These books are among the best data we have of life in Guangzhou in the nineteenth century. While the narratives contain obvious western biases and misunderstandings, they are nonetheless still very useful sources, because of their rich detail and descriptions. Many aspects of urban life and society are brought out in these western publications that do not appear in Chinese sources.

The early studies done on the East India companies and Guangzhou's foreign trade gradually gave rise to interest in understanding how the city operated as a unit, which led to several port studies being done. Louis Dermigny was one of the first western scholars to attempt a geographical approach to the history. His *Le Commerce à Canton* (1964) brought together, for the first time, all of the different components of the trade, including companies, commodities, administration, and much more. Dermigny's work was one of the first to put the port of Guangzhou into a global context, as an important component within a system of international networks and markets.

Dilip Basu, in his PhD dissertation (1975), advanced the focus on the port comparing Guangzhou to Calcutta. George Bryan Souza's (1986) research later brought together Macao's role within the Guangzhou trade, which was followed by Do Vale (1997) and Guimarães' s (2000) studies on Macao. Chen Bojian and Huang Qichen (1995) then put together a three-volume history of the trade, which begins in ancient times and continues to the 1990s. This work was followed by Garret's (2002) general description of the city and Van Dyke's (2005) study on the inter-workings of the port, and its commercial connections to Southeast Asia. Together, these port studies show the enormous influence Guangzhou had on the region and on world trade in general.

Social history has become a major focus among many scholars in recent times, which has broadened the discussion to the Pearl River Delta and culture of South China in general. Janice Stockard's study of marriage patterns and economic strategies (1989), David Faure's research on family and lineage structures (1990~2007), Robert Marks' research on the environment and economy of South China, Gö ran Aijmer and Virgil Ho's study of *Cantonese Society* (2000), and Steven Miles' examination (2006) of identity and social mobility are just a few of the western language publications that place the study of Guangzhou into a broader context. There are many more, and together they show Southern Chinese societies and cultures to be very complex and diverse. In most of these studies, Guangzhou plays a prominent role as a center for cultural identity, creativity, adaptation, and dissemination. New dissertations, articles, and books are being written every year by western scholars on some aspect of Guangzhou's past.

Focus on Things: Commercial Products and Historical Artifacts

In order to understand how Guangzhou's economy operated it is essential to understand the roles of key commodities, such as tea, silk and porcelain. And in order to explain the meaning, function and significance of the hundreds and thousands of historical artifacts from Guangzhou that are now in museums throughout the world, we need to know how and why those products were produced and distributed. These needs and desires to understand specific characteristics of individual commodities led to many western scholars researching and writing about Chinese products.

Some of these studies were written by scholars with the academic community in mind whereas others were written to give the general public a basic understanding of the Chinese artifacts that are now on display in museums in the west. Because of the mixed target audience, commodity studies range from very in-depth academic research to simple generalizations of an item's production, function, and artistic qualities. The study of tea, silk, and porcelain have now been researched very extensively by western scholars. Mui and Mui and Robert Gardella's studies on the tea trade and Lillian Li's study on the silk industry have advanced these fields to a high degree. As might be expected, most of these studies do not focus specifically on Guangzhou, but the city plays a central role in the narratives as a distribution center for those products.

The more artistic commodities of porcelain, lacquer ware, ivory, paintings, fans, and other such items, have numerous studies written about them as well. Some of these products were produced in Guangzhou, whereas others were merely purchased there, but all of them are part of the city's history. Many of these publications are in the form of exhibition catalogues that were put together by museums, auction houses, and private collectors. The depth of analysis various widely in these types of publications, with some being very detailed and in-depth and others being simple visual guides to help viewers understand items in a collection. The export paintings, and later photographs, of Guangzhou's streets, buildings and landscape are especially important to the history because they help document urban structures and development. But there are also numerous paintings of the processes in the production of commodities as well, such as tea, silk, and porcelain. The many western studies that analyze these paintings are very important to understanding Guangzhou's economy and consumer culture, as well as changes in the urban environment. [3]

Another commodity that has received a lot of attention in the west is opium. Because the drug was central to the collapse of the Guangzhou trade and the wars that followed, authors in the post-WWII era were keen to understanding its influence. In fact, many of the early studies on opium tended to be both commodity and military histories combined. Collis's work on *Foreign Mud* was one of the first extensive studies done on the drug, which was followed by Waley, Beeching, Wakemen, Trocki, and numerous others. Opium is still a topic of major interest among western scholars today, and the discussion has broadened to include worldwide consumption. Every year new studies are published on the opium trade and Guangzhou often takes up a good part of those discussions. [4]

Conclusion

There is a huge body of literature in western languages on Guangzhou. From the earliest western contacts with China in the sixteenth century, most of the interactions were channeled through Guangzhou. As a result, the city became the main window through which foreigners looked to understand China and Chinese culture. And today Guangzhou continues to attract the attention of western scholars, with new many new studies being published every year. With the exception of Hong Kong and Macao, western sources are perhaps more important to understanding Guangzhou's history and culture than any other city in China, because of its long interaction with foreigners. Because of the enormous body of literature that is now available on Guangzhou, in many countries and many languages, we will likely continue to see new studies in the future making use of these rich and diverse sources. Western and Chinese scholars alike have come to appreciate the wide range of historical materials available, which enable historians to reconstruct parts of the city's past with a high degree of clarity. Because of the huge volume of literature available, the writing of Guangzhou's history and culture provides an important window into China's imperial past that is not available from any other sources.

[1] Here is a partial list. American trade with Guangzhou: Morison (1921), Dulles (1930), Dermigny (1964), Goldstein (1978), Christman (1984), Lee (1984), Grant (1988), Dudden (1992), Downs (1997); Macao trade with Guangzhou: Souza (1986), Guimarães (1996), Do Vale (1997); Spanish trade with Guangzhou: Chaunu (1960), Souza (1986); Danish trade with Guangzhou: Larsen (1932), Glamann (1960), Rasch and Sveistrup (1948), Bro-Jørgensen and Rasch (1969), Gøbel (1978), Diller (1999); Dutch trade with Guangzhou: Van der Kemp (1919), Mansvelt (1922), Du Hullu (1923), Glamann (1958), Jörg (1982), Bruijn and Gaastra (1987, 1993); English trade with Guangzhou: Eames (1909), Morse (1926), Pritchard (1936), Costin (1937), Greenberg (1951), Dermigny (1964), Chaudhuri (1978), Ch'en (1990), Cheong (1997), Le Pichon (1998); French trade with Guangzhou: Madrolle (1901), Sottas (1905), Cordier (1908), Conan (1942), Dermigny (1964), Manning (1996), Cheong (1997); Flemish trade with Guangzhou: Degryse (1974), Parmentier (1996); Prussian trade with Guangzhou: Cordier (1920); Swedish trade with Guangzhou: Hellstenius (1860), Nyström (1883), Olán (1920), Lind (1923), Hammar (1931), Kjellberg (1974), Koninckx (1980), Johansson, ed. (1992); Armenians in Guangzhou: Smith and Van Dyke (2003, 2004); Muslims in Guangzhou: Smith and Van Dyke (2004); and Parsees in Guangzhou: Guo (2001, 2003), Smith (2004), Thampi (2004), Saksena (2004).

[2] The main studies on the Guangzhou *Hong* merchants, include Cordier (1902), Liang (1932), White (1967), Ch'en (1990), Cheong (1997), Huang and Pang (2001), Van Dyke (2004~2005).

[3] Here is a partial list of commodity focused studies in western languages. Porcelain: Jörg (1982), Howard (1994); Silk: Li (1981), Stockard (1992); Tea: Fortune (1852-7), Chaudhuri (1978), Mui and Mui (1984), Ch'en (1989), Gardella (1994), Liu (2007); All the above, plus lacquer ware, export paintings, etc.: Bro-Jørgensen and Rasch (1969), Lee (1984), Wirgin (1998), Martyn Gregory (1982 ~ 2007), Conner (1986~1996).

[4] Here is a partial list of authors who have written on opium and opium wars: Collis (1946), Waley (1958), Dermigny (1964), Fay (1975), Beeching (1975), Wakeman (1978), Downs (1997), Trocki (1999), Brook and Wakabayashi (2000).

Selective Bibliography of Western Language Publications containing information about Guangzhou's History andCulture

(including a few Chinese language publications mentioned above)

A Pictorial Handbook to Canton. Middlesbrough: Hood & Co. Limited, 1905.

Abeel, David. *Journal of a Residence in China, and the Neighboring Countries from 1829 to 1833.* New York: 1834, and *The Missionary Fortified Against Trials.* Boston: Marvin and Company, 1835.

Abel, Clarke. *Narrative of a Journey in the Interior of China, and of a Voyage to and from that country in the Years 1816 and 1817; containing an account of the most interesting transactions of Lord Amherst's Embassy to the Court of Pekin, and observations on the coutries which it visited.* London: Longman, Hurst, Rees, Orme, and Brown, 1818.

Abott, Jacob. *China and the English: or the character and manners of the Chinese.* New York: Leavitt, Lord & Co., 1835.

Aijmer, Gшran and Virgil K.Y. Ho. *Cantonese Society in a Time of Change.* Hong Kong: Chinese University Press, 2000.

Antony, Robert. "Demons, Gangsters, and Secret Societies in Early Modern China". In *East Asian History*, 2004.

Antony, Robert. *Like Froth Floating on the Sea: The World of Pirates and Seafarers in Late Imperial South China.* Berkeley: Institute of East Asian Studies, 2003.

Arnold, Julean. *A Handbook to Canton, Macao and the West River.* Hong Kong: Hong Kong, Canton and Macao Steamboat Co., Ltd., 1914~1921.

Arnold, Julean. *Commercial Handbook of China.* Washington: Government Printing Office, 1919.

Auber, Peter. *China. An Outline of the Government, Laws, and Policy: and of the British and Foreign Embassies to, and Intercourse with, that Empire.* London: Parbury, Allen, and Co., 1834.

Ball, B.L. *Rambles in Eastern Asia, including China and Manilla, during several years' residence. With notes of the voyage to China, excursions in Manilla, Hong-Kong, Canton, Shanghai, Ningpo, Amoy, Fouchow, and Macao.* Boston: James, French and Company, 1856.

Ball, J. Dyer. *Things Chinese.* 1903. Reprint, 5th ed. Singapore: Braham Brash, 1989.

Barrow, John. *Travels in China, containign descriptions, observations, and comparisions, made and collected in the course of a short residence at the Imperial Palace of Yuen-min-yuen, and on a subsequent journey through the country from Pekin to Canton. In which it is attempted to aprreciate the rank that this extraordinary empire may be considered to hold in the scale of civilized nations*. London: A. Straham, 1804; reprint, Philadelphia, W.F. McLaughlin, 1805.

Basu, Dilip Kumar. 'Asian Merchants and Western Trade: A Comparative Study of Calcutta and Canton 1800~1840'. Ph.D. diss., Dept. of History, University of California, Berkeley, 1975.

Belcher, Captain Sir Edward. *Narrative of a Voyage Round the World, Performed in Her Majesty's Ship Sulphur, During the Years 1836~1842. Including Details of the Naval Operations in China, from Dec. 1840, to Nov. 1841.* 2 vols. London: Henry Colburn, 1843.

Beresford, Lord Charles. *The Break—up of China with an Account of its Present Commerce, Currency, Waterways, Armies, Railways, Politics and Future Prospects.* London: Harper & Brothers, 1899.

Bernard, William Dallas. *Narrative of the Voyage and Services of the Nemesis, from 1840 to 1843.* 3 vols. London: Henry Colburn, 1844.

Berncastle, Julius. *A Voyage to China: Including a Visit to the Bombay Presidency, the Mahratta Country, the Cave Temples of Western India, Singapore, the Straits of Malacca and Sundra, and the Cape of Good Hope.* London: Shoberl, 1851.

Berton, M. *China: its costume, arts, manufactures, &c.* 4 vols. London: J.J. Stockdale, 1813.

Bingham, John Elliot. *Narrative of the Expedition to China from the Commencement of the War to Its Termination in 1842.* 2 vols. 2nd Ed. London: Henry Colburn, 1843.

Blancard, Pierre. *Manuel du Commerce des Indes Orientales et de la Chine.* (Manual of the Commerce with the Orient and China). Paris: Chez Bernard, 1806.

Blussé, Leonard. *Visible Cities. Canton, Nagasaki, and Batavia and the Coming of the Americans.* Cambridge: Harvard University Press, 2008.

Boje, Jens. *Journal paa den anden Reyse til China med Skibet Dronningen af Danmark, indeholdende de Merkv? rdigste Ting, som fra Reysens Begyndelse Anno 1742, og til dens Ende 1744.* (Journal of a Voyage to China in the Ship Dronningen of Denmark) Copenhagen: Christoph Georg Glasing, 1745.

Bolton, Kingsley. *Chinese Englishes. A Sociolinguistic History.* Cambridge: Cambridge University Press, 2003.

Brelin, Johan. *Beskrifning öfver en Äfventyrlig Resa til och ifrå n Ost—Indien, Södro America, och en del af Europa, Å ren 1755, 56, och 57.* (Description of an Adventurous Voyage to and from the East Indies, South America and Europe in the years 1755, 56 and 57) Uppsala: Kongl. Acad. Tryckeriet, 1758; Reprint, Stockholm: Rediviva, 1973.

Bridgeman, Elijah C. *Glimpses of Canton: The Diary of Elijah C. Bridgman, 1834~1838.* New Haven: Yale Divinity School Library, 1998.

Broadbent, James, Suzanne Rickard and Margaret Steven. *India, China, Australia. Trade and Society 1788~1850.* Sydney: Historic Houses Trust of New South Wales, 2003.

Brø dsgaard, Kjeld Erik and Mads Kirkebœk, eds. *China and Denmark: Relations since 1674.*

[Copenhagen]: Nordic Institute of Asian Studies, 2001.

Bro-Jørgensen, J.O. and A.A. Rasch. *Asiatiske, vestindiske og guineiske handelskompagnier.* (Asiatic, West Indies and Guinies Trading Companies) København: Rigsarkivet, 1969.

Brook, Timothy and Bob Tadashi Wakabayashi, eds. *Opium Regimes. China, Britain, and Japan, 1839~1952.* Berkeley: University of California Press, 2000.

Bruijn, J.R., and F.S. Gaastra, eds. *Ships, Sailors and Spices. East India Companies and Their Shipping in the 16th, 17th and 18th Centuries.* Amsterdam: NEHA, 1993.

Bruijn, J.R., F.S. Gaastra, and I. Schoffer. *Dutch -Asiatic Shipping in the 17th and 18th Centuries.* The Hague: Martinus Nijhoff, 1987.

Brunel, M. 'A Memoir on the Chinese Trade'. In *A Voyage to Madagascar, and the East Indies,* by Abbe Rochon, pp. 415~475. Translated from French. London: Printed for G.G.J. and J. Robinson, Paternoster-Row, 1792

Bulley, Anne. *Free Mariner. John Adolphus Pope in the East Indies 1786~1821.* London: British Association for Cemeteries in South Asia (BACSA), 1992.

Bulley, Anne. *The Bombay Country Ships 1790~1833.* Richmond: Curzon Press, 2000.

Cai Hongsheng, Leonard Blussé, et al. *Sailing the Pearl River. Dutch Enterprise in South China 1600~2000.* Guangzhou: Guangzhou Publishing House, 2004.

Campbell, Archibald. *A Voyage Round the World, from 1806 to 1812.* Facsimile of the 3d American edition, 1822. Honolulu: University of Hawaii Press, 1967.

Canton Advertising & Commission Agency. *Canton. Its Port, Industries & Trade. With Maps, Drawings & Illustrations.* Compiled and Published by Canton Advertising & Commission Agency, 1932. Reprint, Taipei: Ch'eng Wen Publishing Company, 1971.

Careri, John Francis Gemelli. *A Voyage Round the World. Containing the most Remarkable Things he saw in China. (in 1695). In A Collection of Voyages and Travels.* By Messrs. Churchill. Vol. 4. pp. 274~396. London: Golden-Ball, 1745.

Ch' en Kuo-tung Anthony. *The Insolvency of the Chinese Hong Merchants, 1760~1843.* 2 vols. Taipei: Academia Sinica, 1990

Chaudhuri, K.N. *The Trading World of Asia and the English East India Company 1660~1760.* Cambridge: Cambridge University Press, 1978.

Chaunu, Pierre. *Les Philippines et le Pacifique des Ibériques (XVIe, XVIIe, XVIIIe siècles).* (The Philippines and Iberians in the Pacific in the 16th, 17th, and 18th centuries) Paris: S.E.V.P.E. N., 1960.

Cheong, Weng Eang. 'The Age of Suqua, 1720~1759'. In *Asian Trade Routes,* ed. Karl Reinhold Haellquist, pp. 217~230. London: Curzon Press, 1991.

Cheong, Weng Eang. *Mandarins and Merchants. Jardine Matheson & Co., a China Agency of the Early Nineteenth Century.* London, Curzon Press, 1979.

Cheong, Weng Eang. *The Hong Merchants of Canton*. Copenhagen: NIAS—Curzon Press, 1997.

Chinese Repository. 20 vols. Canton: The South China Mission, 1832~1852.

Christie's Swire. *Fine China Trade Paintings and Printed Material*. Hong Kong: Christie's Swire, 1990.

Christie's Swire. *Important Chinese Works of Art and Fine China Trade Pictures*. Hong Kong: Christie's Swire, 1992.

Christman, Margaret C.S. Adventurous Pursuits. *Americans and the China Trade 1784~1844*. Washington D.C.: Smithsonian Institution Press, 1984.

Clemmensen, Tove and Mogens B. Mackeprang. *Kina og Danmark 1600~1950* (China and Denmark 1600~1950). Copenhagen: National Museum, 1980.

Conan, J. *La Dernière Compagnie Franç aise des Indes* (1785~1875). (The Last French India Company). Paris: Librairie des Sciences Politiques et Sociales, 1942.

Conner, Patrick. *Chinese Views——Western Perspectives 1770~1870. The Sze Yuan Tang Collection of China Coast Paintings and the Wallem Colleciton of China Coast Ship Portraits*. Hong Kong: Asia House, 1996.

Conner, Patrick. *The China Trade 1600~1860*. Brighton: The Royal Pavilion, Art Gallery & Museums, 1986.

Cordier, Henri. 'La Compagnie Prussienne D' Embden au XVIIIᵉ Siècle'. (The Prussian Company of Emden in the 18th Century). *T' oung Pao*. 19 (1920): 127~243.

Cordier, Henri. 'Le Consulat de France a Canton au XVIIIᵉ Sièle'. (The French Consulate in Canton in the 18th Century). *T' oung Pao*. 9 (1908): 47~96.

Cordier, Henri. 'Les Marchands Hanistes de Canton'. (The Hong Merchants of Canton). *T' oung Pao*. 3 (1902): 281~315.

Costin, W.C. *Great Britain and China 1833~1860*. Oxford: Clarendon Press, 1937.

Crossman, Carl L. *The China Trade. Export Paintings, Furniture, Silver and Other Objects*. Princeton: The Pyne Press, 1972.

Crossman, Carl. L. *The Decorative Arts of the China Trade. Paintings, Furnishings and Exotic Curiosities*. Suffolk: Antique Collectors' Club, 1988.

Crow, Carl. *The Travelers' Handbook for China*. 3d ed. Shanghai: Carl Crow, 1921.

Curtis, Benamin Robbins. *Dottings Round the Circle*. Boston: Jaems R. Osgood and Company, 1876.

Cushman, Jennifer Wayne. *Fields from the Sea: Chinese Junk Trade with Siam during the Late Eighteenth and Early Nineteenth Centuries*. Ithaca: Cornell Southeast Asia Publications, 1993; reprint, 2000.

Dalrymple, Alexander. *Oriental Repertory*. Published at the charge of the East—India Company. London: George Biggs, 1793.

Dann, John C., ed. *A Diary of the Life of Jacob Nagle, Sailor, from the Year 1775 to 1841.*

New York: Wiedenfel & Nicolson, 1988.

Davidson, G.F. *Trade and Travel in the Far East; or recollections of Twenty-One Years passed in Java, Singapore, Australia, and China.* London: Madden and Malcolm, 1846.

Davis, John Francis. *Sketches of China; Partly during an Inland Journey of Four Months, between Peking, Nanking, and Canton; with Notices of Observations Relative to the Present War.* 2 vols. London: Charles Knight & Co., 1841.

Davis, John Francis. *The Chinese: a general description of the Empire of China and its inhabitants.* 2 vols. London: Charles Knight & Co., 1836.

Degryse, K. and Jan Parmentier. 'Maritime Aspects of the Ostend Trade to Mocha, India and China (1715~1732)'. In *Ships, Sailors and Spices. East India Companies and Their Shipping in the 16th, 17th and 18th Centuries,* eds. Jaap R. Bruijn and Femme S. Gaastra, pp. 139~175. Amsterdam: NEHA, 1993.

Delano, Amasa. *A Narrative of Voyages and Travels, in the Northern and Southern Hemispheres: comprising three Voyages round the World; together with a voyage of survey and discovery, in the Pacific Ocean and Oriental Islands.* Boston: E.G. House, 1817.

Dermigny, Louis, ed. *Les Mémoires de Charles de Constant sur le Commerce a la Chine.* (The Memoirs of Charles de Constant and the Commerce with China). Paris: S.E.V.P.E.N., 1964.

Dermigny, Louis. *La Chine et l'Occident. Le Commerce a Canton au XVIII Siècle 1719~1833.* (China and the West. The Commerce of Canton in the 18th century 1719~1833). 3 vols. and Album Paris: S.E.V.P.E.N., 1964.

Diller, Stephan. *Die Dä nen in Indien, Südostasien und China (1620~1845).* (The Danes in India, Southeast Asia, and China 1620~1845). Wiesbaden: Harrassowitz Verlag, 1999.

Dixon, George. *A Voyage Round the World; But More Particularly to the North-West Coast of America; Performed in 1785, 1786, 1787, 1788, and 1789.* London: Geo. Goulding, 1789; reprint, New York: Da Capo Press, 1968.

Do Vale, A.M. Martins. *Os Portugueses em Macau (1750~1800).* (The Portuguese in Macau 1750~1800) Institvto Portvgvês do Oriente, 1997.

Dobell, Peter. *Travels in Kamtchatka and Siberia; with a Narrative of a Residence in China.* 2 vols. London: Henry Colburn and Richard Bentley, 1830; reprint, New York: Arno Press, 1970.

Doukhovskoy, Barbara. *The Diary of a Russian Lady.* London: John Long, 1917.

Downing, C. Toogood. *The Fan-Qui in China in 1836~7.* 3 vols. London: 1838; reprint, Shannon, Ireland: Irish University Press, 1972.

Downs, Jacques M. *The Golden Ghetto. The American Commercial Community at Canton and the Shaping of American China Policy, 1784~1844.* Bethlehem: Lehigh University Press, 1997.

Drinker, Sandwith. *A Private Journal of Events and Scenes at Sea and in India. Commencing April 26th, 1838.* Boston: Suzanne Drinker Moran, 1990.

Du Halde, P. *The General History of China. Containing a Geographical Historical, Chronological, Political and Physical Description of the Empire of China, Chinese-Tartary, Corea and Thibet.* 3d ed. 4 vols. London: 1741.

Dudden, A.P. *The American Pacific. From the Old China Trade to the Present.* New York: Oxford University Press, 1992.

Dulles, Foster Rhea. *The Old China Trade.* Boston: Houghton Mifflin Company, 1930.

Eames, James Bromley. *The English in China. Being an Account of the Intercourse and Relations between England and China from the year 1600 to the year 1843 and a Summary of later Developments.* London Curzon Press, 1909; reprint, 1974.

Ekeberg, Carl Gustav. *Ostindiska Resa, Å ren 1770 och 1771.* (Voyage to East India in 1770 and 1771). Stockholm: Henr. Fougt, 1773; facsimile reprint, Stockholm: Rediviva, 1970.

Ellis, Henry. *Journal of the Proceedings of the Late Embassy to China; comprising a correct narrative of the public transactions of the embassy, of the voyage to and from China, and of the journey from the mouth of the Pei-ho to the Return to Canton.* Philadelphia: A. Small, 1818; reprint, London: Edward Moxon, 1840.

Fanning, Edmund. *Voyages and Discoveries in the South Seas 1792~1832.* Salem, Marine Research Society, 1924; reprint, New York: Dover Publications, 1989.

Farooqui, Amar. *Smuggling as Subversion. Colonialism, Indian Merchants and the Politics of Opium.* New Delhi: New Age International, Ltd., 1998.

Farrington, Anthony. *Trading Places. The East India Company and Asia 1600~1834.* London: The British Library, 2002.

Faure, David and Helen F. Siu, eds. *Down to Earth: the Territorial Bond in South China.* Stanford: Stanford University Press, 1995.

Faure, David. *Emperor and Ancestor: State and Lineage in South China.* Stanford: Stanford University Press, 2007.

Fay, Peter Ward. *The Opium War 1840~1842.* Chapel Hill: University of North Carolina Press, 1975.

Fels, Susan, ed. *Before the Wind. The Memoir of an American Sea Captain, 1808~1833,* by Charles Tyng. New York: Viking Penquin, 1999.

Fidlon, Paul G. and F.J. Ryan, eds. *The Journal of Arthur Bowes Smyth: Surgeon, Lady Penrhyn 1787~1789.* Sydney: Australian Documents Library, 1979.

Flannery, Tim, ed. *The Life and Adventures of John Nicol, Mariner.* New York: Atlantic Monthly Press, 1997.

Fleurieu, C.P. Claret, trans. *A Voyage Round the World 1790~1791, and 1792,* by É tienne Marchand. London: 1801; reprint, Amsterdam: N. Israel, 1969.

Floyd, Arva Colbert, ed. *The Diary of a Voyage to China 1859~1860,* by Rev. Young J. Allen. Atlanta: Emory University, 1943.

Forbes, A. Gruar. *The Empire and Cities of Asia*. London: Virtue and Co., 1873.

Forbes, Leut. F.E. *Five Years in China; from 1842 to 1847 with an Account of the Occupation of the Islands Labuan and Borneo by her Majesty' s Forces*. London: Richard Bentley, 1848.

Forbes, *R.B. Remarks on China and the China Trade*. Boston: Samuel N. Dickinson, 1844.

Forbes, Robert B. *Personal Reminiscences*. Boston: Little, Brown and Company, 1882; reprint, New York 1970; reprint, London 1974.

Forster, John Reinhold, trans. *A Voyage to China and the East Indies*, by Peter Osbeck. Together with a Voyage to Suratte, by Olof Torren, and An Account of Chinese Husbandry, by Captain Charles Gustavus Eckeberg. Translated from the 1765 German ed. London: Benjamin White, 1771.

Fortune, Robert. *A Journey to the Tea Countries of China; including Sung-lo and the Bohea Hills; with a Short Notice of the East India Company's Tea Plantations in the Himalaya Mountains*. London: John Murray, 1852.

Fortune, Robert. *A Residence among the Chinese: Inland, on the Coast, and at Sea. Being a Narrative of Scenes and Adventures during a Third Visit to China, from 1853 to 1856. Including Notices of Many Natural Productions and Works of Art, the Culture of Silk, &c. with Suggestions on the Present War*. London: John Murray, 1857.

Fortune, Robert. *Two Visits to the Tea Countries of China and the British Tea Plantations in the Himalaya; with a Narrative of Adventures, and a Full Description of the Culture of the Tea Plant, the Agriculture, Horticulture, and Botany of China*. 2 vols. London: John Murray, 1853.

Franchere, Gabriel. *A Voyage to the Northwest Coast of America*. New York: The Citadel Press, 1968.

Frugé, August and Neal Harlow, trans. and eds. *A Voyage to California, the Sandwich Islands, & Around the World in the Years 1826~1829*, by Auguste Duhaut-Cilly. Berkeley: University of California Press, 1999.

Gaastra, Femme. *The Dutch East India Company – Expansion and Decline*. Zutphen: Walburg Pers, 2003.

Gardella, Robert. *Harvesting Mountains: Fujian and the China Tea Trade, 1757~1937*. Berkeley, University of California Press, 1994.

Garrett, Valery M. *Heaven is High, the Emperor Far Away. Merchants and Mandarins in Old Canton*. Hong Kong: Oxford University Press, 2002.

Gibson, James R. *Otter Skins, Boston Ships, and China Goods. The Maritime Fur Trade of the Northwest Coast, 1785~1841*. Seattle: University of Washington Press, 1992.

Gilbert, Thomas. *Voyage from New South Wales to Canton, in the Year 1788, with Views of the Islands Discovered*. Facsimile ed. New York: Da Capo Press, 1968.

Giles, Herbert Allen. *China and the Chinese*. New York: Columbia University Press, 1902.

Gillespie, Rev. William. *The Land of Sinim, or China and Chinese Missions*. Edinburgh: Myles Macphail, 1854.

Glamann, Kristoff. *Dutch-Asiatic Trade, 1620~1740*. The Hague: Martinus Nijhoff, 1958.

Glamann, Krsitoff. 'The Danish Asiatic Company, 1732~1772'. *Scandinavian Economic History Review* 8:2 (1960): 109~149.

Gøbel, Erik. 'Asiatisk Kompagnis Kinafart, 1732–1833. Besejling of Bemanding'. (Asiatic Company's China Voyages 1732~1833. Sailing and Crews). Ph.D. diss., University of Copenhagen, 1978.

Gøbel, Erik. 'Danish Companies' Shipping to Asia, 1616–1807'. In *Ships, Sailors and Spices. East India Companies and Their Shipping in the 16th, 17th and 18th Centuries*, eds. Jaap R. Bruijn and Femme S. Gaastra, 99~120. Amsterdam: NEHA, 1993.

Gøbel, Erik. 'The Danish Asiatic Company's Voyages to China, 1732~1833'. *Scandinavian Economic History Review* 27 (1979): 22~46.

Goldstein, Jonathan. *Philadelphia and the China Trade 1682~1846.Commercial, Cultural, and Attitudinal Effects*. University Park: The Pennsylvania State University Press, 1978.

Gordon, C.G. *Letters of General C.G. Gordon to his Sister M.A. Gordon*. London: Macmillan and Co., 1902.

Gordon, Charles Alexander. *China from a Medical Point of View in 1860 and 1861, to which is added a Chapter on Nagasaki as a Sanitarium*. London: John Churchill, 1863.

Grant, Frederic D., Jr. 'Hong Merchant Litigation in the American Courts'. In *Proceedings of the Massachusetts Historical Society*. Vol. XCIX (1987). Boston: Massachusetts Historical Society, 1988: 44~62.

Grant, Frederic D., Jr. 'Merchants, Lawyers, and the China Trade of Boston'. *Boston Bar Journal*. 23:9 (September 1979): 5~16.

Grant, Frederic D., Jr. 'The Failure of the Li-ch' uan Hong: Litigation as a Hazard of Nineteenth Century Foreign Trade'. *The American Neptune* 48:4 (Fall 1988): 243~260.

Grant, General Sir Hope. *Incidents in the China War of 1860*. Comp. by Henry Knollys. London: William Blackwood and sons, 1875.

Gray, John Henry. China. *A History of the Laws, Manner, and Customs of the People*. 2 vols. London: Macmillan and Co., 1878.

Gray, John Henry. *Walks in the City of Canton*. Hong Kong: De Souza & Co., 1875.

Gray, Mrs. *Fourteen Months in Canton*. London: Macmillan and Co., 1880.

Greenberg, Michael. *British Trade and the Opening of China 1800~1842*. Cambridge: University Press, 1951.

Guimarães, Ângela. *Uma Relaçã o Especial Macau e as Relaçõ es Luso-Chinesas 1780~1844*. (Sino-Luso Relations, especially Relations with Macau). Lisbon: Ediçāo Cies, 1996.

Gumpach, Johannes von. *The Returns of Trade at the Treaty Ports in China, as published by order of the Inspector-General of Customs*. Shanghai: 1875.

Gumpach, Johannes von. *The Treaty-Rights of the Foreign Merchant, and the Transit-System, in*

China. Shanghai: Office of the Celectial Empire, 1875.

Gundry, R.S, ed. *A Retrospect of Political & Commercial Affairs in China & Japan. During the Five Years 1873 to 1877*. Shanghai: Kelly & Walsh, 1878.

Guo Deyan, 'The Study of Parsee Merchants in Canton, Hong Kong and Macao'. *Review of Culture*. International Edition. No. 8 (October 2003): 51~69.

Gützlaff, Karl F.A. *A Sketch of Chinese History, Ancient and Modern: comprising a retrospect of the foreign intercourse and trade with China*. 2 vols. London: Smith, Elder and Col, 1834.

Gützlaff, Karl F.A. *Journal of Three Voyages Along the Coast of China in 1831, 1832 and 1833 with Notices of Siam, Corea, and the Loo-Choo Islands*. 2 vols. London: Westley and Davis, 1834.

Hall, Basil. *Voyage to Loo-choo: and Other Places in the Eastern Seas, in the Year 1816, Including an Account of Captain Maxwell's Attack on the Batteries at Canton*. Edinburgh: A. Constable, 1826.

Hallberg, Paul, and Christian Koninckx. *A Passage to China*, by Colin Campbell. Gothenburg: Royal Society of Arts and Sciences, 1996.

Hamilton, Alexander. *A New Account of the East-Indies being the Observations and Remarks of Capt. Alexander Hamilton from the year 1688~1723*. 2 vols. London: 1739; reprint, New Delhi: Asian Educational Services, 1995.

Hamilton, Walter. *The East-India Gazetteer; containing particular descriptions of the empires, kingdoms, principalities, brovinces, cities, towns, distric ts, fortresses, harbours, rivers, lades, &c. of Hindostan, and the adjacent countries, India beyond the Ganges, and the Eastern Archipelago; together with sketches of the manners, customs, institutions, agriculture, commerce, manufactures, revenues, population, castes, religion, history, &c. of the various inhabitants*. 2 vols. London: Parbury, Allen, and Co., 1828.

Hammar, Hugo. *Fartygstyper i Swenska Ost-Indiska Compagniets flotta*. (The Swedish East India Companies' Ships and Fleet) Gothenburg: 1931.

Hanson, Reginald. *A Short Account of Tea and the Tea Trade*. London: Whitehead, Morris & Lowe, 1876.

Haudrère, Philippe and Gérard le Bouë dec. *Les Compagnies de Indes*. (The India Company) Lorient: Editions Ouest-France, 2005.

Haudrère, Philippe. *La Compagnie Française de Indes au XVLLLᵉ Siècle*. (The French India Company in the 18th Century). 2 vols. Paris: Les Indes Savantes, 2005.

Haussmann, Auguste. *Voyage en Chine Cochinchine inde et Malaisie* (Voyage to China, Cochinchina and Malaysia). *Délégué Commercial Attaché al le Légation de M. de Ladrene. Ministre plénipotentiaire de France pendant les années 1844~45~46*. 3 Vols. Paris: G. Olivier Librairie Française et Étrangère, 1847.

Hayes, Edmund, ed. *Log of the Union. John Boit's Remarkable Voyage to the Northwest Coast and Around the World 1794~1796.* Portland: Oregon Historical Society, 1981.

Heaps, Leo, ed. *Log of the Centurion*, by Captain Philip Saumarez. New York: Macmillan Publishing Co., 1974.

Hellstenius, J.A.C. *Bidrag till Svenska Ost-Indiska Compagniets Historia 1731~1766.* (An Essay on the History of the Swedish East India Company). Uppsala: Edquist & K., 1860.

Henry, B.C. *Ling-nam or Interior Views of Southern China including Explorations in the Hitherto Untraversed Island of Hainan.* London: S.W. Partridge, 1886.

Hillard, Katharine, ed. *My Mother's Journal. A Young Lady's Diary of Five Years spent in Manila, Macao, and the Cape of Good Hope from 1829~1834.* Boston: George H. Ellis, 1900.

Hodges, Nan P. and Arthur W. Hummel, eds. *Lights and Shadows of a Macao Life. The Journal of Harriett Low, Travelling Spinster (1829~1834).* Woodinville, WA: The History Bank, 2002.

Holmes, Burton. *Burton Holmes Travelogues. With Illustrations from Photographs by the author.* Vol. 5. New York: The McClure Company, 1901; reprint, 1908, 1910.

Hong Kong Museum of Art. *Late Qing China Trade Paintings.* Hong Kong: Hong Kong Museum of Art, 1982.

Hong Kong, Canton & Macao Steam-boat Company, Limited and China Navigation Company Limited. *Information of General Interest to Travellers visiting Canton and Macao by the Steamers of the above Companies.* Hong Kong: Koronha & Co., 1893~1898.

Hong Kong, Canton and Macao Steamboat Co. *How to visit Canton.* Hong Kong: Hood & Company, Limited, 1913~1914.

Howard, David S. *A Tale of Three Cities: Canton, Shanghai & Hong Kong. Three Centuries of Sino-British Trade in the Decorative Arts.* London: Sotheby's, 1997.

Howard, David S. *The Choice of the Private Trader. The Private Market in Chinese Export Porcelain illustrated from the Hodroff Collection.* London: Zwemmer, 1994.

Howard, David Sanctuary. *New York and the China Trade.* New York: The New-York Historical Society, 1984.

Howay, Frederic W., ed. *Voyages of the Columbia to the Northwest Coast 1787~1790 & 1790~1793.* Boston: Massachusetts Historical Society, 1941; reprint, Portland: Oregon Historical Society Press, 1990.

Huang Qichen 黄启臣 and Pang Xinping 庞新平. *Ming-Qing Guangdong Shangren* 明清广东商人 (Guangdong Merchants in the Ming and Ching Dynasty). Guangzhou: Guangdong Jingji Chuban She, 2001.

Hbner, Baron de. *A Ramble Round the World.* Trans. by Lady Herbert. New York: Macmillan and co., 1874.

Hughes, Sarah Forbes, ed. *Letters and Recollections of John Murray Forbes.* 2 vols. Boston: Houghton, Mifflin and Company, 1899.

Hunter, William. *Bits of Old China*. London: Kegan Paul, Trench, & Co., 1855; reprint, Taipei, 1966; reprint, under the title *An American in Canton* (1825~44), Hong Kong: Derwent Communications Ltd., 1994.

Hunter, William. *The 'Fan Kwae' at Canton before Treaty Days 1825~1844*. London: 1882; reprint, London, 1885; London, 1911; Shanghai: Mercury Press, 1938; Taipei: 1966; reprint, under the title *An American in Canton* (1825~44). Hong Kong: Derwent Communications, Ltd., 1994.

Hurley, R.C. *The Tourist's Guide to Canton, the West River and Macao*. Hong Kong: Noronha & Co., 1895; reprint, Hong Kong: Hong Kong Telegraph, 1898; reprint, Hong Kong: Hong Kong Printing Press, 1903.

Inglis, Robert. *The Chinese Security Merchants in Canton, and Their Debts*. London: J.M. Richardson, 1838.

Itier, M. Jules. *Journal d'un Voyage en Chine en 1843, 1844, 1845, 1846*. (Journal of a Voyage to China in 1843, 1844, 1845, 1846) 3vols. Paris: Chez Dauvin et Fontaine, 1848.

Jackman, S.W., ed. *The Journal of William Sturgis*. Victoria: Sono Nis Press, 1978.

Jackson, Anna and Amin Jaffer, eds. *Encounters. The Meeting of Asia and Europe 1500~1800*. London: V&A Publications, 2004.

Janin, Hunt. *The India-China Opium Trade in the Nineteenth Century*. London: McFarland & Co., 1999.

Jehle, Michael. *From Brant Point to the Boca Tigris: Nantucket and the China Trade*. Nantucket: Nantucket Historical Association, 1994.

Jenkins, Colonel Lawrence Waters, ed. *Bryant Parrott Tilden of Salem, at a Chinese Dinner Party*. Canton: 1819. Salem: Peabody Museum, 1944.

Jin GuoPing 金国平 and Wu Zhiliang 吴志良, comps. *Correspondência Oficial Trocada Entre As Autoridades de Cantão e Os Procuradores do Senado. Fundo das Chapas Sínicas em Português (1749~1847)*. (Official Correspondences between the Procuradors of the Senate and the Authorities in Canton). 8 vols. Macau: Macau Foundation, 2000.

Joesting, Edward. Kauai. *The Separate Kingdom*. Kauai: University of Hawaii Press and Kauai Museum Association, Ltd., 1987.

Johansson, Bengt, ed. *The Golden Age of China Trade. Essays on the East India Companies' trade with China in the 18th Century and the Swedish East Indiaman Göteborg*. Hong Kong: Standard Press, Ltd., 1992.

Johnson, James. *An Account of a Voyage to India, China, &c. in His Majesty's Ship Caroline, performed in the Years 1803, 4, 5, interspersed with Descriptive Sketches and Cursory Remarks*. London: J.G. Barnard, 1806.

Jones, P.H.M. *Golden Guide to Hongkong and Macao*. Hongkong: Toppan Printing Co., 1969.

Jörg, C.J.A. *Porcelain and the Dutch China Trade*. The Hague: Martinus Nijhoff, 1982.

Kaplanoff, Mark D. *Joseph Ingraham's Journal of the Brigatine HOPE on a Voyage to the Northwest Coast of North America 1790~92*. Barre, Massachusetts: Imprint Society, 1971.

Kennedy, Admiral Sir William. *Hurrah for the Life of a Sailor! Fifty Years in the Royal Navy*. London: Eveleigh Nash, 1910.

Kerr, Dr. *A Guide to the City and Suburbs of Canton*. Hong Kong: Kelly & Walsh, 1918; reprint, San Francisco: Chinese Materials Center, Inc., 1974.

Kerr, Phyllis Forbes, ed. *Letters from China. The Canton-Boston Correspondence of Robert Bennet Forbes, 1838~1840*. Mystic: Mystic Seaport Museum, 1996.

Kjellberg, Sven T. *Svenska Ostindiska Compagnierna 1731~1813*. (The Swedish East India Company 1731~1813) Malmö: Allhems Förlag, 1974.

Koninckx, Christian. *The First and Second Charters of the Swedish East India Company (1731~1766)*. Belgium: Van Gemmert Publishing Co., 1980.

Kumar, J. *Indo-Chinese Trade 1793~1833*. Bombay: Orient Longman, 1974.

Lange, Amanda E. *Chinese Export Art at Historic Deerfield*. Easthampton: Historic Deerfield, Inc., 2005.

Larsen, Kay. *Den Danske Kinafart*. (The Danish China Voyages). Copenhagen: G.E.C. Gads Forlag, 1932.

Lavollee, Charles. *Voyage en Chine* (Voyage to China). Paris: Just Rouvier, 1853.

Le Comte, Louis. *Memoirs and observations topographical, physical, mathematical, mechanical, natural, civil, ecclesiastical, made in a late journey through the empoire of China*. London: Geo. Huddleston, 1698.

Le Gentil. *Nuveau Voyage au tour du Monde*. (New Voyage Round the World). *Une Description de l'Empire de la Chine beaucoup plus ample & plus circonstanciée que celles qui ont parues jusqu'a present, oúil est traité des mœurs, religion, politique, education & commerce des peuples de cet Empire*. Paris: Flahault, 1727.

Le Pichon, Alain, ed. *China Trade and Empire. Jardine, Matheson & Co. and the Origins of British Rule in Hong Kong 1827~1843*. Oxford: Oxford University Press, 2006.

Le Pichon, Alain. *Aux Origines de Hong Kong. Aspects de la Civilisation Commerciale a Canton: le Fonds de Commerce de Jardine, Matheson & Co. 1827~1839*. (The Origins of Hong Kong. Aspects of the Commercial Civilization at Canton: the Funds of Commerce of the Jardine, Matheson & Co.). Paris: L'Harmattan, 1998.

Lee, Jean Gordon. *Philadelphians and the China Trade 1784~1844*. Philadelphia: University of Philadelphia Press, 1984.

Lelius. "Journal of a Voyage from Calcutta to China". *The Quarterly Oriental Magazine* (June 1827): 222~267.

Levien, Michael, ed. *The Cree Journals. The Voyages of Edward H. Cree, Surgeon R.N., as*

Related in His Private Journals, *1837~1856*. Devon：Webb & Bower Ltd., 1981；Scarborough：Nelson Canada Ltd., 1981.

Liang Jiabin 梁嘉彬. *Guangdong Shisan Hang Kao* 广东十三行考（Study of the Thirteen Hongs of Guangdong）1937；reprint, Taipei：1960；reprint, Guangdong：Renmin Chubanshe 人民出版社，1999.

Lind，Ivan. *Göteborgs Handel och Sjöfart 1637~1920. Historisk–Statistisk Översikt.* （Gothenburg's Trade and Voyages 1637~1920. An Historical and Statistical Overview）. Gothenburg：Wald. Zachrissons Boktryckeri，1923.

Lisiansky，Urey. *A Voyage Round the World in the years 1803, 4, 5, & 6.* London：S. Hamilton，1814. Reprint，New York：Da Capo Press，1968.

Little，Archibald. *Intimate China. The Chinese as I have seen them.* 2 vols. London：Hutchinson & Co.，1899.

Liu，Yong. *The Dutch East India Company's Tea Trade with China 1757~1781.* Leiden：Brill，2007.

Lockman，J. *Travels of the Jesuits in to Various Parts of the World Particularly China and East Indies Compiled from their Letters intermix' d with an Account of the Manners*, *Government*, *Religion*, *&c. of the Several Nations visited by those Fathers with extracts from other Travellers and Miscellaneous Notes.* 2 vols. London：John Noon，1743；reprint，New Delhi：Asian Educational Services，1995.

Lockyer，Charles. *An Account of the Trade in India.* London：S. Crouch，1711.

Loines，Elma. 'Francis Low，a Salem Youth Dies on Board Ship in the China Sea'. *The Essex Institute Historical Collections.* Vol. 87（July 1951）：261~305.

Loines，Elma. 'More Canton Letters of Abiel Abbot Low，William Henry Low，and Edward Allen Low（1837~1844）'. *The Essex Institute Historical Collections.* Vol. 85（July 1949）：215~243.

Lt. Edmond le Netrel. *Voyage of the Heros around the World with Duhaut–Cilly in the Years 1826, 1827, 1828 & 1829*, trans. by Blanche Collet Wagner. Los Angeles：Glen Dawson，1951.

Lubbock，Alfred Basil，ed. *Barlow's Journal of his Life at Sea in King's Ships*, *East & West Indiamen & other Merchantmen from 1659 to 1703.* 2 vols. London：Hurst & Blackett，1934.

Lurcy，Gabriel Lafond de. *Voyages Autour du Monde.* （Voyages Round the World）Vols. 4~7. Paris：Pourrat Frres，1844.

MacGillivray，ed. *A Century of Protestant Missions in China* （1807~1907）*being the Centenary Conference Historical Volume*, *2 vols.* Shanghai：1907.

Madrolle，Cl. *Les Premiers Voyages Franç ais a la Chine. La Compagnie de la Chine 1698~1719.* （The First French Voyages to China）. Paris：Augustin Challamel，1901.

Malcom，Howard. *Travels in South–Eastern Asia embracing Hindustan*, *Malaya*, *Siam*, *and China with Notices of Numerous Missionary Stations and a Full Account of the Burman Empire.* 2 vols.

London: Charles Tilt, 1839; facsimile reprint, New Delhi: Asian Educational Services, 2004.

Manning, Catherine. *Fortunes a Faire. The French in Asian Trade, 1719~48*. Aldershot, Hampshire: Ashgate, 1996.

Mansvelt, W.M.F. *Geschiedenis van de Nederlandsche Handel-Maatschappij*. (History of the Netherlands' Handel-Maatschappij). Harlem: J. Enschede and sons, 1922.

Manwaring, G.E. *A Cruising Voyage Round the World. By Captain Woodes Rogers*. London: Cassel and Co., 1712; reprint, Seafarers' Library, 1928.

Marjoribanks, Charles, Esqu. M.P. *Letter to the Right Hon. Charles Grant, President of the Board of Control, on the Present State of British Intercourse with China*. London: J. Hatchard and Son, 1833.

Marks, Robert. Tigers, Rice, Silk, and Silt: *Environment and Economy in Late Imperial South China.* Cambridge: Cambridge University Press, 1998.

Martin, R. Montgomery. China. Political, *Commercial and Social in an Official Report to Her Majesty's Government.* 2 vols. London: James Madden, 1847.

Martin, Robert Montgomery. *British Relations with the Chinese Empire in 1832. Comparative Statement of the English and American Trade with India and Canton.* London: Parbury, Allen & Co., 1832.

Martyn Gregory. Cat. 31. London: Martyn Gregory Gallery, 1982.

Martyn Gregory. *A China Voyage. Historical Pictures by Chinese and Western Artists 1780~1950.* Cat. 79. London: Martyn Gregory Gallery, 2003.

Martyn Gregory. *A View from the East. Historical Pictures by Chinese and Western Artists 1750~1930.* Cat. 81. London: Martyn Gregory Gallery, 2005~6.

Martyn Gregory. *An Exhibition of Paintings, Drawings, Watercolours and Prints relating to China by British and Chinese Artists working in the 18th and 19th Centuries.* Cat. 23. London: Martyn Gregory Gallery, 1980.

Martyn Gregory. *Artists of the China Coast including a group of Pictures by Emile Roux (1822~1915).* Cat. 64. London: Martyn Gregory Gallery, 1994.

Martyn Gregory. *Artists of the China Coast. Paintings and Drawings of China and the Far East 1790~1890.* Cat. 57. London: Martyn Gregory Gallery, 1991.

Martyn Gregory. *Canton and the China Trade. An Exhibition of Early Pictures Relating to the Far East.* Cat. 43. London: Martyn Gregory Gallery, 1986.

Martyn Gregory. *Canton to the West. Historical Pictures by Chinese and Western Artists 1770~1870.* Cat. 77. London: Martyn Gregory Gallery, 2001.

Martyn Gregory. *China and the East Indies. Historical Pictures by Chinese and Western Artists, 1760~1925.* Cat. 66. London: Martyn Gregory Gallery, 1995.

Martyn Gregory. *China Trade Paintings and other Pictures relating to the Far East.* Cat. 30. London:

Martyn Gregory Gallery，1982.

Martyn Gregory. *China Trade Pictures*. Cat. 34. London：Martyn Gregory Gallery，1983.

Martyn Gregory.*Chinnery and Paintings of the Chna Coast.*Cat.51.London：MartynGregoryGallery，1988.

Martyn Gregory. *Chinnery and the China Trade. Historical Pictures by Chinese and Western Artists 1770~1910*. Cat. 80. London：Martyn Gregory Gallery，2004.

Martyn Gregory. *Dr. Thomas Boswall Watson（1815~1860）. Physician and Amateur Artist in China*. Cat. 40. London：Martyn Gregory Gallery，1985.

Martyn Gregory. *From China to the West. Historical Pictures by Chinese and Western Artists 1770~1870*. Cat. 74. London：Martyn Gregory Gallery，1999.

Martyn Gregory. *From the Pearl River. Historical Pictures by Chinese and Western Artists 1750~1950*. Cat. 82. London：Martyn Gregory Gallery，2006~7.

Martyn Gregory. *Genius of the China Coast. George Chinnery and China Trade Painting*. Cat. 61. London：Martyn Gregory Gallery，1993.

Martyn Gregory. *Hong Kong and the China Trade. Historical Pictures by Chinese and Western Artists 1770~1930*. Cat. 70. London：Martyn Gregory Gallery，1997.

Martyn Gregory. *In the Wake of the Indiamen. Historical Pictures by Chinese and Western Artists 1770~1870*. Cat. 76. London：Martyn Gregory Gallery，2000.

Martyn Gregory. *In the Western Manner. Paintings by Chinese Export Artists*；*also works by Gearge Chinnery and other Western Artists in the Far East*. Cat. 53. London：Martyn Gregory Gallery，1989.

Martyn Gregory. *John Linnell. Truth to Nature（A Centennial Exhibition）* Cat. 31. London：Martyn Gregory Gallery，1982.

Martyn Gregory. *Marciano Batpista 1826~1896. Artist of the China Coast*. Cat. 55. London：Martyn Gregory Gallery，1990.

Martyn Gregory. *Martyn Gregory 25th Annual Exhibition of China Trade Paintings. Historical Pictures by Chinese and Western Artists 1750~1875*. Cat. 78. London：Martyn Gregory Gallery，2002.

Martyn Gregory. *Paintings of the China Coast by Chinese and Western Artists 1790~1890*. Cat. 56. London：Martyn Gregory Gallery，1990.

Martyn Gregory. *Paintings of the China Coast*. Cat. 59. London：Martyn Gregory Gallery，1992.

Martyn Gregory. *The China Trade Observed. An Exhibition of Early Pictures Relating to the Far East*. Cat. 41. London：Martyn Gregory Gallery，1985.

Martyn Gregory. *The China Trade. Historical Pictures by Chinese and Western Artists 1760~1910*. Cat. 69. London：Martyn Gregory Gallery，1996.

Martyn Gregory. *Tingqua's China*. Cat. 42. London：Martyn Gregory Gallery，1986.

Martyn Gregory. *Trade Routes to the East. Historical Pictures by Chinese and Western Artists 1780~1950*. Cat. 72. London：Martyn Gregory Gallery，1998.

Martyn Gregory. *Trade Winds to China. An Exhibition of Early Pictures Relating to the Far East.* Cat. 47. London: Martyn Gregory Gallery, 1987.

Martyn Gregory. *Treaty Port Scenes. Historical Pictures by Chinese and Western Artists 1750~1950.* Cat. 83. London: Martyn Gregory Gallery, 2007~8.

Martyn Gregory. *William Evans of Bristol (1809~1858).* Cat. 49. London: Martyn Gregory Gallery, 1987.

Mavor, William. *Historical Accounts of the most celebrated Voyages, Travesl, and Discoveries, from the Time of Columbus to the Present Period.* Vol. 9. London: E. Newbery, 1797.

Mayers, William F. *The Chinese Government. A Manual of Chinese Titles, Categorically Arranged and Explained, with an Appendix,* 3rd Ed. London: Kegan Paul, Trench, Trbner & Co., 1897.

Mayers, William F. *The Treaty Ports of China and Japan. A Complete Guide to the open ports of those countries, together with Peking, Yedo, Hongkong and Macao. Forming a Guide Book & Vade Mecum for travellers, merchants, and residetns in general.* London: Trbner and Co., 1867.

Meadows, Thomas Taylor. *Desultory Notes on the Government and People of China.* London: William H. Allen and Co., 1847.

Meares, John. *Voyages made in the years 1788 and 1789, from China to the North West Coast of America. To which are prefixed, and Introductory Narrative of a Voyage performed in 1786, from Bengal, in the ship Nootka; Observations on the probable Existence of a North West Passage; and some account of the Trade Between the North West Coast of America and China; and the latter Country and Great Britain.* London: Logographic Press, 1790; reprint, Amsterdam: Da Capo Press, 1967.

Medhurst, Walter H. *A Glance at the Interior of China obtained during a Journey through the Silk and Green Tea Districts taken in 1845. Including a Dissertation on the Silk-Manufacture, and the Cultivation of the Mulberry; translated from the Works of Tseu-Kwang-K'he, called also Paul Siu, a Colao, or Minister of State in China.* Shanghai: Mission Press, 1849; and General Description of Shanghae and its Environs, extracted from Native Authorities. Shanghai: Mission Press, 1850.

Milburn, William. *Oriental Commerce; containing a Geographical Description of the Principal Places in The East Indies, China, and Japan, with their Produce, Manufactures, and Trade, including the Coasting or Country Trade from Port to Port; also the Rise and Progress of the Trade of the various European Nations with the Eastern World, particularly that of the English East India Company, from the Discovery of the Passage round the Cape of Good Hope to the Present Period; with an account of the Company's Establishments, Revenues, Debts, Assets, &c. at Home and Abroad.* 2 vols. London: Black, Parry, & Co., 1813; reprint, New Delhi: Munshiram Manoharlal Publishers, 1999.

Miles, Steven. *The Sea of Learning: Mobility and Identity in Nineteenth-Century Guangzhou.*

Cambridge: Harvard University Press, 2006.

Milne, William Charles. *Life in China*. London: Routledge, Warnes & Routledge, 1861.

Moran, Suzanne Drinker, ed. *A Private Journal of Events and Scenes at Sea and in India by Sandwith Drinker*. Commencing April 26th, 1838. Boston: 1990.

Morison, Samuel Eliot. *The Maritime History of Massachusetts 1783~1860. That magic era when America first became a world power and Salem boys were more at home in Canton than in New York*. Cambridge: The Riverside Press, 1921, 1941, 1949, 1961.

Morrell, Abby Jane. *Narrative of a Voyage to the Ethiopic and South Atlantic Ocean, Indian Ocean, Chinese Sea, North and South Pacific Ocean, in the Years 1829, 1830, 1831, who accompanied her Husband, Capt. Benjamin Morrell, Jr., of the Schooner Antarctic*. New York: J. & J. Harper, 1833; reprint, New Jersey: The Gregg Press, 1970.

Morrell, Capt. Benjamin. *A Narrative of Four Voyages, to the South Sea, North and South Pacific Ocean, Chinese Sea, Ethiopic and Southern Atlantic Ocean, Indian and Antarctic Ociean. From the Year 1822 to 1831*. New York: J. & J. Harper, 1832.

Morrison, John Robert. *A Chinese Commercial Guide. Consisting of A Collection of Details Respecting Foreign Trade in China*, 1st ed., Canton: Albion Press, 1834; 2nd ed., Macao: Wells Williams, 1844; 3rd. ed., Canton: Chinese Repository, 1848.

Morrison, Robert. *A View of China for Philological Purposes; Containing a Sketch of Chinese Chronology, Geography, Government, Religion & Customs*. Macao: EastIndiaCompany' sPress, 1817.

Morrison, Robert. *Notices Concerning China, and the Port of Canton. Also a Narrative of the Affair of the English Frigate Topaze, 1821~22. With Remarks on Homicides, and an Account of the Fire of Canton*. Malacca: Mission Press, 1823.

Morse, Hosea Ballou. *Far Eastern International Relations*. Boston: Riverside Press Cambridge, 1931.

Morse, Hosea Ballou. *The Chronicles of the East India Company Trading to China, 1635~1834*. 5 vols. Cambridge: Harvard University Press, 1926; reprint, Taipei: Ch' eng-wen Publishing Co., 1966.

Morse, Hosea Ballou. *The Gilds of China with an Account of the Gild Merchant or Co-Hong of Canton*. London: Longmans, Green and Co., 1909.

Morse, Hosea Ballou. *The International Relations of the Chinese Empire. The Period of Subjection 1834~1911*. 3 vols. London: Longmans, Green & Co., 1910; reprint, Taipei: Yung Mei Mei Publishing, 1966.

Mortier, Pierre. *Nouveau Voyage au tour du Monde*. (New Voyage Round the World). Amsterdam: 1728.

Mortimer, Lieut. George. *Observations and Remarks made during a Voyage to the Islands of Neriffe, Amsterdam, Maria's Islands near Van Diemen's Land; Otaheite, Sandwich Islands; Owhyhee, the Fox Islands on the North West Coast of America, Inian, and from thence to Canton, in the Brig Mercury, commanded by John Henry Cox, Esq.* London: T. Cadell, 1791; reprint, Fairfield: Ye Galleon Press, 1988.

Mui, H.C., and Lorna H. Mui. *The Management of Monopoly. A Study of the East India Company's Conduct of its Tea Trade 1784~1833.* Vancouver: University of British Columbia Press, 1984.

Mundy, Walter William. *Canton and the Bogue. The Narrative of an Eventful Six Months in China.* London: Samuel Tinsley, 1875.

Munford, James K., ed. *John Ledyard's Journal of Captain Cook's Last Voyage.* Hartford: Nathaniel Patten, 1783; reprint, Corvallis: Oregon State University Press, 1963.

Munroe, Frederick C. 'The Daily Life of Mrs. Nathaniel Kinsman in Macao, China. Excerpts from Letters of 1844'. *The Essex Institute Historical Collections.* Vol. 86 (July 1950): 257~284 and (October 1950): 311~330; Vol. 87 (April 1951): 114~149.

Munroe, Frederick C. 'The Daily Life of Mrs. Nathaniel Kinsman in China, 1846'. *The Essex Institute Historical Collections.* Vol. 87 (October 1951): 388~409.

Munroe, Mary Kinsman. 'Nathaniel Kinsman, Merchant of Salem, in the China Trade. From the Kinsman Family Manuscripts'. *The Essex Institute Historical Collections.* Vol. 85 (January 1949): 9~40 and (April 1949): 101~142.

Munroe, Rebecca Kinsman. 'Life in Macao in the 1840's. Letters of Rebecca Chase Kinsman to her Family in Salem'. *The Essex Institute Historical Collections.* Vol. 86 (January 1950): 15~40 and (April 1950): 106~143.

Munroe, Rebecca Kinsman. 'The Daily Life of Mrs. Nathaniel Kinsman in China, 1846'. *The Essex Institute Historical Collections.* Vol. 88 (January 1952): 48~99.

Murray, Alexander. *Doings in China. Being the Personal Narrative of an Officer Engaged in the Late Chinese Expedition, from the Recapture of Chusan in 1841, to the Peace of Nankin in 1842.* London: Richard Bentley, 1843.

Murray, Dian. *Pirates of the South China Coast, 1790~1810.* Stanford: Stanford University Press, 1987.

Murray, Hugh, John Crawfurd, Peter Gornon, Captain Thomas Lynn, William Wallace and Gilbert Burnett. *An Historical and Descriptive Account of China.* 3 vols. Edinburgh: Oliver & Boyad, 1836.

Museum of the American China Trade. *Warner Varnham. A Visual Diary of China and the Philippines 1835 to 1843. Catalogue of an Exhibition of Drawings and Watercolors May through October 1973 with a Checklist of other known works.* Milton, Massachusetts: Museum of the American China Trade, 1973.

Neumann, Charles Fried. *History of the Pirates who Infested the China Sea, from 1807 to 1810.* Translated from the Chinese Original, with Notes and Illustrations. London: J. Murray, 1831.

Nicholson, John. *The Incomparable Captain Cadell.* Crows Nest: Allen and Unwin, 2004.

Noble, Charles Frederick. *A Voyage to the East Indies in 1747 and 1748.* London: T. Becket and

P.A. Dehondt, 1762.

Northcliffe, Alfred Viscount. *My Journey Round the World.* Philadelphia: J.B. Lippincott Company, 1923.

Nye, Gideon. *The Memorable Year of the War in China, the Mutiny in India, the Opening-up of the Resources of Siam.* Macao: 1858.

Nyström, J.F. *De Svenska Ostindiska Kompanierna* (The Swedish East India Company) *Historisk - Statistisk Framstä llning.* Gothenburg: D.F. Bonniers Boktryckeri, 1883.

Oln, Eskil. *Ostindiska Compagniets Saga* (The Saga of the East India Company) . Gothenburg: E-landers Boktryckeri Aktiebolag, 1920.

Old Nick. *La Chine overte Aventures D'un Fan-Kouei dans le Pays de Tsin.* (Aventures of a Fankwai in China) . Paris, H. Fournier, 1845.

Oliphant, Laurence. *Narrative of the Earl of Elgin' s Mission to China and Japan in the Years 1857, '58, '59.* New York: Harper & Brothers, 1860. Reprint, London: Praeger Publishers, 1970.

Oliver, Captain S. Pasfield. *The Memoirs and Travels of Mauritius Augustus Count de Benyowsky.* London: T. Fisher Unwin, 1898; reprint, London: Kegan Paul and Trench Trubner, 1904.

Osbeck, Pehr. *Dagbok ö fver en Ostindisk Resa ä ren 1750, 1751, 1752.* (Diary of a Voyage to the East Indies in the years 1750, 1751, 1752) . Stockholm: 1757; reprint, Redviva Publishing House, 1969.

Pang, Tina Yee-wan. *Picturing Cathay. Maritime and Cultural Images of the China Trade.* Hong Kong: Octo Plus, 2003.

Parker, E.H. *China her History, Diplomacy, and Commerce, from the Earliest Times to the Present Day.* London: John Murray, 1917.

Parmentier, Jan. *Oostende & Co. Het Verhaal van de Zuid-Nederlandse Oost-Indië vaart 1715~ 1735.* (The Story of the East India Voyages of South Netherlands Ostend Company) . Ghent: Ludion, 2002.

Parmentier, Jan. *Tea Time in Flanders. The Maritime Trade Between the Southern Netherlands and China in the 18th Century.* Ghent: Lundion Press, 1996.

Peabody, Robert. *The Log of the Grand Turk.* Boston: Houghton Mifflin Company, 1926.

Penfield, Frederic Courtland. *East of Suez: Ceylon, India, China and Japan.* New York: The Century Co., 1907.

Péron, Capitaine. *Mémoires du Capitaine Péron,* (Memoirs of Captain Péron) *sur ses Voyages aux Côtes D' Afrique, en Arabie, a L' î le D' Amsterdam, aux î les D' Anjouan et de Mayotte, aux Côtes Nord-Ouest de L' Amerique, aux î les Sandwich, al la Chine.* 2 Vols. Paris: Brissot-Thivars, Libraire, 1824.

Pérouse, J.F.G. de la. *A Voyage Round the World, Performed in the Years 1785, 1786, 1787, 1788,* (abridged from the Original French Journal) . 3 vols. London: A. Hamilton, 1799.

Peters, Absalom and Selah Treat. *The American Eclectic: Selections from the Periodical Literature of all Foreign Countries*. Vol. 1. New York: W.H. Peters, 1841.

Pfeiffer, Madame Ida. *A Woman's Journey Round the World*. London: Ingram, Cooke, 1852; reprint, Kessinger Publishing, 2004.

Phillips, James Duncan, ed. 'The Canton Letters 1839~1841 of William Henry Low'. *The Essex Institute Historical Collections*. Vol. 84. (July 1948): 197~228 and (October 1948): 304~330.

Phillips, James Duncan. 'American Vessels Laying at Whampoa 1789~1790'. *The Essex Institute Historical Collections*. Vol. 80. (April 1944): 177~179.

Phillips, James Duncan. 'East India Voyages of Salem Vessels Before 1800'. *The Essex Institute Historical Collections*. Vol. 79. (April 1943): 117~132, (July 1943): 222~245, and ((October 1943): 331~365.

Phillips, Sir Richard. *Diary of a Journey Overland, through the Maritime Provinces of China, from Manchao, on the South Coast of Hainan, to Canton, in the Years 1819 and 1820.* London: 1822.

Phillpots, Lieut–Col. 'Demolition of Forts on the Canton River in 1847'. *Royal Engineer Professional Papers*, 1851: pp. 93~4.

Phipps, John. *A Practical Treatise on the China and Eastern Trade: comprising the Commerce of Great Britain and India, particularly Bengal and Singapore, with China and the Eastern Islands*. Calcutta: Baptist Mission Press, 1835.

Pinkerton, John. *A General Collection of the Best and Most Interesting Voyages and Travels*. Vol. 11. London: Longman, Hurst, et al., 1812.

Poel, Rosalien van der. *Rijk Palet* (Rich Pallet). Leiden: Universiteit Leiden, 2008.

Polich, John Leo. 'John Kendrick and the Maritime Fur Trade on the Northwest Coast'. M.A. thesis, Dept. of History, University of Southern California, 1964.

Portlock, Nathaniel. *A Voyage Round the World; but more particularly to the North–West Coast of America: performed in 1785, 1786, 1787, and 1788, in the King George and Queen Charlotte, Captains Portlock and Dixon*. London: 1789; reprint, Amsterdam: N. Israel, 1968.

Power, Tyrone. *Recollections of a Three Years' Residence in China; including Peregrinations in Spain, Morocco, Egypt, India, Australia; and New Zealand*. London: Richard Bentley, 1853.

Prime, E.D.G. *Around the World: Sketches of Travel through many lands and over many seas*. New York: Harper & Brothers, 1876.

Pritchard, Earl H. *Anglo–Chinese Relations During the Seventeenth and Eighteenth Centuries*. New York: Octagon Books, 1970.

Pritchard, Earl H. *The Crucial Years of Early Anglo–Chinese Relations 1750~1800*. 1936; reprint, New York: Octagon Books, 1970.

Ptak, Roderich. *China, the Portuguese, and the Nanyang*. Burlington, VT: Ashgate, 2004.

Quincy, Josiah, ed. *The Journals of Major Samuel Shaw, the First American Consul at Canton.*

With a Life of the Author, by Josiah Quincy. Boston: Wm. Crosby and H.P. Nichols, 1847; reprint, Documentary Publications, 1970.

Rasch, A.A. and P.P. Sveistrup. *Asiatisk Kompagni i den florissante periode 1772~1792*. (The Flourishing Peiod of the Asiatic Company 1772~1792). Copenhagen: Gyldendalske Boghandel, 1948.

Reinius, Israel. *Journal hå llen på resan till Canton i China*. (Journal During a Voyage to Canton in China). Helsingfors: 1939.

Richards, Rhys. 'United States Trade with China, 1784~1814'. *The American Neptune 54*: Special Supplement (1994).

Rickman, John. *Journal of Captain Cook' s Last Voyage to the Pacific* Ocean. London: printed for E. Newberry, 1781 (?); reprint, New York: Da Capo Press, 1967.

Rochon, Abbe. *A Voyage to Madagascar, and the East Indies*. Translated from French. London: Printed for G.G.J. and J. Robinson, Paternoster-Row, 1792; reprint, London: Johnson Reprint Corp., 1971.

Roe, Michael, ed. *The Journal and Letters of Captain Charles Bishop on the North-West Coast of America, in the Pacific and in New South Wales 1794~1799*. Cambridge: Cambridge University Press, 1967.

Ross, Edward Alsworth. *The Changing Chinese. The Conflict of Oriental and Western Cultures in China*. London: T. Fisher Unwin, 1911.

Rubinstein, Murray A. *The Origins of the Anglo-American Missionary Enterprise in China, 1807~1840*. London: Scarecrow Press, 1996.

Ruschenberger, W.S.W. *Narrative of a Voyage Round the World, during the Years 1835, 36, and 37; including a Narrative of an Embassy to the Sultan of Muscat and the King of Siam*. 2 vols. London: 1838; reprint, Dawsons of Pall Mall, 1970.

Sainte-Croix, Felix Renouard de. *Voyage Commercial et Politique aux Indes Orientales* (Commercial and Political Voyage to the Orient). *aux Iles Philippines, a la Chine, avec des Notions dur la Cochinchine et le Tonquin, pendant les Annees 1803, 1804, 1805, 1806 et 1807. Par M. Felix Renouard de Sainte-Croix, ancien Officier de Cavalerie au service de France, charge par le Gouverneur des Iles Philippines de l' organisation des troupes pour la defense de ces iles.* 3 Vols. Paris: Archives du Droit Fran? ais, 1810.

Saksena, Shalini. 'Parsi Contributions to the Growth of Bombay and Hong Kong', *Review of Culture*. International Edition. No. 10 (April 2004): 26~35.

Sargent, William and Margaret Palmer, comps. *Views of the Pearl River Delta. Macau, Canton and Hong Kong*. Salem: Peabody Essex Museum, 1997.

Schultz, Kaptajn J.H., ed. 'En Dagbog fø rt paa en Kinafarer 1730~32 af Kadet Tobias Wigandt' (Diary of Cadet Tobias Wigandt during a Voyage to China 1730~32). In Tidsskrift for Sø væsen, by G.L. Grove. Copenhagen: Hovedkommissionœ r Vilhelm Tryde, Thieles Bogtrykkeri, 1900.

Scofield, John. *Hail, Columbia. Robert Gray, John Kendrick and the Pacific Fur Trade*. Portland: Oregon Historical Society, 1993.

Seagraves, Eleanor Roosevelt. *Delano's Voyages of Commerce and Discovery. Amasa Delano in China, the Pacific Islands, Australia, and South America, 1789~1807*. Stockbridge, Massachusetts: Berkshire House Publishers, 1994.

Seward, Olive Risley, ed. *William H. Seward's Travels Around the World*. New York: D. Appleton and Company, 1876.

Shaler, William. *Journal of a Voyage between China and the North-Western Coast of America, made in 1804. In The American Register or General Repository of History, Politics, and Science*. Part 1, Vol. 3. Philadelphia: T. & G. Palmer, 1808; reprint, Claremont, California: Saunders Studio Press, 1935.

Shelvocke, Capt. George. *A Voyage round the World by the way of the great South Sea, perform'd in the years 1719, 20, 21, 22, in the Speedwell of London, of 24 guns and 100 men, (under his majesty's commission to cruize on the Spaniards in the late war with the Spanish crown) till she was cast away on the Island of Juan Fernandes, in May 1720; and afterwards continu'd in the Recovery, the Jesus Maria and Sacra Familia*, Etc. London: Globe, 1724.

Shoberl, Frederic. ed. *The World in Miniature. China, containing Illustrations of the Manners, Customs, Character, and Costumes of the People of that Empire*. Accompanied by Thirty Colured Engravings. 2 vols. London: printed for R. Ackermann, 1823.

Singh, S. B. *European Agency Houses in Bengal*. Calcutta: Firma K. L. Mukhopadhyay, 1966.

Sirr, Henry Charles, M.A. *China and the Chinese: Their Religion, Character, Customs, and Manufactures: The Evils Arising from the Opium Trade: With a Glance at our Religious, Moral, Political, and Commercial Intercourse with the Country*. 2 vols. London: 1849; reprint, Taipei: Southern Materials Center, 1977.

Slade, John. *Narrative of the Late Proceedings and Events in China*. Canton: Canton Register Press, 1839.

Smith, Albert. *To China and Back being a Diary kept out and home*. Hong Kong: Hong Kong University Press, 1974.

Smith, Carl T. 'Parsee Merchants in the Pearl River Delta'. *Review of Culture*, International Edition. No. 10 (April 2004): 36~49.

Smith, Carl T. and Paul A. Van Dyke, 'Armenian Footprints in Macau', *Review of Culture*, International Edition No. 8 (October 2003): 20~39.

Smith, Carl T. and Paul A. Van Dyke, 'Four Armenian Families', *Review of Culture*, International Edition No. 8 (October 2003): 40~50.

Smith, Carl T. and Paul A. Van Dyke, 'Muslims in the Pearl River Delta, 1700 to 1930', *Review of Culture*, International Edition No. 10 (April 2004): 6~15.

Smith, Philip Chadwick Foster. *The Empress of China*. Philadelphia: Philadelphia Maritime Museum, 1984.

Smith, Rev. George. *A Narrative of an Exploratory Visit to Each of the Consular Cities of China, and to the Islands of Hong Kong and Chusan, in Behalf of the Church Missionary Society, in the Years 1844, 1845, 1846*. 2nd ed. London: Seeley, Burnside, & Seeley, 1847.

Sotheby Parke Bernet (Hong Kong) Ltd. *Eighteenth, Nineteenth and Twentieth Century China Trade Paintings, Drawings and Watercolours*. Hong Kong: Sotheby Parke Bernet (Hong Kong) Ltd., 1982.

Sotheby Parke Bernet (Hong Kong) Ltd. *Fine Nineteenth Century Chinese School Paintings, Drawings and Watercolours*. Hong Kong: Sotheby Parke Bernet (Hong Kong) Ltd., 1974.

Sotheby's. *Fine Chinese Works of Art, Paintings and Furniture including China Trade Paintings, Chinese Export and Decorative Arts*. New York: Sotheby Parke Bernet Inc., 1984.

Sottas, Jules. *Histoire de la Compagnie Royale des Indes Orientales 1661~1719*. (History of the Royal Oriental India Company 1661~1719). Paris: Plon-Nourrit et Cie, 1905.

Souza, George Bryan. 'Country Trade and Chinese Alum: Raw Material Supply and Demand in Asia's Textile Production in the 17th and 18th Centuries'. *Review of Culture*, International Edition, No. 11 (July 2004): 136~153.

Souza, George Bryan. The Survival of Empire. *Portuguese Trade and Society in China and the South China Sea, 1630~1754*. Cambridge: Cambridge University Press, 1986.

Spencer, Alfred, ed. *Memoirs of William Hickey (1749~1775)*. 4 vols. London: Hurst & Blackett, Ltd., 1913; reprint 1950.

Staunton, Sir George Thomas, Baronet. *An Authentic Account of an Embassy from the King of Great Britain to the Emperor of China*. 3 vols. London: G. Nicol, 1797.

Staunton, Sir George Thomas, Bart. *Miscellaneous Notices relating to China, and our Commercial Intercourse with that Country*. For private circulation only. 1828.

Steward, C.S. *A Visit to the South Seas, in the United States ship Vincennes, during the years 1829 and 1830; including scenes in Brazil, Peru, Manilla, the Cape of Good Hope, and St. Helena*. 2 vols. London: Henry Colburn and Richard Bentley, 1832.

Stockard, Janice. *Daughters of the Canton Delta: Marriage Patterns and Economic Strategies in South China, 1860~1930*. Hong Kong: Hong Kong University Press, 1989.

T'ien Ju-k'ang. 'Impact of American Maritime Trade Upon China 1784-1844'. *In Global Crossroads and the American Seas*, ed. Clark G. Reynolds, 155-162. Missoula: Pictorial Histories Publishing Co., 1988.

Taylor, Bayard. *A Visit to India, China, and Japan, in the Year 1853*. New York: G.P. Putnam & Co., 1855.

Taylor, Fitch W. *Voyage Round the World, and Visits to Various Foreign Countries, in the Unit-*

ed States Frigate Columbia; Attended by Her Consort the Sloop of War John Adams, and Commanded by Commodore George C. Read 2 vols. New Haven: H. Mansfield, 1848.

Temple, Sir Richard Carnac, ed. *The Travels of Peter Mundy, in Europe and Asia, 1608~1667.* Vol. 3 Part I. London: Hakluyt Society, 1919; reprint, Nendeln: Kraus, 1967.

Thampi, Madhavi. 'Parsis in the China Trade', *Review of Culture*, International Edition. No. 10 (April 2004): 16~25.

The China Journal of Amos Porter 1802~1803. Greensboro: Greensboro Historical Society, 1984.

The Chinese Traveller. Containing a geographical, commercial, and political history of China. Collected from Du Halde, Le Compte, and other modern Travellers. London: E. and C. Dilly, 1775.

The Travels of several learned Missioners of the Socieiy of Jesus, into Divers Parts of the Archipelago, India, China, and America. Consisting a general Description of the most remarkable Towns; with a particular account of the customs, manners and religion of those several nations, the whole interspers'd with philosophical observations and other curious remarks. Translated from the French Original publish'd at Paris in the Year 1713. London: R. Gossing, 1714.

Thomas, Pascoe. *A True and Impartial Journal of a Voyage to the South-Seas, and Round the Globe, in his Majesty's Ship the Centurion, under the Command of Commodore George Anson.* London: S. Birt, 1745.

Thomas, Pascoe, teacher of the Mathematicks on board the Centurion. *A True and Impartial Journal of a Voyage to the South-Seas, and Round the Gloge, in his Majesty's Ship the Centurion, under the Command of Commodore George Anson.* London: S. Birt, 1745.

Thomas, R.D. *Pastures New. A Trip on the West River.* Canton: The China Baptist Publication Society, 1903; reprint, Taipei: Ch'eng Wen Publishing Company, 1971.

Thomson, J. *The Straits of Malacca Indo-China and China or Ten Years' Travels, Adventures and Residence Abroad.* London: Sampson Low, Marston, Low & Searle, 1875.

Thomson, John. *Through China with a Camera.* Westminster: A. Constable & Co., 1898.

Ticknor, Benejah. *The Voyage of the Peacock.* Ann Arbor: University of Michigan Press, 1991.

Tiffany, Osmond, Jr. *The Canton Chinese, or the American's sojourn in the Celestial Empire.* Boston: James Munroe and Company, 1849.

Tore, Olof. *Voyage de Mons. Olof Torée (World Voyage of Olof Torée). Aumonier de la Compagnie Suedoise des Indes Orientales, fait à Surate, à la Chine &c. depuis le prémier avril 1750. jusqu' au 26. Juin 1752.* Traduit du Suedois par M. Dominique de Blackford. M. Linnaeus, Milan: Chez les Freres Reycends, Libraires sous les Arcades de Figini, 1771.

Trocki, Carl A. *Opium, Empire and the Global Political Economy. A Study of the Asian Opium Trade 1750~1950.* London: Routledge, 1999.

Tronson, J.M. *Personal Narrative of a Voyage to Japan, Kamtschatka, Siberia, Tartary, and Various Parts of Coast of China; in H.M.S. Barracouta.* London: Smith, Elcer, & Co., 1859.

Turner J.A. *Kwang Tung or Five Years in Southe China*. London: S.W. Partridge & Co., 1894; Hong Kong: Oxford University Press, 1982; reprint, 1984.

Turner, F.S. *British Opium Policy and its Result to India and China*. London: Sampson Low, Marston, Searle, & Rivington, 1876.

Valentin, F., ed. and Julius S. Gassner, trans. *Voyages and Adventures of La Pérouse*. Honolulu: University of Hawaii Press, 1969.

Van der Kemp, P.H. *Oost-Indië's Geldmiddelen Japansche en Chineesche Handel van 1817 op 1818*. (Financing the Japanese and Chinese Trade in East India from 1817 to 1818). The Hague: Martinus Nijhoff, 1919.

Van Dyke, Paul A. and Cynthia Viallé. *The Canton-Macao Dagregisters*. 1763. Macao: Cultural Institute, 2008.

Van Dyke, Paul A. 'The Ca Mau Shipwreck and the Canton Junk Trade', in *Made in Imperial China*, Amsterdam: Sotheby's (January 2007), 14~5.

Van Dyke, Paul A. and Cynthia Viallé. *The Canton-Macao Dagregisters*. 1762. Macao: Macao Cultural Institute, 2006.

Van Dyke, Paul A. 'Manila, Macao and Canton: The Ties That Bind', *Review of Culture*, International Edition, No. 18 (April 2006), 125~34.

Van Dyke, Paul A. *The Canton Trade: Life and Enterprize on the China Coast*, 1700~1845. Hong Kong: Hong Kong University Press, 2005; reprint 2007.

Van Dyke, Paul A. 'The Ye Merchants of Canton, 1720~1804'. *Review of Culture*, International Edition No. 13 (January 2005): 6~47.

Van Dyke, Paul A. 'Cai and Qiu Enterprises: Merchants of Canton 1730~1784'. *Review of Culture*, International Edition No. 15 (July 2005): 60~101.

Van Dyke, Paul A. 'A Reassessment of the China Trade: The Canton Junk Trade As Revealed in Dutch and Swedish Records of the 1750s to the 1770s'. In *Maritime China in Transition 1750~1850*. Eds. Wang Gungwu.and Ng Chin-keong. Wiesbaden: Harrassowitz Verlag, 2004: 151~167.

Van Dyke, Paul A. 'The Yan Family: Merchants of Canton 1734~1780s'. *Review of Culture*. International Edition. No. 9 (January 2004): 30~85.

Van Dyke, Paul A. 'Port Canton and the Pearl River Delta, 1690~1845'. Ph.D. diss., Dept. of History, University of Southern California, 2002.

Vande Walle, W.F. and Noël Golvers, eds. *The History of the Relations Between the Low Countries and China in the Qing Era (1644~1911)*. Leuven: Leuven University Press, 2003.

Vargas, Philippe de, ed. *Recit de Trois Voyages a la Chine (1779~1793) par Charles de Constant*. (Receipts of Three Voyages to China by Charles de Constant). Pekin: University Yenching, 1939.

Viraphol, Sarasin. *Tribute and Profit: Sino-Siamese Trade, 1652~1853*. Cambridge: Harvard University Press，1977.

Von Krusenstern，Adam J. *Voyage Round the World in the Years 1803，1804，1805，and 1806.* Vol. 2. London：T. Davidson，1813；reprint，New York：Da Capo Press，1968.

Voretzsch，E.A.，ed. *François Froger. Relation du Premier Voyage des François à la Chine fait en 1698，1699 et 1700 sur le Vaisseau 'L' Amphitrite'* . (François Forger. Relations of the First Voyages between France and China) . Leipzig：Asia Major，1926.

Wakeman，Frederic，Jr. 'The Canton Trade and the Opium War' . In *The Cambridge History of China*，eds. Denis Twitchett and John K. Fairbank. Vol. 10，pp. 163~212. Cambridge：Cambridge University Press，1978.

Wakeman，Frederic，Jr. *Strangers at the Gate：Social Disorder in South China，1839~1861.* Berkeley：University of California Press，1996.

Wang Gungwu.and Ng Chin-keong，eds. *Maritime China in Transition 1750~1850.* Wiesbaden：Harrassowitz Verlag，2004.

Wathen，James. *Journal of a Voyage in 1811 and 1812 to Madras and China.* London：1814.

Wei，Betty Peh-T' i. *Ruan Yuan，1764~1849. The Life and Work of a Major Scholar-Official in Nineteenth-Century China before the Opium War.* Hong Kong：Hong Kong University Press，2006.

White，Ann Bolbach. 'The Hong Merchants of Canton' . Ph.D. diss.，Dept. of History，University of Pennsylvania，1967.

White，John. *History of a Voyage to the China Sea.* Boston：Wells and Lilly，1823.

Wilkinson，George. *Sketches of Chinese Customs & Manners，in 1811~12.* Bath：J.Browne，1814.

Williams，Glyndwr. *The Prize of All the Oceans. Commodore Anson' s Daring Voyage and Triumphant Capture of the Spanish Treasure Galleon.* New York：Penquin Books，1999.

Williams，Glyndwr，ed. *A Voyage Round the World in the Years MDCCXL，I，II，III，I，by George Anson.* London：Oxford University Press，1974.

Williams，Glyndwr，ed. *Documents Relating to Anson' s Voyage Round The World 1740~1744.* Naval Records Society，1967.

Williams，Glyndwr. 'Anson at Canton，1743： "A Little Secret History"' . In *The European Outthrust and Encounter. The First Phase c. 1400~c.1700：Essays in Tribute to David Beers Quinn on his 85th Birthday.* Eds. Cecil H. Clough and P.E.H. Hair. Liverpool：Liverpool University Press，1994，pp. 271~290.

Williams，Mrs. H. Dwight. *A Year in China；and a Narrative of Capture and Imprisonment，when Homeward Bound，on Board the Rebel Pirate Florida.* New York：Hurd and Houghton，1864.

Williams，S. Wells. *The Chinese Commercial Guide，Containing Treaties，Tariffs，Regulations，Tables，etc.，Useful in the Trade to China & Eastern Asia；with an Appendix of Sailing Directions for those Seas and Coasts.* Canton：Chinese Repositiory，1856. 5th ed. Hong Kong：A. Shortreded & Co.，1863；reprint，Taipei：Ch' eng-wen Publishing Co.，1966.

Wills, John E., Jr. '"Very Unhandsome Chops": The Canton System Closes In, 1740~1771'. *In Tradition and Metamorphosis in Modern Chinese History. Essays in Honor of Professor Kwang-Ching Liu' s Seventy-fifth Birthday.* Taipei: Academia Sinica, 1998.

Wills, John E., Jr. 'Maritime Asia, 1500-1800: The Interactive Emergence of European Domination'. American Historical Review 98, no. 1 (February, 1993): 83~105.

Wills, John E., Jr. 'Merchants, Brokers, Pioneers, Biculturals: Human Types in the Early Modern History of Maritime China, c. 1550~1850'. Paper for special regional seminar on 'Greater China', University of California, Berkeley, February, 1993.

Wilson, Capt. Henry. *Voyage of Capt. Henry Wilson, principally relating to his shipwreck on the Pelew Islands, and subsequent proceedings. In Historical Accounts of the most celebrated Voyages, Travels, and Discoveries, from the Time of Columbus to the Present Period.* Comp. William Mavor. Vol. 9. pp. 1~84. London: E. Newbery, 1797.

Wilson, Dick A. 'King George' s Men: British Ships and Sailors in the Pacific Northwest-China Trade, 1785~1821'. Ph.D. diss., Dept. of History, University of Idaho, 2004.

Wirgin, Jan. Frå n Kina till Europa. (From China to Europe) *Kinesiska konstfö remå l frå n ostindiska kompaniernas tid.* Stockholm: Östasiatiska Museet, 1998.

Wood, W.W. *Sketches of China: with Illustrations from Original Drawings.* Philadelphia: Carey & Lea, 1830.

Woodhouse, Samuel W. 'The Voyage of the *Empress of China*'. *The Pennsylvania Magazine of History and Biography.* Vol. 63. Philadelphia: The Historical Society of Pennsylvania, 1939.

Zhuang Guotu. *Tea, Silver, Opium and War: The International Tea Trade and Western Commercial Expansion into China in 1740~1840.* Xiamen: Xiamen Univeristy Press, 1993.

（作者单位：澳门大学）

● 文物保护

馆藏清代甲胄的保护修复

王允丽 白琰 李晋
王旭 陈杨 王春蕾 田金英

　　广州博物馆藏一套清代甲胄，这是馆藏唯一且完整的甲胄，甲胄通高 176cm，上衣长 75cm，下摆宽 93cm，袖长 65cm，双袖通长 207cm，腋下围 160cm；下裳长 101cm，下摆宽 129cm。它是香港同胞邓又同先生于 1956 年捐赠的。这套原是他的祖父邓华熙之物，是光绪帝为表彰其功，册封他为"建威将军"而赐的。邓华熙在 60 岁时，曾穿此甲胄参加了朝廷阅兵仪式。

　　邓华熙，顺德人，生于清道光元年（1826 年），字筱赤，咸丰元年（1851 年）辛亥恩科举人。咸丰四年（1854 年）参与顺德团练局事务局，因筹饷有功，议叙刑部员外郎。1860 年，英法联军进逼北京，邓华熙任京师巡防处办事员，条陈抗敌方略数千言，受到恭亲王奕䜣的赏识，提拔为刑部郎中，转监察御史。此后他历任云南大理府知府、江南道监察御史、漕运总督、湖北布政使、江苏布政使。光绪二十二年（1896）起，先后任安徽、山西、贵州巡抚，至二十九年（1903 年）因病开缺还乡，加太子少保衔。1916 年 11 月 24 日在广州病逝，享年九十岁。赐谥和简。[1]

　　由于年代久远，加上岭南地区气候潮湿，甲胄虽然表面看起来还比较完整，但纺织物质地已严重受损，织物纤维毫无拉力，尤其是各组件的绒边已经断裂。见（图一），2008 年 10 月至 12 月，在经故宫博物院科技保护人员的修复后，这件边绒残损严重、铜锈斑斑的甲胄恢复了其本来面貌（图二）。

图一 修复前的甲胄

图二 修复后的甲胄

一、甲胄的修复过程

（一）损伤状况分析

从目前的保存状态观察，整套服装颜色仍旧非常鲜艳，个别捻金线上的金有脱落现象；各类刺绣相对完整，但也有部分钉金线糟朽、断裂；里和面缝合处有开线；损坏严重的是所有的黑色丝绒镶边约十多米长，已经残缺不全，出现脱落现象，未脱落的绒边已严重炭化，轻轻一抚，便有黑色粉末脱落。整体脱落的碎绒表面看似乎强度还可以，但用手轻轻一碰，即呈粉状。这些脱落的绒边已经无法承受拉力机上夹具的力量，因此其机械强度已无法检测，应视为无机械强度。研究分析丝绒边糟朽的原因应该与染料有关，由于黑色染料中的某些成份长期对丝绒的侵蚀，绒底和绒毛均已糟朽炭化，绒毛有一定的高度，炭化后受一点震动等外力会折断，因此会出现黑色粉末，显微镜下可观察到这些粉末都是掉落的绒毛屑。经显微镜观察法检测，此绒边材质为桑蚕丝（见图三）。

（二）修复保护方案

保护方案是在"不改变原状"的修复原则基础上制定，根据整套甲胄的每一组件绒边的损坏情况和将来各件的利用情况来定的。对于原丝绒边能够保留的，还是要尽最大努力予以保留，尽最大限度的保存了原绒，可体现文物本身所具有的价值；对已经糟朽、稍触及就脱落的绒边，则采取去除的办法。之所以要尽量保存原有的绒边，是考虑保存此件文物的历史原貌，尽可能保留原衣物的完整性。但要保留这些已经基本糟朽、炭化的绒边必须进行一定的保护加固，从目前国内外纺织品文物保护的水平来看，对于此种类型的丝绒边还没有一种理想的修复方法，特别是对于有一定高度的绒来讲，还没有一种能够阻止绒毛纤维继续糟朽、折、断的方法。故宫博物院科技部以前曾使用过化学方法对此类绒边进行覆盖加固，经观察效果不理想。原因是首先绒毛的继续老化无法阻止，其次化学覆盖物的老化问题导致了文物二次修复。最终，结合目前文物科技发展水平，参照以往的修复经验，提出如下方案：

1、加固旧绒，补全新绒。这样可恢复原

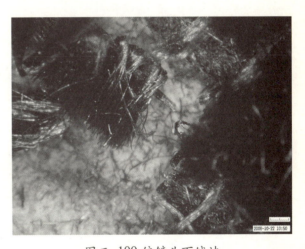

图三 100倍镜头下绒边

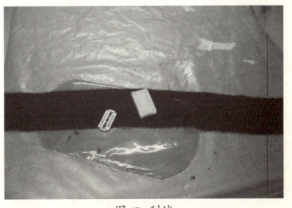

图四 刮绒

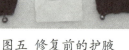

图五 修复前的护腋　　　　　　　　　图六 修复后的护腋

来形态，使展出效果更佳。

2、绒边上面覆盖一层网眼较密、通透性极好地的进口纱。可减少绒边与外界的摩擦，在一定程度上避免因触及甲胄而造成的绒边脱落；通透性好是让后人乃至观众仍可看到其原质地。

3、进口纱的覆盖方法采用传统的手工缝合法。不会损伤本底，耐久性好，也便于将来有加固方法的发现，可重新实施新的加固修复。

（三）修复过程

1、新绒做旧：由于年久等多种原因，导致绒边褪色，原绒颜色已由黑色变成褐色，且每个配件的颜色退变还略有差别。又因糟朽绒毛折断，原绒已变得很薄。目前市场上购得的丝绒，厚度大，颜色与原色不能匹配，因此对新绒采取了做旧处理。首先裁好绒边宽度，根据原绒厚度把新绒刮薄（见图四）；

然后采取退色方法，使颜色深的新绒退色到与所修部位的原色相近。采取退色而不采取染色的方案，原因是通常我们实验室的染色牢度不够，广东地区湿度大，很容易造成文物串色。而退色是在新绒原色基础上退掉不牢的浮色，经处理后的新绒色牢度更强了。

2、前挡、左挡、两个护腋（见图五、六、七、八）：这四个配件的绒边保存基本完整，但全部绒边已糟朽、炭化。考虑其面积小，移动时不易受弯、折等外力影响，对于旧绒的保护有

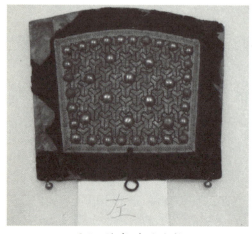

图七 修复前的左挡　　　　　　　　　图八 修复后的左挡

图九 右护肩修前

图一〇 右护肩修后

图一一 上衣修前

图一二 上衣修后

一定优势，因此，修复方案采取了尽最大限度的保存原绒。处理方法：首先对脱落的原绒使用丙烯酸乳液进行加固，再按照缺损部分的形状、颜色，选取新绒补配，采用针线法缝合，最后蒙盖黑色进口真丝纱，手工缝制包边。

3、左护肩、右护肩（见图九、一〇）：这两个配件的原绒边已损坏大部分，且已全部糟朽、炭化。因考虑其与金属边相连，受力大，移动时易弯、折造成绒面损坏，采取了清除残留的旧绒，更换新绒的方案。此两件文物更换新绒的难点在于，绒被铜扣钉在了铜页上，而卸下铜扣易造成丝织物的损伤，修复时先把新绒裁好，剪口掏出铜扣，压在铜扣及铜板下。再采用针线

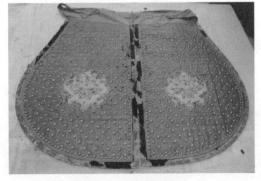

图一三 下甲修前

图一四 下甲修后

法，覆盖黑色进口真丝纱，手工缝制包边。

4、上衣、下甲（见图一一、一二、一三、一四）：原绒边存留很少，且已基本糟朽炭化，所剩绒边难以保留，采取整体更换绒边。原绒边的制作工艺为：最上面一层是绒边，绒边下面是一层皮纸，皮纸下面是一层棉纱布，纱布下面是衬里——青色素纺真丝绸。绒的修复是按照原制作工艺复原。为了统一修复效果，用黑色进口真丝纱手工缝制包边。

5、虎头蔽膝（见图一五、一六）：其绒边已损坏

 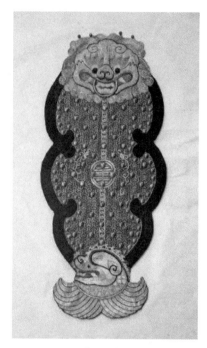

图一五 虎头蔽膝修复前　　　　图一六 虎头蔽膝修复后

大部分，且已全部糟朽、炭化。因考虑其面积较大，移动时易受损坏，修复方案采取了清除残留的旧绒，更换新绒的方案。采用针线法，用黑色进口真丝纱手工缝制包边。此饰件面上有很多绣线损坏，选用与原色相近的丝线补绣。

（五）问题讨论

从目前国内外的文物科技发展水平看，糟朽丝织品的加固是一个难题。特别是这类真丝绒的加固，还没有一个有效的方法能够解决。研究人员做了大量工作，曾采用一些化学材料、方法例如：合成树脂溶液渗透法、丝网衬托法及派拉伦技术等对糟朽脆弱的丝织品进行加固。但这些方法存在共同的弊端：一是，加固出的质感、颜色有变，二是，这些材料都存在老化问题。因此近些年来，在纺织品文物的修复上国内外采用针线法的居多，这种传统的方法经过对比，其优点还是多于化学方法。此套甲胄绒边的保护与修复中，用丙烯酸乳液加固的旧绒，它的作用只是粘合绒底部与皮纸，对于绒底有一定的加固作用，绒的上部也就是绒毛部分还没有得到有效加固。能够让绒毛既保持其原有的质感，又能够使其强度增加的材料和方法还没有找到，还不能解决绒毛的糟朽问题。使用网眼较密、通透性极好地的进口纱，能够一定程度的防止所保留下原绒的进一步损坏，希望将来科技发展了，目前我们所保留的绒能够得到有效加固。

二、关于清代甲胄

甲胄是古时战士用的铠甲和头盔。而清代这类甲胄是阅兵时将官著的服装。甲分上衣、下裳、护肩、护腋、袖、裆等。甲面有规则的金帽钉。衣正中胸前和背后个佩一块金属的护心镜，

镜四周饰鋄金云龙纹。另在镜下前襟的接缝处另佩一块梯形护腹，名叫"前挡"。腰间左侧佩"左挡"，右侧不佩挡，留作佩弓箭囊等用。两袖用金丝条编织，袖口月白缎绣金龙。裳分左右两幅，腰以布相连，裳面以金叶片、金帽钉、彩绣龙戏珠纹相间排列。在两幅围裳之间正中处，覆有质料相同的虎头蔽膝。穿时用带系于腰间。

　　一般的盔帽，无论是用铁或用皮革制品，都在表面髹漆。盔帽前后左右各有一梁，额前正中突出一块遮眉，其上有舞擎及覆碗，碗上有形似酒盅的盔盘，盔盘中间竖有一根插缨枪、雕翎或貂、獭尾用的铁或铜管。通常管柱顶上插雕翎为总督、巡抚、提督以下不插，管柱上垂貂为总督、巡抚、提督，总兵、副将垂獭尾，参将垂朱牦；后垂石青等色的丝绸护领，护颈及护耳，上绣有纹样，并缀以铜或铁泡钉。（图一七）是穿铠甲的武官及将官铠甲展示图、铠甲背部展示图、将官盔帽。馆藏这套甲胄缺护领、护颈、护耳等。

　　清入关初曾改汉服，至清世宗恢复清服，认为清乃骑射民族，"服制者，立国之经[2]"。制服效仿辽、金、元，像这套胄甲的质地为丝绸与金丝交织很大程度效仿元服，因元代丝绸特征是缕金织物的大量应用[3]。清"天聪七年（1633年），太宗皇太极率贝勒等督历众军，练习行阵，是为大阅之始"[4]。当时始定了大阅、行围制度，作为倡导骑射之风的措施。"顺治十三年（1656年），定三岁一举，著为令。命大臣等披甲胄，阅骑射，并演围猎示群臣。[5]"顺治时确定每三年举行一次大检阅典礼，由皇帝全面检阅王朝的

图 一七

军事装备和军队的武功技艺，八旗军队按各旗分，披铠戴甲，依次在皇帝面前表演火炮、鸟枪、骑射、布阵、云梯等各种技艺。"康熙十二年，阅兵南苑，圣祖披甲……厥后行阅，或卢沟桥，或玉泉山，或多伦诺尔，地无一定，时亦不以三年限也"[6]。康熙十二年后，阅兵不再只有南苑，地点有卢沟桥、玉泉山、多伦诺尔等，大阅也不再是三年一次。"自康熙二十一年（1682年）起，康熙皇帝每年都用田猎组织几次大规模的军事演习，以训练军队的实战本领。并把围猎、大阅的礼仪、形式、地点、服装等都列入典章制度中去。清朝皇帝和宗室大臣凡参加这种活动的，也都要穿盔甲。"[7]清太祖努尔哈赤首创满洲八旗，太宗皇太极为扩大军事实力与笼络人心，又设置有蒙古八旗与汉军八旗[8]。故宫博物院藏乾隆十二年（1747年）清宫廷画家金昆等绘的《大阅图》可见，参加大阅的八旗官兵，实则为满蒙汉二十四旗，人员多达数万。八旗分镶黄、正黄、正白上三旗与镶白、正红、镶红、正蓝、镶蓝下五旗。皇帝亲辖镶黄旗、正黄旗、正白旗，称为上三旗，其余称为下五旗[9]。故宫博物院收藏有乾隆年间由杭州织造两次制作数万套的八旗兵丁甲胄，亦为大阅礼服，非战时用品。除大阅时穿用外，平时不用，贮于紫禁城西华门城楼内。

三、结 语

这套清代将官甲胄，经故宫博物院的宫廷部有关专家鉴定，认为整套构件基本完整，原物色彩保存完好，作为地方博物馆藏品可定为二级文物。这件珍贵文物在我馆相关专业人员的重视下，在广州市市文化局的大力支持和故宫博物院的鼎力相助下，通过故宫文物保护科技部各位同仁的密切合作和艰辛劳作，得到应有的保护，缩小了因自然环境而造成的损坏，延长文物的寿命。这次修复工作的合作在某种意义上可以说这件文物得以重生，实现了在符合文物保护的环境下作展示，也体现了馆际资源共享的理念。

这件甲胄的自然损坏的情况一直被广州博物馆高度关注。在一次故宫博物院科技保护部的丝织品保护专家到穗开会期间，受广州博物馆邀请查看了这件藏品的状况，经过认真的检查、分析，他们并将脱落下来的细碎织物带回去检测。随着广州博物馆业务人员的跟踪工作开展，从2008年初开始广州博物馆就甲胄的保护频频向故宫博物院请教，从得到日渐完善的科学保护修复建议中，双方均愈加感到保护修复的紧迫。但由于广州博物馆缺乏丝织品保护方面专业人员，遂将修复计划及时向上级汇报得到了大力支持，之后不断与故宫博物院科技部沟通，双方就文物的现状、两地环境的差异、可能出现的问题多次分析讨论，经过反复磋商于4月制定出了更为具体的、科学的、切实可行的修复方案。最后于10月广州博物馆将藏品护送到故宫博物院，在故宫科技部宋纪蓉主任、于子勇副主任的周密安排下，这套甲胄安全地运至故宫博物院并顺利移交，移交中于主任发现甲胄上的铜铆钉锈蚀严重，出于职业的严谨，嘱咐安排院金属科技保护人员将铜锈予以处理保护，这一发现和决定大大增加了保护修复的工作量。

一般保护处理单一的金属器对他们来说驾轻就熟，但对于丝织品上的金属饰品，特别是十分脆弱的丝织品之上，既要保护处理好金属文物，又不能损伤丝织文物。面对这些困难他们积极配合，在文物移交次日就开始除锈处理。经相关科技保护人员的通力配合下，将这件甲胄还其本来面貌回到广州博物馆。为此广州博物馆向在这次修复过程中，挑灯穿线付出艰辛劳动的故宫博物院科技保护部的田金英研究员、王春蕾、王允丽副研究员和王旭、陈杨致谢！向金属保护人员王有亮、高飞、王五胜、恽小刚致谢！也由衷感谢故宫博物院和广州市文化局对广州博物馆文物保护工作的大力支持！

注释：

[1] 吴道镕《广东文征》卷二十五，香港：中文大学出版社。1973年10月，页1。

[2]《清史稿》卷一百三，北京：中华书局1977年12月，页3033。

[3] 沈从文《中国古代服饰研究》，商务印书馆香港分馆1981年9月。

[4]《清史稿》卷一百三，北京：中华书局1977年12月，页2665，

[5] 同上注

[6] 同上注，页2666。

[7] 黄能福、陈娟娟《中华文化通志·宗教与民俗典》"服饰志"，上海：上海人民出版社，1998年12月，页594，

[8] 郭松义、李新达、李尚英著《清朝典制》，长春：吉林文史出版社1993年5月，页430。

[9] 万依、王树卿、陆燕贞主编《清宫生活图典》，北京：紫禁城出版社2007年9月，页120，

（作者单位：故宫博物院文保科技部，广州博物馆）

广州"清代甲胄" 铜扣的去锈与保护

王有亮　高飞　王五胜　恽小刚

广州博物馆藏清末一套甲胄，属于清代多见的棉甲类的甲衣。其中包括上衣、下甲、佩饰在内的十多件藏品是以锁子纹织金锦为主要面料，然后在织物表面上以1~2厘米为距离均匀地铆钉上铜扣。由于制作工艺、材质、气候等多方面原因，大量铜扣表面出现不同程度的锈蚀，既影响了展陈效果，又威胁到了文物的安全，因而送修。修复方案是根据该甲胄这种丝织品与金属材质共存的情况来制定的。修复过程中遵循了"最小干预的修复原则"，在去除铜扣锈蚀的同时，不干预丝织物表面，使甲衣上的铜扣恢复金属光泽，从而完整、完美的体现出文物价值，恢复其历史原貌。

一、 甲胄相关历史背景与原状描述

崇尚武功，是清朝皇帝的传统。皇太极始定大阅制度，由皇帝全面检阅王朝的军事装备和军队的武功技艺，并把围猎、大阅的礼仪、形式、地点、服装等都列入典章制度中去。清朝皇帝和宗室大臣，凡参加这种活动的，也都要穿甲胄。

然而清代的铠甲与之前大多数朝代相比，同为金属甲但最大区别就是将金属材质由外转内，清代的八旗铠甲表面是布的，其金属甲片镶在里面，然后以布饰外。一般内穿锁子甲外披棉甲，棉甲表面有许多像铆钉一样的金属扣子。这种棉甲用材比较轻软，战斗时较着铁甲行动较为自如，棉甲具有一定的防寒性，适合中国北方步骑兵使用。

甲胄的佩饰

这套清末时期的甲胄共十八件，藏于广州博物馆。为邓华熙（清代末年广州府人）任贵州等地巡抚（1870~1890年）时所穿。

甲胄中的上衣、下甲、左护肩、右护肩、左护腋、右护腋、前挡、左挡、虎头蔽膝等十余件文物的制作均以锁子纹织金锦为主要面料，然后在织物表面上以约1~2厘米为距离均匀地铆钉上铜扣。由于制作工艺、材质、气候等多方面原因，使大量铜扣表面出现不同程度的浅黑色的锈蚀，既影响了展陈效果，又威胁到了文物的安全，如果任其发展下去，铜扣周围的

甲胄局部铜扣的锈蚀情况

织物就会被腐蚀而变糟朽，因此需要做除锈保护。

二、甲胄铜扣的制作工艺以及分析锈蚀产生的原因

要分析锈蚀产生的原因就要先了解一下这些铜扣的制作和安装工艺。

铜扣的制作：首先将铜材打成厚约 1 毫米、长约 8 毫米的小铜片，使铜片单面受力形成半圆珠形的铜帽，将两根直径约 0.5 毫米的铜丝焊接在铜泡钉内穹部中间形成扣别子。形制类似于现在的一种钉书钉。制作采用银焊，将银焊料加硼砂助熔剂，在 400 度高温下熔化将铜丝与铜帽焊接，形成完整的铜扣。银焊工艺较铜焊温度适中、较锡焊接强度高，因此多被采用制作此类铜扣。

铜扣的安装：甲胄是以棉布为里，绸为面，中实丝绵和纸张。在甲胄上钻一个小孔，将制作好的铜扣的扣别子穿入小孔，穿上垫片，最后将扣别子向相对的两个方向掰开，卡在甲胄上即可。

通过对大量铜扣细致的观察，我们发现大凡表面比较平滑的铜扣基本都没有锈蚀，而凡是产生锈

铜扣的安装

蚀的铜扣表面一定比较的坑洼不平。这是由于在铜扣制作过程中，铜片被凿打过的突起表面由于受力不均，不可避免地在部分铜扣表面产生细微的凹凸不平。在长期使用和保存过程中，这些细微凹陷处更易积存灰尘，加之温湿度变化和空气中氧气的影响，使这些铜扣更容易产生锈蚀。

三、铜质文物去锈的几种常用方法

为了恢复文物的原貌，达到文物保护的目的，我们必须去除掉铜扣上的锈蚀，现在铜质文物的去锈方法大概有如下几种，我们将根据这套甲胄的实际情况选用最为适合的去锈方法。

1、机械去锈：主要是使用小刀、小凿、小锤等工具，进行手工去锈。也可以引进一些半自动的小工具，例如：小型的振动、电动、气动类工具，还可以应用牙钻，超声工具、气体磨蚀等作为辅助。这些去锈方法，要求操作人员的技术要高超，在不伤本底的情况下，除去表面的锈层。

2、化学试剂去锈：是使用化学试剂与铜锈发生化学反应，去除铜锈的方法。常用的化学去锈材料有：EDTA（溶解红色氧化亚铜成分）及其盐酸、酒石酸钾钠的碱溶液、硫酸或双氧水配合使用等，试剂对于不同类型的锈的作用是不一样的，所以一定要根据锈的特征和去锈的要求进行严格的选择。

3、电化学还原法：电化学还原法：将 Zn（锌）粉和 NaOH（氢氧化钠）水溶液或 Al（铝）

粉和 NaOH 水溶液调成糊状敷于表面，或者调制锌粉，铝粉于局部表面，而后滴上 NaOH 溶液或硫酸溶液搅拌，以使其还原作用在其局部进行。这种情况要及时清理被还原出来的沉积铜。特别要注意对还原处理后的残迹、残酸、残碱的清洗，清洗液绝不能沾染到其它部位，为此可以采用倒喷水的办法。

4、缓释剂保护法：缓蚀剂保护法包括 BTA 法、BTA 衍生物法、2- 氨基 -5- 巯基 -1，3，4- 噻二唑（AMT）法、2- 巯基苯并恶唑（MBO）法、2- 巯基苯并噻唑（MBT）法、2- 巯基苯并咪唑（MBI）法和咪唑（IM）与苯并三氮唑的协同缓蚀、8- 羟基喹啉（HQ）与苯并三氮唑的协同缓蚀对青铜器的缓蚀效应等方法。BTA 法是将青铜器浸入 BTA 溶液中，进行自然浸渗或减压渗透处理，使 BTA 与铜器表面充分接触反应，形成保护膜，BTA 法是目前青铜器保护中使用最广泛、最普遍的方法。当然这主要是针对分装的氯化亚铜而言。

四、通过实验数据分析选取除锈剂

在正式开始去锈工作之前，还有一项重要的工作就是要对铜扣的成份进行实验分析。在经过便携式 X—荧光能谱仪检测后，得出这些铜扣成分，铜为 99%，此外还有 1% 的金等微量元素。

这套甲胄中需要去锈的十余件文物均是金属与丝织品共存的情况，不能按照单一铜质文物的去锈进行操作，如果采用化学试剂浸泡和大面积擦拭则将污染和破环铜扣之外的丝织品，造成对文物的二次破坏；而且在得到试验的检测数据后验证铜扣的金属性征良好，所以我们决定采用安全但对操作技术要求严格的物理方法去除大量铜扣上的锈蚀。

基于以上甲胄的特性，我们在多次比对后决定采用擦铜膏作为主要的除锈剂。擦铜膏是多用途的金属擦亮剂，能有效地清除黄铜、青铜上的锈蚀，令金属表面闪闪生辉。能使金属或其它表面保留光亮洁净且性质稳定没有氧化层，可以去除比较顽固的污积、黯点，不留痕迹，永保光亮。活性成分使金属表面的保障极为突出护理功能可以确保清洁后，减少氧化变色的影响。

擦铜膏是由蜡、高细研磨剂、界面活性剂、植物提取油等主要成分组成的细腻的膏状物，非常适用于控制一定的量蘸取进行擦拭，相比于其它化学液体除锈试剂而言，更有利于保护铜扣底部织物的清洁。

五、铜扣去锈的实际操作

1、工具材料的选取：根据甲胄大部分铜扣表面锈蚀比较严重的实际情况，我们决定选用软硬适中的百洁布，配合擦铜膏来擦拭锈蚀的铜扣。擦铜膏化学性质稳定，很适合用它来清除铜质表面的脏污和锈迹，并且其中含有腊的成分，能对铜扣的表面起到保护作用。

2、做好铜扣于织物之间的隔离片：在擦拭之前，选取一小块薄塑料片，依据铜扣的周长剪一个比铜扣稍小一点的圆形孔洞，然后将孔洞自铜扣根部套入，使铜扣表面暴露出来，而铜扣周围的织物表面则利用塑料片遮盖住，以免擦铜膏和去锈时的脏物污染了甲胄织物的表面。这是保护织物表面至关重要的程序，它很好地起到了隔离铜扣与底部织物的作用，使我们再对铜扣进行去锈的工作时可以放心大胆的操作而不会对底部的织物造成污染。

3、擦拭去锈：剪一小块百洁布蘸取少量擦铜膏（去锈、增亮）根据铜扣表面锈蚀的情况进行反复擦拭，直至达到比较满意的去锈效果为止。在此过程中一定要注意更换百洁布块，因为在擦拭时铜扣上的污渍和锈迹会附着到布上，所以为了保证去锈的效果，要多次更换干净的百洁布块进行擦拭。

4、铜扣表面封护：去锈的工作完成后，用软棉布蘸取少量软腊再对已经去锈后的铜扣表面进行擦拭，以达到封护的效果，减少了铜扣以后再次锈蚀的几率。

5、最后用干净的软棉布将打蜡后的铜扣表面进行认真的擦拭，直到确认干净，再将套于铜扣之下的薄塑料片取下。

六、讨 论

丝织品与金属共存的文物，我们在大量的金属文物修复中也是不常遇到的。怎样解决好既把金属部分修复、保护好，又不影响到丝织品的部分是比较难处理的。虽然此次圆满地完成修复工作，但"预防胜过治理"，这就使该类的文物的保存显得尤为重要了。金属和丝织品对于保存环境的要求是不一样的，金属为了防止锈蚀需要相对干燥；而丝织品为了保存得更好则需要相对湿润的温湿度条件，按照世界博物馆保存标准中，金属保存环境 RH<45%，丝织品保存环境 RH=50%–65%。文物保护工作需要我们找到二者科学共存的温湿度保存环境，以使此类文物得到更好的保护。

（作者单位：故宫博物院科技部）

甲胄护腋铜扣去锈前

甲胄护腋铜扣去锈后

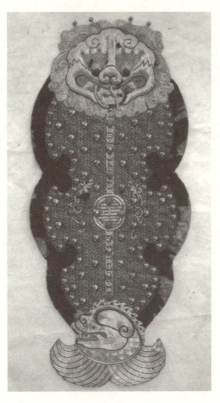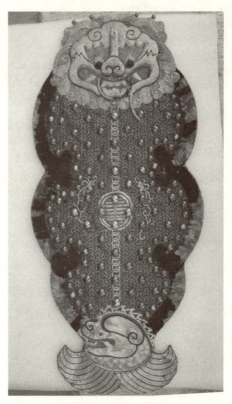

甲胄虎头蔽膝铜扣去锈前　　　　　　　甲胄虎头蔽膝铜扣去锈后

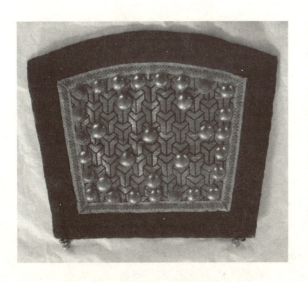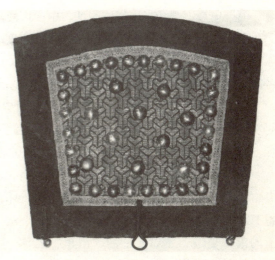

甲胄左挡铜扣去锈前　　　　　　　　甲胄左挡铜扣去锈后

● 申遗工作

可持续发展的历史文化遗产保护

——以广州海上丝绸之路文化遗产的保护和利用为中心

黄海妍

广州是一个现代化的大都市，经济发展和城市建设的速度一直位于全国的前列；广州又是我国首批历史文化名城，具有2200多年的建城历史，老城区内的地下埋藏和地面历史建筑非常丰富。这些文化遗产中既有古遗址、古墓葬；也有体现广州海外贸易重要地位的古建筑；还有众多的近现代重要史迹及代表性建筑，它们忠实地、立体地记载着广州城市发展的历史，展现了广州文化遗产的丰富性和多样性。以广州丰富的海上丝绸之路文化遗产为例，面临经济与城市建设的高速发展，如何通过统筹兼顾，全面协调可持续发展，使之得到更好的保护和利用，从而丰富广州的历史文化内涵，提升广州的文化品位，是广州的文物工作者必须努力解答的问题。

一、广州海上丝绸之路文化遗产的重要价值

根据史籍记载和出土文物印证，中国南海的海上贸易往还始于秦汉，盛于唐宋，明清时期远及欧美。千百年来连贯中国和东南亚、印度次大陆、中东以至东非的"海上丝绸之路"（或称"陶瓷之路"），在中外交通、商贸往来和文化交流上担当着重要的角色。这是一条贯通东西、名符其实的国际航路，从古到今一直在不断地扩展。

"南海海上丝绸之路"形成和发展的历史轨迹清晰地表明，广东一直是"海上丝绸之路"的发祥地，而省会广州一直是"海上丝绸之路"的第一大港（元代除外）和重要港口，历久不衰。这样的省份和这样的港口，不但在中国历史上独一无二，而且在世界历史上也是十分罕见。

广州至今还保存着许多与海上丝绸之路有关的遗迹和遗物，既有考古遗迹、档案文献、历史画稿，也有铭刻着两千多年中西交往历史印记的建筑。其中包括众多的重要考古发现，如南越王宫、南越王墓、南越国木构水闸遗址、南汉二陵、北京路千年古道等等；以及珠江古航道上的港口史迹，例如最早的"海事"见证——南海神庙，明清时期珠江航道上的地标式建筑——广州明清三塔的莲花塔、琶洲塔和赤岗塔，还有广州城标镇海楼，同是清代来华外国人游记以及外销画、外销工艺品中常见的题材。也有反映中西文化交流尤其是宗教文化传入的史迹，如怀圣寺、华林寺、光孝寺、花塔、怀圣寺、光塔等史迹。史料所见，佛教早在东汉时期已经循陆路传至长安，其后魏晋南北朝时期有不少印度、东南亚的高僧沿海路到广州传教译经，

在南海海域掀起了佛教海路东传的浪潮，岭南地区也成了中国南部重要的佛教传播中心，大大促进了佛教在中国的流播。唐宋时期大批来华经商的阿拉伯人带来了伊斯兰文化，并在广州的蕃坊兴建中国最早的清真寺。这些文物古迹见证了佛教僧侣和伊斯兰教徒到广州传教弘法的事迹，历尽沧桑，千百年来屹立不倒。还有体现广州作为古代贸易港和通商口岸发展状况的旧址与遗迹。广州从秦汉至今一直是我国重要的贸易港和通商口岸，同时，由于自唐代以后历代中央王朝不断改良对外贸易制度并强化广州口岸的重要作用，使得广州在众多的通商口岸中地位独特、得天独厚，也因此而留存了不少相关海外贸易机构的遗迹和遗物。如目前广州仅存的丝织行业会馆——锦纶会馆，是清代广州丝织业盛衰的历史物证，而现存的清代广州行商花园、外国人墓地和巴斯商人墓地，还有蕃坊、怀远驿等遗痕，都是清代来华外国人经商和生活的缩影。[1]

可见，广州在海上丝绸之路上的地位十分重要。为了更好地保护和利用这些珍贵的文化遗产，从 2007 年开始，市委、市政府就计划将这些体现广州在海上丝绸之路上独一无二地位的历史遗迹整合申报世界文化遗产。这一想法也得到国家文物局以及中国丝绸之路申遗项目专家组的大力支持。

二、《保护世界文化和自然遗产公约》的相关规定和要求

对于广州的申遗要求，国家文物局和专家组都指出，申遗是为了更好地保护和利用，广州要想申遗成功，必须要按照联合国教科文组织《保护世界文化和自然遗产公约》的规定，要求做好保护规划和专项法规，同时还强调要保持相关遗迹的"真实性"和"完整性"，切忌对申报点画蛇添足。

1972 年 11 月 16 日，在巴黎召开的联合国教科文组织大会第十七届会议通过了《保护世界文化和自然遗产公约》，当中将"文化遗产"定义为"从历史、艺术或科学角度看具有突出的普遍价值"的文物、建筑群和遗址。同时强调，要"把遗产保护纳入全面规划方案"，所有申报《世界遗产名录》的遗产必须要具备原真性和完整性。具体而言，所谓原真性，有如下规定：

依据文化遗产类别和其文化背景，如果遗产的文化价值（申报标准所认可的）之下列特征是真实可信的，则被认为具有原真性：

外形和设计；材料和实体；用途和功能；传统、技术和管理体制；方位和位置；语言和其他形式的非物质遗产；精神和感觉；以及其他内外因素。[2]

对于完整性，则有如下规定：

完整性用来衡量自然和/或文化遗产及其特征的整体性和无缺憾性。因而，审查遗产完整性就要评估遗产满足以下特征的程度：

包括所有表现其突出的普遍价值的必要因素；形体上足够大，确保能完整地代表体现遗产

价值的特色和过程；受到发展的负面影响和 / 或被忽视。[3]

除了对真实性和完整性有严格要求以外，也强调世界遗产的可持续发展原则。自从 1972 年通过《世界遗产公约》以来，国际社会全面接受了"可持续发展"这一概念，而保护、保存自然和文化遗产就是对可持续发展的巨大贡献。具体规定是：

世界遗产会有各种各样已存和拟开发的使用价值，其在生态和文化上是可持续的。缔约国和合作者必须确保这些可持续使用不会有损遗产的突出的普遍价值，以及其完整性和 / 或原真性。另外，任何使用应该具有生态及文化可持续性。对于有些遗产来说，人类不宜使用。[4]

根据上述《世界遗产公约》对遗产原真性、完整性以及可持续发展的要求，笔者以为，对于文化遗产应该强调以保护为主，即便是利用，也应该是在保护基础上的利用，这样才符合世界遗产真实性和完整性的要求，才能使遗产得到可持续发展和利用。

三、按照世界遗产的要求做好保护和利用，使重要遗迹得到可持续发展

就广州目前准备申报世界文化遗产的海上丝绸之路史迹而言，一些重要的考古遗迹如南越国遗迹因为经历了千百年历史的洗礼，其所处的历史环境已经发生很大的改变，在这种情况下，应将保护的重点放在文物的本体上，即实施原址保护并建博物馆向公众展示；对于地上文物建筑，除了按照保持原真性的原则对文物建筑的本体进行修缮保护外，还应该注意对文物建筑所处的历史环境加以保护或复原。

1、对重要的考古发现作原址保护并建博物馆向公众展示

到目前为止，广州对重要的考古发现作原址保护并已向公众展示的有南越王墓、南越王宫、南越国木构水闸遗址等等。

南越王墓、南越王宫和南越国木构水闸遗址统称南越国遗迹，广州市政府于 2002 年启动申报世界文化遗产工作，目前已列入《中国世界文化遗产预备名单》，得到了较好的保护和利用。南越文王（第二代王）墓于 1983 年发现，是中国华南地区发现的规模最大、随葬品最丰富的一座汉代彩绘石室墓，未被盗扰，被列为上世纪八十年代中国考古五大发现之一。南越王墓发掘后，广州市政府决定原址保护并辟建南越王墓博物馆，成为广州田野考古发掘中保护和利用的范例。博物馆于 1993 年全面对外开放。最近广州市政府又计划按照世界文化遗产的要求对南越王墓的周边环境进行整治，整治工程将于 2010 年广州亚运会开幕前完成。1995 年发现的南越国御苑大型石构水池及其石构建筑遗存，被评为当年中国十大考古新发现之一。1997 年发现的御苑曲流石渠等遗迹，再现了中国秦汉时期王宫园林的概貌，又一次列为当年中国十大考古新发现之一。十多年来，由于南越王宫的重要价值，国家文物局和广东省、广州市政府都高度重视，在原址进行边科学发掘、边整理研究和边局部对公众开放，并计划于 2010 年广州亚运会开幕前完成第一期建馆工程。2000 年发现的南越国木构水闸遗址，内涵丰富，是世界上迄今发现最早

的一处木构水闸遗存，是 2000 多年前城市防洪、排水设施的一部分。在科学发掘之后，经过合理的规划与设计，遗迹在商业大厦的建设中得到原址原样的保护与展示，较好地贯彻了城市建设与文物保护的双赢方针，是文化遗产保护和利用的新尝试。2007 年 6 月 9 日我国第一个文化遗产日当天，南越国木构水闸遗址在完成保护的基础上向公众开放。

除了原址保护和展示外，按照世界文化遗产申报和管理的要求，只有制订保护规划，才能使文化遗产得到长期的保护；同时只有进行立法，才能使保护得到有效的保证。几年来，广州市不断地推动一系列的城市规划、政府规章的制订和颁布实施。

1998 年 7 月，广州市人民政府发布《广州市人民政府关于保护南越国宫署遗址的通告》，通告对遗址的价值、人口管理以及保护范围都作了很明确的规定，并将遗址的保护、建设和管理纳入广州市城市总体规划，同时规定在遗址保护范围内不能有任何与文物无关的建设。

2002 年 6 月 28 日，广州市人民政府公布《广州市"十一五"期间历史文化名城保护规划》，将保护南越国宫署遗址纳入规划中，并很清晰地规定：要进一步摸清遗址分布，形成遗址博物馆建设规划，为申报世界文化遗产做好前期准备。

2004 年，广州市人民政府制订了《广州市城市总体规划（2001-2010）》，将南越国遗迹的保护、建设和管理纳入广州市城市总体规划，此规划已于 2005 年由国务院批复实施。

市文化局又委托广州市城市规划勘测设计研究院编制了《南越国遗迹保护规划》，此规划已于 2007 年 5 月由广州市规划委员会审定公布。

为了使南越国遗迹的保护和管理得到更加有效的保证，由广州市人民政府法制办公室汇同广州市文化局共同起草并经多次修改、制订了《广州市南越国遗迹保护规定》，该规定已于 2007 年 10 月由广州市市长常务会议审议通过。

2005 年，国家文物局将南越国宫署遗址列入建设部直接领导的"十一五"大遗址保护项目，这是广东省惟一纳入的项目，使遗址进入切实可行的科学有效保护阶段。

2005 年 4 月，为加强对遗址的保护，广州市文化局制订并通过了《南越国遗迹管理规划》，使南越国遗迹的保护、监测、利用、研究、信息管理按照统一标准、统一要求，进行统一协调，对分散的南越国遗迹实施统一整体的管理。

2、对重要文物建筑的本体及其所处历史环境作整体的保护与展示

除了考古遗址，在广州还保留有不少重要的地上文物建筑，它们对于广州两千年源远流长的丝绸之路发展史而言，只是历史的碎片，却是弥足珍贵。通过追溯这些地上文物建筑的历史，我们不仅可以充分领略到广州在外贸史上辉煌的过去，也更能明白这种重要地位的由来。面对它们所蕴涵着的丰富社会历史信息，如何解读并寻找它们背后发生的种种故事，需要我们付出更多的努力，一方面坚持文物建筑保护的真实性和完整性原则，在对文物建筑进行保护维修时最大限度地保留历史信息；另一方面也要努力保护文物建筑所处的历史环境，使社会公众更能通过历史环境，回到当时当地，了解文物建筑背后的社会历史。

在这方面，笔者以为广州市内的镇海楼、巴斯墓群和外国人墓地等，其真实性和完整性保持得较好。而锦纶会馆虽然经历了整体移位保护，但在力图保持其真实性和完整性，保护其所处历史环境的过程中经历了许多艰辛和曲折，也取得了不少成绩。

作为广州城标的镇海楼，其保护和利用就很好地体现了真实性和完整性的原则。镇海楼建于明代洪武年间，位于广州北城城墙最高处，楼高 5 层，俗称"五层楼"。这座雄蟲越秀山的明代名楼，自 1380 年肇建，至今已有 627 年的历史。六百多年间，因战乱或自然损坏，历尽沧桑。所幸每次得到及时的修缮和保护，至今巍然独存。1928 年重修时，把原来楼内的木结构改为钢筋混凝土结构，砖石砌筑的外墙基本上为明代旧物。今日的镇海楼也基本保持了明代时的外部形制。1929 年，国民政府在镇海楼筹建广州市立博物院，1930 年正式对公众开放；1954 年，广州市人民政府又拨专款修缮镇海楼，此后成为广州博物馆的馆址。

这座岭表崇楼始终与广州城共兴衰，是明清以来广州六百年历史的见证！

锦纶会馆是广州市文物保护单位，位于荔湾区繁华的商业街内，始建于清代雍正元年（1723），是广州唯一保留下来的丝织业行业会馆，也是反映清代广州丝织行业盛衰的历史物证，更是研究中国传统社会行会制度和资本主义发展问题的重要实物资料。馆内完整保存有 19 方碑刻，是我们了解锦纶会馆的创建、重修和内部运作等情况的主要依据，填补了历史文献记载的空白，具有重要的史料价值。1999 年，广州市计划在此修路，按其设计路线，需要拆除老城区一大片老房子，其中最具历史文化价值的锦纶会馆适在其中。

文物管理部门先后提出过"会馆原地保护，道路分两侧绕行"和"原址不动，道路从下面穿行"两种方案，都未能实现。由是，究竟是让锦纶会馆"拆迁让路"，还是道路设计适当绕行以保存会馆建筑，成为当时人们非常关注的热点问题。由于锦纶会馆是清代广州经济繁荣的重要历史见证，具有重要的历史价值，对于这样一座文物建筑，我们文物工作者当然希望能将它原地保留下来，而且，就历史文化名城的保护而言，讲究的是整体风貌，如能大片、整体地保护、利用当然是最好的，但在无法达到整片修缮保存的情况下，文物部门应该争取把最精华部分保护下来。为此，当时的广州市文物管理委员会提出用整体移位的办法进行保护，并根据文物的性质及其所处的社会历史环境，提出迁移地点应就近选择，使其保留在原所处的历史人文地理环境之中。为此我们又提出：锦纶会馆采用整体移位的方式保护，就近选择迁移地点。这一想法最终得到市领导和建设部门的支持，经过可行性论证后，形成整体迁移的具体方案。

锦纶会馆是一座传统的砖木结构建筑，三进三路，总面积 668 平方米，由于年久失修，专家们形容它犹如一盘"水豆腐"。最后让它向北整体移位 80.04 米，再顶升 1.085 米，然后转轨西移 22.40 米至新址，整体移位工程共用了 41 天，其成功不仅因为技术上有创新，更大的意义还在于为现代化城市建设和文物保护矛盾问题的妥善解决开辟了一条新路子。

平移后锦纶会馆的维修工作始终遵照"四保存"的原则进行：保持会馆原来的平、立面布局形制，保存原结构，保存原材料，保存原工艺特点。其后经过 15 个月认真细致的修残补缺工作，专家们一致认为合乎文物原状保护的要求，并评为优秀工程。[5]

对锦纶会馆实行整体移位保护，实在是不得已而为之的做法，不过，在城市建设与文物保护发生矛盾时，这样的保护方式不失为一种较好的解决办法。与将文物建筑拆卸再异地重建而言，整体移位保护的优点是显而易见的，它可以最大限度地保留文物的原真性，也就是最大限度地保留文物建筑本体及其所处环境的历史信息。

不过，随着历史的发展，岁月的流逝，社会、经济的变迁使得这些地上文物建筑的本体及其所处的历史环境发生了很大的改变，要保持其真实性和完整性实属不易。比如近年来经济建设高速发展不可避免地与文化遗产的保护产生矛盾；又比如在文化遗产旁边进行旅游开发或建文化设施（如大型广场），往往容易对文化遗产所处的历史环境造成影响甚至破坏。如果我们再不采取符合世界文化遗产要求的保护措施，使它们更有效地避免遭受因为不懂文化遗产保护规律而带来的破坏，一些体现广州悠久历史和深厚文化底蕴的历史遗迹将会最终完全失去其原真性、完整性，从而也就失去其珍贵的历史价值。

总之，广州既拥有二千多年前南越国时期的珍贵遗迹，又在海外贸易和中外文化交流方面具有重要的地位，这些都足以申报世界文化遗产。更重要的是，作为文物工作者，我们必须清醒地认识到，将广州海上丝绸之路文化史迹申报世界文化遗产是我们的目标，但却不是唯一的目标，更不是终极的目标。我们应该以申遗作为有效的手段，按照世界文化遗产的标准和要求来规范我们的保护和管理，通过规划控制和立法保护，既使遗产的本体得到切实的保护，又通过逐步优化、整治环境，使这些文化遗产所处的历史环境尽可能地得到保留或恢复，使我们的珍贵文化遗产得到可持续发展。

注释：

[1] 此段叙述参考广州市文化局编《海上丝绸之路广州文化遗产》之《地上史迹卷·前言》，北京：文物出版社，2008 年 11 月。

[2] 世界遗产中心、中国古迹遗址保护协会编译《实施保护世界文化与自然遗产公约的操作指南》，2007 年 10 月，页 20。

[3] 世界遗产中心《实施保护世界文化与自然遗产公约的操作指南》，页 21。

[4] 世界遗产中心《实施保护世界文化与自然遗产公约的操作指南》，页 25。

[5] 关于锦纶会馆整体移位保护与复原维修的详细过程，参看广州市文化局编《广州锦纶会馆整体移位保护工程记》，北京：中国建筑工业出版社，2007 年 3 月。

（作者单位：广东民间工艺博物馆）

南越国遗迹的保护与申报世界遗产工作

易西兵

南越国是西汉初年秦将赵佗据有中国岭南地区建立的一个诸侯王国，定都番禺（今广州），历93年（公元前203年~前111年）。南越国遗迹包括南越国宫署遗址、南越王墓和南越国木构水闸遗址，是南越国遗留下来的代表性文化遗存。

南越国遗迹现为全国重点文物保护单位。它是广州地区最重要的考古发现，也是广州历史文化名城的精华所在。2002年7月，广州市委、市政府决定启动南越国遗迹申报世界文化遗产的工作，同时，明确提出，以申报为契机，进一步推动对南越国遗迹的保护。2006年12月，南越国遗迹被列入《中国世界文化遗产预备名单》。

本文主要对南越国遗迹的发现、发掘与保护历程及申报世界文化遗产工作进行简单的回顾，并就南越国遗迹的保护与申报世界文化遗产工作对广州城市建设和社会发展的意义进行探讨。

一、南越国遗迹的发现、发掘和保护

南越国遗迹的发现都具有极大的偶然性。可以说，得益于城市建设的契机，它们才得以"重见天日"。

南越王墓发现于1983年6月9日。当时广东省某基建单位在象岗山顶准备建设，在开挖地基时发现墓的部分顶盖石板，工地负责人马上报告广州市文物管理委员会，并暂停施工。文管会工作人员经初步调查后立即报请上级部门批准发掘。发掘工作于8月25日至9月6日进行。经发掘确认，该墓为南越国第二代王赵眜的陵墓，这是岭南地区发现的规模最大、出土文物最丰富、年代最早的一座彩画石室墓，且未被盗扰，属中国汉代考古的重大发现之一。

南越王墓的发掘结束后，经报请广东省和广州市有关部门批准，立即停止在象岗顶建公寓楼的工程，墓室原址原状保护，并依托墓址建立博物馆，以利于长期保护墓室建筑和展出丰富的各类出土文物。1988年，博物馆第一期建成对外开放，1993年，西汉南越王墓博物馆全面建成，向公众开放，墓室及出土文物得到全面展示。博物馆建筑经过了精心设计，既与王陵的历史文化内涵相协调，又充分显示现代岭南建筑的特征和气派。2008年，西汉南越王博物馆被评定为国家一级博物馆。

南越国宫署遗址位于广州传统城区中心，中山四路北侧、北京路东，同样是在城市建设过程中发现的。1995年7月，文物考古工作者在中山四路北侧一建筑工地进行调查，从工地清出的泥土中调查发现了大量晋南朝时期的青釉器残片，并发现南越国时期的筒瓦和板瓦，其中一个桩孔还发现"万岁"瓦当，这一重要发现当即引起了考古工作者的注意。经了解，此处要建一幢高25层的大楼，工地周边早已构筑了宽12、深超过10米的钢筋混凝土连续墙，工地中间已深挖 4 米，并密布桩孔，直至基岩。经过与建设、施工单位交涉，工地局部停工，文物部门随即进行抢救性发掘，正是这个偶然的机会，一个国内外瞩目的重要考古遗址得以发现。从1995 年至今，南越国宫署遗址的考古发掘不断有新的发现。1995 年发现的南越国御苑大型石构水池及其石构建筑遗存、1997 年发现的御苑曲流石渠分别被评为当年中国十大考古新发现之一。2000 年，在御苑遗址的西侧还清理出 1 号宫殿和 2 号宫殿的一部分，在 1 号宫殿殿基的东侧发掘出一口砖井，现存深 9 米，结砌精工；2 号宫殿出土一块陶提筒的残盖片，戳印有"华音宫"三字。2004 年底，又在宫苑遗址西北侧一口南越国时期的砖砌渗井内，发现了百余枚南越国木简。

南越国宫署遗址的发掘和保护至今已逾十年。1995 年发现南越国御苑大型石构水池遗迹后，对石构水池予以回填保护。1997 年发掘出曲流石渠遗迹后，广州市政府斥巨资将原已批出作房地产开发的土地回收，对曲流水渠遗迹实施原址保护。1998 年，广州市人民政府专门发出通告，划定南越国宫署遗址 4.8 万平方米的保护区域。2000 年，由广州市文物考古研究所、中国社会科学院考古研究所和南越王宫博物馆筹建处联合组队对曲流石渠西侧的儿童公园地块进行试掘，结果发现南越国 1、2 号宫殿基址，随后，广州市政府将儿童公园整体搬迁，原地块交文物部门管理，并进行大规模的科学考古发掘。目前，宫署遗址内已发掘的重要遗迹均在原位原状保护，建起了保护大棚，使遗址免遭损坏。南越王宫博物馆建馆规划已经完成，建馆工作正在积极开展当中。与此同时，为了让市民及时了解遗址的考古发掘和保护工作成果，文物部门在对遗址进行发掘的过程中采取边发掘、边展示的做法，将遗址出土文物和重要遗迹，以及考古整理现场向观众开放，取得了良好的效果。

南越国木构水闸遗址的发现同样极偶然，也极为幸运。2000 年初，在毗邻广州商业中心北京路西侧一建筑工地正在紧张施工，广州市文物考古研究所工作人员巡查发现以后，立即与建设单位交涉，随后于 2000 年 4~10 月对工地进行了抢救性发掘。当时工地范围已全面施工，全部下挖 10 余米至基岩，仅留下中部大约 600 平方米的范围。而就是在这 600 平方米的范围内，埋藏着南越国木构水闸遗址，时隔两千多年后，被考古工作者发掘出来。

南越国木构水闸遗址处于在建的商业大厦中央，在建设施工过程中发现并经过科学发掘后，经广州市政府协调，市文物、规划部门与建设单位协商，遵循文物保护与城市建设互利双赢的原则，通过合理的规划与设计，遗址在商业大厦内部得到原址原状保护和展示，并依托遗址建立陈列馆，展出遗址出土文物和中国古代水利工程历史，是文化遗产保护和利用的新尝试，成为全国范围内文化遗产保护的典范。目前，陈列馆即将落成开放。

1996 年，南越王墓和南越国宫署遗址被公布为全国重点文物保护单位。2006 年，南越国木构水闸遗址被公布为全国重点文物保护单位。

南越王墓、南越国宫署遗址和南越国木构水闸遗址同处广州城区，并先后在城市建设中发现，可以说是城市建设提供了契机，同时也与广州文物考古工作者的艰苦工作密不可分。如果说，南越国遗迹的发现得益于广州城市现代化建设的契机，那么，对南越国遗迹的保护则体现了广州在现代化建设与文化遗产保护两方面齐头并进，互利互赢的探索和实践。

二、南越国遗迹的内涵和价值

南越国遗迹的历史文化内涵极为深厚。

南越国御苑遗址是迄今中国发现年代最早、保存较为完整的御苑实例，首次向世人展现了一个保存较为完好的秦汉园林实例。方池、弯月池、曲渠、平桥、步石、明沟暗渠等遗迹和出土的龟鳖残骸、酸枣、植物叶片和果实等遗物，体现了秦汉造园的基本要素及岭南水乡的地方特色，是研究中国秦汉时期造园思想、园林设计、造园技术等方面极为难得的实物资料。南越国宫署遗址内大量的建筑遗存则是"秦砖汉瓦"在中国岭南地区的真实体现。宫署遗址出土的砖瓦，又独具地方特色。砖的规格与形制多种多样，有正方形、长方形、梯形、三角形，其大小与厚薄不尽相同。有中国考古发现最大的方砖，还有带榫的砖、弧形平砖、长条形空心砖和包柱转角砖。出土的瓦有板瓦、筒瓦和折腰瓦等，其中的云纹瓦当与"万岁"瓦当颇具特色；施釉的筒瓦和瓦当，为全国发现最早的琉璃建筑构件。此外，宫署遗址还有大量石质建材，已发现的有门楣石板、八棱石栏杆、大型石础以及有多种规格的八棱石柱等。

2004年考古发掘的百余枚南越木简，内容为南越王宫的纪实文书，从多方面反映出南越国的多种制度，直接确认了南越国宫殿与御苑的所在，再加上有明确的纪年，彰显出南越国遗迹的历史真实性和完整性。在砖井淤土中还保留有十几种动物和四十种植物遗存，为恢复两千多年前广州地区的生态环境提供了直接的证据。其中发现的冬瓜籽标本，是目前世界上已知最早的同类发现，对探讨冬瓜起源意义重大！

南越国宫署遗址还是一部反映广州两千多年发展的史书。从现地表往下5~6米，层层叠压着近现代、清、明、元、宋、五代、唐、隋、六朝、两汉、南越国、秦等12个历史时代的27层文化堆积。除南越国宫苑外，还有西汉排水渠、南朝建筑、唐代砖砌路面、五代砖铺包边、宋代大殿、明清布政使司署、法国领事馆以及汉民公园等遗迹，表明这里既是南越国的王宫御苑，又是2200多年来延续不变的城市中心。

南越王墓中出土1000多件套文物，品类多样，有陶、铜、铁、玉、石、金、银、玻璃、玛瑙、水晶、漆木、丝织以及象牙和药物等，其功用可分为礼乐器、兵器、饮食器具、服饰、杂用品、玉石雕刻、金银细工等7大类。从文化因素分析，除了出土大量的反映中原先进文化的器物外，还包含了南越、瓯骆、汉、楚、齐鲁、吴越、巴蜀、匈奴等多种文化内涵。如几何印纹硬陶器、越式大铜鼎、大铁鼎、屏风的人操蛇托座、蟠龙护蛙托座及铜熏炉等属于本地越文化的器物；属吴越文化的有铜鉴、句鑃等；属秦文化的"张仪"戈、蒜头壶、陶响盒、陶响鱼等；反映巴蜀文化的铜鍪；属于匈奴文化的有铜牌饰、羊头纹杏形金叶等；属于楚文化的有墓室壁画、青铜器中的铜鼎、铜镜等。有的文物则具备多文化因素，如漆木大屏风将楚、越两种文化融为一体。墓中出土的平板蓝玻璃、印花铜板模等还是全国首见的实例。此外，还出土了非洲象牙、波斯银盒、红海乳香等舶来品，无疑是见证两千多年前中国和海外交往的实物。

玉器是南越王墓出土器物的大宗，数量大，品类多，造型奇特，雕镂精细，堪称汉代玉器的杰出代表。墓中出土丝缕玉衣为中国考古的首次发现，是目前国内出土完整的西汉玉衣中较早的一例。承盘高足杯由高足青玉杯、金首银身游龙衔花瓣形玉托架、铜承盘三部分，用金、银、玉、铜、木五种材料制成，呈三龙托杯之造型。玉角杯用一整块青白玉雕成，器表刻一尖嘴兽，回环往复，生动逼真，是一件美轮美奂的工艺品，又是一件融传说于现实，引人遐思的实用品，堪称中国汉玉的稀世之宝。铜框玉盖杯，杯身是一个窗棂形鎏金铜框架，杯体为八棱筒形，座足呈喇叭状，是一件具有高超和成熟的汉代镶嵌工艺成就的实用工艺品。

南越国木构水闸遗址是世界上迄今发现最早、规模最大、保存最完整的一处木构水闸遗存，是两千多年前城市防洪、排水设施的一部分。水闸结构复杂，平时可以让城内的水排入珠江，利用潮汐可作为城内水系的排汲设施。该水闸在建闸材料的选择、松软地基的处理、技术路线的处理、总体布置、泄流处理、闸室稳定处理等方面，都与现代的建闸标准和要求基本相符，反映了秦汉时期的水闸建造在总体上已达到了相当高的水平。

南越国遗迹是广州地区最重要的考古发现，也是中国的重大考古发现。南越国遗迹的考古发现与中国第一部通史《史记》及其后的第一部断代史《汉书》所记载南越国的史事可以互证，并极大地补充了史载的不足。南越国遗迹对于研究中国秦汉史、秦汉时期岭南地区早期开发史、特别是该时期有关政治、经济、文化等方面的飞跃发展具有重要价值。无论是南越王宫及御苑的建筑遗存、南越王墓出土多种多样的随葬器物还是南越国木构水闸的设计和运用，都从不同方面反映出秦汉时期岭南地区生产力发展水平和社会发展状况，同时也折射出秦汉时期经济社会总体状况。南越国遗迹反映了秦汉时期中原主流文化与多种区域文化和价值观念的重要交融汇合，是研究秦汉时期岭南文化、中国多民族、多区域文化交流融合的宝库。

2006年底《中国世界文化遗产预备名单》重新评估时，中国世界文化遗产专家委员会讨论认为，南越国遗迹符合《实施保护世界文化和自然遗址公约操作指南》（2005年）中关于世界文化遗产申报6项标准的第（ii）（iii）（iv）三条标准，即：

（ii）在一段时期内或世界某一文化区域内，对建筑、技术、古迹艺术、城镇规划或景观设计的发展产生过重大影响；

（iii）能为已消逝的文明或文化传统提供独特的或至少是特殊的见证；

（iv）是一种建筑、建筑整体、技术整体及景观的杰出范例，展现历史上一个（或几个）重要阶段。

这是从世界遗产的角度对南越国遗迹的内涵和价值的精要概括。

三、南越国遗迹申报世界文化遗产工作的进展

南越国遗迹的价值及广州对南越国遗迹的保护力度得到世界遗产组织专家及国家文物局的充分肯定。在这种情况下，2002年7月，广州市委、市政府正式启动南越国遗迹申报世界文化遗产的工作，同时，明确了通过申报促进南越国遗迹保护和利用的工作目标，此后6年多的时间里，围绕申报工作，根据世界遗产的申报要求，对南越国遗迹在发掘、研究、保护、宣传等

方面做了大量工作。

首先是南越国宫署遗址的发掘不断取得新收获，包括南越国木简、宫城北宫墙等重要遗存的发现，进一步证实南越国遗迹的真实性和完整性，同时，也为南越王宫博物馆的建馆提供了重要依据。目前，南越王宫博物馆第一期建馆工程正在筹备中。

其次是南越国遗迹的宣传展示继续加强。2006 年 6 月 10 日，南越国宫署遗址在我国第一个文化遗产日当天重新对外开放。2007 年 6 月 9 日中国第二个"文化遗产日"当天，南越国木构水闸遗址正式对公众开放；也是在这一天，中央电视台对南越国遗迹的发掘和保护进行了现场直播。

再次是根据世界遗产的申报要求，制定了相应的南越国遗迹保护规定、规划：

2005 年，广州市文化局制定并公布了《南越国遗迹管理规划》。

2007 年 12 月，广州市政府颁布《广州市南越国遗迹保护规定》，定于 2008 年 2 月 1 日起施行。

2008 年 2 月，由广州市城市规划局和市文化局共同编制的《南越国遗迹保护规划》经广州市人民政府批准，正式施行。

2006 年 9 月，国家文物局派出世界遗产专家对南越国遗迹进行评估，同时，南越国遗迹申报文本材料经修改完善后报送国家文物局。同年 12 月，南越国遗迹正式入选《中国世界文化遗产预备名单》。这标志着南越国遗迹申报世界文化遗产的工作取得了重要的阶段性成果。

四、南越国遗迹及其保护对于广州城市建设和发展的意义

当前，对文化遗产的研究，包括它的内涵、价值，以及对人类社会当前和未来发展的意义的探讨，是学术界——甚至学术界以外的诸多领域——的热门课题。有关文化遗产（包括文化遗产事业）的功能，有的学者提出教育、科研、经济三大功能[1]；有的提出教育、政治、经济三类功能[2]。

国家文物局局长单霁翔先生就保护文化遗产的时代意义撰文指出：文化遗产见证城市生命历程；文化遗产保护延续城市文化；文化遗产促进城市健康发展。正确处理文化遗产保护的各种关系，实际上就是对科学发展观的积极实践。文化遗产是不可复生的精神资本、文化资本、经济资本和社会资本。在全球化背景下的后工业时代，文化遗产资源的积累和保护拥用极高的潜能，是文明发展的基础，是最重要的社会资源之一，为经济建设和社会发展提供强大的精神动力、不竭的智力支持和丰富的经济生长资源，是实现全面协调可持续发展的重要保证[3]。

南越国遗迹作为广州最重要的城市文化遗产，它保存了广州城市发展最早期的记忆。那么，这份"记忆"对于广州的现代化进程和未来的发展意义何在？

概括来说，南越国遗迹——也包括广州的其它文化遗产——对于广州具有宣传、教育的功能，以及潜在的经济效益，对于广州城市文化的传承和社会发展有着重要意义。

首先是宣传功能。南越国遗迹是全人类的文化遗产，但它首先属于广州。南越国遗迹之于广州，犹如故宫之于北京、兵马俑之于西安，它们都是独一无二的文化遗产。南越国遗迹已经

为提升广州的历史文化地位和对外形象发挥了重要作用。南越王墓自 1983 年发掘以来，已经接待了数以百万计的海内外观众，数十位党和国家领导人、外国政要都曾亲临广州参观南越王墓出土的精美文物。与此同时，南越王墓出土文物珍品多次赴我国的台湾、香港特区，以及美国、日本、法国、英国等国家展出，有力地宣传了广州的历史文化，提高了广州的知名度。今天的南越国遗迹已经成为广州最重要的文化名片，它还将为广州进一步走向世界发挥重要的"文化使者"的作用。

其次是教育功能。南越国遗迹是先民留给广州人民的宝贵精神财富，同时它也是重要的文化教育资源，其面向的对象包括青少年学生、广大市民，以及广大的海内外游客。南越国遗迹内涵丰富，涉及历史、考古、建筑、水利、制造工艺、美术等多方面的知识，这对于广州的青少年学生是极好的乡土教材，有利于青少年学生认识广州的本土文化，了解广州历史，进而激发他们热爱广州的乡土情怀。对广大市民也是如此，通过参观南越国遗迹及其它史迹，提高文化生活质量，陶冶情操，既充分享受了广州文化遗产保护的成果，又增强了对广州本土文化的认同。这种乡土文化教育对于增强广州城市的凝聚力有着极为重要的作用。

再次是潜在的经济效益。文化遗产旅游已日益成为旅游经济的重要组成部分，国内外都是如此。特别是已经入选世界遗产的文物古迹，例如长城、故宫、兵马俑、殷墟等，带来的经济效益获得更显著提高。南越国遗迹现已经成为广州重要的历史文化旅游资源，特别是西汉南越王博物馆，已是绝大多数海内外游客来广州参观的必到景点，其潜在的经济效益开始得到体现。除此以外，借鉴南越国遗迹出土文物开发的旅游产品和工艺品也会获得可观的经济效益。这方面，西汉南越王博物馆通过长期摸索，已经取得了较好的经验。可以预见，南越国遗迹成功入选世界文化遗产名录后，其在文化遗产旅游方面的经济效益将得到更充分发挥。

2002 年 7 月召开的南越国遗迹申报世界文化遗产工作会议一致认为，南越国遗迹是广州历史文化名城的精华所在，它有力地证明了广州在历史上是岭南地区的政治、经济、文化中心。南越国遗迹申报世界文化遗产，有助于提高对遗迹的保护、研究和利用水平，进一步提高广州作为历史文化名城的知名度，促进广州社会文明建设，繁荣广州旅游及相关产业。这正是对南越国遗迹及其保护和申报世界遗产工作对广州未来发展意义的较全面概括。

五、展 望

南越国遗迹的保护从 1983 年南越王墓的发掘起至今已是 25 年，其中从 1995 年南越国宫署遗址的发现以来，南越国遗迹的保护受到社会各界的普遍关注。广州市委、市政府从一开始就采取有力措施将南越国遗迹在原址妥善保护，体现了在城市现代化进程中切实保护文化遗产的决心和魄力。南越王墓在原址建馆保护、南越国宫署遗址发现后在广州市区中心核心地带划定 4.8 万平方米保护区域进行保护、南越国木构水闸遗址通过在商业广场中间原址保护展示，这三种保护模式都在全国范围内树立了文物保护的典型范例，为广州赢得了声誉。2002 年启动的南越国遗迹申报世界文化遗产工作又将广州及南越国遗迹进一步推向世界，让世界了解南越国遗迹，进一步认识广州的历史文化内涵。

由于世界遗产申报政策的原因，南越国遗迹要正式入选世界文化遗产将是一个长期而艰巨的过程。南越国遗迹的保护也是一项长期的系统工程，需要文化遗产保护工作者的艰苦工作，更需要社会各界和公众的关注、支持和积极参与。南越国遗迹首先是广州的珍贵文化遗产，是全广州人民的宝贵财富，它记载的是广州城市发展的历史进程，保存的是广州发展的"血脉"。我们有理由期待，南越国遗迹还会为广州建设广东省"首善之区"、为广州城市的全面协调可持续发展、为广州进一步走向世界发挥重要作用。因此，对于南越国遗迹的保护，我们付出的所有努力都是值得的。

注释：

[1] 刘世锦主编《中国文化遗产事业发展报告（2008）》，转引自杨志刚《如何看待作为遗产事业功能之一的"经济"》，《中国文物报》2008年10月31日第8版。

[2] 徐嵩龄《第三国策：论中国文化与自然遗产保护》，北京：科学出版社，2005年，页5~7。

[3] 单霁翔《从"功能城市"走向"文化城市"》，天津：天津大学出版社，2007年，页148~155。

（作者单位：广州市文物考古研究所）

镇海楼申报世界文化遗产工作初探

宋　平

广州镇海楼又名望海楼、五层楼，建于明洪武十三年（1380 年）。明初永嘉侯朱亮祖在修建广州北麓越秀山上的城墙时建设此楼，与城墙连为一体，既具有对外防卫之功能，又可俯视整个广州城，远眺珠江入海口，堪称胜景。镇海楼楼高 28 米，又建在 50 多米的山岗上，一眼看去气势非凡，具有城标的意义，清代以来多次被评为羊城八景之一，号称"五岭以南第一楼"。《羊城古钞》的作者、清代仇巨川称镇海楼"山川形胜，了然在目。每当四窗洞开，一望无际，俯涵巨海，仰陟苍冥，亦一远观也。"[1] 长时间以来，镇海楼都是广州的代表性建筑，在人们生活和旅游上，扮演着重要的角色，俗语称"未登镇海楼，不算到广州"。

秦汉以后，广州一直是中国古代对外贸易和交流往来的口岸，是海上丝绸之路的起始港，至今还保存着许多与海上丝绸之路有关的遗迹和遗物。屹立在越秀山上的镇海楼即是其中之一，见证了明清六百年来中外文化交流与贸易往来的历史。在广州海上丝绸之路准备申请世界文化遗产后，镇海楼也作为其中一个重要遗迹和古建筑，需要按照申请世界文化遗产的要求进行价值评估、真实性和完整性评估等工作。本文拟对镇海楼的申遗工作进行初略的探讨，以求教于文博界专家，更好的推进申遗工作。

一、评估价值，加强关于镇海楼历史发展和文化底蕴的研究

联合国教育、科学及文化组织大会于 1972 年 10 月 16 日通过的《保护世界文化和自然遗产公约》将世界文化遗产定义如下：

第 1 条　在本公约中，以下各项为"文化遗产"：

文物：从历史、艺术和科学角度看具有突出的普遍价值的建筑物、碑雕和碑画、具有考古性质成分或结构、铭文、窟洞以及联合体；

建筑群：从历史、艺术或科学角度看在建筑式样、分布均匀或与环境景色结合方面具有突出的普遍价值的单立或连接的建筑群；

遗址：从历史、审美、人种学或人类学角度看具有突出的普遍价值的人类工程或自然与人联合工程以及考古地址等地方。

公约要求"文化遗产"是"从历史、艺术和科学角度看具有突出的普遍价值"的文物、建筑群和遗址，因此，镇海楼申请世界文化遗产的首要工作便是对镇海楼的文化价值进行评估。

得赖于广州文博界研究人员的努力，目前研究镇海楼的文章数目众多，综合期研究成果即

可以作为评估文化价值的重要参考资料。其中重要的一本是 2004 年出版的《镇海楼史文图志》，此书从 40 多种书籍中摘录出明代以来的各种有关镇海楼的史料，包括《广州通志》、《广州府志》、《番禺县志》等记载，也有明清至现代名人对镇海楼的诗咏、楹联数百篇等，另外还有集有现代研究论文二十余篇，可以说是镇海楼价值评估最重要的参考书。

综合众多研究成果，镇海楼在广州历史和海上丝绸之路的主要价值有：

第一、镇海楼是广州现存为数不多的历史遗迹和古建筑，与越秀山城墙连接一起，堪称广州最完整的古建筑群。镇海楼和越秀山古城墙最早建于 1380 年，缘于广州城的扩建。明初永嘉侯朱亮祖、都指挥使许良等把宋代的东、西、子城连为一城，在北面把城墙扩大到越秀山上，并在城垣最高处建五层高楼一座。当时尚无高楼大厦，珠江水面宽阔，登楼远眺，云山珠水，蔚为壮观，故曰望海楼；明嘉靖年间改名镇海楼，又因楼分五层，民间俗称五层楼。因为战争和火灾，镇海楼和城墙多次毁坏，又多次重修。现存镇海楼主体建筑一二层山墙和后墙的红沙岩石块，专家学者认为是明代遗留，而三四五层青砖以及屋顶应为清代建筑。1928 年当时的广州政府预备在此建设市立博物院时，把楼梯、楼面、柱子、梁枋等改为水泥。广州城墙在民国城市建设时遭到极大破坏，大部分城墙被拆毁修成马路；加上后来广州城市建设的破坏，现在明清城墙保存完整的仅余镇海楼和越秀山段一千多米。由此可见镇海楼及越秀山城墙组成的建筑群之价值，无论对研究广州城市建设历史还是整个岭南历史，都具有十分重要的意义。就建筑本身而言，选址的地理方位、岭南特色的风格、建筑材料的采集、楼和城墙的形制都体现明清时期的广州的建筑水平；就建筑功能而言，体现了冷兵器时代广州城市防卫与规划的特点。镇海楼和古城墙凝结的沧桑，是一道展示广州历史的文化景观。

第二、镇海楼是明清以来文化名人的重要活动场所，众多与广州有关名人在这留下了无数诗词文赋，使镇海楼成为广州的一张文化名片。镇海楼在建成之后，就与岭南名人联系在一起，众多文人墨客在此登楼，留下不少诗词、名联。名宦如张岳、尚可喜、李栖凤、吴兴祚、瑞麟、彭玉麟、丁汝昌等，文人学者陈献章、王临亨、陈恭尹、屈大均、仇巨川等，都曾题写诗词、对联来盛赞镇海楼的雄伟。现在镇海楼第五层的门柱上还挂有清代兵部尚书彭玉麟的对联"万千劫危楼尚存，问谁摘斗摩星，目空今古；五百年故侯安在，使我倚栏看剑，泪洒英雄。"气势雄绝，苍劲有力。广州这种登镇海楼的风气，一直流传至今。特别是到了节假之日，前来登楼感怀历史的人络绎不绝。看层楼、观古墙、凭栏眺，幽思之情油然而生。镇海楼可谓广州的一张历史名片。

第三、镇海楼与海上丝绸之路息息相关，是外国人眼中的广州城标志建筑，见证了明清以来广州的对外交往历史。屈大均在《广东新语》中描述："自海上望之，恍如蛟蜃之气，白云含吐，若有若无。晴则为玉山（按：指越秀山）之冠，雨则为昆仑（按：指外国船舶）之舵，横波涛而不流，出青冥以独立，其玮丽雄特，虽黄鹤、岳阳莫能过之。"[2] 镇海楼屹立在越秀山上，高耸城北麓，当外国人从海上进入广州时，远远就可以望见镇海楼。另外在清代来华的西方人的论著、画作、地图中，也频频出现镇海楼的身影。《中国丛报》第二卷的《广州城及近郊图》把镇海楼标在上方的正中。18 世纪末、19 世纪初，瑞典人龙思泰（Anders Ljungstedt）长时间在广州、澳门生活，他在《早期澳门史》中描述镇海楼："一座高耸醒目的建筑物，称为五层楼，坐落在城的北沿"。广州博物馆收藏的一副1789年~1822年间绘制的玻璃画《广州商馆区》的右上角，赫然就是楼分五层、墙面红色的镇海楼。众多的西方文字资料、绘画作品、地图表明镇海楼与海上丝绸之路具有十分密切的关系，是外国人眼中的广州标志建筑，堪称"十三行的最后记忆"。

二、体现原真性和整体性，标识不同时代的文物

原真性（又称真实性）和整体性是申请世界文化遗产的基本要求和必要条件，在申遗工作中《实施保护世界文化和自然遗产操作指南》（以下简称《操作指南》）第78条："只有具有完整性和/或原真性的特征，且有足够的保护和管理机制确保遗产得到保护，遗产才能被视为具有突出的普遍价值。"[3] 在叙述了原真性和整体性对申请世界文化遗产的重要以后，《操作指南》接下来分别对二者进行了阐述。

《操作指南》第82条：

依据文化遗产类别和其文化背景，如果遗产的文化价值（申报标准所认可的）之下列特征是真实可信的，则被认为具有原真性：

外形和设计；材料和实体；用途和功能；传统、技术和管理体制；方位和位置；语言和其他形式的非物质遗产；精神和感觉；以及其他内外因素。[4]

即只有文化遗产在形制、设计、材料、位置、甚至精神和感觉等方面是原来流传下来的，而不是后来仿造的，才会被认为具有原真性。

《操作指南》第88条：

完整性用来衡量自然和/或文化遗产及其特征的整体性和无缺憾性。因而，审查遗产完整性就要评估遗产满足以下特征的程度：

a）包括所有表现其突出的普遍价值的必要因素；

b）形体上足够大，确保能完整地代表体现遗产价值的特色和过程；

c）受到发展的负面影响和/或被忽视。[5]

完整性是要求遗产有突出的普遍价值的必要因素、形体上大到能够展示出特色和价值，且已受到发展的负面影响或被忽略。

镇海楼作为明代初期即已修建的明楼，其价值和地位在上节已阐述。我们应把镇海楼的修建和重修时间、建筑构件的年代等研究透，并以合适的方式展示出来，体现其原真性和完整性。由于战争和火灾的毁坏，镇海楼自1380年建成以来就经过多次大修和重修，但基本保持了建设初的形制和设计；建筑构件也分属不同的时代，各有其特色，体现不同历史时期的建筑风格。镇海楼的重修记录了广州的社会发展和历史变迁，这些不同时代的构件包涵了丰富的历史信息，

诉说着广州的历史沧桑。对镇海楼建成历史、修葺年代、形制、功能、相关历史事件等展示出来，并按照申遗标准编辑成册，是我们申遗工作的重要内容。

镇海楼建成年代学界统一认为是明洪武十三年，由永嘉侯朱亮祖扩建广州城墙所建，勿需多论。而历代的修葺和重建则是申遗工作需要重点研究的内容，是论证镇海楼具有原真性的基础。综合历史记载，经专家学者的研究，[6]镇海楼主要的重建和大修有：明成化年间（1465~1487年），广东总督韩雍的修治，后毁于火；明嘉靖二十四年（1545年），广东提督尚书蔡经和总督张岳在原址进行重建，规制如旧，并命名"镇海楼"；明崇祯十年（1637年），广东布政使姜一波、番禺知县朱光熙修葺镇海楼；清顺治八年（1651年），平南王尚可喜修复；清顺治十八年（1661年），广东总督李栖凤修葺，并允许游人登楼；清康熙二十四年（1685年），广东巡抚李士桢捐俸重建；1928年重修镇海楼，将楼内砖木结构改为钢筋混泥土结构；1946年广州市政府修复镇海楼门窗、栏杆、南面墙壁；1987年修复镇海楼段明代城墙170米，恢复旧时风貌。

因为年代久远，修治次数多，如何确定各建筑构件的年代，用合适的方式展示出来是需要认真研究的问题。集中在镇海楼的文物及建筑主要有明代建筑构件、城墙，清代建筑墙体、瓦片、碑刻、城墙，民国楼层、树木等，把不同时代的文物及建筑标识出来正是根据《操作指南》的这些要求，方便考察人员进行鉴别，也有利于普通观众认识和了解镇海楼的建设历史，展示镇海楼的历史意义。

保持原真性和完整性的另一个方面是避免过多干预，修复和保存遵循"修旧如旧"的原则，展示过程尽量少用过于现代的东西。镇海楼在修缮的过程中基本保持了原貌，尽量以原始材料、原始建设手法进行，如1987年在修复城墙时用的大青砖全部是西安的工厂用清代手法烧造的。遗憾的是民国时期的修复理念还没有达到"修旧如旧"的这种高度，使用了当时认为坚固结实的钢筋混泥土结构，虽八十年来仍坚固如初，但无疑对明清的建筑形式作了改动。

另外，中国的许多文化遗产在陈列展示方面的通病是牌子过多，且说明牌、宣传栏等多采用不锈钢等过于现代、刺眼的东西，严重影响了文化遗产的可观性、破坏了遗产的历史氛围。镇海楼属于明清建筑，说明牌、指示牌、观众休息长椅等都应该具有那个时代的特点，最好采用木质、铜质、铁质的材料制作，视觉上要达到让人一看就是明清风格的效果。镇海楼所属的广州博物馆正在这方面进行改进，对长椅、展示柜的颜色、灯光效果等力图还原古朴的风格，增添镇海楼的历史韵味。

三、制定整体性保护方案，建立保护缓冲区，还原历史环境

随着文化遗产保护事业的发展，保护理念早已从对遗产本身的保护扩大到整体保护，甚至对历史环境的保护。《操作指南》要求列入世界遗产名录的所有遗产必须有长期、充分的立法性、规范性、机制性的保护；保护界限需要包括所有有形的能够直接体现遗产的突出、普遍价值的区域和特征，以及在将来的研究中有可能增强这些特征加深理解的区域；而且应设立足够大的缓冲区以保护遗产。[7]

中国的文化古迹保护实际上也有相关之规定，虽提法有不同，但大意也要求建立保护范围，划出建设控制地带。2000 年通过的《中国文物古迹保护准则》第 12 条："确定文物保护单位及其级别，必须以评估结论为依据，依法由各级政府公布。已确定的文物保护单位应进行"四有"工作，即有保护范围，有标志说明，有记录档案，有专门机构或专人负责。保护范围以外，还应划出建设控制地带，以保护文物古迹相关的自然和人文环境。"这个条文很突出了保护与文物古迹相关的自然和人文环境，给我们制定镇海楼的整体保护和建立保护缓冲区提供了法律支持。

因为处在广州博物馆的管理下，镇海楼本身在 1929 年建馆以来一直有良好的保障，建筑能够及时得到修缮，并长期作为广州的历史名胜对广大观众开放。但申请世界文化遗产工作不仅要求对文物本身有良好的保护，还要求划定与遗产突出的普遍价值相关的区域进行保护和管理。根据这一要求，镇海楼的整体保护规划应包括越秀山明清城墙及附近的山体。

目前由于明清城墙和越秀山由越秀公园管理，分属市政园林局；和分属文化局的广州博物馆属于不同的单位，造成管理上的"两张皮"。同时，由于管理上的一些失误，越秀山明清古城墙近年来人为损坏严重，水泥花坛、塑料水管、电线杆等均设在城墙上，影响了城墙的可观性；另外，岭南地区天热潮湿，树木生长很快，古城墙大部分淹没在杂草、榕树的根叶中，如不及时清理，古城墙过几年就会被树根等挤塌。2009 年，经过文化界的大力呼吁和申遗工作的推动，广州市政府决定制定古城墙保护方案并进行维修，迈出申遗工作的重要一步。但是管理体制存在分歧的问题仍然存在，值得相关部门深思。

另外，镇海楼附近还有众多现代建筑需要整治和拆迁，无疑也给申遗工作增加了难度。影响镇海楼整体风貌和历史环境的周边建筑有越秀山体育场、广州市人民防空指挥部、越秀公园派出所、广东电视塔以及一些民居，这些建筑多用现代建筑材料，如钢材结构、墙面贴白瓷片等，其建筑风格严重破坏了明清建筑的古朴特色。如何改造甚至拆除这些建筑，使镇海楼的历史风貌得到还原，是申遗保护规划不可回避的问题。

从更大的范围来建立保护缓冲区，也是《操作指南》明确规定的，申报世界文化遗产的材料中，必须有缓冲区的相关内容；如果没有建立缓冲区的提议，则需要在申报材料中予以解释。从镇海楼申遗工作的角度来讲，建立保护缓冲区，防止以后的建筑对镇海楼区域的历史风貌造成新的损坏，也是我们在制定保护规划必须注意的。

目前国内的申遗规划有许多成功的案例可供参考，一个重要的具体案例就是关于五女山山城的保护规划。五女山山城建在海拔 800 米的山上，是高句丽王朝的开国王城，山势险要，自然景观丰富。保护规划把原有破坏景观视线、影响山城整体面貌的货运缆车、山顶电视转播塔及其附属建筑拆除或拆迁，从而保证了五女山山城整体面貌，最大程度还原了文物古迹自然和人文环境。[8] 我们在制定镇海楼整体保护规划时，可以参考国内这些优秀的保护案例。

申请世界文化遗产是一件长期而艰巨的工作，我们不仅要进行文化遗址的价值评估、整体保护等申报前的工作，也必须考虑到以后的管理和维护工作。鉴于以往一些世界文化遗产所属方"重申报、轻管理"和过度发展旅游而对遗产造成损坏的教训，我们还必须未雨绸缪，建立将来的监测、旅游开发计划，使可持续发展的理念在世界文化遗产的保护和管理中得以体现。

镇海楼作为古建筑，已受数百年的风雨侵袭，需要有古建筑工程人员制定详细的监测计划，在危情出现的时候能够及时进行处理加固。镇海楼的旅游承载能力也受到一定的限制，需要在参观人数众多的节假日进行适当的控制。总之，我们要做到"既重申报，又重管理"，把镇海楼的远期保护和旅游管理等都纳入到申遗工作中来，使镇海楼作为岭南第一楼的文化历史景观可以源远流长。

注释：

[1]［清］仇巨川《羊城古钞》，广州：广东人民出版社，1993年，页65。

[2]［清］屈大均《广东新语》卷十七，北京：中华书局，1985年，页468。

[3]世界遗产中心、中国古迹遗址保护协会编译《实施保护世界文化与自然遗产公约的操作指南》，2007年10月，页19。

[4]同注［3］，页20。

[5]同注［3］，页21。

[6]《镇海楼大事记（1380~2002年）》，载广州博物馆编《镇海楼史文图志》，广州：花城出版社，2004年，页288~294。

[7]参见《实施保护世界文化与自然遗产公约的操作指南》第96~107条。

[8]中国古遗址保护协会汇编《中国文物古迹保护准则案例阐释》，2007年，页74。

（作者单位：广州博物馆）

下 篇

建 馆 篇

● 盛德宜扬

缅怀德才双馨的邓又同先生

陈玉环

我认识邓又同先生将近二十年了。我们第一次见面是在 1984 年初，当时我还在广州博物馆负责陈列部的工作。他虽然已经年近古稀，仍然步履轻健地登上越秀山，来到五层楼找我。提出要把他家中珍藏的一些书画、文献捐献给广州博物馆。邓先生的祖父是清末广东顺德籍封疆大吏邓华熙，活跃在清末政治舞台，与当时政界、文华学术界许多重要人物有广泛的交往，留下了不少名人书画、信札及种种珍贵的历史文献。在邓华熙那个时代，广东地区曾经涌现了大批在中国政治、学术和文化舞台上叱咤风云的人物，但在他们的生涯中形成的各种文献文物，大多数都在后来动荡变幻的历史中流散以至湮灭了，惟有邓华熙家里的文献，得到其后人的悉心珍藏，比较完整保存下来。当我听到邓又同先生提出要把这些珍贵的文物捐献给广州博物馆的时候，自然欣喜莫名。那次见面，邓先生虽然言辞不多，但句句恳切。他提出把这些珍贵文物捐献给博物馆收藏，没有只言片语提及个人要求索取什么作为回报，只是希望文物能够在博物馆得到永久的收藏，公诸大众共赏，为学术界研究清末广东历史文化提供参考。他这种自珍而不私、公诸同好而不图回报的精神，给我留下非常难忘的印象。

邓先生捐赠给广州博物馆的这批文物，成为我们之间结下深厚友情的因缘。在近二十年来与邓先生频密的交往中，我从邓先生身上，学到了不少东西。他渊博的学识、儒雅的风度、对乡邦文献的钟情，令我终身受益。邓先生对于自己珍藏多年之后捐献给博物馆的这批文物，不仅倾注了深深的感情，更有深入的研究，他对这些文献的内容、来源和历史背景都了如指掌，玩得烂熟，在很多题材上，且有专门著述行世，堪称专家。80 年代中，我曾研究守 20 世纪初年广东商办粤汉铁路公司的历史，邓先生的祖父邓华熙在粤汉铁路公司创办初期、在收回粤汉铁路利权的事件中，曾经发挥了重要的作用，并与许多有关的人物有密切的交往。在我和邓先生的多次见面中，广东商绅在收回粤汉路权斗争中所起的作用，自然成为我们交往谈的话题。谈到清末的名宦、广东的商绅、直到他的祖父邓华熙、父亲邓本逵，他总是滔滔不绝。他博学多识、才思敏捷，令我钦佩不已。

邓又同先生先后四次向广州博物馆捐赠了历史文献、书画文物 400 多件，图书 1300 多册。这些文献包括晚清名宦、名人手札、翰墨，其先祖邓华熙，父亲邓本逵在任上的奏稿、函电、文告等历史文献，还有种种文书、碑刻、书画等等，对研究晚清到民国初年的政治、社会、文化历史及书法艺术均有参考价值。编印出版，供社会各界人上共赏并研究，以弘扬邓先生"玩罢所藏，捐献社会，与众分享，善莫大焉"的精神。这些文物公之于世，是广东学术文化事业的一大幸事，相信广州博物馆同仁以及其他学者，在利用和研究这些珍贵历史文献和文物方面，一定会有新的收获，一定不会辜负邓先生把这些文物捐献社会，与众分享的拳拳之心。

（作者单位：广州市文化局）

化私为公，与民同享

——邓家向广州博物馆捐献文物记

邓圻同

  从 1956 年开始至 1998 年，我家先后四次向广州博物馆损赠文物 1400 多件（套）。1998 年 9 月 30 日广州博物馆在五层楼举办了"香港同胞邓又同先生捐献文物展览"。广州市委宣传部副部长杨苗青、市教委副主任陈万鹏、市文化局副局长陈玉环及广州市文教界有关人士百数十人出席了开幕式。八十三岁高龄的家兄邓又同从香港前来参加活动。广州市政府为我家颁发了《感谢状》，由家兄代表我家领取。开幕仪式后，家兄热情引领各位领导和文教界人士参观展览，并作详细讲解。

  家兄邓又同早年毕业于广东国民大学，先后担任过广州高密中学、澳门孔教中学校长及香港大专校教席。退休后仍担任香港学海书楼秘书长，为香港成人教育扫挥余热。我祖邓华熙历任满清山西、安徽、贵州巡抚，封赐太子少保，因而与当时官吏文人书信来往频密。我祖父余之暇，喜欢收集文物史料，光绪帝还赐给先祖一批图书，如《皇清经解》、《二十四史》、《十三经注疏》等。我家祖居辟有"赐书楼"就是收藏这些书籍和文献的。我父亲邓本逑历任清未的宁波绍兴道台、浙江海关监督，对清代历史颇有研究，亦有一些收藏。我哥哥又同由于受家庭熏陶，青少年时对研习清史已有较浓厚兴趣，大学毕业不久便写成《广东清代词林考》一书，颇受我父亲嘉许。

  我家向国家捐献文物是从 1956 年开始。我父亲早已去世，当时我母亲还健在，她首先提出，经过战乱，我家还保存了一些文物，何不捐献给国家。她提到我祖父邓华熙在安徽巡抚任内，受封建威将军时，有一套盔甲，共有衣饰十八件，放在一个大木箱子内，重达七八十斤。我母亲还记得，祖父任安徽巡抚时已六十余岁，穿着这套灰甲十分吃力，但为了阅兵，不得不穿戴。当时他骑在马上，后面有两个士兵把盔甲托起来，这样才完成了阅兵仪式。这样完整的盔甲，解放后的五十年代已不多见，母亲提议"捐给五层楼"，我母亲未到过五层楼，但她知道那是解放后保存文物的地方，加上我哥邓又同介绍，所以母亲知道这是个历史名胜，在广州颇有名气。不久我哥哥便为我母亲完成了这个心愿。广州博物馆接受了捐献后，给我母亲发了感谢函和收藏证书，捐献人写上我母亲陈嗣徽的名字。

  我母亲的义举，得到我们全家的热烈支持，并教育了我们兄弟姐妹。我们全家都认为把文物捐献给国家，此自己收藏更有意义，特别是有关广东文献，给有关部门研究参考，比自己保存更能发挥作用。

  此后 1957 年和 1958 年家兄邓又同秉承母亲意旨，继续捐献我家保存的文物文献。文化革命期间，我哥哥居住香港，他在广州多宝路的住宅，请一位老妇人看管。1968 年的一天，中学

1998 年 9 月 30 日"邓又同先生捐献文物展"在广州博物馆开幕。（中为邓又同，其左右为弟妹）

2004 年《近代名人手札书翰选》一书出版，广州博物馆副馆长李穗梅向本文作者邓圻同赠送样书

生红卫兵前来抄家，我哥哥在家中保存的文物有几个大箱子，全部给红卫兵抄走，究竟里面有多少东西，我哥哥已记不清。1985 年拨乱反正后，广州有关部门落实政策，发还被红卫兵抄查的部分文物。我看到报章登载的消息，当即告诉我哥哥回广州认领。我母亲去世后，我哥哥便成为一家之长，家里文物主要由他保存，除了一部分他带往香港外，尚途一部分留在广州的家中。可幸运我哥哥对收藏的东西，多盖有他收藏的图章，加上我家收藏的清代书信，名人字画，多写有我祖父邓华熙的上款，我哥哥和我在认领会上，很容易便认出来。记得在广州博物馆和广东博物馆的两次认领会，共认领我家收藏的文物二百六十多件。但我们并没有把领回的文物取走，仍暂放于省市博物馆内。省市有关领导部门找我哥哥谈心，问我们对这批文物如何处理，我哥哥和我及妹妹淑荃商量后，决定全部捐献给国家。1985 年 10 月 18 日广州市文化局为此在广州博物馆举行仪式，市文化局袁德波副局长在会上致词，赞扬我家热爱祖国、热忱文化，一再捐献文物的义举，并颁发了奖状。

家兄邓又同很受鼓舞，回到香港后把他带到香港保存的文物和他多年来在香港搜集到的也带回来捐献。由 1985 年至 1998 年，我哥哥又送出一批文物给广州博物馆。从 1956 年开始到 1998 年我家捐献的文物文献合共 1400 多件（套）。这些文物文献包括我祖父邓华熙的殿试试卷、清代嘉庆年间绘制的《大清万年统一天下全图》，袁旭义和团运动时被处死前的书札及照片，梁鼎芬痛骂袁世凯的信札，光绪帝三旬万寿赐给邓华熙的金绘纨扇——该扇极为珍贵、绘有万寿山景色，象牙扇柄刻有一百个寿字。字画方面有唐人写经，避廉与陈洪缓的绘画，李鸿章、张之洞、刘坤一、翁同和、俞曲园、朱次琦、康有为、陈三立、林纾的书信，其中清末名臣梁鼎芬的信札多达一百多件。为此，我哥哥把他的书斋命名为"尊芬阁"，前中央文史馆长叶恭绰（广东番禺人）回广州，我哥哥特请他为广州五层楼（即镇海楼）题写"镇海楼"三字，叶恭绰认为五层楼为广东历史名胜，历史深长，欣然应允。写好后写上自己的名字，由我哥哥送给当时的五层楼负责人。不久"镇海楼"的榜书大字牌匾便悬挂于该楼第五层的屋檐正中，气势磅礴，雄伟壮观，为五层楼生色不少。可惜五十年代后期叶恭绰被错划为右派，牌匾被除下。

2003 年广州博物馆将我家捐献的部分文物编成《邓又同捐赠近代广东名人手札书翰选》。该书主编，时任广州博物馆的副馆长李穗梅用多年时间，记下邓又同的口述，参考大量史料对该书翰手札，详加考究；对每封信的时代背景、人际关系、社会现象、官场来往与及先祖邓华熙的政绩都深入研究，用夹叙夹议的手法加以评论、阐述，写成洋洋四万余字的手札浅释，极为可贵。该书由花城出版社用十六开精装彩印出版，受到国家有关部门的赞许。假如这些信札不捐赠出来，而由我们自己保存，决不会有如此的效果，也不会得到那么多人的阅读和研究。可见我们的捐献是安全正确的。

最近我到广州博物馆名下的广州美术馆参观，那里正在举办"清代文物展览"。在广州博物馆陈列研究部曾玲玲副主任引领下，我们看到了很多珍贵的文物。在一楼的展览大厅，我看到了我家捐献的《大清万年统一天下全图》这幅历时两百多年的巨型地图，不但有重大的文献价值而且保存得完整如新，这是我家捐献的文物之一。我想如果个人保存，即使不遗失，也决不会有如此好的效果。由此可见我家的捐献是正确的，化私为公与民同享，何乐而不为？

（作者单位：广州荔苑诗社）

记填补我国通草画收藏空白的伊凡·威廉斯先生

陈玉环

　　1995 年夏，承蒙牛津大学中国研究所科大卫博士邀请，我在牛津小住了一个月。在牛津大学博德利恩图书馆（Bodleian IJbrary）里，我看到了许多 18、19 世纪在广州为西方人制作出口到欧美各地的绘画。在此之前，我对这类外销画的了解，除了参阅书本上印刷的图版之外，就只有在香港艺术馆见过一些原件，那些多是大幅的油画或水彩画。而我在牛津见到的，则与我一向熟悉的外销画不同。这些画，面积最大不超过两三个巴掌，看上去笔法虽然有点幼稚，却着色夺目，凹凸有致，质感效果几近刺绣；且题材繁多，花鸟虫鱼，小桥庭园，市井百态，美不胜收。第一次接触这种绘画，我便被它吸引住，毫不犹豫地向图书馆订做了一批幻灯片，寄回国内，期望将来有机会作进一步研究和展览之用。

　　几年后，我在牛津的这一经历，竟引出了一段意想不到的缘分。一位来自英国约克郡的老先生，为了看这批绘画，也造访了博德利恩图书馆。当初我在博德利恩图书馆调阅这些绘画时，在图书馆的登记册内留下了名字，大抵通过那个登记册，他了解到我曾经复制过这些绘画，知道我对这批绘画有着和他相同的兴趣。后来，他发现自己原来认识我一位北京的同行，通过那位朋友，老先生主动写信给我，表示他对这种绘画情有独钟，正在编撰有关目录和进行一些初步的研究，希望有机会到广州时，能看看我手上的幻灯片。知道一位异国他邦的老人对两百年前的广州绘画有如此浓厚的兴趣，我自然大为欣喜，赶快复信表示欢迎他到广州看看。

　　1999 年 12 月，这位名叫伊凡·威廉斯的先生到中国桂林旅游，经广州转机，在等候转机的几个小时的间隙，他让太太随旅行团参观，自己独自跑到中山大学，匆匆忙忙和我们会面，与我们分享了他在欧洲各博物馆搜罗这种绘画的收获和研究心得。他给我们看了他自己收藏的这种绘画的照片，我也把在牛津大学和剑桥大学复制的幻灯片展示给他看。我们看得忘乎所以，中午仅以快餐盒饭款待这位素未谋面的远方来客。就是在这一次，我才知道这种绘画的用纸叫"通草纸"。

　　没想到，这短短几个小时的会面，便建立了我们和威廉斯先生的友谊和信任。2000 年初，威廉斯先生和我们以电子邮件通信，先是探讨在广州筹办一次通草纸画展览的可能性，后来，又决定从他的私人收藏中，挑出六十张不同题材的通草纸水彩画捐赠给广州博物馆。他明确地说，因为这批通草纸画所见证的是 19 世纪广州的社会与文化历史，让它们存放在广州博物馆中，是再适合不过的了。接到这个电子邮件，我着实惊喜不已，马上把这项捐赠和展览的事列入工作议程。9 月，威廉斯先生亲自带来了这批通草纸画，我们尽地主之谊，带他游览广州。他热切地希望寻找当年广州十三行的遗迹，可惜沧海桑田，我们现在能够让他看见的广州历史，还不如他在绘画上看见的来得具体和真实。

　　威廉斯先生不是专业的文物或历史研究人员，收藏和研究通草纸画，只是他的业余兴趣，也可以说是他退休后才能专心致志的个人嗜好，但他的工作态度和精神，却比专业人员更专业。为了了解欧洲各地收藏通草纸画的现状，他跑了欧洲许多博物馆，购买了不少有关的书籍，在互联网上找寻资料，甚至亲自到香港和广州——要知道，这都是他在没有什么研究经费的情况下独力完成的。

在约克郡，有一个名为"博物馆之友"的团体，威廉斯先生是该组织中的热心人士。2000年冬，我们访问英国时，在他的热心安排下，得以和约克郡各公立、私营博物馆以及画廊、大学的考古学系、民间自发的历史文物组织，进行深入和诚恳的交流，并应邀到威廉斯先生家做客。威廉斯先生的家是一栋18世纪建造的房子，一进门，我们就为这个充满了艺术氛围的家庭所陶醉。我们见到门廊里挂着一套相当精美的以花卉蝴蝶为题材的通草纸画，马上被吸引住了。在我们细细地欣赏这套绘画的时候，威廉斯太太给我们讲了这套画的来历。于是，我们知道了过去和中国毫无关系的威廉斯先生，与通草纸水彩画结下的不解之缘，是从一件令人感动的小事开始的。

那还是在20世纪70年代。一天，威廉斯太太在剑桥大学的露天市场闲逛，正嘀咕着要不要花钱买下一件钟爱的大衣时，瞥见另一个摊贩正摆卖着几幅以花卉蝴蝶为题材的通草纸水彩画。深悉丈夫对各种艺术品的兴趣，威廉斯太太放弃了买大衣的念头，把那套花卉蝴蝶绘画买下送给丈夫。这几只伏在约克郡一个寻常人家的墙上几近三十年的蝴蝶，让我想到过去广州工艺生产和贸易的辉煌历史，也体会到今天西方人士的艺术情趣和文化修养。18世纪至20世纪初，广州作为中西海上贸易中心之一，制作了无数的绘画和工艺品，远销欧美，培育了不少无名的画师和工匠，开创了多少有别于中国传统艺术的类型和技巧。这段历史后来中断了，以致我们今天回味起来，还有一种梦幻的感觉。最令人遗憾的是，关于这些绘画，虽然外国的研究专著和图册都已经汗牛充栋，但作为中国外销画发源地和最重要的生产与出口地的广州，各公藏机构却连一幅原作品也没有。

威廉斯先生这次捐赠，标志着一个饶有意义的开始——广州终于拥有第一批外销画藏品了。收到这批藏品后，广州博物馆的同事们也意识到这类通草纸水彩画的艺术和社会史价值，积极收购了另一些作品入藏。于是，我们想到了可以举办一次展览，不但是为了彰显威廉斯先生的义举，更期望以此唤起广州人民对自己城市一段几乎被遗忘的历史的记忆。18、19世纪的广州，在一批无名工匠手中，诞生了无数的艺术品，无论是绘画还是雕刻，直到今天仍是欧洲和北美各大博物馆及许多收藏家手中的珍品。虽然我们不应该指望，当时从广州外销欧美的其他艺术品，都会如这批通草纸画一样重回广州，但我们希望通过向国人介绍这些目前散处在世界各地的中国艺术品，唤起我们对自身的历史的认识，也借此和外国友人建立起长远而坚实的友谊，分享彼此对历史和文化的体会与反省。作为一个文物工作者，我们是多么地希望，在不远的将来，广州的市民也能够像威廉斯夫妇和我们在约克郡所见的其他博物馆之友一样，热爱自己生活的家园，重视自己的历史，珍惜自己的文物，对生活的艺术，能够细心品味而不盲从"品位"。只有这样，我相信，我们的下一代才能放眼天下，了解广州以至中国在世界史上的角色，并且对普世的真善美的价值观有真诚的追求。

（作者单位：广州市文化局）

余仲杰把辛亥革命民军文物献给国家

梁国光　陈玉环

　　1981 年 9 月 28 日，广州灯具长副厂长余仲杰，把他父亲余宗禧遗留的辛亥革命"北伐瀛字敢死军"敢死队队长的委任状（图一）献给国家。

　　余宗禧早年加入同盟会，辛亥年（1911 年）九月，参加谭瀛组织的民军。该军在中华民国开国后，被编为"北伐瀛字敢死军"，余宗禧被任命为第一营第二队队长。这一遗物由他的儿子余仲杰保藏，于 1981 年获悉隆重纪念辛亥革命七十周年消息后，把它献给国家。

　　委任状原件长 48 厘米，宽 25 厘米，玉扣纸质，帖式子四摺，在封面印"委任状"三字，上盖"中华民国北伐敢死军统带之关防"朱印；内文开头还盖有"北伐统领瀛字敢死军谭　为"的军衔。状文誓词有云"汉祚中兴，誓歼胡虏，务使虏敌无噍类之遗，以雪我同胞二百余年之辱"，阐明了该军推翻清朝封建统治的革命宗旨。

　　为了表扬余仲杰同志热爱祖国文物事业，化私为公的爱国主义精神，根据国家保护文物的政策，向余仲杰同志赠送了奖状和奖金，同时把这件文物交由广州博物馆收藏，于纪念辛亥革命七十周年活动期间，在镇海楼陈列展出。

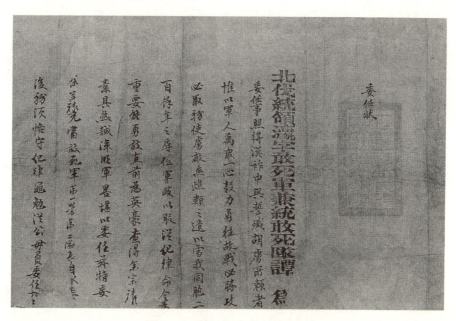

图一　北伐瀛字敢死军委任状

（作者单位：广州博物馆，广州市文化局）

杨添霭把孙中山手书"志在冲天"墨迹献给国家

苏 乾

　　1981 年十月辛亥革命七十周年纪念期间，革命先烈杨仙逸将军的儿子杨添霭从美国应邀回国参加纪念活动，并带回珍藏多年的孙中山书赠其先父的墨迹"志在冲天"横批，献给国家（图一）。横批上款署"仙逸飞行家嘱书"，下款署"孙文"并盖印章，长 140 厘米、高 38 厘米，纸本。

　　杨仙逸烈士，广东香山县（现中山县）人，早年在美国夏威夷哈厘·茄弥斯等学校研究飞行和飞机制造技术。1917 年，他应孙中山先生航空建国救国的号召，商请其父献出家产购置飞机，本人又在美国物色有志华侨青年组织飞行训练班。1918 年，应召回广州，在参与讨伐军阀的战斗中，屡立战功。1922 年，被孙中山先生任命为总统府航空局长，创立了我国早期的一间飞机制造厂，并组成了我国第一支空军队伍，被孙中山先生誉为"中国空军之父"。1923 年，他在东征途中，因检阅水雷爆炸牺牲，时年仅 32 岁，追赠为陆军中将。

　　为了表彰杨添霭先生保护文物及赞助祖国文物事业的精神，广州博物馆给他颁发了奖状及纪念品。

图一 孙中山手书"志在冲天"横幅

（作者单位：广州市文物考古研究所）

志存高远

——记馆藏文物的无私捐献者

白 琰

藏品是博物馆的物质基础，是博物馆服务社会实现社会教育的前提。而在博物馆的藏品来源中，社会捐赠则是重要的藏品来源之一。广州博物馆走过80年的历程有了今天的成就，同样离不开社会各界和无私人士的支持，特别是在新中国成立后，一批批、一代代爱国爱乡的人们，以其赤子情怀，无论是在建国初国家一穷二白时期，还是在改革开放后国家经济发展的情况下，他们克服物质繁华和各种名利的诱惑，无欲无求，无偿地将凝聚着传统文化精华的宝物和承载家乡历史的文献捐献给国家，供全社会分享。他们乐于奉献的高尚精神值得人们敬仰，他们的无私行为得到了社会的承认和尊重。作为博物馆的工作人员将会永远铭记那些志存高远的无私捐献者的事迹，今选近年无偿捐赠藏品二、三事迹，以表我们常怀崇敬之心。

一、辛亥革命之同盟会会员证

馆藏有一件珍贵的辛亥革命文物，就是中国同盟会会员证。会员证为玫瑰红色绸缎质地，长方形，纵13.7厘米，横9厘米。上方印一朱色青天白日徽，徽内有字，仅看到"中国"二字，其余不清；下方为一阳文方印"同盟会□□□之新□"。其上以墨字行书"中国同盟会李湛"。这件作为同盟会南方支部会员证，是目前发现唯一的一件。1994年被全国革命文物专家组鉴定组确认为一级文物，它是同盟会员李湛的儿子李燊元无偿捐献的。

根据捐献人提供的家谱资料记载，此同盟会员证的持有人李湛，是广东番禺县鹿步司大水圳（今广州天河）村人，于1909年由胡毅生和朱执信介绍，在广州加入中国同盟会。他曾参加同盟会在广州组织沙河新军起义和三·二九起义等多次武装起义，功绩卓著。1912年2月，开平县古仔墟泽梧村张绍等串通保皇党张勋图谋倾覆革命政府，李湛被派往征战，不幸于3月19日血战阵亡，革命军政府追授其为陆军少将，遗骸葬于黄花岗，1916年迁至沙河将军岭（今马仔岭）。

由于当时中国同盟会处于秘密活动中，因此在李湛加入同盟会后，就把这同盟会会员证收藏在家中连他的家人也不知道地方，直到日本投降，抗日战争胜利后。一次，李湛的儿子李燊元在家清理杂物时准备将堆放在阁楼上的残旧的福州漆皮枕扔掉，当他把漆皮枕从楼阁上扔到厅中地下时，枕头裂开，露出了这件会员证，李燊元便将它镶在镜框内，一直挂在祭祀父亲的神位上。

1988年底，天河区沙河镇文化站的同志开始进行民间传说普查，1989年2月在天河村李燊元家发现了这件同盟会员证，并于1989年2月16日在广州日报登载了题为"天河村发现珍藏同盟会会员证"的消息，也就是见报当日，时任副馆长陈玉环立刻寻找到当事人的住址，并马上率领我们前往李燊元家，在博物馆工作人员的耐心解释和积极争取下，李燊元老人高兴地将这件珍贵的辛亥革命文物无偿地捐献给博物馆。老人说：革命前辈之物，是我们的无价宝，决不能用金钱来衡量。李燊元老人不求名利的高尚品格，深深感动了我们在场的每一位博物馆人员。

二、无形文化遗产龙舟歌的珍贵道具

木雕龙舟，是在珠江三角洲曾流行的民间说唱艺术——龙舟歌的必备道具。长58厘米，宽6厘米，高20厘米，在龙舟的底部有供拆接的螺丝，下面接一根128.5厘米的木杆，艺人手持木杆进行表演。这件藏品是澳门麦锦棠先生无偿捐献的。

说起这件木雕龙舟的得来还有一段故事，它收入馆藏是1996年，之前在广东省曲艺家协会主席、原广州市文化局副局长黎田的手中，而黎田先生得到这一宝物还要从他受国家委托编写《中国曲艺志·广东卷》一书开始，在编写过程中当写到龙舟歌一节时，考虑这一民间艺术已基本消失，为使资料充实生动，打算找寻一只艺人手持的木雕龙舟作插图，无奈年代久远，黎田先生寻觅了四年的时间，得知这一乐器仅存两套，一套在台湾，一套在澳门。由于以往唱龙舟艺人地位低下，即便艺人在世不会声张，流传下来的线索极少人知晓。恰巧黎田先生通过香港曲艺界朋友找到一位澳门龙舟艺人的后人麦锦棠先生，发掘出这件近乎绝版的实物，再经过澳门曲艺爱好者李锐祖的修葺，最后交到黎田先生的手中，1995年11月29日在澳门万豪轩酒家举行了"文物龙舟馈赠仪式记者招待会"。书成之后，黎田先生把它转交给广州博物馆收藏。时恰逢广州庆祝建城2210年，广州博物馆修改固定陈列新增加了文化艺术部分，使这件珍贵的反映已消失的曲艺实物得以再现后人。

龙舟歌——这一广州方言说唱艺术，据说是在清乾隆年间，由一位顺德龙江的破落文人始创的，它比另一民间曲艺形式"木鱼"的问世稍晚，属水驿江洲之歌谣体裁，流行于顺德及广州方言地区，即珠江三角洲一带包括澳门，而以顺德腔为正字，演唱者如非顺德人，也要先学顺德口音。其曲调和唱词结构与"木鱼"歌近似，行腔低沉而稍带曲折，声音粗犷、短促，诙谐有趣，极富宣泄效果。艺人演唱时左手持一只木制小龙舟，右手握一敲棍，胸前挂小锣、小鼓各一面，在茶楼、乡渡及乡村榕树头等公众场合边敲边唱，以维持最低的生活。还有一种说法认为龙舟歌是失明艺人行乞卖唱的行腔。

龙舟的传统曲目内容丰富，有广泛流传于民间的神话传说、寓言如《八仙贺寿》、《仙姬送子》等；历史、爱情故事如《昭君合番》、《杨翠喜忆情郎》；还有平安祝颂语和慨叹人生坎坷等题材。正是因为龙舟歌题材广泛，形式活泼易为大众接受，所以至辛亥革命时，这种说唱形式自发地和当时革命斗争结合起来，出现了所谓"社会龙舟"或称"政治龙舟"，以述评时局，抒发政见，鼓吹革命。当时产生的题为《庚戌年广东大事记》的龙舟歌是广东最长的龙舟歌，全歌分二十六章，长约一万二千八百七十字。以其特殊的艺术形式，生动有力地宣传颂扬了新军起义和广州剪辫子运动。后来艺人继续发扬其优势，撰写了宣传抗日控诉"三害"（吸毒、赌博、嫖妓）的长篇唱词，均产生了广泛的社会影响。建国后，文化部门组织龙舟歌艺人和业余爱好者发挥"社会龙舟"的作用，配合各时期的中心任务进行编撰演唱，并于1961年成立龙舟歌研究组，吸收20多名技艺优秀的龙舟歌艺人参加。到60年代，由于"文化大革命"的开始，龙舟歌演唱活动停止下来。其后又随流行音乐的兴起及老艺人的故世，龙舟歌渐渐不再流传，至今几乎消失。所以黎田先生此举是为抢救保留民间艺术作出一大贡献，广州博物馆亦十分珍视这件物品，在民间找寻了一位会唱龙舟的老人，配以演出道具，将其演唱过程录音、录象一并保存下来。

三、再现岭南画派艺术家黄少强的博大心怀

在2006年6月2日"丹青嗟愤——黄少强诞辰105周年纪念展"开幕前夕，馆里在接到广东省美术画展的请柬同时，亦接到黄少强之子黄缵文的电话，表示愿意将他们现存黄少强二幅作品捐献给我馆。在画展隆重开幕当日，我们见识了来自广东省博物馆、广州艺术博物院、广东省档案馆、岭南画派纪念馆、佛山市博物馆、佛山市南海区博物馆和私人收藏的黄少强精品画作约130件。其中准备捐赠给我馆的二件亦在其中。

黄少强（1901~1942年），是岭南画派的杰出艺术家，为"二高"众多弟子中寥寥可数的人物画创作者之一。在上世纪20年代中期到40年代初期，成为以"谱家国之哀愁，写民间之疾苦"为职志而引人注目的艺术家，在他身上充溢着中国传统知识分子的优秀品格和古典人文情怀，他的绘画"得中西画学之奥，""不囿于成法，而合乎法"，绘画题材取自生活在社会底层的劳苦大众，以期唤起人们的同情心，唤醒民众的民族自尊与自我价值意识。他的作品惊世骇俗可谓前无古人。惜英年早逝，42岁时在贫病交迫中默然长逝。

像这样一位在岭南画史上有着重要地位的人物，本馆虽因种种原因未有其代表性作品实存遗憾。那些年我们也努力搜寻线索正积极征集，刚好有了这次的巧遇。自那次电话联络之后，黄少强的儿子黄缵文不顾80多岁的高龄，几次来到位于越秀山的馆址内商议捐赠事宜，当他们得知广州博物馆仅有黄少强绘画一件藏品时，更坚定了他们捐献的决心。也许是其父辈的精神感召，最终他们家属主动将保存的二幅绢质黄少强绘人物扇面无偿捐赠给我馆，其中一件人物团扇，是黄少强画留赠妻子像团扇，团扇直径20.7厘米；另一件名"色空图"，直径27.5厘米。

在艺术品市场极为发达、人们正不断追求更高的物质今天，黄少强后人的善举让我们真正领略黄少强的爱国情怀和人文精神的在他后代身上的体现，实在让我们由衷地敬佩，而况他们现实的生活并不富裕，我们对此除了感动还是感动。"春兰兮秋菊，长无绝兮终古。历史流芳，黄少强的艺文事业人们将不断铭记。"他的后人的做法将更为世人永记，为了表彰他们家属的无私行为，2007年初，在庆祝广州博物馆建馆78周年，重新调整的"广州历史陈列"重新开放之际，由广州市文化局局长亲自向他们颁发收藏证书。

每一次的无偿捐献，在流彩的广州博物馆捐献画卷中都增添着浓墨重彩的一笔。捐献者从未希冀因此有轰轰烈烈的人生，多年来他们以"润物细无声"善举，为博物馆迎来"锦官城"一片万紫千红的春色！广州博物馆乃至广州全体市民将以铭记和感动作为回报！并祝福这些乐于奉献勇于超越的人们，必定会拥有真正快乐的人生！

（作者单位：广州博物馆）

● 镇海楼史话

四议五层楼

陈泽泓

80 年前，广州博物馆在位于广州越秀山上的镇海楼正式开馆。越秀山镇海楼是岭南名楼，关于镇海楼的文章已有不少，但我仍觉得有的问题值得再议，遂撰此文以就正于方家。

一、议楼型

五层楼建成于明洪武十三年（1380 年），建成之后，因各种原因受毁损，至少经七次大修。明成化年间第一次修茸，后毁于大火。嘉靖二十四年（1545 年）重修，参与其事者张岳在其所撰的《镇海楼记》中记载，重修后楼的"规制如旧，而宏伟壮丽视旧有加"。崇祯十年（1637年）重修。楼在清初被清军攻城炮火损坏，顺治八年（1651 年）大修。康熙十三年（1674 年）因三藩之乱，楼再次被毁坏。康熙二十三至二十六年（1684~1687 年）重修。民国期间，1928年再度重修，按明代旧基垒筑，砖石砌筑的墙壁也属明代旧物，但将旧日的木构楼板和木柱改为钢筋水泥而已。据考，"当时镇海楼的墙壁破损程度并不太大，只需修补破裂之处，木柱子除首层七根已通心需更换外，其余只需调整水平及歪闪。"[1]令人遗憾的是，由于重修者认为水泥是一种新型的高级建筑材料，可以经久耐用，一劳永逸，因而在楼梯、楼面、柱子、梁枋等处采用了水泥，改变了该楼局部状况。建国后，1952 年及上世纪八、九十年代也进行过维护性修茸。总之，明建楼以来，镇海楼多次大修，但东西两面山墙和后墙的第一二层用红砂岩砌筑，为明代旧物。其外貌形制更变化不大。

楼阁是中国传统建筑中一个重要的种类，中国历史上有许多名楼。但镇海楼的建筑型制，为中国传统楼阁所罕见，使之在中国古代楼阁之林中别具一格。选择这一楼型，首先取决于坚固与军事用途。建筑耸立山顶，历经风雨战火之损而基本形状不变，基础仍旧，显示了镇海楼建筑者的智慧。

镇海楼的型制与众不同之处：

其一，镇海楼并非四面通透，而是三面砌墙。古代的楼多是回廊周匝并开窗户，以备登高眺望；城楼也多是四面或前后两面回廊处理的，很少如镇海楼这样，两面砌山墙并砌后墙承重，三面只开窗洞，唯独朝南一面作阁状前出廊，倚栏以凭眺城内。这种型制，体现了镇海楼作为广州城墙的一个组成部分，将防御功能放在第一位。同时，居于广州城墙制高点处的这座城楼，对城内还起着一目了然的俯瞰观察作用，其作为全城军事指挥中枢处所的作用也是不言而喻的。采用材料下石上砖的墙体、三面砌墙的结构，大大加强了稳固性。《羊城古钞》中有一幅《镇海层楼》图，所绘的镇海楼各层檐下四面出廊，窗户四启，不仅有正门，且有侧门，此乃常见之中国传统楼阁。图中的镇海楼与实踞于越秀山上的镇海楼仅南面设长廊，其余三面各设窗口并不相同，应该是画家据谱而作，并非写生之作。《羊城古钞》书中还有《粤秀连峰》图，图中只见城墙而根本未画出雄踞山上的五层楼；《五仙霞洞》图，图中五仙观高于钟楼。这可作为这些插图并非写生之作的佐证。但从图与实景差异之大，也说明了镇海楼与一般楼阁相比之不同凡响。历史上镇海楼多为军事禁地，对平民开放的时间并不多。这种让平民登高赏景的功能，是和平时期所增加的功能，并非建楼初衷，不同于黄鹤楼、岳阳楼、大观楼等名楼兴建时即以览胜之功能为主。这也是造成五层楼与其他名楼型制不同的根本原因。

其二是其形如楼如塔。这一点被人们谈得最多，特殊之处在于"如塔"。逐层收缩对于古代楼阁来说并不出奇，但由于镇海楼三面为墙，逐层收缩造成特殊的外观。从侧面看，楼之正、背面逐层向内收缩，后墙底层厚 3.4 米，顶层厚 1.3 米，相差 2.1 米。造成山墙向上层层收缩，到了顶层共收缩 4.2 米。山墙在各层开圆拱窗洞，整体外形一望酷肖塔状。如果能够解剖，就可以看到，后墙内侧为垂直线而外侧才是收缩的。从正面看，也是逐层收缩，只不过收缩幅度没有向内那么大。山墙墙体上下厚度也相差甚大，底层的左右石墙厚度分别达到 3.9 米，到了顶层的第五层左右墙厚度只有 1.63 米，厚度相差 1.27 米，但山墙内侧为垂直一线，外侧才是逐层收缩。建筑者在楼的建筑中巧妙地利用了塔式结构，使这座楼的稳固性比常见的古代楼阁大得多，得以建成如此之高，层数之多为古代城楼中所仅见，在平地处的楼阁中也并不多见。采用塔式结构，楼下层有极厚的墙体，承重能力既强，又利于防御，而层层收缩又能减轻上部的压力。历经毁兴而底层、二层的红砂岩石基础依旧被重修所利用，使镇海楼不像黄鹤楼、滕王阁那样在不断的修复中不断改变型制。显示了该楼原创设计之高超。

其三，明初广州城墙作三城合一整体改造，陆续建有 8 门（南面 4 门，东西各 1 门，北面 2 门），城门上各建城楼，镇海楼是广州城墙上唯独没有城门洞的城楼。这是由于广州城北面是丘陵起伏的山地，南来北往不需要也不应该从踞于高处的镇海楼下通过。值得一提的是，镇海楼北壁各层均辟两个拱形窗洞，与城中正南面的拱北楼相呼应。拱北楼在宋代由南汉双阙改建成，因楼下开设两个门洞，俗称双门底。元季毁，明洪武七年（1374 年）重建，重建时间较镇海楼之建成仅早 7 年。镇海楼北壁各层开设的两个拱形窗洞，看来也有象征双门之意义。这在中国名楼中是独一无二的。

二、议楼雄

历史上许多著名楼阁如黄鹤楼、岳阳楼、滕王阁、大观楼、秋风楼、蓬莱阁等都建于海滨江畔，建于平地水滨的楼阁，有拔地而起之感，登楼自有一望无际的感觉。镇海楼却是建于山顶，由于广州城地势北高南低，镇海楼耸立城北越秀山上，如果从市区往北望，镇海楼确实颇有屹立城垣，耸峙云霄之感，因有"岭南第一胜概"之誉。明郭棐《广东通志》称道："登其颠则百粤形胜暸然在目，真岭海之雄观也。"[2] 屈大均称，广州城内的明代"四楼惟镇海最高，自海上望之，恍如蛟蜃之气，白云吞吐，若有若无。晴则为玉山之冠，雨则为昆仑之舵，横波涛而不流，出青冥以独立。其玮丽雄特，虽黄鹤、岳阳莫能过之"。[3]

对于屈大均将镇海楼与黄鹤、岳阳楼相媲美的评语，有人认为有点过誉。我们不妨将镇海楼与一些名楼和黄鹤楼、岳阳楼作一个比较。镇海楼楼高25.4米，加上岗的海拔54.8米，则楼高海拔80.2米。广州市区多处在海拔5~10米的平原湿地和海拔20米的台地上，因此，镇海楼相对高度在60至70米，完全可与古代名楼和京城城楼试比高。俗谓大前门的北京正阳门箭楼，建在高大的城台上，通高35.94米。著名的山西万荣秋风楼，建于高台之上，楼高三层，通高也只有30余米。黄鹤楼初建时只是两层楼，宋代以后改成三层。新中国重建采用水泥结构，外观五层，加上夹层实为十层，高度变成51米，比昔日黄鹤楼增高约一倍，即便如此，其相对高度也未超过镇海楼与城区地面的相对高度。岳阳楼始建时高三层，经过多次维修，今存岳阳楼重修于清光绪年间，仍为三层，高19.72米，楼体本身就低于镇海楼。就镇海楼位置之高及视野之广，与黄鹤楼、岳阳楼相比，屈大均的评语根本不存在过誉之嫌。只不过黄鹤楼、岳阳楼历史之久、名气之大，远在镇海楼之上。但这是另一比较的角度。现代，由于广州城内崛起林立高楼，无法再现当年镇海楼傲视平畴的景色，但从清代许多外销画中，还是可以一窥镇海层楼俯瞰全城的雄姿。

三、议楼址

越秀山属丘陵地貌，为白云山向西南方向延伸余脉，由若干座小丘组成，镇海楼选址并不在越秀山最高峰。越秀山主峰蟠龙岗海拔71.6米，中山纪念碑处即观音山海拔69.2米，而镇海楼所在的小蟠龙岗海拔54.8米，仅为越秀群峰之第三高峰。为何不选择越秀山主峰或观音山建楼呢？推测原因：

一是观音山已有建筑物，且属较为重要的建筑物。观音山虽然不是最高峰，其高度其实只是略低于主峰，且于三峰之中，位置最近城内。因此自南越国时就是越王台的所在地。明成化《广州志》"观音阁"条称，观音阁"乃越王台故址。旧在北城外，唐刺史李毗于上建亭，宋元因之事备台榭，元季亭废。国朝洪武初，开拓城池，始包台入北城之上，荆榛满麓，人莫有识者。永乐元年，都指挥使花英访而知之，乃于耆旧曰：'越台，广之主山，历岁以来，□□荒秽□高城椎雉，枕籍其隅，而此山屹然耸□□，有楼观可以舒览，嘉树可以息荫，吾欲倡为观音之阁，俾登者有以识越台之旧，复古今之观，不亦美乎？……是山，今俱不名为越台而惟曰观音山，又曰越秀山。"[4]《大明一统志》"越秀山"条目称："在府城内稍北，耸拔二十余丈，上有越王台故址……本朝永乐初都指挥花英于山巅起观音阁，山半建半山亭，土人岁时游览其中。"[5]明确指出越王台建于越秀山之观音山，此峰是城中之游览胜地，明初修城墙时圈于府城之内，这从清代《六脉渠图说》的广州城坊图中很清楚地看出。

二是镇海楼楼址有利于对外防守和对内俯瞰城中乃至南面。广州城的城墙走向是从地形走向整体考虑的，明初所修的广州城墙，跨越的越秀山山岗中，小蟠龙岗是最高的山岗，镇海楼古城墙面北城下陡峭山坡，代替了城壕的作用，成为最好的辅助性防御工事。而镇海楼的左右两侧山下分别是广州城墙的正北面的大、小北门，镇海楼在两门之间稍向前突出，扼军事要地，其势十分险要。

在冷兵器占主要作用的明初，据有地理上的制高点就能够占军事优势。镇海楼形势之险要，除了它踞于广州城通往北面的小北门和大北门之间的制高点，俯控两门。在对外防御方面，城墙外东、西两侧各有象岗、木壳岗（五羊雕塑所在地）和蟠龙岗、电视塔所在高岗，足以成犄角拱卫之势。清代在小蟠龙岗上、象岗上分别建有四方炮台、拱极炮台，明代应也有拱卫镇海楼的防御措施。镇海楼不是一般的城楼，而是军事指挥所，这些高地对镇海楼起拱卫作用就很重要了。城墙内侧，有观音山和今水塔所在山岗，因地势之高，可以监视城防而随时调遣兵力，又能俯瞰城内，洞察城内动静，内外配合，构成了固若金汤的防卫系统。镇海楼朝南一面，是鸟瞰全城及城南视野角度最好的一处，这从广州城中北望即可体会到。正因为如此，民国年间形成广州城区中轴线，镇海楼自然地成了中轴线北端制高点，说明当时选址之远见正确。

镇海楼建楼有镇风水之说，传说楼址选在越秀山，是因朱亮祖得梦，朱元璋镇压岭南王气之故。屈大均《广东新语》也说镇海楼"洪武初永嘉侯朱亮祖所建，以压紫云黄气之异者也"。[6]限于当时的认识，此议不出奇。今人须正确看待，如所谓"说来也怪，相传自从洪武间建造此楼后，镇守粤中的封疆大吏中，果然再也没有心怀异志者出现了"，[7]就是一种附会之说，虽然用了"相传"二字，一加上"说来也怪"就变成若有其事了。其实，五层楼建楼之前，有宋一代，就未见岭南有心怀异志者；到了清代，五层楼在越秀山上已屹立多年，却出了心怀异志的"天王"，把爱新觉罗的江山搅了个天翻地覆。压气之说显然不成立。

四、议楼名

议过镇海楼的楼型与楼址，再来议楼名就好说些了。因为，楼型、楼址与建楼缘起有直接关系。

见诸历史文献，多称"镇海楼，一名望海"[8]，好象镇海楼与望海楼之称是并用，镇海楼是正称，望海楼是别称。其实镇海楼初称望海楼。

明天顺五年（1461年）修的《大明一统志》中有"望海楼"条目："在府城上北，初建复檐五层，高八丈余"。[9]这是现时所见最早关于五层楼的文献，距楼初建成已有81年时间。《大明一统志》记载的广州府宫室还有"清海楼"、"海山楼"、"斗南楼"等，各楼皆未记述其层级，唯独望海楼点出五层，是见当时楼高五层已为人所注目。成书于成化九年（1473年）之前的《广州志》载："（观音）山之后东北循城去百步有望海楼，撑空倚城，层檐五叠，高十余丈，屹然如屏障。"[10]这是一条重要的文献佐证，未为《镇海楼史文图志》所录用，而足可证明在成化九年之前，五层楼尚称望海楼，未见镇海楼之说。

镇海楼俗名五层楼，这俗名更为民间化，比正名更叫得开。麦英豪认为："五层楼的别称不会晚于明嘉靖时，起码已有四五百年了。这是人们赋予她的一个既形象又容易识别的叫名，得体贴切。"[11]见于郭棐《广东通志》，有嘉靖十三年"拓北城八百馀丈，建立五层楼，为会城壮观"之说。如果说，郭棐说到五层楼时还有"建立"之前缀，而万历二十九年（1601年）刊王临亨撰《粤剑篇》则有"会城五层楼在城之北山"的记述，[12]表明当时已直呼楼名为五层楼。

今人有认为："当时珠江水面比今天宽阔得多，登楼远眺，极目平野，不仅全城在望，更见珠江水波荡漾，状如银带，蜿蜒而过，蔚为奇观，故楼又名望海楼。"[13] 但是，望海楼之得名未必是观景之故。作为防卫与军事指挥中枢的城楼，楼名取"望海"也好，"镇海"也好，应当都与防卫有关，楼名的"海"字所指什么含义，值得考究。

嘉靖年间修楼主事者之一的侍郎张岳，在其所撰《镇海楼记》中记述建楼之缘由："国初天兵南下，列郡既听受约束，守将永嘉朱侯亮祖始作楼五层以冠山巅，曰镇海。楼成而会城之形势益壮。""斯楼之成，岂徒抗胜于一邦，实所以章我国家一统休明之盛，元元本本，明示得意于无穷也。"[14] 这段表述，反映了建楼并不局限于增形胜于邦，而是在于彰国家一统之盛。此一记述是事出有因的。

洪武元年，明兵南下到了福建，坐镇广州、掌握兵权的元江西行省右丞何真，审时度势归降明朝，受其控制的广、惠、梅、循四州不战而下，促成广东境内平定。朱元璋下诏，高度评价何真："倾者，师临闽越，卿即输诚来归，不烦一旅之力，使兵不血刃，民庶安堵，可谓识时达变者矣。"于是何真得授江西等处行省参知政事，借重其镇守广东。洪武三年（1370 年），朝廷将何真调任山东行省，显然想让他离开经营已久的广东。但翌年何真即奉命还广东"收集旧卒，事竣，仍莅山东"，可见他在广东影响力还是很大的。洪武九年（1376 年），在山东任职了七年的何真申请致仕回粤，不被获准，而升任四川布政使，洪武十六年（1383 年），终于获准致仕，旋又受命与儿子何贵"还广东收集土豪二万六百二十三人"，翌年又奉命"收集广东军士"。总之，广东虽是"和平解放"，归明 16 年了，还须何真来收拾局面，广州建城当然就不是多余之举了。

原已获准致仕的何真，终难叶落归根，洪武十八年（1385 年）又被任命为浙江布政使，翌年奉诏入京朝见，又被任命为湖广布政使，再过两年，终于再次获准致仕。朱元璋在批准其致仕的诏书中重提何真当年归附明朝的功绩，指出"当是时，尔何真率岭南诸州壮士，保境安民。非其人，安敢轻入？尔守疆如斯，已有年矣，其岭南诸州之民莫不仰赖安全于乱时。洪武初，朕命将四征所在，虽有降者，非见旌旗则未肯附尔真。闻八闽负固、桂林之徒驱民海上逃生，亦不量力。独真心悦诚服，罄岭南诸州具在，表文入朝，全境安民，得非识时务者乎！曩者事务繁冗，有失抚顺之道，致真职微，有负初归之诚，今特命封尔东莞伯，食禄一千五百石，使尔禄及世世。朕本疏愚，皆遵前代哲王之典礼，兹与尔誓，若谋逆不宥其余死罪，免尔二死，子免一死，以报推诚之心。其尚加恭慎，以保禄位，延于永久，岂不伟与？尔敬之哉。"[15] 这段话引自黄佐《广东通志》。黄佐是明代人，断不敢捏造圣旨。从朱元璋的这些话里，可见他对何真软硬兼施的语态，说明他在一方面勉励何真，说了些对何真的待遇"有负初归之诚"的致歉之话的同时，对何真是否忠心不二仍心存疑虑，又说何真要是"谋逆"了还会如何如何的话。说到底，还是对岭南之政治势力不放心。何真死时，朱元璋亲撰祭文，敕葬广州城南八里岗北面，并遣官监护其丧礼，可谓备极哀荣。然而到了后来，何真的三个儿子，终归免不了杀身之祸；何真之弟自估难逃其祸而反，更遭擒杀。

这段史实，可作为"望海楼"命名立意之注脚。望海楼之望，当然不是赏风景望大江的闲情逸致，朝廷对岭南不放心，表面上还要怀柔以抚，用"望海"字而未使用"镇海"，贴切地反映了朱元璋企望四海归心，却对岭南不放心的心态。这应该是演化为朱亮祖上奏朝廷，朝廷惧岭南之"王气"之说的背景了。

有说，望海楼在"明嘉靖年间改名镇海楼"。[16] 但是，在嘉靖二十四年（1545年）重修此楼时，张岳所撰《镇海楼记》中，却称洪武初楼成即称镇海楼。时隔楼之始建已过了165年，张岳之说法如有不确并不奇怪，但是这种说法，倒可以说明在张岳之前已称镇海楼了。嘉靖十四年（1535年）戴璟修《广东通志》，张岳时任广东提举，是该志纂辑人之一。志中即有"镇海楼"之条目而未提及望海楼。[17] 由此可见，镇海楼在嘉靖年间更名说不成立。

那么，有没有可能是成化重修时改楼名呢？修成于成化九年（1473年）的《广州志》尚称此楼为望海楼。明成化二年（1466年），广东总督循史韩雍命重修楼，时在《广州志》修成之前。《广州志》既称"望海楼"，就不存在韩雍重修此楼更名之可能。

据嘉靖四十年（1561年）黄佐修《广东通志》载，"十三年，……因建楼五层于城上，名为'镇海'，真岭表之伟观也"。[18] 这一说法或因当时之习称，且与上述所引的《大明一统志》、成化《广州志》的记述相左而不能作为建楼之初即称镇海楼之确证。那么，该志还说到《正德实录》：城垣周围二千七百一十七丈，高三丈有五，镇海楼一、角楼四、城楼九座、窝铺七十七间……"云云，所引《正德实录》，料黄佐作为明人必不敢妄改实录，则至迟在正德年间楼已称镇海楼，时间也在嘉靖之前了。因资料尚阙，只能证至于此。即是说，楼名改镇海楼在成化至正德年间之间。

戴璟修《广东通志》中，载广州府楼有五，即：镇海、岭南第一、海山、控海、达观楼。除了镇海楼还有一座控海楼，控海楼"在灵洲，旧名栖霞阁，副使徐文溥易今名。"[19] 徐文溥是嘉靖二年（1369年）任广东按察司副使，《明史》有传，但对他在广东任官的记述极为简单，只说他"嘉靖初，为广东副使，上言十事，多涉权要，恐贻母忧，引疾归，行到玉山卒"。[20] 那么，会不会因当时已有镇海楼而改栖霞楼为控海楼，以相呼应呢？

从陈恭尹《镇海楼赋》所说"涌地五成，浮空百丈；北拱神京，南临溟涨"，镇海楼的地理位置与防卫职能显而易见。城楼之建为着防御卫城，而首先不在览胜，镇海楼建成之后，一直是军事活动之要地，一方面是攻城守城之军事要点，二是指挥作战之中枢驻节之处。因此，也使其损毁重修次数甚多。本文不再重述。明朝立国之后，东南沿海常患倭寇，海疆不靖，故而题名"镇海楼"，含"雄镇海疆"义。但此处所镇之"海"，已是指边防而非地方，指外患而非内忧，正如明代在北方榆林建有镇北台、在宣化建有镇朔楼，所镇皆外敌。则所镇之"海"与原来所望之"海"又有所不同了。嘉靖二十四年（1545年）由提督尚书蔡经、巡按御史陈储秀倡议重建此楼，由蔡经之继任张岳主持完成重修事宜。张岳其人，《明史》有传，他是福建省惠安人，"自幼好学，以大儒自期"。正德进士，曾出任广西提学金事，行部柳州，以计平息军队哗变。又曾任江西提学、广东盐课提举、廉州知府、出使安南责诘篡位杀主的莫登庸，任广东参政平南有功，"言官荐岳边才"，擢右副都御史总督两广军务兼巡抚。[21] 岳因军功进兵部右侍郎。重修峻工之后，张岳被约请为楼撰记，因"戎务未遑"，二十六年（1547年）冬末才因事克得暇撰记。从张岳的经历，可见其对于使用武力保南疆平安、国家一统体会犹深，称楼

249

为"镇海"并作记，也是理所当然了。

注释：

［1］崔志民《镇海楼营造考》，载《镇海楼史文图志》，广州：花城出版社，2004年，页282。

［2］郭棐纂《广东通志》卷十五"城池"。

［3］屈大均《广东新语》卷十七，"六楼"，北京：中华书局，1985年，页468。

［4］成化《广州志》卷二十五"番禺县·寺·观音阁"，《北京图书馆古籍珍本丛刊38》，北京：书目文献出版社影印本，页1067。

［5］李贤等撰《大明一统志》卷七十九"山川·越秀山"，西安：三秦出版社，1985年影印本，页1208下。

［6］屈大均《广东新语》卷十七，"六楼"，北京：中华书局，1985年，页468。

［7］李穗梅、陈鸿钧《镇海楼述略》，载《镇海楼史文图志》，广州：花城出版社，2004年，页1。

［8］黄佐《广东通志》及后各志，清人《白云越秀二山合志》、《羊城古钞》、《岭南丛述》、《岭南杂事诗钞》、《粤游小识》、《广东考古辑要》等。

［9］李贤等撰《大明一统志》卷七十九"宫室·望海楼"，西安：三秦出版社，1985年影印本，页1212上。

［10］成化《广州志》卷二十五"番禺县·寺·观音阁"，《北京图书馆古籍珍本丛刊38》北京：书目文献出版社影印本，页1067。

［11］麦英豪《岭表崇楼（代序）》，载《镇海楼史文图志》，广州：花城出版社，2004年版。

［12］王临亨《粤剑篇》，北京：中华书局，1982年。

［13］李穗梅、陈鸿钧《镇海楼述略》，载《镇海楼史文图志》，广州：花城出版社，2004年版，页1。

［14］张岳《镇海楼记》，载《镇海楼史文图志》，广州：花城出版社，2004年，页31。

［15］道光《广东通志》卷二百七十一，列传四"何真列传"，上海：上海古籍出版社，1988年影印本，页4704。

［16］李穗梅、陈鸿钧《镇海楼述略》，载《镇海楼史文图志》，广州：花城出版社，2004年版，页1。

［17］戴璟主修《广东通志初稿》卷三十八"宫室·镇海楼"，页14。

［18］黄佐修纂《广东通志》卷十三"舆地志三·城池 坊都·广州府"，页8。

［19］戴璟主修《广东通志初稿》卷三十八"宫室·控海楼"，页14。

［20］《明史》卷一八八"徐文溥列传"，上海：上海古籍出版社年影印本，页526。

［21］《明史》卷二百"张岳列传"，上海：上海古籍出版社年版影印本，页562。

（作者单位：广州市地方志办公室）

军事功能和文化象征

——明清官员与镇海楼

李穗梅

镇海楼，又名望海楼、五层楼，被誉为"五岭以来第一楼"。自明初建成以来，其屡废屡修，至今仍在原址上。这座似塔似楼的多层式建筑，一直为广州标志性建筑之一。

镇海楼建成后的明清两代，战争时期，它的军事功能显现；和平年代，它成为登高抒怀的地方。可以说，广州没有一幢建筑受到过如此多的关注。镇海楼的兴与废跟广州政局的稳与乱密切相关，故它的意义绝不仅仅是一座城墙上的城楼。本文重点介绍明清时期由多任的广东地方官员主持的镇海楼建设与屡次维修，以及其他官员对它的关注与吟咏。

一、明永嘉侯朱亮祖与镇海楼的肇建

明初，朱亮祖因平定广东有功，受封永嘉侯，后又以此身份代表明王朝出镇广东，其风头盖过了地方官员。洪武十二年（1379年）正月朱亮祖正式上任，第三年春镇海楼便建立起来。朱亮祖为何建这五层楼宇？世人认为动因有二：一是壮会城"观瞻"，史有记载："明永嘉侯朱亮祖以旧城低隘，请连三城为一，辟东北山麓以扩之。于是后倚越秀，前俯珠江，群舸西来，罗浮东峙。又筑五层镇海楼以壮观瞻也。"[1]后人也赞叹镇海楼"真岭表之伟观也！"[2]另一种说法是："有言会城地脉自西北诸山来凝结于此，盖王气所聚也，故作高楼镇压之。"[3]笔者认为：第一说是镇海楼建成后的结果，第二说是后人的附会之说。朱亮祖建楼之意主要是应军事之需。

朱亮祖本是元末红巾军"义兵元帅"，被朱元璋在宣城擒获，收为己用。朱亮祖随朱元璋进兵江西、湖北、福建、浙江等地，勇悍善战。明朝建立后，他又廖永忠一同攻打南方，几年间，平广东，定广西，攻贵州，取西蜀。为大明国的统一立下赫赫战功，受封永嘉侯后，出镇广东。作为一位军事骁将，他一到广州，就发现原宋代三城（中、西、东）在防守上的弊端："低隘"，于是与指挥使许良、吕源上奏，连三城为一，辟东北山麓以广之，并"拓北城八百余丈"，让北城墙跨山而过，城墙的"闉、堞、烽敦规模宏敞，洵足以襟带全粤而压倒诸彝，为岭南一重镇矣。"[4]此城墙的防御功能显而易见。

在扩建北城墙的同时，朱亮祖建了一幢五层的建筑在北城墙的制高点上，这幢坐北向南的建筑不像城墙上的敌楼，不是朝向城外而是朝城内，故此有人认为它与军事无关。关于该楼的记载，最早见诸官方修订的《大明一统志》，此志修于天顺五年（1461年），距五层楼之肇建约81年，它称楼为"望海楼"，并称其"在府城上北，本朝洪武初建，复檐五层，高八丈余。"登上它"山川形胜，一瞬可悉。"[5] 考虑到朱本人两次进入广州，都由水路而来，珠江成为拱卫广州城一个重要的要塞。在很长时间里，水面辽阔的珠江被称为"海"，而这片海决不可轻视，建五层楼最早是为了"望海"，这个望当然是军事上的"了望"，而不是文人墨客"眺望"。可见，五层楼最早并无"镇王气"之意，它是了望整座城市及周边环境之楼。"望海楼"何时被"镇海楼"所取代？有说是明成化年间。还有一种说法，"镇海楼"之名由张岳题。黄节在1928年的《重修镇海楼记》中说："明之初，朱亮祖始为楼，高五层，志书称五层楼，张岳题记曰镇海楼。"但张岳本人在《镇海楼记》碑文内说"朱亮祖始作楼五层以冠山颠，曰镇海。"显然，张岳之前五层楼已被称为镇海楼，他还以为朱亮祖建楼时称镇海楼。镇海楼之名起于何时何人，目前尚难以考证。明嘉靖三十七年（1558年）黄佐篡《广东通志》称"镇海楼，一名望海……"[6]。可见，"镇海楼"和"望海楼"两名并存已久，镇海楼之名渐渐取代了望海楼。这恐怕与楼建成后，长久以来天下太平，楼的原本功能弱化，象征意义增强有关。

清人认为朱亮祖建五层楼前，广东"数百年""积一聚"，陆续出现了不少有野心的"霸主"：秦汉的赵佗"南越国"，"其泽三世"；东晋的孙恩、卢循"曾思窃据"；唐末刘隐的"南汉"，竟与中原五代相始终；元末何真等人"各事强武"。建楼后，广东几百年来，平稳安定，风气日开，人文兴昌，人才辈出，"道德功业文学科名之盛，等于中州。"[7] 仅明代，就出现了全国知名的陈白沙、湛若水等理学大师，伦文叙父子兄弟一门四人，及梁储、霍韬、黄士俊、方献夫、何维柏等科第名家和高官政要。

一个建筑被赋予了许多的"意义"，它所承担的不再仅是在军事上拱卫明代江山，而被涂抹了更多的"色彩"。虽然它的肇建者朱亮祖因在广东期间"所为多不法"[8]，在出镇的第二年九月被明太祖朱元璋下旨鞭挞而死，但朱亮祖建楼的功德一直被后人乐道，被誉为"不特以武功显也，有文德焉"。[9]

二、明代地方官员主持的三次维修

镇海楼建成后，因自然与人为的灾难屡遭劫难，几度废兴。史籍记载有明一代共有三次维修，这三次维修应属大修而非小修小补，后者一般是不入志的。

1、两广总督韩雍的修治

广州博物馆现存最早的明碑是张岳的《镇海楼记》，碑中记录了镇海楼在成化年间的一次维修："成化中总督都御史襄毅韩公命有司修完之。"[10] 这是有记载最早的一次维修。韩雍（字永熙、谥襄毅）于成化五年（1469年）十一月至成化十年（1474年）在任，维修镇海楼应是韩在任期间的一件大事。从明洪武十三年（1380年）建楼到成化中（约1472~1474年）维修时，镇海楼已经历了近百年，"楼渐圮"。虽然没有维修的具体记载，但可以肯定，此次维修所耗费的人力物力不少。

2、两广军务提督蔡经与后继者张岳主持的修缮

韩雍主持的修治不久，一场烛融光临，镇海楼大伤元气。当政者"亟图再作"，但因工程浩大，短期内难以集巨资再造。到嘉靖二十三年（1544年），当时的两广军务提督蔡经和巡按御史

陈储秀"折衷群议",决充出"帑金二千三百有奇",作为"木石瓦甓丹漆傭用之费",并"选用能吏稽董工程",第二年初动工。[11]

未完工,蔡经调任。蔡的继任者张岳继续主持此宏大工程,终于嘉靖二十六年（1547年）完毕。这次维修从筹备到完工,所耗时间前后四年,可见其难度。维修后,张岳亲撰了《镇海楼记》并刻石碑于镇海楼西侧,谈到镇海楼维修后"规制如旧,而宏伟壮丽视旧有加。"另在楼前加了一亭两表,"楼前为亭曰仰高,左右两端跨衢为华表,左曰驾鳌,右曰飞蜃,旧所无也。"[12]张岳十分看重镇海楼的象征意义:"今更而食于岭处者冠盖相接也,登高骋望,宁独无帝臣之感乎?夫苟目前之安而忽远图,蔽于一方而不知有政理之要、风俗之本,此徇禄之臣,非体国者也。撤去户牖之私。独观消息之原,不以远自肆,不以位自画,一食息,一起居,无一念不属于君父。其于政理之要,风俗之本,为之必尽其方,而又扩之以广大,持之以久远,精粹明白,夙夜匪懈,于古所谓黎献欤?登降仰俯此楼,岂不有光而无愧也哉!"[13]从张岳的碑文可知,楼修缮后,广州军政各要员分别登楼察看,张在文中罗列的名单多达二十多人。

因为有张岳的碑记,使我们对明代中期这次重大的维修有一定的了解。

3.明崇祯广东布政使姜一洪和南海知县朱光熙主持的"重葺"

明代,另一次有记录的维修是广东布政使姜一洪和南海知县朱光熙主持,清道光十五年（1835年）潘尚楫等人修的《南海县志》有记录:镇海楼"成、弘间烬于火。寻修,复倾。布政姜一洪、知县朱光熙重葺。"[14]这是本次维修唯一的记载,但记录得不详细。姜一洪于崇祯十年（1637年）任广东布政使;朱光熙于崇祯十二年（1639年）任南海知县。故推算该次维修镇海楼应是崇祯十年至崇祯十二年之间。此时离明灭亡（1644年）已不远,估计是明代最后一次维修镇海楼了。

三、清代地方官员主持的维修

1、平南王尚可喜独踞镇海楼

清初,南下的清军与固守的明兵在广州城展开拉据战。顺治七年（1650年）二月清军在平南王尚可喜、靖南王耿继茂的率领下抵达城下,明兵从城上发炮。清兵见城坚不可猝拔,决定围城。清军修战船、铸大炮、备火药、造炮车,至十月水陆攻战诸器皆备足后,由水陆两路发动攻战。十一月初,"以炮击城西北隅,城圮,军士毕登,斩守将范承恩及兵民万余。"[15]据称,当时有约300人坚守在镇海楼,凡十昼夜,最后粮绝,狂呼杀贼而死,无一生还。尚进城后,将藩兵驻扎在城内,官署和民户全赶到城外,并要求"广东督、抚、提、镇,俱听可喜节制,遴补将吏,调遣兵马,均得便宜从事。"[16]镇海楼在清兵围城之役中遭到一定的损毁。尚可喜进城第二年,对镇海楼进行维修。楼修好后,因"楼近王宫（即藩府,在今人民公园、市政府一带——引者注）,禁人登眺,设官守之。……每当春秋佳日,辄令监奴携鸽至峡山清远寺放之,而插制幡于楼槛,以引鸽归之。诗曰:山登越秀五层楼,万里沧溟眼底收,放鸽事专民事缓,平藩到老亦风流。"[17]尚还圈"楼下山地为养鹿院"[18],镇海楼成为尚家的私家场所。

2、广东总督李栖凤增添设施后"任人登眺"的疑点李栖凤于顺治六年（1649年）至十五年（1658年）在广东任巡抚一职，当尚可喜、耿继茂驻扎广州时，李栖凤驻南雄。清初，各种反清势力风起云涌，李配合尚、耿抗击各地反清势力。顺治十二年（1655年）平定了威胁广东的李定国之部，各反清势力也相继被击破。李栖凤于顺治十五年（1658年）至康熙四年（1665年）出任广东总督，在镇海楼增设了一些设施，在《南海百咏续编》有此说："撤藩后，总督李栖凤益增饰之，缭以重垣，旁启月户，上祀文武帝君，任人登眺。咏觞著尘，遂无虚日。"[19] 另一史书《驻粤八旗志》也记载道："总督李栖凤增以缭垣，为登览最胜之地。"[20] 以上记录有两个疑点：一是时间，李栖凤任广东总督不在撤藩（1673年）后；二是未撤藩前，镇海楼可否能"任人登眺"？即便能，也应仅是"三藩之乱"（1673~1681年）前。

3、两广总督吴兴祚与广东巡抚李士桢的"重构"

康熙十三年（1674年），镇守云南的吴三桂和镇守福建的耿精忠两藩叛乱。十五年（1676年）二月二十一日，尚可喜之子尚之信在广州叛清，他下令炮轰清军营，逼使清镇南将军舒恕引兵退赣，副都统莽依图自肇庆突围撤离。两广总督金光祖、广东巡抚佟养钜等地方官员俱叛降。其后尚又迫于形势降服清廷。康熙十九年（1680年）九月，尚被赐死于广州。"三藩之乱"结束后，藩府于康熙十一年（1672年）被撤销。经过"三藩之乱"，广州"氛禄弥天，若在汤火"，五层楼"楼随废为平地。"[21] 康熙二十年（1682年）十二月，吴兴祚、李士桢分别出任两广总督、广东巡抚。面对百废待兴的局面，他俩使用了一些"宽大之政"，既迁复官署民居于内城，安抚原藩属兵民，又致力于海防、兴文教，令广东"气象一新"。当时任评价吴兴祚"居官颇善"，李士桢"较前任……为优。"[22] 局势渐次安定后，当地士绅向他们进言："五层楼关系形胜，亟宜修复。"[23] 在广泛征询意见后，于康熙二十四年（1685年）十一月再策谋重建镇海楼，迄康熙二十六年（1687年）四月落成。李士桢撰写了《重建镇海楼记》碑文，留下了详尽的纪录，此次"重构"所耗"计费巨万"，楼"高计七丈五尺，广计九丈五尺，袤计五丈七尺，层有五"，称其"壮丽坚致，不减畴昔"[24]，并为楼题额"镇海楼"。

重建的镇海楼是在原明代的镇海楼的基础上建造。吴庆洲教授在《广州建筑》中认为镇海楼"砖石砌筑的墙壁基本上是属明代旧物。"[25] 笔者认为现镇海楼的首层和二层红砂岩墙壁应是明代遗物，而三、四、五楼的青砖墙应是清代遗物。在李士桢"重构"之后，再无有关镇海楼废圮的纪录。

四、清代其他官员与镇海楼之缘

镇海楼建成后，大大改变了广州城的风貌，正如屈大均在其《广东新语》中描述："自海上望之，恍如蛟蜃之气，白云含吐，若有若无。晴则为玉山（即越秀山——引者注）之冠，雨则为昆仑（自注：番大舶也）之舵，横波涛而不流，出青冥以独立，其玮丽雄特，虽黄鹤、岳阳莫能过之。"[26] 屈大均笔下的镇海楼犹如海市蜃楼般梦幻。而登楼远眺，"山川形胜，了然在目。每当四窗洞开，一望无际，俯涵巨海，仰陟苍冥，亦一远观也。"[27] 这是《羊城古钞》作者仇巨川的感叹。作为军事的镇海楼，也是名胜与文化的镇海楼，留下了不少官员的足迹和脍炙人口的诗词名联。

1、两广总督陈宏谋题联

据史料记载，陈宏谋于乾隆二十二年十二月五日（1758年1月14日）至二十三年四月廿一日（1758年5月27日）出任两广总督。陈来广州后登上镇海楼，并题写一联：

> 岁登大有，人乐春台，览胜直穷千里目；
> 海不扬波，山皆献瑞，筹边时上五层楼。

陈宏谋任两广总督一职前，清政府刚颁布一口通商令（1757年），"筹边"成为要务。据称，陈祭拜南海神后再登镇海楼[28]，故"海不扬波，山皆献瑞"是他所期盼的。陈曾历任云南布政使、江苏按察使、江宁布政使，甘肃、陕西、河南巡抚等职，他以关注民生且敢直言而著称。在广东曾因奏请增拨盐商帑本，被乾隆皇帝斥责为"市恩沽名，痼习未改"[29]。乾隆下令将陈调至江苏，因为觉得他"殊未惬朕心，两广治海边境，恐不甚相宜，是以特有此命。"[30]陈到广东的时间不到半年，就被迫离开。

2、两广总督瑞麟题写匾额

瑞麟从同治二年（1863年）起任广州将军一职，同治四年二月（1865年3月）至十三年九月（1874年10月）改任两广总督。他在广东生活了十年有多，曾多次登临镇海楼，并题写了"镇海楼"匾额。据陈叔垣回忆，他少时随父亲等上镇海楼，见五楼悬挂着瑞麟题写的"镇海楼"[31]匾，可惜此匾早遭毁损，未留痕迹。

3、兵部尚书彭玉麟著名的长联

清光绪九年（1883年），中法战事起，兵部尚书彭玉麟已年满68岁，疾病缠身，他受命速往广东办理海防营务。初到广州，他坐镇镇海楼上，筹划军务。彭玉麟酷爱梅花，自画梅花悬于楼上，并设梅花座以接待宾客。肩负抵御外侮重责的彭凭栏怀古，看剑伤今；想起了500多年前为统一江山而立下武功的朱亮祖，以及鸦片战争以来，外国势力对中国的蚕食，不禁挥笔写下：

> 万千劫危楼尚存，问谁摘斗摩星，目空今古。
> 五百年故侯安在，使我倚栏看剑，泪洒英雄。

此联被誉为气势雄伟、沉郁苍劲。彭在另两大名楼岳阳楼和黄鹤楼上都有题联，岳阳楼题："星斗摘寒芒，古今谁是摩天手；乾坤留浩气，霄汉常悬捧日心。"黄鹤楼题："心宽天地远，把酒凭栏，听玉笛梅花，此时落否；我辞江汉去，推窗寄语，问仙人黄鹤，何日归来。"论气势镇海楼联更胜一筹。此联曾被误为彭的幕僚李棣华所作，今已有学者考证应为彭玉麟的作品。[32]

4、两广总督叶名琛与"筹边楼"

叶名琛在广东任职的时间相当长，清道光二十七年（1847年），他出任广东巡抚，1852年擢升为两广总督，至1858年在广州被英军俘虏往印度加尔各答，次年死于当地。他出任两广总督不久，广东发生两件大事：一是受太平天国革命的影响，广东爆发了大规模的"洪兵"起义；另一件是英法联军发动了第二次鸦片战争。"洪兵"起义的烽火于 1854 年 1 月燃烧到广州城边，西路李文茂，东路有陈显良，北路则是甘先，河南还有林桃灐，共约 20 万人联合从水陆围攻广州城。当时叶名琛手下仅 1.5 万人，他把指挥部设在可以俯瞰全城，雄视江面的观音山镇海楼，称镇海楼为"筹边楼"。在这座楼上，他指挥了许多的关键战事，目睹了无数次恶战。最后，起义军攻城不下，于 1855 年初撤离广州城，分别向西、北作战略转移。广州城没有安宁多久，"外患"又到。1856 年 10 月，英军借口"亚罗号"事件，挑起第二次鸦片战争，炮轰广州城垣，并炮毁外城督署，冲入督署抢掠。叶名琛避入内城抚署。1857 年，英国联合法国扩大第二次鸦片战争，年底攻陷广州城，叶名琛等一干广东地方官员均被俘。初时，叶被押观音山，后被送上英舰"无畏号"，前往印度。其他官员投降，听命英法占领军成立的外人委员会，成为中国近代史上第一个地方傀儡政权。英法联军占领广州后，占据了重要的官署和具有战略意义的地方，包括镇海楼。当时的随军记者将英军把守镇海楼的场面画了下来，它已成为当年侵略者的罪证。叶被囚异国时，曾赋诗，其一首："镇海楼头月色寒，将星翻作客星单。纵云一范军中有，怎奈诸君壁上看。向戌何必求免死，苏卿无恙劝加餐。任他日把丹青绘，恨态愁容下笔难。"[33]可见，叶怀念在广州的日子，并以苏轼自居，希望有朝一日回到祖国。50 多天后，叶客死他乡，未能返国再登镇海楼。

5、北洋水军提督丁汝昌题联

丁汝昌是李鸿章组建近代水师的重要干将。1880 年 12 月他受直隶总督兼北洋通商大臣李鸿章的指派率林泰曾、邓世昌等官兵赴英国接收中国订造的"超勇号"和"杨威号"战舰，翌年 4 月抵达伦敦。在伦敦期间，丁汝昌与英国海军高级将领及军舰的设计师会面，并觐见了维多利亚女王。1881 年 8 月 9 日，两艘中国巡洋舰启程回国，10 月 16 日抵达香港。丁接李鸿章的电令：进入广州，宣示国威。于是，两艘巡洋舰驶入珠江，停泊在广州城前。两广总督张树声设宴于镇海楼上慰劳海军官员，丁汝昌登楼远眺，以联抒怀：

> 如此江山，对碧海青天，万里烟云归咫尺；
> 莫辞樽酒，值蕉黄荔紫，一楼风雨话平生！

镇海楼胜在其山川之势，故建楼以来一直被赋予了许多神秘的色彩，屈大均认为："广州背山面海，形势雄大，由偏霸之象"，要镇住广州的"帝皇之气"，靠"镇海楼"。明张岳在《镇海楼记》中说"斯楼之成，岂徒抗形胜于一邦，实所以章我国家一统休明之盛，元元本本，明示得意于无穷也。"清李士桢在《重修镇海楼记》中提到"五层楼关系形胜。"

一幢楼成为国家统一的象征，这也许是其他楼所不具备的。

注释：
[1] 仇巨川纂《羊城古钞·卷首》，广州：广东人民出版社，1993 年，页 65。
[2] 黄佐纂《广东通志·卷十五》，明嘉靖四十年（1561 年）。

［3］王临亨撰《粤剑篇》明万历二十九年（1601 年）

［4］仇巨川纂《羊城古钞·卷首》，广州：广东人民出版社，1993 年，页 65。

［5］张嗣衍、沈廷芳纂《广州府志·古迹》清乾隆二十四年（1759 年）。

［6］黄佐纂《广东通志》卷十五，明嘉靖四十年（1561 年）。

［7］李士桢撰《重修镇海楼记》，张嗣衍、沈廷芳纂《广州府志·艺文》，清乾隆二十四年（1759 年）

［8］《明史》十三，北京：中华书局，1974 年，页 3860。

［9］李士桢撰《重修镇海楼记》，载张嗣衍、沈廷芳纂《广州府志·艺文》，清乾隆二十四年（1759 年）。

［10］张岳撰《镇海楼记》，张碑现仍存于广州博物馆碑廊内。

［11］张岳撰《镇海楼记》，张碑现仍存于广州博物馆碑廊内。

［12］张岳撰《镇海楼记》，张碑现仍存于广州博物馆碑廊内。

［13］张岳撰《镇海楼记》，张碑现仍存于广州博物馆碑廊内。

［14］潘尚楫等修，邓士宪、谢兰生等纂《南海县志》卷十六，清道光十五年（1835 年）。

［15］蔡冠洛辑《清代七百名人传》中册，北京：中国书店，1984 年，页 1259。

［16］《清史列传》卷八十。

［17］陈子清辑《岭南咏古诗》卷三，清光绪四年（1878）。

［18］黄佛颐纂《广州城坊志》卷二，广州：广东人民出版社，1994 年，页 135。

［19］樊封著《南海百咏续编》卷一"遗构"，清道光二十九年（1849 年）。

［20］驻防广州八旗将军长善等纂《驻粤八旗志》卷二，清光绪元年（1875 年）。

［21］李士桢撰《重修镇海楼记》，张嗣衍、沈廷芳纂《广州府志·艺文》，清乾隆二十四年（1759 年）。

［22］李士桢撰《重修镇海楼记》，张嗣衍、沈廷芳纂《广州府志·艺文》，清乾隆二十四年（1759 年）。

［23］李士桢撰《重修镇海楼记》，张嗣衍、沈廷芳纂《广州府志·艺文》，清乾隆二十四年（1759 年）。

［24］广东省地方史志编委会办公室、广州市地方志编委会办公室编《清实录广东史料》（一），广州：广东省地图出版社，1995 年 8 月，189 页。

［25］吴庆洲著《广州建筑》，广州：广东省地图出版社，2000 年，页 65。

［26］屈大均撰《广东新语》（下册）卷十七，北京：中华书局，1985 年，页 468。

［27］仇巨川纂《羊城古钞·卷首》，广州：广东人民出版社，1993 年，页 65。

［28］樊封著《南海百咏续编》卷一"遗构"，清道光二十九年（1849 年）

［29］赵尔巽等撰《清史稿》卷三〇七。

［30］广东省地方史志编委会办公室、广州市地方志编委会办公室编《清实录广东史料（二），广州：广东省地图出版社，1995 年，页 172。

［31］陈叔垣《镇海楼名联话旧》，载广州市文史馆编《羊城撷采》，上海：上海书店，1994 年。

［32］梁俨然《谈镇海楼名联的作者》，载广州市地方志办公室、广州市地方志馆主办《羊城今古》，1996 年第四期。

［33］薛福成著《书汉阳叶相广州之变》，转引自黄宇和著、区鉷译《两广总督叶名琛》，北京：中华书局，1984 年，页 156。

（作者单位：孙中山大元帅府纪念馆）

略论坐落在文化史上的镇海楼

王成兰

　　镇海楼，又名五层楼，初名望海楼，坐落在广州市越秀山上，明初建成。地理的因缘与历史的造作，使作为军事望楼的镇海楼不仅成为登高远眺的旅游胜地，更成为一个承载着人们的历史记忆的文化地标。它往往兴修于政通人和之时，又一再隳坏于离乱动荡之世，其宠辱际遇、兴修毁废有如时代治乱的注记。如其他"古迹名胜"一样，镇海楼不过是矗立在一座城市城垣上的城楼，但在明代以来的文本传统里，它逐渐衍变成为一座关乎时代治乱、国家兴衰的"文化地标"。

一

　　在历代文人眼中，镇海楼是"岭表之伟观"[1]、"岭南第一胜概"[2]，清初屈大均则称"其玮丽雄特，虽黄鹤、岳阳莫能过之"[3]。自明初建成后，它屡废屡修，至今屹立原址。作为一个重要的文化地标，其形成过程，是明代以来文人的集体记忆不断兴发、积累、接续的过程。

　　现存最早关于镇海楼的记载，出现在明天顺五年（1461 年）所修的《大明一统志》中，其时距五层楼之肇建 81 年，《志》称："望海楼，在府城上北，本朝洪武初建，复檐五层，高八丈余"，登临则"山川形胜，一瞬可悉"。[4]因登楼可眺望珠江（珠江因水面辽阔，又被当地人称为"海"），故名为望海楼。而此楼最初之兴建，是因出镇广东的永嘉侯朱亮祖发现原宋代三城"旧城低隘"，于是连三城为一，并筑五层镇海楼以壮观瞻，"楼成而会城（指广州）之形势益壮"[5]。由此可见，镇海楼坐落于城垣之上，原本只是为壮会城观瞻，此楼之于广州城的意义，最初大概只是止于风水形胜层面，兼有军事谯楼之功用。

　　楼建成后，后有人附会"紫云黄气"之说，"有言会城地脉自西北诸山来凝结于此，盖王气所聚也，故作高楼镇压之"[6]，此说最先出现在明万历年间姑苏王临亨《粤剑篇》中，后来一直为人们所津津乐道。后世更有人阐发为广州城为"岭南濒海都会，且逼水涯，宜镇以土，遂建筑此楼"[7]。大抵修筑城池宫阙者，都有在形胜风水方面的考究，"紫云黄气"说和镇土建楼说都不出风水形胜层面，都大概因为镇海楼所处的重要的地理位置而引发。

　　明代的广州城新筑北城垣跨越越秀山（又作粤秀山，观音山），而镇海楼坐落于城垣最高处，后倚粤秀、前俯珠江、襟山带海。当时珠江水面远阔于今天，登楼远眺，珠水滔滔，全城在望，一览无余，镇海楼也愈发显得巍然壮丽。是楼既因地势之显要，复得舟楫之便，迎来送往，自建成后便不乏登临者。就现存诗文来看，明代张岳、黄佐、欧大任、伦文叙等文人雅士皆有诗记系于镇海楼。"飞楼镇重溟，凿翠倚太清"[8]，"从此灵光终古在，八方冠盖几同登"[9]，"下视仙城百万户，连衽成帷汗成雨。纷纷士女来游乐，前者行歌后者舞"[10]，镇海楼成为诗人吟咏观赏、宴集赋别的一方胜地。

<h1 style="text-align:center">二</h1>

位居广州城制高点的镇海楼，转为观游胜地，显然不仅仅具有楼阁亭榭的一般功能。镇海楼之所以为镇海楼，并从一方形胜渐渐升至关乎国家一统、社稷存亡的标志，实得自历史与地理的因缘造作。

镇海楼位居岭南濒海都会——广州，这座城市自汉代以来一直是长盛不衰的经济中心。永乐三年（1405 年）"以诸番贡使益多，乃置驿于福建、浙江、广东三市舶司以馆之。……广东曰怀远"。[11] 翌年，"置怀远驿于广州城蚬子步（今十八甫路怀远驿街），建屋一百二十间以居蕃人，隶市舶提举司"。[12] 嘉靖元年（1522 年），因倭寇猖獗，为严申海禁，罢浙、闽二市舶司，只留广州市舶司。此后，广州在对外贸易中长期处于垄断地位。自洪武年建成的镇海楼，见证了作为外贸中心的广州城中富商的逐渐出现。成化年间镇海楼倾圮并重修，不久毁于火。直到嘉靖二十六年（1547 年），总督两广事务的张岳重建镇海楼，其"规制如旧，而宏伟壮丽视旧有加"。明代中期的广东沿海倭寇猖獗，海疆不靖，且当时"今吏而食于岭外者冠盖相接也，登高骋望，宁独无帝臣之感矣乎？"所以张岳又指出，镇海楼的兴建不止在广州城增加一方形胜，"斯楼之成，岂徒抗形胜于一邦，实所以章我国家一统休明之盛，元元本本，明示得意于无穷也。"[13] 由此可见，张岳积极筹办重建镇海楼，有加强海防，打击倭寇，雄镇海疆，国家一统之义。此后，"镇海楼"的名称替代望海楼更多地出现在方志笔记及文人著述中。

由此，镇海楼的兴建和重建，可以使商人安心在广州聚居营商，而朝庭亦能从海运贸易得到丰厚税款。而经济上有实力的这群富商，渐渐想到了自己的出身——他们希望本身源自中原大族。

与此同时，明代中期以后广东士大夫兴起，他们积极将地方既有的秩序整合到王朝秩序之中、力求地方秩序的正统化。其中，作为明中期广州府的一位在朝廷政治和学术上有相当大影响的人，黄佐对于本地历史和文化的诠释直接影响了后人。

镇海楼被誉为"岭南奇观"、"岭南第一楼"、"岭南第一胜概"，亦与黄佐有关。在嘉靖四十年（1561 年）黄佐所修《广东通志》中，卷十五对镇海楼的记载曰："……建楼五层于城上，名为镇海，真岭表之奇观也"；卷十六再次提到镇海楼，"……上矗云汉，俯极四陲，山川形胜，瞻顾在目，岭南奇观，此为最焉"。[14] 黄佐（1490~1566），香山人，官至南京国子监祭酒，以理学名世，并在地方历史的编撰上，有开风气、定规矩之功。他编撰有《广东通志》、《广西通志》、《广州府志》、《广州人物志》等。根据程美宝《地域文化与国家认同》的研究，黄佐通过编撰地方文献，比较成体系地建立起有关广东地方历史的解释。[15] 仅就位于广州城北的镇海楼而言，其后所修地方文献关于镇海楼的记载，皆不出黄佐之语。

作为"岭南奇观"的镇海楼，是一个历史的见证者，是广州的文明教化不断进步的"亲历"者。黄佐及明中后期的广州文人，都努力在说明广州一地不断"向化"，到明代则达致"衣冠礼乐，无异中州，声华日盛，民勤于食"[16] 的局面。黄佐的弟子欧大任《镇海楼》诗有"朔南

259

尽是尧封地，愁听樵苏说霸功"[17]之句，嘉靖进士、隆庆年间官至吏部侍郎、南京礼部尚书的何维柏《镇海楼》诗曰"兀兀层峦控海楼，仙城缭绕跨浮邱。……登临莫谓炎方远，邹鲁年来是此州"[18]。言下之意，地处南荒的广州已是文明之地、礼仪之邦了。在这些士大夫笔下，一座建筑所传达出的意义远远要大于它本身。

此后，镇海楼这座城楼所承载的象征意义进一步增强。张岳重修后，镇海楼于崇祯末倾圮，清初三藩之乱时镇海楼废为平地。因"缙绅士庶咸进曰……五层楼关系形胜，亟宜修复"。至清康熙二十四年（1685年），广东巡抚李士桢主持重建镇海楼，"（朱亮祖）于越秀山左建五层高楼，雄钜壮丽，以镇奠地脉，粤遂大安，三百年来风气日开，人文渊郁，道德功业文学科名之盛，等于中州"。[19]在这位广东巡抚的眼中，镇海楼不仅见证了广东的文化发展与中原文明、国家正统的同步，更是成了粤地大安、人文渊郁的源头。

迨至清初屈大均，对镇海楼的描述更为传神："广州有崇楼四，北曰'镇海'，在粤秀山之左。……四楼唯镇海最高，自海上望之，恍如蛟蜃之气，白云含吐，若有若无。晴则为玉山（自注：即粤秀山）之冠，雨则为昆仑（自注：番大舶也）之舵，横波涛而不流，出青冥以独立，其玮丽雄特，虽黄鹤、岳阳莫能过之"。[20]屈大均（1630~1696年），字翁山，广东番禺人。明末清初著名学者、诗人，是"岭南三大家"之第一。幼年的屈大均曾经在粤秀山读书，他以优美而富有深情的文笔描绘出一个壮丽瑰伟的镇海楼，在他眼中，镇海楼不单是"岭南奇观"，因其玮丽雄特，已过江南名楼黄鹤楼、岳阳楼，故几成天下第一了。屈大均把坐落于南海之滨的镇海楼与位居中原的名楼相比附，可见他已经把镇海楼纳入全国的文化系统中，在他这里，似乎已经淡化了广州文化与中原正统文化的界限了。以屈大均的诗名声望，他对岭南地方文化的这种界定，无疑也会对以后的方志和文人著述产生较大影响。明代的广东地图存世不多，不知其详，但在康熙年间所绘的《广州府舆图》以及此后的舆地城防图中，镇海楼清晰可见，与花塔、光塔、双门底等皆为广州城的重要标识。此后又多出现在外销画和外国人的游记、画作中。这些与掌握着广东地方历史文化话语权的士大夫如屈大均等对广东地方的定义和陈说，有着密切的关系。

程美宝研究认为，士大夫或知识分子对地方文化的认同和标榜，往往不是表彰地方文化本身，而是要显示地方文化如何代表他们的水平，如何体现国家文化。[21]明清时期有能力重修镇海楼，实仰赖当地缙绅士庶及商人的财力支持。他们借镇海楼这个地方文化资源，把自己在地方上的地位与势力建立在王朝秩序的框架之中，随着其经济实力与日俱长，他们从而更好地遵从甚至参与建立正统的礼治秩序。

清军入主中原后，面临严峻的海疆压力，在沿海活动的郑成功等抗清势力的顽强抵抗，为了巩固政权，维护大清帝国的长治久安，清初统治者在明代海防基础上，筑界墙、严海禁、修炮台、建水师，康熙年间对镇海楼的大规模重修，与明中期张岳的重修，均有雄镇海疆之意。"斯楼之兴废，关风气之盛衰"，"粤居南溟之岸，凡古占城、爪哇、真腊诸国，重译献琛，岁修贡职者率以斯楼为海外之观。所谓舟行望之，常若有祥云瑞气浮其端者。……长驾远驭，控制海外，比之铜柱丽谯何多让焉！"在这里，镇海楼同样成为关乎国家一统，甚至控制海外的一个重要标志。"当斯楼之未建，僭乱相寻，民生日蹙；楼喜落成，而士民安堵，景象和乐，霸气消沉，蔚为文物"。[22]镇海楼关系到江山社稷，国计民生。

清初，平南王尚可喜攻下广州，驻军越秀山，曾于镇海楼上飞鸽传书。第二次鸦片战争期间，英法联军兵临广州城下，清廷馆员曾经在镇海楼上筹议守战，此楼一度被称为"筹边楼"。英法联军占领广州后，驻军于镇海楼。镇海楼的失守，是广州地方秩序的破坏，因而黄节在民国年间《重修镇海楼记》中说，"争城者必争山"，[23]而争山必争此楼，越秀山的镇海楼成为兵家必争之地，不仅因为其形势险要，而且因为"斯楼之兴废，关风气之盛衰"，此风气不仅是地方秩序的安定有序，更是国家一统意识在地方的表现。

一个地方的重要的文化地标，一般摆脱不了它依附于时局兴衰更迭的宿命。明初方孝孺（1357~1402年）曾经这评述同样是天下名楼的黄鹤楼："奇伟绝特之观，固无与于人事，然于其废兴可以知时之治乱焉"。"当天下盛时，舟车旌盖之来游、考钟鼓、肆管弦、燕会于其上者，踵相接也。元末诸侯之相持，武昌莽为盗区，屠伤杀戮至于鸡犬，求尺木寸垣于颓城败垒间而不可得，于是天下之乱极矣。"[24]这段精辟的评述，放在镇海楼同样适用。时局兴衰、名楼存废、军事功能的强化与弱化、国家一统与地方向化，所有这些在士大夫的作用下糅合到一起。

三

民国十七年（1928年），镇海楼再度重修。当时的民国广州政府接受教育局长陆幼刚的提议，筹设广州博物院并选址镇海楼。陆幼刚在筹设博物院的文中说：

广州为我国岭南文化中枢，际兹训政开始，举凡启发民智之事业，自宜尽量建设，次第举行。……且各国都市，均有宠伟之博物馆，即吾国北平市，亦有古物陈列之所。

现拟在本市设立完备之博物院一所，模型世界今古特产异物、风俗历史之特征、雕刻、绘画、工艺等美术陈列。院内任人观览，附以注释，借以启发民智，引起国民研究学时兴趣。……且有镇海楼，现经修茸，地方适合拨为院址。……[25]

当时此楼废弃已久，广州政府斥资增其旧制，将土木结构改为钢筋混凝土结构，镇海楼成为今天的面貌。1929年广州市市立博物院正式开放，展出文物和动植物标本。

作为"我国岭南文化中枢"的广州城市，其历史需要一个载体来展现。当时的镇海楼虽然废弃，但是它契合了这样一种角色。当时的中国自然科学尚未起步，而时又战火纷乱，所以当时的镇海楼成为担当民众教育、启发民智的载体。其"文化地标"的地位仍然存续在民国初期广东知识分子的思维中。

1938年广州沦陷后，镇海楼被日军占领，市立博物院解散。1946年，广州市政府再次修缮镇海楼，并筹备广州市立博物馆。1951年广州市人民博物馆正式开幕，接收解放初期曾经驻军的镇海楼，并进行修缮。1954年正式更名为广州博物馆，楼内开始陈列"以广东为范围，以广州为重点"的地方历史。此后一直到今天，作为广州博物馆馆址的镇海楼，成为启迪民智、传承文明的场所，也是人们寻找广州城市记忆的最佳去处。

注释：

[1] ［明］黄佐《广东通志》卷十五，嘉靖四十年（1561 年）本。

[2] ［清］张嗣衍、沈廷芳《广州府志》卷九，"古迹"，乾隆二十四年（1759 年）刻本。

[3] ［清］屈大均《广东新语》卷十七，"宫语"，北京：中华书局，1985 年，页 468。

[4] 《大明一统志》，天顺五年（1461 年）修，西安：三秦书局，1985 年。

[5] ［明］张岳《镇海楼记》，此碑在镇海楼前西侧碑廊。

[6] ［明］王临亨《粤剑篇》，中华书局，1982 年。

[7] ［清］黄河澂《登镇海楼百韵》序，《癸村集》，转引自广州博物馆编《镇海楼史文图志》，广州：花城出版社，2004 年，页 61。

[8] ［明］黄佐《秋日登镇海楼》，《岭南名胜记》。

[9] ［明］伦以诜《镇海楼》，《南海县志》。

[10] ［清］苏楫汝《镇海楼落成上大中丞李公》，转引自《镇海楼史文图志》，页 82。

[11] 《明史》卷八十一，《食货志》，北京：中华书局，1974 年，页 1980。

[12] ［清］郝玉麟等修《广东通志》，雍正九年（1731 年）刻本。

[13] ［明］张岳《镇海楼记》，此碑在镇海楼前西侧碑廊。

[14] ［明］黄佐《广东通志》卷十五，卷十六，嘉靖四十年（1561 年）本。

[15] 程美宝《地域文化与国家认同：晚清以来"广东文化"观的形成》，北京：生活·读书·新知三联书店，2006 年，页 50~53。

[16] ［明］黄佐《广东通志》卷二十，"风俗"，页 7。

[17] ［明］欧大任《镇海楼》，转引自《镇海楼史文图志》，页 89。

[18] ［明］何维柏《镇海楼》，转引自《镇海楼史文图志》，页 93。

[19] ［清］李士桢《重建镇海楼记》，辑自［清］张嗣衍、沈廷芳《广州府志》，"艺文"，乾隆二十四年（1759 年）刻本。

[20] ［清］屈大均《广东新语》卷十七，"宫语"，北京：中华书局，1985 年，页 468。

[21] 程美宝《地域文化与国家认同：晚清以来"广东文化"观的形成》，页 19。

[22] ［清］李士桢《重建镇海楼记》。

[23] ［民国］黄节《重修镇海楼记》，该碑立于镇海楼前东侧。

[24] ［明］方孝孺《书黄鹤楼卷后》，《逊志斋集》18：8，《景印文渊阁四库全书》1235：527。

[25] 1928 年 11 月 22 日《广州民国日报》。

（作者单位：广州博物馆）

●回忆与感想

我的夕阳打工岁月

林鸿暖

2008 年春节过后，麦英豪、黎金宴请了广州博物馆几位领导，黎显衡、苏乾和我亦在坐。席间，我即席发表了退休 20 周年感言。

20 年前的今天，也就是 1988 年 3 月，恰好是我和本单位 6 位同事退休的日子，光阳荏苒，斗转星移，弹指已 20 个春秋。20 年光阴，业已匆匆过去，叹韶光之易逝，哀人生之易老。追忆逝水流年，回顾飞逝而去的岁月，退休时，我是百感交集，心乱如麻。当时，有人劝我，工作了几十年，现在退休，该享晚年福的时候了，每日邀三几位亲朋知己，玉沫悬杯，茗香浮座，高谈宏论，倾诉衷肠，或砌四方城，走马平川，其乐无穷。又有些人说：现在已 60 岁老人了，该是含贻弄孙，颐养天年的日子，现在已退休了，衣食无忧，又何必还要工作这么辛苦，要做到死吗？我的日子在祖国改革开放初期，远涉重洋深造，在异国他乡捱过了近十年的寒窗生活，取得了学位，正回国探亲。久违的父子一旦相聚，格外高兴。儿子情深款款地说："父亲已捱了几十年，现退休了，日后我申请你移民到美国去，过个幸福的晚年。"我说："如果我年青，还可到美国拼搏一番，现老了到美国有什么用，还不是等死。我已穷惯，祖国现已一天天兴旺，我的生活也一天天好转，苦难已随流水去，外国再好，也不是我的祖国，我不移民，日后有机会到美国探亲旅游，我是愿意的。"婉拒了儿子一番好意。当时我的想法是，自己一生中最明媚的春光是在博物馆度过的，现虽已退休，但脑子里还具有老骥伏枥，壮心不已的雄心壮志，身体还好，尚可发挥余热，退而不休，仍可为文博事业再谱新篇章。

退休后几天，我来到了市文管会的办公室，当时文管办的副主任岑志雄对我说："市文化局及市文管会要出一本文物志，想请你跟张以礼一同参加该工作，不用坐班。"究竟有没有报酬，都没有谈。我考虑，在职时我跟单位同事一同编辑出版过几本书，现在搞文物志也不是编辑出版书，驾轻就熟，没有什么问题，就一口答应了他。第二日，我就来到文管办上班，跟张以礼讨论如何组稿等问题，怎知他这时已忙着准备要出国，和他共事不过一个多月，他就起程了。从此只有我一个人唱独角戏，这时苏乾还未退休，为了要把文物志架子搭起，他也兼顾了文物志工作。但当时文物志该如何编写尚未有蓝本，我也未编写过文物志，困难不少。麦英豪是市文管会副主任，也是该志负责人，他看在眼里，急在心头，但当时他被国家文物局任命率领中国文物代表团赴日本展出，没有时间插手，临上北京前跟我谈了一次话，鼓励我要好好干。回来时特地从日本买了两件珍贵礼物送给我，一是一把梳，另一是一个钟，千里送鹅毛，礼轻情意重；梳是有齿的，寓意是有始有终，善始善终，鼓励我不要知难而退，半途而废。他还教导我，写文物志可在文物普查基础上，凡具有历史、科学、艺术价值的广州市范围以内的国保、省保不可移动文物，以及馆藏的一、二级可移动文物，以条目形式一物一条，以物带事，以物带人，图文并茂。我按照他的教导，发动各馆同志撰写，各馆同志积极响应，不久写了条目数十条，麦英豪还带头一口气写了数十条，接着，何民本、谢文勇、黄鸿光、黄佩贤等也陆续写了数十条，我也参加撰写，同时负责审稿改稿。编委会成立后，公推麦英豪任主编，黄流沙任副主编，在坐的黎显衡、苏乾、黎金和我都是编委之一。编委多次拉队到从化、花县等地审稿，确定了全志体例、分类、然后各篇按专业分工逐条负责编审，凡重要条目遗漏的，即席指定专人补写；还加上市各级文物保护单位名单，以及向广州各博物馆，纪念馆捐献文物嘉宾名录等。经过了一年多反复的修改，全志条目逐步齐全，文字也逐步精炼，乃于1989年4月最后定稿，请岭南美术出版社代为出版，深圳粤海旭日印刷公司承印，由时任文化局副局长刘斯奋带领我们到深圳督印。一本精美、图文并茂的《广州市文物志》终于1990年春正式出版。是年分别获得了省、市社会科学优秀研究成果一等奖，这是大家一年多辛勤劳动的成果，我也付出了一分的努力。

1991年11月，江苏常州"张太雷研究会"为了缅怀革命先烈，发扬革命传统，在张太雷女儿张西蕾主持下，准备出版《张太雷年谱》、《张太雷文集》（续编），邀请该会各地特约研究员到天津张太雷母校北泽大学（现天津大学）举行会议，确定年谱以条目形式，分段由张太雷诞生，求学以及工作过地方的特约研究员负责撰写。会上，各人畅所欲言，各抒已见，对张太雷一生，作了认真的研讨，最后根据会上研究意见，责成各段撰稿人进行撰写。张太雷短暂的一生中，到广东的次数最多，在广东工作的时间也最长，我作为特约研究员的任务也最艰巨。回来后，我到处搜集资料进行撰写，还反复订正、修改，于1992年2月按时寄回"张太雷研究会"。《张太雷文集》（续编）的出版，我也费尽力气，花了不少心血，到处发掘资料，终于提供了《张太雷文集》发表后尚遗漏30篇张太雷的遗文，成为文集（续编）内容的支柱。两书于同年4月出版，作为纪念中国社会主义青年团建团70周年以及张太雷牺牲65周年献礼。

1992年11月，广州市文化局和广州文博学会，为了检阅广州市文博工作者40年来辛勤耕耘的劳动成果和智慧结晶，准备出一本论文集，从《广州文博》已发表的文章中选录，入选文章的作者要有老、中、青，文章每人不得超过两篇，讨收入论文集的作者有60人，论文74篇，成为市文博学会成立以来首次出版的论文集。文化局聘请了我和李明担任编辑出版工作。论文集《羊城文物博物研究》于1993年1月出版。

1994年8月，广州博物馆邀请我与该馆同志一起参加广东人民出版社岭南文库·图册系列约稿的《广州历史文化图册》的编辑出版工作，负责现代史部分的图片选材及编写文字说明，并从组织、设计、制作方面协同各人工作。工作本来十分顺利中途由于与该馆领导在选材上发生了分歧，走了一段弯路，直至1996年1月才正式出版，时间拖长了一年多，还留下了一段不愉快的回忆。

同时，省文化局文物处要出一本广东方面的名胜古迹辞典，提供旅游界阅读，该处处长找到了我，要求市有关部门提供资料，我即向麦英豪作了汇报，旋在《广州市文物志》中挑选了部分条目，满足了他们的要求。1996年4月一本《广东名胜古迹辞典》巨著面世，我和大家都名列编委及撰稿人。

1997 年 7 月是广州博物馆建馆 70 周年纪念，该馆向高等院校老师组织了一批稿件，又发动本馆同志撰稿，准备出版一册《镇海楼论稿》第一册。我和苏乾又受聘担任执行编辑，再一次与该馆合愉快地完成了任务。

1998 年 1 月，我和苏乾受聘到省文化厅文物处工作，负责编辑出版内部刊物《广东文物》期刊，每年两期，每期内容 150 页左右，主要供省领导以及全省各市县文化部门、博物馆、纪念馆、图书馆、文化室等单位读者阅览，全省组稿。我俩担任特约编审，负责每期稿件审查、编辑、校对、出版一览子工作。从 1998 年第一期起，至 2007 年底已足足经历了十年，出版了 20 多期，从未脱节，质量也不断提高，领导满意，也获得读者好评。

1999 年，广州准备出版《广州市志》，其中《广州市志·文物志》是《广州市志》的一个分册。文管会接受了任务后，编审成员基本保留了《广州市文物志》原套班子，在 1990 年出版的《广州市文物志》基础上，搜集、增加、补充了市属四县以及部分重要资料，并吸取国内一些地方文物志的编纂方法编写，各章仍按专业分工负责编审，然后集体逐条讨论修改通过，最后报请市委宣传部、市志办分别派出了曹子将、甄炳昌主任以及龚伯洪参加，直接与编委汇审，做到上下结合，避免了翻工现象，加快了进度。我也参加了此志的编审工作，在编审过程中，当时《广州市志·文化志》编志办主任林启生力邀我到文化志编志办工作，说"是经局长钟子硕点名的。"我说："我精力有限，不能同时兼管两分工作，我对文化部门其他单位业务也不熟，虽然局长点了名，但我已退休，不一定服从。"经过多次的扯皮，我终于推掉了他，仍留在文物志办工作。

自 1990 年编辑出版了第一版《广州市文物志》，到 1999 年编辑出版第二版（与文化志、出版志、报业志、广播电视志合卷）的《广州市志·文物志》后，引起有关领导及各界人士广泛关注，反映"欣喜之余，总感不足。"又感于篇幅所限，《广州市志》把文物志合卷出版，文物志没有一单行本；同时这 10 年来广州的城市建设迅猛发展，发现了大量极共珍贵的文物资料。为了把这些珍贵文物记录下来，市文化局和市地方志办公室又决定把《广州文物志》进行全面的增订，在第二版《广州市志·文物志》基础上增补新的内容，增加了《博物馆、纪念馆》、《广州市文物、博物馆事业纪事》、索引等，每一条目，图文并茂。并承蒙香港京都念慈庵总厂谢兆邦先生解囊襄助，2000 年 1 月又出版了第三版《广州文物志》单行本，内容比前两版又丰富了，成为一本丰厚的巨册。事后，中山大学副校长张荣芳教授激动地说："我看过三版《广州市文物志》，一版比一版充实，进步是可喜的。"

10 年来我先后参加三版《广州文物志》的编审，看到一本本丰厚，评实的文物志呈现眼前，心中无比兴奋，这是和大家奋斗的成果。

2000 年春，市文化局，广州文博学会在日前召开的第十届学术研讨会收集的论文，加上后来又收到了一批论文基础上进行筛选，决定出版《广州文博论丛》，推选我及苏乾，曾志光三人负责执行编辑，于同年 10 月出版。

1999 年底，省文化厅为了编辑出版《广东省志·文物志》，从《广州市志·文物志》编委中聘请了麦英豪、黎金、苏乾和我四人与省文物处领导以及省有关专家共同组成编委会，参加本志的编审出版工作。由我把全省各市县日前报来的 1400 多条手书条目，逐条分类打印。编委会讨论确定文物志体例后，把打印好的全部条目按专业进行分工编审；并多次召开会议，对全志条目逐条进行讨论修改，后将所有经过修改后条目，重新打印，发回各市县文物部门进行核对，并得到省编志办热情指导，经过大家数年努力，数易其稿，完成了初稿。但出版部门认为编辑尚较粗糙，建议还要加工整理方能出版，后领导指定我和苏乾负责终审终校，对目录，内容，彩照重新进行调整，对全部条目、大事记及附录等再次逐条审查校对，与出版部门、印刷部门共同协作，互相配合，七易其稿不厌其烦，经过了两个多月的努力，终于取得了编志办、出版部门以及领导多方认同，《广东省志·文物志》终于2007年4月正式出版。

在参加《广东省志·文物志》编审同时，我又先后应广东革命历史博物馆及农讲所纪念馆聘请，为该馆出版的《广东革命历史博物馆论丛》《广州近代史博物馆论丛》以及《广州农讲所纪念馆论丛》（第一辑）的文章逐一进行审查，并提出修改意见。

回顾退休后20年岁月，和大家先后参与了14本书以及《广东文物》20期的编审出版工作，为繁荣祖国文化事业尽了绵薄之力，感到非常高兴；深感与书消得人憔悴，文字生涯往往秀时为着一个小小的问题，反复啄磨，辗转翻侧，熬过一个又一个不眠之夜，苦亦乐大家是深有体会的。退休前，数十载与大家同风雨，退休后，又一起战斗了20个春秋，大家是我的良师，益友，路灯、心桥，彼此情谊愈久弥深。往事悠悠，令人难忘。今记下点滴夕阳生活，无非是寄托咱们对昔时往事的情怀和追忆。人的生命是有限的，老牛明知夕阳晚，不用扬鞭自奋蹄。今后还要多向大家学习再学习。

（作者单位：广东革命历史博物馆）

广州博物馆展览侧记

叶笑茸

一、巴黎布展记

根据江泽民主席和希拉克总统的共通倡议，中法两国政府于 2003 年 10 月至 2005 年 7 月互办"中法文化年"，依照总体部署，我们参与了部分活动，由广州市文化局、巴黎中国文化中心、中国国际贸易促进会广州分会主办，广州博物馆、广州图书馆、广州画院承办，广州中华工艺装饰实业公司协办的，以广州博物馆为主的"广州与海上丝绸之路"展兼广州画院的岭南画鉴赏与展览、广州图书馆的图书展示，于 2004 年 4 月 5 日～4 月 28 日在巴黎中国文化中心联合展出。

经过十几个钟头的空中飞行，我们来自不同单位的十一人到达巴黎时，已是当地时间下午五点多。中国文化中心座落在塞纳河畔荣军院附近，是一栋五层的老建筑，后面带个很大的院子，我国政府不久前用二千万欧元将它买下，作为中法文化交流的活动场所。文化活动中心二楼是中文图书室，三楼是临时展厅，不少法国朋友和华人来这里阅图书、看展览，四楼是工作人员居住和办公的地方，工作人员是从国内派去的，顶层为阁楼，有招待所、厨房、小卖部，我们住在这里，一楼是半穴式，放杂物、健身器材等，对着大门口的是传达室、查询室。展品已于一天前运到，放下行李后，我们马上到三楼展厅看场地，一看，都傻了眼，按原计划，我馆在三楼展出，画院在二楼展出，搬运工人应把我馆的箱子搬到三楼，把画院的版面搬到二楼。可现在，画院的版面全在三楼，我馆只有几只箱子在三楼，大部分放在院子的车库里，而且画院和我馆同挤在三楼展出，根本不够地方。经与文化中心协商，决定在二楼腾出一些地方给画院展出，我馆照常在三楼展出。为节省资金，不请工人，全部由自己搬，必须在一天内完成布展任务。以往我馆办异地展览，都是我们出陈列提纲、实物、照片，对方负责陈列设计、制作展览设备、布展，但这次不同，全是我方一条龙服务。我们预先在国内制作好的展览设备要在这里组装，估计光是在展框上钻孔安装扣子，也要钻近四百个，现在还要搬东西，给本来就够紧张的布展工作增加了很大的压力，真是一次新的尝试。

第二天一早，大家不顾时差的劳累，投入到紧张的布展中。三楼不是专门的展场，没有监控系统，面积不大，由四间大小不等的房互套组成，高高的天花板上吊着华丽的水晶灯，墙壁四周被木架子撑着的米黄色布遮住，只留出窗和门的位置，看不到墙壁的真面目。画院和图书馆人员把画院的版面抬下去，然后在二楼布展，我们留下开箱。箱子四周用铁条钉死，我们用带去的锤、钳对着钉口一点点地凿，把钉子慢慢翘起来，好不容易才打开，把脚架、展框、展台一一取出来，拆开包装纸，放到预定的位置上。这些东西全用菠萝格木料做，刷成枣红色，又重又滑，要费很大劲搬。接着，我们到院子继续干，市政府的吴耀华处长在车库负责起钉开箱，市文化局张嘉极副局长、广州博物馆办公室主任李志云先把箱里的展框、展台抬到院子。这些东西每件都用塑料泡泡膜独立包装，他们把展框连同包装摊在地上，院子是沙地，防止钻孔时被沙子印花、上楼时被转弯抹角的楼梯碰花，然后帮忙抬上楼，中华工艺装饰实业公司的黄远昌总经理在展框背后的包装纸上剪开几个口子，用电钻钻孔装扣子，我和程存洁馆长把装好了的抬上楼，顺便把楼上的空箱搬到院子。不一会，手抖腿软，心跳气喘，可谁都不敢停下，生怕完不成任务。一次，程馆长贪快，竟一人扛起一块展框，摇摇晃晃地捱上楼，还是他想得周到，顺手把茶水、相机拎下来，气喘喘地说："哎呀！一人扛很辛苦，难上楼梯，难拐弯，还是俩人抬好些。"大家在一起干活，免不了要开玩笑，活跃气氛。程馆担心装扣子时间长了，会耽误后面的工作，他估算了一下所需的时间，就地"改革"，决定两边各少钻一个孔，这样，节省了劳力、扣子、时间，我们笑他"偷工减料"。看到一旁使劲开箱的吴处，张局竖起拇指夸他，还风趣地问："吴处，你这位市领导经常到外面视察，头一次这样干活吧？"

"是呀，从未试过。"吴处边擦汗边回答。

"市领导体察民情，和我们一起干活，大家加油呀！"程馆鼓动性地喊。

"来来来，赶快给市领导留下在外面干活的镜头，要不然，以后没有这样的机会干活了。"黄总连忙放下工具拿起相机，"卡嚓卡嚓"地按快门。

"哈哈哈。"欢快的笑声在空旷的院子里回荡，大家忘记了疲劳。

带去的工具全部打坏了，问文化中心借来工锤、钳、铁锹继续干。开完箱，被冠以"市领导"的吴处和我们一起抬东西上楼，他边抬边感慨地说："很重呀！连我们这些男同志都感到吃力，何况是女同志。"有人认为，东西放在车库虽然搬得很辛苦，但也有好处，院子大，不受场地的限制，可以放开拳脚翘钉子，摊开展框钻孔，展场面积小难施展，还会磨花地板，文化中心的同志会有意见。

文化中心的宣传工作得力，事前在大门口、多个公共场所贴广告、派传单，介绍展览，收效不错，我们看到不时有人推门进来要看展览，知道搞错时间后，打听何时开放才离去。

同样是市区，与广州人喧车闹的环境迥然不同，这里很安静舒适，空气清新。湛蓝的天空中，一群鸽子在盘旋，忽隐忽现，发出阵阵电流般的颤音，树上的小鸟戏谑追逐，时而冲下来在沙地上跳跃啄食，自由自在，不把我们放在眼里，时而飞上枝头，洒下一串串悦耳的歌声，为我们鼓劲。四周的欧式房屋提醒我们，这里是异国，我们已经置身于他乡干活了。墙外的汽车沙沙驶过，一次，一辆车响着特别的音乐声缓缓驶来，文化中心的同志马上打开院门把垃圾拖出去，哦，原来是垃圾车，这里人口少，早上倒垃圾也不碍事，我们要是白天倒垃圾肯定会交通大堵塞。初春的巴黎，气温与广州的冬天差不多，寒风阵阵，大家穿着单薄，干得汗流浃背。天气像"娃娃脸"变化无常，阳光灿烂的天空不时乌云蔽日，紧接着风雨交加，一会儿又晴空万里。此时，乌云渐厚，"不好了，快把东西搬到楼梯口！"不知谁叫了声，大家刚把剩下的东西搬走，雨"哗啦啦"地下起来，好险呀。这时黄总装完扣子，二楼的布展工作也完成了，领导宣布收工。一看表，差不多二点，大家拖着疲倦的身子去吃饭，刚出门，雨小了。

下午，全体集中布展三楼，大家先把楼梯口的东西搬上去，然后，有的拆包装纸，有的组装，把展框末端插在两只活动的半圆型脚架上，把喷图镶在展框中，用展框后面的扣子栓住喷图，组成一个个独立的板面，并按设计图纸挨墙摆放。我和李志云努力地竖起展框欲插进脚架，因新装修的房子，地板打了蜡，当快要竖起时，俩人怎么也把不住，"砰"的一声，沉甸甸的展框重重地滑倒，地板震了一下，马上花了一道，惊动了文化中心的同志，连忙走来看究竟，吩咐我们要小心。还是黄总的实际工作经验老到，他干了不久就有心得，教我们用脚顶住展框着地的那点，不让它打滑，才能竖起来，一试，果然挺灵，按这招做，进度很快。由于这些箱子在海上漂泊了一个月，受了潮，当拆开包装纸时才发现：有些喷图起泡，有些展框粘了很多尘而且被磨花了，喷图比展框的尺寸小，喷图与框之间出现空隙，装好的喷图不够平整，微向外鼓，有些说明牌字体模糊，还缺少一个明清时期广船模型的展台。面对着这些始料不及的问题，大家群策群力，能改进的尽量改进。对喷图中较大的泡，几个男子汉用大头针扎洞挤气，尽量按平，又把那张最难看的喷图揭下来，用双面胶重新装裱，画院的大师用色彩调出近似的颜色，涂抹被刮花的版面、填写模糊的说明牌，总算过得去，文化中心的同志不知从哪翻出一张有中国传统特色的长茶几，把船模放上去，不大不小刚刚好，像订做似的。最后开箱取展品，摆在展台上，跟着贴说明牌，文化中心有几只与展台尺寸相符的有机玻璃罩，可以罩住较小的展品，其余的裸放，虽说这些是复制品、代用品，这种贴近观众的陈列手法，始终令人放心不下。

博物馆出身的张副局长，有丰富的办展览经验，他事无大小，从开箱、搬运、审查、到指挥，亲历亲为，当发现前言及第一部分开头的版面分开放时，立即下令调整，使参观线路更紧凑。画院的方土副院长从实物与实地的结合出发，用艺术家的眼光审视展览，建议我们把第二、三展室所有的门打开，将展台、版面错落有致地摆设，既从视觉上感到美观，又形成一条互相照应的畅顺的参观路线，我们采纳了他的意见，及时修正。方形的展台油了漆，底部密封，到处滑溜溜，真是老鼠拉龟无处下手，大名鼎鼎的陈永康老师不顾年龄大，一人捧起一个展台，只见他涨红了脸，弓着腰，急步走，我们见状，马上走过去帮忙，还是张局想了个适合他干的活，叫他继续用相近的颜料遮住被刮花的部位。别看中国国际贸易促进会广州分会的陈国辉会长年龄大，个头小，可她雷厉风行的作风谁都佩服，只见她一边帮忙布展，一边上下奔走，把我们提出的要求及时向中心的同志反映，如分配展览用地，买电插头、工具等等，即时解决问题。精明能干的局办公室王丽贞主任上午帮画院布展，一时疏忽没有及时换下湿透的衣服，被冷风一吹，着凉感冒了，饭后她感到头痛脑涨，又流鼻水又打喷嚏，仍坚持干，处处起带头作用，由于整个行程都拖着感冒，大家笑她患了很难得的"法式感冒"。豪爽麻利的广州图书馆李惠敏副馆长先人后己，上午先帮画院抬展板下二楼，才忙自己的工作，刚放下手中的活，又帮画院布展，下午还和大家一起抬东西上三楼、拆包装、抹板面、打扫展场、把垃圾扔到院子，忙个不停，还经常问："还有什么活要干？"

晚上装灯具，当我们把第27号箱的灯具全拿出来，才发现箱底有工具。出国前，据帮我馆制作板面的工人说，为我们准备的大部分工具放在这个箱里，拿出这些工具，可以打开其他箱，但上午因为我们心急，打开此箱翻出一半灯具时，用手探摸到底，竟摸不到工具，为此局长还批评我们没带够工具，就是带去的也很单薄。唉，急用时找不到，不要时偏出现，真是哭笑不得。这些灯具前端装灯泡，尾端置夹子、垂电线，中间用铁棒相连，我们把夹子夹在展板的顶部，将灯头对准板面，待把灯全打开，陈列效果出来了。哗，高雅而古朴，庄重而热烈。万幸的是，由于灯光没有国内展场的那么强烈，柔和的光线把喷图的瑕疵遮住了几分，"真好彩……"，大家自我安慰，一天的劳动劳动总算有回报。

这是一次终生难忘的布展。

目睹我们的工作，文化中心的刘泓阁先生感慨万分，先前已有两个国内展览在这里举办，都是领导外出视察，工作人员留下布展，与我们对比，他说："没有见过像你们这样工作的，我一定要把你们的工作情况向大使馆汇报。"是的，这就是广州人的精神，大家不分彼此，团结务实，讲效益，争速度，苦干巧干，按时完成任务。

开幕式那天来了二百多人，把文化中心挤得满满的。张副局长、中国驻法国临时代办刘公使、巴黎中国文化中心的侯淑湘主任分别发表热情洋溢的讲话，回顾广州在中外贸易、文化交流中发挥的重要作用，展望中法关系的发展前途。接着，张副局长、程馆长向大使讲解，接受记者采访，观众兴致勃勃地参观。

离开巴黎前，趁道别之际，我赶忙冲上展场，急急兜了个圈，最后看一眼亲手布置的展览。三楼从楼梯口到展厅门的过渡间，一侧正放影像，有些观众坐在那里看广州市文化局赠送的广州文化宣传片，另一侧的桌面上放着宣传资料、留言本、笔，我快速翻了一下留言本，已有几页的留言。刚好有位懂中文的法国姑娘坐在旁边，我即时请她翻译几条简短的："这是很好看的展览，我们学习以前海上关系的东西，现在能理解最近的中法关系，你们很聪明，给我们知识，有教育的。""感谢你们的展览，让我们看到中国有意义的东西，虽然没到过中国，但有机会看这个展览，展览好看。"一个到过中国的朋友写道："展览内容好，想起以前到过中国。""通过你们的展览，我们开了眼界，幸福多了。"姑娘解释"幸福"这个词在法国有很多种意思，包括学到新的知识也叫幸福。

4月8日，《欧洲时报》发表题为"广州海上丝绸之路在巴黎延伸"文章，称赞我们为法国提供了一个好展览。据留在巴黎的广州画院画家方土、陈永康统计，每天约有一百多人来参观。反馈的信息表明，我们用汗水换来了一个成功的展览，为中法文化年出了一份微薄之力。

在巴黎中国文化中心前的合影（黄远昌摄）

展厅一角（黄远昌摄）

二、"沙展"时候

当我把照片和胸章摆在一起的时候,逝去的岁月在记忆中渐渐重现,望着一张张洋溢着青春的面孔,读着一个个熟悉的名字,努力寻找流失的时光,三十多年了,仍是那么生动、有趣。

上世纪六十年代后期,中苏关系恶化到了极点,苏联不断地在中苏边界的许多地段,侵犯我国领土、领空、领水,进行侦察,构筑工事,向我国公民和领土开枪开炮,阻扰我边防人员的正常巡逻,干涉我公民的正常生产劳动,破坏在中苏国境河流上正常航行的中国船只,珍宝岛地区更是战火弥漫。1969 年初苏联多次派出大批武装部队,携带全部装备,并出动装甲车、卡车、指挥车多辆,悍然侵犯我珍宝岛,打死打伤我战士多名,在忍无可忍的情况下,我边防部队发扬了"一不怕苦,二不怕死"的革命英雄主义精神进行自卫还击,狠狠打击入侵之敌,用鲜血和生命保卫了祖国的神圣领土。

对于苏联的侵略行经,我国政府提出强烈的抗议。3 月 4 日,《人民日报》、《解放军报》联合发表了"打倒新沙皇!"的社论,全国人民无比愤慨,声讨苏联当局的武装挑衅,支持我国政府的抗议照会。北京中国人民军事博物馆密切配合形势,推出了"打倒新沙皇"展览,该展览在全国反响很大,各地纷纷上京克隆,广州是其中的一个。9 月,广州军区、广州市革命委员会属下的文体办公室联合在广州文化公园第六馆筹办"打倒新沙皇"展览。展馆正门上方,醒目的挂着毛主席语录:"苏修、美帝狼狈为奸,做了这么多的坏事、丑事,全世界革命人民是不会饶过他们的。世界各国人民正在起来,一个反对美帝、苏修的历史新时期已经开始。"两侧标语分别为"打倒苏修社会帝国主义!""誓死保卫祖国神圣领土!"。来自多间学校的高中生临时组成了一支阵容强大的宣传队,进行讲解宣传工作,宣传员每人持一个上岗证——"毛泽东思想宣传员"胸章,此章白布红字,纵 4.5 厘米,横 8 厘米,背后盖圆形朱文"打倒新沙皇展览广州展出办公室"章,用透明薄膜裹着(图一)。办公室领导由军方担任,老姜总负责,下有队长曾佛泉、指导员唐继红,市文体办公室派员负责处理日常事务,广州市革命委员会发红头文件,组织观众参观。10 月,展览开幕后,每天观众如潮,宣传员轮翻讲解,广州地区军民几乎个个都参观过这个展览,讲解途中,有的观众情不自禁地呼口号,"誓死保卫祖国!打倒苏修!打倒美帝!"留言部上写满了观众慷慨激昂的词句。后来,中苏边界武装冲突逐渐降温,展览完成了历史使命,于 1970 年 3 月 12 日结束,16 日上午,大家依依不舍地在展览馆门前照了张"全家福"(图二)。

图一 (莫健超拍)

宣传员由新、老同学组成，老同学是上一个展览"毛主席去安源"留下的。"毛主席去安源"结束后，正值农讲所陈列馆建成开放需要人之时，于是从这里调走一部份宣传员，留下的人手不够开放"打倒新沙皇"展览，又从2中、103中各调来五位新同学加盟，由于大家年龄相当，很快就混熟了，没有新、老之分。宣传队内实行军事化管理，按士兵的标准，除伙食外，每人每月领津贴6元，平时不准外出，节假日外出要请假，回来要销假，一切行军事体化，从宿舍到饭堂到展场，都是唱着歌，操着队行进，每天早上出操，晚上自学或开展"一对红"

图二 （莫健超翻拍）

谈心活动，"一对红"就是两人结成一个对子，互相学习，互相帮助，共同进步。宣传员分成两个班，每个班设正、副班长，一班是王瑞芝、陈玉环，二班是陈勤英、谭庆芝，队长、指导员统领大家，轮流半天学习毛主席著作、时事政治，交流学习心得，提高思想觉悟，半天讲解。

队里自办食堂，我们轮着担任采购员、炊事员，原本不会做饭的人，很快学会了用柴、煤煮大锅饭，炒大锅菜，有时生怕煮夹生饭，经常捧着闹钟，按时加火、减火，陈佩珍个子矮，特意用小板凳垫脚，掂起脚尖，擂起铁铲炒大锅菜，不管做得如何，大家都吃的很香，毕竟是自己亲手做出来的。在伙房的日子里，因要外出倒垃圾煤灰、采购，不少人学会了蹬三轮车，多了一门本领。炊事班很民主，每周事先订出食谱征求意见，还针对讲解容易造成嗓子痛的职业病，经常煮糖水润润嗓子。陈惠民饭后时常留下帮忙搞饭堂卫生，有一次，桌上搁着一盘炊事员准备炖鸡蛋用的溶化了的白糖水，她误以为是自来水，问也没问，拿来洗布擦桌，被发现时已经迟了，她自己也不好意思地说，怪不得，总觉得这盆水与往常的不一样，粘粘滑滑的。望着黑乎乎的糖水，在场的人议论纷纷，有的说，注重卫生要紧，把它倒掉算了，重新溶糖水，更多的人认为要节约闹革命，反正是高温消毒，不干不净，吃了没病，倒掉可惜，最后还是把它留下来，待脏物沉淀后，滤出上面的糖水炖鸡蛋。多年后提起此事，有人说不敢吃，偷偷溜走了，现在回想起来，还是她做的对，因为当时还没到山穷水尽、非这样做不可的时候，大不了就是少吃一顿炖鸡蛋，只不过大家的思想都很"革命化"。

由于一切是临时的，必要的设备购置不多，每到搞卫生，大家自动拿出自己的水桶拖地、抹窗……之后，用肥皂清洗干净，继续用来洗澡、洗衣，还好，没听说有谁得了皮肤病。这些在当时是微不足道的小事，现在的年轻人可能难以理解，我们这代人是在毛泽东思想哺育下成长的，枪林弹雨中的英雄形象，和平时代的雷锋故事，早已刻骨铭心。大家真心实意这样做，谁都没有怨言。

珍宝岛自卫还击战后，我国开展"深挖洞，广积粮"、"备战备荒为人民"的全国性备战运动，当时边界形势非常紧张，在北面要打击苏修来犯之敌，在南面要援越抗美，在西面中印边界武装冲突平息没几年，双方还在虎视眈眈，在东面蒋介石还想反攻大陆。在那个多事的年头，我们经常听美帝、苏修亡我之心不死的形式报告，大家相信战火会随时爆发，为了适应形势，时刻上战场，经常练习打背包、搞紧急集合，做到召之即来，来之能战，战之能胜。在军代表的策划下，有时睡到半夜，刺耳的哨声突然响起，划破了宁静的天空，大家赶紧爬起来穿衣、打背包，几分钟后赶到指定的地方集合，然后，在公园跑步。一次，李航胜的背包打得不牢，捆包带的一端垂下几乎拖地，眼看要散包了，他拽住散口拼命跟着队伍跑，不敢掉队，这哪是跑步，简直是落荒而逃，真是洋相百出，在他后面的几位笑得几乎跑不动了，幸亏这时停止跑步，再晚一点，他的背包准会散架。队伍解散后，看到他那副尊容，大家笑得前仰后翻，他也不好意思地跟着一起笑。文化公园地处闹市，内有多间展馆，由于处于轰轰烈烈的无产阶级文化大革命运动，一切秩序都乱了，大部分展馆闭馆，只剩下水产馆和"打倒新沙皇"展照常开放。白天，吸引游客的是棋类表演、讲故事、溜旱冰，"打倒新沙皇"展览使冷清的公园热闹了不少。晚上增加一些文娱活动，中心台有业余文艺团体表演，露天电影场轮着放"草原英雄小姐妹"、"地雷战"、"地道战"、"平原游击队"、"半夜鸡叫"、"列宁在十月"等电影，倒还有些人气。我们经常进出这些地方，耳闻目睹，日子长了，不但电影插曲曲不离口，而且连台词倒着背，也会滚瓜烂熟。早上的公园静悄悄，在明净的晨光中，只见几个人东一堆、西一撮地晨运，一片安适宁静，队长、指导员军容整齐，迈着矫健的步伐跑在队伍的前面，只听到齐刷刷的脚步声响成一片，"提高警惕，保卫祖国！"的口号声震荡回旋。那时，晨运没有像今天这样红红火火，不然，列队跑步，没准会撞倒几个人。练习徒手操时，大家一字排开，听着口令，精神抖擞，昂首挺胸，有节奏地齐步走。陈世昌的左右动作协调差，只见他操着操着，动作就走样了，变成出左手迈左脚，出右手迈右脚，队伍马上显得不协调，他自己发现后，试图努力纠正，但越紧张越难改，变成机器人，影响了队形。一次，队长有意整治一番，"陈世昌，出列，听口令，起步——走"，队长故意点他的名，他只好乖乖地出列，示范给大家看，没走几步，老毛病又犯了，动作僵硬，像木偶似的，大家轰然大笑，严肃的队长再也忍不住了，笑得直不起腰来，无法叫口令，指导员起初是紧咬下唇，强忍着笑，最后也打破矜持，笑红了脸，眼看笑不成军，她急中生计，赶紧宣布解散，草草收场。

　　年轻人好动活泼，大家聚在一起，喜欢叫外号，几乎每人都有个雅号，先从谭庆芝说起吧，粗粗的辫子齐刷刷的剪到肩上，神采奕奕，走起路来像操兵似的，不但人长得漂亮，连跳舞也很棒，经常跳"我们是毛主席的红卫兵"，摆动着当时最时髦的动作，举手、握拳、顿脚、叉腰、弓步，简单有力，豪气冲天，很有时代特征，我们用歌曲的开头称呼她"135"（音乐简谱），是最有音乐感的外号。黎丽明长得一副壮实的身板，浑身是使不完的劲，高兴时会情不自禁地一巴掌打在我们的手臂上，手臂马上留下红色的五指印，痛得我们眼泪盈眶哇哇直叫，她连忙解释："哎呀，我无出力嘎。"天哪！若用力打，我们还有命吗？真不敢想象，因而称她为"大只佬"。是最形象的外号；陈坚红举止文静，年纪轻轻的就患有胃病，有时痛得吃不下饭，还坚持讲解，好像不吃人间烟火的神仙，被称为"神仙"，是最雅的外号。廖惠玲的思想敏捷，文采了得，能说会道，声音响亮，是当讲解员的料，不知何因被叫做"阿婆"，是莫明其妙的外号。钟润生天生好动，整天蹦蹦跳跳，不管太阳多猛，也出外玩耍，晒得像非洲黑人似的，被称"黑鬼",是天然的外号。阮志东常把臭丸当玩具,加上广州话中"阮"、"丸"同音,被叫成"臭丸",这是与爱好、姓氏有关的外号。蒋涛长得高高瘦瘦,开头叫她"阿瘦",广州话中"瘦"、"寿"是近音字,久而久之把"瘦"叫成"寿",改称她为"阿寿",大家祝她健康长寿,是最惹人喜欢的外号。可笑的是,父亲的名字也成为起外号的资源,那时候经常要填表,除个人履历外,还有社会关系、家庭成份、个人成份等等,这些表没什么秘密可言,放在老姜的办公桌可以随便翻,有人看到我的父亲名水渊,就把我叫成"水渊伯",是有血缘关系的外号。最无辜的是王瑞芝,她哥哥是个文艺积极分子,在绢麻厂宣传队里扮演"白毛女"中的恶霸地主王世仁,兄妹感情深,经常去文化公园找王瑞芝,自然和我们混得很熟,大家就倚熟卖熟,把"王世仁"的名字送给王瑞芝,直到现在,连年轻人也管她叫"世仁姐",她老喊受牵连要平反,这是最冤枉的外号。莫健超改名前叫莫细啤,在广州话中,"细啤"是小孩的意思,他从名字到举动都像小孩子,自然没有外号,由于长期叫惯了"细啤",有时真的想不起莫健超是何许人也。

经过半年的磨合,宣传队被打造成坚强的整体。在"团结、紧张、严肃、活泼"的口号下,大家认真学习,努力工作,增进友谊。原本说好了待展览结束后,大家那里来那里去,然而展览结束了,原先是高二、高三的同学已错过了学校分配工作的机会,(在"学制要缩短"的那几年,小学的五、六年级,初中、高中的二、三年级同时毕业,把学制改为小学五年、初中、高中各二年,毕业后由学校统一安排升学或工作,大学停招)无校可归,正在读高二的同学还未毕业,此时市文博(文化大革命中除农讲所外,市级的博物馆、纪念馆、文物店联合为一个单位,又称"大文博",大本营设在革命馆,1980年分家)在市第一工人文化宫筹办"广州市阶级斗争教育展览"需要讲解员,上级干脆一窝端,把我们全部分配到市文博。在"工人阶级领导一切"的日子里,我们都想做响当当的工人,不愿与"臭老九"(知识分子)为伍,在"党叫干啥就干啥"的教导下,还是服从组织分配,成为自文化大革命以来第一批分配到文博系统的工作人员。以后,虽然有些人调走了,但大部分仍留在文博勤勤恳恳地工作,成为业务骨干,不少人担任了馆长、书记、局长之职,有的调去国家文物局。

转眼间,意气风发的同学少年,为文博事业贡献了青春,如今陆续退休,祝已退休的仍像当年那样充满活力,祝未退休的站好最后一班岗,平安着陆。

三、把车"驶"上古城墙

朋友,当您走上镇海楼,会惊讶地发现,古老的城墙上居然陈列着一辆现代的通道电车,让人难以致信。没错,这是广州市电车公司1998年赠送给广州博物馆的展品。您再仔细观察地形时会发现,镇海楼处在山顶,周边被城墙围着,只有南边是曲折的步梯。奇怪,这么长的通道车是怎么如何"驶"上城墙的?别急,听我慢慢道来。

随着科学的发展,历史的进步,不少在各行业中唱主角的事物纷纷走进博物馆。曾对缓解广州紧张的交通运输起过重要作用的通道车如今退役了。1998年1月21日,通道车被拖车拖着,从中山八路的电车公司车辆维修厂缓缓驶广州博物馆。宽阔的车头上挂着"光荣退役"的匾牌,匾牌上扎着鲜艳的大红花,飘带从两侧垂下,迎风飘扬,车厢外分别挂着标语:"惜别电车公司,驶向五层楼"、"最后一辆通道车驶进广州博物馆",白底红字,格外惹人注目。拖车拖着这辆14.5米长的通道车行进,宛如长龙在熙熙攘攘的马路上漫游,虽然没有鞭炮响,没有锣鼓声,但是不少车辆为之礼让,行人驻足观望,纷纷议论着曾乘坐过的通道车,忆起那印象深刻的乘车难。通道车终于被拖到博物馆前的斜坡路上暂放,等待交接仪式,每天吸引着游客,人们目睹为快,争相传递这条特别新闻。

春节后的天气变化无常,阴晴莫测,骤雨时至。到了2月20日下午,天公作美,太阳出来了,灿烂的阳光映照着这座具有六百多年历史的镇海楼,广州市电车公司向广州博物馆赠送的最后一辆通道车交接仪式在此举行。从中央到省市级电视台、中央人民广播电台、广州日报、南方日报、羊城晚报、香港文汇报、澳门日报等新闻机构派出三十多名记者前来采访,阵容鼎盛。交接仪式上,广州市公用事业管理局张光鉴副局长、广州市文化局曾石龙局长分别讲话,他们充分肯定了通道车曾起过的作用,高度赞扬了博物馆收藏通道车的意义。随后,广州博物馆张嘉极馆长向电车公司毛谦党委书记回赠收藏证书和锦旗,感谢他们对博物馆事业的支持。当晚,羊城晚报、广州电视台等抢先报道了这条新闻。第二天,中央电视台晚间新闻节目、南方日报、广州日报等纷纷报道,一时间轰动全城,通道车对广州人来说实在是太熟悉不过了,刚刚还在使用的东西,转眼间成为藏品,简直不可思议,社会发展真是太快了。

广州博物馆坐落在越秀公园气势雄伟的明代建筑镇海楼上,四周风景秀丽,镇海楼是历代羊城八景之一,因有五层,广州人习惯称之为五层楼,俗语有云:"未上过五层楼,等于未到过广州",是到广州的外地人必去之地。广州博物馆是全国最早的博物馆之一,作为综合性的地方博物馆,藏品非常丰富,但是仓库、展场容不下这件庞然大物,怎么办?困难是靠人去克服的,决策者们决定把它暂放在城墙,待新的博物馆落成后再放在新馆广场展出,并提出"驶"上去的方案,决定交接仪式后的第二天,在北面的城墙脚下,按前、后车厢把车辆拆为两段,分别吊上城墙,再还原安置,就地展出,供人们参观。

镇海楼北面城墙下的斜坡,长满了高高的紫荆树,枝叶纵横交错,望上去如同撑着一把漏光的帐篷,斜坡旁的小路蜿蜒伸展,一头伸向优雅的美术馆,一头连接轩昂的市防委,通道车将在这里"驶"上城墙。2月21日上午,电车公司修理厂的工人用拖车小心翼翼地把通道车拖到这里,拉起警戒线,不让游客通过,冒着凛冽的北风,拿起冰冷的工具,在两节车厢中间的连接处,熟练地拆磨盘、掀连篷、剪低压线,攀高爬底,紧张地工作着。旁边三三两两地围着看热闹的游客,人群中不时发出唏嘘的声音:"哦,这就是昨天报道的那辆车啊!"这时,一个天真烂漫的小男孩拖着外公挤到车旁直嚷:"睇车车!睇车车!"只见他兴致勃勃地摸摸车厢,拍拍轮子,一会掂起脚跟看师傅干活,一会蹲下望望车底,一副好奇的样子。热情的师傅把他抱进驾驶室,让他过把司机瘾,小家伙坐在驾驶椅上,脚够不着地,方向盘挡住了视线,还是手握方向盘,嘴里不时"嘟、嘟、嘟"地模仿喇叭叫,又拉拉手刹,发出刹车的声音,兴奋极了。我忍不住问他:

"小朋友,你叫什么名呀?"

"陈立翌。"

"住在哪里呀?"

"桂花岗。"

"今年几岁啦?"

"四岁。"

"上哪间幼儿园啊?"

"民航幼儿园。"

外公告诉我们,他在广州师范学院工作,小家伙平时对汽车很感兴趣,经常看汽车图录,认识很多不同类型的车辆,昨天看到新闻报道,得知通道车被博物馆收藏的消息,今天一早就嚷着要来,临出门前还特意看了一本汽车图录。此时,当"司机"忙得不可开交。因外公有事要走,师傅打断了他的兴趣,把他抱下来,他满脸不高兴,外公连拉带扯硬拖他走,急得他直跺脚,无奈小孩拗不过大人,边走边回头哭叫:"我不走!我要睇车车!"再见吧!小朋友,愿你早日成为汽车制造专家,为我国生产更多更好的汽车。

通道车被拆开两段后,大众搬家公司的五十吨吊车拉着警号上来了。小路更显狭窄,吊车起稳固作用的四只"脚"无法伸展,人们在斜坡上挖两个坑,趁这个时候,司机抬头望,计算着如何穿过树丛,然后返回驾驶仓,把吊车的两只"脚"放在坑里,另两只"脚"踏在小路上,吊车稳稳当当地扎好马步,发动机响起来,大吊臂徐徐降下,钩子钩起用钢绳扎好的后厢,慢慢升起。看着它渐渐离地,我的心顿时像被钩起似的,砰砰直跳,紧张得手心冒汗,担心它会掉下来。吊车上古城墙之事,连司机也没听说过,而且要求很高。越秀公园方面要求不能碰断树枝,博物馆方面要求不能刮花车厢,不能撞坏城墙。此举能否成功,我不敢往下想。司机全神贯注地把握操纵杆,驾驶仓在车盘上不断地转来转去,仓内的电脑显示后厢重5.4吨。北风一阵紧过一阵,刮得树枝东倒西歪,刮得后厢微微晃动,增加了吊车的难度。后厢在树丛中左升右降,前躲后闪,避开一叉又一叉的树枝,硬是在树隙中穿过,被顶高压底的树枝纷纷弹回原位,发出沙沙的响声,枯枝败叶随风荡下。有时司机把车厢停在半空,走下驾驶仓,认真测量一番,看看从哪个位置上去更佳,然后再继续干。隆隆的马达声、呼呼的风声、沙沙的树声汇成一章雄壮的交响乐,在乐声中后厢终于跨过树梢移向城墙,安稳降下,我长长地舒了口气,司机却皱起眉头。按规定,吊臂倾斜度的极限是80度,刚才吊臂已支起70度,升高到29米,接近极限了,而且前厢比后厢重,若不调整吊车的位置,尽量减少吊臂的倾斜度,是会出事的。于是,人们在刚挖的土坑上,向斜坡继续挖去,吊车的"脚"向城墙靠近了一点,长长的吊臂勾起6.8吨的前厢,在树丛中沿着刚才的路线,顺利地跨过树梢,安然地在城墙落地。"成功啦!"人们兴奋地鼓起掌,

莫健超拍

276

我彻底地松了口气，悬挂的心终于放下来了。茫茫的暮色悄悄地在山上降临，公园的路灯亮了，照着人、车匆匆离去的身影。

庞大的车厢被吊上城墙，余下的工作就显得"湿湿碎"了。第二天，修理厂的工人把前、后厢连接后，用铁凳架起车底的大梁，把转动了多年的车轮"束之高阁"，通道车就这样"驶"上古城墙。这天适逢是领队李文华师傅五十大寿。这位目睹通道车变化的师傅，看着它从"主角"到"配角"，从"配角"到被淘汰，感慨万千：七十年代初人多车少，交通紧张，在车站上经常看到，一有车到站，人们蜂涌而上，挤上车的，挤下车的，挤得满头大汗，更精彩的是从窗口"上车下车"，有时乘客太多无法关门，站在门口的不肯下车，车外的人只好用脚使劲地踢门，才把门关上。厢内像打桩似的，有时连立足之地都没有，密不透风，夏天最难受，那些"烟雾弹"、汗臭的混合味令人窒息，无处躲避，更有甚者"咸猪手"出动，"打荷包"显灵。此时流行着一句羊城牌普通话："你爱我，我爱你，很幸福啊！"，意思是，你挨着我，我挨着你，很辛苦啊！因为广州话中的"挨"、"辛苦"，和普通话的"爱"、"幸福"发音相似，广州人容易混淆，成为完全相反的意思，幽默的笑话形象地反映了乘车难的尴尬。在这种情况下，通道车应运而生，占全市公交车的百分之八十，这些巨无霸在运送乘客中起到主力军作用。如今美观舒适的车多了，不再需要这些车身长，调头难，行驶满的车。在经历了二十四年的营运后，通道车完成了历史使命，退出交运舞台，为自己划上完美的句号。二十多年来，经李师傅修理、保养的通道车不少。今天，在他五十岁生日的重要日子里，李师傅亲手把最后一辆通道电车送进博物馆，用活生生的教材教育后人，使他终身难忘，他对大家说这个生日太有意义了。

最后一辆通道车的车轮停止了转动，而历史的车轮依然滚滚向前。人们在改革开放的浪潮中，用自己勤劳的双手，把昨天的成就写进浩瀚的历史。

（作者单位：广州博物馆）

● 馆史资料

广州市立博物院成建始末

黄庆昌　陈鸿钧

镇海楼，屹于广州城北越秀山，楼高五层，俗呼五层楼。红墙碧瓦，飞阁雕甍，形构雄伟壮观，有"岭南第一胜概"之誉，向为穗城之一处著名标识暨一方人文胜景。1928年，广州市政府重修兹楼，翌年，辟为广州市市立博物院，是开岭南近代正式博物馆之先河，亦为中国早期博物馆之一。作为现广州博物馆之前身，广州市立博物院成建至今，恰值80周年（1929~2009年），为留存史事，俾资考鉴，兹试逻稽资料，列以编年，系以事例，将广州博物馆成建始末（1928年10月24日~1929年2月11日）详述如下。

一、提案通过

1928年10月24日，广州市第170次市政会议，讨论时教育局局长陆幼刚"请拔镇海楼筹设市立博物院"的提议。提案书指出：

广州为我岭南文化中枢，际兹训政伊始，举凡启发民智之事业，自宜尽量建设，次第举行，庶于将来宪政之实施，方呈指臂之效，查各国都市，均有宏伟之博物馆，即我国北平市亦有古物陈列之设。革命策源地之广州，自应极为创办，现拟在本市设立完备博物院之一所，搜罗动植矿物之标本、模型、世界今古特产异物、风俗历史之特征、雕刻、绘画、工艺美术等，陈列院内，任人观览，赋以注释，藉以启发民智，引起国民研究学术兴趣，夫亦于社会教育中应有之设备。且查镇海楼现经修葺，地方适合拔为院址，不需另付建设经费，诚一举而两善也。仅就管见所及，拟定计划预算，提出讨论，是否有当，敬候公决云。

会议通过了该提案，批定本市越秀山新修之镇海楼为博物院院址，是为广州市市立博物院创立之始声。

10月31日，广州市第171次市政会议决议通过市教育局提议市博物院先设筹备追加预算案。筹备费共六百七十五元。

二、筹委会成立

1928年11月6日上午，在市教育局召开广州市立博物院筹备委员会（简称筹委会）成立会。会议由陆幼刚局长主持。聘请谢英伯（中国新闻学专门学校校长）、丁衍镛（市美术学校教员）、陆新翘三人为筹委会常务委员；顾颉刚（中山大学教授）、辛树帜（中山大学教授）、费鸿年（中山大学教授）司徒槐（市美术学校校长）、朱庭祐、罗原觉、何叙甫、胡毅生、左元华、陈焕镛、丁颖十一人为委员。另设干事二人，院警四人，院役三人。薪酬暂定常务每人一百二十元，委员每人一百元，干事每人九十元，警院每人十五元，院役每人十五元。办公费五十五元，文具五元，杂费五十五元。筹委会设在市教育局内。

11月14日，筹委会决议通过《广州市立博物院筹备委员会组织大纲》，大纲凡十一条，计有：

（1）广州市立博物院筹委会根据第170次市政会议决议案组织之；（2）本会掌管收集关于国内外自然科学、历史博物及美术等范畴内各物，为本院陈列之预备；（3）本委员会直属广州市教育局；（4）本会由委员七人之九人组织之，内设常务委员三人，由教育局长指定处理本会通常事物，并执行决议案；（5）本委员会之任务如左：①关于本会规划事项；②关于本会统计事项；③关于名人作品征集事项；④关于古物征集事项；⑤关于动植矿物地质标本采集事项。（6）本会暂分美术、历史博物、自然科学等三部，每部设主任一人，由常务委员分任之其任务如左：①美术部专司采集绘画、雕刻、工艺美术事宜；②历史博物部专司采集有关历史上、民俗上各种博物事宜；③自然教学部专司采集动物、植物、矿物。地质标本事宜。（7）本会由教育局委任干事二人，管理人员一人，商承本委员会办理本会文书、会计、保管、庶务，及其他由本会交办各项事宜。（8）本会各部有关于筹备进行之具体方案，交本会会议议决，请由教育局长分别执行之。（9）本会议定期每周一次，在每星期六日下午举行之，遇别事故得召集临时会议。（10）本会办事细则另订之。（11）本会候市立博物院正式成立后裁撤之。

三、文物征集

广州市市立博物院筹备委员会成立后，文物征集工作随之紧锣密鼓地展开来，期间几项重要举措如下：

1928年11月22日，广州市教育局呈请市府，请通令各市、县、区，采集各类文物移送博物院，以资保存、陈列和研究，谓"岭南文化，广州为其中枢，欲建树完备之博物院，尤宜尽量收集各市县区有关于美术、雕刻、工艺、绘画，与夫历史上之遗物、近代之创作，有陈列之价值者，应广事搜罗，以期完善，而资研究，尤赖各市县区长官设法搜集汇送陈列，俾岭南文物，能以永久保存，而教育前途实深利赖。"23日，市博物院筹委会委员谢英伯发表《征集历史遗物及民俗用品计划书》，计划第一期征集之物为：

1、本市现存之公有古物品，以市府命令，移贮于本院；2、西江流域各地方，属于公有之物品极多，当呈政治分会及省府通饬各地方长官，择其可以移动者搬运来院，以期南服古物之集中，藉便保存观览；3、就私人藏家，劝其捐送或借用；4、对于物品购置，宜先择其①具有地方性者；②足以表示一时代人民生活者；③确知其出处者；④物以人传者。并辅以图说。

11月30日，广州市政府委员长林云陔呈请省政府，通令各县市，搜集物品，移送市博物院陈列，谓"博物馆之设，意在类聚物品，经集文献，所以供众赏览，启发民智，关系綦重，故欧西各国，咸于繁盛市区，建设伟大之博物院，是以学术修明，民智丕开，社会文化之优美，远出亚东各国之上，斯由提倡以渐，遂成伟积。我国原为文明古国，艺术文化发达最早，乃因时代变乱，靡知爱惜，忍令禹鼎沈渊，铜驼委莽，甚有流诸异域，转资考证，礼失在野，良足慨然。……岭南文化，广州为其中枢，欲建树完备之博物院，尤宜尽量收集各市县区有关于美术、雕刻、工艺、绘画，与夫历史上之遗物、近代之创作，有陈列之价值者，应广事搜罗，以期完善……"。附呈提案计划暨调查表各二百份。

12月1日，博物院筹委会召开第四次会议。主席丁衍镛。会议议事三项：（1）催请政府拨发征集款；（2）研究制定陈列设备事宜；（3）议决罗原觉委员担任历史博物部工作。

12月19日，博物院筹委会拟定出《征集物品条例》，共七条：

（1）革命先烈之遗像遗物、著作用品，均采集之；（2）博物院自然科学类，所有动植矿物标本、模型与其他关于此项科学足资研究者，均采集之；（3）博物院历史民俗博物类，所有历史上民俗上用品，与其他能代表一时代而有研究价值之物品，不论中外，均采集之；（4）博物院美术类，所有工艺、绘画、雕刻，与其他关于美术上之制作品或遗物，而富有美术性者，不论中外，均采集之；（5）博物院生理部，所有人体之解剖、胎儿之进程等标本或模型，均采集之；（6）博物院微菌类，所有各种病菌、酵母菌类标本模型，均采集之；（7）其他不属上列各类品物而别具特征，有陈列之价值者，均采集之。关于以上品物藏异大家，如有慷慨捐送或借出陈列，均一律欢迎，并希移驾到会接洽，或函知本会，俾得派员前往领教。

12月24日，博物院筹委会发布《征求革命纪念品布告》，共九条：

（1）总理及先烈生前用品及手迹；（2）镇南关革命时所制之军用票；（3）革命军各役之军用票；（4）海外筹饷之军债票；（5）革命各役、军界同志足资纪念之器械；（6）总理颁发革命军各役之军界同志印信及委任状、手书、方略等件；（7）总理颁发中国同盟会、中华革命党海内外党部及主盟人之印信、委任状、手书等；（8）各同志因革命入狱之手足拷镣等刑具；（9）其他具有革命纪念价值之物品。

1929年1月1日，博物院筹委会拟定《征集陈列品物奖励规程》，共六条：

（1）本会依据组织大纲第二条之规定，征集市立博物院内自然科学、历史与民俗博物及美术等陈列品物，特定规程奖励之；（2）本会奖励方法如左：①呈请市政府给奖、②由本院发给奖章、③悬本人肖像并将芳名勒碑院内永留纪念、④赠本院出版物及纪念品、⑤登报表扬。

（3）奖励范围如左：①捐送、②确实介绍本会所征集各类品物在十份以上者、③借用品物陈列时间在一个月以上者、前项借用品物，由本会制备二联收据，一发本人，一存本会，并呈教育局备案，以昭慎重。借用期间内，本会负保管之责。（4）前条各项之品物，须经本会鉴定，认为有陈列之价值者方适用第二条之规定，分别办理；（5）本规程如有未尽事宜，得由本会修改，呈请核定施行；（6）本规程呈奉教育局核转市厅批准即生效力。

1月8日，博物院筹委会发表征集文物陈列品宣言，谓：

窃维欧美各国繁盛市区，每有伟大博物院之设，以之类聚品物，征集文献，大有可为表率，足资垂法者。无论为何品物尤必尽量搜罗，使申景仰，其所以实施民众教育，用意至深且远。乃者广州市市政府、市行政会议议决筹设市立博物院于粤秀山之镇海楼，兹值筹备期间，各类陈列品物，自非旁搜博采，难臻完善。我广东为革命策源之地，伏念总理手泽、先烈遗品，与夫革命纪念品物，无一不可与民众观感，回顾缔造功勋，律以饮水思源之意，便当汇列院内，垂诸久远，谨拟征集类例，及奖励规程于后，所望邦人尽量捐送，或以廉价让出，俾臻完备，岂惟该院之光，实南中国文化所系，谨此宣言，伫候明教。

与此同时，博物院筹委会向海内外各名画家、收藏家发出征函，征集雕刻、工艺、绘画、历史遗物、民俗用品及古代铜鼓、陶瓷器、城砖等物品；致函卫生局，请令市内各医院、医馆，征集生理医学标本或模型，送博物院陈列；函请国画研究院，拟请惠赐巨作，并请代为选送会员作品；致函连阳县猺（瑶）化局，请代征苗、猺（瑶）民族物品；致函中华考古学会，请将古物部有关历史博物，酌量送往博物院陈列，并请代征古物；致函广东全省商民协会、广州总商会、广州市商会、象牙行、顾绣行，请设法搜集象牙雕刻、手工刺绣及其他创作品。派人员赴各地（包括海外）开展征集工作。

为便于征集，博物院筹委会还制定出各县征集表格式：

（1）县名；（2）捐送或借用；（3）物品所有人名；（4）品物类别：①古物类，凡祭器、明器、战具、碑碣、与民间衣饰用品、玩品为今代以前出现者属之；②特产类，凡该地之动物、植物、矿物，及其他珠贝介壳等，而为别县罕有者属之；③美术类，凡古今名画、雕刻、刺绣、模型，及民俗装饰、建筑之特别影片皆属之；④工艺类，凡该地制造之玉器、银器、铜锡器、陶瓷器，及竹木椰草等，而为别县罕有者皆属之；⑤其他皆属之。（5）发现或制成之时及地方；（6）物体考察，①形制；②面积；③重量；（7）搬运手续，如该县地方有品物捐送或借用者，如何搬运及用费，希预函知本会，以便进行。

直至1929年2月11日广州市立博物院正式开幕，筹委会通过购置、捐送、借用等方式，多方筹集，所获颇丰，兹就其著者举隅如下：

1928年11月28日，市政厅令博物院筹委会，将本市第十三小学内之宋元丰二年（1079）

制天庆观铜钟一座、明黎民表书碑刻一通，运回院内。

11月30日，博物院已征得本市书画名家温幼菊、司徒槐、陈宏、陈之佛、黄君璧、王文浩、高剑父、李耀屏等人捐送的多种古物。

12月5日，教育局聘请中山大学教授叶格尔任博物院顾问。叶格尔为德国博士，时任中山大学地质学系主任，兼两广地质调查所技师，此次将自已珍藏的一批矿物标本移送博物院。

12月7日，市政厅令博物院，将在旧法国领事馆内石质日晷一座，运往博物院。

12月17日，市孤儿院将该院内之罗马雕刻石像移送博物院。

1929年1月14日，博物院派员赴市北郊弥勒寺，将寺内籚造大佛一座运往博物院。

1月25日，中山大学考古学会主席商承祚教授考察市东山松竹岗南越大墓，特请市厅将家内所存古物数件妥为保护。市厅转令教育局，通知博物院派员前往收集，存该院以备陈列。

1月28日，博物院派员往南海县署，收集辛亥"三·二九"之役烈士之手书、指模、图像等遗物。同日派员往番禺县，取回该县署内保存之温生才烈士受禁时之铁手镣。

1月29日，市立医院院长李奉藻致函教育局长，愿将其收藏之"汉双鱼洗"、"古陶罍"等多种古物遗赠与博物院。

1月29日，博物院筹委会委员、美术部主任丁衍镛赴沪征集返粤，共征得名家作品二百余幅，如：蔡元培、于右任、经亨颐、陈树人、何香凝、徐悲鸿、褚民谊、张聿先、黄宾虹、关良、程瑶笙、陈刚叔、金梦石、周乔年、吴仲熊、刘海粟、潘天寿、杨雪玖、关紫兰、李叔同、俞剑秋、谭组云、谭组庵、谭华牧、成瘦铁、张善孙、王陶民、唐蕴玉、李金发、朱应腾、江小鹣、高乐宜、张小楼、潘玉良、王一亭等等。此后数日，筹委会赴香港、南京、苏州等征集人员相继返粤，均有所得。

2月7日，博物院筹委会派员往朱执信先生家，征集朱执信生前之眼镜、笔砚、手稿等遗物一批。

2月3日，在镇海楼召开筹委会第十二次全体会议，主席谢英伯报告外出征集情形。谓"此次赴南京、上海、苏州、香港等处，虽时迫款少，但所得颇为满意。革命遗物方面，已呈请总理奉安委员会及葬事筹备处，由胡汉民、刘纪文代为提出；其他革命遗物，分别托有关人员送出，但一时未能集中。历史古物所得，足以为古人以玉饰兵之物证。"丁衍镛报告此次赴沪杭征集情形，谓"此次着力宣传筹备要旨，极得当代名公推崇，以为粤人富有一种革命及创造精神，纷纷捐助作品，网罗全国朝野名士作品二百余件，购置画架等用品六大箱。"

该次会议决定于二月十一日上午十二时举行博物院开幕典礼。推举丁衍镛、辛树帜、司徒槐负责筹备开幕事宜。

此先，1928年12月5日，市政府委员长林云陔函请胡汉民为市博物院题写"广州市立博物院"匾额，匾高24英寸（约61厘米），宽22英寸（约59厘米）。1929年1月24日，《广州民国日报》刊载陈铭枢为市立博物院题联：

> 斯楼革故鼎新，想专征壁垒，残霸宫城，兴亡成败二千载；
> 此日等高观远，有劫后山川，望中烟火，忧乐悲欢百万家。

胡汉民为市立博物院题联:

> 五岭北来,珠海最宜明月夜;
> 层楼晚望,白云仍是汉时秋。

另外,市教育局决定将中央公园内废碑一方,改刻"镇海楼"碑记(笔者按:即由时任广东省政府委员、广东省教育厅厅长黄节所撰书之《重修镇海楼记》碑,1933 年 7 月勒立于镇海楼东侧)。还将市动植物园拨归博物院筹备会兼理,动植物园园址设在观音山。

1929 年 1 月 1 日,举行镇海楼重修竣工典礼。是日,博物院筹委会集体参加。

四、布展及开放后续工作

(一)布展工作

1929 年 2 月 4 日,博物院筹备处由市教育局迁往镇海楼内办公。

2 月 5 日起,开始在镇海楼内布展,陈列布局为:第一层陈列地质地图、地球模型;第二层陈列动植物标本;第三层陈列矿物标本;第四层陈列古物、美术品;第五层陈列革命纪念物和各国文史资料,以及孙中山先生的衣帽和石膏像。

(二)开幕典礼

1929 年 2 月 11 日上午 12 时,广州市立博物院在镇海楼隆重举行开幕典礼。开幕程序为:奏乐、齐集、向国民党旗和总理遗像行三鞠躬礼、主席恭读总理遗嘱、致开幕辞、报告筹备经过、长官训话、来宾演说、鸣炮、拍照、茶会。是日,来宾和观众一万多人参观了博物院,盛况空前。

广州市立博物院从提议(1928 年 10 月 24 日)到建成开幕(1929 年 2 月 11 日),为时仅三个多月,其效率之高,实属罕见。

(三)开放后续工作

2 月 20 日,广州市政委员长林云陔、教育局长陆幼刚、博物院筹委会,特请全省新闻联合会代表赴博物院参观。由陆局长引导各记者巡院一周,由各部分之职员详细解说。参观完毕后往北园酒家宴请诸代表。同时宴请各局及博物院筹备员。

2 月 25 日,广东省政府主席李济深、黄绍雄赴博物院参观,观览完毕后,评价曰:"各部之物品件,虽二、三月内仓卒之征集,而各部物品之精美,尚不失博物院之本旨,尤以总理之遗物及武强玉印、刘师复之假手、七十二烈士之遗像等物……珍于万物。以在满清专制之下,各烈士宁愿牺牲鲜血与头颅以行革命,今日全国民众之自由幸福,皆由此牺牲而换得之,其功勋之伟大,确为我国之革命历史增光不少。"并嘱博物院人员早日拟定出参观条例。

2 月 26 日,市立博物院拟定出《广州市立博物院参观规则》如下:

一、参观时间,每日上午十时起至十二时;下午二时起至四时止。逢星期一、日休息。

二、凡有左例情事之一者，不得入院参观：

（1）有恶疾者；（2）衣履不整者；（3）携带雨具或其他行李者；（4）携带兽类或其他危险物者；（5）携带食物者。

三、凡入院参观者不得违反下列各类：

（1）毁坏院内一切物件；（2）不得手触玻璃及陈列品；（3）不得在院内便溺（小童须由家长或师长、保姆注意）；（5）不得随地吐痰；（6）不得在院内吸烟；（7）不得喧哗杂沓；（8）不得凌乱出入路线及在路口停留；（9）不得摄影。（按：原报纸第三条缺（4））

（四）继续征集

广州市立博物院自开幕后，其各项工作继续进行。

2月19日，博物院又陆续收到各界捐送的各种物品，计有：牙科医学博士刘体志捐送孙中山生前在刘子威牙医馆所脱下牙齿一枚；谢心准捐送孙中山生前所用之铜笔架、压纸玻璃条、钢笔、手稿等；谢英伯捐送刘师复烈士谋炸李准，失慎断手后所用之假手；朱执信夫人捐送朱执信之眼镜；林直勉捐送林文、李文甫二烈士之遗稿；罗节烈士亲属捐送罗节之遗稿等。又有老少良捐送之产于南美密鲁之千年古水罂一个。

3月21日，万籁声将平生呕心沥血之著作《武术汇宗》一书送往博物院。该书著述极详，为国内不可多得之佳作。

4月5日，信宜县长何天瑞，将征得之砂仁、薯莨、黑糯米、铁矿石、银铅矿石等标本送往博物院。

4月9日，花县徐维扬将保存的广州辛亥"三·二九"之役先烈遗留之曲尺枪两支送往博物院。

4月13日，市民宇亦舟捐送一头八足二尾之畸形牛胎标本，博物院将其陈列于三楼中部。

4月27日，市民林崇志捐送朱顶鹤、鹬鸟等标本。

4月29日，化县（今化州）杨县长，将征得之橘红石、金蒙石、香珠等物品送往博物院。

6月29日，美术部主任丁衍镛搜集洋画及顾绣品多种，送院陈列。

7月2日，谢英伯将南区善后公署技师郑任良所送之黎人女装花边黑衫、红色花裙、头巾及弓箭、捉鼠器等民俗物品，转送博物院。

（五）博物院管理委员会成立

1929年2月26日，博物院筹委会召开第十三次会议，议决通过将筹委会改名为"博物院管理委员会"，并呈报教育局。下设美术部、自然科学标本部、革命先烈遗物部、历史博物部。（笔者按：1936年底，院内机构改设为古物、民族、自然科学、美术、总务五大部门，由市政府委任相当学历和资历之学者专家充任各部主任。）

4月4日，第121次市政会议议决"博物院已经成立，改为院长制，以资责成，兹定院长一人，月薪160元；干事二人，月薪75元；事物员二人，月薪30元。其余经费均照财政局审查通过。临时费准例每年六千元，购置报费均在内等语。自应照案执行，除分令外，合行录案令遵照，此令。"（笔者按：院长制直至1936年8月25日，广州市市长曾养甫训令，市立博物院

284

直隶市政府管辖，设立院长制，任命谢英伯为第一任院长，管理院内一切事务。）

7月1日，博物院管理委员会成立，各委员宣誓就职。委员长陆幼刚；委员谢英伯兼任历史风俗部主任；委员定丁衍镛兼任美术部主任；委员辛树帜兼任自然科学部主任。会议首由陆委员长讲述今后博物院扩充意见与购置设施计划，续由各委员讲述博物院与民众教育之关系、博物院在南中国之重要位置。

博物院管理委员会成立后，随即召开了第一次会议，会议补充蔡哲夫、何叙甫、冯康侯为新委员。同时拟定议案十条：

一、请工务局规划院前花园案，议决通过。函工务局办理。

二、建筑该院办事室案，议决通过。函工务局办理。

三、植物样本搜集陈列案，议决推举辛树帜委员担任，提出计划。

四、生理样本搜集陈列案，议决生理卫生合办。应备文向中大医院及市内多家医院者征集。

五、地质陈列扩充案，推举朱庭佑委员担任，提出计划。

六、美术院独立案，由丁衍镛委员修正原提案，再行讨论。（按：自博物院开幕后，广州市内及海内外名家又陆续捐送多种美术精品。市教育局拟除博物院外，再设一广州美术馆，呈请重修粤秀山启秀楼为馆址。）

七、增设国耻纪念陈列部案，议决归革命纪念品物部类合并办理。

八、组织出版品以广宣传案，议决印刷费尚未筹措以前，暂由各部酌情办理。

九、院外公园宜组织茶亭，以利游人案。议决通过。

十、多聘社会名流及专门学者为本院顾问案，议决通过。由委员长随时访聘。

其馀如管理委员会会议规程及常务委员会办事细则等，均由该会推举委员担任起草，以便下次提出公决执行。

博物院开幕后，为保护文物安全起见，委员会做了两件事：一是谘请市公安局派特警两名，配具枪弹，往市博物院，日夜守戒。每名月薪十五元。一是请东方摄影公司将院内陈列之文物按美术、自然科学标本、历史博物三部分进行拍摄，共三百馀张，且均设色彩，留档存备。

博物院为统计游人数字，自11月15日起，除团体参观者外，游人均须先向院办事所领取免费铜牌参观证一枚，凭证如院观览。

资料来源：

[1]《广州民国日报》（1928年10月份至1929年12月份，广东中山文献馆藏），文中所列日期，除明确日期外，均采取报纸的刊载日期。因报纸有缺，文中有的内容不完整。

[2]《广州市市立博物院成立概况》（广州市立博物院筹委会编，1936年4月）

[3]广州市档案馆藏民国期间《广东省政府公报》、《广州市市政公报》暨"广州市立博物院"相关档案。

[4]广州博物馆档案。

（作者单位：广州博物馆）

建国初期陈列工作之筹划

白 琰

1949 年 10 月 1 日，中华人民共和国成立，古老的中国经历了划时代的重大历史变革，也使博物馆事业迎来一个崭新的历史发展时期。由于"旧中国留在各地的博物馆还有 25 个（其中 9 个是外国人办的博物馆）。当时，这些博物馆多数已经陷于瘫痪或半瘫痪状态。"[1]中央人民政府文化部文物事业管理局鉴于建国初期，国民经济正处于恢复阶段，博物馆事业的发展分期分步骤进行。决定首先改造、整顿接管的旧型博物馆。广州博物馆建于 1929 年，虽在新中国成立前，机构撤销，藏品基本散佚，但在 1949 年 10 月 14 日广州解放后，1950 年 9 月市人民政府决定在镇海楼东侧仲元图书馆成立广州市人民博物馆筹备处，隶属市文教局，馆长胡根天。

一、广州人民博物馆开馆

1950 年政府投资时币 30，705，465 元维修仲元图书馆，接收旧博物馆仅余藏品 3010 件，其中 640 件为残破的日军军用器材，247 件陈旧动植矿物标本，其余多数又是残烂和仿制陶瓷器。自 9 月 1 日至 10 月 24 日曾为省行政学院借用的仲元图书馆归还后，10 月 24 日召开了第一次馆务座谈会，讨论迁移物品至新馆址办法及征集物品办法，将原分散在镇海楼、中山图书馆、八桂中学（古砖及碑碣约 600 件）的古物古籍移回博物馆。同时也积极寻找新博物馆的发展方向。在 1949 年至 1956 年间，中国共产党和人民政府为扭转社会风气和倡导新的社会风尚，主要做了两个方面的工作：一是对旧社会遗留下来的丑恶社会现象进行整饬；二是大力倡导新风尚，通过颁布政策、法规、法令和自身的身体力行，使新风尚在良好的社会环境下蓬蓬勃勃地发展、流行起来。适应这样的社会环境，博物馆工作重点为"古物虽有历史价值但于民众教育关系尚觉非重，拟定以产业部门及革命史迹为要，使本馆成为与产业知识及技能紧密联系的宝库，一方面使群众明了人类社会发展的过程，提高群众对革命斗争的认识"。关于馆的发展等问题 11 月 18 日，请教中央革命博物馆筹备处，12 月 11 日，国家文物局复函（见图）[2]同意馆以革命史迹展览和生产事业的推进为重点，并给与实际的指导和支持。

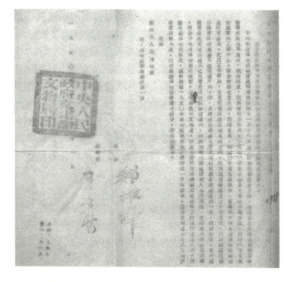

方向既定，开始征集文物，员工工作热情极高，每月都征集数百件实物，并筹备生物知识展

览，还致函华北、东北各省市及上海博物馆打算将来交换物品。征集部分市政展览会实物。1950 年 12 月，依原定方向准备的系统展览，因征集物品尚未到齐，尚难以即行实现，于是将原有的物品分室陈列，在仲元图书馆旧址做 5 个专题陈列：地下左进为生物、矿物——生物室，右进为抗日胜利品——胜利纪念室；三楼左进陈列铜器古物——铜器室，中间有关市政设计物品——广州市政室，右进陈列陶瓷器及出土古物——陶瓷器室。同时举办个人藏品展览，于 1951 年 3 月 1 日，广州人民博物馆正式开馆。开馆当年参观人数 289710 人次。下乡 7 次，参观人数39900。

二、初期开展陈列构想

在新中国成立后，文化人士对国家的发展变化是普遍认同的。如冯友兰在《一年的学习总结》中说："北京解放已经一年了。在这一年间，中国有了旋转乾坤的变化。社会每天都在改造进步之中。每个人都在改造进步之中。"博物馆工作者也在谋划进一步的发展，特别是 1951 年 10 月 27 日中央人民政府文化部由时任文化部长的沈雁冰签发了［51 文秘物字第二一七号］指示要求：针对各地改造或筹建博物馆及博物馆的方针、任务、性质及发展方向缺乏明确的认识提出：博物馆事业的总任务是进行革命的爱国主义的教育；鉴于目前国家经济情况，博物馆事业仍以改造原有的为主；博物馆应是地方的和综合性的。即以当地的"自然富源"（包括地理、民族、生物资源等），"历史发展"（包括革命历史）、"民主建设"（包括政治、经济、文化各方面的建设成绩）三部分为陈列内容，使之与地方密切结合，并要与全国配合。

根据指示广州人民博物馆调整分工，依征集与展览计划分历史部门（包括社会发展史与现代革命史）与生产部门，拟定"地球发展史"、"人类发展史"、"生物发展史"、"社会发展史"和"现代中国革命史"五个系列的展览。"地球发展史"陈列题目是：我们居住的地方是怎样来的？以图片展示，主要是绘图加地图，分 17 个小标题。"人类发展史"分三部分：一、从猿到人——劳动创造了人，二、从胚胎到人——人体发展顺序，三、人体的死敌——传染病的一部分。"生物发展史"拟从动物发展史和植物发展史入手，请专家指导分类编目：光华医院熊教授和梁秉纲同志指导，定制生物、病理、等模型。"社会发展史"按：一、原始共产社会，二、奴隶社会，三、封建社会，四、资本主义社会，五、共产主义社会陈列。"现代中国革命史"主要分二部分：一、旧民主主义革命史，二、新民主主义革命史，配合内容绘制革命历史画，根据中国革命史编定，由局委派和华南美术供应社专业画工完成。

1952 年初博物馆接管原馆址镇海楼，陈列历史文物及近代手工艺产品，镇海楼西越秀酒家亦归博物馆使用，博物馆馆址范围逐渐扩大。在仲元图书馆筹划广东水产和农作物为主的自然科学馆。这时期增加水产室、植物室、土改革命文物室、生理卫生室、解放战绩展览室、生物进化室、抗美援朝镇压反革命图片室，每天有 4000 多人参观。

此时博物馆意识到依靠社会力量，开始组建博物馆之友，这在陈列展览和藏品征集方面得到极大帮助，到 1952 年止，藏品增加到 18000 余件，自然科学藏品 6100 余，革命文物占 0.7%，但由于人员业务不熟等因素，征集文物较追求数量，缺少反映地方历史的系统文物。然而博物馆取得的成绩是可喜的，藏品数量和参观人数都有巨大增加。

三、地方志博物馆展示

经过三年工作的适应和调整，博物馆的发展逐步有了清晰的思路，中央有意地方博物馆建成地方志博物馆。广州博物馆在实践中发展，1952 年在今广州文化公园所在地建岭南文物宫，隶属市文化局。于 1953 年将博物馆自然科学馆又称自然富源之部并于岭南文物宫，馆藏生理卫生、动物标本一同归并。原生物进化部分移交原制作单位华南师范学院生物系，自然科学馆所在仲元图书馆旧址于 8 月 24 日开始闭馆。岭南文物宫在 1954 年 2 月 1 日春节之际，举办了"广州市一年来生产建设中出土文物展览"，展出 41 天共接待观众 215，000 余人；在这一年岭南文物宫举办 14 次展览会，5 次民主国家展览会，参观观众 1，308，720 人次。

1953 年 7 月开始调整工作范围进行修改陈列，并重点征集地方文物。同年 8 月 21 日市文化局根据中央文化部及中南文化局关于各地博物馆今后应朝地方志博物馆方向发展，发［文社丁字第 0756 号］批文，指示博物馆陈列以广东为范围，以广州为重点。博物馆改变以前的大通史的做法，寻找办广州历史陈列的思路。这时机构也随着调整，1954 年馆改名广州博物馆，正式建立征集、保管、陈列、群工各组。同时开展到三元、沙河、芳村、沥滘、长寿、新洲、岭大等郊区进行巡展的工作。1953 年接待工农兵、各国文化或贸易代表团和归国华侨代表团，包括巡展共 1，089，465 人次。

由于短期内征集不齐地方文物，至 1955 年还不能全面完整编出"广州历史陈列"，但以地方历史为主，以近百年广东人民革命斗争的文物为重点的各专题展览已经筹备出。春节展出了"古代铜器"、"广东民间工艺"、"元明清广东科学"、"1954 年广州基建出土文物"和"征集所得革命文物"等 5 个地方历史特色的展览，基本做到主题明确、内容较前大大充实，陈列线路清晰。国庆前再进行调整，调整后展览为"广东原始社会新石器时代文物"，"古铜艺术"，"广东陶瓷文物"，"广东科学文物"（增设"中国杰出的铁路工程师——詹天佑"专题陈列），"近百年广东革命文物"。经实践摸索结合地方历史和场馆特点，陈列表现形式和说明词的表述较前都大大提高。

这一年馆址建设方面有所加强，修建观众厕所和接待室，岭南文物宫又归我馆接管，馆藏方面已经由接管旧馆时的 3，010 件增加至 19，227 件，业务工作进入了有序发展。1956 年底省筹建省博物馆，博物馆于 1957 年底再一次调整发展方向，规划以城市博物馆为主任，着力反映广州悠久历史、近代革命史的重要地位和作为祖国南方门户对外贸易口岸等特色。社会主义建设成就方面也开始积极征集实物，准备展览，力争在第二个五年计划（1962 年）基本建成城市历史与建设博物馆。为达到这一目标，博物馆在条件允许情况下尽可能充实业务人员，同时广泛应用社会资源弥补本馆科研力量的薄弱，这时期博物馆成立了学术委员会。经过积极努力基本上完成地志博物馆主要包括历史之部、地方富源之部、民主建政之部的布置工作。同年修建布置三·二九起义总指挥机关旧址和三元里抗英史料陈列馆也作为当年工作的重要任务。

1958 年，筹备广州八年社会主义建设成就展览开放，1959 年加以修改充实，系统展示建国十年的成就。五层楼也将过去的分专题陈列改为广州市历史陈列，以反映广州历史发展古老的、英雄的城市。直至 1965 年"广州历史陈列"已经基本完备，当时国家也准备推出样板，国家文物局博物馆处特地来我馆查看，之后认为我馆的地方历史展览有特色，准备召开全国地方博物馆现场会，这决定由于次年文化大革命开始而搁置。

回顾博物馆在建国初期的发展，积累了办地方志博物馆的宝贵经验，取得了可喜的成绩，从档案统计从 1951 年 1 月至 1966 年先后展出历史、自然和社会主义建设题材的展览 20 多个。成绩斐然，为全国瞩目，这期间毛泽东主席都曾到博物馆参观，遗憾的是没有留下照片等相关资料。

注释：
[1] 王宏钧主编《中国博物馆学基础》，上海：上海古籍出版社，1990 年 4 月，页 114。
[1] 广州博物馆档案

（根据苏乾口述、博物馆档案资料整理）

（作者单位：广州博物馆）

广州博物馆社会教育职能的演变

罗兴连

博物馆肩负着收藏、展示、研究和社会教育等社会职能，其所承担的社会任务是任何单一功能机构所不能比拟的。博物馆的社会教育工作是传播人类文明、培养爱国主义情操、传递历史、科技信息等任务的重要途径。广州博物馆成立于 1929 年 2 月 11 日，为我国早期成立的博物馆之一，至今已有 80 年的历史。80 年来，广州博物馆的社会教育工作从无到有，得到了长足的发展，教育职能也随着社会的发展不断地加强和完善。

一、建国前的社会教育工作（1929 年至 1949 年）

博物馆的社会教育职能受到博物馆事业发展和社会发展的影响，在中国博物馆的百年历程中，社会教育随之经历了从萌生到发展壮大，不断加强的发展轨迹。广州博物馆是我国早期创建的博物馆之一，其社会教育职能的演变也遵循着这一轨迹。

20 世纪 20~30 年代是我国博物馆事业发展的高涨期。据统计，1928 年全国仅有博物馆 10 所，1936 年全国博物馆已增长到 77 所。[1] 广州市市立博物院在这种背景下诞生了。1928 年底，广州国民政府筹划在越秀山镇海楼创办博物馆，成立了以谢英伯、丁衍庸、陆薪翘、费鸿年、辛树炽、顾颉刚、罗原觉、丁颖等为委员的广州市市立博物院筹备委员会。1929 年 2 月 11 日，广州市政府委员林云陔行开门礼。自此，华南历史上的第一座市立博物馆正式成立。

开馆之后的广州市市立博物院，没有设置专门的讲解接待人员，博物院的日常开放工作全部由特警负责。这一时期，我国的博物馆，由于条件的限制都没有设置专门的讲解人员，遇有重要人物到博物馆参观，普遍由馆长或业务人员来兼任讲解工作。

讲解接待是博物馆社会教育工作的重要手段和内容之一，世界上博物馆的社会教育职能最早可追溯到 1683 年，第一座现代意义上的公共博物馆——英国牛津大学阿什莫林博物馆正式对外开放，该博物馆除了公开展出藏品外，还设置了用于实验和教学的化学实验室，并专门为大学生开辟了举办讲座的场所，开始了最初意义上的现代博物馆教育实践活动。[2] 1852 年建立的德国纽伦堡日耳曼博物馆，以时间为序，按照史前时代、罗马时代、德国时代三个系统六个展室来组织展品，帮助观众了解当地不同时代的社会面貌，[3] 这标志着博物馆开始将教育目的直接渗透到陈列展览之中，博物馆的社会教育职能逐步发展起来。1906 年，美国波士顿美术馆为了更好地为观众服务，开始设置专职的讲解员，称为 Docent，定期为团体观众提供讲解服务。[4] 此后，许多博物馆也相继效仿，设置专门的人员来从事讲解服务。

而我国，早在 1905 年张謇创办第一个公共博物馆——南通博物苑之初就明确指出："当遴派视察员、招待员，用为纠监导观之助。必得通东西洋语言文字二三员，以便外宾来观，有可咨询"。[5] 他所说的 "导观" 即通过讲解引导观众参观，而且要有英语和日语的讲解。只可惜，初创伊始，各方面条件较为艰苦，他的愿望也未能实现。

刚刚成立的广州市市立博物院，虽然没有专门的导览人员，但在开馆之日也迎来了万人参观的空前盛况。2 月 25 日，李济深也来到市立博物院参观。为了保障日常的开放服务，市立博物院在 2 月 26 日拟定的《广州市立博物院参观规则》中规定每周一、日休息，周二至周六的开放时间为上午十时至十二时，下午二时至四时。建馆不久的广州市市立博物院很快成为了国内外游客和外宾到穗的必游之地。据《市政公报》记载，1930 年，有意大利人到博物馆参观，回国后还向意大利各界人士极力宣传广州市市立博物院的陈列展览，引起不少考古学家的赞美。教皇还赠送了一枚异常精致的纪念章给博物院作为纪念。[6] 如今，这枚象征着中意友好交流历史的最早的见证物却因为战争的洗礼早已不知所踪。

1937 年，日本发动侵华战争，中国抗日战争爆发。1938 年 10 月，广州沦陷，日军占据镇海楼，馆址被损坏，文物散佚，市立博物院解散，博物院的各项工作被中断。

到了 40 年代，博物馆开始设置 2~3 名的展场管理人员，专门负责展场的日常开放。虽然此时也还没有设置专职讲解员，但从广州博物馆保存的相关档案资料来看，在抗战胜利之后成立的广州市立博物馆就已经明确把社会教育作为建馆的目标了。1945 年 10 月，广州市立博物馆在筹备之初提出了 "为发扬社会文化，辅助学校教育，激发研究心理，以贯彻社会教育" 的目标。1945 年 9 月，广州市教育局派人接收汪伪政权建立的广州市立图书博物馆。1945 年 12 月 12 日广州市教育局成立广州市社会教育事业辅导委员会博物馆组，下设图书馆、博物馆、民众教育组三组，由胡肇椿担任主任委员。1946 年 3 月 1 日，广州市立博物馆正式成立，隶属市教育局管辖，馆长由胡肇椿担任。9 月 17 日在镇海楼重新开放。但随后由于蒋介石发动内战，馆址被占，至解放前夕，广州市立博物馆机构被撤销，被定为建馆目标的社会教育工作也没有正式开展起来。

直到 1952 年，文教干部培训班的部分人员进入广州博物馆，成为广州博物馆最早的讲解员，广州博物馆的社会教育工作才开始慢慢走向专业化的发展历程。此后，广州博物馆的社会教育工作在人员的配备和机构的设置上随着时代的发展发生了一系列的变化。

二、建国后社会教育职能的发展（1950 年至 1978 年）

新中国成立后，博物馆事业的发展有了良好的社会环境，在这种背景下，广州博物馆也得以恢复并获得长足发展。1950 年 9 月，广州市人民政府着手重建博物馆，成立了广州市人民博物馆筹备委员会，隶属广州市文教局管辖，委任胡根天担任馆长一职。

20 世纪 50 年代，我国开始明确提出博物馆事业的总任务是进行爱国主义教育，使人民大众正确认识历史，认识自然，热爱祖国，提高政治觉悟和生产热情。[7] 博物馆仿效苏联的博物馆体制建构，普遍设立群众工作部或工作组，负责接待观众、组织观众、陈列室讲解等工作。[8] 博物馆的社会教育工作开始由独立的教育部门来承担。1956 年 5 月，文化部召开全国第一次博物馆工作，文化部副部长、国家文物事业管理局局长郑振铎对博物馆的宣传工作提出了明确的要求："要尽可能给学校的学生们，广大的群众们及专家们以参观、参考的便利，并把介绍、解释、宣传工作作为经常性工作。"文物局副局长王冶秋也在大会报告中提出："讲解工作是博物馆文化教育工作的最前线，讲解的效果直接影响广大观众，讲解员就是观众的老师，作为老师只有进行科学研究，精通自己的业务，熟悉每一件展品，并能解答观众，才能更好地帮助观众。提高思想水平和科学文化水平，才能更好地发挥博物馆的文化教育作用。"[9]这是第一次在全国会议上对讲解这一宣传教育工作的重要性给予肯定，博物馆的教育工作开始向专业化和规范化的方向发展。

建国之初的广州市人民博物馆也十分注意社会宣传教育工作，专门设置了展场组，组员5~6人，负责日常开放工作。1952年从文教干部培训班调入部分人员，担负起博物馆的日常开放和讲解接待工作，成为广州博物馆最早的讲解员。

1954年广州市人民博物馆改名为广州博物馆。

1954年开始，在全国对博物馆社会教育工作的高度重视和影响下，广州博物馆改原来展场组为群工组，负责日常开放、讲解接待和巡回展览的宣传等工作。五、六十年代，群工组除了主动组织观众参观外，还积极通过各种宣传工具，如招贴画、广播、报刊等媒介广泛宣传博物馆的各项活动内容。当时博物馆在各地兴起，业务活动都比较活跃，为配合政治运动，举办了不少规模不等的展览活动，在展览中都配备了大量的说明员，对观众进行宣传讲解。广州博物馆从1951年开始，在坚持馆内正常开放的同时，还配合"土改"、"镇反"等运动，组织人员下厂下乡，到近郊举办图片巡回展览，深受群众欢迎。据有关资料记载，从1958年到1960年，广州博物馆巡展观众达1，955，733人次。[10]

这一时期，广州博物馆群工组积极发挥作用，讲解接待了不少国家领导人和重要外宾。毛泽东、周恩来、董必武、贺龙、陈毅、林伯渠、李富泰、周扬等中央领导都曾先后到馆参观。解放初期，广州博物馆对群众免费开放，不收门票，采用每人进馆投一个竹牌的方式来统计参观的观众人数。1958年11月27日，周恩来总理、贺龙副总理、外交部副部长曾涌泉、中国驻朝鲜大使乔晓光陪同朝鲜金日成主席到广州博物馆参观，并在镇海楼前拍照留念。在参观的过程中，周恩来总理提议广州博物馆可以收售门票，将收入用作馆舍维修。自此，广州博物馆的基本陈列开始出售参观门票，票价为3分钱，专题陈列则仍以竹牌统计参观人数。到1977年，票价才提升到5分。此后，随着社会经济的不断发展，人民物质生活水平的不断提高，票价也不断调整。

"文革"期间，博物馆事业遭到破坏，在社会教育工作大部分处于停滞状态的情况下，广州博物馆的宣传讲解工作却得以继续。1968年10月，广州博物馆、广东革命历史博物馆、广东民间工艺馆和广州市文物商店合并，组成广州市纪念馆博物馆革命委员会。1971年底，广州市纪念馆博物馆在镇海楼设讲解员编制，组成"第二宣传队"，设正副队长各一人，队员20~30人，负责馆内开放，宣传接待等工作。该阶段的讲解员学历多为中学生，大多数都没有经过专业培训，讲解员业务知识的贫乏和当时过分强调政治性、思想性成为制约博物馆社会教育工作发展的重要因素。

三、改革开放后社会教育职能的强化和完善（1978年至今）

改革开放以来，博物馆事业得到了长足的发展，博物馆的社会教育工作也逐步活跃起来，广州博物馆的社会教育工作进入新的历史发展时期。形式多样的教育活动取代了传统、刻板的单向灌输模式，社会教育队伍不断地扩大，从业人员的素质不断提高，现代化的科技手段不断地应用到博物馆的社会教育工作中，由传统的以文物藏品为中心转向以公众服务为中心是这一时期博物馆社会教育工作的主要特征。1978年至今的31年中，广州博物馆社会教育工作经历了以下三个发展阶段：

1、1978年至1992年，恢复发展期

十一届三中全会以后，广州博物馆于1979年底恢复文化大革命前的组织机构，直属广州市文化局领导。博物馆群工组也重新恢复，设正副组长各1人，组员25~30人，负责广州博物馆、三元里人民抗英斗争纪念馆、广州"三·二九"起义指挥部旧址纪念馆的开放、讲解接待等工作。此时的讲解员仍然沿袭了60年代初开始建立起来的"三员一体制"，即讲解员在承担宣传教育、讲解接待任务的同时，又是展场的保卫员和清洁卫生员。1985年，广州博物馆被定为广州市文化局属处级机构，馆内各组也随之改称为部，即群工组改为群工部，设主任1人，副主任2人，共有成员约30人。1988年，群工部设宣传教育组、展场接待组、票务组三组，各组分工如下：（1）宣传教育组：负责组织和举办专题陈列展览，编写讲解词及通俗读物，举办各种讲座，接待重要外宾和外出组织观众；（2）展场接待组：负责一般外宾和国内观众的讲解、接待工作，以及展场的安全保卫、清洁卫生工作；（3）票务组：主要负责售票和收票工作。这种"三员一体制"实际上，大大削弱了博物馆的社会教育工作，也影响了社会教育队伍素质的提高。直至1993年的群工部改革，实行岗位定编，才逐步从"三员一体制"的状态下解脱出来。

为了提高讲解员的业务素质，广州博物馆注意对讲解员的培训和考核。从1979年开始，除了多次围绕基本陈列《广州历史陈列》展览和各种临展进行学习培训之外，还多次分期分批组织讲解员到北京、西安、湖北、湖南、广西等地及市内各兄弟博物馆参观学习，吸收各馆在讲解、接待方面的经验。

讲解接待改变传统的照本宣科、背诵讲解稿的讲解方式，开始注意根据观众的身份和要求，因人施讲，收到了良好的效果。例如对于集体组织前来参观的学生，讲解员会根据学生进行爱国主义教育和了解乡土历史的特点，发挥博物馆作为学校"第二课堂"的优势，重点介绍广州悠久的历史文化及城市变迁的过程，弘扬爱国爱乡的爱国主义精神。1980年以来，广州博物馆的广州历史陈列和每年举办的多个专题展览吸引了不少国内外观众前来参观，观众量每年超过百万人次，至1988年仍有90多万观众。[11] 不少外宾及港澳同胞、海外华侨参观广州博物馆，在登楼眺望广州市容，欣赏广州名胜古迹的同时，也加深了对广州历史文化的了解，扩大了广州博物馆的知名度。这一时期，比利时国王博杜安一世和王后、日本福冈友好访华团、澳门总督文礼治及夫人、阿曼"苏哈尔"号仿古木帆船船员、彭冲委员长等重要外宾和领导都先后来到广州博物馆参观。不少中外知名人士对广州博物馆的陈列展览和讲解接待给予了较高的评价。

1978年5月，著名的中国科学文化史专家、英籍生物化学家李约瑟参观广州博物馆，看到广州历史陈列中展出船尾有舵的东汉陶船模型后，纠正了他此前在研究中国古代科技史过程中认为船舵的发明始于三国的论点。广州博物馆还为其提供了8张包括东汉陶船模型在内的有关广州古代科技史的照片，为其对中国古代科技史的研究提供了参考。1980年7月，泰国大学艺术代表团来馆参观，讲解员采用因人施讲的方法，根据艺术代表团的身份着重介绍了广州古代文化艺术方面的成就，并突出介绍了古代广州与泰国友好通商的历史，引起了代表团的极大兴趣，给他们留下了深刻的印象……

2、1993年至2003年，改革创新期

随着博物馆事业的不断发展，博物馆社会教育的重要作用日益受到重视，社会教育职能也不断地强化和完善，"三员一体制"的工作形态越来越不适应博物馆事业的发展。1993年，广州博物馆群工部改革，实施专业性的岗位定编。在4月份的改革实行方案中将群工部分为接待、宣教和展场管理三组，并对各组人员的条件、职责和工作任务等作了明确规定。7月，群工部的展场管理组交由保卫科管理。至此，讲解员开始逐步从"三员一体制"的状态下解脱出来，从而有更多的经历来组织和开展教育服务工作，提高讲解宣传的工作质量，使博物馆的社会教育工作逐步走向规范化、专职化的发展轨道。1994年，群工部虽从"三员一体制"中脱离出来，但它仍然下辖着接待组、临展组、三元里人民抗英斗争纪念馆、"三·二九"起义指挥部旧址纪念馆、专题陈列厅、镇海楼五楼接待室和票房，工作范围涉及陈列、公关、讲解接待、展场护卫、古建维修、文物征集、售票、经营承包等方面，共有人员21人。1995年4月，群工部改为宣教部，人员的配备和工作职责等都又进行了大幅调整。主要负责筹办专题陈列、讲解接待、组织观众、开展博物馆之友活动及配合征集等工作，展场和各开放点的管理则移交保卫科负责，人员也由原来的21人精简为5人。较特别的是宣教部在人员较少，工作量大的情况下，除了做好讲解接待和组织观众等工作之外，还承担了广州博物馆平均每年5—7个专题陈列展览和文物征集工作，直至2000年才摆脱这种状态，开始专门负责讲解接待、组织观众、开展爱国主义教育活动、巡展、博物馆之友等工作，

随着社会需求的发展，博物馆的社会教育功能已经开始由单一的讲解接待发展为举办展览（临展或巡展）、开展活动、基地建设等多功能的教育。1994年，广州博物馆成为广州市第一批爱国主义教育基地。为了充分发挥博物馆的教育功能，开展形式多样的爱国主义教育活动，广州博物馆先后与广州军区空军勘察设计院、广州师范大学、华南理工大学、中山大学历史系、广师附中、朝天路小学、广州大学历史系等单位共建爱国主义教育基地，并将《广州科技从历史走向未来展览》、《叶剑英与南方大学校史展》、《中国历史照片展》和《广州历史图片展》等巡展展板送到共建单位展出，并于2000年开始建设志愿者队伍。从共建基地中招收部分学生担任义务讲解员，通过多次培训、组织讲解比赛、召开交流座谈会等方式，提高义务讲解员的讲解水平。

1999年开始，每年的"5·18"国际博物馆日活动成为宣教部扩大宣传，发挥博物馆社会教育功能的重要途径。每年围绕"5·18"国际博物馆日的主题，广州博物馆都举办了送展下乡、为山区贫困学生捐书助学、广场宣传咨询、问卷调查等活动，通过这些活动，激发了观众的参

与意识，引导观众走进博物馆，了解博物馆，发挥了博物馆的社会教育功能。

此外，1996年，经过长时间的筹备，在文物鉴定专家赵自强的指导下成立了广州博物馆"博物馆之友"，一经成立就发展了会员近两百人，是一批长期关注和支持广州博物馆发展的社会力量，成为了博物馆与社会互动、沟通的纽带。

随着宣教队伍素质的提高，讲解员的讲解水平也得到了一定的提升。1999年，广州博物馆派出讲解员赴上海参加南方六省二市（江苏省、浙江省、福建省、广东省、山西省、江西省、上海市、重庆市）的"龙华杯"讲解比赛获得二等奖。

这一时期，受到人力等客观因素的限制，在讲解接待方面，还没有实行讲解员在展场定编的制度，所承担的讲解任务多为机关团体、学校等单位的预约讲解。2004年之后，随着博物馆为社会公众服务意识的不断增强和博物馆社会教育职能的不断完善，广州博物馆的社会教育工作开始进入持续发展时期，讲解接待也采取了一系列适应社会和观众需求的新措施。

3、2004年至今，持续发展期

为适应社会的整体发展和应对多样化的社会学习需求，博物馆积极开展丰富多彩的教育活动，社会教育意识逐渐渗透到博物馆的各项业务工作之中，教育成为贯穿博物馆业务工作的重要主题。

2004年10月，广州博物馆实行改革，竞聘上岗，采取全员聘用制，全馆机构设置有所调整，实行"四部门一室一科"的设置。同时，改宣教部为教育推广部，主要负责接待国内外观众，组织讲解宣传，举办展览巡展，开展少儿互动活动，编辑出版通俗易懂少儿读物等工作。

近年来，广州博物馆的社会教育工作保持着积极发展的良好势头。由于广州毗邻澳门、香港的优越地理位置，穗港澳三地的合作交流也越来越密切，使得广州的博物馆得以学习和借鉴港澳两地博物馆在陈列展示和社会教育等方面的先进经验和理念，并用到自身的博物馆建设当中，促进了自身的发展。在社会教育方面，广州博物馆更新教育理念，增强社会教育人员对观众的服务意识，树立"以人为本"的服务观念，注意在陈列展览和讲解接待当中与观众的互动。2006年开放的《海贸遗珍》、《地球历史与生命演化》展览和2007年重新调整开放的《广州历史陈列》这三大常设展览和一些重要的临时展览如2008年展出的《"哥德堡号"带我到广州》和《春暖我家——纪念广州改革开放三十周年博物展》都配备了大量多媒体电脑触摸屏、投影仪、电动显示、电脑等现代化仪器，采用现代化的声光电技术，开发了许多互动项目，吸引观众的参与。特别是2008年12月开幕的《春暖我家——纪念广州改革开放三十周年博物展》，在展览筹备阶段就开始通过在报纸、电视等新闻媒体举办文物征集、"寻找广州改革开放三十周年历史见证者"、"百姓讲坛"、"时代的印记——广州改革开放最具代表性物品"评选等活动，从民生的角度，得到了市民的广泛参与和大力支持，光文物征集一项就征集到改革开放三十年来的物品近三千件。展览开放之后，为了让市民们有更多的机会到博物馆了解广州改革开放的伟大历程和光辉成就，激发观众的爱国主义热情，广州博物馆对团体组织前来参观该展览的观众一律免费开放，并实行上下午各一场的免费讲解。

2006年，广州博物馆被定为广州市第二批爱国主义教育基地示范点。为了充分发挥爱国主义教育基地的作用，加强对青少年的爱国主义教育，使博物馆成为青少年的校外活动基地，

2007 年，广州博物馆特地结合《广州历史陈列》展览开发了《羊城小侦探》电脑游戏、"寻找失去的古城墙"、"我是小小建筑师——陶屋堆砌游戏"、"文物修复角"等专供中小学生参与的互动游戏，"寓教于乐"，使学生们爱上博物馆，发挥博物馆作为青少年"第二课堂"的教育职能。

在讲解方面，继续探索因人施讲的有效讲解模式。讲解员在长期的讲解接待中通过不断地摸索和经验积累，专门编写了针对不同层次观众的讲解词，例如编写印刷了《中学生讲解词》和《小学生讲解词》，用中学生熟悉的语言解说枯燥的历史文物。为了满足观众的需求，2008 年广州博物馆游客中心落成，每天固定有一至两名讲解员在服务台从事咨询、讲解接待、游客物品寄存、语音导览设备租借等工作。同时，每天上下午固定两场的免费讲解，满足了不少散客在博物馆参观希望听到讲解的需求。

由于数字科学技术的发展，语音导览设备在一定程度上弥补了人工讲解的不足，在某种程度上满足了观众的需求。2007 年开始，广州博物馆教育推广部人员重新编写《广州陈列》、《海贸遗珍》、《地球历史与生命演化》三大常设展览的语音导览词，并于 2008 年初重新灌录。

为了让更多的人走进博物馆，了解博物馆，发挥博物馆的教育功能，广州博物馆近年来也特别重视借助报纸、广播、电视等新闻媒体的宣传。除了配合临展开幕式发表新闻稿之外，还对馆内一些重要的活动进行了报道。2008 年，光纸质媒体的新闻报道就有 109 篇，吸引了广大市民对广州博物馆的关注。此外，随着信息化网络技术的高速发展，广州博物馆开始借助于网站、手机等现代化的高科技手段进行宣传。2007 年，教育推广部与手机 3G 门户网站合作，免费在其手机网站上发布每个临时展览的信息。2008 年，广州博物馆网站正式开通，集美观和实用于一体，起到了很好的宣传效果。每当有展览、活动及其他信息都会得到及时更新，使市民更够通过网站及时了解广州博物馆的动态。

回顾广州博物馆的历程，其社会教育工作 80 年来基本上都在延续和发展当中，而当代社会的发展也对博物馆社会教育工作提出了更高的要求。只有应对社会的需求，进行自我观念的更新，才能在构建和谐社会中发挥作用。

注释：

［1］王宏钧《中国博物馆学基础》（修订版），上海：上海古籍出版社，2001 年 12 月，页 85。

［2］王宏钧《中国博物馆学基础（修订本）》，上海：上海古籍出版社，2001 年 12 月，页 63；阿什莫林博物馆官方网站 http://www.ashmolean.org。

［3］吕济民、苏东海《博物馆》，《中国大百科全书·文物博物馆》，北京：中国大百科全书出版社，1993 年 1 月，页 22。

［4］北京博物馆学会：《博物馆社会教育》之《绪论》，北京：北京燕山出版社，2006 年 7 月。

［5］1905 年，张謇《上南皮相国请京师建设帝国博览馆议》，转引自葛云莉《中国博物馆讲解工作百年回顾与展望》，载于《回顾与展望：中国博物馆发展百年——2005 年中国博物馆学会学术研讨会文集》，北京：紫禁城出版社，2005 年。

［6］《广州博物馆馆志——群众工作》，广州博物馆档案室藏。

［7］北京博物馆学会：《博物馆社会教育》，北京：北京燕山出版社，2006 年 7 月，页 7。

［8］《中国大百科全书——文物博物馆》"中国博物馆机构"条，北京：中国大百科全书出版社，1993 年 1 月。

［9］《全国博物馆工作会议与全国地质博物馆工作经验交流会议》丛刊，1956 年 5 月，转引自葛云莉《中国博物馆讲解工作百年回顾与展望》，《回顾与展望：中国博物馆发展百年——2005 年中国博物馆学会学术研讨会文集》，北京：紫禁城出版社，2005 年。

［10］《广州博物馆馆志——群众工作》，广州博物馆档案室藏。

［11］黄庆昌《广州博物馆七十年史略》，《广州文博论丛》第 2 辑。

（作者单位：广州博物馆）

民国时期广州博物馆史料辑要

黄庆昌　陈鸿钧

民国时期的广州博物馆分为三个阶段，即广州市立立博物院（1928~1938年）、广州市立图书博物馆（1941~1945年）、广州市立博物馆（1946~1949年），至今所遗存档案资料，或多或寡，或完或残，自上世纪九十年代以来，广州博物馆同仁便陆续从广州市档案馆、广州市中山文献馆、图书馆及广州博物馆搜集相关资料，内容涉及筹备肇建、组织规章、文物征集、陈列展览、人员聘任、考古发掘、宣传教育、经营管理、学术研究暨劫难迁徙等等。今值广州博物馆建馆八十周年（1929~2009年），试择其文字卷帙较为完备者，予以辑录梳理，编列如次，既用藉存史，复俾资考鉴云尔。

广州市教育局局长陆幼刚"请拔镇海楼筹设市立博物院"之提议。

广州为我岭南文化中枢，际兹训政伊始，举凡启发民智之事业，自宜尽量建设，次第举行，庶于将来宪政之实施，方呈指臂之效，查各国都市，均有宏伟之博物馆，即我国北平市亦有古物陈列之设。革命策源地之广州，自应极为创办，现拟在本市设立完备博物院之一所，搜罗动植矿物之标本、模型、世界今古特产异物、风俗历史之特征、雕刻、绘画、工艺美术等，陈列院内，任人观览，赋以注释，藉以启发民智，引起国民研究学术兴趣，夫亦于社会教育中应有之设备。且查镇海楼现经修葺，地方适合拔为院址，不需另付建设经费，诚一举而两善也。仅就管见所及，拟定计划预算，提出讨论，是否有当，敬候公决云。

——辑自《广州市市立博物院成立概况》，广州市立博物院筹委会编，民国十八年三曰十五日出版（1929年3月15日）

广州市立博物院筹备委员会职员姓名表

本院为征集品物之便，由教育局长陆幼刚聘请筹备委员十四人，组织筹备委员会，在十七年一月六日成立开始工作。

筹备委员：丁衍镛　谢英伯　陆薪翘　费鸿年　辛树帜　司徒槐　顾颉刚　朱庭祐
　　　　　罗原觉　何叙甫　胡毅生　左元华　陈焕镛　丁　颖

——辑自《广州市市立博物院成立概况》，广州市立博物院筹委会编，民国十八年三曰十五日出版（1929年3月15日）

广州市立博物院筹委会《广州市立博物院筹备委员会组织大纲》

（1）广州市立博物院筹委会根据第170次市政会议决议案组织之；（2）本会掌管收集关于国内外自然科学、历史博物及美术等范畴内各物，为本院陈列之预备；（3）本委员会直属广州市教育局；（4）本会由委员七人之九人组织之，内设常务委员三人，由教育局长指定处理本会通常事物，并执行决议案；（5）本委员会之任务如左：①关于本会规划事项；②关于本会统计事项；③关于名人作品征集事项；④关于古物征集事项；⑤关于动植矿物地质标本采集事项。（6）本会暂分美术、历史博物、自然科学等三部，每部设主任一人，由常务委员分任之其任务如左：①美术部专司采集绘画、雕刻、工艺美术事宜；②历史博物部专司采集有关历史上、民俗上各种博物事宜；③自然教学部专司采集动物、植物、矿物。地质标本事宜。（7）本会由教育局委任干事二人，管理人员一人，商承本委员会办理本会文书、会计、保管、庶务，及其他由本会交办各项事宜。（8）本会各部有关于筹备进行之具体方案，交本会会议议决，请由教育局长分别执行之。（9）本会议定期每周一次，在每星期六日下午举行之，遇别事故得召集临时会议。（10）本会办事细则另订之。（11）本会候市立博物院正式成立后裁撤之。

  ——辑自广州市档案馆藏民国《市政公报》第二九一期（1928 年 11 月 14 日）

广州市立博物院筹备委员会《征集历史遗物及民俗用品计划书》

  1、本市现存之公有古物品，以市府命令，移贮于本院；2、西江流域各地方，属于公有之物品极多，当呈政治分会及省府通饬各地方长官，择其可以移动者搬运来院，以期南服古物之集中，藉便保存观览；3、就私人藏家，劝其捐送或借用；4、对于物品购置，宜先择其①具有地方性者；②足以表示一时代人民生活者；③确知其出处者；④物以人传者。并辅以图说。

  ——辑自广州市中山文献馆藏《广州民国日报》（1928 年 11 月 22 日）

广州市政委员长林云陔函请胡汉民为市立博物院题写匾额

  "广州市立博物院"

  （隶书，匾高 24 英寸，宽 22 英寸。）

  ——辑自广州市中山文献馆藏《广州民国日报》（1928 年 12 月 5 日）

广州市立博物院筹委会拟定《征集物品条例》

  （1）革命先烈之遗像遗物、著作用品，均采集之；（2）博物院自然科学类，所有动植矿物标本、模型与其他关于此项科学足资研究者，均采集之；（3）博物院历史民俗博物类，所有历史上民俗上用品，与其他能代表一时代而有研究价值之物品，不论中外，均采集之；（4）博物院美术类，所有工艺、绘画、雕刻，与其他关于美术上之制作品或遗物，而富有美术性者，不论中外，均采集之；（5）博物院生理部，所有人体之解剖、胎儿之进程等标本或模型，均采集之；（6）博物院微菌类，所有各种病菌、酵母菌类标本模型，均采集之；（7）其他不属上列各类品物而别具特征，有陈列之价值者，均采集之。关于以上品物藏异大家，如有慷慨捐送或借出陈列，均一律欢迎，并希移驾到会接洽，或函知本会，俾得派员前往领教。

  ——辑自广州市中山文献馆藏《广州民国日报》（1928 年 12 月 19 日）

广州市立博物院筹委会发布《征求革命纪念品布告》

（1）总理及先烈生前用品及手迹；（2）镇南关革命时所制之军用票；（3）革命军各役之军用票；（4）海外筹饷之军债票；（5）革命各役、军界同志足资纪念之器械；（6）总理颁发革命军各役之军界同志印信及委任状、手书、方略等件；（7）总理颁发中国同盟会、中华革命党海内外党部及主盟人之印信、委任状、手书等；（8）各同志因革命入狱之手足拷镣等刑具；（9）其他具有革命纪念价值之物品。

——辑自广州市中山文献馆藏《广州民国日报》（1928 年 12 月 24 日）

广州市立博物院筹委会拟定《征集陈列品物奖励规程》

（1）本会依据组织大纲第二条之规定，征集市立博物院内自然科学、历史与民俗博物及美术等陈列品物，特定规程奖励之；（2）本会奖励方法如左：①呈请市政府给奖、②由本院发给奖章、③悬本人肖像并将芳名勒碑院内永留纪念、④赠本院出版物及纪念品、⑤登报表扬。（3）奖励范围如左：①捐送、②确实介绍本会所征集各类品物在十份以上者、③借用品物陈列时间在一个月以上者、前项借用品物，由本会制备二联收据，一发本人，一存本会，并呈教育局备案，以昭慎重。借用期间内，本会负保管之责。（4）前条各项之品物，须经本会鉴定，认为有陈列之价值者方适用第二条之规定，分别办理；（5）本规程如有未尽事宜，得由本会修改，呈请核定施行；（6）本规程呈奉教育局核转市厅批准即生效力。

——辑自广州市中山文献馆藏《广州民国日报》（1929 年 1 月 1 日）

广州市立博物院筹委会发表《征集文物陈列品宣言》

窃维欧美各国繁盛市区，每有伟大博物院之设，以之类聚品物，征集文献，大有可为表率，足资垂法者。无论为何品物尤必尽量搜罗，使申景仰，其所以实施民众教育，用意至深且远。乃者广州市市政府、市行政会议议决筹设市立博物院于粤秀山之镇海楼，兹值筹备期间，各类陈列品物，自非旁搜博采，难臻完善。我广东为革命策源之地，伏念总理手泽、先烈遗品，与夫革命纪念品物，无一不可与民众观感，回顾缔造功勋，律以饮水思源之意，便当汇列院内，垂诸久远，谨拟征集类例，及奖励规程于后，所望邦人尽量捐送，或以廉价让出，俾臻完备，岂惟该院之光，实南中国文化所系，谨此宣言，伫候明教。

——辑自广州中山文献馆藏《广州民国日报》（1929 年 1 月 8 日）

广州市立博物院筹委会制定各县文物征集表格式

（1）县名；（2）捐送或借用；（3）物品所有人名；（4）品物类别：①古物类，凡祭器、明器、战具、碑碣、与民间衣饰用品、玩品为今代以前出现者属之；②特产类，凡该地之动物、植物、矿物、及其他珠贝介壳等，而为别县罕有者属之；③美术类，凡古今名画、雕刻、刺绣、模型、及民俗装饰、建筑之特别影片皆属之；④工艺类，凡该地制造之玉器、银器、铜锡器、陶瓷器，及竹木椰草等，而为别县罕有者皆属之；⑤其他皆属之。（4）发现或制成之时及地方；（5）物体考察，①形制；②面积；③重量；（6）搬运手续，如该县地方有品物捐送或借用者，如何搬运及用费，希预函知本会，以便进行。

——辑自广州中山文献馆藏《广州民国日报》（1928 年 12 月 20 日）

1929 年 2 月 3 日，广州市立博物院筹委会第十二次全体会议，主席谢英伯报告外出征集情形

此次赴南京、上海、苏州、香港等处，虽时迫款少，但所得颇为满意。革命遗物方面，已呈请总理奉安委员会及葬事筹备处，由胡汉民、刘纪文代为提出；其他革命遗物，分别托有关人员送出，但一时未能集中。历史古物所得，足以为古人以玉饰兵之物证。

此次着力宣传筹备要旨，极得当代名公推崇，以为粤人富有一种革命及创造精神，纷纷捐助作品，网罗全国朝野名士作品二百余件，购置画架等用品六大箱。

——辑自广州市中山文献馆藏《广州民国日报》（1929 年 2 月 3 日）

陈铭枢为市立博物院题联

斯楼革故鼎新，想专征壁垒，残霸宫城，兴亡成败二千载；

此日等高观远，有劫后山川，望中烟火，忧乐悲欢百万家。

——辑自广州市中山文献馆藏《广州民国日报》（1929 年 1 月 24 日）

胡汉民为市立博物院题联

五岭北来，珠海最宜明月夜；

层楼晚望，白云仍是汉时秋。

——辑自广州市中山文献馆藏《广州民国日报》（1929 年 1 月 24 日）

广州市立博物院成立启幕宣言

革命将以刷新旧文化而产生新文化，吾华建国，肇自邃古，迄秦政定一尊，愚黔首，希图垂祀万万世，专制政体，于焉固立。自是以还，篡统易朝，循环搬演，一本嬴氏之遗策，越二千年而政体未尝稍变。我总理提倡革命，树义岭表，奔走四十馀年，创建中华民国，亦越十有七年，复以民众武力，荡涤瑕秽，剪除反侧，而一统南北，训政开基。我广东为革命策源之地，总理诞降之省。际此自有历史以来未尝或有之盛会，能无伟大之纪念乎？吾广州市当局乃有重修镇海楼之盛举，即假以为博物院之院址。阅三月而告成。谨于开幕之日，特为宣言，以告民众曰：

博物院之设，于我粤为创举，重译原名"美斯庵"（Museum）。"美斯"者，希腊之女神；"庵"者，其庙之谓也。（The Temople of Muse）神话流传，此女神掌文学美术之职，希人庙会，

携带多珍陈列以迎神床。此为博物院得名之始。阿历山大帝，席卷欧亚，武功既盛，文治斯隆，乃有阿历山大图书馆之设。除储藏图书之外，举战时之胜利品、山川沼泽出土之古物、各地方民族工艺美术制造之用器，悉举而藏之于馆中。此为博物院附庸于图书馆之时代。文化日进，限学斯重，图书博物美术，各自分立，而蔚为今日欧美博物院之伟大组织。于是博物院乃由附庸而成大国矣。博物院之于社会教育，关联至为密切，语其重大之意义，一曰供专门学者之研究；二曰养成学生实物之观察；三曰奋兴人民文化进展之感想。吾市博物院，即本此三义而组织焉。本院筹备时期既促，款项复绌，不全不备，无待讳言。然既本三义以立院，则总理遗樣（已呈请总理奉安委员会送院迎樣时可迎来粤。）与生前用品，足以资景仰而奋励吾人革命之精神。古物搜罗，为类十四（祭祀器、宗教器、政治器、农业器、教育器、商业器、军用器、工业器、交通器、建筑器、明器、日用器、舆服器、杂器）。皆所以为古代文化之证物。民俗用品，拟先从事于瑶蜑二族，皆择其足资研究生活之背景者，同时对于各地方人民之俗尚，亦加注意。美术则国画西洋画并重，今之所得，皆当代名作家之赠与。自然科学标本，多位广西瑶山搜集之品，由中山大学移赠，尤足以资研究两广动植物之生产，及矿务之窖藏。语曰：其作始也简，其将毕也钜。扩而大之，保而存之，是则有所待于吾当局与民众矣。

——辑自《广州市市立博物院成立概况》，广州市市立博物院筹委会编，民国十八年三日十五日出版（1929 年 3 月 15 日）

广州市立博物院启幕典礼纪盛

启幕情形

中华民国十八年二月十一日，本院举行开幕典礼。院为越秀山镇海楼旧址。正午十二时，由广州市政府委员长林云陔行辟门礼，军乐前导，肃静会场，行礼如仪。市教育局长陆幼刚主席致开幕词。筹备委员谢英伯、丁衍镛、辛树帜报告筹备经过情形。次由市党部代表林翼中、来宾林泽丰演说。市政委员长林云陔致答词。礼毕。以观众环立院外，候人参观，即开放展览。士女骆绎，不下万馀人，诚空前未有之盛况也。

开会辞

略谓广州连年兵燹，人民几无生气。现南北一统，本市正欲从事建设。镇海楼为明朝洪武年间朱亮祖所建筑，实为粤海一名胜也。自前清鸦片之役，本楼被英兵炮击，以致毁烂，此实最可痛心之事。今日在军事结束，训政开始，市政府即将镇海楼改建博物院，俾市民随时到来参观。兄弟觉得此举有两层意义：第一，于整理镇海楼旧物之中，建设博物院之新事业；第二，于军事甫定急谋建设之中，成立博物院，以培植科学之基础。此两层意义，皆有注意之价值。至于此院成立后，兄弟个人之希望，亦可略为说说：第一点，本院草创伊始，设备不完之处，甚希望各位长官各位来宾指示和帮助。第二点，本院为全市市民而设，希望市民多来参观，有有不妥当处，随时通知改良。第三点，希望各学校教员学生多来本院研究，以冀于科学有所发明。如有需用之参考品，本院尚缺未备者，请随时通知购置云。

答辞

大意谓当兄弟年前游学各国时，所谓世界文明的国家，均有博物院之设办。广州为革命策源地，且又是最繁华之地方，为岭南文化之中心点，当应设一间博物院—策进岭南的文化。又可以搜存各先烈的革命遗物，藉资促进市民景仰之心。今日博物院竟能成立，而且设在广州，所以兄弟个人非常欢喜，但希望该院各职员仍须努力工作，又希望各来宾和市民随时指导，使该院成为我国终古不朽的伟大博物院云云。

——辑自《广州市市立博物院成立概况》，广州市立博物院筹委会编，民国十八年三月十五日出版（1929年3月15日）

广州市立博物院拟定《广州市立博物院参观规则》

一、参观时间，每日上午十时起至十二时；下午二时起至四时止。逢星期一、日休息。

二、凡有左例情事之一者，不得入院参观：

（1）有恶疾者；（2）衣履不整者；（3）携带雨具或其他行李者；（4）携带兽类或其他危险物者；（5）携带食物者。

三、凡入院参观者不得违反下列各类：

（1）毁坏院内一切物件；（2）不得手触玻璃及陈列品；（3）不得在院内便溺（小童须由家长或师长、保姆注意）；（5）不得随地吐痰；（6）不得在院内吸烟；（7）不得喧哗杂沓；（8）不得凌乱出入路线及在路口停留；（9）不得摄影。（按：原报纸第三条缺（4））

——辑自广州市档案馆藏《广州市立博物院参观规则》（1929年2月26日）

广州市立博物院管理委员会第一次会议议案

一、请工务局规划院前花园案，议决通过。函工务局办理。

二、建筑该院办事室案，议决通过。函工务局办理。

三、植物样本搜集陈列案，议决推举辛树帜委员担任，提出计划。

四、生理样本搜集陈列案，议决生理卫生合办。应备文向中大医院及市内多家医院者征集。

五、地质陈列扩充案，推举朱庭祐委员担任，提出计划。

六、美术院独立案，由丁衍镛委员修正原提案，再行讨论。（按：自博物院开幕后，广州市内及海内外名家又陆续捐送多种美术精品。市教育局拟除博物院外，再设一广州美术馆，呈请重修粤秀山启秀楼为馆址。）

七、增设国耻纪念陈列部案，议决归革命纪念品物部类合并办理。

八、组织出版品以广宣传案，议决印刷费尚未筹措以前，暂由各部酌情办理。

九、院外公园宜组织茶亭，以利游人案。议决通过。

十、多聘社会名流及专门学者为本院顾问案，议决通过。由委员长随时访聘。

——辑自广州市档案馆藏《博物院管理委员会第一次会议议案》（1929年7月1日）

广州市政府设立市立博物院

市政委员长林云陔，以广州为我国南部文化中枢，且为革命策源地，对于文化事业，自应尽量规划，次第施行。现拟在本市筹设博物院一所，举凡动植矿各物标本模型、世界古今特异品物，尽量搜罗陈列，务求完备，予人民以实物观感之机会，而引起其研究科学之兴趣，现经积极筹备云。

——辑自广州市档案馆藏民国《市政公报》第二九八期，581卷，页16。（中华民国十七年）

市府重修镇海楼筹建博物院

城北观音山之五层楼，前由景生公司承筑，现将告完竣。查该楼系用英坭，外面依照旧式建筑，内面则尽改旧观，已成一新洋楼之间架。至前所有木柱，则尽改造餐台、木椅及门窗等物，计木椅约九十张、餐台四十张、门窗一百五十多件。闻每件门之重量约一百五十斤。现旧有柱木尚有甚多。至该楼现已由市府改为市立博物院，筹备两个月即可开幕。

——辑自广州中山文献馆藏《广州民国日报》（1928年11月12日刊）

海幢寺古物移交博物院

第八路总指挥工程教导队日前在河南海幢寺内发现古物。兹查市立博物院筹备委员会以该古物既是数百年前之物件，当应永久保存，及供市民欣赏。且又是袈裟、朝珠等物，尤足以资金石之考据。

该筹备委员拟呈市厅，由市厅直接派人赴该寺取回，陈列在该院，以供市民欣赏。

——辑自广州中山文献馆藏《广州民国日报》（1929年1月3日刊）

市府修建镇海花园

市工务局现拟将五层楼前空虚建为镇海花园，以供市民游览。业经呈请市府核准。此项工程费约需四千零五十六元，已由工务局原定细则图式附送，及此项工程，分件批阅承办，以促其成。

——辑自广州中山文献馆藏《广州民国日报》（1929年1月18日刊）

许崇清捐送英法联军炮弹与博物院

市立博物院成立以来，各名人硕彦，多有赠送品物，留院纪念，以资观感者。

昨许厅长崇清，以敝族祖祠牌坊当英法联军犯广州时，曾受炮弹轰击，有炮弹一枚，今尚留祠内。现将该颗炮弹移赠博物院，以供众观。

特拟函达林市长云陔，其原函云：

清咸丰七年，英法联军犯广州，敝族祖祠前之牌坊，当时曾受炮弹击毁，坊上旧痕，至今仍可辨认。其所落炮弹，尚存放敝族祠内。崇清日前参加南京和约纪念，忆及前事，窃以为起爱国观念，存诸家不如陈列于群众游览之所也。现拟将前存炮弹一枚，移置广州市博物院，以为激励民众，勿忘国耻。

又闻林市长云陔接函后，极为赞成，已将炮弹陈放市博物院，以便民众参观，并复函许厅长致谢。

——辑自广州中山文献馆藏《广州民国日报》（1929 年 12 月 11 日刊）

广州市立博物院申请《广州市市立博物院成立概况》一书编印经费案

教育局呈据市立博物院筹备委员会呈请追加编印博物院成立概况报告书一次过临时特别费六百七十馀元请核准令行财局如数支付由

呈为呈请事。现据市立博物院筹备委员会呈称：

为呈请事。昨奉钧长面谕，将院内各部出品及筹备期内经过情形分别报告汇集编印成书，以备交由三全大会及本省各机关各社团阅览，以广宣传等因。当即遵照办理。现经各部主任将部内各影印及分别报告编印成书，名曰《广州市市立博物院成立概况》，此项概况报告书计印成二千本，每本四十页，共价银六百七十二元一毫三仙。查职院开办预算经费内未有此种款项，至筹备期内之经常费，除员役薪工额支不能核减外，馀办公费月支止限支五十五元，势不能据彼注兹，稍为分拨，未有将现已印成概况报告书实支数六百七十二元一毫三仙，连同影印各单据共八张，呈请察核，准予追加一次过临时特别费六百七十二元一毫三仙，俾应支付，实为公便。

等情。并附天成等商店印刷单据八张到局。据此，当经查核数目单据，尚属相符，据呈前情，所有该会编印博物院成立概况报告书，呈请追加一次过临时特别费六百七十二元一毫三仙缘由，理合据情呈请察核，伏恳准予追加并令财政局如数支付，俾便给领清结，实为公便。

谨呈　市政委员长 林

代理教育局局长 陆幼刚（"陆幼刚印"印一）

中华民国十八年四月十日。

——辑自广州市档案馆藏民国《博物院申请＜广州市市立博物院成立概况＞一书编印经费案》（1929 年 4 月 10 日）

广州市立博物院筹委会提议增建博物院办事厅案

教育局呈提议增建博物院办事厅连同意见书请提出市行政会议公决由

为呈请提议事。现据广州市市立博物院管理委员会常务委员丁衍镛、陆薪翘、谢英伯等面称：

属院成立迄今，已阅年馀，内容陈设大略具备，日间到院参观者甚众，自应由院逐渐设法扩充，增添各种品物陈列，以厌游览者之欲望。惟属院院址乃由旧日镇海楼改建，地方狭窄。现各部陈列已不敷用，且属院管理委员会办事处原设在属院地厅左边，每当参观时间，游人吵杂异常，办公殊感不便。拟请另建办事厅一间，所遗地厅即拨作为陈列品之用，既免妨碍公务，且可藉壮观瞻。

等情。据此查核该委员所称各节，尚属实情，理合备文连同提议增建博物院办事厅意见书，呈请察核，伏恳提出市行政会议公决，实为公便。

谨呈　市政委员长 林

计附提议增建博物院办事厅意见书二十份。

代理教育局局长 陆幼刚（"陆幼刚印"印一）

中华民国十八年拾月叁拾日。

——辑自广州市档案馆藏民国《博物院申请提议增建博物院办事厅意见书案》（1929 年 10 月 30 日）

广州社会教育之博物院

广州市市立博物院，即原日镇海楼重修后为博物院，经始于十七年五月，落成于十八年元旦，经费由市库年拨约二万元，现在标本总值三四万元，计有古物、民俗、革命纪念、美术、动植物及矿石等。每月游览人数，据该院最近之统计，平均约三万有奇。

——辑自《广州指南》民国二十五年（1936）编印

广州市市立博物院二十五年工作概况

本院于民国十八年成立，迄二十五年底，已历时八年，但因院址乃假古式之镇海楼，不甚广阔，虽高有五层，而愈高愈狭，且不能分室陈列，实不合现代博物院之建筑。不过，政府方面为急济市民之渴求起见，因利乘便，以创设之耳。本院设有管理委员会以管理之，委员无定额，然最初已由十六人组成，教育局长并自兼委员长，所有委员均为专家或博学之士。盖其任务固在扩充院务至于无限也。奈其后因经费无着，故管理委员会之成绩亦仅至管理而止。民国二十五年，管理委员会之工作，祇就其可能，在市外各地搜掘古冢，以寻求古物于地下。惟所掘十数穴，均空无一物，即碎陶断片，亦渺不可得，失望殊甚。盖各冢早于古物保全法实施以前之数年间，被人盗掘净尽矣。其馀各矿产，则向各省征集，收到矿物十箱，虽多属煤铁等矿，而亦可略知各省矿产之分布情形，不可谓于科学无裨补；动物标本，则自行采集或由永汉公园送交剥制，而为经济能力所限，不能远出蒐寻。故所得亦殊有限。除此以外，则征求或各地民众自动送院陈列者，动植矿物均有十馀种。此为二十五年一月至八月情形。二十五年八月，粤政府改组，全国统一，政治刷新，广州市政府之组织亦焕然不同往昔。教育局被撤废而归并社会局不久，本院亦奉广州市政府命令，撤消管理委员会，改为院长制，函聘谢英伯为院长，并为吴迅之、杨成志、黎彻辉、黄季壮、陆薪翘分充古物、民族、美术、自然科学、总务各部主任，即于九月一日到院接收就职。当念在贤明之曾市长指导及市府其他高级长官协助之下，亦亟乘时振励，将院尽力扩充，曾派员往本省瑶山采集动物标本与民族用品，又发掘古冢数穴，借外界画家名画陈列。虽古冢之发掘未有所得，而古冢之制度已从而略明梗概，更欲将全院陈列变更，以地下为民族部，二三楼为自然科学部，四楼为古物部，五楼为美术及革命纪念品部，并加造玻璃柜，尽将所储存之矿物古物民族用品等陈列，使本院随政局之转变而亦焕然一新。因经济能力，依上年度编造，不免困乏，故一切计划未能尽量实施，尚有待于下年度之革新也。

附廿五年十一月从瑶山采集之动物标本及民族用品一览表，及二十五年各月份参观人数统计比较表一份。

广州市市立博物院廿五年十一月从瑶山采集之动物标本及民族用品一览表

（一）动物标本

红嘴相思鸟	壹支
花胸眉	贰支
高山雀	贰支
灰头伯劳	壹支
黑头鹦嘴	壹支
高山白腹鼠	壹支
黄腹鼬	壹支
大鹿	壹支

（二）民族用品

瑶人渔网	壹张
瑶人渔篮	壹个
瑶人竹酒筒	贰个
瑶人烟杆及烟袋	壹套
瑶人佩刀连刀合	贰把
瑶人割刀	贰把
瑶人铁锯	贰把
瑶人铁渔叉	壹把
瑶人铁锄	壹把
瑶人铁条	壹把
瑶人铁鸟枪机	壹把
瑶人灯	壹把
瑶人葫芦	壹把
瑶妇高帽连绣花	壹顶
瑶妇裙	壹件
瑶妇绣花衫	壹件
瑶妇裙带	壹条
瑶妇绣花腰带	壹条
瑶妇绣花布	壹幅
瑶妇脚包带连细带	贰条
瑶人男女通用银耳环	壹对
瑶妇银手镯	壹支
瑶人男衣	壹件
瑶人男人绣花头包布	壹件
瑶人木舂臼连柄	壹副

瑶人鸟枪	壹支
瑶妇戴笠	壹顶
瑶人经书	壹本
瑶人相片大小四种（共一百一十五张）	
清远县妇人戴笠	壹顶

——辑自广州市档案馆藏民国《广州市市立博物院二十五年工作概况案》（1936 年 11 月）

博物馆消息两则

总理金粉像已竣工

年前由暹罗返国之吴垫山君，福建漳州人，少好丹青，能以真金粉化成数十种之颜色。暹王忌其奇技，乃困吴君于宫中，凡数十年。后吴君以祖国为念，思逃返国。旋慕革命策源地之景色，遂作广州之游，乃于本年三月间，曾赴本市博物院参观，因仰总理之功勋，毅然愿为总理绘一金粉像，所绘去之真金粉概由私人捐出。此讯已略志前报，兹查此像费时五月之久，始克造成。昨卅日吴君已将该像送往该院陈列，此像长四尺馀，阔三尺，总理之容，翼翼如生，其艺术之佳，诚足珍贵。现闻该院复员，为慎重保存起见，特置配于玻璃墙内，高悬于五楼，市民欲欣赏吴君之艺术，及瞻仰总理之慈容者，可往一观焉。

王坚若捐送奇蝠鼠

日前有市民王坚若持一蝠鼠赴博物院，谓于昨廿九日晚在积厚里某家内捕获，该蝠鼠颜色，翼红蓝而身黄，眼球深藏框内，一大一小，双双来去，家人见其绮丽颜色，乃设法捕获，惟捉下时，该物已死去矣。王君以此为罕见之物，特送往博物院，用药水制藏，并陈列院内供览云。

——辑自广州市档案馆藏民国《市政公报》第三四〇号（民国 18 年）

意大利教皇赠送广州市立博物院纪念章

本市博物院自开办以来，成绩卓著，凡外国人士游历广州，无不前往参观。月前意大利人士，因阅各国报载该院陈列之古物，却有历史之价值，及越秀山五层楼之景致，真能令人欣赏，故引起该国朝野之注意，乃派代表前来参观。该代表回国后，即将院内情形，向意国人士极力宣扬；至一般考古学者，甚为赞美。昨二十一日，广东省政府保安队筹备处主任黄强接意大利国教皇赠该院大纪念章一枚，异常精致。闻此章乃该国著名艺术家所制，价值甚昂云。

——辑自广州市档案馆藏民国《市政公报》第三七二期，页 35。中华民国十九年十一月三十日，广州市政府印行。

广州市立博物院安装收音机

市府以国庆日将届，特饬公用局安设收音机一架，以便庆祝国庆之用。该局奉令后，持函市购料委员会选购。兹将原函录如下：径启者，现奉市政府令，于粤秀山之博物院安设收音机一具，以便国庆之用。等因奉此。相应函达贵会查照，希即将电池等附件装安，交弊局庶务员李景堂带回备装为荷。此致市购委员会。

——辑自广州市档案馆藏民国《市政公报》第三四三期，页19。中华民国十九年十一月三十日，广州市政府印行。

镇海楼城墙准设广告位

公用局长李仲振，查本市博物院（越秀山镇海楼旧址）门前、甬道之南、英坭人字梯级西便有城墙旧址一段，虽经斧凿，惟尚嶙峋棱厉，峭立道左。该处为院游群众必经之地，眼□接触，颇不雅训，拟利用该处地点设立特别广告场。该处旧有城墙，长约百尺左右，高度约达十五尺有半，即在道边竖立木板，将旧有城墙完全遮蔽，面上区分绘制花纹及广告位，并须限定含有美术广告，方准在场内揭贴，则峭壁隐在场后，自无碍及观瞻之虞。且商人踊跃揭贴，库帑收益，亦获裨补。惟以设立及粉饰广告场位，向归财局掌理，节经函商设置有案，但该处地势有加高之必要，似应由公用局负责计划设置，所需工料，即在预备项下拨支。昨特先附图式，呈报市府，以凭考核。俟奉议决照办，自当另具详细图说，连同工料预算呈核。此案经第十三次市行政会议议决通过，昨十六日，市府已录案，另发公用、财政两局遵照矣。

——辑自广州市档案馆藏民国《市政公报》第三五六期，页55。中华民国十九年

不准在博物院前建造广告牌案

指令工务局关于公用局拟准商人在博物院前之西土坝建筑广告牌一案由

指令第七五三号　二十年三月十七日

工务局呈一件，呈复奉令，据公用局呈，拟准商人在博物院前之西土坝建筑广告牌一案，遵查该处地面为建筑广告牌场所，似保公园观瞻，请察核令遵由。

呈及缴件均悉，既据查明该博物院前之西土坝系在越秀公园范围，应不准商人在该地建筑广告牌所，以免有碍观瞻，仰即知照并候仰行公用局遵照，此令。

——辑自广州市档案局藏民国《市政公报》第三八二号，（民国20年3月2日）

广州市立博物院办事细则

二十五年九月十四日院务会议通过

一、本院分设古物部、民族部、自然科学部、美术部、总务部，每部设主任一人，秉承院长之命，办理各该部事物。

二、本院设干事二人、助理干事一人、事物员一人、剥制员一人，秉承院长及各部主任之命，办理本院各部事务。

三、各部主任办理之事项如左：

（甲）古物部

（1）征集或搜置有关文化之历史古物；

（2）搜集久已湮没于废墟、荒址、古墓之地层间古物；

（3）调查各地名胜所在及古物之存留，编造册表；

（4）发表关于古物学之著述。

（乙）民族部

（1）调查各地民族实况，尤注意西南民族之考察；

（2）搜集各民族之遗骨，及世界各人种模型；

（3）征集或搜购足供研究之各地民族用品与民间器物；

（4）发表介绍或研究民族学之著述；

（5）与欧美各国民族志博物院互相联络。

（丙）美术部

（1）征集或搜置美术史上有价值之美术物品；

（2）考察古今中外美术之异徵；

（3）检定美术作品；

（4）发表研究关于美术原理及品物之著述。

（丁）自然科学部

（1）搜集或购置自然科学上之普通及特殊物品；

（2）分往各地采集动物植物矿物，制为标本；

（3）比较动植矿物之相互关系，及研究其各个独立之演进；

（4）发表研究自然科学之著述。

（戊）总务部

（1）撰拟本院一切文件；

（2）督同员警严密管理院内物品；

（3）编造预算决算及统计；

（4）其他一切不属于各部事项。

四、干事助理事物员办理之事项如左：

（1）院长交办之事项；

（2）各部主任交办关于各部之事件；

（3）来往文书之缮校与收发登记；

（4）院物日记之记录；

（5）本院庶务及会计事项；

（6）保管印信、卷宗，及一切公物。

五、剥制员承自然科学部主任之指导，负责剥制各种生物制造标本。

六、各部主任，如有新增陈列品物，应即列送总务部保管，并协助陈列。

七、各部主任对于各该部陈列品物，须时常巡视及整理。

八、本院职员如因事告假，须由院长核准。

九、本院开放参观时间为每日上午九时至下午四时，职员办公时间亦同。除奉令休假外，星期日仍照常开发及办公，只于星期一日，补行休息一天。

十、凡遇重大事件，或与各部有关系者，由院长召集各部主任开院务会议解决，其会议章程另定之。

十一、本院一切公物，无论何人，不得私携出外，或容许外人摄影。

十二、本细则如有未尽事宜，得提出院务会议修正之。

十三、本细则自呈奉核准之日施行。

——辑自广州市档案馆藏民国《广州市政公报》第五五二期，页50~53。中华民国二十五年九月十四日，广州市政府印行。

广州市立博物院公务员委任情形

现奉钧府二十五年十二月四日人字第一五二九号训令，附发公务员任用审查表一份，饬委任以上职员依式填具五份，连同证明文件，限本月八日以前，汇齐呈府，以凭核转，等因；奉此。正饬办间。复奉钧府同月七日人字第一五五七号训令，附发填表注意事项一份、各机关检送现任公务员证明文件须知一份、各机关检送现任公务员证明文件清册式样一份、各机关检送现任公务员证明文件封套式样一份，仰遵照，等因；又奉此。查本院委任以上公务员，除由钧府委任古物部主任吴迅之、民族部主任杨成志、自然科学部主任黄季壮、美术部主任黎彻辉、总务部主任陆薪翘等五员外，尚有本院自行委任之干事李汤三、郭洁梅两员，该员现实受月薪，合于暂行文官官等官俸表委任官之规定，并于本年九月廿六日呈奉钧府人字第四八八号指复备案，在案。奉两令前因，遵即饬各该部主任及干事等七员，填缴任用审查表与证明文件，现据汇送前来，理合备文连同各该员任用审查表证明文件及清册，呈请钧府鉴核，准予转送审查，实为公便。

再：本院为重要之文化机构，各部主任均具有相当学历资历，其所负重责，更非泛泛者所能胜任。惟查各该员所实受之官俸，按照暂行文官官等官俸表，仅合于二等科员以下，似非所以示优隆，特于任用审查表内，虚提拟叙级俸，庶铨叙结果，不致为海内外同类所讥诧。未知是否有当？仍候核夺。至院长乃承钧府函聘充任，且在兼职期内，关于此项审查，已由广东高等法院列报，兹不另具。又各该员均因搜集证明文件，致误期限，合并陈明。谨呈广州市政府。

附呈广州市立博物院检送公务员任用审查证明文件清册一份、各公务员证明文件共七封、各公务员任用审查表凡三十五份。

广州市立博物院院长谢英伯。（"广州市立博物院院长之印"印一枚）

中华民国二十五年十二月二十九日。

——辑自广州市档案馆藏民国《广州市政公报》第一一九期，页4—6。中华民国二十五年九月二十九日，广州市政府印行。

广州市市长函聘谢英伯谓广州市市立博物院院长

查市立博物院现经改为院长制，直隶市府。关于院务之整理革新，亟应遴员负责进行。素念台端才学渊博，热心文献，特聘为该院院长，相应函达，敬希查照惠就，无任企荷。此致，谢英伯先生。　市长曾养甫。　中华民国廿五年九月七日。

——辑自广州市档案馆藏民国《广州市政公报》第一一九期，页7~8。中华民国二十五年九月十四日，广州市政府印行。

民国廿六年广州市立博物院各部主任情况简介

古物部主任 吴迅之

吴迅之 原名吴三立，男，三十七岁，广东平远县人，国立北京师范大学文学士。曾任国立北平师范大学女子文理学院国文系讲师三年、国立北平师范大学预科讲师二年兼师大研究所纂辑员一年、北平中法大学服尔德学院国文系讲师三年、国立中山大学文学院中文系教授、国立中山大学研究院文科研究所历史学部考古组指导教授一年、广东省勷勤大学教育学院文史系教授兼主任四年。民国二十五年九月一日受聘为广州市立博物院古物部主任，第四等级，月薪一百二十元。

美术部主任 黎彻辉

黎彻辉 别号傥节，女，三十一岁，广东南海县人，香港丽精美术学院毕业。曾任中国新闻学院图画教员（民国廿三年十月~廿五年七月）、华国考古学院美术部主任（民国廿三年三月~廿五年七月）。民国二十五年九月一日受聘为广州市立博物院美术部主任，第四等级，月薪一百二十元。

民族部主任 杨成志

杨成志 男，三十六岁，广东海丰县人，法国巴黎大学民族学博士。曾任国立中山大学人类学教授兼研究院秘书、国际人类民族科学会议会员、国际人类学会会员、国际人类学杂志中国代表编辑员、中国民族学会编辑、南京中山文化教育馆民族研究室顾问。著有《中国西南民族中的罗罗族》、《现代博物院学》、《史学专刊》（法文）。民国二十五年九月一日受聘为广州市立博物院民族部主任，第四等级，月薪一百二十元。

自然科学部主任 黄季庄

黄季庄 原名黄弼臣，男，三十七岁，广东云浮县人，国立广东大学高等师范博物部毕业。曾任国立中山大学理科助教兼生物采集队十年（民国十五年三月~二十五年八月）、广州市立博物院管理委员会常务委员兼自然科学部主任五年（二十年八月~廿五年八月）。著有《广西瑶山之水龙骨科》（黄季庄、吴印禅、庞新合署）。民国二十五年九月一日受聘为广州市立博物院自然科学部主任，第四等级，月薪一百二十元。

总务部主任 陆薪翘

陆薪翘 原名陆治良，男，四十四岁，广东信宜县人，广东高等农林讲习所农科毕业、日本大学肄业二年（因民国十二年东京大地震休学返国，未能取得该校证书）。曾任高州甲种农业学校教员（民国四年九月~七年六月）、广州特别市党部干事（十九年九月~二十年四月）、同上总干事（二十年五月~二十一年四月）、同上主管干事（二十一年五月~二十五年七月）、广东省党部监察委员会干事（二十四年九月~二十五年三月）、广州市立博物院筹备委员会委员（十七年十一月~十八年六月）、广州市立博物院管理委员会委员兼总务部主任（十八年七月~二十年三月）、又（廿一年五月~廿五年八月）。民国二十五年九月一日受聘为广州市立博物院总务部主任，第四等级，月薪一百二十元。

——辑自广州市档案馆藏民国《广州市立博物院现任公务员甄别审查表》（1936 年 12 月 26 日）

广州市立博物院呈请制颁新印案

窃查本院管理委员会曾奉市前教育局颁发大小方形木印各一颗。其大者，文曰"广州市市立博物院铃记"。其小者，文曰"广州市市立博物院管理委员会章"。现既将管理委员会撤销，改为院长制，并直隶钧府管辖，该木印两颗，似已不尽符名实。理合缴同前颁大小木印模各贰纸，备文呈报鉴核，恳请重新制颁新印启用，以资信守。

再，在钧府未将新印颁发以前，拟暂沿用旧印，以利办公，合并陈明。

谨呈　广州市政府。

计呈缴前颁"广州市市立博物院铃记"及"广州市市立博物院管理委员会章"印模各贰纸。

广州市市立博物院

院长　谢英伯　（"谢英伯印"印一）

中华民国二十五年九月四日

——辑自广州市档案馆藏民国《广州市政公报》第一一九期，页 7~8。中华民国二十五年九月十四日，广州市政府印行。

广州市立博物院请将没收之古物移送博物院陈列案

为呈报本市小北分局拘获盗掘古冢人请函省会警察局将没收之古物移送本院陈列由。

窃查本年九月二十五日本市各报载："小北外发现古冢，掘获陶器。"其原文记载如下：

小北外七星岗胡七，五十二岁，番禺人，搭棚为业。廿二日在小北唐慕岗附近土名倒锁入柜山冈，搭棚修墓，发觉山有鼠穴，露出砖砚甚多。胡知此为古冢，其中必有古物。乃潜约数伴，是夜携备器具，前往挖掘，果掘获古冢，冢中薄积沙泥，拨土搜寻，执获陶质花砖一个，另瓦碗、瓦碟十馀具。胡等数人知该古物价值不菲，乃先行携回藏家中，将俟再行掘寻他物。不料已为小北分局特别派出所长所闻，以胡等偷毁古冢，盗取古物。廿三日往七星岗胡七家，将胡拘去，及搜回陶器带案。讯明后即日解局究办。乡人闻之，争往古冢探视。现经分局饬工将墓封回，以杜觊觎。

等语。当经本院派员向广东省会警察局小北分局询明，事属实情。查民国政府行政院颁布之《名胜古迹古物保存条例》第九条·对于名胜古迹古物有损毁盗窃诈欺或侵占等行为者，依照刑法所规定最高之刑处断。又同条例第四条规定，各市县政府于辖境内所有名胜古迹古物应分别情形，依照左列方法妥为保护。其第五项：

其他金石陶器雕刻等各类古物，应调集收集，就地筹设陈列所，或就公共场所附入陈列。并严定管理规则，俾免失散。

依据右条例，该盗窃人胡七等私掘古冢，窃取冢内古物，广东省会警察局除按律惩办外，并应将所取窃古物没收，移送公共场所陈列。查本院为市立之文化陈列机关，足以负荷第四条第

313

五项之管理各类古物负责。理合备文呈请鉴核，仰祈转函广东省会警察局，将所没收盗窃人胡七等掘获古物，统行移送本院陈列保管，实为公便！

谨呈　广州市政府。

广州市立博物院院长　谢英伯　（"广州市立博物院"印一）

中华民国廿五年十月十三日

——辑自广州市档案馆藏民国《广州市政公报》第一一三期，页37~38。中华民国二十五年十月十四日，广州市政府印行。

广州市立博物院请将警察局没收之古物移送博物院陈列案

为呈复奉发省会警察局移送古陶器拾陆件遵如数点收由

廿五年十一月五日奉钧府同月四日文字第一○八号训令，为准省会警察局将没收小北盗掘之古物拾陆件，函送过府，合行检发原件，令仰查收陈列，妥慎保管，并具报备查为要。此令。等因。计发殉葬陶器云塔连盖四个、无盖云塔一个、饭盂一个、屋仔一个，企身无口，茶壶三个、大细香炉两个、宣炉连盖一个、细花尊一个、大花尊两个，共拾陆件。奉此，遵即如数点收，妥慎保存，除交古物部主任鉴定陈列外，理合备文呈复鉴核备案，实为公便。

谨呈　广州市政府。

广州市立博物院院长　谢英伯　（"广州市立博物院"印一）

中华民国廿五年十一月十一日

——辑自广州市档案馆藏民国《广州市政公报》第一一三期，页128。中华民国二十五年十月十四日，广州市政府印行。

番禺县政府移送温生才烈士脚镣与博物院

函送温生才烈士脚镣乙副希送博物院陈列请查照由

番禺县政府公函　公字第二一五七号

案查接管卷内，温生才烈士脚镣一副，节经本院历任专案流交，郑重保存在案。查温烈士于清季宣统三年三月初十日，以实行革命，刺杀将军孚琦，短枪一声，满僚授首。卒以临难不避，从容就逮，银铛入狱，溅血东门。自此革命空气，弥漫于白云之陬、珠江之湄，义闻昭彰，人心丕变，迄今悲怀易水，凭吊夷门，伟烈丰功，令人崇拜。全案卷宗，在本府未迁治以前，于民国十六年十二月，业罹散失，独其加身之铁索，昭垂不朽，尚获保存，是此项脚镣，在革命历史上，为至足珍之纪念物。现以流存本府，时经二十五年，除保管者外，绝无人知见，未免可惜，不若移置之公共场所，俾供众览。相应派遣专员赍送，函请贵府查照，即希饬送广州市博物院陈列，以资观感，仍希见复，足纫公谊。

此致　广州市政府市长刘

计函送温生才烈士脚镣乙副。

县长　林世恩　（"林世恩印"印一）

中华民国廿四年十一月十二日。

广州市教育局呈请核发刻立石碑经费案

呈请核发博物院刻碑石及石匣费请示遵由

呈为呈请事。现据市立博物院管理委员会呈称，窃查《重修镇海楼碑记》前由梁俊生石刻店向职院承刻，定工价二百四十元，经前任总务李湜芳呈请钧局转呈市政府核发。嗣奉钧局徐前局长指令九四二号核准，照临时费预算案请领在案。查李前任尚未领到该款，现梁俊生以工竣已久，馀价未发，屡到催取。案查前因，理合具文呈请钧局转呈市政府核给，以便转发。至该碑既经刻就，似应建造石匣，妥为装置，以资保存。此项工程，经派员往各打石店调查估价，以时利和魏昌店为廉，工作则以悦昌店为最精，远非馀二店所能及。拟请由职院临时预算案内支付，以便建造。理合备文连同刻碑石及石匣评价表、估价单，一并呈缴察核，俯赐专□。

市政府补评实为公便等情。计呈缴刻碑石估价单乙纸、石匣估价单三纸、评价表各三份到局。据此，理合备文连同估价单、评价表一并呈缴察核，仍候指令，祗遵。谨呈广州市市长刘。

计呈市立博物院刻碑石估价单乙纸、石匣估价单三纸、评价表各三份。

广州市教育局局长　陆幼刚　（"陆幼刚印"印一）

中华民国二十一年九月六日。（"广州市教育局印"印一）

广州市教育局呈请将本市都城隍庙城隍神像及其铜木印章移交市立博物院保存案

请令饬将本市都城隍庙城隍神像及其铜木印章移交市立博物院保存由

为呈请事。查本市惠爱路都城隍庙，近经社会局将庙址改办国货陈列所，庙内城隍神像系属远年古物，于民族历史风俗地方掌故饶有关系。又查该庙向存有城隍铜印、木印各一颗，篆文渊懿古茂，雕刻尤复精工，亦足为近代金石家研究之一种，此等稀罕古物，似不宜令其散佚民间。查本市市立博物院现方搜罗各种雕刻塑像，以供考据，似宜令行将该庙城隍神像及其铜、木印章移交该院保管陈列，俾得永远留存，而市民亦均可随时到院参考。所有拟请令饬将本市都城隍庙神像及其铜、木印章移交市立博物院保存。缘由。是否有当？理合备文呈请察核敬祈俯赐，令行社会局依照办理，实为公便。谨呈　广州市市长程。

广州市教育局局长　徐甘棠　（"徐甘棠印"印一）

中华民国廿一年叁月廿叁日。

广州市市长饬令将携回敌机各件移送博物院陈列案

请饬令将携回敌机各件移送博物院陈列由

径启者。广东各界筹款委员会日前派智梅等赴沪慰劳十九路军将士，曾由京沪沪杭铁路管理局车务处处长郑宝照赠送此次沪战，被我方击落之敌机一小部，嘱移送广州市立博物院陈列。据称此敌机系于二十一年一月卅一日，在京沪路真茹毛站旁被十九路军兵士以步枪击落，当时飞机汽油缸著枪燃烧，坠于真茹站旁。现留存堪作纪念者，系此机被焚剩余部分，计太阳徽标机身一部、机翅、汽油管胶粘物等件。飞机师当时必焚毙。此实为上海以外京沪沿线击落日机之最初纪录云云。智梅慰劳任务已完毕，经由沪南返，特携回敌机各件，移送钧府，饬交市立博物院陈列，用志敌忾。相应函达，请查照办理为荷。

此致　广州市市长刘。

伍智梅　（"伍智梅印"印一）

中华民国二十一年五月十二日。

——辑自广州市档案馆藏《广州市市长饬令将携回敌机各件移送博物院陈列案》（1932 年 5 月 12 日）

广州市立博物院瓦渣岗古冢调查报告

谨将调查瓦渣岗古冢情形报告

一、地点　属本市公安局小北分局辖下（即黄花塘路新北园后便），因其地堆积瓦渣甚多，故名。

二、时代　似属东汉古坟。

三、经发现过古物　该岗本年春间因别种工程，将浮土掘开，即发见古物多件，均为工人私自散售殆尽。职会委员谢英伯曾购得古陶器、古铜件、大泉五十钱等数件（考大泉五十乃新莽名，足为汉冢之一证。陶器碎片均汉时图案）借列于本院古物部。

四、标识　现在地面上尚有碎陶片甚多，俯拾即是。又发现冢墓之阶级一小段，可以辨认。

（以下内容缺页）

广州市市立博物院

中华民国二十年一月十九日。（按：此时间为编者根据《市政公报》刊载时间而定）

——辑自广州市档案馆藏《广州市立博物院瓦渣岗古冢调查报告》（1931 年 1 月 19 日）

民国二十一年（1932）安置铜壶滴漏之文件

训令第□□号

令财政、工务局为令迁事。查本年十一月二十四日第四十四次市行政会议，本市长提议将铜壶滴漏仍安置供北楼旁先锋庙故址一案，业经议决通过，交财政、工务两局办理在案。除分令外，合即录案，令发遵照，此令。

计附发提议书一份、第四十四次市行政会议议事录一份。

监印　龙萃英

校对　梁子琴

财政、工务局呈复：关于会同办理将铜壶滴漏仍安置供北楼旁先锋庙故址一案情形，请核令，遵由周祥鸾（印章）请示。十一月三十一日。

清海楼即供北楼之旧名，唐称清海，至元始改名供北。又双门初称双阙，后称双门，双门底旧称雄镇直街。承询及并以缕陈。此呈。

秘书　周祥鸾（印）　　　　十一月十八日。

送回原卷并单一纸。

市长提议将铜壶滴漏仍安置供北楼旁先锋庙故址案为提议事。查本市铜壶滴漏制自元延祐间，为粤中最有价值之古物，向置在供北楼东偏。广州未有时计以前，所以测验晷刻者，厥惟此壶是赖。乃圮城之土木方兴，而曩代之巍楼并毁，黝然斯壶，自海珠公园成后，一迁而移置园中。迨海堤填平，再迁而方谋定所。庐山恍惚，深妨面目之非；岁序迁流，易召风霜之蚀。俯仰陈迹，窃不能无所憾焉。夫土圭玉烛，灰管所以测天；大吕黄钟，阴阳斯能协律。考月令而知物候，读豳风而识农时。此铜壶者，穴滴长流，历暑寒而不息；盈科递进，累铢黍以无衍。辨厥晨昏，继晷须待焚膏之续；区其晌暝，催诗无俟刻烛之烦。而且云锦织成，闺妇亦知添线；弹棋观罢，神仙何能烂柯。比夏禹之惜阴，用兹奋发；仿陆机之刻漏，循此准绳。宜同璧以珍存，永保万年之享用。瞻先锋之庙道，犹闻淅沥之声；登清海之楼头，不尽苍茫之感。双门环峙，夙称雄镇岭南；百尺崇高，艳说寻幽供北。地以壶而胜名益显，壶以地而古迹斯传。允宜恢复旧观，俾永壶中之岁月；因仍故址，长留岭外之风光。庶几计日计年，胜读荆楚岁时之计；宜晴宜雨，合著齐民种植之书。本席考古有怀，亲为履堪，载稽往牒，思补遗痕，惟竹看须问主人，桃笑不知何处。此日重寻旧垒，经营尚待踟蹰，他年屹立灵光，持护倍当珍重。用徵众论，决以公评。

民（国）十二（年），供北楼下之先锋庙址为画家高嵛（案：高嵛，即高剑父）以毫帑七千三百九十三元八角二仙领去，嗣声请登记，复增加土地价格七千元。

查得先锋庙地，前经核准，高嵛□□缴返一座，价七千三百九十三元八毫二仙。现安置铜壶滴漏似应反还原价，方为公允而符手续。

训令财政、工务局第四十四次市行政会议，本市长提议将铜壶滴漏仍安置供北楼旁先锋庙故址案已通过，仰财、工两局遵办。

　　　　　　　　　　　广州市政府（印章）

市长　刘

　　　　　　　　中华民国二十一年十一月二十四日拟稿
　　　　　　　　　　十一月二十六日印发
　　　　　　　　　　十一月二十八日归档

秘书长　　（印章）

　　　　秘书　　（印章）

科 长　陶厚埏（印章）

主 任　周祥鸾（印章）

科 员　郑廷章（印章）

——辑自广州市档案馆藏民国《民国二十一年安置铜壶滴漏之文件》（1932）

民国二十五年（1936）修整铜壶滴漏之文件

现奉钧长发下自来水总工程师金肇祖拟呈之较正铜壶滴漏并使其自动卸水办法一份，饬即核议具复等因。职详加审复，对于原拟办法略参意见，谨另纸录呈钧鉴，恳请发交原设计人再行试验，决定实施办法，俾期周妥。是否有当？理合签复钧核。谨呈广州市市长刘。

计呈缴意见书一纸、草图一张、原发签呈及图则等共一份。

广州市工务局局长文树声（"文树声印"印章一）。

中华民国二十五年五月七日。

——辑自广州市档案馆藏民国《民国二十五年修整铜壶滴漏之文件》（1936）

审查铜壶滴漏自动卸水办法意见

查原拟办法设计颇周，惟于应用上似须考虑者有二：

（一）利用电制使开动摩打（案：摩打，即英文 motor，今作马达，发动机）以抽水，固属可行。然在需要抽水时偶遇意外，电力供给忽断，则标尺之作用顿停，必须重新校正各部，乃能须用。

（二）机件复杂，其中一部或易失功效，兹拟省去电水泵办法，意见如下：

A 第一水缸宜使其贮水常满，水满时，自来水管可以自动不再有水流入，故宜装置空心球水制，与普通水池中所用之自动水制一样装置（即俗称波制者）。

B 经试验准确后，即根据以较正流入铜壶各水管之流速并加装小铜气，即如原办法所定。

C 装标尺之铜壶水满时，可用虹吸作用使其排泄，即在最高水面略底之处洞穿一孔，在铜壶侧便装置一腿，度之虹吸管一枚。其长腿之下端装设一长口黄铜旋转制（Brass cylinder Valve 案：意译"黄铜汽缸阀门"），仍用原拟之波珠重锤以开闭之。其短腿则插入壶内，管口须适与浮标最低时之水面相齐；管顶之高，须比浮标最高时之水面略底。如此则浮标将达最高点时，水压即向虹吸管长腿内之空气推压直至波珠重锤将旋转制移转时，则虹吸作用立刻开始抽水，此时标尺应达最高之点，虹吸抽水时间及管之大小似宜由试验决定。

上述办法用时似较简便，是否可行？似可交原设计人再行试验决定实施办法。

（绘图一幅）

顷奉钧长发下文局长审查意见，交职（案：即金肇祖本人）再为考虑。查整理改进公园中古物，工务局为实施工作之人，似可予以全权，令其试办，倘所试未妥，亦可随时改良（但宜以不破坏数千年古物为原则），亦不致过费工料，惟对于该审查意见，数点有不能已于言者，请为钧长伸论之如下：

一、改善古物，以保全古物之完整为原则，似不宜将古物随意凿孔打洞，是以本人原设计书即一本此原则。今审查意见提议将古物洞凿一孔，鄙意似不谓然。

二、审查意见谓利用电力，恐电流停止则须重行较正，认为须加考虑。鄙意以为将此项古物之机械化，用意亦不过于保全古物之中更示市民，以加意整饰之意，使市民对于古物能油然发生吾国古代文化之兴趣，实非绝对倚靠此项旧式古物公用以为市民计时之标准。是以即使电流偶然有不给，则亦可由管理人随时施以较正，并不费事。何况电流不给，年中亦不过数次而已，当无问题也。

又吾人宜了解整理此项古物，不过欲增加市民考古之观念，绝非倚赖之以为计时之标准也。

三、原计划第一缸入水处乃为简单可靠起见，提议用长流滴水之小龙头，因所需水量无多，不过点滴之水即已足用，而普通水池用之波制亦甚笨重，将之装设于缸中，殊感困难，但必须舍轻小之龙头管不用，而试装波制，亦无不可，不过略费工而已。

四、关于利用虹吸管一节，在理论已觉不甚适用，而试验证明亦无属相符。利用虹吸管之最大原则为来水之源头须甚畅旺，则虹吸管之效用必甚准确，今不幸铜壶滴漏之水其来源乃系一滴一滴之水，故对于虹吸管不甚相宜，因水面一达相当高度，其后加入点滴之水往往顺关口溢而出，将虹吸功效丧失。有此原因，故用抽水机较为可靠，其泄水情形见下图所示：

五、倘不计上述不便之原因，则虹吸管以用较小之铜喉为宜，但如此则去水时慢，时间亦不准确。

又审查意见所述之铜制，认为殊无必要，因即使勉强装设虹吸管，也无用该水制之必要也。

结论：以上所称，乃根据理论及试验所得情形叙入，以为实施工作机关之参考。鄙意以为似不妨予工务局以全权，使其负责自由办理，当能斟酌损益，计日观成也。

市长刘钧鉴。

自来水总工程师金肇祖谨签（"金肇祖印"印章一）。

中华民国廿五年五月拾五日发。

关于修复铜壶滴漏办法，当经发交技术人员分别审查，所具意见，虽各有微异，但不妨如金工程师所言，交工务局参酌实地试验，如试有未妥，可随时改良，至完善为止。当否？请鉴核。五月廿七日。

钟廷枢

黎藻□

何城□

（案：上文中多处出现"制"一字，如水制，波制、旋转制等，此处"制"为粤语，意谓机械阀门、开关。"波"亦为粤语，意谓圆球）

——辑自广州市档案馆藏《审查铜壶滴漏自动卸水办法意见》（1936 年 5 月）

广州市立博物院呈报本院将寄存河南万国缔盟
中国红十字会广州分会物品改迁德政路岭峤学校寄存请察核备案

为呈报本院将寄存河南万国缔盟中国红十字会广州分会物品改迁德政路岭峤学校寄存请察核备案由

窃查前奉钧府令发非常时期各机关公物档卷处置办法，饬依限遵办具报一案。当即遵将本院档卷及各部保存品物分别装箱，运往河南万国缔盟中国红十字会广州分会寄存，并经将寄存品物及档卷开列清册，呈奉钧府核准备案在案。现查该红十字会业已从事改选职员，原寄存该会房舍，已由该会常务理事陆如磋之戚入寓，只得将本院前暂寄存该会内之品物，自应另觅地点，当于去月觅就本市德政北路岭峤学校，将本院品物，全数迁移该校寄存。且为保管缜密起见，特抽调本院特务队三名，前赴该校常川驻守，以资保卫，而免疏虞。理合将本院寄存河南万国缔盟中国红十字会广州分会内之品物改移于岭峤学校寄存缘由备文呈报察核。并祈俯赐备案，实为公便。

谨呈 广州市政府。

广州市立博物院院长 谢英伯 （"广州市立博物院院长之印"印一）

中华民国二十六年八月十六日。（"广州市立博物院钤记"印一）

——辑自广州市档案馆藏《广州市立博物院呈报本院将寄存河南万国缔盟中国红十字会广州分会物品改迁德政路岭峤学校寄存请察核备案》（1937年8月16日）

广州市立博物院呈报本院将寄存德政北路岭峤学校
品物改移于一德路石室即法国天主教堂寄存请察核备案

为呈报本院将寄存德政北路岭峤学校品物改移于一德路石室即法国天主教堂寄存请察核备案由

窃查本院寄存于河南万国缔盟中国红十字会广州分会之本院档案及各部保存品物，前经改移于德政北路岭峤学校寄存一案。业经呈奉钧府，准予备案。在案。现以敌机频在本市肆虐，该校建筑简陋。为更谋保存缜密起见，当将所有寄存该校品物，全数迁移于一德路石室（即法国天主教堂）寄存。理合备文呈报察核，恳俯赐备案，实为公便。

谨呈 广州市市长曾。

广州市立博物院院长 谢英伯 （"广州市立博物院院长之印"印一）

中华民国二十七年六月二十九日。（"广州市立博物院钤记"印一）

——辑自广州市档案馆藏《广州市立博物院呈报本院将寄存德政北路岭峤学校品物改移于一得路石室即法国天主教堂寄存请察核备案》（1937年6月29日）

广州市立博物院呈报发掘市北象岗古代废冢请备案并转省会警察局查照案

为呈报发掘市北象岗古代废冢请备案并转省会警察局查照由

现据报本市北郊外象岗之西发现古代废冢三穴，经本院派员踏看属实，并悉该岗泥土每日均被筑路工人挖去，填筑岗旁公路，各该古代废冢有瞬遭消毁之虞。本院为研究各该冢内容，及负起保全冢内遗物责任，拟施以紧急处置，于本日派员雇同工人前往该岗，以科学方法发掘探究，除即函该管西山警察分局查照，饬属保护外，理合备文呈报钧府鉴核，仰祈俯准备案，并转函广东省会警察局查照，以利进行。

再，本院因经费问题，以前发掘古废冢，辄请市工务局予以协助，派出常雇之修路工人一对约十馀人，暂拨归本院指挥，以便实施发掘工作，现拟援例以请，并乞饬知工务局照办，实为公便。

谨呈　广州市政府。

广州市立博物院院长　谢英伯　（"广州市立博物院院长之印"印一）

中华民国二十六年一月十一日。（"广州市立博物院钤记"印一）

——辑自广州市档案馆藏《广州市立博物院呈报发掘市北象岗古代废冢请备案并转省会警察局查照案》（1937年1月11日）

广州市立博物院呈报撤销发掘本市北郊外象岗古冢缘由请鉴核案

为呈报撤销发掘本市北郊外象岗古冢缘由请鉴核由

窃关于本市北郊外象岗发现古代废冢一穴，本院拟紧急处置，即于昨日着手发掘探究，并报钧府鉴核，在案。现以昨日探究该古冢所得结果，各冢内所塞满之泥土，均甚松浮，且于泥土内藏有碎砖瓦烂棺板等项，所有泥土均为后人填入，则该冢内遗物，亦当早已被人盗取无存，似无再进行探究之必要，拟即将发掘象岗现发现古冢之进行计划撤销，以免徒糜公帑。所有拟撤销发掘象岗古冢缘由，理合备文，呈请鉴核，仰祈俯将本院昨呈请各节，分别撤销，实为公便。

谨呈　广州市政府。

广州市立博物院院长　谢英伯（"广州市立博物院院长之印"印一）

中华民国二十六年一月十二日。（"广州市立博物院钤记"印一）

——辑自广州市档案馆藏《广州市立博物院呈报撤销发掘本市北郊外象岗古冢缘由请鉴核案》（1937年1月11日）

广州市立博物院呈报粤秀街旧惠济东仓内发现古坟请核准发掘并令市行予以便利案

为呈报粤秀街旧惠济东仓内发现古坟请核准发掘并令市行予以便利由

现据报本市汉民路粤秀街昔日之惠济东仓，即近之勷勤大学附属中学校原址，其内操场之西北角小屋内，有古坟一穴等语。当派员前往查验，该木屋坐西向东，其内确有宽几及尺之碑石一面露出地上，碑之坐向，与木屋相同，上刻"古坟"二字，抓剔即见。倘此碑之下，仍有古坟存在，则该碑疑是建筑惠济东仓之前后，为人所加设，以志该古坟之位置，免日久埋没者；且推想该坟之时代，或远在此间未有市街之前，其古似不待言。职院为明瞭该坟究为何代何人起见，拟从事发掘，并藉搜寻坟内古物，以充实本院内容。惟查惠济东仓原地，迳由勷勤大学将其卖与广州市立银行，业权已转在市立银行之手，理合备文，呈请钧府鉴核，恳俯赐照准，

并令行市立 银行知照，给予该院一切便利，实为公便。

谨呈 广州市政府。

广州市立博物院院长 谢英伯（"广州市立博物院院长之印"印一）

中华民国二十六年三月三十日。（"广州市立博物院钤记"印一）

——辑自广州市档案馆藏《广州市立博物院呈报粤秀街旧惠济东仓内发现古坟请核准发掘并令市行予以便利》（1937 年 3 月 30 日）

广州市立博物院组织章程

第二条　广州市政府为保存古物发扬文化起见，特设置博物院。

第三条　本院设院长一人，由市政府聘任，宗理院内一切事务，指挥监督所属职员。

第四条　本院区分为五部

　　　　一、总务部

　　　　二、古物部

　　　　三、民族部

　　　　四、美术部

　　　　五、自然科学部

第五条　各部设主任一人，委任承院长之命，主管各该部事务；干事二人、助理干事一人，协助各部办理指定事务。

第六条　总务部掌理事项如左：

　　　　一、关于文书之撰拟、记录、缮校稿、收发及编辑事项。

　　　　二、关于印信保管及庶务、会计事项。

　　　　三、关于预决算之编造及统计事项。

　　　　四、关于督同员警管理院内品物及其他一切不属于各部之事。

第七条　古物部掌理事项如左：

　　　　一、关于征集或搜置有关文化之历史古物事项。

　　　　二、关于搜集久已湮没于废墟、荒址、古墓之地层间古物事项。

　　　　三、关于调查各地名胜所在及古物之存留，编造册表事项。

　　　　四、关于发表古物学之著述事项。

第七条　民族部掌理事项如左；

　　　　一、关于调查各地民族实况，尤注意西南民族之考察事项。

　　　　二、关于搜集各民族之遗骨，及世界各人种模型事项。

　　　　三、关于征集或搜购足供研究之各地民族用品与民间器物事项。

　　　　四、关于发表介绍或研究民族学之著述事项。

　　　　五、关于与欧美各国民族所设博物院互相联络事项。

第八条　美术部掌理事项如左；

　　　　一、关于征集或搜置美术史上有价值之美术物品事项。

二、关于考察古今中外美术之异微事项。

三、关于检定美术作品事项。

四、关于发表研究关于美术原理及品物之著述。

第九条　自然科学部掌理事项如左；

一、关于搜集或购置自然科学上之普通及特殊物品事项。

二、关于分往各地采集动物植物矿物，制为标本事项。

三、关于比较动植矿物之相互关系，及研究其各个独立之演进事项。

第十条　本院因事务之需要，雇用事务员一人、剥制员一人。

第十一条　本院院务会议规则另定之。

第十二条　本院办事细则另定之。

第十三条　本规章如有未尽事宜，得呈准修正之。

第十四条　本规程自呈奉核准之日施行。

　　——辑自广州市档案馆藏《市政公报》第2436卷　页78—81。民国廿六年

广州市立博物院呈请转函建设厅于水产展览会闭幕后将标本模型移送本院陈列案

为呈请转函建设厅于水产展览会闭幕后将标本模型移送本院陈列由

窃惟本省滨海，渔盐之利至富。职院谋引起观众对于渔业之兴趣，及增进对于水产之知识，在前管理委员会已有水产特别展览之倡议，拟派员前往产渔区搜集标本，奈因经费无着，故迄今未举办。今院内虽陈列有少数水产标本，实不足以负起前述责任，有怀未遂，心常梗梗。现查广东省建设厅农林局举办水产展览会，经于本月三日假本市文德路市立中山图书馆开幕，其中陈列水产标本及各种捕鱼器械模型甚多，惟此种展览是临时性质，将来闭幕，上项陈列品，若分散或废置，未免可惜。职院为此拟请钧府函请广东省建设厅，于水产展览会闭幕后，将全部水产标本及各种模型图表，遗赠职院保存陈列，则建设厅主办之水产展览虽毕而实未毕，每日千余到院参观之民众，必不期而获益者甚多，固不仅职院藉以完成其素质之一部分而已。所有以上陈述缘由，未知是否有当？理合备文呈请鉴核施行，实为公便。

谨呈　广州市政府。

广州市立博物院院长　谢英伯（"广州市立博物院院长之印"印一）

中华民国二十六年六月七日。（"广州市立博物院钤记"印一）

　　——辑自广州市档案馆藏《广州市立博物院呈请转函建设厅于水产展览会闭幕后将标本模型移送本院陈列案》（1937年6月7日）

广州市立博物院呈为拟请将本院经费裁去一案改为折半核减案

呈为拟请将本院经费裁去一案改为折半核减请察核示遵由

现奉钧府二十七年六月廿五日财字第一九六一号训令开：

查本市迄自敌机肆虐，人口播迁，百业萧条，以致市库收入一落千丈，亟应将本府所辖各机关行政费，分别缓急酌量介缩，或予裁撤，以资适应。兹将本府暨所属机关经临各费每月实

支数重行核定，由本年七月一日起实行，除分令外，合将核定经费表随文抄发，令仰即便遵照。此令。

等因。计发本府暨所属各机关经常费及临时费月支实数表各乙份；奉此，查奉发经常费月支实数第一页，本院每月经常费实支数三百五十四元，亦在被裁之列。窃查本院为文化机构，庋藏古今文化品物颇多，前以非常时期，为谋缜密保存各部陈列品物起见，业将珍贵品物分别装箱收藏于石室（即法国天主教堂），其余动植物及矿物标本、玻璃陈列柜架暨笨重难移物品，则仍存放院内，此外尚有办事室一所，为储放杂物之所。本院院址现虽为高射机关枪营入驻，而院内所有物品之保管，仍属责无旁贷。况该高射机关营，似非常驻部队，在此非常时期，难保其不无调防，本院为保存院内文化品物计，更有留员看管之必要。当经呈奉钧府准予补留管理员二人、特务队员六人、什役二人，常川驻院管理。今若将本院经常费全书裁去，对于保管方面，自属殊感困难，为此拟请将本院经费裁去一案，收回成命，酌予折半核减，每月拨支毫券一百七十七元，俾得补留管理员一人、特务队员三人、什役一人，以资管理，既可符钧府节缩政费之本旨，本院院务亦不致完全停顿。所有拟请将本院经费全数裁去一案，改为折半减发缘由，理合备文呈请察核，是否有当？仍候指令祗遵。

谨呈　广州市市长　曾。

广州市立博物院院长　谢英伯（"广州市立博物院院长之印"印一）

中华民国二十六年六月二十九日。（"广州市立博物院钤记"印一）

——辑自广州市档案馆藏《广州市立博物院呈为拟请将本院经费裁去一案改为折半核减案》（1937 年 6 月 29 日）

广州市市立图书博物馆组织章程

卅年五月廿三日本府指字第八九二号指令核准备案

第一条　广州市市立图书博物馆，直隶于市政府，掌理本市图书博物之搜集、整编、陈列、阅览、保管、影印、鉴定、及展览等事宜。

第二条　本馆设馆长一人，副馆长二人，由市长任命之，综理及协理全馆事务，并监督所属职员。

第三条　本馆分设图书博物总务三部，每部设主任一人，承馆长之命副馆长之指导，指挥所属主管各该部一切事宜。

第四条　图书部设分类编目、典藏参考、及阅览三股，其职掌如左：

一、分类编目股：关于图书分类编目、登记、贴书标、打咭、写咭等事项。

二、典藏参考股：关于图书之典藏、保管、收发、并代阅者搜集材料，指导研究，解答问题等事项。

三、阅览股：关于成年及儿童图书书包什志之搜集、剪贴、阅览、编排、出纳、巡察、整理、陈列等事项。

第五条　博物部设古物、自然科学、美术三股。其职掌如左：

一、古物股：关于古物之搜集、编目、保管、陈列、影印、鉴定、展览、发掘、整理、修补等事项。

二、自然科学股：关于动、植、矿之标本搜集、鉴定、登记、整理、编咭、陈列等事项。

第六条　总务部设文书、会庶、两股，其职掌如左：

一、文书股：关于拟撰、记录、缮校、收发、及保管卷宗、印信等事项。

二、会庶股：关于会计、出纳、庶务、及代览阅者临时保管携入物品等事项。

第七条　各股设干事一人，事务员助力员若干人，办理各该馆事物。

第八条　各部主任及干事由馆长荐请市府任用之，助理员事务员由馆长委派之，并呈市府备案。

第九条　本馆为讨论馆务进行，得召集馆务会议，其规则另定之。

第十条　本馆办事细则另定之。

第十一条　本章程如有未尽事宜，得呈请修正之。

第十二条　本章程子呈奉 核准之日施行。

——辑自广州市档案馆藏民国《广州市政公报》第十三期，页29-31，（1945年5月23日）

广州市市立图书博物馆组织章程

卅四年五月廿三日本府指字号第八九二号指令核准备案

第一条　本市为发扬社会文化辅助学校教育激发研究心理，以贯彻社会教育目标，设立广州市立博物馆（以下简称本馆），隶于广州市教育局，并受广州市博物馆董事会指挥。

第二条　本馆设于广州市粤秀山镇海楼。

第三条　本馆分设下列各部及其职掌如下：

1、业务部

凡有关于博物之登记典藏出版研究征集交换及指导等事项均属之。

2、技术部

凡有关于博物之陈列制作等事项均属之。

第四条　本馆设馆长一人，综理馆务。馆长任免及服务则另定之。

第五条　本馆各部设主任一人。主任任免及服务则另定之。

第六条　本馆各组设主任干事一人、助理干事若干人。主任干事、助理干事任免及服务则另定之。

第七条　本馆馆务会以馆长及全体主任、主任干事、助理干事组织之，以馆长为主席，其会议细则另定之。

第八条　本馆如因业务关系，得设置各种委员会，必要时得联络外界共同组织之。

第九条　本馆得聘请富有博物学识经验之专家学者为顾问，以备咨询。

第十条　本馆常年经费，由市教育局社会教育经费项下支出之。

第十一条　本馆于每年度终结前一个月拟定下年度工作进行计划，呈报市教育局备案，并分报市博物馆董事会备查。

第十二条　本馆于每月终填具工作报告表，呈报市教育局及市博物馆董事会备查。

第十三条　本馆开放时间，得按季节所宜随时规定公布，惟于星期日、纪念日、休假日应尽量延长之。

第十四条　本馆利用适宜机会得各种业务或展览。

第十五条　本馆职员除每日到馆办公外，并须负担其他临时指定之任务。

第十六条　本馆本市细则另定之。

第十七条　本章程有未善时，得由馆务会议拟定，呈请市教育局核准修正之。

第十八条　本馆章程自呈奉广州市教育局核准后实行。

——辑自广州市档案馆藏《广州市立博物馆组织章程》（1945 年 10 月）

广州市立博物馆组织章程董事会组织规则

第一条　广州市教育局为求市立博物馆办理完善，设立广州市立博物馆董事会（以下简称本董事会），隶于广州市教育局。

第二条　本董事会办公地址暂设于广州博物馆。

第三条　本董事会以广州市教育局长秘书、社会教育科长为当然董事，并由广州市教育局函聘博物学专才及富藏古物之社会人士共同组织之。

第四条　本董事会由董事互推常务董事七人，处理日常事务。

第五条　本董事会每月开会一次，必要时，由常务委员临时召集之。

第六条　本董事会由常务董事互推一人为主席。

第七条　本董事会下分左列各组及其职掌如下：

　　1、行政组

　　　掌理有关市博物馆馆长人选及业务上等行政之一切事宜。

　　2、设计组

　　　　掌理有关市博物馆设计及布置等各事宜。

　　3、技术组

　　　　掌理有关市博物馆之征集及指导制作等各事宜。

第八条　本董事会各组每组设组长一人，由常务董事会互推兼任之；组下得设组员若干人，由组长遴员，提会议决充任之。

第九条　本董事会董事组长、组员均义务职，不另支薪，但必要时，得由会议决定改送□马费。

第十条　本董事会各组得召集组务会议，但所经决议案，须提交董事会议决通过后始生效力。

第十一条　本董事会所经决议各案，呈请广州市教育局斟酌执行。

第十二条　本董事会常年经费呈请广州市教育局在每年度社会教育经费项下拨支。

第十三条　本董事会办事细则另定之。

第十四条　本规则有未尽善时，得由本董事会议呈请广州市教育局核准修正之。

第十五条　本规则自呈奉广州市教育局核准之日起实行。

——辑自广州市档案馆藏《广州市立博物馆董事会组织章程》（1945年10月）

广州市立博物馆呈请增派特警四名守卫镇海楼案

事由　拟请增派特警四名守卫镇海楼原日馆址俾安服务由

广州市立博物馆组主任委员呈

博统字第二十五号

三十五年一月三十日

查本馆现经遵令收回镇海楼原址，并经本年一月十二日派员实驻该楼，及赶速计划修葺有案。惟查该处地涉荒僻，治安已成问题，为缜密防范及使驻楼职员安心服务起见，拟请增派特警四名到楼守卫，是否可行？理合备文呈请察核。

谨呈　广州市社教事业辅导会主任　孙

博物馆组主任委员　胡肇椿（"胡肇椿印"印一）

——辑自广州市档案馆藏《增派特警四名守卫镇海楼》（1946年1月31日）

市府派卫兵二名驻守五层楼

径启者　现准贵馆胡主任委员肇椿函嘱，请派遣本府卫兵二名前赴观音山五层楼博物分馆看守等由。准此，相应照办。兹饬派本府特务连士兵二名赉函前赴贵馆，即希查照。饬员导往驻守并予见复为荷。

此致　广州市立博物馆　启。（"广州市立博物馆"印一）

中华民国卅五年三月十九日。

——辑自广州市档案馆藏《市府派卫兵二名驻守五层楼》（1946年3月19日）

广州市立博物馆概况简述

一、复员经过

本馆原称广州市立博物院，筹创于民国十七年，经市行政会议通过设立，并以镇海楼为馆址。本市沦陷后，镇海楼为敌骑占据，楼中设备被毁，仅由伪府接收敌人劫夺后所残存之一部分陈列品，组设伪市立图书博物馆于惠爱东路番禺学宫。光复后，奉命复馆，改称今名。卅四年十二月，由市教育局组设社教事业辅导委员会，接收伪馆及进行复馆工作；卅五年三月一日，馆组织正式成立，由市府聘派胡肇椿氏为馆长，于同年八月迁返镇海楼院址，九月十七日开放参观。

二、业务内容

本馆陈列内容暂定为下列：

（一）地方人文

（二）地方产业

（三）美术

（四）自然科学

（五）参考教育

（六）儿童教育

六个部门，必要时视需要再进行扩充或变更之。经常之业务为对上项各部门之陈列品作有系统之汇集、整理、制作、陈列、研究、出版等工作，并定期举办特种展览会、学术演讲会、座谈等会，可能时并推行巡回展览工作。

三、陈列内容之扩充与改进

本馆原有陈列品及一切设备具异常贫乏，复馆以来，对于陈列内容之充实与改进，可说为本馆之中心工作，除积极从事征集补充外，并对原有之陈列品加以整理修补；古计时器（铜壶滴漏业已修复恢复报时）陈列方法，力求系统化与科学化。陈列装置亦力求合理化与现代化。惟因市库支绌，本馆经费有限，一切较高之理想，具难实现，只得逐步做去，徐图进步。

四、特种展览业务之推进

本馆既因限于经费，本身内容之充实于改进，难如理想，为适应现实环境计，特尽量从事于特种展览业务之举办，以发展"视的教育"，扩大博物馆教育效能。计至复员以来，经常举办之特种展览会如下列：

（一）诗书画展览会（卅五年元旦展出）

（二）火柴匣集锦展览（卅五年社教扩大运动周展出）

（三）社会教育展览会（卅六年元旦展出）

（四）儿童玩具展览会（卅六年儿童节展出）

（五）"今日台湾"影展（卅六年社教扩大运动周展出）

（六）博物馆教育展览会（卅七年元旦展出）

（七）货币展览会（卅七年二月展出）

（八）自然科学展览会（卅七年廿九日至四月四日展出）

（九）国防科学展览（卅七年双十节展出）

（十）历代钱币展览会（卅七年社教运动周展出）

五、开放时间

星期二至六	下午一时至四时三十分
星期日及例假日	上午九时至下午四时三十分
星期一及例假之次日	停止开放

——辑自广州市档案馆藏《广州市立博物馆概况简述》（1948年 月 日）

广州市立博物院建设计划及派员赴美募捐办法草案

胡肇椿敬撰

一、 博物院教育事业之重要

欧美博物院教育近三十年来，已有惊人之进步，盖利用实物之触觉教育，以实现如下之理想：

甲、现代科学日有进步，为使全民彻底认识，以促进建设与生活之改善，须利用最有效之实物教育（一九一八年后，德国慕尼黑工业博物院及苏联第二次五年计划之集体农场博物院收效最大）。

乙、现代教育图力矫理而论，多实验，少积弊，应充分集中利用博物院为设备完善之实验室，俾减轻各级学校之科学设备，使学校与博物院打成一片，并求知识与实验之准确性及一致化（欧美国各博物馆均为中小学校教育设有专部，学生按时到馆实验）。

丙、博物院之充足之研究资料，应使成工商业情报之供应所，及学术研究之重要参考宝库（前者美国费城商业博物馆，后者哈佛、耶鲁等大学区博物院为著例）。

各国推进均甚成功，无间成人教育与学校教育，博物院之视觉教育，世界已公认为现代最有效之教育方法。

二、广州市需要何种博物院

广州市自唐以来，早为海通巨港；今为革命发源地、华侨故乡。建国时期，为南方重要基地，文化上具特殊性，倘建设，博物院负有六项使命：

子、地方特殊性的

1、地方文化之发扬

史前文化与南粤文化、乡贤故实、民族气节、革命史迹、抗战馨烈等属之。

2、地方产业之推展

广州工商业发达，着重商品之比较研究；调查统计工商业情报知识之供给。

3、海外事业之激劝

唐宋海道与南洋美洲事业之进出，广州早为中心；海外华侨事业之调查、绍、策划、重振、改善、推展六步骤，尤应以广州为根据，作全局之统筹。

丑、一般性的

1、自然与实用科学知能之介绍

理由具前一款甲项

2、学校教育之辅导

理由具前一款乙项。在广州似应更著重教育电影、幻灯、科学夏令营、科学游戏等。

3、新生活运动之推进

新生活运动甚为抽象与锁细，拟就我国生活之荦荦大端，制成合理化新生活模型，与不合理之现代新生活模型排比陈列，并敷陈统计数字及明确表演人民生活合理不合理之结果所招致之政治、治安、国民经济、金融外汇等损益国族前途之事实，使观众触目惊心，此为举行新生活之最具体表现。际今战后民德堕落，尤切时要。

三、博物院建设之步骤

甲、基金设备费及陈列品之募集

博物馆建设之重要，已如上述，惟此市库支绌，经济拟假外求，拟派员于三十五年十月前，前往美洲、南洋捐集美金一百万元（合国币二十亿二千万元）及美工厂、电影厂、博物院募集科学模型、实物、教育电影等。

乙、博物院之建设

募建有成绩后，即拟从事博物院之建设，博物院拟分设三馆三部。

1、院本部除行政部分外，拟设一、地方人文陈列部（包括文化美术）；二、地方产业陈列部（包括工商业）；三、学校辅导部（仅行政实施在各分馆）。

2、华侨事业博物馆

3、科学博物馆

4、新生活博物馆

四、院舍馆舍之配置

广州市立博物院本部拟仍设镇海楼，并根据博物院地带设置原则，市内衢繁地区择公地分布建筑华侨、科学、新生活三馆舍，每馆建筑费约二亿元，以节约（采光、发音、空气、调节、展览场所等非普通屋舍所易改用）美观为主，须平民化，不求华丽。

五、内容设备与陈列品购置费

院本部　　八千万元

华侨馆　　五千万元　　陈列品参考品大部向华侨募捐。

科学馆　　一亿元　　　陈列品之仪器模型一部拟向外国厂募捐。

新生活馆　三千万元　　陈列品全部自制模型、照片。

学校辅导部　一亿元　　陈列参考品大部自制　并向欧美各博物馆募捐。

六、陈列品之国内外交换

肇椿于民年廿七、廿八年居美时，陈列品之交换，美方各国立及地方博物院久盼与我合作。美方所需中国陈列品亦不外中国风俗、宗教、边区民族地方物产、工业、教育等题材之实物、模型、电影片、照片、幻灯、底片、收音片之类。拟于美募捐归来后，拨捐款国币六千万元，择本省范围内轻而易举，且为美方更感兴趣者，征集有系统之陈列品，对美交换最新科学及学校教育陈列品、参考品。陈列品交换美早成风气，彼此可以日新又新，源源不绝，收效实巨。以上三项，共需国币十亿两千万元。

七、博物院基金之设置

拟拨国币十亿元为广州市立博物馆基金，另设博物馆基金，保管委员会保管之。

八、派员赴美募捐办法概略

子、由广州市政府派现任广州市立博物馆长或更适当人选前往北、南美洲募捐。

丑、募捐期限自出发之日起，不得超过十二个月。

寅、出发募捐旅费由广州市政府拨支国币一百五十万元，由广州市立博物馆复员费项下移用。

卯、募捐对象为留美华侨及美国热心协助中国博物馆建设人士、博物馆界及工商界。

辰、广州市政府设置广州市博物院基金保管委员会，以保管接收募捐所得款物。其委员聘请本市教育文化界名流三人至五人组成之。广州市教育局局长、广州市市立博物馆馆长为委员中之当然委员。

巳、募捐得之现金及陈列品，须由捐出者直接汇寄上述保管委员会。

午、上述保管委员会仅负责在全部募捐未结束、建设广州市立博物馆计划未决定、出发募捐人员未返抵广州报告前，上项募捐得之现金及陈列品不得被动用、借用或移用。

——辑自广州市档案馆藏《广州市立博物院建设计划及派员赴美募捐办法草案》（1946 年 8 月　）

广州市立博物馆呈请装置自来水案

为市自来水管理处函复关于该馆装置水喉手续转饬办理由

广州市政府教育局训令　教四甲字第□□号

中华民国卅五年二月廿七日。

案据该馆本年一月十三日呈请函转本市自来水管理处饬工勘装自来水管一案。现经函准广州市自来水管理处本月八日函复略，以查该馆尚无户籍，请转饬派员前本处，依章申请，以符规定，俾便办理等由。准此合行，令仰遵照。此令。

——辑自广州市档案馆藏《广州市立博物馆装置自来水》（1946 年 2 月 27 日）

博物馆申请陈列装制及购置费三百万元案

转呈该馆分配复员表修缮费三百万元之数改用为陈列装制及购置费附预算分配表四份请察核示遵由

广州市政府社会局　　　　社计甲字第 000 九号

中华民国卅五年三月十四日

现据市立博物馆本年三月五日博综字第二号呈称：

查广州市复员费教育复员项下列二千万元，本馆初列一百万元为修缮费，经转函陈明市府，以本馆自去年十二月十二日接收后，细查伪馆移交各陈列品，多属古物赝品，及缺乏陈列价值之品物，且自复员以来，陈列旨趣，自以适合宪政建国需要为原则，故陈列性质当以生产建设为主题。当承俞允增加陈列品购置装修费二百万元，仍由教育复员费项下加拨。惟刻查市府所列教育复员费本馆部分三百万元，均作修缮费，似与购置陈列品，以期早日开放者不符。查本馆越秀山镇海楼馆舍之修缮，经与省立胜利纪念馆商定，仍由该馆备款负责修理。俟竣工后，与本馆合用馆舍。是则本馆已无须再列费修缮。拟请将该复员费名称统更正为"陈列品购置制作及陈列装置费"，俾克日购制陈列品配置陈列，早日定期开放。理合连同该项预算分配表备文呈请钧局，迅予转呈市府核拨办理，实为公便。

等情。附呈本馆复员费陈列品购置费制作及陈列装置费预算分配表四份。据此，核与奉颁复员费预算书分配该馆三百万元之数，尚属相符。该馆拟将修缮费改为陈列装置及购置费，似尚可行。据呈前情，理合检同该馆原呈分配表四份，转呈察核示遵。

谨呈　市长　陈

附呈该馆陈列品购置制作及装置费预算分配表共四份。

社会局局长　袁晴晖（"袁晴辉印"印一）

——辑自广州市档案馆藏《博物馆申请陈列装制及购置费三百万元案》（1946 年 3 月 14 日）

广州市立博物院迁还镇海楼情形案

呈复 奉饬办理裁缩及迁还镇海楼情形请核备由

广州市立博物馆

案奉 钧局三十五年八月十三日教四甲字第〇三五一号指令，以本馆前拟紧缩办法及博物院建设计划暨募捐办法案。经呈奉市府批复，分别饬遵五点，饬即分别遵照办理并将办理情形专案报核等因。当即遵照所饬各点，分别办理，关于编制紧缩，经遵饬，仍保留本职馆长名义，及保留研究员杨秋人，及助理干事胡诚、陈力三人，留用工役一名、特警二名（仍由市府特务连派充），其余人员已悉裁撤，并经于八月十五日办理完竣。至将本馆公物迁回镇海楼原并将陈列品分别辟室陈列，亦已遵饬办理，除一部分笨重残缺暂时无需陈列之陈列品，奉准暂时封藏于番禺学宫后座外，其余所有公物暨陈列品均已悉予迁还镇海楼，辟室陈列，并积极从事布置陈列及编制说明标签等工作。现已陈列完竣，除经拟定开放办法另案呈请察核示遵外，所有奉饬办理裁缩及迁还镇海楼原址情形，理合备文呈请察核备案，实为公便。

谨呈 广州市教育局局长 祝

馆长 胡肇椿（"胡肇椿"印一）

中华民国卅五年九月十六日

——辑自广州市档案馆藏《广州市立博物院奉饬办理裁缩及迁还镇海楼情形》（1946 年 9 月 16 日）

抗战期间广州市立博物院古物古迹损失情形案

呈报本馆抗战期间古物古迹损失情形请核转由

广州市立博物馆呈 博综字第四十一号 卅五年九月十二日

案奉 钧局，本年九月十日教四甲字〇七七〇号训令，饬将抗战期间古物古迹损失情形具报，自应遵办。兹查本馆馆址镇海楼，原为数百年遗迹，在本市沦陷期间，全部为敌伪破坏，现仅存楼壳一座，所有内部门窗间隔与水电及一切设备均被破坏无遗。原日楼前之园庭布置，亦被破坏一空，至今草木无存，损失约在时值二千万元以上。至陈列品与陈列橱架、陈列用具及一切古物之损失，因前博物院时代之卷宗档案及登记册籍，已于沦陷时全部散失无存，故无从查考。至镇海楼东边之原日办公楼一座，亦被毁。现仅存颓墙，估计时值亦约在一千万元以上。所有本馆古物古迹损失情形，理合备文，据情呈复，敬请核转，实为公便。

谨呈 广州市政府教育局局长 祝

馆长 胡肇椿（"胡肇椿"印一）

中华民国卅五年九月十二日

——辑自广州市档案馆藏《抗战期间广州市立博物院古物古迹损失情形》（1946 年 9 月 12 日）

广州市立博物馆职员服务规则

第一条 本馆办公时间除星期一及特假外，遵照广州市政府规定，每日上午 时至 时，

下午　时至　时。各职员依时到值，并须在考勤部内亲笔签到，不得迟到早退。

第二条　星期一及特假休息，依法派员轮值。

第三条　各职员除婚丧疾病大故，或不得已之事外，不得无故请假。

第四条　职员请假，须填具请假书，载明事由及日期，径呈馆长核准，并应经办事件委托一人代理。

第五条　职员未经请假而擅离职守，或假期已满而不续假，均作旷值论。但因特别障碍，不及请假或续假，事后应声叙理由补假，经馆长核准者，不在此限。

——辑自广州市档案馆藏《广州市立博物馆职员服务规则》（1946年）

广州市立博物馆整理情形及复馆工作概论

本馆组成立后，即设临时办事处于市立中山图书馆内，积极展开复馆工作。兹将各项工作分述于后：

甲、接收工作

本馆奉命向局派往接收人员，点收伪市立图书博物馆移交之博物室陈列品及家具，经派员按伪馆移交清册清点，业已点收完竣。其与清册不符者，经另列清册，另案呈核。

乙、整理工作

伪馆移交之陈列品，其编号及分类均极紊乱，若干陈列品失去记录说明或无编号，或错乱置配，或残缺霉烂。兹正拟定整理办法，从事将全部陈列品加以整理。整理工作之要点如下：

（一）全部重新登记

（二）编总号

（三）分类

（四）校正品名及说明

（五）编制分类卡片

（六）编制典藏卡片

（七）编制统计表

（八）修理

丙、征集工作

查由伪馆移交之陈列品，实为本馆原有陈列品之渣滓，由敌人口中吐弃依归伪馆者，精品固绝无，且多残缺而无系统。兹正拟制补充范围，先择必要者加以补充，征集方法分购、捐、借、自制及采集五种。

丁、馆舍修葺工程

（缺字一行）原址复馆，惟该楼在沦陷期间被毁甚巨，非加修葺，无法应用。业经派员会同建筑师前往堪视，并拟制修葺计划。惟为管理便利起见，在整个修葺工程未付实施前，经就上年度二十二万元之修缮费预算，先行修葺底层之一部，现已完竣。

戊、开放日期之预定

本馆开放日期，须视修葺问题及陈列品之补充问题以为定，如此两问题——修葺费及陈列品购置费能解决，则约三个月之整理期当可足用。

——辑自广州市档案馆藏《博物馆整理情形及复馆工作概论》（1946年）

广州市立博物馆陈列内容性质及第一期征集陈列品大纲

事由　　呈报本馆今后陈列内容性质及第一期征集陈列品分类大纲请察核备案由

广州市市立博物馆呈　　博综字第三十八号

卅五年四月七日

查本馆自奉命复员以来，业经积极计划一切展览复馆工作，除将自伪馆接收之陈列品重新从事整理、全部重行编号、登记、修理、清洁及校正名称说明外，关于本馆今后陈列内容之性质，亦经详加研究，从事设计。查本市为我国华南最大都会，且为国民革命之策源地及国际交通之一重要口岸，从历史上考之，近代西洋文化之输入，实以本市为第一个门户，而中国固有文化，亦以次为出处口。本馆设置于此具有特殊历史与特设地位之本市，则本馆之陈列内容，实应充分表现此特性。换言之，实负有发扬地方特殊文化——革命文化与推进中西文化交流之特殊使命。从本馆本身之性质而言，本馆为地方博物馆，地方博物馆之陈列内容，自应以地方性之陈列为中心，而于本市之地位关系，既为国际交通要扣，复为西南文化教育之唯一中心，则同时亦须不忽视其国际性与一般性之陈列，故今后本馆陈列内容拟分为：

一、地方人文　凡地方历史、地理沿革、革命史迹、乡贤故实，以及民俗、市政。文化等类属之。

二、地方产业　凡天然及人工之地方产品属之。

三、美术　　　凡绘画。书法、金石、雕刻、建筑，及民间艺术品等类属之。

四、自然科学　凡动植物、昆虫、细菌、矿物、地质、天文、人类学、生理卫生等类属之。

五、参考教育　辅导中上学校各科教学之特种陈列。

六、儿童教育　为教育儿童而专设之特种陈列。

上列六项，拟按本馆经济能力分期实施，第一步拟先实施地方人文、地方产业及美术三项陈列，后三项则拟俟经济充裕时，按步实施，至陈列方法，为求合乎现实需求，发扬博物馆高度之教育功能，必须使陈列更有系统与科学化，考现代化之博物馆，其性质亦日益进步，已从死的"古董店"或"标本商店"而变为活的推进社会学术文化之教育工具矣。查本馆自伪馆接收之陈列品均为经敌人劫夺后所遗弃之渣滓，精品已荡然无存，且残缺零乱而无系统，非加补充。实不克完成较有系统及合乎现实要求之陈列，故所拟定征集陈列品分类大纲，为限于财力人力，第一期拟先就"地方人文类"着手，以期早日完成一个单位之系统陈列，而免羁延复馆工作。所有本馆今后陈列内容性质及第一期征集陈列品分类大纲，理合备文呈请察核备案，实为公便。

谨呈　广州市政府社会局局长　袁

附呈本馆第一期征集陈列品分类大纲。

馆长　胡肇椿

广州市市立博物馆第一期征集陈列品分类大纲

本馆为地方博物馆，为使本馆陈列内容充分表现其地方性，关于征集计划，拟以有地方性之陈列品为中心对象。目前限于经济人力，拟先就地方人文方面着手，举凡有关于本市地方人文之品物，无论贵贱，无论巨细，皆在征集之列。年代久远稀有之宝物固属可贵，而近代物品之有系统者，亦足珍视。陈列品之种类分：实物、图片、模型，及复制品四种。征集办法分捐赠、寄存、暂借及备价购买四种。凡捐赠、寄存及暂借与本馆之陈列品，当由本馆发给收据，并负责妥为保管。

兹将地方人文陈列品分类大纲列后：

（一）地方史乘

1、志书、舆图、年鉴、碑碣、古迹、风景照片等。

2、乡贤手迹、著作、图像及器服遗物等。

3、革命历史、先烈著作、手迹、图像、历次革命行动之照片、器服遗物等。

4、近百年外交史实之照片、宣传片及其他文献等。

5、北伐历史：与北伐有关之地方性文物。

6、抗战文献：抗战期中本市之一切文化、经济、政治、军事等有关抗战之文物。

7、沦陷期中有关本市民众疾苦生活之图片、文物等。

8、光复后有关本市受降、接收以及各方面复员、建设之图片、模型、统计、文物等。

（二）文化

1、教育：本市各级学校之校史、校刊、图片、统计等。

2、新闻事业：本市各报创刊历史、现状、销售统计、创办人、编辑人照片、创刊号以及内迁版、光复版等之第一号报纸、纸型、号外等；各通讯社之创立历史、现状及有关文物；盟国新闻处之创立历史、现状及有关文物、照片等。

3、本市出版之图书及定期刊物。作家手迹及生活照片。

4、本市学术团体、学术家、科学家有关研究、发明之文物及照片等。

5、有关宗教、社会迷信之文物。

6、其他。

（三）美术

1、历代及现代曾展留本市诸作家之绘画、书法、金石、雕刻、版画作品。

2、本市主要建筑之图片、模型。

3、民间艺术品。

（四）古物

1、本市出土之古物；

2、本市考古家、考古团体在外处发掘之古物。

（五）市政

1、有关本市市政之计划、图则、模型。

2、对外交通：广九、粤汉、广三铁路之图片、模型等；省港、省澳及内河水路交通之图片、模型等；对外航空及航空站之图片、模型等；对外各线公路之图片、模型等；

3、市内公用事业：市内交通之图片、模型等；市内水电之图片、模型等；市内电话之图片、模型等。

4、市内卫生事业之图片、模型第。

（六）名产

本市出产之天然产品与人工产品。

——辑自广州市档案馆藏《博物馆陈列内容性质及第一期征集陈列品大纲》（1946 年 5 月 16 日）

广州市行政院令博物馆将抗战期间古物损失情形呈报教育厅案

饬将抗战期间古物损失情形详细报转由

广州市教育局训令　教四甲字第七七号

中华民国卅五年九月十日

令市立博物馆

行政院令：饬于文到三日内将所属区内抗战期间古物古迹损失情形，径报教育厅汇办。等因。合亟令仰遵照，迅将古物古迹损失情形详查具报，以凭核转为要。此令

局长　祝秀侠（"祝秀侠"印一）

——辑自广州市档案馆藏《广州市行政院令博物馆将抗战期间古物损失情形呈报教育厅》（1946 年 9 月 10 日）

教育部清理战时文物损失委员会函请广州市立博物馆办理登记战时文物损失案

径启者：查抗战以来，我国公私文物被敌掠夺毁坏者为数甚夥。本会为调查并追偿该项损失起见，正举办全国公私文物损失登记。兹附奉登记办法一份，敬希贵处依照办法内容将九一八战事以来所受之文物损失，自行列表抱会。如承，随附贵处藏品目录一份，尤所感荷。

此致　广州市立博物馆

惠件请寄重庆国府路中央研究院内本会。

教育部清理战时文物损失委员会启。

中华民国卅四年十二月五日。

附教育部清理战时文物损失委员会举办全国公私文物损失登记办法

（一）凡公私机关及个人在战事期间遭受文物损失者，均可向重庆国府路中央研究院内本会申请登记。以上所称文物，包括一切具有历史、艺术及学术价值之建筑、器物、图书、美术品等。

（二）凡公私机关及个人申请登记，必须列表详细注明以下各项：

　　　甲、申请人姓名（或机关名称）及通讯地点。

　　　乙、文物名产及其重要性、损失之时间地点、损失情形，及敌伪负责人姓名，或机关部队名称与该项文物目前下落等。

　　　丙、附送文物照片及图样。

丁、对于个人申请登记，另须附送当地有关机关或团体之证明书。

（三）登记时间于三十四年十二月三十一日截止。

（四）本会审查整理的见表格后，除转报内政部抗战损失调查委员会外，并专案呈请政府办
理办理文物追偿事宜。

——辑自广州市档案馆藏《教育部清理战时文物损失委员会粤港区代表办事处函请博物馆
办理登记战时文物损失》（1945年12月5日）

广州市教育局训令博物馆搜集抗战史料案

奉电转饬蒐集有关抗战史料报局汇转由

广州市政府教育局　　　教一甲字第□□号

中华民国卅四年十二月十三日

令市立博物馆

现奉广州市市政府本年十一月十一日府一甲字第零贰一叁号代电开：

现准国民政府国史馆筹备委员会本年九月十一日会字第六九号代电开："隅夷屈服，举国
欢腾，属在国人，尤深鼓舞。然此日之胜利，光荣皆以往之牺牲代价。忆卢沟变起之处，敌人
恃积年之阴谋与优越之军火，无端寻衅，始掠平津，寻及淞沪；初侵沿海，续入长江。其贪酷
无厌，竟变九一八之蚕食而为亚陆之鲸吞。侵略野心，燎原难制。我亿兆人民，愤小丑之跳梁，
憬神州之涂炭，举国分起，挞伐斯张，输资财，流血汗，捐躯命，掷头颅，前赴后继，与敌人
抵死抗拒，延续八年之久，其间可歌可泣之忠贞义烈，足以光日月而垂汗青者。国内则通都大
邑至穷乡僻壤，国外则侨胞游记及健儿远征，国威所至，轶事必多，虽属一人一事之微，亦节
国族国魂所寄，任令湮没，何以为心！本会筹备国史，征辑史料，责无旁贷。惟是限于财力人
力，未能遣派多人，分途博采，素念贵市长抗战功高，名播遐迩，对于民族之献身精神，必乐
于宣扬。现闻奉命接收地。拟请旌麾所至，将有关史料事实，无论属于抗战前后，均希饬属搜
集，代为保存（以下数字不清晰）事关国史，用敢渎陈。等由。准此，除分电外，合行电仰遵
照，据实蒐集，报府汇办为要。

等因。奉此。除分令外，合行令仰遵照，据实蒐集报局，以凭汇转为要。

——辑自广州市档案馆藏《广州市教育局训令博物馆搜集抗战史料》（1945年12月5日）

教育部清理战时文物损失委员会粤港区代表办事
处函请博物馆办理登记战时文物损失案

径启者：本处现与广东文献馆联合工作，办理调查本省战时文物损失事宜。即在文明路文
庙内文献馆办公（电话 一五七一九），每日上午九时至下午六时办理登记。相应函达，至希贵
处将战时文物损失详细表列到本处登记为荷。

此致　　市立博物馆馆长　胡（"胡肇椿"印一）

教育部清理战时文物损失委员会粤港区代表办事处代表简又文（简又文印一）

附列登记办法五条：

（一）各公私机关团体或个人，在抗战期间，凡有各种文物为敌寇或伪军伪官所劫夺而去，或由敌伪行动所产生之灾害而致损失者，均可申请登记（特别注重公立机关，如图书馆、学校与其他文化机关，并及收藏家之大批文物）

（二）上条所称文物，包括一切具有历史、艺术及学术价值之建筑、器物、图书、美术品等。

（三）凡公私机关及个人申请登记，必须自行列表，详细注明以下各项：

（甲）、申请人姓名（或机关名称）及通讯地点

（乙）、文物名称及其重要性

（丙）、损失之时间及地点

（丁）、损失情形及敌伪负责人姓名或机关部队名称

（戊）该项文物目前下落

（己）附送文物照片或图样

（庚）对于个人申请登记，另须附送当地有关机关或团体之证明书

（四）登记时间至三十五年六月十五日截止。

（五）本处收到各登记表册后，将与广东文献馆联合工作，从事整理汇编及统计，转呈国民政府办理追偿事宜。

卅五年五月廿日

——辑自广州市档案馆藏《教育部清理战时文物损失委员会粤港区代表办事处函请博物馆办理登记战时文物损失》（1946 年 5 月 20 日）

广州市工务局呈请修复镇海楼以作博物馆址案

奉交教育局请拨汉民公园为博物馆馆址原呈一件，饬详细审核，签议复夺等因。查本市博物馆战前原设于粤秀山之镇海楼，当筹设之始，曾经周详之考虑与多方之研究，认该楼为本市历史价值之建筑物，且楼高五层，俯瞰全市，以作馆址最为适合，始决定拨用目前该地，虽暂因本市复员未久，稍以偏僻，但不久必可恢复旧观。且该楼虽曾遭日伪破坏，惟阵柱楼面现尚保存，加以修葺，所费不多，即可使用，而汉民公园位在人口稠密之区，只有此园尚嫌绿地带面积过少，现在宜增植树木，实不宜再增建筑物，以占去园林面积，且博物馆系属市立，规模如不宏大，不免有失观瞻，而现时物价高涨，假使从新建筑，纵用一二千万元亦属简陋，似反不如将五层楼修理较为合算，奉饬前因，理合签复察核。

谨呈　市长　陈

广州市政府工务局签呈

中华民国三十四年十二月十九日。

——辑自广州市当案馆藏民国《广州市工务局呈请修复镇海楼以作博物馆址案》（1945 年 12 月 19 日）

广州市立博物馆修复镇海楼馆址计划

本馆奉命迁回观音山镇海楼原址，筹备复馆，经派员会同建筑师前往堪视，并拟修葺计划。查该楼被破坏甚巨，所有门窗各处栏杆及南面墙壁均被拆毁一空，屋面釉瓦毁者亦多，楼左之附属建筑物一座，屋顶全坍，门窗全毁，仅存墙壁及廊柱而已。修葺计划拟以实用、经济、美观而不破坏原有建筑风格为准则，兹将修葺计划分述于左：

甲、镇海楼

一、关于各层南面墙壁全用单砖墙

二、关于各层南面门窗均用板门镶简单图案花纹及玻璃花格窗，计每层门三窗八。

三、关于各层东西北面之原有拱形窗洞外口建通花矮垣以代栏杆，内口置板门，亦镶简单图案花纹，各层均四。

四、关于各层栏杆，除底层拟暂缓修建外，二、三、四、五层均建通花矮垣以代之。

五、关于各层阶梯扶手用砖砌矮垣代之，惟加装木扶手。

六、各层釉瓦有破烂者补换新瓦，屋面北部须全用灰重嵌。

七、各层地面凹裂处须填补。

八、各层内部须全粉饰。

九、底层用栏板批灰，间库房一间、技术室一间、各门二。

十、墙壁外部暂缓粉饰。

乙、楼左之附属建筑

一、屋面改为平顶。

二、装板门格窗，暂不装玻璃。

三、粉饰内部。

丙、庭院及石阶须填拓及建筑

丁、加建小厨房一所、洗身房一所、厕所一所。

上列修葺计划，现正请建筑师绘制图则，一俟绘就，即行招建筑商估价，惟在整个修葺计划未付实施前，为便管理起见，经就上年度修缮费二十二万元之预算作初步之修葺，即行先将底层南面用栏板批灰作一壁，设门一、门框二及窗框八，经奉准施工，现已完成。

广州市立博物馆

中华民国三十五年。

——辑自广州市当案馆藏民国《广州市立博物馆修复镇海楼馆址计划》（1945年）

广州市立博物馆财产损失报告单

广州市立博物馆财产损失报告单										
填送日期 35 年 2 月 1 日										
损失年月日	事件	地点	损失项目	购置年月	单位	数量	价值（国币元）		证件
							购置价值	损失时价值	
27 年 10 月 21 日	广州沦陷	广州市观音山	镇海楼全部门窗栏杆墙壁屋面等等	多年古物	座	一座	140000	280000	材料估计
27 年 10 月 21 日	广州沦陷	广州市观音山	附楼建筑物屋顶门窗全部炸毁	19 年 10 月	座	一座	60000	126000	实物估计
27 年 10 月 21 日	广州沦陷	广州市观音山	陈列橱	20 年 4 月	个	80 个	24000	50000	财产登记簿
27 年 10 月 21 日	广州沦陷	广州市观音山	陈列品	20 年 4 月	件	6700 件	34000	73000	财产登记簿
27 年 10 月 21 日	广州沦陷	广州市观音山	家具	20 年 4 月	张	85 张	850	1900	家私登记簿

——辑自广州市档案馆藏《广州市立博物馆财产损失报告单》（1946 年 2 月 1 日）

广州市立博物馆卅五年度电话移装费支付预算书

本馆电话，前设置于惠爱东路四十二号之临时办事处，现该处已奉命迁回越秀山镇海楼原址办公，该电话亦须迁回镇海楼应用。经去函电话管理处商洽移装手续，据复略，以镇海楼方面并无路线所经，除应缴移机费一万八千元外，仍须缴专线特公费五万七千伍佰元，合计如上数。

——辑自广州市档案馆藏《广州市立博物馆卅五年度电话移装费支付预算书》（1946 年 9 月）

广州市市立博物馆概况

一、筹设经过

本馆原称市立博物院，筹创于民国十七年。时陆幼刚先生市教育局长，以本市为西南文化教育中心、革命策源地，且为国际文化交流之一重要交通点，对于博物院教育机构之建设，急不容缓。适市政府正将越秀山之镇海楼修葺，特向市府提议筹设博物院，并以镇海楼为院址，经市行政共议通过，遂着手进行，于十七年十一月成立筹备委员会。筹备委员会成立后，即电向各方征集陈列品，古物之搜罗，如祭器、乐器、明器、服用器等，均各粗备；民俗用品，均采自瑶黎；自然生物标本，多得于广西（以下数字涣漫不晰）矿物亦略尽两广所产；而书画、雕刻、工艺品，数量亦多；更有革命先烈纪念物品，均分类陈列于五层楼中。开放之首日，观众逾二万人。

二、敌伪之劫持

本市沦陷后，镇海楼为敌骑占据。迨伪政府成立，组设伪市立博物图书馆于番禺学宫（即现本馆临时办事处），接收敌人劫夺所抛弃之一部分残渣馀滓陈列品，辟博物室一间，按陈列容积估计之，较五层楼原有陈列品，已减去五分之四；而五层楼中之一切陈列装置与设备，已被毁一空矣。

三、接收经过

光复后，本馆奉命复馆，由市教育局组设广州市社教事业辅导委员会，分设图书馆、博物馆、民众教育馆三组，负责三馆之复馆工作。关于伪市立博物图书馆之接收，在辅导会成立之先，业经市教育局派员接收完竣。本馆组成立后，第一步即进行向局派接收人员，点收伪馆移交之博物室陈列品及家具等公物。陈列品部分计共接收一四九三件，另钱币三五六枚，矿物标本一箱；家具部分计共接收一四六件。兹将陈列品部分依原列移交清册分类表列如下：

物品名称	数量	备考
石器	九九件	
贝器	乙件	
骨器	乙件	
陶器	四一九件	
铜器	一五〇件	
铁器	一〇件	
锡器	贰件	
铅器	八件	
磁器	一六八件	
国画	一二二件	
字	一六	
拓	一五件	
动物标本	一四六件	
矿物标本	乙箱	
生物标本	三六件	
美术画	一五件	
木杂器	七六件	
油画	二四件	
玉器	一七三件	
铁器	贰件	内钢帽乙件、防毒面具乙件

铁币	三五六枚	
木器	十件	内大雕花条五件、木神像五件
合计	一四九三件	乙箱　三六五枚

三、整理工作

伪馆移交之陈列品，其编号及分类均极紊乱，若干陈列品或失去纪录说明，或错乱配置，或残缺霉烂。本馆接收后，经拟定整理办法，从事将全部陈列品加以整理，整理工作之要点如下列：

（一）全部重新登记

（二）编总号

（三）分类

（四）校正品名及说明

（五）编制分类卡片及说明

（六）编制典藏卡片

（七）编制统计表

（八）修理

上列各项工作，业已按步进行；登记编号工作，业已完竣；分类、考校、说明及修理等工作，仍继续进行。

四、今后计划

本馆复馆后，除进行整理工作外，对于本馆今后陈列内容之性质，亦经详加研究，□□计划。查本市为我国华南最大都会、文化教育之中心、革命之策源地，复为国际交通之一重要口岸。从历史上考之，近代西洋文化之输入，实以本市为第一门户，而中国固有文化，亦以此市为输出口。本馆座落于此有特殊历史与特殊地位之本市，则本馆之陈列内容，实应充分表现此特性。换言之，实负有标扬地方特殊文化——革命文化——与推进中西文化交流之特殊使命。从本馆本身之性质言，本馆属地方博物馆，地方博物馆之陈列内容，自应以地方性之陈列为中心，而由于本市之地位关系——既为国际交通要口，复为西南文化教育之唯一中心——则同时亦须不忽视其国际性与一般性之陈列。故本馆陈列内容概分为：

（一）地方人文　　凡地方历史、地理沿革、革命史迹、乡贤故实，以及民俗、市政、文化等类属之。

（二）地方产业　　凡天然及人工之地方产品属之。

（三）美术　　凡绘画、书法、金石、雕刻、建筑及民间艺术品、工艺美术品等属之。

（四）自然科学　　凡动植物、昆虫、细菌、矿物、地质、天文、人类学、生理卫生等类属之。

（五）参考教育　　辅导中小学校各科教学之特种陈列。

（六）儿童教育　　为教育儿童启蒙之特种教育。

上列六项，拟按本馆经济能力，按步实施。限于经济能力及馆舍等问题与配合现实的需要，拟先行完成美术及儿童教育部分之陈列。至陈列方法，为求合乎现实需求，发挥博物馆之教育功能，必须使陈列更有系统化与科学化，考现代化之博物馆，其性能已日益进步，已从死的"古董店"或"标本商店"而变为活的推进社会学术文化之教育工具，并已由少数人赏玩古董之场所进化为大众学习现代知识之园地。在胜利复员向建国迈进之今日，博物馆所应负之教育使命，尤为綦要，虽以市库支绌，过高之理想或空洞之计划，固无补于事业之发展，然保守现状，不从远处瞻望，不从实际需要着手，则徒使最有效之工具成为废物而已。本馆关于完成陈列各部门之步骤如下：

（一）本馆接收伪馆移交之陈列品中，美术品数量较多，加以补充后，即可辟室陈列开放。

（二）鉴于本市小学、初级中学林立，在学儿童以及社会失学儿童为数甚众，为适应环境需要起见，拟筹设儿童教育分馆于中心区（附筹设儿童教育分馆计划）。

（三）关于地方人文陈列品之征集范围甚广，经拟定分类大纲，从事调查与访问工作，向社会各方面征集，俾能有系统地完成陈列（附第一期征集陈列品分类大纲）。

（四）自然科学标本之采集工作，业已部分进行，俟经济充裕时，始能组采集队大规模进行。

（五）地方产业陈列品之征集，将俟社会经济复员工作较开展时进行。

（六）参考教育部门关于陈列品及一切器材，需费浩大，恐非自身财力所能办到，俟本馆复员工作略具基础后，在进行向国际方面请求捐助。

五、组织现状

辅委会之工作至二月底结束，三月一日馆制正式成立，派胡肇椿为馆长；设业务、技术两部及研究、事务两室。组织章程经已草定，在呈核中。（附组织章程草案）

六、馆舍问题

本馆奉命迁回越秀山镇海楼复馆，惟该楼被毁甚巨，所有门窗、扶手、栏杆被拆一空，修葺需费甚大，市帑支绌，无法拨款修葺。后省府拨款五百万元，进行修葺（现已竣工），并指定胜利纪念馆亦以该楼为馆址，陈列战利品。查该楼原为本馆馆址，自应迁回该楼复馆，经与胜利纪念馆筹备负责人商定，除底层由两馆共用外，二、三层由胜利纪念馆用作陈列室，四、五层仍归本馆自用。现本馆定于日内迁回该楼，筹备开馆。至儿童教育分馆，原拟借用番禺学宫后座（即伪博物馆）筹备设立，经派人与该学宫管业人商量，然尚未获应允。查儿童教育分馆馆址必须设在市中心区，以便利儿童往来。如馆舍不能解决，则分馆筹设计划之实现将增更多之困难矣。

——辑自广州市档案馆藏《广州市市立博物馆概况》（1946年）

广州市立博物馆呈请拨发五层楼四五楼栏杆装修费案

转请拨发市立博物馆四五楼栏杆装修费由

广州市教育局呈　　　教会甲字第二三一七号

中华民国卅五年十一月廿一日

现据市立博物馆本年十一月二日博综字第一三九号呈称：

查本馆走廊栏杆，是依廊前圆柱建造，每两圆柱之间置栏杆一列。惟各列栏杆均为杉木所制，且每一列栏杆之主干横木均为两段或三段木条接凑而成，而非整条者。两端与圆柱接连处入柱亦至浅，工程甚为简陋。本馆深虑各栏杆不稳固，易生危险。故除于各列栏杆上遍粘字条警告参观者切勿依凭外，并饬管理人员随时留意，禁止参观者依凭。惟因本馆工作人员少，在开放时间陈列内之管理亦至重要，每有顾此失彼之虞。复以五层楼上俯瞰穗市全景，景色如画，至令参观者喜临栏凭眺。开放以来，各列栏杆均先后被摇松，危险至为堪虞；尤以星期日或例假日参观人数众多为更甚；国庆日，因参观者过众，几致丧失几条参观者之性命，于热烈庆祝之欢乐中造成一大悲剧。是日鸣炮一百零一响，是在本馆左便之旧城基上发放，馆中观众一闻炮声，即群趋走廊观看。以人过多，虽本馆全体员役警士出动，亦无法禁止，转瞬间，栏杆即被推倒三列，随栏杆跌仆于檐者数人，危险万状，如扑出稍远，则不堪设想矣。事后本馆除将倒下各列栏杆依旧修复，以壮外观，及饬令管理人员格外留意防范禁止参观者凭倚外，为顾虑参观者之生命安全，以免再度造成不幸计。经延邀建筑公司多家来馆勘看，设计如何使各栏杆牢固，均以必须加装铁箍铁马，方可稳固。查属实情。兹经由大来兴记号等三家估价，以德诚号估价最低，计国币二十八万元。理合将本馆走廊栏杆不稳固发生危险经过情形及装修办法，连同装修图一份、估价单三份、支付预算书五份报请察核，并恳准予转呈市府拨发，实为公便。

等情。附呈栏杆装修工料费支付预算书五份、估价单三份、图则一纸，据此查核，尚属需要，可否准在第二款第三项第五目社教机关修缮费项下拨发之处，理合检同原件转呈察核示遵。

谨呈　市长欧阳

附呈市立博物馆栏杆装修工料费支付预算书四份、估价单三份、图则乙纸。

教育局局长　祝秀侠　（"祝秀侠"印一）

中华民国卅五年十一月廿一日。

——辑自广州市档案馆藏《五层楼四五楼栏杆装修费》（1946 年 11 月 21 日）

广州市立博物馆接收胜利纪念馆业已完竣案

为转呈市立博物馆三十七年下半年度修缮费预算分配表估价单请核示由

现据市立博物馆本年九月二十一日博综字第四 00 号呈称：查本馆奉令接收广东省胜利纪念馆，业已接收完竣，除接收该馆移交各项胜利纪念品外，所有该馆借用本馆镇海楼各层楼舍，亦经全部收回。复查镇海楼建于明代，迄今垂数百年，为本市著名古迹，为国际人士与各省各地人士来市观光者必到游览之地，亦为本市市民日常闲假游息之所。前以大部分楼舍均为胜利纪念馆借用，除四、五两层由本馆布置开放外，其余各层均一任空置未用，凌乱破败，于观瞻上颇感不雅。今既全部收回，且更接收各项胜利纪念品数百件，以亟应从事设计，全部重行布置与装修，庶本市之一名古迹建筑得免于荒败，而本馆陈列内容亦得以充实，以供众游息与研究。关于装修与陈列计划，本馆业经拟就，惟为节省市帑开支计，兹仅就必须装修部分招商估价，计装设木门乙座、间隔警卫室二间、装间柜围两座、门面批补粉刷等，共需金圆券肆百元。预算分配表经已编就。理合备文，连同估价单三份，呈请察核，准予转呈市政府如数拨给，俾能装修开放等情。附呈修缮费预算分配七份、估价单三份。据此查该项修缮工程核属需要，惟预算表列第二目扶梯两边批荡两幅，原列工料银九十元应减为八十七元外，其余尚无不合。计共金圆券叁佰玖拾柒元，拟请准予照拨款，在三十七年下半年度岁出临时门第五款五项二目社教机关临时设备费科目项下暂付，除将预算分配表代为更正暨抽存外，理合检同原缴表单转呈察核，俯准照拨，祗领办理并候示遵。

谨呈　市长欧阳

附呈市立博物馆三十七年下半年度修缮费预算分配表五份、估价单三份、图说乙份，共九份。

广州市政府教育局局长祝秀侠（"广州市教育局局长"印一）

中华民国三十七年九月廿九日（"广州市教育局"印一）

——辑自广州市档案馆藏《本馆接收胜利纪念馆业已完竣》（1948年9月29日）

广州市立博物馆呈请拨发临时设备费案

签拨市立博物馆临时设备费电请查照仰各遵照知照由

代电　　穗会字第0625号　　中华民国卅六年九月五日

审计部广东省审计处公鉴，本府财政局、教育局均览。现据教育局呈，以据市立博物馆报称，该馆地方狭小，除大部分辟为陈列室之用外，储藏室、观众憩息地、均无适当场所，仅将办公之处设于四楼走廊，观众休憩处设于五楼走廊；至储藏室，则于陈列室中划出一部分，权为使用。兹拟于五楼美术陈列室加建屏壁两幅，以增加书画陈列面积；至办公处设于走廊，每风雨，家私文具常遭侵损；五楼陈列室之书画亦时有遭风雨侵袭之虞。拟于四、五楼走廊装设竹廉，以防风雨。经招商比价，以德诚号取价叁佰零五万元为最低，附呈计划图说、估价单、预算书，转请察核，次准照拨等情前来。查所请尚属需要，准予照拨，该款在卅六年下半年度总预算岁出临时门社教机关临时设备费科目项下权先暂付，俟预算核定再行冲正，除分电外，相应电请查照，仰各遵照知照。

谨呈　市长欧阳。

附呈预算书壹份。

广州市市立博物馆馆长　胡肇椿（"胡肇椿"印一）

中华民国卅六年九月五日。

——辑自广州市档案馆藏《博物馆临时设备费》（1947年9月5日）

广州市立博物馆呈请拨发三十六年事业预算经费案

为转呈市立博物馆三十六年七至十二月份事业费预算分配表请核示由

现据市立博物馆本年十二月六日博综字第三二三号呈内开：

查本馆本年度事业费一至六月份奉拨一八〇〇〇〇〇元，业经按照原编预算及原定应举办事业动用及分别举办；至七至十二月份应举办事业费，亦经从事计划及从事举办。本半年内本馆除于十一月社教扩大运动周举办"今日之台湾"摄影展览外面，并出版博物馆学特刊，分寄各机关学校团体，以资扩大宣传。此外，关于陈列品及之日久虫蚀霉烂，亟待重新装置与整理；陈列工具与陈列橱柜玻璃因本馆去年九月开放以来观众日多，遇例假日尤拥挤不堪（双十节观众四0

一一五人，重九观众三〇四二四人）致被损毁者甚多，亦亟待重新全部装配与修理。上项事业或为时间性关系，或为陈列品之保管与对外观感所系，不能不先行举办。经设法垫款择要办理。兹拟请在本馆本年度七至十二月份事业经费内拨支，以便归还垫支各款及继续举办应办事业预算分配表，经依式编就，理合备文将本年度下半年应举办事业及垫支情形，连同该表呈请察核，并恳准予早日拨出。

等情。附呈三十六年七至十二月份事业费预算分配表。据此查所请拨发本年七至十二月份事业费每月六〇〇〇〇〇元，计六个月共三六〇〇〇〇〇元。核尚需要该款拟在本年下本年度岁出临时门五款四项一目社教机关事业费下拨付。除抽存及简答外，理合备文连同原缴预算分配表转请察核示遵。

谨呈　市长欧阳

附呈市立博物馆三十六年七至十二月份事业费预算分配表五份。

广州市教育局局长祝秀侠。（"祝秀侠"印一）

中华民国三十六年十二月十七日。

——辑自广州市档案馆藏《博物馆三十六年事业预算经费》（1947年12月17日）

广州市立博物馆呈请拨发镇海楼装修经费案

据博物馆请拨装修费二〇五〇〇〇〇元等情转呈拨发由

现据市立博物馆本年五月二十六日博综字第二二八二号呈称：

查本馆馆舍镇海楼自经省府指定以二、三楼及底层借与广东省胜利纪念馆使用后，本馆仅得使用四、五层，空间狭小，除大部分辟为陈列室之用外，办公司、储藏室、观众休息处等均无适当场所，仅能权将办公处设于四楼走廊，观众休息处设于五楼走廊，至储藏室则于陈列室中划出一部分地位，以作储藏。各项无法陈列，为补救计，兹拟于五楼美术陈列室中加建屏壁两幅共四面，以增加书画陈列面积，俾能充实陈列内容而免空洞之感。至办公处设于走廊，因楼向南，夏季届临，每遇风雨，则所有写字□文具尽湿，不能工作；不小心公文簿据亦遭风雨侵损。五楼陈列室之书画亦时有遭风雨侵袭之虞。为补救计，亦拟于四、五楼走廊装设竹廉，以防风雨，而免妨碍工作与乎陈列书画之遭受损失。兹经拟具装设计划，并交由昌源德诚等建筑商号估价，以德诚号取价最低，全部装修费计国币贰佰零五万元，拟请拨给临时修缮费，俾资办理。理合备文，连同支付预算书七份、装修计划书图说二份、估价单三份，呈请察核，转请市府如数拨发，实为公便。

等情。附呈支付预算书七份、装修计划书图说二份、估价单三纸，据此查所称确属切要。书列装修费，以德诚号估价二〇五〇〇〇〇元为最低，核属实在。拟请准予在本年上半年度总预算第三款第四项第一目社教机关修缮费设备费项下拨发，除将预算抽存外，理合检同原缴件转呈察核示遵。

谨呈　市长欧阳

附呈市立博物馆装修支付预算书七份、装修计划书图说二份、估价单三纸。

广州市政府教育局局长　祝秀侠（"祝秀侠印"印一）

中华民国卅六年八月廿九日。

——辑自广州市档案馆藏《博物馆请拨装修经费》（1947年8月29日）

广州市立博物馆呈请办法民国三十七年上半年修缮费案

为转呈市立博物馆三十七年上半年度临时修缮费预算分配表及估价单等情核示由

现据市立博物馆本年六月三十日博综字第三八三号呈称：

查本馆馆舍于本市沦陷时遭破坏甚巨，复员后，除一部分由本馆自行修葺外，并由广东省胜利纪念馆以借用一部分房舍为条件，出资修理。以经费有限，各项修缮工程及材料具因陋就简，未能尽如理想。处当时库帑枯竭之时，原无可如何，惟时间经过较长，各处门窗墙壁具显现残破剥离现象，又如办公处、会客室之设于走廊而无间隔，与铜壶滴漏陈列无栏杆等皆或增加管理之困难，或影响本馆外观。复查本馆馆舍镇海楼为本市名迹之一，为各地来本市观光人士必到游览之地，内容与外观之整饰，具亟感重要。自拟将各处门窗墙壁须加修葺及须加装设者，从事计划修缮，修缮费计共需国币三仟贰佰万元，经编就预算分配表，理合备文呈请察核，转请市府如数拨给，俾得着手修葺，以利管理而壮观瞻。

等情。附呈预算分配表七份、估价单三纸。据此查该馆所请拨发修缮费叁仟贰佰万元，核尚需要该款。拟请在三十七年上半年度总预算岁出临时门第五款五项二目社教机关临时设备费项下拨付，除抽存外，理合备文连同原缴预算分配表及估价单，转请察核示遵。

谨呈　市长欧阳。

附呈市立博物馆三十七年上半年临时修缮费预算分配表六分估价单三份。

广州市政府教育局局长　祝秀侠。（"广州市教育局局长"印一）

中华民国三十七年七月十五日。

——辑自广州市档案馆藏《博物馆民国三十七年上半年修缮费》（1948年7月15日）

广州市立博物馆申请拨发修复铜壶滴漏费用案

为转呈市立博物馆三十六年临时设备购置费支付预算书估价单图说等请拨发临时费四三00000元乞示遵由

现据市立博物馆本年十二月二十三日博综字第三二六号呈开：

查本馆所藏陈列品有须特别装置以利陈列之者，如所藏铜壶滴漏一项，为铜壶四，具其陈列，必须依原装置办法装置梯级座四座，自上而下以承之；注水其内，方能显示此古物之特点。本馆原计划于上半年度教育复员费第二次奉核准之一百五十万元预算中购备装置。惟以该款未奉拨给，故迄无从装设。兹为使此为观众极感兴趣之陈列品能更显示其特点起见，拟仍依原计划加以特别装置，设置级座并修复各壶龙头、浮器标尺，按时价值估值，共需国币四百三十万元。理合将应加特别装置理由，连同预算分配表七份及估价单三份、图说一份，呈请察核，并请转呈市府，准予如数拨给。

等情。附呈支付预算书七份、估价单三份、图说乙份。据此查所请拨发设备购置费四三00000元尚属需要。该款拟请在三十六年下半年度岁出临时费门第五款第四项第二目社教机关临时设备费项下拨付，除抽存及简答外，理合备文连同原预算书及估价单等件，转请察核示遵。

谨呈　市长欧阳。

附呈市立博物馆三十六年临时设备购置费支付预算书六分估价单三份图说乙份。

广州市教育局局长　祝秀侠（"广州市教育局局长"印一）

中华民国卅七年一月三日。

——辑自广州市档案馆藏《博物馆申请修复铜壶滴漏费用》（1948年1月3日）

民国卅七年广州市立博物馆馆长胡肇椿简介

胡肇椿　男，生于1904年，现年44岁，广东省广州市人。民国十七年，毕业于燕京大学文学院，获文学士学位；民国二十年，肄业于日本京都大学文学院。曾任国立中山大学副教授（廿年八月～廿一年七月）、国立暨南大学教授（廿一年九月～廿三年七月）、广州市立法院专员（廿三年七月～廿五年四月）、上海市博物馆馆长（廿五年四月～廿七年四月）、广东省民政厅秘书（廿七年五月～廿七年九月）、洛氏基金会驻美博物馆学研究员（廿七年十月～廿八年十月）、广东省侨务出秘书（廿八年十二月～卅年十二月）、中央宣传部专员（卅二年十一月～卅三年七月）、广东省立文理学院教授（卅三年八月～卅四年七月）、广州市教育局科长（卅四年十月～卅五年二月）。民国卅五年二月廿八日受聘为广州市立博物馆馆长，荐第三极，月俸三六０元。曾加入广州黄花考古院、中国考古学会、日本考古学会、中国社会学社等。著有《古玉概说》、《周文化史图册》、《古物的修复和保存》、《考古发掘方法论》等。

——辑自广州市档案馆藏《广州市立博物馆人事登记表》（1948年）

广州市立博物馆主编之《博物馆学特刊》

《博物馆学特刊》，广州市立博物馆编，民国卅八年（1949年），载《文物周刊》1949年第69期。

——辑自广东省博物馆、广东省文物考古研究所编《广东文物考古资料目录》（第二辑），广东人民出版社1993年1月。

（作者单位：广州博物馆）

广州博物馆年谱

程存洁　韩永华

1928 年

5 月：2 日，《广州民国日报》载"日前市政厅招商承修城北五层楼，经由景生公司出价最低三万九千元承得。全座用红毛泥石屎，以图久远，已订妥合同，限六个月内竣工，大约三两日间，当可兴工云。"

9 月：市政委员长林云陔提议创设市立博物院："举凡动植矿各物标本模型，世界古今特意之物，尽量搜罗陈列，予人民以实物观感之机会，而引起其研究科学之兴趣。"

10 月：22 日，林云陔令教育局将即可竣工的镇海楼验明接收和派员管理，从速拟定设立博物院计划。24 日，教育局制定设院计划，经 170 次市行政会议通过，教育局负责筹备，财局拨开办费，再提交市政委员会决定。26 日，市政委员第 111 次会议通过市教育局的设院计划，开办费为三万二千元，由财局分期拨付。制定《广州市立博物院筹备委员会征集陈列物品奖励规程》（五条）。31 日，教育局报告，关于布置五层楼博物院，中山大学愿将已采集之标本数百件送出陈列。

11 月：以市政委员长林云陔、教育局长陆幼刚及筹委等名义，电请各方赠送陈列物品。2 日，教育局长陆幼刚委定丁衍庸为筹备员，先行布置一切，其余各员拟逐次委定。6 日，筹备委员会成立，直隶广州市教育局。陆幼刚聘请丁衍庸、谢英伯、陆薪翘、费鸿年、辛树帜、司徒槐、顾颉刚、朱庭祐、罗原觉、何叙甫、胡毅生、左元华、陈焕镛、丁颖等 14 位文化人士为筹备委员。10 日，筹委召开常务会议，拟定征集物品及经费等事，着手征集文物。30 日，市政委员长林云陔发函胡展堂先生，敬请书"广州市立博物院"匾额和撰书长联一幅，以为该院生色并留后人瞻仰。

12 月：5 日，镇海楼修葺工程完竣，所有墙壁门面油饰一新，市政厅教育局派员妥善管理，并告示，严禁游人涂污。8 日，市长批准将省政府内之米市石刻一方移院内陈列。24 日，林云陔发函李任潮、陈真如，请为镇海楼书长联一幅以壮观瞻而留纪念。26 日，制定《征集陈列品奖励规程》（五条）。31 日，《广州民国日报》刊登黄晦闻手撰《重修镇海楼碑记》全文，并介绍："观音山镇海楼（即五层楼）自政府重新修葺后，现已竣工，定期今元旦日正午十二时举行开幕典礼，届时林市长云陔亲赴行礼，以示隆重。该楼现经粉饰，异常壮丽，柱外黄色，内则白色，两边楼角多加花彩色。昨经摆列生花横额，又市美学校今日假座镇海楼开展览会，昨市美学校经派陈宏等，携备各种洋画十数种，前赴镇海楼陈列布置，在楼下则陈列洋画，则分别陈列字画国画种种云。"

1929 年

1月：1日，《广州民国日报》载镇海楼竣工典礼，楼层改为钢筋混凝土结构。3日，《广州民国日报》载"市博物院拟定征集陈列品物奖励章程"。4日，《广州民国日报》载"市博物院丁委员赴沪征集近迅，征得作品有百五十余幅"。7日，《广州民国日报》载"博物院通电各省征集品物"及"征求革命纪念品物"。12日，《广州民国日报》载"市博物院拟将海幢寺古物陈列"。15日，《广州民国日报》载"市博物院派员迁移弥勒寺大佛像陈列"。16日，《广州民国日报》载"丁谢两委征集品物运粤"、"装置喷水池"及"废碑改刻碑就记：昨教育局函工务局云，为咨请事，现查中央公园内近公园管理处有废碑一方，系前清广州协镇保护北帝庙前地方之告示，似无保留之必要，拟将该废碑改刻镇海楼碑记之用，咨请贵局查照，移交博物院筹备委员会，俾便办理，仍祈见覆为荷。"18日，《广州民国日报》载"五层楼前建花园"。21日，《广州民国日报》载"市博物院征集各行商会品物"、"征集象牙雕刻手工顾绣名产品"、"十九日陆幼刚亲莅五层楼讲演五层楼历史"及"镇海楼马路工程须在春节前竣工"。24日，《广州民国日报》载"陈铭枢主席题词：斯楼革故鼎新，想专征壁垒、残霸宫城、兴亡成败二千载；此日临高观远，有劫后山川、万中烟火、忧乐悲欢百万家。""胡汉民题词：五岭北来，珠海最宜明月夜；层楼晚望，白云仍是汉时秋。"26日，《广州民国日报》载"教育局令博物院派员授索南越王冢古物。冢在东山松岗竹树之下。"29日，《广州民国日报》载"市博物院新消息：有先烈遗物陈列；筹备陈列情况；省商协会热心赞助；李奉藻送古物陈列。"30日，谢英伯、丁衍庸赴沪征集各种物品字画，所获甚多，丁衍庸今日回到广州。

2月：4日，《广州民国日报》刊登"市博物院征集物品之经过情形"。5日，《广州民国日报》刊登"市博物院筹备情形"。6日，《广州民国日报》刊登"市博物院拟分三次轮流陈列品物"。7日，《广州民国日报》刊登"市博物院布置情形"。11日，广州市市立博物院举行开幕典礼。正午十二时，由广州市政府委员长林云陔行开幕礼，陆幼刚主席致开幕辞，筹备委员谢英伯等人报告筹备经过。礼毕，即开放展览。展览分五部分，由一楼至五楼，分别陈列"矿物标本"、"鸟类昆虫"、"哺乳类动物"、"民俗、工艺、美术、雕刻、书画"、"革命先烈纪念物"等，展品种类繁多，不限于广州一地，实为华南地区之文物博物院。20日，林云陔市长欢宴协助博物院各筹办员。林市长在会上说："本市为岭南文化中心点，故设立博物院，藉以保存我国固有之文化，及促进我国今后之文化，实启我国文化之曙光，而市民亦足以欣幸也，且该院之成立，破我国之新纪元，故尤须以悉心规划，将该院扩大全国，不特为革命策源地生色不少，而我国亦生色不少矣。"21日，市政厅长欢宴市博物院筹办员及新闻记者代表。22日，《广州民国日报》刊登"博物院请禁军人强入参观"。

3月：2日，《广州民国日报》报道："市博物院开幕迄今，将有三星期，其游客之众，每日均在六七万人以上，可知该院之成绩实斐然可观。今日开临时会议：该院各职员拟将筹备委员会名称改为保管委员会，内设委员四名，分部办理各部事宜，一美术部，二自然科学标本部，三革命先烈遗物部，四历史博物部。""胡文虎送活老虎陈列"。"市民纷纷捐送品物"。5日，《广州民国日报》报道："博物院暂停参观：因影印各部品物，故暂停止参观。博物院昨奉教育局函开，请将博物院内容向三全代表宣传，即将各部陈列及征集章则撮要编成小册子，或单张折纸，附以精致影片，赶速交付，于九号以前印送局，以便交人带京为要等因，该院于今日起，遵照办理，因影印编查各陈列品物，工作颇忙，故议决暂行停止参观。"6日，《广州民国日报》报道："博物院今日已照常开放"。9日，《广州民国日报》报道："市博物院陈列怪牛：一头二尾八足"。13日，代理广州市教育局长陆幼刚提议，将筹备委员会改组为管理委员会。18日，信宜县何天瑞将征集到的植物、矿物等送院陈列。22日，《广州民国日报》报道："市博物院市民捐送品物：李麓山捐送总理金像，万籁声捐送武术汇宗。"

编辑出版《广州市市立博物院成立概况》，印数二千本（16开，49页），共672.13元。费用呈请市长批准，由财局支付。

4月：2日，筹委请徐维扬同志将保留花县家中的辛亥革命先烈遗下的曲尺枪二支送院陈列。26日，仁化县送来植、矿物等陈列。

7月：1日，管理委员会成立。陆幼刚兼任委员长。续聘筹委为管理委员，选出常委四人，兼任美术、自然科学、古迹风俗、总务部四部主任。

10月：6日，编订《广州市市立博物院组织大纲》，制定管理委员会编制，拟聘中外名流为名誉顾问等。30日，管理委员丁衍庸等人请建办公室，经市第六次行政会议议决通过。

11月：艺术家吴坤山君（暹罗华侨）年初曾回国参观博物院，仰慕孙中山的功勋，自愿出钱出力为孙中山绘成一金粉像，送博物馆于五楼陈列。

12月：24日，许崇清将英法联军侵犯广州时之炮弹一枚移置院内陈列。

1930 年

1月：4日，管理委员谢英伯提议，由管理委员会派员赴南洋群岛搜集历史、风俗用品及自然科学标本，经市府核批并拨款。

9月：14日，教育局长陆幼刚建议将马克敦公司承建的珠江桥模型送院内陈列。20日，珠江铁桥模型移送博物院陈列。

11月：21日，意大利教皇赠送大纪念章一枚。纪念章为该国著名艺术家所制，异常精致，价值昂贵。

全年接待观众786,000人。

1931 年

1月：10日，市政令不准商人在博物院间建广告牌。28日，市政府批准博物院发掘本市小北瓦渣冈东汉古冢，以资陈列。

是年广州市市立博物院院长谢英伯举办广州黄花考古学院，院址镇海楼。这是广州出现民间考古发掘机构之始。全年接待观众648,000人。

1932 年

1月：胡肇椿主持发掘北郊黎庄六朝墓群（被盗），出土有后汉至南宋陶瓷，是其他墓移来的。

2月：15日，广州市第一次展览会在镇海楼开幕。名誉会长：陈济棠、肖佛海、邓泽如、林云陔、邹鲁、李宋仁；会长为刘纪文、林肘清、陆幼刚、何荦、胡领棠，内容分古物馆、革命纪念物馆、工商馆、美术馆、民俗馆、武备馆、农业馆、市政馆、模型馆和教育馆。展期一个月。画刊中首次刊出东山龟岗南越国时期大墓出土的部分文物。

3月：胡肇椿主持发掘东郊坟头岗汉元朝墓群（被盗），出土文物仅有少数陶俑。23日，教育局长徐甘棠呈请将本市城隍庙城隍神像及其铜木印章移交院内陈列。

5月：12日，广东各界筹款委员会伍智梅赴沪慰劳十九路军将士时，携回战中被十九路军步枪击落的敌机残件一小部分移院内陈列。

1933年

2月：1日，举办《广州市土布纱绸展览会》展期十天。15日，市政府举办《广州市展览会》、以五层楼为《市政陈列馆》、展期一个月。

7月：17日，"重修镇海楼碑"由梁俊生石刻店承刻，工价240元。

9月：办公室由林克明设计，商人"锦和祥号"承建，后因故于年底停工，改由"和兴公司"承建。于1935年9月完工，费用5,849元。（该室于1986年拆除，改建为二层专题展览馆）。

10月：15日，派员随中山大学兽猎团前往各地，采集各种自然物品，以资剥制标本。全年接待观众687,200人。

1934年

10月：制订"广州市市立博物院征集物品类列"及"广州市市立博物院征集陈列物品奖励规程"。

1935年

12月：7日，番禺县长林世恩把温生才烈士脚镣一幅送院陈列。

1936年

8月：25日，市长曾养甫令：广州市市立博物院改为院长制，直隶市府管辖。函请谢英伯为院长。28日，本院办公室被防空处高射炮机关部队进驻后停止开放。

9月：院长谢英伯呈市长曾养甫，恳请第四路军总司令部迅速饬令部队另觅地驻扎，以免防碍本院开放。14日，院务会议通过《院务会议章程》和《办事细则》。内部机构有所调整。设：古物、民族、自然科学、美术、总务五部，各设部主任一人。

10月：3日，机关枪部队搬出，清理办公室。翌日照常开放。

11月：11日，派民族部、自然科学部主任偕同中山大学研究院研究生，往本省乐昌县连山一带瑶山，采集民族用品与昆虫鸟兽标本。

1937 年

1 月：15 日，院长及各部主任亲自出发本省各地考察及征集物品，并将所贮藏动、矿物标本整理陈列。订立《市立博物院组织章程》。院长由市府聘任，院内各部主任由院长委任。

3 月：30 日，院长谢英伯呈请市府批准发掘粤秀街之古坟，以充实院内陈列。

7 月：28 日，第十次院务会议议定，参照市府密令，拟于适当时期停止开放，将物品迅速装箱，觅地寄存。

8 月：18 日，本院各部物品（除动植物标本及难移物品等放院内），运往河南万国缔盟中国红十字会广州分会寄存。

9 月：1 日，市府裁减经费、办公费以五成支付。该月，本院裁减员工，只留管理员 2 人，特务队员 6 人，什役 2 人。

12 月：17 日，原寄存万国缔盟中国红十字会广州分会之物移至广州德政北路岭峤学校内寄存。

1938 年

6 月：29 日，原德政北路岭峤学校之物品，又全数迁移至一德路石室（即法国天主教堂内）寄存。

7 月：1 日，市府再次裁撤经费，本院每月 354 元亦在被裁之列。经院长谢英伯力陈，改为折半减发，每月支毫券 177 元。为此，本院继续裁员，留管理员 1 人，特务队 3 人，什役 1 人。

10 月：21 日，广州沦陷之后，馆址镇海楼全部门窗、栏杆、墙壁、屋瓦等被严重损坏，损失材料估计 290，000 国币元。办公室等地也受严重损坏。

1941 年

3 月：汪伪政权设"广州市市立图书博物馆"于番禺学宫（现中山四路农讲所旧址内）。馆长：郑渭中。设"图书、博物、总务"三部。崇圣殿全座为博物馆址，设古物、美术、自然科学等室陈列。陈列品多为原博物馆残存之物。

4 月：22 日，制定《市立图书馆博物馆组织章程》以及《会议规则》、《办事纲领》等，送市府备案。

7 月：30 日，广州市市立图书博物馆开幕，有图书 108，000 余册，玉器、陶器、瓷器、石器、字画标本等甚多（见 1941 年 11 月广州市社会局编《新广州概览》）。

1942 年

12 月：4 日，市府派梅兴芬任广州市立图书博物馆馆长。

1945 年

8 月：1 日，王德辉任伪市立图书博物馆长。

9月：市教育局派员调查并接受伪馆。伪馆原有职员已散，仅留干事一员管理，馆址部分房屋为番禺县党部借用。

10月：26日，教育局接收伪馆工作完竣，各类陈列品合计1493件，另钱币356枚，动植物标本一箱，由原馆长王德辉移交。

12月：12日，市教育局成立"广州市社会教育事业辅导委员会博物馆组"。主任委员胡肇椿，员工14人，临时办事处设于市立中山图书馆内，即对教育局接收伪馆之物进行接收与管理。25日，教育局长孙甄陶拟将馆设于汉民公园内之意见不受接纳。市府指令：修复五层楼，重新设馆于原址。（复原费：100万元）

1946 年

1月：1日，在市立图书馆内举办"胜利诗书画展览"展期六天。12日，奉令收回镇海楼原址，派员驻守，制定修葺计划。并拟请派特警到楼守卫。14日，博统字第三十壹号广州市政府教育局局长孙甄陶《令即查明该馆实在损失之书物若干并即报局核办由》，令本社教辅委员会博物馆组主任委员胡肇椿查关于伪市图书博物馆现存书物核与册列数目不符一案。案中提到：去年12月16日伪市立图书博物馆长王德辉称：（一）图书清册内有若干未齐备者，因在前任期间为伪市府要员借出未还，后因伪市府解散，伪要员逃去，故未能追缴，而又因前任主管离职匆匆，未及在准备移交清册内一一叙明；（二）古物清册内有若干短少者，因此种短少古物已在前任期中损坏，而前任主管因离职匆匆，故又未及在准备移交清册内一一叙明，职是之故，所以移交钧局之图书古物间有短少之故。17日，临时办事处迁回镇海楼内。加紧修葺馆址工作。19日，馆内分设业务、技术二部，各设主任1人。

2月：5日，镇海楼底层修葺完毕，工程费227,000元。22日，博统字第四十一号广州市社教事业辅导委员会博物馆组主任委员胡肇椿向广州市社教事业辅导会主任委员《呈报本馆点收伪市立博物图书馆公物清册请察核案由》，并附呈《本馆点收家具清册及陈列品清册各一本》。文件中提到：陈列品部分除原册注明损坏遗失者外，查当有欠缺损坏不全者，及仍有重新发现不列入原册者。

3月：1日，镇海楼修葺完毕，正式恢复广州市市立博物馆。馆制正式建立，直属市教育局管辖。馆长胡肇椿，设业务技术两部及研究事务两室，组织章程，员役续有增加。19日，五层楼暂借二、三楼给广东省胜利纪念馆作临时馆址。本馆用四、五两层。

4月：27日，颁发市社会局制造之职员证章。

5月：5日，博综字第二七九号《为本馆本年度业务急待发展拟就三十六年度业务扩充计划书请核示由》，广州市市立博物馆胡肇椿呈广州市政府教育局局长祝秀侠。另附有《广州市立博物馆三十六年度业务扩充计划》，扩充业务之项目有：美术部门之扩充；儿童教育分馆之设立；流通业务之举办；特种展览及巡回展出；人员之补充；馆舍问题。11日，原置放番禺学宫刻漏亭内之铜壶滴漏被窃去铜漏二件，三天后由警局破案后领回保管。24日，镇海楼修葺工程即将竣工，奉令将番禺学宫之物迁回镇海楼原址，市府核发搬迁费25万元，本馆申请追加15万元，共40万元。

6月：13日，拟设"儿童教育分馆"，以番禺学宫为馆址。

7月：29日，市府派馆长胡肇椿往美洲为馆募捐基金及陈列品，用本馆复原费为往返旅费。31日，博综字第一〇九号《事由呈报本馆遵谕搬迁情形及拟将权置办法请察核示》，广州市市立博物馆胡肇椿呈广州市政府教育局局长祝秀侠。

8月：拟定《广州市立博物馆建设计划》及募捐办法草案。15日，奉令缩编。遣散役员15人，除保留馆长名义外，保留研究员1人，助理干事2人，工役1人（十月份起增加工役1人），特警2人。原有编制职员16人，工役4人。

9月：12日，向省府呈报抗日战争期间古物古迹损失情形。17日，复馆工作完竣。当天下午一时开放，是日观众47人，秩序良好。（自开放以来，每日来馆参观者颇多众，尤以逢例假日及星期日为更众，平均每日约1988人，最少之日47人，最多之日4379人。）

11月：举办社会教育运动展览会，申请费用5万元。11日，在社教扩大运动周中举办"火柴匣集锦"特种展览，展期七天。12日，协助教育局举办社会教育学校成绩展览会，负责展品制作工作；制定《广州市立博物馆职员服务规则》五条。

1947年

3月：5日，博综字第258号广州市立博物馆向广州市政府教育局长《呈缴本馆公产清册及平面图请察核由》。25日，博综字第267号广州市立博物馆馆长胡肇椿向广州市政府教育局长祝秀侠《呈报本馆遵令将番禺学宫崇圣殿东厢交还人桂中学接管情形及原存公物处置办法请察核备案由》。

4月：在儿童节举办"儿童玩具展览会"，展期十二天，观众8，512人，门券收入3，212，700元，展览支出1，580，300元，余款计划用于筹办儿童教育分馆。

8月：10日，广州市立博物馆公函博综字第三四一号馆长胡肇椿致教育部驻沪图书仪器接运清理处《为函复派员提领书籍由》："贵处本年八月一日事字第三四七号公函，略以接美国现代艺术馆寄来指定转交本馆书籍壹包，……兹托同济大学钟思君派人到取。"

10月：10日，是日为民国建国日，越秀山上鸣放礼炮，五层楼参观之观众蜂拥至走廊观看，至使游廊栏杆被推倒，有些观众随栏杆跌于檐背，危险万状。20日，本馆捐助国币87700元给省水灾紧急救济委员会。28日，为便于团体来参观，特准团体在非开放时间入馆参观，并派员指导。

11月：编辑《博物馆学特刊》于社教扩大运动周出版，版头提字：叶恭绰，特约：容庚、陈大年、杜定友等撰稿，附《中山日报》出，纸四开一大页，印500份，分发各机关学校学术团体，印刷费：225，000元。12日，举办"今日之台湾影展"，图片二百余幅，展期七天，观众4，302，经费895，000元。24日，五楼壁间展出的国画任伯年作花鸟小画轴一幅（长约三尺许，宽约一尺，内容为着色钩勒花鸟，用绫边装裱，上下无轴），于开放时间内下午二时左右被歹人窃去。因平时陈列室四间，无法各室1人专责管理，仅能派员巡视。此时本馆职员除馆长1人，研究员1人，助理干事2人。

12月：9日，函上海市博物馆，商借各国博物馆照片，作为社救活动展览展出。

1948 年

1 月：今年一月起增加办公费，每月 90 万元。1 日，在五层楼举办"博物馆教育图片展览"，介绍国内外博物馆的状况，展品五百余件。支出约 163 万元，展期四天。

2 月：10 日，铜壶滴漏重新修复后，设架装置，在五层楼陈列，共用款 4，300，000 元，于是日开放参观；由各大银行协助举办的"货币展览会"，于上午十时在四、五楼开始展出，展期十天，观众 25，037 人，门券收入 125，185，000 元，支出 9，770，000 元。

3 月：派员参加波罗神庙考察工作，获拓片、图片、影片等多件。29 日，在科学运动周年举办"动植物标本展览"，展期七天，参观人数 16，086 人，不收门券，支出 385 万元。

3~6 月：广东省文理学院学生来馆实习，学习有关陈列计划布置等。

7 月：24 日，馆长胡肇椿受市长委派，到省民政厅洽商接收广东省胜利纪念馆事宜。

8 月：14 日，广东省胜利馆的藏品及场地全部移交我馆。

10 月：10 日，我馆接收广东省胜利纪念之物品经整理后，在五层楼二、三楼分别陈列，是日正式开放。四、五楼陈列古物、标本、书画等。

11 月：12 日，举办"币制沿革展览会"和"火柴画图案展览"，展出经费为金圆券 85 元。

12 月：向本市各书画家征集作品，寄存本馆陈列。捐募镇海楼匾额及楹联，捐获匾额一面，对联二付，并于月底装竣。为筹备石湾古陶器、古铜镜展览会，访问本市各陶瓷器及铜镜藏家，共得百余件参加展出。指导市立师范学生仿制古铜器和世界标准时刻地图。指导市立艺专学生作动物标本写生和石膏模型写生。

1949 年

1 月：1 日，举办"石湾古陶器古铜镜展览"，展期八天，观众 4，176 人，门券收入 11，915 元，支出 7，155 元。29 日，是日开幕之"春节展览会"展品有近日征得并借展的古钱、中外银币、镍币、铜币千余件。历代书画名人扇面二百余件，清代服饰百余件。展览至二月十四日结束，送还展品，恢复原有陈列。

2 月：26 日，举办"特种展览会"，把搜集得之广东名产端砚数十件专橱陈列，展期一周。

4 月：22 日，广州警备区警卫团第二营官兵约三百人进驻本馆各层陈列室内，历时二日，经呈请已迁出。5 月 11 日，该营官兵又复进驻。本馆无法开放，各层陈列文物无法迁移。

6 月：1 日，馆内原有员工 7 人，裁员后仅留馆长与一名公役。7 日，拟赶制大型木箱，将馆内贵重之物移市立中山图书馆内，派警驻馆看管，迁移费共计银元 278 元。

1950 年

9 月：市府成立广州市立人民博物馆筹委会，为市文教局下属机构。馆长胡根天。馆址在仲元图书馆（今广州美术馆）。共 10 人（含馆长）开始搞筹备工作，其中团员 6 人（苏乾、李杰等），群众 3 人。

9 月~11 月：在文德路市立图书馆等地接收原博物馆残余文物藏品 3010 件，其中 640 件是破烂的日寇军用器材，247件是陈旧的动植矿标本，其它绝大多数是又假又破烂的陶瓷器物。同时开始整理和进行征集文物等工作。

本馆修建工程分为两部分：第一部分为本馆本身由地库至三楼各层及正门口、铁闸、厨房等处，工程费订定为26，841，000元；第二部分为馆外房室两间及厕所，工程费为3，250，000元，时间经过约1月，修建费核定为30，705，465元。

9月1日~10月12日：省行政学院借用新馆（应指仲元图书馆即今广州美术馆）。

10月：24日，本馆召开第一次馆务座谈会，讨论迁移物品至新馆办法及征集物品计划。28日，开始搬运五层楼物品，11月1日全部运完。

11月：装置及修理橱柜，定造新橱柜。由楼下起布置陈列物品，生物室已初步陈列峻事，已非正式开放。10日，会同中山图书馆派出同志，开始清点放存于中山图书馆物品，14日清点完毕，即分工写册，16日搬运回本馆。25日：将放存于八桂中学之古砖及碑碣大小六百件全部运回本馆。

12月：派员到清远、新会接收一批古籍、瓷器等。已完成部分陈列：地下左边陈列生物，为生物室（并附矿物一部分）；右边陈列抗日胜利品，为胜利纪念室；三楼左边陈列铜器古物，为铜器室；中间陈列有关市政设计物品，为广州市政室；右边陈列陶瓷器及出土古物，为陶瓷器室。聘请光华医学院教授熊大仁先生帮忙鉴定生物部分。已定购生物、生理、病理等模型59件。委托华南美术供应社绘制一百余张革命史画（订明次年2月底完成）。

本月开始执行馆内行政各种制度，如馆务会议、值日购买物品办法等等。布置摄制室。

是年统计馆内藏品共8652件（未经鉴定）。已征集到的物品有解放战争图片、生物及卫生标本模型、革命名人肖像等。

1951 年

1月：失窃自然科学等文物8件。1日，协同文教、卫生、中山大学等单位举办《生物进化知识展览会》，在中山图书馆南馆展出展期21天，观众247，348人。展览结束后部分展品移交我馆收藏。4日，广州市人民博物馆部分开放，展出新征集的名人肖像、海珠桥模型等以及接收后经整理的陈列品，每日观众一千多人。

3月：1日，广州市人民博物馆正式开幕，陈列的有陶瓷、金石、动物标本、生物卫生四部和抗战胜利品。举办《生物进化知识展览》在中山图书馆南馆展出，展期21天，结束后部分展品移交博物馆收，和《名收藏家陈大年先生藏古玉展览》。不收门券。

4月：下旬，与市人民文化馆举办"抗美援朝"、"镇压反革命"图片展览，图片共300多幅。在市内三元里、沙河、芳村、长寿、沥教、新洲等地巡回展出四个月，参观观众有41000多人（主要是农民）。

5月12日~6月18日："抗美援朝"、"镇压反革命"图片展览到三元里、棠溪、沙河镇等七个乡镇展出，观众13，000多人。

6月：23日，本馆组织考古专家对缉获盗运出口之古物进行鉴定。

5、6月间，组织派陈励文专门负责搞植物部分。

7月：制定下半年工作计划，拟继续下乡下厂举办展览，开展文物的征集与研究工作，遵照中南文化部指示，重点征集民族文物，年内设专室陈列。

8月：派人随文理学院到汕尾征集海产标本四百余种。20日，谭物秋和黄流沙奉命去越秀区人民政府卫生科接收运回不全之大藏经292本，其它佛教书籍等合计734件册。

12月：15日，《广州市人民政府民政局社会科移交广州人民博物馆文物清册》记录：陶瓷器83件，铜器、锡器类28件，杂类3件，货币671枚，杂件2件，《龙门县志》等图书61册。

是年，广州人民博物馆接管前广州市市立博物院院址——镇海楼，市政府拨专款全面维修。年底，本馆修复五层楼历史文物馆，举办历史古物、革命古物、战利品等展览。在今广州美术馆内设自然科学馆，举办生物进化知识、动植物、生理卫生等展览。

到本年止，馆藏文物增至一万四、五千件（未有正式统计）。本年度参观人数有329，610人次。

1952 年

年初起，将我馆陈列分为历史文物馆和自然科学馆两部分（镇海楼作历史文物馆）。8月中旬前开展五反运动和思想建设。

1月：派人接收私立华南联合大学（代理校长李章达、副校长陈汝棠、古文捷）藏陶器古物65件。

3月：馆内部有文化辅导组、行政组、编藏研究组、展览组、征集组、总务组、美术组、植物组等八个组各订出第二季度调查征集、陈列、巡回展出等工作计划。

8月：中旬，馆内部组织调整为历史文物组、自然科学组、文化辅导组及行政组，前两者负责编藏研究、陈列等工作，文化辅导组负责各项群众性工作。

9月：3日，博行文55号《报告》：晚10：40分左右，建国后首次在广州河南客村晋墓发掘出土的金饰在四楼展出被盗，计有金钗1对、金羊1对、金佣1件、金钗1对、金线球1件、金通球1对、金环5环。中央文化部和中央有关领导一再指示有关部门要从速侦察破案。实行夜间值班制度。16日，广州市人民政府同意派警卫同志驻馆保护。

10月：增设"文化俱乐部"。20日，因开馆以来文物二次被盗，呈请朱光市长派警卫人员驻守馆内。

年底：设讲解员编制，人员多来自市文教干部培训班。

本年：拟成立"博物馆之友"组织，凡过去对我馆曾捐赠过物品或协助过我馆业务进行和对博物馆事业有研究兴趣的都征求他们参加。举办了"革命史迹"、"古金石"、"陶瓷"、"书画艺术"、"广东民间手工艺"、"动物"、"水产"、"生理进化"、"生理卫生"、"植物"等10种展览。受赠文物三千余件，收购有五千余件，发掘有百余件。馆内藏品增至18，094件，其中自然科学藏品占6100余件，革命文物占0.7%。另铅钱910斤。参观观众人数1，114，730人（指两馆人数）。

1953 年

1 月：中央文化部秘书王毅、中南文化局科长顾铁符到馆了解去年晋墓出土物被窃案件。撤销文化俱乐部。1 日，与市体育分会联合举办体育图片展览。地点：越秀山文化俱乐部（现五层楼西侧的人民防空委员办公楼内）。5 日，市文化局、教育局分立，本馆为市文化局下属机构。

2 月：11 日，春节重新布展后开放。五层楼内为历史文物馆，二至五楼分革命文物、古金石、陶器、美术四部分陈列。自然科学馆（现仲元图书馆所在地）设生物进化部。专题展览设于文化俱乐部（即现五层楼西侧人防大楼），举办了"新中国三年伟大建设图片展览"和"国内年画展览"。

5 月：6 日，广州人民博物馆从广州市人民政府公安局东山分局接收物品 31 件，图书 114 册；从河南区分局治安科接收物品 61 件、图书 30 册。19 日，广州人民博物馆从广州市人民政府公安局中区分局接收物品一批。

7 月：广州人民博物馆向广州中山图书馆移交一批图书，据当年《物品移交清册》纪录，共移交图书 173 种，计 411 册，有《黎副总统政书》13 本、《广东咨议局筹办处第一次报告书》5 本等。8 日，广州市人民政府文化局（53）文社丁字第 0580 号《报告计划整顿博物馆由》指示：以镇海楼作为历史文物馆，陈列内容以广州出土古器物为主，配以该馆原有之全国性古器物，使成为地方性与综合性博物馆，该馆原有之全国性自然科学馆搬到岭南文物宫；原属博物馆管理的旧仲元图书馆及旧越秀酒家两座房子，即拟拨为华南话剧团使用。

8 月：20 日，本馆自然科学馆停止开放，进行清点和登记工作。27 日，广州人民博物馆馆长胡根天向文化局请文（53）博行第 95 号《请批示应移何项经费以便作出调整合并自然科学之部物品的搬运费预算》。

9 月：派出干部 4 人到华北华东各地博物馆作业务观摩学习。9 日，自然科学馆全部物品移交完毕，交岭南文物宫管理。至 1955 年上半年止，完成库藏文物计 2368 件移交。

10 月：1 日，五层楼陈列调整后于国庆节开放。陈列品略有增加，一至五楼分陶瓷、工艺、金石、铜器、美术五部陈列。

12 月：博物馆组织分工调整为陈列、保管、群众工作、行政四组。

本年：毛泽东主席曾到馆参观，由省委接待处公安厅负责接待。毛主席穿军装戴口罩，当时全馆放假三天，越秀公园封闭，由解放军守卫，坐第三部车。撤销文化辅导组及文化俱乐部。按中央文化部及中南文化局关于各地博物馆今后朝地方志博物馆方向发展，明确本馆今后向地志博物馆方向发展。派出人员参加中国科学院考古班学习。进行了一次藏品的全面鉴定工作，请陈万里、徐伯郊、卢振寰、文管会委员商承祚、陈大年等专家对馆藏文物进行鉴定。本年已编号登记掌握了数字的文物共有 7463 件。全年参观人数 1,103,873 人。

1954 年

2 月：调查南海神庙铜鼓现存情况及南海泌冲乡邹伯奇所制天文仪器遗物情况。

3 月：22 日，广州市人民政府文物管理委员会向广州人民博物馆移交出土文物 1690 件。

4月：30日，本馆改称"广州博物馆"，属市文化局管辖，下设行政组、历史文物组。员工共33人。

5月：征集到清代同治年间广东天文学家邹伯奇天文遗物及著作23件。失窃古代文物42件。31日，本馆与嘉麟营造厂订立合约，修理地下室楼底等。

7月：遵照中央文化部指示调整馆内陈列，确定"以广东为范围，以广州为重点"的地志博物馆为本馆发展方向。

本年：举办"邹伯奇遗物临时展"。成立保管组，建立保管工作责任制，文物库房保管制度较前严密，除保管员外，未经馆长或保管组长的批准，任何人不得进入库房，入库必须登记，坚持"保管妥善，取用方便"的原则。文物提取后，由陈列组保管，展出文物由群工组负责保管，并采取逐级负责制，各室（楼）都有清册，保管上实行交接班制度。进行防盗、防火、防特、防破坏"五防"教育。全年参观人数728，595人。

1955 年

春节前完成了《古代铜器》、《广东民间工艺》、《元明清广东科学》、《1954年广州市基建出土文物》及《征集所得革命文物》等陈列室的整顿和充实。

1月：6日，本馆移交市财局拍卖处《陶瓷移交清册》共有911件（号）。广州市人民政府文物管理委员会向广州博物馆移交出土文物815件。之后，广州市人民政府文物管理委员会向广州博物馆移交出土文物589件（陶片除外）。7日，本馆《请示有关瓷器（非文物）移交问题并附送清册审核由》记录：1953年2、3月间，经中央瓷器鉴定专家陈万里先生等人初步鉴定，认为我馆旧存一批瓷器价值不高或属伪品；为慎重起见，1955年又请省市文管会委员商承祚、黄文宽、卓仁机等先生鉴定，认为是一般瓷器或赝品，价值不高，可交市财政局拍卖处拍卖。12日，农讲所负责人王少蕃向市文化局请示报告，从这批瓷器中挑选了一些物品。

2月：11日，《广州市立人民博物馆注销物品清册第一本》记录有96号151件物品移交。

3月：14日，本馆向市文化局《报送本年工作计划》（博行字670-3号）。

4月：6日，本日统计，本馆用于展出的文物有139件（号），种类有刺绣抽纱21件（号）、石湾陶瓷32件（号）、象牙雕刻12件（号）、景泰蓝16件（号）、石器13件（号）、竹木雕刻28件（号）、什类1件（号）、其它17件（号）。编号020287"潘玉书造孙中山像"见于本馆物品清册中。8日，与美轮祥营造厂签约修建招待室、新建厕所、馆前地坪走道。14日，与瑞合营造厂签约翻修天面工程，更换一至四楼绿瓦坑。

5月：16日，与美轮祥营造厂签约增加砖砌明渠。

6月：4日，《广州博物馆手工艺品第二次移交清册》记录有65件号。23日，本馆向市文化局《报送上半年工作总结》（博行字163-3号）。上半年从广州附近地区及粤中区的中山、珠海两县、东莞的虎门、南海的西樵、三山、粤东区的海陆丰等县征集到革命文物与历史文物共计1876件。30日，接收革命文物86件，革命文物照片5张。本馆向陈大年先生借得古铜器铜剑1把、弩镞14枝，共计15件物品。

9月：10日，广东省中医药展览会拟在国庆前夕在岭南文物宫举办，本馆出借了部分文物。

10月：1日，国庆节前，完成整顿5个陈列室：《古代铜器艺术》、《广东原始社会新石器时代文物》、《广东陶瓷文物》、《广东科学文物》、《近百年广东革命文物（鸦片战争～第二次国内革命战争时期）》等。

12月：8日，馆藏铜鼓1个（编号310134）送中国古典民间歌舞团。19日，本馆向市文化局报送《1955年检查执行计划情况报告》（博行字328号）：本年度征集到的文物计4437件，其中革命文物3858件，接收市文管会移交文物613件，历史文物28件。经鉴定整理的库藏文物共9080件，其中革命文物1509件，陶瓷文物3858件，书画1433件，其它2603件。

本年：馆内开展"肃反运动"。继续进行调查、征集革命历史文物工作，以逐步充实现有内容。制定计划，拟改变现有讲解干部只能作一般讲解，无法答复外宾提问的状况。本年举办展览9个，全年观众211，606人次。

1956年

春天期间另地举办故宫博物院主办的《反对美国侵略集团阴谋劫夺在台湾文物》专题图片展览，展出40多天，参观人数有136，000多人次。

3月：30日，美洲归侨余宝璋捐献辛亥革命文物8件，由文化局发给奖状予以表扬，另发表新闻报导。31日，缪青任副馆长。

4月：25日和6月30日，中山大学中文系教授容庚先生二次捐赠古铜器共95件予我馆收藏，中央文化部特发奖状以资奖励。

上半年：完成《广东地区汉代文物陈列室》计划草案的制作。征集文物599件，其中革命文物310件，历史文物289件（其中捐献文物有238件）。初步整编文化公园移交的1500多件革命文物资料。搜集到图书资料9474件（包括收购及移交）。

8月：23日，上海市文物保管委员会移交给我馆书画51件。31日，华侨黄子静先生捐其在广州西关小画舫斋所藏古籍4891册，文物40多件，名人字画60多种给我馆收藏，中央文化部发给奖状予以鼓励。

9月：24日，华南工学院派建筑系林立平同志前来我馆借用历史文物资源用于展览，借出文物有东汉陶廪（穗东M33-29、33）、东汉陶奁（带盖）（54-720716）、陶屋（二层）（54-720941）及晋代虎子壶（53-720119）。

12月：本馆借给广州师范专科学校历政科西汉陶罐等74件出土文物，作为教学辅助资料用。

本年：朱德同志到馆参观。平英团旧址辟为纪念馆。容庚教授将其珍藏书画21件捐献给我馆。香港同胞邓又同先生捐先祖邓华熙遗物189件及有关商团资料一批，广州市人民委员会颁发奖状予以褒扬。

开始筹划地志博物馆陈列。本年共举办展览四个：1、广东地区原始社会文物陈列；2、广东地区汉代文物陈列；3、广东科学文物陈列；4、广东地区近百年革命文物陈列等。

采取主动组织观众参观和延长节日开放时间的办法，使观众达376753人次，超原计划20万人次。开始实行售票参观制度。

本年博物馆工作人员总数 30 人，其中业务人员 20 人，行政人员 7 人，技工 1 人，勤杂 2 人。

1957 年

5 月：1 日，在此之前修缮五层楼。调整五层楼陈列后于"五一"节重新开放。二楼陈列《广东古代文物》，三楼陈列《中国古代铜器》，四、五楼陈列《广东革命文物》。25 日，本馆向农讲所出借文物 64 件用于展览。

6 月：7 日，三元里人民抗英斗争陈列搬到三元里人民抗英斗争纪念馆陈列。11 日，本馆再次向农讲所出借文物 4 件用于展览。22 日，本馆向中山图书馆移交图书《黄泰泉乐典》手抄本、《黄泰泉广东通志》（55 册，明嘉靖白绵纸本）等共计 4909 册。这批图书原为黄子静先生捐赠。是次移交，还移交了书箱 42 个。

9 月：24 日，五层楼装设避雷针。

10 月：8 日，苏联"苏维埃代表团"由魏今非副省长和朱光市长陪同参观我馆陈列并在五层楼上远眺广州夜景。28 日，广州文物管理委员会向广州博物馆移交华侨新村 M001—M018 号出土陶器 346 件。

11 月：6 日，广州美术馆成立，该馆内部行政工作由我馆统一管理。我馆藏书画正式移交广州美术馆。

本年：贯彻中央文化部朝地志性博物馆发展的指示，本馆开展地方文物征集工作，年内完成了系统的"历史之部"陈列工作，体现了"以广东为范围，以广州为重点"的鲜明倾向。举办《广东工业品》、《古金石》、《古铜艺术》、《南北朝文物》、《广东近百年史》等陈列展览。

本年明确提出收回借给市体委使用的旧仲元图书馆馆址，并认为"以五层楼和旧仲元图书馆馆址为基础，地方分散，很难管理"，提出"应考虑博物馆永久馆址择地基建规划问题"，要求在 1962 年（第二个五年计划）基本上建成一个城市历史与建设博物馆。

1958 年

3 月：出版《广州博物馆简介》（16 开 4 页）。

4 月：7 日，广东革命历史博物馆成立，我馆拨交一批库存革命文物。

5 月：14 日，市文化局以我馆为"整风"工作试点。

6 月：11 日，拟定"广州八年来社会主义建设成就展览"陈列大纲，送市委宣传部审阅，并发至各区委、直属党委征求意见。

10 月：1 日，《社建之部》陈列完成，于国庆节开放，地点五层楼西侧大楼（原越秀酒家）。此时，本馆陈列分为"广州城市历史"和"广州城市建设"两大部分。

11 月：14 日，根据市长孙乐宜指示，制止越秀公园熔铸古铁炮。27 日下午三时，周恩来总理、贺龙元帅陪同朝鲜人民共和国首相金日成到我馆参观，并拍照留念。29 日，经陈大年、胡根天两位专家鉴定，本馆藏一批玉器计 922 件不是文物，处理给公私合营广州工艺品出口公司珠江玉器经营管理部。

本年：新中国成立后大力开展文物征集工作，至 1958 年共计藏品 14000 余号。

建立群众工作组，除配备讲解员主动组织观众参观外，还利用各种宣传工具，宣传馆内陈列、展览的内容。举办 9 个流动展览下乡下厂展出，接待观众 530140 人次。

1959 年

4 月：5 日，广州市文史馆馆长、文物鉴藏家陈大年先生向我馆捐赠玉器等文物 60 件。7 日，经由中国人民解放军广东军区政治部出面，广州市文化局批准，本馆将馆藏抗美援朝文物 18 件、照片 4 张，送给北京军事博物馆。

5 月：9 日，朱光市长陪同阿尔巴尼亚劳动党代表团到馆参观。

6 月：27 日，请北京故宫博物院陈万里、顾铁符及中山大学容庚、商承祚等专家鉴定馆藏文物，挑选部分文物交出口公司出口，部分支援"工业抗旱"。

8 月：30 日，完成历史之部陈列，并向群众开放。该展览首次改为以广州市各个历史阶段的城市历史发展史为主线。

9 月：8 日，本馆向上海博物馆拨交陶鼎陶井等出土文物 10 件。

10 月：1 日，"历史之部"和"社建之部"经较大的修改后，提高了质量，作为建国十周年的献礼项目，在国庆节以崭新的内容与观众见面，取得较好的评价。出版《广州博物馆简介》，介绍二大馆陈列内容。

年底：借古玉器 30 件给佛山市文化局展出，失去五件。

本年：将镇海楼内外加以粉刷油新。本馆完成上调中央馆藏文物 798 件的任务。接待观众 156，644 人，巡回展览接待观众 953，042 人。

1960 年

2 月：中旬，全国博物馆工作会议后，省市博物馆陈列内容审查小组到馆审查陈列工作，着重指出广州历史陈列存在一些缺点，如古代史的陈列没有或很少以阶级斗争为主线，对体现历史发展的动力及其客观规律都显得不够；陈列内容似感缭乱，见物不见思想，反映城市历史特点不够鲜明等缺点。

4 月：市文化局直接领导馆古、近代史二组进行较大的陈列修改，调整工作，6 月 15 日依时完成。

5 月：上旬，市文博系统在本馆召开现场会议对我馆陈列工作提出四点重要的修改意见。

8 月：11 日，非洲民盟主席奥今加、奥庭加在穗期间到馆参观。

10 月：24 日，墨西哥前总统埃米略、波尔特斯、希尔率文化代表团到穗访问，参观我馆。

12 月：5 日，也门穆斯林代表团到馆参观。

本年："社建之部"陈列室被窃去大跃进时期广州生产的手表一块，"历史之部"陈列室失窃箭镞等文物。全年参观人数 167，280。

1961 年

3 月：4 日，平英团旧址被国务院公布为第一批第一号全国重点文物保单位。

4月：11日下午，五层楼二楼展室在开放时间被窃去1954年广州东郊区庄、南郊南石头出土汉代珠饰两串（大串编号为54区西M01：共134粒，内有玛瑙9粒、水晶8粒、琉璃117粒；小串编号为54南纸M02-65，共26粒，其中水晶3粒，玛瑙23粒）。中央文化部来函"迅速查处"。为了安全起见，改变了以往一人看管两层陈列、照顾不周的局面。

5月：25日，接广州市文化局《请协助追查陕西省博物馆被窃文物的通知》。

6月：14日，佛山市文化局移交佛山霍韬祠文物明代石湾鳌鱼一对、三彩狮子一只、三彩龙头一对。

8月：29日，广州博物馆向佛山市文化局移交出土文物27件。

8、9月间：争取广州师范学院历史系学生来馆实行讲解，共同草拟了一份以一般观众为对象的讲解稿。

9月：26日，香港文物鉴藏家杨铨先生等四人应邀回国参加国庆典礼时参观我馆。

10月：接收冯如遗裔捐献广东飞行器公司征信录、股份部、机剪盒、丁字尺、剪报等6件，陈宜禧后裔陈永常捐赠有关新宁铁路文物101件，新宁铁路清理委员会捐献文物18件。

本年：充分利用馆内和广州美术馆的草地、边地，种植农副产品，共收获番薯、木薯1670斤，蔬菜1113斤。馆内接待观众152，187人，馆外图片巡回展览接待观众66，840人，招待外宾、首长及团体4，824人。

1962 年

2月：市文化局在关于博物馆纪念馆工作的意见指出：我馆属地志博物馆，以征集、保存广州地区为主的包括原始社会到社会主义各时期的历史文物，通过整理研究和陈列，显示广州的悠久文化和英雄城市的特点，以进行爱国主义和社会主义、共产主义的思想教育；并为研究广州历史提供资料。明确了馆的性质任务。

3月：11日，（62）博行字第23号《呈送"广州博物馆筹建碑廊炮座方案"请批示》。

6月：10日，据市政府决定，本馆"社会主义建设成就"陈列馆（五层楼外西侧大楼）移交驻军使用。

7月：1日，与广东革命历史博物馆在文化公园联合举办"广东人民反美反蒋斗争史图片展览"。另编制图片20套作巡回展出，经费2，500元。

8月：23日，市文化局指定馆负责审编《广州市志》初稿第一、二篇。

9月：1日，广州市文物管理委员会移交62区犀M003、4两墓出土文物44件。

12月（或8月1日）：市人委同意在五层楼西侧建碑廊，选有价值之碑23方陈列与内。有《归德》、《贪泉》、《元侯之记》、《梨园会馆》等为本市明清时朝有历史价值德碑刻史科。

本年：为迎接国庆13周年，对历史之部的陈列作了较大的修改补充。共征集到有关广州地方古代史文物162件、资料20件、近百年史118件（其中原件74件，复制品36件，资料8件）共300件，其中唐代银铤（有岭南节度使铸贡款）、木雕佛像、宋代天庆观石刻、清代抗英飞柬、纽约中华会馆反美排华启事、居巢人物画册、广州木雕、广彩等十分重要。对馆藏480多件石碑作了编目整理。为中山大学教授商承祚撰写古代漆器专著提供汉代漆器资料，为西安航空学院姜长英教授撰写我国航空发展史专著提供冯如、谢讃泰等资料。

全年共接待观众263，350人次。

1963年

1月：9日，本馆向广东革命历史博物馆移交广州起义木棍2支。

3月：31日（或1日），广州市政府公布本馆址镇海楼为市级文物保护单位。

5月：中国革命博物馆拨交"广州十三行玻璃画"，中国历史博物馆拨交"清代广州油画"和"莲生贵子广州玻璃画"。

7月：据市委、市人委关于加强青少年教育的指示，发函至学校、工厂、街道，在暑假内青少年免费进馆参观。

上半年：据中共中央中南局第一书记陶铸指示，市文化局组织文博系统主要业务干部，对我馆陈列进行大调整，调整后的陈列主要突出广州"悠久的历史文化"和"革命英雄城市"二个特点。配合陈列大调整，开展文物征集工作，通过邀请专家及老广州举行座谈会和个别访问藏家等，共征得文物、照片、资料等369件，部分已提供陈列。

7月~9月：请广州美术学院、广州雕塑工作室、广州陶瓷厂等单位协助我馆创作了史画及模本23幅、历史人物画像18件、雕塑、浮雕10座、模型1座，使陈列首次大批增加形象化立体感强的烘托性展品。

8月：21日，闭馆修改陈列。国庆节重新开放。展览开放后，中央文化部文物局王冶秋局长审查后指出，全国城市历史博物馆究竟如何布置陈列，目前尚在摸索阶段，我馆的陈列在全国城市博物馆中走先一步。

9月：上级批准下拨碑廊炮台修建工程费用。10月份开始动工，年底工程接近完工。27日，黄流沙副馆长复函马来亚博物馆总馆长哈志薛伯先生，同意赠送"广州光塔寺"全面照片给该馆展出。

本年：筹备"支援农业展览会"、"社会主义教育展览"，编写"三面红旗威力大，广度奇旱之年出奇迹"展览图片，并选出"广东人民反美反蒋斗争史"、"革命英雄城市——广州"、"全党全民支援农业"等图片展览进行巡展。共征集到历史文物152件（其中复制24件）、资料98件、革命文物124件（其中复制52件）、照片94件，合计468件，其中比较重要的历史文物有郊区第一次发现的新石器时代穿孔石斧、清代重模翻刻的周代石鼓文、秦代琅琊碑、广州府学元碑等碑刻、唐代大食国人陶俑、广州十三行玻璃画、清代广州油画、武汉首义证章、辛亥革命纪念茶壶等。

请容庚、商承祚、梅彬林、卓仁机、伍基等专家对馆藏铜器、玉器、瓷器、书画、石刻等进行了鉴定，定出一、二、三级文物。对一级文物实行特藏柜保管，建立了既有详细记录又有照片的一级藏品新帐册，保管组定期三个月向馆长书面报告一次，半年由馆向局书面报告一次。

全年开放219天，接待观众243，369人，其中外宾191批，1389人；巡回展览观众37，304人次。锡兰总理、巴基斯坦外长、尼泊尔议会议长、阿富汗王国政府代表团、阿尔巴尼亚洪都拉斯市执行委员会代表团、越南人民报总编辑、朝鲜民青同盟代表团、日本文化代表团参观广州博物馆。

1964 年

年初：请故宫博物院陶瓷专家孙瀛洲对馆藏全部陶瓷文物进行复鉴。

3 月（或 63 年 12 月 7 日）：郑广权任馆长。12 日，完成碑廊炮座兴建工程，完工后陶铸书记、陈郁省长、许崇清副省长等亲临审查察看并表示满意。之后编写碑廊讲解稿和碑石说明，贪泉碑石送回本馆陈列。

6 月：8 日，据中国文化部关于"对开放城市的文物、博物工作的几项工作的通知"要求：调整历史陈列，充实展品。编写对外宾讲解稿，成立接待小组，加强对接待工作的领导和安排。

本年：徐向前、康生、肖华、陶铸、陈郁、林西等首长来馆参观。添购图书 700 多册，征集文物 1，093 件，资料 25 份。

展场开放 248 天，参观人数 343，935 人，其中首长 195 批 3，228 人次，外宾 658 批 3，218 人次。

1965 年

3 月：据《二十二条》精神，配合社教运动，全面审查历史陈列内容。组织有关阶级斗争教育、革命传统教育小型图片展览下乡下厂巡回展出。

8 月：19 日，参加中国友好大联欢的日本青年到馆参观。

9 月：3 日，为纪念抗日战争胜利二十周年，举办"广州人民抗日战争"图片展览，在本馆及广东拖拉机厂、广州机床厂等地展出。

本年：市文化局接受中山大学商承祚教授捐献文物 194 件，广州市文史馆馆长陈大年捐献战国至明清各朝代的玉器、铜器 815 件，中山大学教授冼玉清捐献石湾陶器 60 多件，这些文物分别交由广东民间工艺馆和我馆入藏。

1966 年

1 月：22 日，布置珍贵文物展出，主要反映广州人民二千年来科学文化成就。

3 月：21 日，为纪念"三·二九"起义五十周年，我馆组织一批有关文物展出。

4 月：7 日，据《市文管会历年移交出土文物》卷宗记录，移交数量有 4，137 件。

5 月：文博系统组织陈列审查修改小组，检查我馆古代陈列，提出二个要迅速解决的问题：要求突出（1）劳动人民是历史的创造者；（2）阶级斗争在各个历史时期的表现。

10 月：18 日，本馆与革命馆、文物馆、农讲所等文博单位成立"文博革命委员会"，成员七人，本馆副馆长周乃庄任革命委员会副主任。

1967 年 ~1971 年（文化大革命期间）闭馆，不开放。文物运至后方保管。

1968 年

8 月：13 日，原 1963 年任职我馆馆长郑广权自杀身亡（1968 年经广州纪念馆博物馆革委会复查，属运动中对党的政策不理解所致。）

9月：28日，市革命委员会批准广州博物馆、广东革命历史博物馆、广东民间工艺馆、全国总工会旧址纪念馆、市文物管理委员会五单位组成革命领导"广州市纪念馆博物馆革命委员会"小组，领导成员七人，办公地点在烈士陵园内的广东革命历史物馆，本馆梁国光为领导小组成员之一。

年初：本馆干部员工分期分批到"五七干校"劳动。

8月：13日，市文艺办公室同意成立广州市纪念馆、博物馆党支部，本馆周乃庄任副书记。

11月：18日，据省革委会政工组文艺办关于《在备战中加强文物图书保护工作》的通知，将馆藏珍贵文物转移到原战备方仓库。我馆文物、图书集中由文博系统管理。

下半年：从"五、七干校"抽回一批同志到农民运动讲习所参加"敬建"新馆工作。

60年代，邓小平曾七次陪同日本首相来访。

年初：本馆为"广州市纪念博物馆革命委员会"的下属机构（从1970年至1979年底止）。

4月："市纪念博物馆"派1人具体负责本馆址五层楼的保卫、清洁、物资出入等工作。

7月：馆址五层楼正面重新油漆，内部粉刷。

9月：市纪念馆博物馆拟定在五层楼举办"历代陶瓷藏品展览"，经费一万元（包括征购新陶瓷及展览布置费用），该展览分古代和现代二大部分，包括出土和传世文物。成立"毛泽东思想第二次宣传队"，简称"二宣队"，约20人，负责协助陶瓷馆的布置及以后的宣传展出工作。中旬，派员赴京向中央文化组图博口负责人王冶秋汇报工作。王对陶瓷馆的意见是：可先搞陶瓷馆，以适应国内外观众的需要，以后要搞广州城市历史发展的通史陈列。

1月：开始业务培训，由专业人员讲授陶瓷指示，五层楼历史及碑廊碑刻等共10多节。

2月：15日，文化大革命后本馆举办的第一个展览《历代陶瓷藏品展览》于春节开幕。展品一千一百余件。该展览至1977年5月20结束。

3月：中旬，陶瓷馆开放一月之统计：已接待观众10万多人，还有英、美、日等21个国家的外宾。

9月：在闭馆调整陈列期间，举办短期业务培训班，提高宣传员的业务水平。请故宫博物院冯先铭、耿宝昌两位陶瓷专家到后方仓库对陶瓷藏品800余件进行为期一周的鉴定工作，更正年代40件。后鉴定陶瓷馆展品，更正年代的19件。20日，完成《陶瓷展》展品征集和重新布展工作，用款1500元。调整陈列人员不慎打烂宋代耀州"粉青色釉刻花碟"（一级品）。

10 月：陶瓷馆、三元里抗英馆、六榕寺开放点组成联合小组，到社会上各有关单位征求对本馆宣传展出的意见。黄埔新洲黄埔造船厂工地发现清墓一座，墓主人梁诚，字丕旭，号震东，番禺黄埔乡人，留学美国，光清 28 年（1902 年），以三品卿衔出任美国、墨西哥、秘鲁大臣，光渚卅三年（1907 年）如四宣统二年（1910 年）内阁侍读学士，出使德国大臣。民国六年（1917 年）逝世，年 54 岁，民国八年（1919 年）移葬于此，出土墓主身著的清宫服和翡翠玉朝珠及墓志铭，交由我馆入藏。

11 月：14 日，省革命委员会副主任单印章到本馆检查接待工作，建议本馆中午也开放。21 日，组织商承祚、邓涛及肇庆端砚老师对省工艺品进出口公司历年积存经鉴定不能出口的玉器、石砚等进行鉴定，选出达本馆一级藏品水平的 23 件，达二级的 174 件。本馆即发文请款 12,000 元拟收购，市文化局批示因经费紧张明年解决。

1973 年

3 月：25 日，完成《陶瓷展》陈列修改工作。

4 月：11 日，制定宣传员配置夏、秋工作服，每二年更换一次的制度，实行至今。

6 月：26 日，组织宣传员到萝冈公社劳动锻炼 10 天。

7 月：19 日，市革委 73 年穗革字 85 号文准予在六榕寺右侧建楼房作文物库房，占地约 500 平方米，建筑面积约 1000 平方米，投资 85000 元，由市设计院负责设计。

9 月：26 日，据中央、省、市委关于批孔动员精神，封闭五层楼西侧碑廊中"孔子像碑"等三方碑刻。

10 月：1 日，陶瓷馆在国庆节第二天免费招待工农兵观众，发放招待券一万张，分发省、市机关及各区革命委员会。

12 月底：据市委宣传部文，陶瓷馆撤下"四旧"题材展品一批，补充反映工农兵英雄形象及新社会陶瓷工艺的代表作品。碑廊说明也改号。

1974 年

2 月：18 日，市纪念馆博物馆组成文物检查小组，检查陶瓷馆展品，决定撤换展品 18 件，换上日用瓷等。碑廊部分说明改写。

7 月：25 日，局常委讨论同意我馆推荐陈玉环同志上大学（是文化大革命后本馆培养出来的第一名大专生）。

9 月：为庆祝解放二十五周年，粉饰馆址五层楼，并装彩灯、路灯等。

10 月：16 日，请上海博物馆调拨一批历代陶瓷以充实本馆陈列。

本年：黄永胜等人用本馆名义取走原广州市长朱光藏文物一批。接待来自全国各地的工农兵观众 522,546 人次，接待来自世界各地的外宾 754 批 20,470 人，77 国家（地区）港澳华侨 23,040 人次。

1975 年

3 月：7 日，拟定《五层楼历史陈列复展方案》，以建成"城市博物馆"为建馆的指导思想。

全部经费预算 23,000 元。

上半年：完成《广州历史陈列》第三次陈列提纲的修改工作。陶瓷馆更换新陶瓷 80 多件，更加突出表现新社会陶瓷艺术及建设成就。

10 月：1 日，中国历史博物馆通史陈列于国庆节开放，我馆派员前往参观，学习历史陈列经验。6 日，五层楼受台风袭击，西边屏门部分玻璃被严重损坏；四楼飞檐上的鳌鱼被刮落，砸烂瓦面，路树将电线压断。停止开放。10 月 8 日，台风停止后，即派员清理现场抢修，于秋交会重新对外开放。

11 月：1~10 日，陶瓷馆调整陈列，在二楼东面用 14 个展柜陈列有关农业专题艺术，宣传全党动员大办农业的主题。7 日，《广州历史陈列》提纲经中共广州市委宣传部审批，同意筹备。

年底：六榕寺内文物库房竣工，原存广州美术馆内的文物迁往新仓，搬迁费 6500 元。

本年：国家文物局派麦英豪同志参加《中华人民共和国出土文物展览》赴美展出，任随展组组长。展出地点有华盛顿、堪萨斯和旧金山三市。接待来自全国各地的工农兵观众 349,737 人次，接待来自世界各地的 72 国家（地区）的外宾 12,351 人次，港澳同胞华侨 18,298 人次。

1976 年

9 月：11 日，国家文物局文物处长陈滋德等人参观五层楼陶瓷馆。

1977 年

3 月~5 月：《广州历史陈列》开始形式设计和场外施工。

3 月~8 月：对讲解员进行历史专业培训。

5 月：20 日，《历代陶瓷藏品展览》历五年零三个月后闭馆。

6 月：1 日，《广州历史陈列》进场施工。

1978 年

1 月：1 日，停展十多年的《广州历史陈列》重新布置后仍在五层楼展出。展出面积约一千平方米，展品 800 多件（号）。陈列基本保持文革前的结构，补充了秦汉造船遗址、隋初冼夫人和反对帝国主义利用宗教进行侵略等内容。展览分"历史文化悠久的广州"和"近代广州人民的革命斗争"两大部分，并在地下大厅用图表、模型等展示广州的自然环境及城区风貌，较完整地展现出城市历史的发展。

3 月：9 日，对广州铁局巷发现的明代大铁锚进行调查，拟运回馆内陈列。10 日，拟委托广州无线电研究所设计制造无线电防盗报警器，在五层楼展室等装设，款约 15,000 元。

4 月：美国马萨诸塞州、米尔顿市美华贸易历史博物馆理事长到馆参观。4 日，泰王国总理江萨一行参观本馆。中旬，"中华人民共和国出土文物展览"在香港展出两个月，国家文物局委任麦英豪同志为随展工作组组长。

6月30日：中国国际旅行社广州分社"旅游简报"第55期反映部分外宾意见，认为陶瓷代表中国，"陶瓷馆"不应撤销，应在搞通史展览的同时，办一个陶瓷展览以满足各方外宾的要求。

上半年：在大文博宣展组的帮助下，举办三期脱产培训班，对讲解员进行业务知识和讲解接待工作培训。中国自然博物馆馆长杨钟到馆参观。英国知名人士李约瑟（《中国古代科技史》作者）到馆参观，本馆为其提供科技史照片8张。

本年：《广州历史陈列》复展。接待观众60万人次，其中外宾、港澳等约10万人次。

1979 年

春节：在五层楼地下大厅西侧开设服务（小卖）部。

10月：4日，康世恩副总理陪同卢森堡大公让等参观本馆。

12月：本馆党支部正式成立，由市文化局党委任命正副书记陈亮、王彩欣，1980年8月增补陈玉环为支委，三人组成支委会。

1980 年

1月：据市文化局党委决定，撤销"广州市纪念馆博物馆"，下属各纪念馆、博物馆，恢复文化大革命前的机构体制。我馆独立后直属市文化局管辖，下属机构包括：广州博物馆（五层楼）、六榕寺文物保管所、三元里人民抗英斗争纪念馆、"三·廿九"起义指挥部旧址纪念馆、五仙观文物保管所、市文物管理处。副馆长：陈亮、王彩欣、黄流沙、麦英豪、周乃庄，员工74人。8日，五仙观修复完竣，筹备"铜鼓展览"于春节开放，展出28面铜鼓。26日，市革命委员会同意日本福冈市长的意见，在广州～福冈缔结友好城市一周年时，在日本福冈举办广州博物馆藏品展览。

3月：4日，《羊城晚报》刊登一群香港同胞来信，题为"五层楼闭门谢客，游人心愿未尝"，反映我馆星期四上午及每天中午不开放等问题。6日，改每周开放五天为全周七天开放，中午闭馆。

4月：18日，实行中午不闭馆，每天开放9个半小时的制度。26日，五层楼三楼展厅在开放时间发生案犯扭坏展柜锁头企图行窃（未遂）案件，事后全馆加强安全教育，奖励当班人员。

5月：1日，参加广州～福冈缔结友好城市周年纪念活动的日本福冈市友好访问团抵穗时参观本馆。9日，副馆长麦英豪陪同瑞典东方博物馆馆长在五层楼等处参观。

6月：1~2日，中山大学历史系考古专业请我馆考古专家麦英豪作《广州地区汉代考古研究》专题学术报告。中旬，据国家文物局《关于博物馆、纪念馆、文物保护单位开展安全大检查》的通知，市公安局、文化局及各博物馆馆长组成文物检查小组，重点检查本馆的账目、制度、库房、陈列室及安全设备等。20日，因员工不足，暂时停止中午开放。

8月：9日，为配合明年初太平天国金田起义一百周年纪念，我馆组织力量，承担花县《洪秀全故居纪念馆陈列》修改工作。该馆于81年3月8日开放。

9月：月初，据国家文物局《文物、博物馆工作科学研究人员定职升职试行办法》，市文化局以我馆作评定职称工作试点。设立职称评审委员会和制定《评定学术职称工作计划》。

10月：月初，制定秋交会期间《服务良好月计划》。恢复星期四上午闭馆开会学习、不接待一般观众的做法；国家文物局派麦英豪同志赴美国担任《伟大的青铜时代展览》随展组组长，随展半年。16日，苏乾任副馆长。月底，10名参加评定职称的同志完成了文化测试。

11月：1日，制定《广州博物馆月度评奖试行办法》。把藏于连平后方仓库的文物藏品运回六榕寺新仓库。1日~12月3日，国家文物局在河北承德避暑山庄举办第一期"博物馆馆长读书班"，苏乾副馆长参加。7日，西德"古波斯船——瓦丝柯德"木帆船全体船员到馆参观，了解我国古代造船业和海上交通情况。26日，制定《广州博物馆办公室工作制度》五条。

12月：13日，保管部接收房管局移交有关朱执信的图书资料461册，另文物、字画一批。26日，在市文博工作会议上，我馆作了《我们是如何做好宣传接待工作的》汇报。

1981年

1月：2日，市宣传部委任麦英豪同志为馆长。

春节：我馆下属开放点"六榕寺"经修葺后开放。编制19人。本年接待观众450，000人。

3月：29日，我馆下属开放点"三·二九"起义指挥部旧址纪念馆经修复及重新布置陈列后开放。编制3人。至4月底已接待国内观众1，100多人次。

4月：14日，订出春季交易会期间"服务良好月计划"。16日，局社文科主办"古汉语学习班"在农讲所开学，每周二晚，本馆梁国光等任课，馆内半数以上干部职工参加学习。20日中午，五层楼二楼展室陈列柜因长久失修，一柜上层玻璃板下的铁条突然松动掉落，打碎文物二件。事后除修复文物外，还加固了展室全部展柜。24日，省纪念辛亥革命七十周年筹委会办公室在中山纪念堂西侧建"孙中山纪念馆"，委托我馆陈列部负责资料征集、形式设计及布展工作，"孙中山史迹"陈列于本年10月10日开放。27日下午，二楼展柜被歹徒扭断锁头，盗走鎏金铜俑复制品一件。

7月：4日晚，五层楼二、三、四楼展室7个展柜被撬开锁，盗走宋影青龙瓶1对（1级品）等17号94件文物，其中钱币86枚，是解放后我馆最大的一宗文物失窃案。损失约九万余元。7日，五层楼及文物仓库设置报警器，仓库加固铁窗，加装铁门，加强安全保卫工作。22日，市文化局对我馆文物失窃大案发出通报，指出"领导思想麻痹"等是案发的重要原因。27日，我馆批准成为中国博物馆学会团体会员。

8月：重新制定各部室工作制度。

9月：27日，馆办公会议研究决定，对文物失窃案发日之当班人员及馆领导给予扣发七月份全部奖金的处分。

10月：13日，省纪念辛亥革命七十周年筹委会接收华侨杨添霭先生藏孙中山先生手书"志在冲天"匾幅后移交我馆收藏。14日，订出秋交会期间"服务良好月计划"。

11月：1日，派干部1名参加国家文物局在湖南板仓举办的第一期"中南地区文物干部培训班"，学习两个月。23日凌晨，五层楼地下西面铁丝网和铁窗枝被撬，因值班人员发觉，盗窃未遂，事后对馆内人员进行安全教育，并加固五层楼全部门窗，二、三楼屏门内加装铁闸。

12月：以广州市文物管理委员会、广州博物馆署名，由麦英豪、黎金执笔的广州第一部考古专著——《广州汉墓》，由北京文物出版社出版。4日，市府决定设立广州市文物、博物馆工作科学研究人员业务职称评定委员会，我馆馆长麦英豪任评委会主任，黄流沙任委员。7~10日，局社文科在番禺召开博物馆工作学术讨论会，我馆黄流沙等10人出席。8日，与日本福冈签订协议书，拟在中日建交十周年、广州~福冈缔结友好城市三周年之际，在福冈举办《广州博物馆、广州美术馆藏陶瓷书画展览》，馆长麦英豪任筹展组副组长。

本年：黄花岗七十二烈士方声洞之子方贤旭把珍藏的黄兴亲笔手书绢面诗1幅捐献给我馆，市文化局发给奖状，以资奖励。

1982 年

1月：16日，据国家文物局81年文物字第653号文，呈报本馆员工工资普遍偏低问题。18日，西日本新闻社复函本馆馆长麦英豪，拟定在日本展出时间等事宜。

春节：在"五仙观文物保管所"举办以五羊五仙为题材的《五仙观诗词书法展览》，邀请容庚、商承祚、秦萼生、麦华三等四十多位著名书法家挥毫，书体多样，深受群众欢迎。出版《五仙观历代诗词选》。

2月：26日，将赴日本福冈展出的《广州博物馆、广州美术馆藏陶瓷书画展览》在广州美术馆预展二天。

3月：本馆在波萝诞期间派20多人到南海神庙负责临时开放工作。19日，在日本福冈市1982年大博览会举办的《广州博物馆、广州美术馆藏陶瓷书画展览》开幕。本馆选送馆藏汉以来广州出土陶瓷器及传世的石湾、潮州和广彩等陶瓷器60件，美术馆选送40件在日本展出。展期至5月30日。观众达36万多人。展品在运往日本途中，有两件陶瓷受损严重，经日本九洲历史博物资料馆修复后展出。22日，市成立文物普查办公室，我馆借调四名业务干部参加文物普查工作。

4月：12日，订出春交会期间《提高服务质量工作计划》。27日下午，五层楼二楼展柜被扭断锁头盗走鎏金铜俑（复制件）一件。

5月：24日，市文化局举办第一期"中国通史"学习班，我馆派七人参加脱产三个月学习。

上半年：黄汉纲同志参加《中国历史文化名城辞典》有关广州部分的编写工作。该书于1985年12月由上海辞书出版社出版。

7月：9日，制定《广州博物馆工作制度》八条。

8月：月初，广州美术学院副教授、雕塑家潘鹤把"广州解放纪念像"原作献给我馆收藏，我馆发奖金奖状以资鼓励。月底，五层楼修饰工程由市房屋修缮公司承接，楼正面墙门刷红色醇酸磁漆，钓鱼台、楼梯栏板刷红、白、黄三色乳胶漆。用款13，000元。

9月：1日，据市政府"穗办函"1982年223号文，我馆下属机构"六榕寺"正式移交给宗教部门管理。

10月：15日，订出秋交会期间"提高服务质量工作计划"。

11月：市文化局干部培训班举办第二期"中国通史"培训班，我馆派10人脱产培训三个月。

12月：23日，市文化局召开文博学术讨论会，会期3天。我馆9人出席，提交论文4篇。

1983 年

1月：制定《广州博物馆安全防范工作方案》。15日，经市文物、博物干部业务职称评定委员会评定，市人民政府批准，授予梁国光等2人为助理研究员职称。

2月：春节，本馆与故宫博物院联合举办《清代宫廷钟表展览》在五层楼四、五楼展出，共有展品26件（其中本馆藏钟6件）。展览首次采用中、英、日三种文字说明。展期至8月，共接待观众494，847人。钟表展览期间1~3楼仍设《广州古代史陈列》，门票由原5分调至2角，外宾门票及茶水费由2.5角调至4角。请故宫马玉良师傅修理本馆藏"广钟"。

3月：12日，与香港中文大学签订协议书，于今年在港展出《穗港出土文物展览》。

4月：接收朱执信亲属捐献文物75件（套），市文化局发给奖金以资鼓励。15日，订出《广州博物馆1983年春交会期间提高工作质量计划》。

6月：1日，市文化局授予陈玉环等业务干部为"研究实习员"职称。新中国成立后第一次职称评审工作结束。3日，中国邮票协会理事、广州邮票协会副主席到馆鉴定馆藏邮票后建议我馆选部分藏品参加本年底在京举办的《全国邮票展览会》。9日，解放北路象冈山工地发现西汉南越王墓，馆长麦英豪等赴京向国家文物局和考古所汇报。

7月：4日，象冈山汉墓发掘领导小组等机构成立，馆长麦英豪任考古发掘队长，书记叶超强任保管组组长，另抽出四人负责保卫工作。

9月：派1名业务干部参加广东省社联在新会召开的"戊戌维新运动及康有为梁启超学术讨论会"。市文化局与中山大学合办干部专修班，本馆10人报考，有6人被录取后参加脱产学习三年，另有2人参加广州市电大半脱产学习三年，为我馆培养大专生最多的一年。11日~11月底，五层楼闭馆，进行内部粉刷和展柜改造。改原有小型、分散、种类不一的木结构展柜为大型铝合金橱窗式大联柜。工程总费89，000多元。陈列部修改《广州历史陈列》。9月~10月，利用闭馆时间对讲解员进行业务培训，经考核30人中有26人合格。

11月：18日，本馆与香港中文大学文物馆联合举办的《穗港汉墓出土文物展览》在香港中文大学文物馆展出，本馆展品80件（套），港方20件，展期至84年1月8日止。20日，麦英豪馆长应香港中文大学邀请，配合出土文物展览作题为"汉代番禺的衣、食、住、行"公开演讲。11月底，据省委指示修改花县洪秀全故居陈列，由我馆派员赴广西、南京等地征集、复制有关文物、资料一批，至84年3月底完成展览调整工作，新增陈列品27件，照片30多张。

12月：1日，用橱窗式大联柜重新布置《广州历史陈列》。

本年：保管部自己动手修复一清代象牙船和二只红木船，为国家节约近五千元的修复费。

1984 年

1月：20日，《羊城晚报》读者来电专栏，刊登一则"广州博物馆为何来这一套"的批评意见，反映本馆在原写有逢星期一休息天天开放的牌上，临时贴上"上午学习，下午搞卫生停止开放的通知"。

2月：14~21日，对馆内35岁以下的49名职工进行爱国主义教育，经考核全部合格，后选二名参加市文博系统，一名参加局举办的演讲比赛。23日，市文化局召开第三届文博学术讨论会，会期三天，我馆提交论文6篇。

3月：3日，制定《行政管理考勤评奖百分制试行草案》。4日，邮寄《广州汉墓》上、下册和《穗港汉墓出土文物》各一册去日本福冈市教育委员会文化部文化课，附信感谢他们邮寄资料给我馆。

4月：1日，调整开放时间和门票。15日，春交会期间开展"良好服务月"活动，并制定《广州博物馆"文明单位"试行条例草案》。

8月：20日，保管部清点在文化大革命期间由"查抄办公室"移交本馆的文物33件，图书16,776册，移交市清退办公室由物主认领。

11月：1日~12月31日，闭馆，五层楼地面重铺红色防潮砖，维修出入口石阶等。工程由市郊二建公司承建。闭馆期间调整《广州历史陈列》，增加文物30多件，照片10张。

12月：31日，市编制市委员会同意本馆定为局属处级单位。月底，新建二层办公楼竣工，建筑面积约170平方米，用款8万元。

本年：制定《广州市博物馆责任制总则》，列出馆领导及各部门的工作职责。

1985 年

1月：1日，本馆小卖部交由馆内3名职工承包，期限1年。11~13日，本馆第一次学术讨论会在佛冈县召开，出席17人，论文11篇。春节前举办知识分子座谈会，邀请市文化局杨奎章局长等出席。

2月：25日，据穗文复〔85〕10号，市文化局研究决定，恢复市文管会对我馆属下五仙观及岭南第一楼的管理。

3月：11~13日，市文化局在番禺举办文博第四届学术讨论会暨"广州市博物馆学会"成立大会。本馆馆长麦英豪任学会会长，副馆长梁国光任常务理事。本馆提交论文7篇。25日，穗文委〔85〕36号文，按市编委穗字〔1984〕335号文通知我馆定为局处级机构。

4月：香港同胞邓又同先生把去年12月在广州清退文物认领会上领回的文物、文献资料一批，经整理后捐献给我馆。5日，本馆派员参加市委宣传部召开的"发展广州博物馆事业"座谈会。

6月：1日，为筹备湖北文物展览，制定《撤陈及文物接送制度》。

7月：1日~86年1月5日，撤出《广州历史陈列》，与湖北省联合举办《湖北战国曾侯乙墓展览》，在五层楼展出。展品300余件，用中、英文说明。观众达433,321人，其中外宾、港澳等71,580人。9日，市委、市政府指定本馆负责修复越秀山明代城墙工作。是日，邀请华南工学院邓其生副教授、市建委城管处、市委宣传部文艺处、市绿化委员会、园林局、越秀公园等单位的负责人举行座谈会，研究具体问题。

8月：制定《广州博物馆安全保卫责任制条例（草案）》，明确各部室之职责。

10月：7日，中共市委组织部穗组干［1985］302号文，麦英豪任广州市文物管理委员会副主任（正处级）。

本年：市公安局移交没收李海平等人的走私文物179件（其中入编瓷器144件、玉器13件、字画1幅）给本馆收藏，其中有宋宝鸭莲绿釉陶枕、唐三彩文俑和雍宫式范画轴等一级品。国家文物局和广东省文物局分别表彰从事文博工作30年和25年以上人员，本馆麦英豪等8人受表彰。

1986 年

1月：5日，《湖北曾侯乙墓出土文物及编钟展览》圆满结束。《广州地方史展览》修改后重新开放。

2月：在花县召开市文博第五届学术年会，本馆提交论文9篇。

3月：馆长麦英豪应邀赴美国作考古学术交流。3月~10月，保管部对馆藏图书重新整理分类编目登记，清点图书95类46,000多册，编顺13类462,000多册；又对旧藏文物215件进行编目入藏。

4月：7日，制定"行政管理考勤评奖百分制"试行草案。11日，市文化局党委批复，叶超强任支部书记，陈玉环任宣传、青年委员，王瑞芝任组织、纪检委员。

4月~5月：市委宣传部指示，在两广主办"洪秀全国际性讨论会"前，由我馆负责修改花县《洪秀全故居展览》。陈列部在修改内容的同时，增设了《国内研究太平天国部分学术成果》展室，引起了学术界的注意和赞赏。

6月：协助市文物管理委员会到一德路派出所、越秀公安局清点查抄的走私文物共1,269号。10~25日，五层楼东侧专题展览馆竣工后（被评为优良工程）由广州市工人技术交流站承造铝合金展柜，造价为85,350元。专题展览馆分两个大厅，使用面积为613平方米。

上半年：群工部开展历史、语音等专业知识培训后，选五人成立讲解接待小组。

7月：14~21日，进行了第2期35岁以下职工的爱国主义教育。

7~8月：图书室派日到市清退办，核实清退图书2,430册。

8月：15日，专题展览馆落成后，举办的首个展览为《馆藏捐献文物展览》，展出文物627件，展期至9月21日止。展出费6861.4元。邀请副市长陈倚倚等有关领导及文物捐献者参加开幕式。

9月：1983~1984年送出参加中山大学和市电视大学学习的大专毕业生10人毕业回馆，馆内人员的素质明显提高。本月又送5人参加市文博中专班半脱产学习2年。接收市文物管理委员会移交的流散文物860多件。29日下午3时，在专题展览馆举行《西藏唐卡展览》开幕式，西藏自治区人大常委会副主任朗杰率领代表团参加并讲话。该展览于10月1日国庆节正式对外开放至11月30日止。展出唐卡50件及部分宗教器物。展出费18084.90元。观众达19万人次。

10月：秋季交易会期间开展良好服务月活动。并制定"创文明单位试行条件"。陈列、保管部等同志参加编写《广州文物志》工作，按时完成初稿。保管部派人到市清退办协助清退文物，共运出文物46箱约计2,500多件号。12日，重阳节到五层楼的观众达17,000多人次，为历年所罕见。该日我馆协助寻找迷童，《广州日报》10月27日登报赞扬。重阳节期间我馆环境卫生问题受到市爱国卫生委员会的警告和批评，事后除进行大清扫外，还制定了"卫生工作制度"。25日，市文化局党委对我馆落实知识分子政策工作进行验收，批准了验收报告。27日，应市政协要求，为中山纪念堂重新布置《孙中山史迹陈列》。

11月：3日，制定《广州博物馆义务消防队编制及计划》。14日，张嘉极在市青联七届一次会议中当选是届市青联会副主席，任期三年。18日，《广州日报》"读者来信栏"刊登"广州博物馆怪事录"一文和照片两张，反映我馆古炮任风吹雨打和观众爬坐，呼吁加强文物保护工作。我馆复信简述让观众爬坐古炮正好达到经常擦拭和保护目的。

12月：15日，专题馆展出《美国华人历史图片展览》，该展览由省政府侨务办公室、省归国华侨联合会等单位主办。展出图片300多幅，用中、英文说明，展出了美国华人甘苦沧桑的200年历史，展期2个月，观众达169，243人。

本年：整理文化大革命前至今的财务档案。完成"三·二九"起义指挥部旧址维修工作。开始维修三元里人民抗英斗争纪念馆旧址。全年共接待观众854，689人次。

1987 年

2月：15日，当日起使用我馆新公章，原广州博物馆公章停止使用。25日上午，叶选平省长邀请澳总督及夫人到我省访问期间来馆参观。

3月：1日~8月31日，与青海省举办《青海彩陶展览》，展品131件，观众达73，699人。经费14000元，部分由上级拨付。2日，邀请青海省文物管理委员会高东陆在本馆作"青海古代文化"学术报告，省市各兄弟单位及各大专院校派员出席。16日，巴拿马议会代表团议长迪亚斯一行访问广东并参观我馆，对我馆的介绍颇为赞赏，建议展品说明加上通用外文。29日，"三·二九"起义指挥部旧址经修复后重新开放，展出文物照片140件。30日~7月30日，我馆展品"五羊铜像"借往香港展出。

4月：全馆开展"博物馆学基本知识"学习。

5月：我馆编写的《广州文物与古迹》一书由北京文物出版社出版。3日，成立职称改革领导小组、评议小组和工作小组，开展职称改革工作。制定《广州博物馆职称改革工作程序》、《职改工作条例》。

6月：11日，我馆19人参加广州市文物博物馆学会在增城县举行的第六届年会，提交论文16篇，为各参加单位之首。27日，配合职称改革工作，与广州市文物博物馆学会联合举办《广州文博系统科研成果展览》，展出建国以来文博工作者的专著、文章、科普读物、书画作品等近八百篇（本）。苏乾编《三元里平英团旧址》一书由北京文物出版社出版。

7月："明代城墙修复办公室"成立，副馆长梁国光兼主任，副主任：张嘉极、周乃庄。30日，明代城墙第一期修复工程（东从海员亭后面起，西至我馆碑廊止的170米）由华南工学院邓其生教授设计、国家文物处罗哲文指导、广州园林建筑公司承建。11月21日完工。

8月：10日，我馆为广州海难救助打捞处鉴定古物一批。

10月：1日~88年2月28日，与中山大学、广东民族学院联合举办《广东黎苗瑶民俗展览》，展品近 300 件，筹办费 5，000 元，观众达 110，895 人。15 日，广州市部分人民代表在我馆召开会议，检查八届人大四次会议第 25 号议案《关于越秀——象冈重点文物史迹的修复和文化设施建设案》办理情况。20 日，制定"小卖部暂行规章制度"，主要是加强对外汇的管理。

11 月：修订《广州博物馆工作制度》和《行政管理考勤评奖百分制办法》。1 日，市文化局拨款 19，000 元，在五层楼安装报警器及防盗铁栅等安全防范设施。5 日，市文化局同意我馆把藏品"海山仙馆碑"拨给广州美术馆，该馆把有关地方史料价值的字画 128 件调给我馆。6 日，副馆长梁国光应澳门贾梅氏海事博物馆邀请，到澳门参观访问，并参加"澳门海事博物馆"开幕式和"澳门号"下水典礼。广州文博系统举办普通话讲解比赛，我馆获团体第二名。19 日，台湾著名艺人凌峰先生在我馆选景拍摄风光影片。21 日，广州明代城墙第一期修复工程完竣，全长 170 米。副馆长梁国光主持开放仪式，特邀当日到馆参观的台湾同胞剪彩。

12 月：14 日，市文化局党委任命麦英豪为广州博物馆名誉馆长、梁国光为馆长、张嘉极、陈玉环为副馆长。28 日，市文化局组织部同意馆长聘任中层干部，采取一正二副制，首次聘用馆长经济助理。各职任期一年。年底，职称评定工作结束，评出研究员 1 名，副研究员 3 名，馆员 18 名，助理馆员 17 名，管理员 16 名，并于 1988 年 4 月中旬正式聘用。聘用期 3 年。

本年：馆内预算外收入 54 万元，相当于文化局正常拨款的 3.2 倍。

1988 年

1 月：群工部设宣传教育组、展场接待组和票务组。原由陈列部负责的专题展览改由宣传教育组负责。3 日，因开放场地增加，重新拟定馆内编制呈报上级，拟由原 83 人增至 96 人。

2 月：陈列部着手编纂《广州历史图集》和《镇海楼志》。

3 月：10 日~10 月 19 日，与沈阳故宫联合举办《清代武备展览》，展品一百件，我馆提供展览经费 13，000 元。观众达 207，728 人。18 日，市文化局、市公安局、市文物处及馆领导到罗冲围新文物仓库检查。25 日，葡萄牙海军博物馆一行到馆参观。

4 月~8 月：本馆展厅、财务室、仓库等重新安装防盗报警设备。

5 月：23~28 日，本馆原设六榕寺仓库内的图书全部迁往南越王墓博物院北楼。5 月~7 月成立民俗文物征集组，征集"微型家具"一套及录像、照片资料等一批。

6 月：《广州历史陈列》的主要内容增加了英文说明。2 日，香港博物馆馆长一行到馆参观。12~28 日，我馆中途撤出《清代武备展览》，与市公安局、市打击文物走私活动办公室等六个单位联合举办《广州市打击文物走私犯罪违法活动成果展览》，展品 220 件。观众 15，000 多人。省港澳几大报刊、电台报导了展览有关消息。收集到观众反映的一些文物走私线索。

7 月：协助广州电视台、香港无线电视台拍摄广州名胜古迹电视片。4 日，东德德累斯顿民族博物馆东亚厅厅长胡伯坚博士到馆参观。11~15 日，我馆原设六榕寺内的文物仓库全部搬入罗冲围仓库。这次文物图书搬迁费合计 5 万元，其中上级拨款 3 万元。13 日，青海省文物管理处向我馆提供交换文物 15 件，其中有蛙纹彩陶翁等。25 日，市文化局以我馆为基础，成立文博中心图书室。拨款 15，000 元购置图书、防火、防盗设备等。28 日，澳门总督文礼治及夫人到馆参观。

第三季度：群工部 11 人参加本馆讲解比赛，选出 3 人参加市文化局举办的文博系统讲解比赛，我馆 1 人获个人 2 等奖。完成碑廊 23 方碑刻的拓片工作，并用玻璃封碑，以达保护目的。

9 月：在展厅多次抓获向外宾、台湾同胞等兜售仿古文物人员。

10 月：我馆收到市政府办公厅编印的《群众之声》第 31 期，内载"广州为什么留不住旅游者"一文，对我馆的陈列内容与形式、宣传接待工作、经营服务等提出批评意见。我馆据实际情况和存在问题作了回复。7 日，决定开始第 2 期修复明代城墙工程，总投资为 30 万元。27 日，新接待室发生电源起火事故，事后召开现场会议查明原因，制定安全制度。

11 月：1~20 日，在新展厅二楼举办《苏家芬、苏家芳、韦振中、李锐文美术作品展览》。后甲方提供展品 7 件予我馆收藏。中旬，新编"广州博物馆中英、中日文简介"和"馆藏珍贵文物活页图片"由中国文联出版公司四海书刊经销部办理出版，总价 132，000 元。25 日，在新展厅举办《梁树豪根雕作品展》。

12 月：7 日，接待南海县办公室及清代天文学家邹伯奇曾孙邹孟才，阅览邹氏捐献的全部文物、资料，并拍照片。8 日，为做好编写《广州博物馆志》工作，召开历届馆长及有关干部座谈会，回忆解放后我馆机构、组织、管理制度以及陈列、保管、群工等有关情况，由编志人员整理归档。10 日，香港考古学会一行到馆参观。26 日，麦英豪等前往上海博物馆，取回 1963 年委托该馆修复加固的广州出土汉代漆木一批。29 日，"广东省中国文物鉴藏家协会"在我馆举行成立大会，我馆名誉馆长麦英豪任该会学术顾问，馆长梁国光任理事，同时在新展厅二楼举办"会员藏品展览"，至 1989 年 1 月 4 日止。观众共 2，734 人。

本年：馆内藏品有所增加，主要从文物商店购入 118 件，公安局移交 1，968 件，接收邓翠满、吴群等人捐献文物一批。从市档案馆、市文化局、广东革命历史博物馆等单位收集馆史资料一批。经营服务收入 60 万元，预算外收入达 95 万元。全年支出总额为 82 万元，其中上级拨款 17 万元，其余本馆自支。

1989 年

1 月：7~20 日，举办《魏明亮国画展览》。25 日~3 月 22 日，举办《贵州酒文化展览》。

3 月：13 日，原馆长梁国光病逝。29 日，全馆进行防盗、防抢演习。30 日，穗文委 [89] 22 号文，市文化局党委宣布邓炳权同志任广州博物馆馆长。月底，完成南海县"邹伯奇纪念馆"的陈列设计工作。

4 月：经市文化局同意，我馆决定试行经费自收自支。4 日，举办《贵州民族节日文化展览》。27~28 日，召开广州博物馆第一届职工代表大会第一次会议，选举赖婉明任主席。

5 月：我馆以 120 件号的海山仙馆碑刻与广州美术馆交换了 128 件号的字画。16 日晚，由于连续大暴雨，越秀山小蟠龙岗海员亭、光复亭以北山坡发生堆积层滑坡，该段未经修复的 37 米长的明代城墙随之下沉，部分倒塌。18 日，市文化局批准我馆实行馆长负责制。

6 月：我馆在桂花岗一街 11 号购得 12 套宿舍，改善部分人员住房条件。下旬，全馆人员进行消防知识学习和消防演习。21 日，穗文委（89）52 号文，市文化局党委批复同意博物馆支部改选，陈玉环任支部书记，邓炳权任统战委员，赖婉明任组织委员，陈茹任宣传、纪检委员，阮志东任青年委员。29 日，省人民政府［89］92 号文，镇海楼被公布为第三批广东省文物保护单位。

7 月：7 日~8 月 6 日，举办《馆藏广东书画展览》。

8 月：9~27 日，举办《广州十青年书画展览》。15 日，杨资元市长、李兰芳副市长在钟子硕局长的陪同下到我馆视察。

9 月：1~7 日，举办《八愚书画展览》。16 日，"羊城艺术博览月"开幕式在我馆举行，张汉青副书记、李兰芳副市长、凌炯昌部长为开幕式剪彩，各界人士 200 多人参加开幕式。我馆与中国历史博物馆联合举办的《中国古代文明展览》以及新制作的"广州城市模型"也在当天正式展出。我馆协助共青团广州市委举办《广州——共和国的足迹展览》展出。28 日，广州市六套领导班子来我馆参观《中国古代文明展览》。

10 月：举行讲解比赛。4 日，广州博物馆图书室开始向市文博单位开放。30 日，维修"三元里人民抗英纪念馆"工程开始动工。

11 月：15 日，我馆《中国古代文明展览》获 1989 年羊城艺术博览月优秀展出奖。24 日，配合城墙维修工程开始动工修建镇海楼广场东南侧的地下室工程。

本年：征集云吞面担等民俗文物 25 件，从团市委接收社建及民俗物品 139 件，接受捐献古代书画木雕 28 件。共接待国内外观众 664,381 人次，其中外宾、华侨等 112,699 人次。

1990 年

1 月：25 日，中共中央政治局常委李瑞环到馆视察。

3 月：22 日~4 月 13 日，《广州市文史研究馆所藏书画作品展览》展出。

4 月：15 日~5 月 27 日，《陈景舒书法艺术展览》展出。

5 月：20 日，三元古庙维修工程竣工验收。

6 月：1 日~7 月 28 日，天津戏剧博物馆藏《中国戏剧书画展》展出。

7 月：程存洁从中山大学历史系毕业来我馆陈列部工作，为市文化局系统第一位硕士研究生。8 日，张嘉极任市青联八届委员会委员。

8 月：1 日，《镇海楼今古》基本陈列开始展出。1~7 日，《广州五人书画展》（卢有光、程家焕、林少明、李筱孙、杨初）展出。15 日，完成《三元里人民抗英斗争史迹》陈列调整，纪念馆剪彩开放。10~24 日，《广东省中国文鉴藏家协会珍藏文物展览》展出。

9 月：1 日~12 月 9 日，《端砚艺术展览》展览。30 日，接待新加坡副总理王鼎昌率领的政府代表团。

11 月：派员参加首届羊城国际粤剧节活动，并接收一批文物。

12 月：22 日~元月 31 日，青海省博物馆与我馆合办的《青海民族民间艺术展览》展出。25 日，37 米滑坡倒塌的明代城墙维修工程竣工验收。

1991 年

1 月：22 日，《广州历史陈列》第二部分《长盛不衰的海上丝绸之路发祥地》预展。

2月：8日~3月10日，《澳门李锐祖先生捐献文物展览》展出。9日，《长盛不衰的海上丝绸之路发祥地》展览正式展出。接待联合国教科文组织"海上丝绸之路"考察团30余国专家学者，按中国古老传统，在考察团乘坐的"和平之船"靠岸后，来到南海神庙考察，揭开了在中国考察之序幕，随后前往西汉南越王墓博物馆、广东民间工艺馆和广州博物馆参观。17日，选出文物和派员参加澳门《羊年年展》展期两个月。24日，接待文化部代部长贺敬之。

3月：14日~28日《当代书画作品展》展出。31日，接待瑞典历史访问团。31日~4月12日，《黄予厚书法作品观赏》展出。

4月：8日，接待英国外交大臣赫德。16日~5月4日，《辽宁省著名书画家作品展览》展出。

5月：4日，接待新加坡副总理李显龙。10日~7月10日，《全国首届博物馆艺术设计展》展出，参加第二届羊城艺术博览月活动，并获优秀展出奖。

6月：15日，穗文委〔1991〕40号文，麦英豪同志享受市副局级干部待遇。19日，穗文委〔1991〕44号，陈玉环同志任市文化局党委委员，穗文化〔1991〕77号，陈玉环任市文化局副局长。26日，接待解放军总政治部副主任李继耐。

7月：10日，开始动工维修"三·二九"起义指挥部旧址。12日，穗文化（1991）89号，市文化局决定，邓炳权任广州博物馆馆长，免去其市文化局文物处处长职务。14日，接待阿曼苏丹文化大臣费萨尔。16日~8月18日，《五人书画展》（游树棠、冯少侠、钟志澄、陈少毅、莫各伯）展出。

8月：20日~10月6日，《千古功臣张学良将军图片展》展出。

9月：7日~15日，名誉馆长麦英豪赴美国夏威夷参加"亚太地区热带环境文物保护"学术讨论会。14日，穗文委〔1991〕67号文，市文化局党委批复赖婉明任我馆党支部副书记，邓炳权、陈茹、阮志东、武守红分别统战、组织、青年宣传、纪检委员。21日，接待意大利总理朱利奥·安德雷奥蒂率领的政府代表团。

10月：8日~12日，邓炳权馆长赴港参加《香港的前景》国际性文物保护会议并作题为《岭南建筑保护要旨》的发言。10日，完成"三·二九"起义指挥部旧址维修工程及陈列调整，非正式开放。10日~次年元月6日，《孙中山像钞暨世界货币展》展出。

11月：15日，竖好"立马"太湖石，美花馆容。16日，与广州美术馆、岭南画派纪念馆、香港美术研究会等合办《周朗山诗画展》，在岭南画派纪念馆展出。18日，接待澳门总督韦奇立将军，由邓炳权馆长接待。

12月：22日，《历史文化名城——广州》图片集（16张）寄往加拿大温尼伯中华文化中心。

本年：经国务院批准1991年首批享受政府特殊津贴专家学者：广州市文物管理委员会麦英豪。本馆被评为广州市的花园式单位和卫生先进单位、广东省文化系统文明单位。征集了陈子壮行书扇面等文物89件。全年收入90.6万元。共接待观众607，856人次，其中外宾、华侨、港澳台胞78，697人次，

1992 年

1 月：10 日，得到市文化局和市财局拨款支持，向大新象牙厂和市轻工实验学校购买了 68 万多元的象牙工艺品，分别由我馆和广东民间工艺博物馆收藏。17 日，接待法国前总理。20 日 ~4 月 8 日，《国际友谊珍品展》展出。

4 月：15 日 ~6 月 15 日，《吴崇杰蝴蝶藏品展览》展出。30 日，接待新加坡财政部长。

5 月：2 日，接待匈牙利外交部长。10 日，接待苏丹国水利部长。20 日，接待新西兰奥克兰市市长率领的市政府代表团。

6 月：1 日，制订《广州博物馆住房制度改革实施方案》。9 日，镇海楼四楼陈列撤陈修改。22 日，接待俄罗斯司法部长。23 日 ~8 月 24 日，《仲夏当代书画艺术展》和《四川汉代陶塑艺术展》展出。

7 月：11 日，接待罗马尼亚众议长议会代表团。

8 月：完成分房工作。31 日，《民主革命策源地和近代都市》陈列预展。

9 月：我馆选送一名业务人员去攻读博士学位（我馆培养的局系统第一位博士研究生）。2 日，《民主革命策源地和近代都市》陈列正式对外开放。8 日 ~11 月 15 日，《奉献者之歌——当代英模事迹展》展出。27 日，接待孟加拉议长代表团。

10 月：19 日，镇海楼二楼陈列撤陈修改。23 日，接待朝鲜公安部长。

11 月：全馆供水系统改造工程竣工。5 日，接待新西兰财政部长。8 日，接待加拿大下议院代表团。12 日 ~12 月 15 日，《广州市打击文物走私犯罪活动十年成果展》暨广州市纪念文物法颁布十周年宣传周活动开幕式在本馆举行。

12 月：15 日，开始施工安装闭路电视监控系统，是我市博物馆系统率先装此先进设备。18 日，《中华一绝骨雕展览》展出。21 日 ~ 元月 3 日，《陈渭先生书画展》展出。

本年："镇海楼"经群众评选为广州市十佳文物保护单位之一。全年收入 120 多万元，收支平衡。购回一批代表广州工艺水平现已停产的象牙工艺品，接收了唐代兽型埙、元代青花船等珍贵文物。共接待国内外观众 517，070 人次，其中外宾、华侨、港澳台胞 75，398 人次。

1993 年

1 月：21 日，广州博物馆与澳门市政厅文体康东部合办《鸡年鸡展》在澳门卢廉若花园开幕，澳督韦奇立出席揭幕式。23 日，我馆基本陈列《广州历史陈列》第一专题《持续发展两千余年的历史名城》正式开放。

2 月：5 日，接待杨永德先生伉俪带领的参加西汉南越王墓博物馆全面建成揭幕活动的香港嘉宾团。6 日 ~4 月 20 日，《馆藏古代铜器展览》展出。

3 月：6 日，召开广州博物馆第二届职代会第四次会议。12 日，镇海楼展场闭路电视监视系统正是使用，群工部机构改革正式开始。17 日，接待文化部各级党委考察团。

4 月：接待罗马尼亚内务部部长塔尔佩斯。25 日 ~5 月 11 日，《季从南中国画展》展出。

5 月：接待瑞典交通通讯部部长马茨奥代尔。10 日，完成清产核资工作。16 日 ~5 月 23 日，《澳门书画摄影作品展览》展出。19 日，邓炳权当选广州市第十届人民代表大会代表。

6月：1日~6月28日，《美国塔玛霖石版画》展览展出。4日，台盟来函：张嘉极为市八届政协委员。18日，中南六省五市艺术档案会议来馆检查综合档案管理。21日，在广州市十届人大一次会议上，赵自强、邓炳权等12位市人大代表提出《关于建设现代化的广州博物馆议案》。

7月：6日~8月31日，《中国北方戏剧文物展》展出。省市戏剧界人士座谈开展征集粤剧文物资料工作问题。8日，成立广州镇海文化经贸公司，举行开业酒会。16日，进一步实行改革，由保卫科接管镇海楼展场。

8月：接待芬兰外交部副部长方德帕克。18日，《三元里人民抗英斗争史迹陈列》调整修改后重新开放。

9月：8日~11月5日，《千奇百怪的昆虫世界》展览展出。18日，举办《千奇百怪的昆虫世界》专题讲座。

10月：接待前美国总统尼克松的弟弟爱德华·尼克松夫妇。

11月：5日，广州市人大代表来我馆观察，检查《关于建设现代的广州博物馆的议案》办理情况。6日，《羊城晚报》发表市人大代表视察广州博物馆消息和微音撰写的文章《镇海楼的寂寞》，呼吁"建设一个与广州国际大都会身份相称的新的博物馆"，计划在天河区珠江新城市中心征地新建。9日~12月8日，《杨明王德龙画展》展出。22日，穗文复（1993）087号市文化局同意我馆聘请赖婉明任副馆长。

12月：4日，穗文委〔1993〕086号文市文化局党委批复，赖婉明任我馆党支部副书记，邓炳权、陈茹、阮志东、武宇红分别任统战、组织、宣传兼青年、纪检委员。10日，程存洁《汉至唐代广州外来植物略考》一文获武汉大学1992~1993年度研究生学术成果甲等奖。12日，完成倒伐枯死木棉树，改建地下室工程。15日，广州博物馆、新加坡国家博物院、泉州海外交通史博物馆等合办的《海上丝绸之路》展览在新加坡国家博物院展出，新加坡副总理李显龙出席开幕式。展览至次年6月5日结束。20日~次年1月20日，《法界风华观自在——钟筱攸个人画展》展出。28日，穗文化（1993）007号文，市文化局通知我馆可设财务科。

本年：征集了民俗物品如清末民国时期的女式服装和花轿等73件、苏六朋潘达微关山月等名家字画41幅、清代广式酸枝家具13件、毛主席像章110个。全年收入154万元。共接待观众420,300人次，其中外宾、华侨、台胞40,000人次。

1994 年

1月：24日~3月7日，广州博物馆、香港太平山艺术馆合办《香港水墨画家作品展》展出。25日下午，接待比利时中协会代表团副议长。

2月：2日，广州手表厂向广州博物馆捐赠毛泽东诞辰100周年纪念钻石金表1枚及其它纪念表17枚，我馆举办了捐赠仪式。8日，《狗年狗展》在澳门卢廉若公园展览厅开幕，展期二个月。25日，市文化局在广州迎宾馆白云楼绿阁厅召开关于筹建广州博物馆新馆专家咨询会，出席会议的有广州博物馆名誉馆长麦英豪、市文化局党委书记卢子辉、副局长陈玉环、广州博物馆馆长邓炳权等。

3月：5日上午，接待法国里昂市图书馆馆长。18日上午，接待澳门市政厅主席麦智健。22日，接待日本奈良国立文化厅研究所平诚宫迹发掘调查部长町章等考古专家。

4月：6日~6月5日，广州博物馆、西安半坡博物馆合办《陕西原始文化艺术展》展出。10日上午，接待法兰克福市市长访华团。22日中午13时后，一男青年在五层楼五楼坠楼自杀身亡，因此事3时至15时闭馆，谭典华等中层干部采取措施处理，15时后恢复正常开放。

5月：2日上午，接待德国社民共联市议员。29日下午，接待奥地利检察长。

6月：广州博物馆名誉馆长麦英豪同志赴澳门讲学。16日，海关、立邦集团公司驻广州代表处受新加坡国家博物馆委托派员共同查验点交《海上丝绸之路》展览回穗文物，开箱时发现有7件文物受损。24日，市文化局曾石龙局长、陈玉环副局长、苏桂芬处长来我馆开现场办公会议，解决抢救民间文物、筹建新馆、科研出版、陈列展览等问题。25日，"全国博物馆工作会议"在广州召开，我馆开展"多业助文"的改革经验得到肯定，在是次会议上作了发言，赖婉明同志作了《挑战与机遇》发言。28日，《全国博物馆会议》代表到我馆参观。27日~8月15日，广州博物馆、广东省博物馆、华春木雕厂等合办《广东木雕工艺展览》展出。

8月：在镇海楼增设了外围彩色闭路电视系统。5日上午9~10时，广州博物馆馆长邓炳权应美驻广州总领事馆新闻文化处邀请，参加"国际长途电话会议"，内容为知识产权、版权保护和贸易法等问题。21日~9月14日，中山大学、广州博物馆、广州美术馆合办《容庚教授捐献文物展》展出。

9月：20日，广州博物馆和属下三元里人民抗英斗争纪念馆被市政府定为"广州市爱国主义教育基地"。26日，广州博物馆应澳门莲峰庙值理会邀请在澳门举办了《纪念林则徐巡阅澳门155周年》展览开幕，澳督夫人、马万祺、新华社澳门分社副社长参加了开幕仪式，展期1天半。30日~11月6日，广州博物馆、佛山博物馆合办《世界海洋贝壳展》展出，该展览获得第三届羊城艺术博览月展览奖。

10月：镇海楼前月台和道路进行了大规模的修复工作，按历史原貌重铺了条石，修复了石栏杆，整个工程竣工。

11月：国家文物局组织的馆藏一级文物鉴定，我馆14件被确认为一级文物。5日，书记赖婉明同志、保管部部长武宇红同志前往香港接受关汉亨先生捐献古钱币1000多枚。5日上午，接待葡萄牙最高法院院长。8日~11月30日，广州博物馆、广东省人民政府侨务办公室合办《李炳源先生捐献文物展》展出。9日~11月15日，北京市文史研究馆、广州市文史研究馆、广州博物馆合办《北京市文史馆、广州市文史馆书画联展》展出。18日，程存洁《<唐两京城坊考>东都里坊补正》一文获武汉大学1993~1994年度研究生学术成果甲等奖，程存洁又获"优秀研究生"称号及"张国安专项研究生奖学金"。

12月：完成平英团旧址、"三·二九"起义指挥部旧址、明城墙、镇海楼四个文物点的"四有"建档工作。19日，接待全国政协常委、侨联副主席。25日~次年1月25日，广州博物馆、广州市东方书画艺术研究会合办《东方中国书画艺术作品邀请展》在我馆展出。

本年：阮志东被评为文化局工会"优秀职工之友"、"敬老先进个人"。共征集文物1,600多件，有古钱币、满洲窗、挂屏、服饰、外销瓷、铜器、书画和革命历史文献等，另有一件清代六扇酸枝镶楠木寿屏及容庚教授家属捐献的 19 件珍贵文物。经全国一级文物专家鉴定组鉴定，我馆有 97 件文物被确认为一级文物。门票由二元升为三元。共接待观众 475，867 人次，其中外宾、华侨、港澳同胞 36，461 人次（包括赴新加坡海上丝绸之路展览 8，000 人次）。

1995 年

1 月：举办《新年看旧俗——广州民俗风情》展览。赴京请戴志强、董德义等著名古钱币专家鉴定香港关汉亨先生捐献的古钱币近 200 枚，并妥善处理伪币的清退工作，保证入藏文物的质量。11 日，穗文化［1995］10 号，张嘉极任代馆长。30 日~3 月 15 日，与澳门市政府联合举办《猪年猪展》，澳总督韦立奇为展览开幕剪彩。

2 月：广州市公安局移交"漆鹿"。

4 月：原群工部改称宣教部，由原来 20 人精简为 5 人，负责专题陈列、讲解接待、组织观众、开展博物馆之友活动及配合征集民俗物品工作。完成对国家文物局存放移交的 64 箱文物开箱整理任务。达成五仙观迁出房拆后归还我馆的协议。15 日，展场和各开放点的管理移交保卫科负责，改变了开放时间，由 8：30 分改为 9 时开放。16 日，国防部长迟浩田到三元里人民抗英斗争纪念馆参观，由市文化局副局长陈玉环、代馆长张嘉极等接待。

5 月：查明一方明代墓志的出土地点，为公安部和英国警方审查一宗走私中国文物案提供重要证据。

6 月：程存洁学业完成后按时回馆上班。

7 月：接受香港邓又同先生捐献的历史文献图书 1，300 余册。13 日，"三·二九"起义指挥部旧址轿夫房修复工程施工。

8 月：请张文光先生为我馆鉴定邮票。请河南省三门峡市文物局副局长许永生为我馆鉴定藏传佛像 27 件。11 日，穗文化［1995］175 号文，张嘉极任馆长。11 日，穗文化［1995］173 号文，同意麦英豪同志任广州市文物考古研究所顾问。

9 月：16 日，为纪念广州接受日本华南派遣军投降签字仪式 50 周年，广州手表厂向我馆赠送一组抗战纪念表 22 枚。该系列抗战纪念表由中国革命博物馆鉴别，其中"至尊号"和"和平号"限量出品 2，920 只，以纪念八年抗战 2，920 个日日夜夜。是日上 9 时在馆内举行捐赠仪式。

10 月：30 日，与市委宣传部在我馆专题展厅内联合举办《冼星海生平事迹展览》开幕，获市委宣传部部长朱小丹及各级领导好评。

11 月：詹柏林先生向我馆捐赠明末酱釉刻人物"万寿宝塔"。澳门麦锦棠先生捐赠曲艺道具"龙舟"。

本年：征集文物 622 件（套），其中字画 6 幅、清宣统救火车、1930 年代末雪柜、1940 年代打卡钟等民俗物品 254 件（套）、革命历史文物 268 件（套）；市农工民工党捐献"省港大罢工委员会名册"。对馆藏 2 万多件邮票进行分类、编号、入帐、装套等。完成 1985~1994 年文书类、会计类档案目录的编写及人事档案整理工作。被税局评为 1995 年度先进单位。接管五仙观并加强管理。落实人材培训工作，参加岗位培训、进修学习 15 人，引进专业人员 1 人。全年收入 140 万元。

共接待观众 280，414 万人次，其中外宾港澳台胞华侨 24，448 人次，学生团体 26，392 人次，总理级重要外宾访华团 2 批。

1996 年

1 月：接市文化局指示，将我馆存放在广州美术馆内仓库的文物全部转移到象冈临时仓库。19 日，本馆与广州市文史馆联合举办穗《盟员作品展》。20 日～4 月 28 日，我馆与广东省博物馆在香港历史博物馆联合举办《南海海上交通贸易 2000 年》展览，我馆参展文物 66 件（套），出版了展览图录《南海海上交通贸易 2000 年》，后因观众反映好，展览延期至 7 月 28 日结束。向香港艺术馆征集了反映广州旧貌照片一批，及时补充到新修改的《广州历史陈列》中。

2 月：14 日，穗文化（1996）44 号，市文化局聘请赵自强任广州博物馆业务指导。15 日～3 月 20 日，与广州藏家联合举办专题展《古玩珍藏——广州部分收藏家藏品展》。18 日～4 月 21 日，由本馆协办《鼠年鼠展》在澳门卢廉若花园春草屋展出，出版了展览图册。2 月～6 月，在南越王墓博物馆举办《羊城文物珍藏》展，我馆参展文物 29 件（套）。

3 月：28 日～4 月 4 日，与珠影电影家协会联合举办《广东电影名人展》，在本馆展出。"三·二九"起义指挥部旧址轿夫房修复竣工。

4 月：30 日，参加市文化局举办的讲解比赛，我馆获第一名和第二名。

5 月：为市科委在广州中国出口交易会承办"96 中国历史名城博览会"开幕式而举办了《广州科技从古代走向未来展》，展期 7 天。《闪光的轨迹》在交易会展。馆业务指导赵自强到罗冲围仓对我馆 1986 年入库尚未定级的陶、瓷、铜、玉器进行定级，其中 111 件被定为三极品。保管部对这批文物及时整理装箱鉴定和安全运往象冈仓库。5 月中旬～7 月中旬，贺红卫被市文化局抽调参加红旗剧场考古发掘工作。6 日～9 月 17 日闭馆，馆容改造，修改《广州历史陈列》。成立基建小组：由张嘉极馆长、赖婉明副书记领导，王瑞芝、钟育权、廖慧玲、欧阳炳鸿为基建小组成员。成立陈列小组：张嘉极馆长领导，成员：李穗梅、陈坚红、黄务华、黄庆吕、程存洁、白琰，负责陈列提纲的起单、定稿等。改造维修镇海楼前钓鱼台，由著名建筑设计师莫伯治先生设计，镇海楼内部装修由广东集美设计工程公司承接。修葺原 29 米长已破旧的出入口两处上落楼梯、平台及外立面，修缮后的钓鱼台采用广东独特石料红砂岩作贴面砌筑。重建票房、车房、水池等馆外建筑。镇海楼前广场两侧（除炮台外）已残破的水泥地面改铺砌花岗岩地板。将 70 年代建的西式铸铁花栏更换为用花岗岩精打而成的路牙，两草坪重新种草，缩小临展厅出口处草坪。改建了观众厕所，为方便残疾人增建坐厕等设施。馆内建筑重新粉饰，五层楼粉饰采用柱与墙面两种不同颜色，使之更具立体感。办公室加层装修。保留办公室楼外观加建夹层，对办公室内部进行全面装。购置空调设备、新办公室台椅，改善工作环境。接待室扩建、装修、重新安装、改造馆内电话、水电、监控系统、消防系统等设施。《广州历史陈列》从内容到形式全面修改，主要陈列秦汉、唐宋、明清和清末民初四个历史时期的广州市建设、发展状况和广州作为海上丝绸之路启发港的发展历程，公用了 500 多件文物，200 多张照片。

上半年：图书室完成馆藏图书书名目录编订工作。馆藏图书 6 万多册，完成书名目录卡片制作，供读者使用。

8月：《广州科技从古代走向未来展》到市政府、市人大、市政协等单位巡展，取得了一定的影响。参加广州秦汉国际学术讨论会的代表到我馆参观。5日，中共广州市委宣传部部长朱小丹对我馆《广州历史文化图册》文字稿件作出"拟赞成"的批示。15日，五层楼一至四楼对外试开。17~24日，与香港市政局议会联合举办《香港圣约翰救伤队》展览。

9月：17日，举行第四届羊城艺术博览月开幕式暨广州博物馆整改开放庆典仪式。参加庆典活动的有广州市委书记高祀仁、市人大副主任凌炯昌、市政协副主任陈倚倚、市政府秘书长陈纪萱、副秘书长黄继胜、省文化厅副厅长陈中秋、市文化局党委书记卢子辉、市文化局局长曾石龙、副局长陈玉环等参加，高祀仁书记向馆长张嘉极赠送广州城建纪念金印，近千名文化界、博物馆同仁、博物馆之友会员及朋友参加了这一喜庆活动；"广州博物馆之友"协会成立。17日至次年1月16日，举办专题展《广州博物馆征集文物展》。20日，香港历史博物馆总馆长丁新豹率领皇家学会亚洲分会30多位会员专程来馆参观整改后的广州历史陈列。24日，我馆移交20件文物给番禺博物馆。广东省副省长李兰芳到我馆参观，她说："现在的镇海楼比以前靓多了，陈列的内容也很有意思。"

10月：广州市副市长姚容宾到馆参观。3日，越南胡志明博物馆馆长一行到我馆参观。20日，《广州博物馆简报》第一期出版，原广州市市长欧初为该报题写版头。22日（为期一周），特邀湖北省考古所副所长后德俊来我馆保管部做漆器脱水工作。

11月：陈列部协助荔湾区博物馆筹展，撰写陈列提纲、挑选展品、照片资料等。为番禺中学历史博物馆形式设计和陈列内容提供咨询。聘请澳门沙巴治先生为我馆"博物馆之友"顾问。27日，穗文复（1996）99号，市文化局同意聘请李穗梅任广州博物馆副馆长。29日，达成五仙观第一进建筑产权无偿移交广州市文管会的协议书。

12月：陈玉环副局长、麦英豪专家陪同原文化局退休局长杨奎章到我局参观修改后的《广州历史陈列》。程存洁《新发现的后梁吴存锷墓志考释》一文获广州市第六次社会科学优秀成果青年奖。2日（展期一周），为'96羊城国际粤剧节《海内外书画名家、粤剧名家丹青翰墨汇展》提供我馆馆藏李锐祖先生捐献字画16件（套）。陈副局长接见到我馆演示"龙舟唱法"的澳门业余演唱家李锐祖先生。

本年：我馆向江泽民主席赠送节马图碑拓片。本馆荣获"广州十大旅游美景"殊荣，票率名列第三。编纂《欧初文房用品珍藏》（赵自强主编）。签字付印《广州历史图册》。市文管会先后二次移交了6,000多件文物给我馆。共征集文物281件，其中购买88件（套），接受捐赠139件（套），移交、调拨54件（套），使用文物征购费近40万元。征集到广州市前市长朱光一批遗物。五仙观被评为市卫生先进单位。共接待观众16万人次，外宾22,142人次，学生25,172人次。五仙观参观人数4,732人次，其中外宾86人次，学生404人次。三元里人民抗英斗争纪念馆参观人数：学生1,734人次，其它660人次。

1997 年

1月：全国劳模李素丽来我馆参观。编写中小学生读物《百科世界》11册，每册6万字。4

日，全国、省、市人大代表到五仙观视察。7日：第二次邀请湖北省考古所副所长后德俊到保管部做漆器脱水工作。21日，穗文委（1997）6号，市文化局同意赖婉明、阮志东、程存洁组成广州博物馆支部委员会，赖婉明任支部副书记。28日上午，全国人大委员长阿沛·阿旺晋美到我馆参观，张嘉极馆长陪同，程存洁讲解。

2月：中国人民政治协商会议广东省广州市第八届委员第五次会议上，广州市政协委员、台盟广州市委员会副秘书长、广州博物馆馆长张嘉极代表台盟、广州市委员会作了书面发言《贯彻六中全会精神进一步加强我市博物馆建设》。市政府已明确把建设广州博物馆新馆列入我市"九五"计划，并请广州博物馆主管部门提出选址意向、方位，然后由市规划部门按照广州市城市总体规划的要求预留空地。

3月：越南内务部代表团到我馆参观，张嘉极馆长接待。

4月：《广州博物馆简报》第二期出版。14日下午2时30分，省外办陪同古巴中央政治局委员国务部部长、内务部部长、上将阿德拉乌·拜洛梅·依巴拉到我馆参观，张嘉极馆长接待。18日，张嘉极当选台湾民主自治同盟广州市第四届委员会委员。22日下午5：20~5：40时，人大代表旅游视察团到五仙观视察。

5月：成立财务科。16日，"国际博物馆日"五层楼、五仙观、三元里人民抗英斗争纪念馆免费参观。29日，五仙观被解放南街评为先进文明单位。31日，三元里人民抗英斗争纪念馆举行"全国一百家中小学生教育基地"挂牌仪式，市委副书记朱小丹揭幕剪彩。

6月：4日上午10时，省外办陪同日本鹿岗建设部部长到我馆参观。14日，省政协陪同纳米比亚全国委员会访华团到我馆参观，李穗梅副馆长接待，并互送礼品。11日，职代会改选，主席赵自强，副主席阮志东，秘书长李彤。18日，第三届职代会改选，工会委员改选，任职五年（1997年~2002年）。工会主席：阮志东，副主席：刘欣欣，委员李彤（负责宣传、）闫琼玲（负责文体）、谭典华（负责福利）。23日，故宫博物院步连生、王家鹏两位专家到我馆鉴定石雕像、铜佛像文物。28日上午9时30分，省外办陪同泰国诗琳通公主一行到我馆参观，张嘉极馆长接待。

7月：我馆程存洁、梁建南被市文化局抽调参加南越国宫署遗迹发掘工作，至次年1月结束。1日，《广州博物馆简报》第三期出版。25日下午2时30分，越南国家文物局局长等一行到我馆参观，李穗梅副馆长接待。

8月：我馆积极协办由市政府主办、市文化局协办的《广州保护地下文物成果展（1990~1997）》，取得良好效果，获国家文物局赞赏。《青瓷青白瓷珍品》一书由广西美术出版社出版，该书16开，彩图150多幅。29日，李穗梅副馆长陪同中山大学曾琪教授到我馆仓库鉴定新石器时期的彩陶文物。

9月：市委宣传部在全市爱国主义教育基地实行中学生免费参观打卡制度，我馆共接待持卡参观的学生4，350名。17日，市文化局文物处组织专家组专家麦英豪、何文本、曾土金、苏振兴、武宇红等到罗冲围仓鉴定国家文物局存放于我馆的走私文物。19~23日，为普及和提高社会上文物爱好者的文物鉴定水平，由我馆和广东省收藏家协会联合举办"古陶瓷鉴定高级学习班"，邀请了耿宝昌、张浦生、赵自强三位专家授课。参加学员近40人，来自港澳、深圳、广西、广州等地。授课地点：馆内会议室。20日上午9时，省安全厅陪同朝鲜政府代表团到我馆参观。9月中旬~11月中旬，我馆派彭浩到中山六路宋代六脉渠遗址参加清理和收集资料工作，以备将来复原用。

10月：为我市庆祝孙中山诞辰131周年，我馆陈列部帮助中山纪念堂制作《孙中山史迹陈列》展览。11日，香港新华社民政事务署到我馆参观，赖婉明副书记接待。13日，沙特阿拉伯友好代表团到我馆参观。21日，在河南省洛阳市举行四年一届的'97全国文物系统讲解比赛中，我馆闫琼玲同志代表广州市文博系统参赛，获优秀奖。

11月：5日，由我馆主办的《林则徐巡阅澳门史迹展》在澳门莲峰庙慈善值理会筹建的澳门林则徐纪念馆开幕，新华社澳门分社社长王启人、全国政协副主席马万祺、林则徐第五代孙凌青出现了开幕式。12日~12月14日，在我馆专题展厅举办《馆藏广东明清书画展》。19日~12月7日，赵自强应新加坡藏家学会邀请赴狮城讲学，在新加坡收藏家学会《新明日报》联合主办的《中国陶瓷研究与欣赏》作《中国陶瓷收藏与欣赏》的讲座。讲座地点：南阳艺术学院报业中心大礼堂。23日，省外办陪同蒙古社会党书记、主席到我馆参观。

12月：《广州历史文化图册》广东人民出版社出版，16开，800多幅图片、照片，中英文对照。1日，《广州博物馆简报》第四期出版。29日，广州博物馆学术委员会正式成立。名誉会长麦英豪，业务指导赵自强，会长张嘉极，副会长李穗梅，秘书长程存洁，聘请姜伯勤、张磊、张荣芳、刘志伟等12位专家教授任馆外业务指导。31日~次年5月，为"博物馆之友"举办《历代茶具展》，展品计有500余件，选取了200件拟出版《历代茶具珍品》一书。

本年：复员中山纪念堂孙中山史迹陈列室陈列。李燕玲同志被评为96年度市文化局系统"十佳"服务标兵。新入库文物400件（套），实数584件，其中捐赠328件、收购146件、征集110件，有各类瓷器、古钱币、各种纪念章、宗教资料、华侨史料、鸦片烟床、广州地铁开通纪念币、阿曼大使馆赠送"苏哈尔"号大型船模。保管部完成国家文物局存放我馆走私文物的开箱、协助鉴定、整理清单等工作；完成我馆一级文物档案、登记表等工作。完成三元古庙红线管辖核查报审及五层楼的红线界定核实工作。解决"三·二九"起义指挥部旧址捐赠者李诵刚的产权问题，节省十几万税金及其它费用。全年共接待观众229,000多人，其中外宾港澳华侨37,079人。

1998年

1月：21日，广州市最后一辆公交大通道车驶进广州博物馆前，成为我馆最大一件文物。1月~3月，与澳门市政厅在澳门卢廉若花园春草堂展厅联合举办《虎年虎展》。

2月：20日下午，在广州博物馆举行"广州市最后一辆公交大通道车驶进广州博物馆"交接仪式。出席交接仪式的有市公用事业局局长张光鉴、广州市客管处处长陈立阳、市电车公司党委书记毛谦、副总经理区焯贤、市文化局局长曾石龙、副局长陈玉环、文物处副处长颜晖、广州博物馆馆长张嘉极、副馆长李穗梅、赖婉明、越秀公园领导及有关人员。张嘉极馆长向毛谦书记颁发收藏证和锦旗。21日下午，香港博物馆馆长协会一行到我馆参观，张嘉极馆长、李穗梅副馆长接待。21~22日，由电车公司把大通道车拆开前后两半，前半部分重四吨，后半部分重七吨，大众搬家公司 10 多名员工用 60 吨重的大吊车把大通道车从镇海楼北面的路上吊上城墙上，安放在镇海楼东侧城墙上供人参观。

3 月：29 日，"三·二九"起义指挥部旧址陈列展览翻新复展。

4 月：20 日上午，戴治国副市长陪同世界大都市协会长米歇尔·让·吉罗先生及夫人到我馆参观，张嘉极馆长、赖婉明副书记接待。

5 月：4 日，与广州军区空军勘查设计院及广州师范学院、华南理工大学党委宣传部、中山大学历史系、广师附中、朝天路小学等十四个单位在广州博物馆举行共建爱国主义教育基地挂牌仪式。12 日上午，由广州博物馆学术委员会邀请馆外业务指导在馆内召开有关新馆陈列等内容咨询会议。14 日，穗文化 [1998] 122 号文，程存洁同志任广州博物馆副馆长，聘任期三年。29 日，举行"博物馆之友捐献文物仪式"，约 50 多位会员向我馆捐赠茶具 270 件（套），进行了表彰和颁发收藏证。市文化局党委副书记黄世球出席了该仪式。

6 月：12 日上午，由学术委员会邀请市文博专家在馆内召开有关新馆陈列等内容咨询会。16 日下午，由学术委员会邀请省文博专家在本馆内召开有关新馆陈列等内容咨询会议。22 日上午，市文化局决定，原直属广州博物馆管辖的五仙观移交越秀区文化局管理。市文化局局长曾石龙、副局长陈玉环、文物处处长江铁军、副处长颜晖，我馆馆长张嘉极、副馆长李穗梅、赖婉明，越秀区区长谢慈保、区文化局局长黄卓文及有关人员在五仙观举行了交接仪式。21 日（展期至 7 月 8 日），与河南省美术家协会、洛阳画院联合举办《洛阳牡丹花画展》，广州市副市长戴治国出席展览开幕仪式。

7 月：从各部门抽出 12 人，分民俗、古籍、古代史、革命史四个内容对馆藏文物进行全面摸查，并对文物管理与保护提出加强管理的意见。配合大通道车，在城墙上展出《广州公交小史》图片展览。

8 月：2 日~9 月 15 日，与广东省摄影学会联合举办《广东民间风俗摄影展》。27 日，穗文化 [1998] 186 号：张嘉极任广州市文化局文物处处长；穗文化（1998）199 号和穗文委 [1998] 33 号：赖婉明任西汉南越王墓副馆长、支部委员会副书记；穗文委 [1998] 32 号和穗文化（1998）198 号：谭庆芝任广州博物馆支部委员会书记、副馆长。

9 月：在麦英豪老师的指导下，对黄埔南岗镇笔岗村岗玄帝古庙明清水利碑刻及该村公祠碑刻进行拓片与调研，并在笔岗村征集了近百件早期农具和生活用品。为此，程存洁撰写了明清水利碑文考释一文。30 日，举行香港邓又同先生捐赠文物表彰仪式暨《香港同胞邓又同先生捐献文物展》开幕式。

10 月：9 日（农历八月十六日），举行"中秋追月军民联欢晚会"活动，市文化局副书记黄世球、副局长陈玉环等领导出席会并作讲话。13 日，三元里人民抗英斗争史迹陈列展览撤陈，文物移交保管部，闭馆维修。22 日下午 2 时 10 分，广州市副市长陈传誉、李卓彬参观本馆《广州历史陈列》，市府秘书长陈万鹏、市文化局党委书记刘青云、市文化局局长曾石龙，副局长陈玉环、馆长张嘉极等陪同。23 日，希腊克赫尼亚博物馆有关人员到我馆参加，张嘉极馆长、赖婉明副书记接待。25 日，由局拨专款，对三元古庙主体建筑进行全面维修、广场围场改造、排水渠道清理及接待室装修。中旬，在馆内会议室为"博物馆之友"举行明清彩瓷鉴赏活动，由国家文物鉴定委员会委员、我馆业务指导、研究员赵自强主讲。26 日，《广州历史文化图册》在广州市第二届对外宣传文字出版物评比中荣获三等奖。

11 月：10 日下午，我馆与西汉南越王墓博物馆在市民航中专学校球场举行篮球赛。23 日下午，广州市副市长王守初、市府副秘书长陈万鹏陪同国家旅游局质量规范与管理司张希钦一行到我馆进行创建优秀旅游城市视察，副馆长李穗梅、副书记赖婉明接待。

12 月：10 日上午，市政协文史委员，广州市规划局处长助理，市精神文明办副主任程子兴、市文化局文物处张嘉极处长、副处长颜晖等，由馆书记谭庆芝、副馆长李穗梅陪同视察了三元人民抗英斗争纪念馆，并对如何保护进行了座谈。22~23 日，我馆 10 多位同志参加了市文博学会在广州美术馆举办的第十届学术研讨会，递交论文 11 篇，是我馆历次参加学术研讨会递交文章最多，内容最广的一次，有博物馆学、地方史、文物考古、工艺美术类内容的文章。其中李穗梅副馆长撰写《析广州博物馆藏"梁启超致康有为书"》向大会宣读，程存洁副馆长撰写《广州明清水利碑的发现》被大会认定为此次研讨会学术水平较高的专业论文。29 日～次年 3 月 30 日，在专题陈列厅举办《广州博物馆之友藏陶瓷珍品展》。30 日上午，我馆名誉馆长、著名考古学家麦英豪在西汉南越王墓博物馆报告厅为市文博系统业务人员作《践踏实地，面向二十一世纪》报告。

本年：共征集文物 1，166 件，接收调拨、移交文物 311 件，从市文物店等处购买字画 117 件，其中有历代茶具 200 多件、著名学者朱杰勤著作手稿、南方大学资料等。《广州旧影》和《广州博物馆简介》出版。我馆专业人员在全国性学术刊物上发表论文 5 篇、省级刊物 5 篇、市级刊物 5 篇，2 人次参加国际性学术讨论会并提出了论文，《广州博物馆简报》出版第 4、5 两期。《广州科技从古代走向未来》展览到广师、华工、21 中、朝天路小学等 10 间学校巡展。配合市科技兴国教育活动，与市科委将展览送到从化市桃园镇、白云区科技局展出，巡展时注意发掘新材料以充实展览。招进应届毕业研究生 2 名，本科生 3 名，为加强文物保护，首次招收文物保护专业和化学专业本科各 1 名。全年共派出 26 人次出外参观学习和培训，其中 15 人赴香港考察文博文物工作，1 人赴北京大学参加广州市文化局文化艺术管理班的学习，2 人赴北京故宫博物院参加高级陶瓷班学习，1 人赴扬州参加文博提高班学习，1 人赴泰安参加文物鉴定班的学习，1 人赴沪考察上海博物馆，2 人参加电脑操作班学习，3 人参加职称英文的培训。连续十六年无发生文物被盗、火警火灾等治安责任事故。共接待参观人数 30 万人次，其中国外观众 25，449 人次，镇海楼 258，447 人次，三元里人民抗英斗争纪念馆 11，238 人次，"三·二九"起义指挥部旧址 424 人次；五仙观（1~5 月）3，587 人次，《广州科技史》巡展观众约 30，000 人次。

1999 年

2 月：5 日，广州市政府培养面向二十一世纪领导人才，程存洁副馆长被派送美国洛杉矶 California State Unibersity，Northridge 留学一年，乘飞机前往美国。5 日，召开全馆大会，表彰 1998 年度获优秀奖的麦英豪等 10 位同志；宣布续聘中层干部名单及颁发聘书。

4 月：14 日，召开馆职代会三届二次会议，主要议程：1、馆领导作 1998 年工作总结及

1999 年工作计划；2、李志云汇报 1998 年经费使用情况及 1999 年经费预算；3、服务部汇报 1998 年经营情况；4、对馆工作总结、计划、工作提出补充意见及建议；5、大会决议。

5 月：1 日，我馆与南方大学诗书画社合办的《南方大学诗书画社书画展》展出，展期至 20 日。3 日，省、市外办陪同泰国总理川·立派到馆参观，市文化局副局长陈玉环、广州博物馆书记谭庆芝接待。17 日，在从化市神岗镇石联希望小学举行"广州科技从古代走向未来展览"巡回展暨捐书助学活动，全馆干部职工捐资购买新书共 600 册。18 日，是日为"国际博物馆日"，在五层楼举行以"发现的快乐"为主题的咨询活动，宣传文物政策法规，进行文物免费鉴定（陶瓷、钱币），不少市民带来珍藏的各类文物请有关专家鉴定，中外观众参加了有奖问答。28 日，在三元里人民抗英斗争纪念馆召开"纪念三元里人民抗英斗争 158 周年"座谈会，出席座谈会的有市教委德育处、市委宣传部宣传处、白云区教育局团委、三元里村委、三元里街委、广北中学、三元里小学等部门和单位的有关领导。

6 月：2 日，省外办陪同以色列驻华大使南月明到我馆参观，李穗梅副馆长接待。3 日下午，在馆内举行《中国历代茶具》一书首发仪式，向捐赠文物的藏家赠书并进行鉴赏活动。7 日上午，市消防局、局保卫处对我馆"十项职责"检查验收；下午，市外办陪同广州十一友好城市的记者和友好使者到我馆参观，李穗梅副馆长接待。23 日，我馆主办《谭大鹏中国历代文化名城作品展》展出，展期至 7 月 15 日。25 日，泰国皇室代表团一行到我馆参观。25 日，李穗梅副馆长等 3 人赴澳门参加澳门艺术博物馆举办文物鉴定暨博物馆工作会议，会期至 27 日。29 日上午，我馆工会协助党、团组织参加市文化局在南方剧场举办"颂祖国迎回归跨世纪"歌咏比赛，获参赛奖。

7 月：9 日，省外办陪同前俄罗斯总理到我馆参观。21 日，我馆与荔湾区文联联合举办《杨初、吕志强、陆锋生、梁凤书画作品展》，展出至 27 日。

8 月：9 日，为庆祝建馆七十周年，举办《馆藏文物选展》，展出文物 100 多件，展期至 17 日。11 日下午，丹麦外交部长到我馆参观。19 日上午，陈玉环副局长到我馆听陈列汇报《辽代文物精品展》设计请况。

9 月：为庆祝建馆七十周年，出版了《镇海楼论稿》，书中收集馆内外 30 名学者、专家及文博工作者论文共 34 篇。12 日，李晋同志赴上海参加南方六省二市"龙华杯"讲解比赛获二等奖。28 日，广州市文化局、赤峰市文化局、广州博物馆联合举办《草原奇葩——辽代文物精品展》隆重开幕，开幕仪式由市文化局局长曾石龙主持，广州市副市长陈传誉讲话，市政协副主席罗慧娟、赤峰市人大副主席吴香馥、赤峰市文化局长李炅峰、广州市文化局副局长陈玉环、广州博物馆名誉馆长麦英豪等领导人出席剪彩仪式。展期至 2000 年 4 月 2 日。29 日，法国政府官员代表团到我馆参观。

10 月：国庆期间，"广州中国古陶瓷研究会"在我馆成立，我馆研究员赵自强任会长。10 日，50 年前，曾为迎接广州解放亲手升起第一面五星红旗的阮泽老人到我馆，拿起早被我馆收藏的该面已褪色的红旗，站立在五层楼上，眼观广州城的变化，感慨万分，接收市电视台采访。

11 月：1 日，李穗梅副馆长赴台湾参加《汉代文物大展》随展工作，展期至 2000 年 1 月 2 日。7 日，我馆国家陶瓷鉴定专家赵自强应邀为广州图书馆举办艺术鉴赏讲座讲课。13 日，我馆工会代表市文化局参加市体委举办"市中一杯"第八套广播体操比赛，荣获第三名。23日，爱新觉罗家族成员到我馆参观。

12月：完成房改工作，其中由芳村坑口住房，换购、补购房，住房差额货币补贴。17日，完成了1,980卷档案立卷整理，下午，接受市档案局技术指导处、市文化局档案室对馆综合档案达标升级的预审，基本通过。30日上午，庆祝建馆七十周年，在馆内举办"回顾七十周年历史，开创博物馆事业新纪元"座谈会，由市文化局副局长陈玉环主持，麦英豪、姜伯勤、赵自强、刘志伟、杨鹤书等专家教授参加。30日下午，市档案局局长韩益杰、技术指导处处长陈喜象、市文化局党委书记李哲夫、档案室李晓纯等有关人员对我馆档案达标升级工作正审，以94.3分成绩晋升"省特级档案综合管理单位"，并颁发了证书（编号：011213）。30日晚上，在市一宫歌舞厅举行"团结奋进，开创未来"建馆七十周年联欢晚会，市文化局副局长陈玉环、黄世球等局领导及馆内外有关人员参加。

本年：修改完善《广州博物馆安全保卫责任制条例》。共出版了三期《广州博物馆简报》。共派出15人次参加国家文物局、省文化厅举办的陶瓷、书画、钱币鉴定培训班及讲解培训等学习。安排了23人次前往北京、内蒙、上海、昆明等地博物馆参观学习。入编1996年市文管会移交给我馆的文物参考类1,319件号，整理入编旧存的"1951年在中国人民政府慰问南方根据地"活动情况的小册子一本，入编邓又同捐献文物照片一册，入编拓片一批等。共征集各类文物491件（套），其中近现代和革命类289件、民俗文物类55件（套）、陶瓷类64件、金属9件、化石、石刻45件、字画、布类15件、书画14件号，新编文物资料209件号。为香港历史博物馆复制两件"节马图碑"、为孙中山故居纪念馆复制了孙中山手迹"志在冲天"。接待国内外观众27万人次，门票收入119.5万元，其他收入近45万元。

2000年

1月：17日，由市旅游局陪同第47届"国际饭店金锁匙组织"年会的30个国家约500个代表到我馆参观。全馆做好保卫、清洁、竖欢迎牌、派发简介、明信片等，热情接待，受旅游局表扬。26日，与民间工艺馆等文博四个单位在流花宾馆举行"千禧新春"联欢晚会，市文化局副局长陈玉环等局领导参加。

2月：3日，我馆与澳门市政厅联合举办《虎年虎展》在澳门卢九花园开幕，谭庆芝书记出席了剪彩仪式。展期至4月3日。5日，程存洁副馆长完成赴美留学任务，如期回国。24日，为香港海防博物馆提供鸦片战争时期的火药缸、铁弹等文物作展品。

3月：宣教部前往各大专院校、中小学校、市教委等地组织观众。编写了《参观指南》，吸引大批学生前来参观。5日，省外办陪同印尼科学基金会主席一行到馆参观，宣教部接待。10日上午，我馆首次中层干部竞聘上岗，黄庆昌等七位同志竞选陈列部主任一职，均在全馆大会上作"如何当好陈列部主任"一题的演讲。29日，王瑞芝等6位同志参观局举办《消防培训班》学习，为期二天。31日上午，市侨办陪同西班牙国际大都市协会秘书长、联络官一行6人到我馆参观。

4月：增设讲解咨询台，为观众提供讲解服务。经申报局批准，我馆在原有三部一室的基础上增加了拓展部、研究部。2日，由旅游局陪同国际旅游展销会参展商到我馆参观。30日，与南方大学校友会联合举办《叶剑英与南方大学——南方大学校史展览》开幕，省政协副主席郭荣昌、市政协主席陈开枝、市文化局书记刘青云等领导出席开幕式，展期至5月20日。

5月：馆工会被评为市文化工会1999年度"先进职工之家"。18日，"国际博物馆日"我馆免费向市民开放，为观众宣传文物法知识、进行问卷调查。广州电视台采访了谭庆芝书记，当晚《今日新闻》报道。宣教部送《广州科技从古代走向未来》展览到烈士陵园参加局举办的宣传咨询活动。25日上午，三元里大队干部陪同市政协领导到三元古庙参观。

6月：1日，迪拜政府代表团到馆参观，宣教部接待。5日，《广州科技从古代走向未来》展览在花都区博物馆巡展。3日~7日，我馆与市文化局培训中心、市文物总店在文物总店联合举办第一期"陶瓷学习班"，赵自强研究员主讲。14日上午，我馆主办的《梁氏拾清楼藏广东文物展》在专题陈列厅开幕，展期至7月2日；下午，在本馆专题陈列厅举办《广东文物的收藏价值》讲座，由梁基永先生主讲，有关业务人员参加。15日，李穗梅副馆长在市委宣传部、市教委举行的"广州市首批爱国主义教育基地挂牌仪式暨现场观摩交流会"上介绍了我馆开展爱国主义教育基地所取得的工作经验。16日下午，省委副秘书长王英光、广州市副市长沈柏年、省外办陪同博茨瓦纳共和国总统费斯图斯·莫哈埃阁下及夫人一行到我馆参观，程存洁副馆长接待讲解。

7月：9日，省外办陪同新西兰友好协会会长一行到我馆参观，李穗梅副馆长接待。10日上午，由哈密地区文化局和广州市文化局主办、我馆和哈密地区群众艺术馆承办的《新疆哈密地区民间绘画艺术展》（展期至8月13日）、《新疆风情摄影展》（展期至7月25日）在我馆专题陈列厅展出，省文化厅副厅长林迪夫、市委宣传部副部长杨苗青、市政协副主席赵正强、市文化局局长曾石龙等领导出席开幕仪式；下午，配合展览举办艺术讲座《谈哈密农民绘画艺术》，由哈密群众艺术馆馆长韩连斌先生主讲。10日，《广州博物馆简报》总第十期出版。

8月：完成三元古庙第二期工程及后院的环境绿化。9日上午，白云区政府、三元里村干部陪同广州市市长林树森等领导参观三元古庙。17日，日本兵库县政府代表团到我馆参观，李穗梅副馆长接待。22日上午，由我馆主办的《梁子虾粮票展》、《詹培森藏建窑黑釉瓷展》开幕，并举办由赵自强、詹培森等主讲《如何鉴定和欣赏黑釉瓷》讲座。展期至9月10日。

9月：10~25日，李穗梅副馆长参加省文管会主办的赴欧洲学习"博物馆管理与文物保护"活动。14日，广州市市长林树森、副市长王守初与市委宣传部、市旅游局联合组织专家学者等到我馆审定"广州一日游"旅游线路、导游词等，市文化局副局长陈玉环、我馆书记谭庆芝、副馆长程存洁接待。市长林树森在五层楼前广场指示，要尽快拆除越秀山体育场高高竖起的铁柱，严重影响五层楼景观。次日，越秀山体育场派人开始拆除。16日，宣教部将《叶剑英与南方大学——南方大学校史展》送江门五邑图书馆展出。17日，《江门日报》头版报道展览消息。20日上午，我馆与广东地质博物馆在本馆专题陈列厅联合举办《古生物、水晶、宝石》展开幕仪式，并举办科普知识讲座，由广东地质协会秘书长许老师主讲。展期至11月20日。29日，派李月娇同志到越秀区洪桥街参加第五次全国人口普查工作，为期二个半月。

10月：完成馆内电脑联网，初步实现我馆办公现代化。1日，省外办陪同越南国民议会副主席张美华率领的政府代表团到我馆参观，李穗梅副馆长接待。参加"广州2000年世界大都市年会"的官员到我馆参观。我馆符合林树森市长亲自设计的"广州一日游"——"一日读懂广州历史两千年"的主题要求，从当月开始，我馆成为"历史文化精选一日游"与"广州经典一日游"的景点之一。13日上午，市政协主席陈开枝、市委宣传部副部长潘亮祖视察三元古庙，表示要进一步推动三元里人民抗英斗争纪念馆爱国主义教育基地有关问题的解决，李穗梅副馆长接待。16日，《羊城晚报》报道参加大都市年会葡萄牙博士"广州博物院、南博等地给人留下了很好的感觉。"

11月：1日，《广州博物馆简报》总第十一期出版。8日，阮志东等20多位同志代表我馆参加由市文化工会在市图书馆广场举办的第二届市文化工会运动会。28日，在本馆专题陈列厅举办《纪念弘一法师（李淑同）诞辰120周年——一心临摹弘一法师遗墨作品展》开幕仪式。展期至12月7日。

12月：5~22日，程存洁副馆长在市文化局副局长陈玉环率领下，就英国维多利亚阿拉伯特博物馆与广州博物馆联合举办18~19世纪广州外销画及英国友人伊凡·威廉斯向广州博物馆捐赠18~19世纪广州通草水彩画一事，专程赴英国接收文物。20日上午，我馆与山西省博物馆在本馆专题陈列厅联合举办《黄土风韵三晋物华——山西省博物馆馆藏文物精华展》开幕仪式，并举行《山西省文物概况报告会》，展期至2001年3月18日。28日，省外办港澳处陪同香港特别行政区首任行政长官董建华先生到馆参观，李穗梅副馆长接待。

本年：征集文物共1,631件（捐藏1,566件，购藏65件），其中英国朋友伊凡·威廉斯捐赠60幅清代广州外销通草水彩画，为外国人向我馆无偿捐赠之首；清代木雕珠江风情图封檐板、新华印刷厂旧机器、"文革"小字报等入藏。为广州大元帅府复制文物一批。入编文物及参考资料3,162件。修复陶器、玉器37件，对20多本医药书籍进行杀虫灭菌。接待观众273,700人次，门票收入132万元，其他收入38万元。

2001年

1月：镇海楼3~5层楼外墙批荡维修及加固避雷针工程竣工。三元古庙后墙修复及后花园整治工程竣工。27日，省文化厅文物处处长苏桂芬、市文化局副局长陈玉环陪同国家文物局局长张文彬到我馆视察，并观看了英国友人伊凡·威廉斯先生捐赠给我馆的通草水彩画。

2月：我馆被市文化局评为"2000年度市文化信息工作表扬单位"。8日上午，省外办陪同日本新鸿议会代表团一行224人到我馆参观，宣教部接待。11日下午，国家文物局副局长郑欣森等到我馆视察，市文化局副局长陈玉环、我馆名誉馆长麦英豪、副馆长李穗梅陪同接待。14日上午，省外办陪同日本创介学会一行35人到我馆参观，宣教部接待。19日下午，省外办陪同乌克兰少将一行（副部级）4人到我馆参观，宣教部接待。22日下午，中央军委陪同何载（曾任毛泽东秘书10年）、老红军胥光义到我馆参观，宣教部接待。19~28日，宣教部为市委宣传部国防教育馆培训两批讲解员。

3月：《广州博物馆简报》总第十三期出版。我馆荣获市文化局授予"2000年广州市文化局事业单位会计、统计、国有资产核算工作一等奖"奖励。谭庆芝书记被评为"2000年度广州市爱国卫生先进工作者"。15日西藏佐钦寺活佛到我馆参观,宣教部接待。22日,省司法厅陪同蒙古人民共和国法律和内务部长曾德·尼亚木道尔吉及夫人一行到我馆参观,李穗梅副馆长接待。23日上午,市总工会陪同韩国行政议长一行到我馆参观,宣教部接待。24日上午,我馆与广州中国古陶瓷研究会联合举办《陶瓷珍品展》、《蛇年蛇展》于专题陈列厅展出,展期至4月19日;下午,公安部、省公安厅陪同吉尔斯坦外务部长到馆参观,陈列部接待。28日,宣教部赴南海市博物馆参加"广东省宣教委暨第一届学术研讨会",提交论文《博物馆观众下降浅析》。28日下午,国际汉学家、英国伦敦大学教授韦陀先生参观五层楼及专题陈列厅展览,并到保管部观赏字画,由程存洁副馆长陪同接待。30日,日本陶瓷专家中里太郎到我馆参观交流,陈列部接待。

4月:1日,市外办、汽车总公司陪同几内亚前总理到我馆参观,李穗梅副馆长接待。6日下午,德国法兰克福学生代表团一行20人到我馆参观,由宣教部接待,并讲授"广州历史"。9日,省外办陪同澳大利亚副总理夫人、驻华大使夫人到我馆参观,宣教部接待。12日,谭庆芝书记、艺博副馆长陈滢赴澳门购回外销通草水彩画一批。18日,宣教部送《广州科技从古代走向未来》展览到暨南大学巡展。21日,宣教部参加广州市文博系统、旅游局在时代广场举办的"健康活力"五一旅游黄金周促销活动。25日,《广州博物馆简报》总第十四期出版。26日,我馆主办《"广州造"历代产品展》于专题陈列厅(首层)展出;我馆与省关工委志愿军老战士小分队联合举办的《广州人民抗美援朝史迹展》开幕,参加开幕式的有市委宣传部副部长长杨苗青、抗美援朝志愿军老战士苏克之及有关人员,通过展览,我馆征集了大量有关抗美援朝时期的老照片,还在《广州文博》2001年第2期出版料专栏。展期至5月27日。28日,为梅州纪念馆制作的《叶剑英与南方大学校史展》于梅州纪念馆展出;程存洁被评为广州市文化局第二届"十佳青年"。

5月:7日,谭庆芝书记、黄庆昌等5人赴辽宁省等地博物馆进行业务交流。12日,宣教部、拓展部等有关人员参加由市委宣传部、市文化局文物处组织在北京路步行街举办"5·18国际博物馆日宣传推广活动",副馆长程存洁参加。18日,免费开放一天,在五层楼广场举行"国际博物馆日"宣传活动,向观众宣传文物法,赵自强、武宇红等为观众鉴定文物。28日上午,市政协学习文史委、白云区委、市文化局、广州博物馆在三元古庙联合举办"纪念三元里人民抗英斗争160周年"座谈活动,出席活动的领导嘉宾有市政协主席陈开枝、副主席何家松,市文化局局长曾石龙、副局长陈玉环、市委宣传部宣传处副处长何炯文,我馆书记谭庆芝、副馆长李穗梅等有关单位的领导及代表。31日,为迎接"六一"儿童节,宣传博物馆人才,《小小铅笔刨缤纷大世界——郑乙星铅笔刨收藏展》、《知非、梦蝶母女剪纸艺术展》于专题陈列厅展出,展期至6月24日。

6月:2日,李穗梅副馆长、贺红卫等4人参加市文化局第三层次培养对象赴西部丝绸之路考察学习。9日,《广州人民抗美援朝史迹展》到广州部队坦克训练团巡展。由谭庆芝书记带队,有关人员参加。11日下午,省外办陪同新西兰市长代表团一行10人到我馆参观,宣教部接待。14日,谭庆芝书记、戴建国赴杭州参加全国博物馆临时展览交流会。20日,市文化局文物处陪同国家文物局副局长到我馆视察,谭庆芝书记、黎丽明接待。25日,由广州市文化局主办、我馆参加协办的《广州市文物保护工作五年成果展》于广州艺术博物院开幕,出版了与展览同名的图册。28日,《广州博物馆简报》总第十五期出版。29日,我馆与市委组织部、《党的生活》杂志社在我馆专题陈列厅联合举办《永远的光辉——广州地区建党八十周年文物展》开幕,出席开幕剪彩的领导嘉宾有广州市市委常委、组织部长朱振中、副部长、老干局局长杨武、宣传部副部长杨苗青、市文化局副局长陈玉环、老领导同志罗培元、梅日新等。

7月:2日,程存洁副馆长参加市委宣传部组织的第一、二层次培养对象赴欧洲考察学习。8日,谭庆芝书记、李穗梅副馆长带队参加市文化局在天河体育中心举办的"羊城艺术博览月宣传推广活动"。11日上午,省侨办陪同印度尼西亚寻归团一行29人到我馆参观,宣教部接待。25日,应美国勘察州纳尔逊艺术博物馆杨晓能先生邀请,谭庆芝书记、李穗梅副馆长、王瑞芝赴美国考察。25日,省外办陪同格鲁吉亚省人代表团一行20人到我馆参观,宣教部接待。

8月:陈列部为广州市委宣传部、市政府对外文化交流中心赴法国举办《广州——中国的历史文化名城》展览提供展览提纲、文字说明、历史照片。完成五层楼广场绿化、炮台地面、厕所维修工程。2日,程存洁、陈鸿均等有关人员参加广州市第六次城市发展战略研讨会。10日,为进一步团结博物馆之友,《李伟钦藏中外火花展览》于我馆专题陈列厅展出。16日,谭庆芝书记及有关档案人员参加市文化系统"九五"档案工作总结表彰大会,我馆荣获"广州市文化局系统'九五'档案工作显著成绩单位"奖牌。22日,李晋、李燕玲赴陕北延安参加全国革命纪念馆"延安杯"讲解比赛,获优秀奖。30日,第八届"美在花城"总决赛选手到我馆参观暨接受《广州历史陈列》讲解培训,由李穗梅副馆长、黎丽明接待讲授、介绍文物。

9月:2日,程存洁副馆长赴青岛参加中国唐史学会主办的国际学术研讨会。8日,省外办陪同尼日利亚众议院代表团一行25人到我馆参观,宣教部接待。10日,广州军区外事科陪同比利时国防部长、驻华大使夫人一行15人到我馆参观,宣教部接待。省政协陪同日本国际交流基金代表团一行30人到我馆参观,陈列部接待。18日,我馆主办的《永远的光辉——广州地区建党八十周年征集文物展》于新疆哈密地区群众艺术馆剪彩开幕,市文化局副局长黄世球、我馆书记谭庆芝等有关人员出席开幕式。展期至11月1日。19日,送《广州人民抗美援朝史迹展》到省少管所巡展,由李穗梅副馆长带队,宣教部同志参加。28日,副馆长李穗梅、程存洁赴香港机场迎接英国友人伊凡·威廉斯夫妇,接收部分借展文物到我馆参加《西方人眼里的中国情调——英国友人伊凡·威廉斯捐赠十九世纪广州外销通草纸水彩画展》。28日,市外办陪同南非德班市政府代表团一行30人到我馆参观,宣教部接待。30日,由广州市文化局、广州博物馆、中山大学历史系联合主办《西方人眼里的中国情调——英国友人伊凡·威廉斯先生捐赠十九世纪广州外销通草纸水彩画》展览在我馆专题陈列厅开幕,出席开幕式的有捐赠十九世纪广州外销通草水彩画的英国友人伊凡·威廉斯夫妇、英国领事吉思廷、市政协副主席姚容宾、广东省文化厅厅长曹淳亮、市文化局副局长陈玉环、中山大学人文学院院长陈春声、历史系教授刘志伟等有关人员。我馆与中山大学历史系合编《西方人眼里的中国情调》一书在北京中华书局正式出版。《广州博物馆》("广州历史陈列"简介英文版)出版。

谭庆芝书记、程存洁副馆长赴香港参加香港历史博物馆开馆仪式及考察香港博物馆。专题陈列厅二楼全面室内装修竣工，重新装设电线电源、应急灯等电器设备，改装展柜，交付使用。完成专题陈列厅多媒体电脑触摸屏软件和硬件系统改善，投入使用。我馆被市公安局消防局评为1999~2000年度消防安全重点单位履行"十项职责"达标单位。

麦英豪专家荣获郑振铎王冶秋文物保护奖组织委员会颁发1999~2001年度"郑振铎王冶秋文物保护奖"个人奖。

10月：9日，《纪念辛亥革命十周年展》在广东省博物馆展出，我馆送展文物27件，李穗梅副馆长、白琰参加了开幕式。9日，省外办陪同新疆考察团到我馆参观，宣教部接待。10日，李穗梅副馆长等2人参加市文化局组织文博系统业务干部赴香港考察。11日，西藏统战部、西藏政协主席一行到我馆参观，宣教部接待。16日上午，省人事厅陪同法国公职与改革部部长米歇尔·萨滨一行20人到我馆参观，李穗梅副馆长接待。19日，香港历史博物馆总馆长丁新豹一行到我馆参观，宣教部接待。23日，《广州人民抗美援朝史迹展》送广州军区体院巡展，李穗梅副馆长带队，宣教部同志参加。25日下午，英国驻穗领事馆文化教育领事吉思廷到馆观看伊凡·威廉斯捐赠给我馆的通草画，市文化局副局长陈玉环、我馆副馆长程存洁、李穗梅接待。26日，全馆干部职工、离退休人员到从化广州市委干部培训基地举行"团结向上，喜迎九运"运动会。29日，程存洁副馆长、李穗梅副馆长、黎丽明赴澳门参加纪念林则徐巡阅澳门162周年暨"省港澳学者弘扬林则徐爱国精神的学术座谈会"活动，为期3天。

本馆荣获越秀区人民政府授予"广州市越秀区优秀旅游景点：层楼挹翠－镇海楼"荣誉牌。

11月：3日上午，省中旅陪同马来西亚华侨一行26人到馆参观，宣教部接待。7日上午，省青旅陪同韩国文化代表团一行29人到馆参观，宣教部接待；下午，省公安厅陪同韩国警察厅厅长成乐式一行16人到我馆参观，宣教部接待。10日上午，省检察院陪同亚欧检察长代表团到我馆参观，研究部接待。11日上午，省外办陪同印尼省长代表团一行3人到馆参观，程存洁副馆长接待。省检察院陪同亚太区高级检察院代表团25人到馆参观，程存洁副馆长接待。13日上午，省外办陪同印度尼西亚兄弟基金会10人到馆参观，宣教部接待。23日上午，省文化厅陪同越南博物馆代表团6人到馆参观，李穗梅副馆长接待。25日下午，军区外事科陪同韩国监查代表团一行20人到我馆参观，陈列部接待。26日，程存洁副馆长赴湛江参加广东省人民政府参事室主办的"海上丝绸之路与中国南方港"学术研讨会。

12月：13日，谭庆芝书记、李穗梅副馆长、白琰等6人赴顺德大良参加第九届"珠江三角洲文博系统联谊会"。20日，由法国驻广州总领事馆文化处陪同法国教育部部长级代表Jean-Luc Melenchon先生率团25人到馆参观，副馆长程存洁接待。

邀请北京文物研究所技术人员指导五层楼1~2楼东、西、北三面外墙进行城墙防保护处理工程竣工。我馆业务指导赵自强主编《私家藏宝·月桂港澳台私人藏品珍集》出版。

本年：在全国、省、市各级学术刊物上发表论文共40篇。征集文物与资料1,387件，修复文物32件，复制文物22件。展览结束后，伊凡再次向博物馆捐献10幅通草水彩画。为广州大元帅府复制文物20多件，为中山故居复制杨殷写给女儿的信件两封共9页，为从化市博物馆等单位复制清代珠江风情图封檐板4块。按《中图法》重新整理、分类图书8,232册。保卫工作连续19年无发生文物被盗、火警火灾、治安责任事故。观众服务部销售额达10万元，广彩系列纪念品获广东省"中旅杯"旅游纪念品设计大赛"最佳设计奖"。接待观众30.1人次。

2002年

1月：17日，广州电视台到我馆拍摄"海上丝绸之路"专栏节目。30日，市外办陪同法国里昂市市长、里昂历史博物馆馆长一行14人到我馆参观，李穗梅副馆长接待。30日，在我馆广场举行市一汽公司向我馆捐赠双层巴士收藏交接仪式，市文化局文物处处长张嘉极、一汽公司领导、李穗梅副馆长及有关人员参加。完成我馆报警、监控系统更新改造工程，春节前投入试运行。

2月：6日，三元古庙上下堂瓦面水沟、地下沿外墙水沟、有裂缝的瓦面疏水补漏；爆裂、倾斜的后墙拆后重建；维修、翻新值班室；更新冷巷的满洲窗；加固后座窗户的防盗设施；向供电局申请重装街线等工程竣工验收。《广州博物馆简报》总第十七期出版。

3月：从1日起，由原来一位干部改为由保卫、中层以上干部负责夜值的夜值值班制度。7日，由市外办陪同法国里昂市市长一行5人到我馆参观，宣教部接待。8日，香港高等法院首席法官梁绍中一行15人到我馆参观，宣教部接待。12日，香港惩教处主任一行7人到我馆参观，宣教部接待。16日，我馆与广州市残联合办《丁明艺术作品展》、《广州残疾人作品展》在我馆专题陈列厅展出，展期至5月20日。18日，在广州电台开辟"广州故事"专栏。23日，省体育局、泰国大使馆陪同泰国小公主诗里婉哇里一行15人到我馆参观，李穗梅副馆长接待。26日，团市委陪同香港教育工作者一行8人到我馆参观，宣教部接待。28日，人际办陪同河北省领导一行15人到我馆参观，宣教部接待。

三元古庙、罗冲围文物仓库、象冈图书室报警监控系统增设改造工程竣工。

4月：4日，广州电视台到我馆拍摄"广州三年一中变"电视节目，宣教部部长黎丽明接待。省外办陪同俄罗斯文化电视代表团一行8人到馆参观，宣教部接待。9日，军区外事科陪同意大利海军参谋长夫人一行6人到馆参观，宣教部接待。13日，外交部、档案局局长廉正保一行10人到我馆参观，宣教部接待。19日~5月1日，谭庆芝书记、李穗梅副馆长赴英国归还伊凡·威廉斯和伦敦一画廊借展的外销画，购回两套共8幅外销画，并与英国维多利亚和阿伯特博物院进行了业务交流。

5月：11日，我馆与市文物总店组织在文物店合办第六期"陶瓷培训班"，课期5天，陶瓷鉴定专家赵自强参加授课。14日，全馆干部职工参加工会组织的"环园跑"体育活动。14日，由荷兰驻中国领事馆陪同荷兰驻中国大使夫人一行10人我馆参观，宣教部接待。16日，沈阳军区司令员（中尉以上）、广州军区司令员一行22人到馆参观，宣教部接待。18日，参加市文化局在农讲所举办的"5·18国际博物馆日"宣传活动，李穗梅副馆长、保管部、宣教部等有关人员参加。当天，广州博物馆参观人数近3万人次，创建馆以来日观众数量之最高。20日，著名小提琴演奏家马思聪女婿及外孙女一行6人到我馆参观，李穗梅副馆长陪同接待。21日，广东友好联络会陪同俄罗斯社会活动家一行5人到馆参观，宣教部接待。全国人大代表一行85人到馆参观，宣教部接待。22日，市人大常委会陪同俄罗斯叶卡捷琳堡市杜马代表团一行18人到我馆参观，李穗梅副馆长接待。30日，梁启超嫡孙、梁思成之子梁从诚夫妇到馆参观，李穗梅副馆长陪同接待。31 日，我馆与沈阳故宫博物院联合主办《清代帝后生活用品展》在我馆陈列厅展出，展出文物 130 件（套），展期至 7 月 21 日。《王勇票证收藏展》在专题展厅（地展）展出 50 年代至现在各类票证约 3，000 张，展期至 7 月初。

6 月：5 日，美国洛杉矶盖蒂艺术博物馆中国文物保护顾问林博明到我馆参观，李穗梅副馆长接待。6 日，五层楼、三元古庙烟感自动报警系统经消防局验收通过使用。8 日，省考古所陪同日本福冈市教育委员会一行 5 人到馆参观，宣教部接待。16 日，军区外事科陪同越南军事代表团一行人到馆参观，宣教接待。21 日，香港学联陪同加拿大学生人到馆参观，宣教部接待。25 日，全体干部职工到番禺疗养院参加体检（7 月 2 日第二批）。

7 月：1 日，广州军区外事办陪同越南国防学院 24 人到馆参观，宣教部接待。广州环保局陪同美国阿拉伯环保专家一行 11 人到馆参观，宣教部接待。4 日，五层楼、三元古庙 119 联网自动报警系统竣工使用。7 日，《周炳光中国装裱艺术展》在专题陈列厅（地展）展出，展期至 21 日。11 日，市外事办、市文化局陪同俄罗斯叶卡捷琳堡市记者代表团一行 8 人到馆参观，宣教部接待。印度尼西亚寻根夏令营一行 30 人到我馆参观，宣教部接待。15 日，《广州博物馆简介》总第十八期出版。30 日，我馆与云南民族博物馆合办《云南民族服装饰展》在专题陈列厅展出，展出云南 26 个少数民族的服装服饰，展期至 10 月 10 日。31 日，中央电视台"走遍中国"专题节目组到我馆拍摄，李穗梅副馆长及有关人员接待。

8 月：1 日，美国英语奇趣夏令营 200 人到馆参观，宣教部接待。5 日，广东电视台"相聚珠江"节目组到馆拍摄，宣教部黎丽明接待。10 日，我馆《清代广东书画展》在沈阳故宫博物院展出，展期至 9 月 15 日，送展字画 58 件（套）。11 日，省外事办陪同美国州长一行 15 人到馆参观，宣教部接待。13 日，市旅游局陪同韩国旅游、新闻考察团一行 40 人到馆参观，谭庆芝书记、李穗梅副馆长及有关人员接待。25 日，广州军区陪同孟加拉空军参谋长一行 8 人参观我馆，宣教部接待。27 日，市文化局制定博物馆每月一日免费开放制度，局属 8 个馆每免费开放日为每月第三周周二。当天我馆接待免费参观人数达 9 千多人次。

9 月：13 日，我馆与市文物总店联合组办第 7 期"陶瓷培训班"，课期 5 天。20 日，市政府陪同法国安德鲁建筑设计师 2 人到馆参观，宣教部接待。省文化厅陪同科威特文委造型艺术司司长 2 人到馆参观，宣教部接待。25 日，完成五层楼、三元里人民抗英斗争纪念馆、"三·二九"起义指挥部旧址展馆 VCD 解说词编辑。29 日，广州电视台到我馆拍摄"海上丝绸之路"节目。

10 月：15 日，我馆《清代广东书画展》在山西博物馆展出，展期至 11 月 26 日，送展字画 58 件（套）。完成协助澳门莲峰庙值理会筹办"纪念林则徐巡阅澳门 163 周年暨澳门林则徐纪念馆建馆 5 周年庆典活动"策划工作和《澳门林则徐纪念馆建馆 5 周年特刊》、《澳门林则徐纪念馆简介》编辑任务，谭庆芝书记、李穗梅副馆长等 5 人赴澳门参加"纪念林则徐巡阅澳门 163 周年暨澳门林则徐纪念馆建馆 5 周年庆典"开幕式。16 日，《广州博物馆近年馆藏征集文物展》在专题陈列厅展出，展出 200 多件文物。展期至 2003 年 1 月 10 日。21 日，军区外事办陪同巴基斯坦空军代表团一行 10 人到馆参观，宣教部接待。22 日，市政协到三元古庙视察，召开座谈会，跟踪落实"三元里提案"，市文化局文物处副处长本馆副馆长程存洁、副馆长李穗梅等有关人员参加。22 日下午，《广州历史图片展》巡展剪彩仪式在培正中学举行，市委宣传部副部长罗京军、市文化局副局长张嘉极、市中学教研会主任李军、本馆谭庆芝书记、李穗梅副馆长等领导、博物馆同行、学校师生参加。25 日，军区外事办陪同巴基斯坦代表团一行 9 人到馆参观，宣教部接待；市外办陪同瑞典哥德堡文化代表团一行 25 人到我馆参观，李穗梅副馆长及有关人员接待。

11 月：2 日，市外办陪同日本大市社会民主党议员团一行 11 人到馆参观，李穗梅副馆长接待。6 日，广州市政府西部地区编办主任培训班学员到馆参观，谭庆芝书记、李穗梅副馆长陪同接待；完成中法合办"广州与海上丝绸之路"文物展项目策划书。7 日，市教育局陪同日本福冈市日中教育交流团一行 7 人到馆参观，宣教部接待。10 日，副馆长程存洁、李穗梅陪同英国友人伊凡·威廉斯赴贵州考察通草纸生产过程；完成香港同胞邓又同捐赠近代名人手札拍照、文字校对及相关论文等工作。15 日，谭庆芝书记、李穗梅副馆长、白琎等 9 人赴黄埔军校参加市文博学会学术研讨会，会期 2 天，提交论文 9 篇。21 日，李穗梅副馆长、白琎等 5 位同志赴中山故居参加省文博学会举办"文物保护与利用"学术研讨会，会期 2 天，提交论文 5 篇。23 日，广州军区外事科陪同中国国防大学俄国、非洲、法国等国籍军官一行 55 人到馆参观，宣教部接待。26 日，广州市政府邀请中央电视台到我馆拍摄大型记录片"历史文化名城"节目，宣教部部长黎丽明接待；省外办陪同马来西亚外交官一行 6 人到我馆参观，宣教部接待。27 日，配合广卫街进行文明小区整饰工程，"三·二九"起义指挥部旧址东、西两侧外墙维修、翻新及墙脚防水处理、沿墙边开明渠的工程竣工验收。28 日，市外办陪同日本福冈亚洲美术馆池田寿子女士到馆参观，李穗梅副馆长接待。

本年：中央政治局委员、广东省委书记李长春视察三元里人民抗英斗争纪念馆。在市级以上学术刊物发表论文近 40 篇，发表地方文化通俗文章 200 余篇。征集文物 1，690 件，重点征集有外销画 36 件（含 11 件捐赠品）、外销瓷 30 多件、"文革"象牙雕刻 10 件、广东体育藏品 75 件。整理入编文物 3，315 件（套），购入图书 640 册，完成图书分类 7，862 册。完成文物新仓搬仓工作方案，制定了搬仓预算，并对部分文物进行了包扎装箱，计划年底正式开始搬仓。连续二十年无文物被盗、火警火灾、治安责任事故发生。《广州科技从古代走向未来》展览先后到广东实验中学、培正中学、番禺地区等学校巡展。全年共接待观众 330，852 人次，其中打卡学生 43，305 人次，免费学生 64，739 人次，另有巡展观众约 27，600 人次。

2003 年

1 月：7 日，接待广东省旅游局陪同的联合国高级官员。11 日，广州市教委陪同日本和韩国教育代表团到馆参观。15 日，与山西省博物馆联合主办《山西皮影艺术》展览开幕。16 日，接待德国驻穗总领事馆领事李浩然先生。

2 月：1 日，《文物珍藏特展》开幕，共展出广州博物馆、广东民间工艺博物馆、广州文物总店精品 16 件。14 日，市委宣传部陈建华部长、杨苗青副部长在市文化局党委书记李哲夫、局长周素勤、陈玉环副局长、张嘉极副局长等领导陪同下视察广州博物馆。

3 月：完成抗"非典"疫情防疫消毒等各项具体措施，起草了我馆"防非"紧急预案，我馆职工无一人感染。协助澳门莲峰庙值理会编纂《莲峰庙志》，同时，协助澳门林则徐纪念馆制订《林则徐巡阅澳门史迹陈列展览》陈列修改方案。9日，广东省办公室陪同越南外交部一行到馆参观。

4月：1日，市委宣传部陈建华部长、杨苗青副部长到三元里人民抗英纪念馆视察；中山大学陪同美国皮博迪艾塞克斯博物馆亚洲出口艺术部沙进部长一行到我馆参观、交流。19日，与青岛博物馆合办《中国优秀版画家作品展》开幕。21日，《广州历史图片展》到广州大学、番禺等学校巡回展出。

5月：6日，市文化局局长周素勤主持召开广州美术馆交还广州博物馆使用问题协调会（穗文会议纪要（2003）15日）。26日，接待荷兰驻穗领事馆领事来访。27日，市文化局聘程存洁任广州博物馆馆长。开始文物搬迁工作：从罗冲围仓库运往象冈仓库。完成广州历史陈列提纲和语音导览系统的英文翻译和校对工作。

6月：月初，在本馆广场西侧举办《用我们的血肉筑起新的长城》抗"非典"展览。24日，接待日本新闻、旅游界考察团来访。我馆与澳门民政总署市政厅合办的《清水月韵——荷花题材文物展》在澳门卢廉若花园开幕，这是我市"非典"过后第一个涉外展览。27日，接待印尼新闻、旅游界考察团来访。28~29日，参加"广深珠"三地旅游宣传推广活动。加强"三·二九"起义指挥部旧址纪念馆的保安力量。

7月：完成"三·二九"起义指挥部旧址纪念馆外墙的防水处理，完成镇海楼室内及展柜的局部翻新工作。9日，市委宣传部陈建华部长在市文化局陈玉环副局长等陪同下到馆视察。12日，《李伟钦藏前苏联火花展》展出。17日，为第8期陶瓷文物学习班提供文物161件。

8月：2日，澳门特别行政区检查代表团访问广东时到我馆参观。24日下午3时左右，"三·二九"起义指挥部旧址纪念馆值班室因电线老化自然起火发生火警，烧毁蚊帐、棉被、书籍等，损失约300元。27日，对办公室、研究部、拓展部的工作岗位和人员进行调整。

9月：成功举办《羊城风物——18~19世纪英国维多利亚阿伯特博物院藏广州外销画》，展览，并在上海古籍出版社出版了与展览同名称的展览图册。27日上午，由广州博物馆和昭陵博物馆联合举办、陈李济制药厂协办的《大唐雄风——唐太宗昭陵文物展》和"博物馆纵横游"开幕仪式在专题陈列厅前举行，全国政协委员、中山大学历史系教授姜伯勤先生等为展览开幕剪彩，展览至次年4月14日结束；程存洁馆长通过私人友情，说服了陈李济制药厂为该展览赞助5万元；市文化局和市物价局批复同意我馆该展览单独售票。下午，广州市市长张广宁、市委宣传部陈建华部长等领导在市文化局周素勤书记、陶诚局长、陈玉环副局长、广州博物馆馆长程存洁陪同下视察五层楼和广州美术馆。29日，完成语音导览工作。

10月：23日，谭庆芝书记等一行赴澳门参加《莲峰庙志》筹备工作。28日，开展大型"纪念新文物法颁布一周年千人签名活动"；法国第八区区长及夫人来馆参观；伊朗军事代表团来馆参观；程存洁馆长、李穗梅副馆长、黎丽明主任赴澳门参加"纪念林则徐巡阅澳门164周年庆祝活动"。

11月：4日，接待芬兰司法部部长一行。15日，对大部分图书开始进行熏虫处理。20日，开始维修五层楼碑廊，对明碑加盖建筑，以防进一步风化。21日，为广州电台制作《广州电台发展史》陈列提纲。

12月：从小谷围征集农具物品20多件。5日，接待法航欧洲旅游考察团。11日，接待乌克兰政府代表团一行；与各旅行社举办座谈会探求开拓市场问题。25日，在接待室举办广州首届"广州行业博物馆"座谈会。13日，新一届职代会、第四届工会民主选举产生。

本年：麦英豪同志荣获2002年度市文化局专业技术重大贡献奖，程存洁同志荣获2002年度市文化局专业技术突出贡献奖。在地铁二号线进行了镇海楼、三元古庙形象宣传。印制《广州博物馆简报》两期。广州电台安排名主播友情免费为博物馆灌入导览语音。全年共征集文物677件，其中陶瓷39件、近现代物品444件、字画123幅、民俗物品70件、其它14件。完成《广州博物馆综合改造思想方案》等。因受"非典"影响，接待观众25.65万人次。

2004年

1月：15日，广州规划局徐晓梅总工程师向我馆捐献其父亲中山大学地理系著名教授徐俊鸣先生个人藏书67种226册。

2月：6日，我馆选派文物保护员戴建国赴北京参加国家文物局举办的"中意文物保护和修复培训班"。9日，接收市文物考古研究所移交石构件等文物222件。21日，市委副书记苏志佳在市文化局局长陶诚、文物处副处长刘晓明、曾志光、广东民间工艺博物馆馆长黄淼章、南越王博物馆馆长李林娜、广州博物馆馆长程存洁等陪同下视察文物库房，并鉴赏文物，提出要加快推进广州博物馆新馆建设，让如此丰富的馆藏尽早展示于公众。26日~3月3日，遴选馆藏精品，参加市文化局主办的"粤海藏珍"特展。

3月：开始馆藏二、三级文物建档工作。2~12日，市文化局副局长张嘉极、办公室主任王丽贞、广州博物馆馆长程存洁、办公室主任李志云、保管部副主任叶笑苹等一行赴法国参加《中国广州与海上丝绸之路》展览在巴黎中国文化中心的布展及开幕工作。24日，征集文革票证10件。3~5月，协助白云区钟落潭障岗村策划设计《农耕文化展》。

4月：馆业务指导、国家鉴定委员会委员、一级文物专家确认组成员赵自强先生为馆藏文物定级。14日，接待新西兰罗多路亚市市长一行5人。15日，征购近代文物3件。22日，征购广彩、广绣10件。28日，与湖南省金山地质博物馆联合举办《走进生命大爆炸、大绝灭的神秘世界——金山地质博物馆古生物化石展》，展期至8月25日。

5月：18日，李晋参加市文化局举办的讲解比赛，获优胜奖。

6月：1日，作为我市事业单位试行人员聘用制度试点单位的我馆，召开全馆大会，正式起动试行人员聘用制。2日，征集出土衣物12件。7~20日，广州博物馆书记谭庆芝、保管部主任王瑞芝等一行赴法国撤陈，运回《中国广州与海上丝绸之路》在巴黎中国文化中心展览的文物及复制品。16日，借给香港海防博物馆展出的鸦片战争时期的火药缸、铁炮弹等14件文物安全运回本馆。29日，市文物考古所研究所移交给我馆恐龙蛋化石标本。23~7月7日，填写上报国家文物局《关于完善全国馆藏一级文物档案备案工作通知》要求的《全国馆藏一级文物分省目录》及档案交至市文化局。25日，参加市文化局举办的"党在我心中"知识竞赛，我馆获二等奖。

7月：与广东省轻工业学院一同前往从化石联希望小学开展"捐资助学"活动。1日，广州美术馆已移交我馆，但部分移交工作还在进行之中。8日，接待法国里昂市市政府代表团一行4人和泰国上院代表团一行10人。16日，穗港澳文物大展的相关人员：省文化厅文物处、市文化局文物处、香港历史博物馆、澳门历史博物馆等前来我馆选取文物。23日，征购广彩瓷器141件。

8月：征购绣品等43件。6日，广东省副省长雷于兰、广州市副市长李卓彬、省文化厅副厅长景李虎、市文化局党委书记周素勤、副局长张嘉极等十几人视察文物库房，并鉴赏馆藏文物精品。12日～年底，帮助梅州市博物馆装裱手札、书画一批。30日～9月5日，我馆派白琰参加国家文物局信息中心举办的"馆藏文物信息管理系统软件及相关规范"师资培训班。

9月：2~18日，与香港顺德艺文社联合举办《香港顺德艺文社同人作品展》，加强粤港两地文化交流。6日，局领导召集我馆相关人员在局会议室召开我馆改革试点工作会议。7日，接待美国彩虹电视台一行7人。11日，接待法国政府文化代表团一行5人。14日，接待保加利亚检察长一行8人。15日，镇海楼碑廊加建维修竣工。在加建过程中发现明代《镇海楼碑记》碑座，及时原地原址保护。26日～次年1月9日，广州大学城建设指挥部办公室和广州市文化局主办、我馆与广州市文物考古研究所承办的《广州大学城文物保护展》在我馆专题陈列厅展出。

10月：为市国防教育中心举办的《锦绣羊城——踏着先烈的足迹前进》展览提供三元里人民抗英斗争纪念馆史料和照片。8~13日，清点、接收广州新闻图片社收藏1950年代以来有关广州大事及风貌等方面的照片底片资料共117，073张。15日，程存洁《唐代城市史研究初篇》荣获中共广州市委、市人民政府颁发2002~2003年度广州市哲学社会科学优秀成果奖入选奖。22日，市文化局党委书记周素勤陪市计委领导到文物库房了解文物装裱情况。25日，购入广州外销画及外销瓷10件。27日，广州博物馆第四届职代会第四次会议通过《广州博物馆分配制度改革方案》。29日，市文化局党委书记周素勤亲临我馆向全馆干部职工作试行人员聘用制动员。

11月：接收捐献文物117件。1日，制订《广州博物馆岗位竞聘办法》。10~15日，为庆祝中山大学建校80周年，我馆特别展出《王国维遗嘱》原件，该件文物由中山大学著名青铜器、古文字研究专家容庚教授的亲属捐赠我馆。21日，接待英国伯明翰市长代表团一行15人。

12月：接收市文管办移交石碑、石构件等225件。中共广东省委宣传部、省人事厅授予程存洁"广东省基层文化工作先进工作者"荣誉称号。

本年：共接待观众35万人次，其中学生观众14万人次，国外观众2万人次，其他免费观众6万人次。

2005年

1月：1日，按照《广州博物馆试行人员聘用制度实施方案》的要求，先后与全馆49名员工签订聘用合同。10日，圆满完成国家文物局关于对馆藏文物损失、腐蚀的调查工作。14日，保卫科及文物保护管理部人员参加由市文化局保卫处在象冈文物库房进行的消防演习，流花消防队派员到场指导；新闻媒体进行了报道。17日，日本朝日新闻社长一行12人在省外事办人员的陪同下来馆参观。20日，利用馆藏文物举办《百家服——百年服饰选粹展》，在广州博物馆专题展厅展出，展期至 2 月 20 日。21 日~2 月 2 日，广州博物馆（美术馆）室内装修、地下电线维修完工。25 日，中共南雄市委宣传部来我馆拍摄电视记录片《千年珠玑》，以宣传、弘扬岭南文化。29 日，新加坡制作公司摄制组一行 5 人来广州拍摄专题片《吃的历史》，在国家广电局、省电视厅有关人员陪同下到我馆参观及拍摄。

2 月：2 日，省检察院陪同纳米比亚检察代表团一行 13 人到馆参观。16 日~3 月 1 日，戴建国赴意大利参加文物保护培训、交流和考察。28 日~3 月 4 日，为配合开展党员先进性教育，举办《南粤英烈展》，并在广州部分街道、社区、学校等地巡展。

3 月：1 日，基层领导参加市文化局在广州岭头疗养院组织的"广州市文化局保持共产党员先进性专题学习培训班"。1~30 日，从湖南金山地质博物馆征购动植物化石矿石标本 3,003 件。11 日，利用馆藏文物举办《孙中山及其战友文物展》，展期至 4 月 20 日。15 日，我馆协助莲峰庙慈善值理会编纂《莲峰庙志》，撰写有关章节。16 日，南海博物馆陪同南海电视台到我馆拍摄与邹伯奇有关的文物。18 日，顺利通过市档案局对我馆"省特级综合档案管理单位"的达标复查。28 日~7 月 26 日，选派白琰、罗兴连、曾玲玲参加市委宣传部、市文化局举办的"广州市文博专业人才高级研修班"，曾玲玲、罗兴连两位同志被评为"优秀学员"。中旬，为规范馆区建设，对镇海楼广场 20 个石狮基座进行定位摆放，予以展示和保护。

4 月：7 日，市文化局陶诚局长指示我馆，尽快接触商讨清代广彩大碗捐赠一事。16~17 日，参加广州大学城华南师范大学人文学院举办的"寻找艺术宝库的足迹——博物馆送展进大学"活动。我馆将《广州历史图片》送至大学城巡展，以丰富校园文化生活。16~18 日，馆长程存洁参加河北省社会科学院和河北师范大学联合主办、中国唐史学会和武汉大学三至九世纪研究所协办"唐长孺、胡如雷先生与隋唐史研究"学术研讨会。25 日，与沈阳故宫博物院联合举办《清代皇帝后妃服饰展》在我馆专题展厅展出，展期至 7 月 25 日。29 日，广州汽车工业集团有限公司向我馆捐赠 9 件清代珍贵广彩瓷器，在广州艺术博物院举行了捐赠仪式，并公开展出，展期至 5 月 17 日。

5 月：程存洁著《唐代城市史研究初篇》一书荣获广东省人民政府颁发首届广东省哲学社会科学优秀成果三等奖（粤府证〔2005〕207、证书号：2005-A-3-G01-111）。14 日，美国北玛里亚纳群岛罗塔市市长本杰明·曼罗拉率代表团一行 8 人在省国际文化交流中心领导、市友协秘书长陪同下到馆参观。16 日上午，全馆业务人员在广州艺术博物院听国家文物局副局长童明康先生作《博物馆如何创新理论、创新体制、创新科技》报告。18 日，省卫生厅陪同以色列公务员委员会主席施慕尔·霍兰德先生、驻华文化参赞普若璞先生一行 4 人到我馆参观；我馆参加市文化局在广州艺术博物院广场举办的国际博物馆日宣传活动，成功举行了广州博物馆与各行业博物馆共建友好博物馆签约仪式及手语宣传讲解、盲人触摸文物、广州博物馆有奖知识问答和文物鉴赏等活动，经专家和观众选评，我馆荣获广州市文化局评比二等奖。20 日，修订并实施《广州博物馆行政考评制度》。24 日，中央电视台《海上丝路》拍摄组到我馆进行拍摄工作。30 日，与广东省五华县第一建筑工程公司签订《广州"三·二九"起义指挥部旧址复原修缮工程施工合同》，开始解放后对旧址最大的一次复原修缮工程。31 日，三元里人民抗英斗争 164 周年纪念活动在三元古庙举行，省政协、作协副主席及白云区宣传部长张群等出席；下午，本馆部分业务人员在中山大学历史系永芳堂听麦英豪老师作《关于治学的若干问题》讲座。

6月：1日上午，本馆部分业务人员在中山大学历史系永芳堂听麦英豪老师作《关于广州考古的若干问题》讲座。9日，与潮州市建筑安装总公司签订《广州美术馆室内文物陈列布置及装修工程施工合同》。9~12日，程存洁参加韩国中国史学会主办、青州忠北大学协办的"通过城市变迁看中国历史"国际学术研讨会，宣读论文为《南汉国兴王府广州城市礼仪与发展论略》，中国社会科学院考古研究所所长刘庆柱先生也参加了是次研讨会。15日，市政园林局下属工程队在三元里古庙东20米处开工建人行天桥，经我馆工作人员的努力，7月15日和8月4日，市文化局率专家组在三元古庙内与市政园林局领导开现场会，9月20日拆除人行天桥已建部分。20日，广州"三·二九"起义指挥部旧址维修工程动工。27日上午，召开专家咨询会，讨论美术馆展区新建公众洗手间是否会压住古城墙墙基问题，专家有：陈登贵、苏乾、黎显衡、李继光。

7月：7日上午，南通博物苑一行7人来馆调研，程存洁接待；印尼电视台到我馆拍摄有关文物资料。上中旬，我馆选派闫琼玲、罗玮娜参加市委组织部组织的"广州市保持共产党员先进性活动成果展"活动，负责讲解。19日，湖北荆州电视台到馆拍摄"岭南文化"节目。20日，根据《广州市文化局直属事业单位党政领导干部任期经济责任审计》的通知要求，对馆长程存洁、书记谭庆芝进行任期经济责任审计。22日，广州电视台科教部到馆拍摄《羊城度度有段古》节目。

8月：9日，广州市市委副书记苏志佳在市文化局局长陶诚陪同下来馆视察，参观了《广州历史陈列》，察看了美术馆展区。15日~9月19日，我馆选派李晋、罗玮娜参加"广东省委保持共产党员先进性教育活动成果展览"讲解工作。17日，与湖北荆州博物馆联合举办《神奇的楚文化展》在我馆专题展厅展出，展期至次年元月3日。20日，与共青团广州市委员会、广州青少年发展基金会联合开展"手拉手计划"捐助活动。24日，市文化局博物馆处组织文物鉴定专家赵自强、市文物总店总经理曾波强等，对馆藏广彩瓷器重新鉴别年代、级别。26日下午，召开美术馆古生物化石展览专家咨询会，专家：麦英豪、许剑超、黄学东、郑卓、刘金山。

9月：1日，广州军区外事办陪同马达加斯加国防部长一行16人到馆参观；完成馆藏一级文物数据库录入工作。6~16日，《东西汇流——粤港澳文物大展》文物集中装箱出境运往香港。16日，省外事办陪同芬兰总理马蒂·万哈宁先生一行30人到馆参观。23~26日，白琛前往南通博物苑参加中国博物馆学会主办的"回顾与展望：中国博物馆发展百年"学术研讨会，提交论文为《博物馆的发展与未成年人现象》。

10月：14日，我馆与澳门民政总署联合举办的《中国历代茶具文物展》在澳门文化馆开幕，展览至次年2月19日，出版了《中国历代茶具文物》一书。15~17日，与澳门莲峰庙值理会在澳门联合举办"林则徐巡阅澳门166周年暨诞辰200周年"及澳门林则徐纪念馆与林则徐基金会协办的林则徐史迹展》庆祝活动。中旬，对五层楼后铁炮、石碑、石构件进行迁移及保护。5日，开始筹备《东西汇流——粤港澳文物大展》在广州展出工作。遴选我馆文物34建增补展览内容。25~26日，参加大学城广州大学文学院举办的第二届博物馆周"遗珍掠影，人文展彩——博物馆送展进大学"活动，其中《广州历史图片》在大学城巡展，以丰富校园文化生活。

11月：8日，按照《广州市市直党政机关事业单位固定资产清理实施意见》规定，对固定资产进行清理、登记、上报。9~11 日，罗兴连、邓玉梅、谢静文赴香港接收新征集的 6 件外销画。11~16 日，我馆派戴建国赴湖北武汉参加"出土竹木漆器保护科技成果推广应用"培训班。12 日上午，为纪念广州市文物考古研究所成立十周年，我馆将镇海楼中展出的《广州历史陈列》撤出，举办《广州文物保护十年》展，该展览由广州市委宣传部、广州市文化局主办，我馆与广州市文物考古研究所承办，以充分展示近十年来广州市文物保护工作成绩，还将考古发现的西汉南越木椁墓在镇海楼前广场西面草坪地上复原陈列，广州市委常委、宣传部长陈建华，广州市副市长李卓彬等领导参加了开幕剪彩仪式。14 日上午，邀请美国纳尔逊艺术博物馆东方艺术馆杨晓能博士到我馆作"海外博物馆中国文物的收藏"和"美国收藏中国文物"专题学术讲座。15 日，接待津巴布韦内政部长一行 20 人到馆参观、访问。16 日，日本福冈市议会代表团一行 20 人到馆参观。26 日，省检察院陪同意大利检察长一行 18 人到馆参观。

12 月：广州博物馆编、程存洁主编《海贸遗珍——18~20 世纪初广州外销艺术品》一书在上海古籍出版社出版发行。8 日，老挝代理总检察长奔彭·桑赛马斯可率代表团一行 10 人在省检察院领导陪同下到馆参观。17 日，省检察院副厅级检察委员会委员刘怡新陪同立陶宛总检察长阿尔吉曼塔斯·瓦兰帝娜斯代表团一行 10 人到馆参观。26 日下午，召开《广州历史陈列》修改专家咨询会。28 日，与广州复旦奥特科技股份有限公司签订《广州美术馆及三元古庙机房工程施工合同》。29 日，市公安局陪同土耳其警察长一行 16 人到馆参观。30 日，完成馆藏三级文物的建档工作。

本年：征集广州历史文物 125 件，化石、矿石标本 3003 件，新征集广州新闻图片社 20 世纪 50 年代以来广州旧底片月 5 万张。帮助澳门莲峰庙、广州市兄弟单位装裱碑帖书画 36 张。共接待 278，605 人次，其中打卡人数 92，482 人次，免费人数 52，924 人次。

2006 年

1 月：3~5 日，文物保护管理部钟润生赴香港接收"东西汇流"展文物。13 日，在著名考古学家、广州博物馆名誉馆长麦英豪先生和市文化局副局长陈玉环女士陪同下，原广东省省长朱森林同志、原广州市市长黎子流同志、原广州市副市长姚蓉宾同志等老领导参观镇海楼。17 日下午，广州市文化工作会议在广州大厦四楼召开。

2 月：7 日上午，讨论 2006 年馆工作要点；接待南非总检察长布鲁宾·恩科酋卡参观镇海楼。9 日，文物保护管理部苏育权等人赴澳门接收"中国历代茶具展"文物。19 日上午，我馆在盘福路华美丽酒店举行"2006 年广州博物馆之友暨新闻媒体记者新春茶话会"。

3 月：我馆文物保护管理部开始为香港历史博物馆复制辛亥革命与孙中山有关文物 13 件，至 9 月基本完成。我馆与上海市历史博物馆举办《晚清粤港澳台社会图像——点石斋画报精选展》在专题展览厅展出。三元里人民抗英斗争纪念馆与白云区委宣传部、三元里街道、三元里文化站在抗英纪念碑现场共同举办抗英遗迹保护与开发座谈会。16 日，接待河北省人大代表团参观镇海楼。29 日，完成"三·二九"起义纪念馆旧址维修和陈列改造工作，《"三·二九"起义的故事》布置完毕，重新对外开放；上午，在"三·二九"起义指挥部旧址纪念馆举行《"三·二九"起义的故事》开幕典礼，市委统战部、宣传部、市文化局及四川内江市委等单位的领导参加了纪念活动。配合展览，还在上海古籍出版社出版《辛亥黄花岗起义》。3~4月，我馆教育推广部联合广东外语外贸大学在我馆会议室开展基础英语培训活动。

4月：4日，本馆第四届职代会第十次会议通过《广州博物馆行政管理考评制度》。6日，穗文委（2006）43号，市文化局党委决定聘白琰任广州博物馆副馆长，试用期一年。

10日，聘请香港永安服装公司为全馆干部职工订做夏季工作服二套。从4月份开始，文物保护管理部负责编辑"海贸遗珍"展览多媒体影视和多媒体触摸屏内容，至6月基本完成14日上午，召开《广州历史陈列》修改专家咨询会。

5月：我馆举办《锦绣一族——苏州民间绣品展》在专题展览厅展出。三元里人民抗英斗争纪念馆与都府街社区联合举办"端午节社区文化表演"活动，约有50位老人到馆参观。我馆对组建的保安员、展场管理员、讲解员进行社会化公开招聘，签订19份劳动合同。13日，白琰、刘欣欣、叶笑苹参加市文化局在广州艺术博物院广场组织"5·18国际博物馆日"活动。31日，程存洁荣获共青团广州市委员会、广州市教育局颁发"2005~2006年度广州市优秀少先队辅导员"荣誉称号。

6月：2日下午，博物处闻鹰处长、曾志光副处长和程存洁馆长、邓玉梅在瑞典驻广州总领事馆与甘文乐等商谈《中瑞陶瓷贸易遗珍展览》一事。14日下午，瑞典客人9人参馆本馆。20日，穗文委（2006）76号，市文化局党委决定，续聘程存洁任广州博物馆馆长、聘李民涌任副馆长；穗文委（2006）82号，市文化局党委决定李民涌任中共广州博物馆支部委员会副书记。

7月：3日，爱尔兰驻华大使戴克澜参观镇海楼。10日，我馆完成美术馆展区基本陈列《海贸遗珍——18至20世纪广州外销艺术品展》和《地球历史与生命演化》，正式对外开放。据了解，《地球历史与生命演化》展览所在场馆是我市首家自然科学博物馆。21日上午11时，由广州博物馆和瑞典驻广州总领事馆主办，瑞典哥德堡海事博物馆、瑞典哥德堡西方古董公司协办，瑞典学会、Brostr8m、芬兰航空、瑞典华夏旅行社、林雪平市、隆德大学图书馆、中国瑞典商会、沃尔沃卡车、Volvo Group、瑞典欧华公司赞助的《中瑞陶瓷贸易遗珍展》在广州博物馆专题陈列厅前隆重开幕，瑞典国王卡尔十六世·古斯塔夫和王后西尔维娅出席展览开幕典礼，瑞典副首相博瑟林霍姆、瑞典驻广州总领事馆总领事司马武、瑞典林雪平市市长乔依娃、瑞典哥德堡西方古董公司总裁甘文乐、广州市副市长王晓玲、广州市人民政府副秘书长朱力、广州市文化局局长陶诚、广州市外事办主任方晓明为展览开幕剪彩。

8月：对全馆财产物资清点。做好财产物资帐册移交。3日，市文化局陈玉环副局长陪同广州市委常委、宣传部部长陈建华同志到我馆视察调研。29日下午，馆领导班子民主生活会。

9月：我馆在五层接待室实施第二次竞聘上岗。3日，加强对古建筑保护力度，请市园林建筑工程公司对五层楼二楼屋面及古城墙周边杂草、树苗铲除清理。5日，广东省委副书记刘玉浦、广州市市委副书记林元和陪同原中央中组部部长张景全前来镇海楼视察，馆长程存洁陪同。18日，接待西安市文物局考察调研组来我馆调研机构改革实施工作。30日上午，专家讨论广州历史陈列设计稿。

10月：程存洁《不落的文明——走进钱岗古村》一书荣获中共广州市委、广州市人民政府颁发2004~2005年度广州市哲学社会科学优秀成果奖入选奖。1~7日，我馆在国庆黄金周期间送

《岭南名家字画》展到广州番禺雅居乐楼盘会所展出。13日，立陶宛代表团参观镇海楼。17日，三元古庙消防栓系统改造完成并通过白云区公安分局验收投入使用。18日下午，广州市第十六届亚组委宣传部副部长李振良来五层楼现场指导工作。25日下午三时，广州市第十六届亚组委在镇海楼广场举行多哈亚运圣火广州火炬传递活动点火启动仪式。29日，青海省省委常委、副省长李津同志一行6人参观镇海楼。

由广州亚组委宣传部、广州体育局、中国体育博物馆、广州博物馆联合举办的《中国奥运2008和广州亚运2010》展览在专题展览厅展出。我馆组织离退休老同志到顺德周庄、沙湾等参观游览。

11月：15日，津巴布韦内政部长一行20人参观镇海楼。15日，广州市委宣传部部长陈建华率白云区五套班子及市文化局陈玉环副局长等考察三元古庙，调研三元古庙周边环境整治问题及三元里人民抗英斗争纪念馆新陈列楼筹建情况，并召开现场办公会议。16日，日本福冈市议会代表团一行20人参观镇海楼。23日，为纪念孙中山先生诞辰140周年，"三·二九"起义指挥部旧址纪念馆与越秀区广卫街、广中路小学联合举行纪念活动。

12月：我馆教育推广部被广州市妇联授予"广州市巾帼文明示范岗"光荣称号。6日，广州白云区余楚风一行9人参观三元里人民抗英斗争纪念馆。7日，美国共和党代表团参观镇海楼。8日，老挝代总理桑赛马斯克参观镇海楼。14日，三元里人民抗英斗争纪念馆与白云区教育局联合在纪念馆广场举行以"弘扬爱国主义精神，预防未成年人犯罪，从我做起"为主题的"预防未成年人犯罪宣誓活动"，白云区区委常委、宣传部长殷昭举参加了活动并讲话，200多名白云区学生代表进行了宣誓。17日，立陶宛总检查长阿尔吉曼塔斯参观镇海楼。

本年：共征集各类文物120件，其中接收南园酒家捐赠木器家具21件、私人捐献民俗文物17件、瑞典西方古董公司捐献外销画、外销瓷片、外销茶叶等。为香港历史博物馆复制文物13件、为广州市城市建设档案馆提供历史照片107张小样、为孙中山大元帅府纪念馆提供有关孙中山资料94册。《广州历史图片展》送往广州培正中学、广州市第七中学、萝岗中学、广州市第91中学、执信中学、番禺星河湾社区、广东外语外贸大学大学城校区、广州市第17中学、花都东文学校、江高镇81中学、广州市第47中学、白云区钟落潭中学、清远市田家炳实验小学、从化市城郊中学、广东省新闻出版高级技工学校等学校巡展。接待观众474,916人次，其中免费开放日接待观众87,552人次，巡展观众175,102人次。门票收入1,229,879元。

2007 年

1月：4~15日，五华建筑公司对镇海楼正立面墙进行粉饰、屋顶补漏、屋脊加固等维修。8日，局组织召开海上丝绸之路申遗工作会议。15日，五层楼办公区搬迁至美术馆文泊楼。17日，广州市文物博物学会改选，馆长程存洁担任新一届学会会长、副书记兼副馆长李民涌任秘书长，我馆承担新一届文博学会的日常管理业务和《广州文博》编辑出版工作。19日，馆藏文物《一帆风顺——船文物展》在专题展览厅展出，展品有馆藏各朝代古船模型、考古出土以及传世的各类与海事相关文物70多件，展现了中华民族悠久而富于生活气息的"船"文明。展期至3月19日。26日上午，馆藏文物《清代广州外销艺术品展》在上海徐汇区图书馆展出，甄选了馆藏73件（套）独具岭南工艺特色、融合东西文化的广彩、牙雕、丝织品、外销画等外销工艺品。下午，程存洁在徐汇区图书馆报告厅为读者作报告。展期至3月26日。

2月：《广州历史陈列》经过多年的筹备，在征求众多文博界专家的意见后，改造原有陈列，克服了古建筑光线不好、展线不集中等问题，《广州历史陈列》于春节前正式对外开放。6日，广州市文化局、广州市档案局对我馆名誉馆长麦英豪同志的"名人档案"工作进行复查验收，名誉馆长麦英豪参加会议，市档案局对我馆建立的"名人档案"工作给予肯定。9日晚，广州日报社、卡地亚珠宝有限公司等顶级品牌联袂打造"广州日报极致璀璨汇穗"在我馆镇海楼广场举行，镇海楼是一座见证600多年风雨沧桑的历史名楼，卡地亚是一个具有近160年历史国际顶级珠宝品牌，在镇海楼举行的卡地亚珠宝秀，是历史文化与现代市场营销融合的成功尝试。12日，"三·二九"起义指挥部旧址修缮工程通过省文化厅组织的专家验收，并被评为优良工程。15日，《海贸遗珍——18至20世纪初广州外销艺术品展》经广东省文化厅推荐参加2006年度全国十大精品陈列评选活动，该展览进入初选56个陈列展览之列。28日，按照广州市文化局《关于广州博物馆整合问题会议纪要》通知要求，与广州艺术博物院对广州美术馆产权档案、基建档案和设备档案办理接交手续。

3月：6日，广州团市委陪同港澳青年代表团参观镇海楼。8日上午，讨论本馆今年工作计划。19日，党支部改选，经中共广州市文化局委员会批准，李民涌任支部副书记，程存洁、曾玲玲任支部委员。21~28日，聘请广东省鉴定站单晓英、李遇春、何锋、李春生等专家对我馆藏字画、碑帖等文物进行鉴定。30日下午，我馆与美国驻广州总领事馆新闻文化处联合主办《历史的瑰宝——爱德华·柯蒂斯和他眼中的北美印地安人》摄影作品展开幕，展出80多个北美印第安部落的60多幅珍贵作品，成为人们了解和探索即将消失的印第安民族文明的珍贵资料，展览至4月16日结束。

4月：我馆在市旅游局举办"2007年广州国际旅游展销会"和"2007年广州市旅游推广会"上设摊位派发宣传资料。为帮助贫困大学生勤工助学，在陈列展厅和义务讲解工作岗位上为中山大学、广州大学在校品学兼优的贫困大学生提供勤工助学的机会，为他们提供良好的社会实践机会，减轻他们的生活压力。广东省关工委老战士老少共建工作团砺志学习班全体贫困同学给我馆赠送"知识宝库，助我成长"锦旗。参与广州市海上丝绸之路文化遗产申报工作，经广州市文化局安排，我馆承担广州市申报海上丝绸之路研究资料汇编《海上丝绸之路：广州文化遗产》下卷《文献辑录》编撰工作，编辑工作领导小组有：程存洁任组长，组员王成兰、陈红军、罗兴连、漆德红，曾玲玲参与中卷《文化史迹》编撰工作。30日，为加强与西北地区文博系统的交流与合作，我馆与甘肃省博物馆建立了互送展览的馆际合作项目，甘肃省博物馆《瀚海驼铃——甘肃绿洲文明展》在我馆展出，展出愈百件甘肃出土的各朝代文物，突出河西走廊悠久的东西方贸易和多民族文明交流历史。展览至7月12日结束。

5月：8下午，召开馆务会总结半年工作情况。9日，开展反不正当交易行为的自查自纠工作，对照检查、撰写心得、制作宣传专栏。19日，在"5·18国际博物馆日"活动中，配合广州市文化局组织的"演绎博物馆"广场活动，编写排练诗朗诵手语表演《寻找与守望》获二等奖。20日，在镇海楼广场举行"5·18国际博物馆日"活动，与华南师范大学、华南农业大学、广州市少年宫、广州市工商职业技术学院签订校外实践共建教育基地协议，并在镇海楼广场举行《绘文物，讲故事，忆羊城——少儿美术绘画大赛》颁奖典礼，并展出获奖作品的图片展览。30日，在三元古庙举办"三元里人民抗英斗争纪念馆全国百家爱国主义教育基地十周年纪念活动"。

6月：馆长程存洁为文博同行、博物馆之友会员、收藏爱好者作《清代广州外销艺术品中所见的西洋元素》专题讲座，近70人参加了听讲。配合共青团广州市教育局委员会在镇海楼广场开展"情暖童心——从化农村儿童广州一日游"主题实践活动，馆领导亲自出面接待了这些孩子并为他们准备了丰富的礼物。4日，穗文委（2007）40号，局党委同意白琰聘任广州博物馆副馆长（自2006年4月6日至2009年4月5日）。17日，台湾台东县文化基金会代表团参观镇海楼。18~20日，保卫科组织相关部门安全责任人和电工在广州图书馆参加广州市消防协会主办的消防知识培训，参加人员有：韩永华、刘欣欣、赵伟森、朱蓉燕、欧阳炳鸿、李佩喜、林穗铭。21日，为改善厨房环境，方便职工就餐，美化了职工食堂。

7月：发现三元里古庙墙体出现裂缝后，我馆及时向上级反映（穗文物（2007）475号）。1日，馆长程存洁在南越王博物馆会议室向中央文明办汇报我馆爱国主义教育基地工作情况。我馆被评为广州市第二批爱国主义教育基地示范点中的"示范单位"。14日，越秀区政府办公室陪同全国人大常委厉无畏参观镇海楼。

8月：2日，广州市台胞联谊会陪同台胞周廉楣女士一行参观镇海楼。10日，为越秀区博物馆组织的"小小讲解员"进行讲解培训，提供实习场地。11日，广州美术馆自然科学馆展区申报"广州市科普教育基地"。15~17日，馆长程存洁、副馆长李民涌、保卫科长张月明参加广州市消防协会在奥林匹克体育馆举办的消防安全管理责任人培训。20日，馆长程存洁受甘肃省博物馆邀请参加"中国博物馆西部论坛"，同时将《清代广州外销艺术品展》送往甘肃省博物馆展出，市文化局副局长陈玉环等为展览开幕剪彩。这是甘肃省博物馆新馆建成后首次引进的第一个外展。23日，越秀区质检站对广州美术馆仲元楼室内陈列改造装修工程和园林绿化工程进行检测和验收。

9月：6日，职代会审议通过《广州博物馆2007年岗位竞聘、聘用办法》和《岗位津贴系数》。24日上午，美国华盛顿子午线国际中心、美国驻广州总领事馆和广州博物馆共同主办《美国西部当代艺术》在我馆专题陈列厅开幕，展出68幅绘画作品和40余幅摄影作品，函盖了美国西部7个州当代著名艺术家所绘的油画、水彩画、石版画和电影海报等艺术品，南希为展览作了专题报告，展览至10月17日结束。26日，领导班子成员工作分工调整，馆长程存洁主持全馆行政全面工作，党支部副书记兼副馆长李民涌主持党务工作，分管办公室、陈列部、保卫科工作，副馆长白琰分管教育推广部、文物保护管理部、分管部工作；广东省文化厅陪同越南文化遗产代表团一行参观镇海楼；下午召开馆民主生活会。30日，广州市残疾人联合会陪同新加坡特奥代表团参观镇海楼。

10月：21日，广东省外事办陪同巴西累西腓市市长让·保罗·利马一行参观镇海。25日，为庆祝中国共产党第十七次全国代表大会胜利召开，在广州美术馆广场举办《科学发展和谐广州——广州市民新生活图片展》，回顾近五年来广州人民在中共广州市委、市政府的正确领导下，坚持科学发展万众一心构建和谐广州，全面建设小康社会的辉煌成就。该展览结束后到三元里人民抗英斗争纪念馆广场和番禺博物馆等地巡展。

11月：1日，广东省文化厅陪同越南国家历史博物馆馆长一行参观镇海楼。6日，广州市政府陪同世界城市和地方政府联合组织秘书长伊丽莎白·戈托一行参观镇海楼。8日，广东省文化厅陪同比利时欧罗巴利亚文化委员会代表团参观镇海楼。7~9日，在从化讨论《海上丝绸之路：广州文化遗产》一书文稿。9~11日，程存洁参加深圳市盐田区文化局举办"深圳海洋文化及海洋图书与文献建设论坛"，10日，《深圳特区报》刊登程存洁撰写的《清代广州外销艺术品中的西洋元素》。12日，广州外事办陪同新西兰国防军副司令班费尔德一行参观镇海楼。14~17日，馆中层以上干部赴湖南省博物馆学习取经。18日，与广州市政设计勘察所、中集公司签定《镇海楼东侧附属用房改造工程》地质钻探工程合同；馆业务人员在南越王宫署博物馆听安家瑶教授讲丝路申遗工作。30日，我馆指导广州人民广播电台筹建广州广播博物馆于11月30日。

12月：三元里人民抗英斗争纪念馆被中共广东省委组织部、中共广州市委组织部命名为"广州市党员教育基地"。广州市文化局、广州市文物博物馆学会主编《广州文博》（壹）由北京文物出版社出版。3~7日，我馆与荷兰王国驻广州总领事馆、中山大学、澳门特别行政区文化局联合主办"1730—1830：广州与长崎的比较研究中日荷关系"国际学术研究会，加强与海内外研究学者的交流，馆长程存洁、陈列部副主任曾玲玲参加了研讨会，会议先后在广州、澳门两地召开。9日，我国外交部原部长李肇星一行参观镇海楼。10日，广东省外事办陪同喀麦隆人民民主联盟考察团参观镇海楼。10~14日，馆派人赴香港历史博物馆清点接收外借有关孙中山文物回馆。14日，广东省人民检察院陪同乌克兰检查代表团参观镇海楼。23日晚，运《海贸遗珍》展有关文物赴江西省博物馆展出。25日，广州市文物博物馆学会宣传教育委员会成立。29日，广州市文化局陪同德国莱比锡乐乐团参观镇海楼。30日，教育推广部筹建广州博物馆网站建设。

本年：接受捐赠和购买文物661件（套），其中陶瓷250件，通草画、广州百景图共156件。购入中西交流之类的书籍300余册。将《广州历史图片展》、《百年禁毒展》送到广东外语外贸大学、罗岗香雪小学和华南师范大学等11家单位和中小学校巡展，参观人数达176，190万人次。接待观众348，249人次。

2008年

1月：7日，国家文物局文化遗产检查组组长陈爱兰一行8人参观三元里人民抗英斗争纪念馆。8日，越秀区举办"广州好，花市百花开"越秀花市图片展，我馆提供了大量历史图片。12日，广州市人大常委、民盟广州市委副主任孙时生一行5人前往三元里人民抗英斗争纪念馆视察调研"关于尽快为'国保一号'内环高架路段设置隔音防护栏"。18日，越南考古所 Nguyen Giang Hai PHD 一行参观镇海楼。22日，美国驻穗总领事馆陪同美国女子足球队队员参观镇海楼。28日上午，全馆大会，馆领导班子述职。

2月：1日，馆藏文物《天人合———十二生肖文物展》赴江苏南通博物苑展出，受到当地民众和新闻媒体的广泛关注，当地电视台专门策划制作了六集访谈和展览宣传片。广州市文物博物馆学会近代史专业委员会成立。3日，广州博物馆之友林祝华个人收藏展《蕴玉聚珍——林祝华甄藏玉器展》在专题展览厅展出，展期至3月15日；下午，市文化局党委书记徐咏虹、巡视员陈玉环、副局长何继青来馆检查安全工作，并了解外来务工人员免费参观博物馆方案。14日上午，瑞典驻广州总领事斐霓女士和瑞典西方古董公司总裁甘文乐夫妇来馆商谈展览。15日上午，局开会发出关于博物馆从3月1日起免费开放的通知。18日下午，馆领导在市委宣传部讨论关于广州改革开放展览事宜。22日上午，美国客人John Cool夫妇来我馆商谈文物捐赠及展览一事，程存洁接待。28日，第49届世界乒乓球赛科索沃队员参观镇海楼。

3月：4日，省外事办陪同厄瓜多尔前议长一行参观镇海楼。10日，广州美术馆自然科学馆展区被广州市科技局评定为"广州市第四批科学技术普及教育基地"。16日，广东省委组织部副部长罗东凯陪同中央工委赵凯副书记一行参观镇海楼。17日下午，全馆安全大检查。19日，程存洁被广州市人民政府聘请为我市突发事件应急管理专家；下午，省文化厅在珠岛宾馆二号楼召开全省博物馆纪念馆免费开放工作会议。21~25日，保卫科组织全馆员工分3批观看消防教育电影《火海逃生》，提高职工安全防范意识。25日，为记录2008年广东军民万众一心抗击冰雪灾害这一伟大壮举，由中共广州市委宣传部、广州日报报业集团、广州市文化局联合主办，广州博物馆与《共鸣》杂志社承办《雨雪真情，春运共鸣——2008广东抗冰救灾春运攻坚纪实展览》在专题展览厅举行开幕仪式，市委宣传部部长王晓玲、常务副部长李哲夫、广州日报社长戴玉庆、市文化局党委副书记方治齐、罗浮山部队政委等为展览开幕剪彩，"四个大兵"向我馆捐献他们在抗冰救灾时使用的物品，广州日报向我馆捐献抗冰救灾珍贵照片，馆长程存洁代表博物馆分别向他们颁发捐献证，该展览展出两百余幅珍贵图片和新征集的近百件实物。28日，三元里人民抗英斗争纪念馆为广东省内第一批对公众免费开放的纪念馆。29日，与广中路小学联合举办"三·二九"起义97周年纪念活动，广中路小学100多名学生前往纪念馆接受教育，我馆给参观者派发《孙中山与黄花岗起义》明信片近200套。30日上午，"经典·羊城2222年"图片展开幕式暨羊城晚报"广州建城2222年系列报道启动仪式"在五层楼广场举行；《海贸遗珍——清代广州外销艺术品展》在江西省博物馆展出结束，很好地宣传历史文化名城广州的重要地位和珍贵文物价值。

4月：《决胜春运：2008广东广州抗冰救灾春运攻坚纪实》正式由广州出版社出版。10~11日，广州市社会科学联合会、广州市文物博物馆学会在顺德新世纪农业园成功举办"广州海上丝绸之路文物史迹的发掘和利用"学术研讨会，相关专家和广州文博界研究人员近40人出席；广州博物馆网站正式投入使用。我馆率先在网站开设"政风行风评议专栏"，及时公布我馆行评工作最新动态和信息。13日上午，国家文物局专家组成员郑岩来馆实地考察并审查我馆申报国家一级博物馆资料。14日，英国格林威治海事博物馆Dr. John MC Aleer和Amy Miller来馆参观并交谈，程存洁接待。17日，我馆接收广州市文物考古研究所移交南村三把岗、小谷围小陵山墓葬出土文物、南海神庙遗址和广百新翼唐代铸币遗址出土部分文物，合计文物253件（号）。25日，档案室通过了广州市档案局、市科技局、市知识产权局和市文化局联合档案检查小组的档案达标复查工作。29日下午4时，广州市科学技术基地授牌仪式及江西省博物馆与我馆合办《吉州瓷韵展》开幕仪式在专题展览厅举行，江西省博物馆馆长彭明瀚作专题讲座，该展览汇聚

150 多件吉州窑瓷器精品，配以宋代饮茶、斗茶等珍贵书画图片，展期至 6 月 30 日。

5 月：9 日上午，市委宣传部常务副部长李哲夫主持召开广州改革三十周年纪念博物展协调会。11 日上午，中国林科院首席科学家彭镇华教授在市政府副秘书长赵南先陪同下参观五层楼，程存洁接待。12 日，广东民间工艺博物馆副馆长、文物古建筑专家李继光、市文化局文物处科长刘春华等对五华一建施工单位实施的城墙保护维修工程进行验收。13 日，镇海楼展区"观众服务中心"装修改造后正式对外使用，深受观众喜爱。15 日上午，《海贸遗珍——清代广州外销艺术品》展览在番禺博物馆举行开幕仪式；下午，馆决定：将 17、18、19 三天门票收入款（后延长了两天）全部捐给四川灾区，这是我市文博系统中率先举措。16~18 日，受广州市文化局委托，由馆长程存洁、副馆长白琱带队赴香港参加在香港艺术馆门前举行的香港"5·18 国际博物馆日"宣传活动，设摊档口派发宣传资料、开设互动游戏，还特别邀请贵州民间艺人王玉龙夫妇现场演绎通草片切割技艺，受到香港人士欢迎和喜爱，香港太平绅士周达明等给我们很高评价，香港电影明星刘绍铭亲临现场学习切割技术，香港方面的报纸作了报道；活动结束后，我馆将通草切割工具赠送给香港海事博物馆。18 日，尼泊尔文化部副部长一行参观镇海楼。19 日，我馆响应市文化局的号召，继续决定将本馆 20、21 两天门票收入款全部捐给四川灾区，广大干部职工为四川受灾群众纷纷捐款捐物，踊跃缴纳特殊党费，其中麦英豪同志将个人一个月工资全部作为特殊党费上交，全馆共捐款 48，000 元，其中干部、党员、群众捐款 27，700 元，单位捐款 5 月 17、18、19、20、21 5 天门票收入 10，300 元。20 日，广州市文化系统民主评议政风行风工作动员大会。21 日《南方都市报》和 22 日《广州日报》详细刊登了程存洁撰写的《建立中国汶川抗震救灾纪念馆的建议》。23 日，召开《关于民主评议政风行风》和《创建全国文明城市》工作动员大会，程存洁馆长作动员报告。27 日，程存洁带队去广州日报社和顾涧清副总编辑商谈民间收藏文物义卖活动，得到广州日报大力支持。后我馆积极联系广州市文物博物馆学会、广州中国古陶瓷研究会、广州市文物总店、《共鸣》杂志社、中华博物网等单位组织"一生珍藏，一片爱心"义卖活动，共筹得善款 693，800 元，悉数捐送红孩儿基金会用于四川灾区学校重建工作。28 日上午，局召开"创建全国文明城市动员大会"。30 日，三元里人民抗英斗争纪念馆与三元里小学、盘福路小学、广州市汽车技工学校在纪念馆广场举行"追忆百年历史，弘扬爱国精神"三元里人民抗英斗争 167 周年纪念活动。

6 月：4 日，麦英豪老师为广州改革开放三十周年纪念博物展取名《春暖我家》。党支部组织开展以"党在我心中"为主题的系列活动，组织开展"六个一"活动，引导广大党员和干部职工进一步解放思想，与时俱进。6 日上午，江西省德兴市政协主席洪志林一行 8 人来馆了解文化遗产保护问题。10 日上午，广州市文化系统民主评议政风行风组织动员大会暨自评自纠转段动员会。23 日上午，馆业务人员讨论三元里人民抗英史迹陈列展览。24 日，洛阳龙门石窟保护研究所张乃翥研究员为馆业务人员作题为《洛阳文物工作五十年回顾》报告。

7 月：1 日，上午召开中华糕饼博物馆广州市副市长苏泽群陪同香港海洋公园董事长盛智文一行参观镇海楼。4 日，市文化局党委书记徐咏虹、巡视员陈玉环来访三元里人民抗英斗争纪念馆了解博物馆下放工作；下午，广州市副市长苏泽群来访"三·二九"起义指挥部旧址纪念馆。8 日上午，我馆与华侨博物院、福建省革命历史纪念馆和晋江博物馆联合主办的《情系桑梓——

华侨华人文物特展》开幕仪式在专题展览厅举行，市委统战部副部长马卫平、市文化局副巡视员王丽贞等为展览开幕剪彩，展出实物160多件及照片160多幅，包括孙中山手书"志在冲天"墨迹、徐悲鸿真迹《怒马图》，展期至9月8日。9日，程存洁赴瑞典驻广州总领事馆和总领事签订《"哥德堡"号带我到广州》展览协议。15日，《孙中山及其战友文物展》送到上海鲁迅纪念馆展出。16日，政协广东省委员会文化和文史资料委员会聘请程存洁为文化和文史资料委员会文史专员。18日下午，我馆与共建单位代表座谈。23日，接待由广州海军基地参谋长陪同法国"葡月"号护卫舰舰长蒂埃里一行参观镇海楼。

8月：程存洁《十九世纪中国外销通草水彩画研究》专著在上海古籍出版社出版发行。4日，我馆在三元里人民抗英斗争纪念馆组织消防知识培训和消防演练。8日，确保奥运会期间的安全，在镇海楼和美术馆验票口加装安检门。14日，市档案局来馆商谈"改革开放三十周年博物展"，召开中层干部会议，讨论明年预算。18日上午，参加市文化局在广州艺术博物院召开"全市文化系统民主评议政风行风自评自纠阶段工作总结暨综合评议阶段工作动员会"。19~21日，市残联黄凤屏老师为我馆工作人员开设首期手语培训。19日上午，参加市文化局在民主大楼二楼召开的"全市文化系统民主评议政风行风工作自评情况汇报会"。20日上午，馆领导碰头，讨论《"哥德堡号"带我到广州》和《春暖我家》展览事宜，宋良璧、曾土金、何向民等文物鉴定专家来馆帮忙鉴定正在仲元图书馆三楼展出的象牙作品。23日上午，馆长程存洁检查昨晚台风对我馆古建筑是否造成影响。29日上午，市文化局副局长陈春盛来馆检查安全工作。

9月：2日，"三·二九"起义指挥部旧址纪念馆向公众免费开放。3日上午，市纠风办、市行评团亲临我馆检查。5日，广州市文物博物馆学会会长程存洁、副会长曾波强、陈伟安赴包头领奖牌，广州市文物博物馆学会被评为"全国先进学会"。11日上午，在广州市社科联举行的迎国庆庆中秋座谈会上，广州市委宣传部长王晓玲向广州市文物博物馆学会颁发"全国先进学会"奖牌，会长程存洁代表学会接受。16日，馆藏文物《天人合一——十二生肖文物展》在番禺博物馆举行开幕仪式。18日下午，我馆与瑞典驻广州总领事馆、瑞典西方古董公司联合主办的《"哥德堡号"带我到广州》展在专题展览厅举行开幕仪式，瑞典驻广州总领事馆总领事斐霓女士、馆长程存洁和瑞典画家阿达妮分别讲话，展览别出心裁地用260多年前"哥德堡号"上一位小孩的经历作为展览主线，以小孩的眼光看航海、看世界、看广州，展出雅各布广州之旅的水彩画49幅、"哥德堡号"复原船舱、打捞出水文物、古代航海工具等展品，展期至10月30日。19日上午9时45分，馆长程存洁、讲解员周全斌接待土库曼斯坦副总理亚兹穆哈梅多娃一行参观镇海楼，结束参观前，她为本馆题词，馆长程存洁代表本馆向她赠送《海贸遗珍——18至20世纪初广州外销艺术品》和《镇海楼史文图志》两本书。23日，广州市委宣传部常务副部长李哲夫陪同中央文献研究室办公厅主任高屹、四川广安市委书记王建军、邓小平故里管理局副局长陈安年一行参观镇海楼，程存洁陪同。24日上午，文博专家及市党史办有关人员讨论《春暖我家》展览思路；下午，省政协会议室召开特聘委员、文史专员受聘会，我馆程存洁受聘省政协特聘委员；韩国庆尚南道地方警察厅厅长参观镇海楼。

10月：1日上午，省政协副秘书长黄绍龙参观五层楼。6日，美国加州图书馆馆长一行参观镇海楼；程存洁、全洪、曾玲玲、梁丽辉赴北京文物出版社校对《海上丝绸之路：广州文化遗产》一书。10日上午,《孙中山及其战友文物展》在福建省革命历史纪念馆举行开幕仪式,福建省委统战部部长及各民主党派领导、市文化局副巡视员王丽贞、广州博物馆馆长程存洁、副馆长白琰等出席了开幕仪式,展期至12月16日。16日,市创建文明办欧星才处长、市交警大队及市文化局协调办领导亲临我馆协商解决我馆路标指示牌问题。23日上午,组织全体党员在博物馆多功能报告厅开展"深入学习实践科学发展观活动",明确了学习实践科学发展观的指导思想和主要原则,确立了主要目标和任务,部署实施方法和步骤。24日上午,各主办单位召开《春暖我家》展览碰头会。27日上午,召开三元里人民抗英斗争史迹陈列提纲专家咨询会,专家有:麦英豪、黎金、黎显衡、陈忠烈。30日,花都广州市工人第二疗养院召开《春暖我家》陈列提纲和设计稿专家讨论会,专家有:麦英豪、黎金、黎显衡、陈忠烈、秦耀生、刘宛子、陈宪宇、李林、彭穗邦、贺红卫等。

11月:广州市委组织部出版《辉煌的历程——广州党建三十年》画册,我馆提供有关党建工作照片82张。2日下午3时,我馆程存洁、李民涌、张穗、田萍、宋平,中山大学张荣芳、林家有、万毅,广中路小学李霓施等广州代表前往澳门莲峰庙参加"纪念民族英雄林则徐巡阅澳门169周年暨林则徐石像背后石碑屏风、林则徐纪念馆建馆11周年、莲峰慈善医疗中心揭幕"活动,澳门特别行政区长官何厚华亲临现场,值理会主席龚树根致辞,何鸿燊博士讲话。6~13日,为庆祝广州建城2222年及广州日报社社庆56周年,我馆精心挑选馆藏珍贵历史原版老照片在专题展览厅举办《羊城旧影》展览,展出近年我馆从英国购回的27幅广州老照片以及澳门学者陈树荣先生送来的31幅1947年拍摄的广州旧照,该展引起媒体和广大市民的强烈反响。7~8日,程存洁参加中山大学历史系主办的"隋唐五代社会与宗教"学术研讨会,宣读论文为《略论五代十国时期的城市发展与南北差异》。9日上午,武汉大学朱雷教授、台湾学者耿慧玲教授、中国社会科学院吴丽媛教授、北京理工大学赵和平教授、浙江大学王永平教授参观五层楼。10日下午,中层以上干部到广州艺术博物院报告厅听市文化局陈玉环巡视员作《深入学习科学发展观辅导报告》。11日,国家文物局、国家文化遗产办公室人员参观镇海楼。13日,在三元里人民抗英斗争纪念馆召开三元古庙(平英团旧址)基础沉降防护加固和壁画维护专家论证会。参加会议有广州市文化局文物处领导、专家麦英豪、冯建平、汤国华、李继光、杨国明。13~15日,程存洁参加省政协学文委组织的封开文物史迹调查。14日,在解放北路与盘福路之间路口靠南处安装了"镇海楼越秀山"交通指示牌,这是我馆创建全国文明城市最大收获之一。17日上午,市委宣传部宣传处交给我馆由朱小丹书记为纪念广州改革开放三十周年博物展而专门书写的"春暖我家"四个书法大字,作为展览标题。下午,程存洁作为省高评委之一参加省高评委评审会。18日下午,馆领导到市府礼堂参加广州市第三次文物普查工作会议。19日上午,麦英豪、黎金、苏乾、程存洁、白琰商讨广州博物馆建馆80周年碑记一事。21日上午,我馆业务人员参加南越王博物馆召开的南越王墓陈列提纲报告会。22上午,程存洁参加华南农业大学农史研究室主办的"梁家勉教授百年华诞纪念暨广东农史研究学会第八次学术研讨会"。24~26日,程存洁赴澳门大学参加澳门大学社会科学及人文学院中文系中国文化研究中心主办"省港澳与珠三角地域历史文化国际研讨会",提交论文为《晚清广州"潮州八邑会馆"碑文考释》。26日下午,广州市委常委、副市长李先生参观五层楼,程存洁和邓玉梅接待。27

上午，程存洁参加"广州市第七次文化发展战略研讨会"。

12月：《广州文博》（贰）由北京文物出版社出版。1日，馆领导去广州艺术博物院参加市文化局组织的"学习科学发展观转段动员大会"。3日上午，由中共广州市委宣传部、广州市委党史研究室、广州市档案局、广州市文化局、广州企业文化协会联合主办，广州博物馆承办的《春暖我家——纪念广州改革开放三十周年博物展》开幕仪式在镇海楼前广场隆重举行，出席开幕仪式的领导有广州市委书记朱小丹、市委副书记苏志佳、市委常委组织部长方旋、副市长甘新、市政协主席朱振中、副主席向东生、市委宣传部部长王晓玲、常务副部长李哲夫，老领导欧初、黎子流等参加了开幕仪式，开幕仪式由宣传部常务副部长李哲夫主持，王晓玲部长致辞，副市长甘新为《春色满园》一书揭幕，展期至2009年2月28日。5日上午，市文化局局长陶诚、巡视员陈玉环、副局长陈春盛、文物处处长刘晓明来馆谈明清古城墙越秀山段修缮复原保护问题。6日，请华南理工大学郑力鹏教授出古城墙保护设计方案。8~12日，白琰、罗兴连赴荆州参加荆州博物馆建馆50周年活动。9日，程存洁赴北京参加中国博物馆学会第五届会员代表大会，程存洁当选为中国博物馆学会理事。12日，国家文物局专家来馆参观。13~16日，馆部分职工赴桂林业务学习。14日，广州市外事办陪同柬埔寨人民党代表团参观镇海楼。18日上午，馆长程存洁将越秀山古城墙修缮复原效果图带到广州艺术博物院送给广州市市长张广宁、副市长徐志彪、市委宣传部部长王晓玲审阅；李民涌、邓玉梅参加市委宣传部组织的上海江苏等地考察学习。19日上午，在馆召开"明清古城墙越秀山段修缮复原专家咨询会"，巡视员陈玉环向专家介绍背景。22日，越南高级检察院一行参观镇海楼。23~24日，程存洁参加广州市社科联举行的学会工作会议。24~26日，程存洁参加深圳博物馆新馆庆典活动。30日，保卫科被市公安局机关文化保卫处评为"2008年度安全保卫工作先进集体"。

本年：将《广州历史图片展》、《探索地球奥秘——倾听生命的故事》、《广州百年禁毒展》、《解放思想，做科学发展观忠实实践者》等展览图片送到社区、大中小学校巡展，其中《广州历史图片展》、《探索地球奥秘——倾听生命的故事》在广州大学城广州大学校区、广州大学附属中学、五仙观广场、广州艺术博物院、萝岗区中学、萝岗区第二小学、萝岗区图书馆、广州市第十七中学、广州市第四十七中学巡展；《广州百年禁毒展》在三元里中学、金桂园小学、广中路小学、广州市七十一中学、广州市商贸职业学校二商校、盘福路小学、三元里老人活动中心巡展；《解放思想，做科学发展观忠实实践者》在越秀区、白云区、海珠区政府巡展。新征集文物有旧票据、挂钟、水枪、手摇缝纫机、李占记保险柜、故宫旧台历、民国《岭南大学画册》等旧物品50余件，改革开放三十周年物品2,385件，另接收市文物考古研究所移交出土文物253件号，购买有近300件清代外销瓷器，征集报刊、图书1,208册，接受社会各界赠书30余册。

2009年

1月：5日上午召开馆民主生活会；原广东省体委主任魏振兰一行8人到文物库房观看其捐赠的各类体育物品及奖杯、奖牌。6日，市文化局巡视员陈玉环、副局长陈春盛等到三元古庙现场召开关于尽快推进三元古庙防护加固工程实施会议。8日下午，馆领导到市府礼堂参加广州市文化工作会议。9日上午，越秀天安酒店召开撰写"广州博物馆建馆80周年碑记"专家咨询会，专家有麦英豪、黎金、黎显衡、陈玉环、何民本、龚伯洪、谭庆芝、李穗梅及馆领导；下午，中央电视台《走进越秀》栏目前来五层楼拍摄，了解五层楼风水问题，程存洁接待。12日，馆藏文物清代甲胄经北京故宫博物院修复后安全运回本馆。13日晚，馆新春团年饭在广东迎宾馆举行。15日下午4时30分，在五层楼多功能报告厅召开全馆工作会议，馆长程存洁总结08年工作及09年工作计划，并对馆领导进行测评。16日上午，馆领导参加市文化局领导班子民主生活会，香港历史博物馆梁洁玲总馆长一行2人到文物库房观看孙中山文物，并商谈展览事宜。19日上午，与瑞典甘文乐清点交接文物，甘文乐向我馆捐献两本通草水彩画；请赵自强老师对瑞典甘文乐先生藏一批广彩瓷器及其他文物进行鉴定。21日上午，麦英豪老师、黎金老师、苏乾老师和程存洁、白琰对建馆80年碑记再次进行修改。22日，我馆网站与中国文物信息网建立友情链接。23日，李民涌副馆长带领保卫科、办公室对全馆各部室进行安全大检查；下午，馆领导参加市文化局组织的科学发展观阶段动员大会。

2月：1日上午，召开春节过后第一次馆中层以上干部会议。3日，国家发展与改革委员会副主任来馆参观，教育推广部吴红丽讲解接待；《南方日报》对本馆建馆80周年作了报道。4日，《中国文物报》刊登了程存洁撰写的《通草画再现百年前广州闹元宵》一文及《十九世纪中国外销通草水彩画研究》一书进入2008年全国文博考古十佳图书初评名单。5日，市府办公厅固定资产科黄竹贤科长打来电话，表示愿意将市政府藏民国旧广式家具入藏广州博物馆。6日，三元古庙防护加固工程招标公告在广州市文化信息网公示。9日，《南方都市报》记者许黎娜观看修复好的文物清代甲胄，以作宣传。11日上午，市文化局巡视员陈玉环、市建委领导来馆召开古城墙修缮复原会议，市里已明确由市建委负责。12日中午，贵州王玉龙师傅托他小孩带来通脱木种子。13日上午，馆领导参加市文化局在广州图书馆召开的"广州市文化局体制改革工作会议"。14日，亚组委总副导演陈维亚到馆参观，教育推广部吴红丽讲解接待。16日下午，馆展开馆庆活动工作会议；馆业务人员在市考古所听安家瑶教授作《玻璃的历史》讲座。17日上午，安家瑶教授夫妇来五层楼参观，并特别观看了汉墓出土的蓝色玻璃碗。20日上午，程存洁参加花都"洪秀全故居纪念馆建设方案修改咨询会"；购置体育服作为工作服，在其衣服上印馆微及镇海楼字样，以宣传我馆和镇海楼；敦煌研究院纪新民书记来访我馆。25日，新任越秀区副区长陈晓卓在越秀区文化局副局长陪同下来馆参观。27日，沈阳故宫博物院武斌院长来馆商谈合作展览事宜。28日，广东省考古所陪同黑龙江文化厅厅长一行来馆参观。

3月：1日，广州博物馆专题展览《春暖我家——纪念广州改革开放三十周年博物展》顺利结束。展出3个月以来，共接待免费参观的团体741批，免费讲解200多批次，参观总人数达89,222人次。3日，程存洁成为广东省文物保护专家委员会博物馆专业组专家。4日上午，在馆召开三元里人民抗英斗争陈列提纲专家咨询会。4~5日，保卫科科长张月明参加广州市公安局08年度安全保卫工作总结。5日，三元古庙防护加固工程在本馆多功能厅开标，由广州穗科招标代理主持开标工作，到场投票单位有广州房建、广州园建、广东岭南、潮州建筑安装公司，文化局监察室李曲波处长监察开标和评标情况。评标专家：麦英豪、李继光、李民涌、江炳均、柳汉娜五位。6日，印制《广州市文物博物馆学会通讯（第一期）》。12日，广州市体育局档案员到库房查看原体育局捐赠给我馆的档案资料；馆业务人员前往深圳博物馆参观学习。12~13日，广州市文化局综治委检查我馆08年度综治维稳工作情况。17日，我馆《孙中山及其战友文物展》在福建华侨博物院开幕，展期一个月。18日上午，我馆与上海鲁迅纪念馆联合举办的《鲁迅生平与创作》展览在专题展览厅举行开幕仪式。开幕式上教育推广部邀请广大附中学生进行鲁迅作品朗诵以及读后感分享，教育推广部吴红丽担任开幕式主持。该展览展出70余件鲁迅生前使用过的物品，包括他写给许广平的信、儿时所佩带的银饰、绝笔信等。下午，馆业务人员在南越王博物馆听刘庆柱研究员作题为《汉长安城考古发掘与研究》报告。19日，广汽集团陪同法国银行下属公司总裁莫尼埃女士一行到我馆参观，教育推广部周全斌讲解接待；加拿大加中议会协会主席戴伊参议员（正部级）率领的议会代表团到我馆参观，教育推广部邓玉梅讲解接待；呈报广州市文化局"关于广州博物馆馆庆80周年实施方案"。24日，文物保管部提取新石器时代文物给广东电视台新闻中心拍摄。24日，印尼ANTV电视台到我馆拍摄系列游记之景点篇，将于印尼国内中午黄金时段播放。25日上午，局召开广州博物馆新馆建设事宜会议；《中国文物报》报道本馆程存洁《十九世纪中国外销通草水彩画研究》一书荣获2008年度全国文博考古最佳论著。26日上午，我馆召开广州博物馆新馆建设事宜及"明代古城墙越秀山段保护与修缮设计方案"专家咨询会，专家有：麦英豪、黎金、黎显衡、陈忠烈、萧洽龙、吴凌云。26~29日，广州博物馆教育推广部先后派工作人员参与在锦汉展览中心举办的国际旅游展销会，在广深珠摊位进行宣传推广，为时4天。

（本年谱是在馆藏历年大事记的基础上修订增补而成，1928年至2005年间的部分为程存洁同志编写，2006年以后的部分为韩永华同志编写，特此说明。虽然我们尽力查找核实有关资料，但仍然是挂一漏万，我们真诚地期待文博同行及社会各界友人积极提供线索，帮助纠正失误，使其完备。）

（作者单位：广州博物馆）

封面设计　梁丽辉
责任编辑　张晓曦
责任印制　陈　杰

图书在版编目（ＣＩＰ）数据

广州博物馆建馆八十周年文集／程存洁编．—北京：
文物出版社，2009.5
ISBN 978-7-5010-2766-8

Ⅰ.广… Ⅱ.广… Ⅲ.博物馆—工作—广州市—文集
Ⅳ.G269.276.51-53

中国版本图书馆CIP数据核字（2009）第062245号

广州博物馆建馆八十周年文集

程存洁　编

＊

文 物 出 版 社 出 版 发 行
（北京市东直门内北小街2号楼）
http:// www.wenwu.com
E-mail:web@wenwu.com
广州伟龙印刷制版有限公司
新 华 书 店 经 销
889×1194　1/16　印张：28
2009年5月第1版　2009年5月第1次印刷
ISBN 978-7-5010-2766-8　定价：188.00元